회계사·세무사·경영지도사 합격을 위한

해커스 경영아카데미 합격 시스템

해커스 경영아카데미 인강

취약 부분 즉시 해결!
**교수님께 질문하기
게시판 운영**

무제한 수강 가능+
**PC 및 모바일
다운로드 무료**

온라인 메모장+
**필수 학습자료
제공**

* 인강 시스템 중 무제한 수강, PC 및 모바일 다운로드 무료 혜택은 일부 종합반/패스/환급반 상품에 한함

해커스 경영아카데미 학원

쾌적한 환경에서 학습 가능!
**개인 좌석 독서실
제공**

철저한 관리 시스템
**미니 퀴즈+출석체크
진행**

복습인강 무제한 수강+
**PC 및 모바일
다운로드 무료**

* 학원 시스템은 모집 시기별로 변경 가능성 있음

회계사 · 세무사 · 경영지도사 단번에 합격! **해커스 경영아카데미 cpa.Hackers.com**

해커스
IFRS
정윤돈
중급회계 1

해커스 경영아카데미

▎이 책의 저자

정윤돈

학력

성균관대학교 경영학과 졸업

경력

현 | 해커스 경영아카데미 교수
　　해커스공무원 교수
　　해커스금융 교수
　　미래세무회계 대표 회계사
　　삼일아카데미 외부교육 강사

전 | 삼정회계법인 감사본부(CM본부)
　　한영회계법인 금융감사본부(FSO)
　　한영회계법인 금융세무본부(FSO TAX)
　　대안회계법인 이사
　　이그잼 경영아카데미 재무회계 전임(회계사, 세무사)
　　합격의 법학원 재무회계 전임(관세사, 감평사)
　　와우패스 강사(CFA – FRA, 신용분석사, 경영지도사)
　　KEB하나은행, KB국민은행, 신한은행, IBK기업은행, 부산은행
　　외부교육 강사

자격증

한국공인회계사, 세무사

저서

해커스 IFRS 정윤돈 회계원리
해커스 IFRS 정윤돈 중급회계 1/2
해커스 IFRS 정윤돈 재무회계 키 핸드북
해커스 IFRS 정윤돈 객관식 재무회계
해커스 IFRS 정윤돈 재무회계연습
해커스공무원 정윤돈 회계학 재무회계 기본서
해커스공무원 정윤돈 회계학 원가관리회계·정부회계 기본서
해커스공무원 정윤돈 회계학 단원별 기출문제집
해커스 신용분석사 1부 이론 + 적중문제 + 모의고사
IFRS 중급회계 스터디가이드
IFRS 재무회계 기출 Choice 1/2
IFRS 객관식 재무회계 1/2
신용분석사 완전정복 이론 및 문제 1/2
신용분석사 기출 유형 정리 1부
신용분석사 최종정리문제집 1/2부

머리말

재무회계 학습에 있어서 가장 중요한 것은 '각 거래가 재무제표에 어떠한 영향을 가져오는지'를 이해하는 것입니다. 이를 위하여 여러 교재가 각 거래를 회계처리나 그림, 산식 등을 이용하여 풀이하고 있으나, 이로 인해 수험생들이 각 거래에 따른 재무제표의 영향은 뒤로하고 오로지 회계처리와 그림 등만을 학습하는 실수를 범하고 있습니다. 이를 해결하기 위해서는 재무회계를 학습하실 때 거래별로 재무제표에 어떠한 영향이 발생하는지를 늘 고민하는 습관을 지니셔야 합니다. 본서는 이를 위해 각 계정별로 재무제표 효과를 자세히 기재하였습니다.

「해커스 IFRS 정윤돈 중급회계 1」은

1. 각 주제별로 핵심이 되는 내용을 우선적으로 기재하고 이에 대한 부연 설명은 'Additional Comment'에 별도로 기재하여 가독성을 높였습니다.

2. 각 주제별로 관련 회계처리와 그 회계처리가 재무상태표와 포괄손익계산서에 어떤 영향을 미치는지 모두 기재하였습니다.

3. 수험생분들이 혼자 공부하실 때 놓치기 쉬운 부분은 'Self Study'에서 다시 한 번 정리하였습니다.

4. 수험생분들이 이해하기 어려워하는 부분에 대해서는 해당 내용과 관련한 다양한 그림들을 수록하여 주제들을 시각화하였습니다.

여러 수험생분들이 회계 공부를 하며 호소하는 어려움은 문제는 풀리지만 이해를 정확히 하고 있지 않은 것 같다는 점입니다. 이를 해결하기 위해서는 본서의 내용을 눈으로만 보지 마시고 꼭 연습장에 회계처리와 재무제표 효과를 손으로 직접 기재해보아야 합니다. 회계는 눈으로만 이해하는 것이 아니라 손으로 이해하는 것이기 때문입니다.

마지막으로 아내 현주와 소은, 소율에게 사랑한다는 말 전합니다.

정윤돈

목차

Chapter 1 | 재무회계와 회계원칙

1. 재무회계의 의의
- Ⅰ. 회계의 정의 … 10
- Ⅱ. 회계정보이용자와 회계의 분류 … 11
- Ⅲ. 재무보고 … 13
- Ⅳ. 회계의 사회적 역할 … 15

2. 일반적으로 인정된 회계원칙(GAAP)과 한국채택국제회계기준(K-IFRS)
- Ⅰ. 일반적으로 인정된 회계원칙 … 18
- Ⅱ. 한국채택국제회계기준 … 23

- ○ 핵심 빈출 문장 … 27
- ○ 객관식 문제 … 28
- ○ 주관식 문제 … 31

Chapter 2 | 재무보고를 위한 개념체계

1. 개념체계의 목적과 위상
- Ⅰ. 개념체계의 의의와 필요성 … 36
- Ⅱ. 개념체계의 목적 … 37
- Ⅲ. 개념체계의 위상(개념체계와 국제회계기준의 관계) … 38
- Ⅳ. 한국회계기준위원회의 공식 임무 … 39
- Ⅴ. 개념체계의 구조 … 40

2. 일반목적재무보고의 목적
- Ⅰ. 일반목적재무보고의 의의와 목적, 보고대상, 한계 … 41
- Ⅱ. 일반목적재무보고서가 제공하는 정보 … 44

3. 유용한 재무정보의 질적특성 (정보의 유용성을 판단하는 기준)
- Ⅰ. 근본적 질적특성과 보강적 질적특성의 의의, 적용 절차 및 계층관계 … 48
- Ⅱ. 근본적 질적특성의 세부 항목 … 50
- Ⅲ. 보강적 질적특성의 세부 항목 … 54
- Ⅳ. 유용한 재무보고에 대한 원가 제약 … 56

4. 보고실체
- Ⅰ. 재무제표의 목적과 범위 … 58
- Ⅱ. 보고기간(재무제표의 작성기간) … 59
- Ⅲ. 재무제표에 채택된 관점 … 59
- Ⅳ. 보고기업 … 60
- Ⅴ. 재무제표 작성의 기본가정: 계속기업가정 … 60

5. 재무제표의 요소
- Ⅰ. 자산 … 61
- Ⅱ. 부채 … 66
- Ⅲ. 자산과 부채에 대한 회계단위의 선택 … 70
- Ⅳ. 자본의 정의와 특성 … 72
- Ⅴ. 수익과 비용의 정의와 특성 … 73

6. 재무제표 요소의 인식과 제거
- Ⅰ. 재무제표 요소의 인식 … 75
- Ⅱ. 인식기준 … 76
- Ⅲ. 제거기준 … 79

7. 재무제표 요소의 측정
- Ⅰ. 측정기준-역사적 원가 … 80
- Ⅱ. 측정기준-현행가치 … 81
- Ⅲ. 특정 측정기준에 의해 제공되는 정보의 성격 … 83
- Ⅳ. 특정 측정기준을 선택할 때 고려할 요인 … 85
- Ⅴ. 자본의 측정 … 90
- Ⅵ. 현금흐름기준 측정기법 … 91
- Ⅶ. 재무제표의 표시와 공시 … 92

8. 자본 및 자본유지개념
- Ⅰ. 자본의 개념 … 97
- Ⅱ. 자본유지개념의 종류 … 98
- Ⅲ. 자본유지개념의 측정기준과 이익 … 99

- ○ 핵심 빈출 문장 … 103
- ○ 객관식 문제 … 105
- ○ 주관식 문제 … 116

Chapter 3 | 재무제표 표시와 공정가치

1. 재무제표의 목적과 전체 재무제표, 일반 사항, 재무제표의 식별
- Ⅰ. 재무제표의 목적 … 122
- Ⅱ. 전체 재무제표 … 123
- Ⅲ. 일반 사항 … 124
- Ⅳ. 재무제표의 식별 … 129

2. 재무상태표
Ⅰ. 재무상태표의 의의와 양식 및
재무상태표에 표시되는 정보   131
Ⅱ. 자산과 부채의 유동·비유동 구분   134
Ⅲ. 재무상태표 또는 주석에 표시되는 정보   140

3. 포괄손익계산서
Ⅰ. 포괄손익계산서의 의의와 표시되는 정보   141
Ⅱ. 포괄손익계산서 표시방법 및 비용의 분류   143

4. 기타 재무제표
Ⅰ. 자본변동표   154
Ⅱ. 현금흐름표   154
Ⅲ. 주석   154

5. 공정가치
Ⅰ. 공정가치의 정의와 측정   155
Ⅱ. 공정가치 측정의 적용   161

6. 현재가치 측정
Ⅰ. 화폐의 시간가치의 이해   164
Ⅱ. 현재가치평가의 재무회계 적용   170
Ⅲ. 현금흐름의 유형별 현재가치 적용   174

○ 핵심 빈출 문장   180
○ 객관식 문제   182
○ 주관식 문제   188

Chapter 4 | 재고자산

1. 재고자산의 정의 및 분류
Ⅰ. 재고자산의 정의   192
Ⅱ. 재고자산의 분류   193

2. 재고자산의 취득원가 및 기말재고자산 조정
Ⅰ. 재고자산의 취득원가   194
Ⅱ. 기말재고자산의 배분   203

3. 재고자산의 단위원가 결정방법
Ⅰ. 재고자산의 원가배분에 수량과
단가의 고려   219
Ⅱ. 단위원가 결정(원가흐름의 가정)   220
Ⅲ. 단위원가 결정방법   220

4. 재고자산의 감모손실과 평가손실
Ⅰ. 재고자산 감모손실   228
Ⅱ. 재고자산 평가손실과 저가법 적용   230

5. 특수한 원가배분방법
Ⅰ. 매출총이익률법   247
Ⅱ. 소매재고법   252

6. 농림어업
Ⅰ. 의의   257
Ⅱ. 인식과 측정   257
Ⅲ. 정부보조금   260

○ 핵심 빈출 문장   262
○ 객관식 문제   265
○ 주관식 문제   276

Chapter 5 | 유형자산

1. 유형자산의 의의
Ⅰ. 유형자산의 정의 및 특징   290
Ⅱ. 유형자산의 분류   291

2. 유형자산의 최초 인식과 측정
Ⅰ. 인식기준   292
Ⅱ. 최초 인식 시 측정   293

3. 유형자산의 감가상각과 후속원가, 제거
Ⅰ. 감가상각의 본질   297
Ⅱ. 감가상각단위와 감가상각액의 회계처리   297
Ⅲ. 감가상각의 기본요소   299
Ⅳ. 감가상각비의 계산   301
Ⅴ. 후속원가   309
Ⅵ. 유형자산의 제거   314

4. 유형별 자산의 원가
Ⅰ. 할부구입   316
Ⅱ. 토지의 구입과 토지와 건물의 일괄구입   317
Ⅲ. 자산 취득과 관련하여 불가피하게
취득하는 국공채   323
Ⅳ. 교환 취득   325
Ⅴ. 기타의 유형별 취득   329

목차

5. 복구원가와 정부보조금
- Ⅰ. 복구원가 330
- Ⅱ. 정부보조금 339

6. 재평가모형
- Ⅰ. 재평가모형의 의의 355
- Ⅱ. 비상각자산의 재평가 회계처리 356
- Ⅲ. 상각자산의 재평가 회계처리 362

7. 유형자산의 손상
- Ⅰ. 손상의 의의와 적용 범위, 인식과정 382
- Ⅱ. 원가모형의 손상 383
- Ⅲ. 재평가모형의 손상 390

- ○ 핵심 빈출 문장 396
- ○ 객관식 문제 398
- ○ 주관식 문제 412

Chapter 6 | 차입원가 자본화

1. 차입원가의 기초
- Ⅰ. 차입원가 및 차입원가 자본화 426
- Ⅱ. 적격자산 427
- Ⅲ. 자본화대상 차입원가 428
- Ⅳ. 자본화기간 428

2. 차입원가의 자본화
- Ⅰ. 차입원가 자본화의 계산을 위한 이해 432
- Ⅱ. 차입원가 자본화의 계산 구조 433
- Ⅲ. 1단계: 적격자산의 연평균지출액 434
- Ⅳ. 2단계: 특정차입금과 관련된 차입원가 437
- Ⅴ. 3단계: 일반차입금과 관련된 차입원가 438

3. 차입원가의 기타사항
- Ⅰ. 차입원가의 자본화 논쟁 447
- Ⅱ. 외화차입금과 관련된 외환 차이 중 자본화대상 차입원가 447
- Ⅲ. 기타사항 448

- ○ 핵심 빈출 문장 449
- ○ 객관식 문제 450
- ○ 주관식 문제 458

Chapter 7 | 기타의 자산

1. 투자부동산
- Ⅰ. 투자부동산의 정의와 분류 468
- Ⅱ. 투자부동산의 최초 인식과 최초측정 및 후속원가 470
- Ⅲ. 투자부동산의 후속측정 472
- Ⅳ. 투자부동산의 제거 478
- Ⅴ. 투자부동산의 계정대체 478

2. 무형자산
- Ⅰ. 무형자산의 정의, 식별 및 최초 인식 486
- Ⅱ. 무형자산의 후속측정 499
- Ⅲ. 내부적으로 창출한 무형자산 507

3. 탐사평가자산과 박토원가 및 웹사이트원가
- Ⅰ. 탐사평가자산 515
- Ⅱ. 박토원가 518

4. 매각예정비유동자산과 중단영업
- Ⅰ. 매각예정비유동자산 521
- Ⅱ. 중단영업 528

- ○ 핵심 빈출 문장 532
- ○ 객관식 문제 535
- ○ 주관식 문제 544

Chapter 8 | 금융부채

1. 금융부채의 정의와 분류
- Ⅰ. 금융부채의 정의 556
- Ⅱ. 금융부채의 분류 564

2. 상각후원가 측정 금융부채
- Ⅰ. 사채의 의의와 최초 인식 565
- Ⅱ. 사채의 발행유형별 회계처리 566
- Ⅲ. 거래원가와 시장이자율 및 유효이자율 582
- Ⅳ. 이자지급일 사이의 사채발행 585
- Ⅴ. 사채의 상환 593
- Ⅵ. 사채의 기타사항 599
- Ⅶ. 금융부채의 조건변경 607

3. 상각후원가로 후속측정하지 않는 금융부채

Ⅰ. 당기손익-공정가치 측정 금융부채
(FVPL금융부채)　　　　　　　　611
Ⅱ. 금융자산의 양도가 제거조건을 충족하지
못하여 인식한 금융부채　　　　616
Ⅲ. 지속적 관여 접근법 적용 시 인식하는
금융부채　　　　　　　　　　　616
Ⅳ. 금융보증계약　　　　　　　　616
Ⅴ. 시장이자율보다 낮은 이자율로
대출하기로 한 약정에 의한 금융부채　617
Ⅵ. 사업결합에서 취득자가 인식하는
조건부 대가　　　　　　　　　618

○ 핵심 빈출 문장　　　　　　　　619
○ 객관식 문제　　　　　　　　　620
○ 주관식 문제　　　　　　　　　628

Chapter 9 | 충당부채와 기타 공시

1. 충당부채의 의의와 인식, 측정

Ⅰ. 충당부채의 의의　　　　　　　638
Ⅱ. 충당부채의 인식과 우발부채, 우발자산　639
Ⅲ. 충당부채의 측정　　　　　　　648
Ⅳ. 충당부채의 사용과 변동 및 변제　652

2. 충당부채 인식과 측정기준의 적용

Ⅰ. 손실부담계약　　　　　　　　656
Ⅱ. 구조조정　　　　　　　　　　658
Ⅲ. 제품보증충당부채　　　　　　661

3. 보고기간후사건

Ⅰ. 의의　　　　　　　　　　　　662
Ⅱ. 수정을 요하는 보고기간후사건　663
Ⅲ. 수정을 요하지 않는 보고기간후사건　663
Ⅳ. 계속기업　　　　　　　　　　664

4. 중간재무보고와 특수관계자 공시

Ⅰ. 중간재무보고　　　　　　　　665
Ⅱ. 특수관계자 공시　　　　　　　668

○ 핵심 빈출 문장　　　　　　　　671
○ 객관식 문제　　　　　　　　　674
○ 주관식 문제　　　　　　　　　685

Chapter 10 | 자본

1. 자본의 의의와 분류

Ⅰ. 자본의 의의와 측정　　　　　　696
Ⅱ. 자본의 분류　　　　　　　　　697

2. 자본금

Ⅰ. 자본금의 의의　　　　　　　　701
Ⅱ. 주식의 종류　　　　　　　　　702

3. 자본거래

Ⅰ. 자본금의 증가거래(증자)　　　　703
Ⅱ. 자본금의 감소거래(감자)　　　　711
Ⅲ. 자기주식　　　　　　　　　　714

4. 손익거래

Ⅰ. 이익잉여금의 의의와 종류　　　722
Ⅱ. 이익잉여금의 변동　　　　　　724
Ⅲ. 이익잉여금의 처분시기와 회계처리,
이익잉여금처분계산서　　　　737
Ⅳ. 기타포괄손익누계액　　　　　743

5. 우선주

Ⅰ. 이익배당우선주　　　　　　　744
Ⅱ. 상환우선주　　　　　　　　　748

6. 자본변동표

Ⅰ. 자본변동표의 의의　　　　　　756
Ⅱ. 자본변동표의 양식　　　　　　757

○ 핵심 빈출 문장　　　　　　　　759
○ 객관식 문제　　　　　　　　　760
○ 주관식 문제　　　　　　　　　768

[부록] 현가표　　　　　　　　　784

Chapter **1**

재무회계와 회계원칙

1. 재무회계의 의의
2. 일반적으로 인정된 회계원칙(GAAP)과
   한국채택국제회계기준(K-IFRS)

1 재무회계의 의의

I 회계의 정의

1941년 미국공인회계사회의 '회계용어공부'에서는 회계를 '재무적 특성을 가진 거래나 사건을 의미 있는 방법과 화폐단위에 의하여 기록·분류·요약하고 그 결과를 해석하는 기술'로 정의하였다. 이후 미국회계학회에서 '기초 회계이론에 관한 보고서'를 발표하면서 회계를 '정보이용자의 합리적인 판단이나 경제적 의사결정에 필요한 유용한 경제적 정보를 식별·측정·전달하는 과정'으로 정의하였다. 이 정의는 회계를 단순한 기술로 보지 않고 이용자의 의사결정에 유용한 정보를 산출하여 제공하는 정보시스템을 강조하였다는 점에서 보다 진보한 것으로 평가하였다. 현재에는 회계를 아래와 같이 정의하고 있다.

> 정보이용자의 경제적 의사결정에 도움을 주기 위하여 경제적 실체와 관련된 정보를 식별하고 측정하여 보고하는 과정

이러한 정의로부터 회계가 추구하는 목적이 정보이용자의 의사결정에 유용한 정보를 제공하는 것임을 알 수 있다.

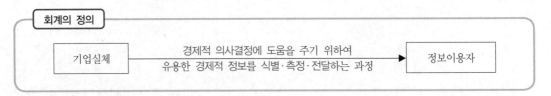

이러한 회계의 정의는 회계실체의 거래나 사건을 기록, 분류, 요약, 해석하는 기술로 보아 회계정보의 생산 측면 (≒ 부기)만을 강조하지 않고 회계정보의 이용 측면까지 강조하고 있다. 그러므로 현재에는 회계정보를 경제적 정보로 간주하여 재무적 정보와 과거정보뿐만 아니라 비재무적 정보와 미래정보도 포함하는 개념으로 정보의 범위를 확장하였다. 즉, 회계의 보고수단이 재무제표에서 재무제표와 재무제표 이외의 재무정보 전달수단을 포괄하는 재무보고로 확정되었다.

Self Study

경제적 정보: 재무적 정보·과거정보 + 비재무적 정보·미래정보
① 재무적 정보: 화폐로 측정 가능한 정보(기업의 재무상태, 재무성과에 대한 정보 등)
② 비재무적 정보: 화폐로 측정 불가능한 정보(경영진의 능력, 기업의 이미지 등)

01 회계정보이용자의 구분

기업실체와 이해관계가 있는 회계정보이용자는 현재 및 잠재적 투자자, 대여자와 그 밖의 채권자, 정부와 규제기관, 경영자, 종업원, 일반대중 등으로 매우 다양하다. 이들은 기업실체와 직접적으로 또는 간접적으로 관련된 다양한 의사결정상황에서 회계정보를 필요로 한다.

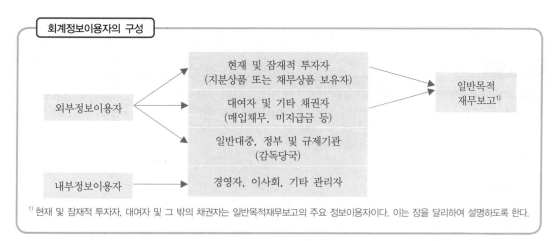

회계정보이용자의 구성

1) 현재 및 잠재적 투자자, 대여자 및 그 밖의 채권자는 일반목적재무보고의 주요 정보이용자이다. 이는 장을 달리하여 설명하도록 한다.

기업의 회계정보이용자는 내부정보이용자와 외부정보이용자로 구분할 수 있으며, 이러한 회계정보이용자 분류에 따라 회계는 재무회계와 관리회계로 구분된다.

02 내부정보이용자

기업의 주요 내부정보이용자는 기업의 경영자이며 그들은 기업활동과 관련된 의사결정에 도움을 받기 위해서 회계정보를 필요로 한다. 내부정보이용자는 당해 기업과 관련된 정보를 언제든지 얻을 수 있는 권한을 가지고 있을 뿐만 아니라 회계정보의 산출과정에서도 상당한 영향력을 행사할 수 있다. 따라서 경영자에게 제공되는 회계정보는 내용이나 형식에 특별한 제약을 받지 않고 회계정보를 산출하는 데 있어서 지켜야 할 지침이나 규칙이 요구되지 않으며, 오로지 경영자가 가장 유용하게 이용할 수 있도록 회계정보를 산출하여 제공하기만 하면 된다. 이와 같이 내부정보이용자를 위한 회계를 관리회계라고 한다.

03 외부정보이용자

기업의 외부정보이용자는 현재 및 잠재적인 투자자, 대여자 및 그 밖의 채권자, 정부, 일반대중 등이 있다. 이들은 이해관계가 있는 기업으로부터 격리되어 있기 때문에 그들이 필요로 하는 회계정보를 직접 요구할 수 있는 권한도 상당히 제한되어 있다는 것이 내부정보이용자와 구별되는 점이다. 따라서 외부정보이용자에게 제공되는 회계정보는 통일된 지침과 규칙에 따라서 작성되어야 하고, 일정한 수준 이상의 충분한 정보가 제공될 필요가 있다. 이때 회계정보 작성 및 공시과정에서 준거해야 할 지침 또는 규칙을 '일반적으로 인정된 회계원칙(GAAP; Generally Accepted Accounting Principles)'이라고 한다.

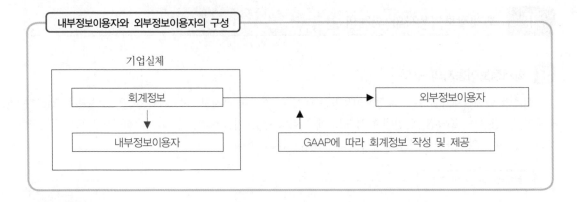

04 회계의 분류

회계는 회계정보의 이용주체인 회계정보이용자에 따라 재무회계와 관리회계로 분류된다. 여기서 현재 및
잠재적 투자자, 대여자와 그 밖의 채권자 등의 외부정보이용자가 이용하는 회계정보를 재무회계라고 하고
경영자 등의 내부정보이용자가 이용하는 회계정보를 관리회계라고 한다.

(1) 재무회계

재무회계는 외부정보이용자의 경제적 의사결정에 유용한 정보를 제공하는 것을 목적으로 하는 회계이다.
재무회계는 일정한 규칙인 회계원칙에 따라 작성된 재무보고서를 통하여 정보를 제공한다. 다양한 회
계정보이용자에게 표준화되고 일정한 양식에 의하여 보고하여야 이해가능성을 높일 수 있기 때문이다.
서로 다른 정보이용자에게 정보 욕구에 충족하는 보고서를 개별적으로 작성하여 정보를 이용할 수 있
게 하기 위해서는 비용이 많이 들 것이다. 그러므로 재무회계는 다수의 회계정보이용자들을 위한 것
이기 때문에 일반목적재무보고라고도 표현한다.

(2) 관리회계

관리회계는 경영진의 관리적 의사결정에 유용한 정보를 제공하는 것을 목적으로 한다. 관리회계는 경
영진의 의사결정에 필요한 정보를 제공하기 때문에 특수목적 회계라고 하며, 재무제표와 같은 보고양
식이나 일반적인 회계원칙을 필요로 하지 않는다. 한편, 제조기업의 원가계산은 외부정보이용자들에
게 정보를 제공하는 외부보고목적으로 공시되는 재무제표에 포함될 재무회계의 일부이다. 그러나 관
리회계가 원가정보에 바탕을 두고 의사결정을 중심으로 발전해왔기 때문에 관리회계에 제품원가계산
을 같이 다루고 있다. 즉, 관리회계는 경영자의 관리적 의사결정과 관련한 특수한 상황에 대한 정보
를 제공하므로 일반적으로 인정된 회계원칙에 의하여 작성되지 않는다. 그러므로 과거의 정보를 보고
하는 재무회계에 비하여 상대적으로 미래지향적인 정보를 포함하고 있다.

[회계의 분류]

구분	재무회계	관리회계
목적	외부보고목적	내부보고목적
대상	외부정보이용자	내부정보이용자
보고수단	일반목적재무제표	특수목적 보고서
작성원칙	일반적으로 인정된 회계원칙	기준 없음
정보의 성격	신뢰성 강조	목적적합성 강조
정보의 범위	기업전체의 정보	기업의 부문별, 제품별 정보
보고시기	회계연도 말 등에 정기적 보고	필요에 따라 수시로 보고
시간적 관점	과거의 결과에 대한 정보	과거사건의 결과 및 미래예측에 대한 정보

Additional Comment

참고로 세무회계는 재무회계시스템을 통해서 산출된 회계이익으로부터 세법 규정에 의한 과세소득을 산정하는 과정을 다룬다. 세무회계정보의 이용자는 과세당국이며, 세무회계의 목적은 적정한 과세소득의 산정에 있다는 점에서 관리회계 및 재무회계와 구별된다.

Ⅲ 재무보고

재무회계시스템을 통하여 산출된 회계정보를 외부정보이용자에게 제공하는 것을 재무보고라고 하고, 재무보고를 할 때 사용하는 가장 대표적인 전달 수단이 재무제표이다.

01 재무제표

재무회계는 기업의 외부정보이용자들이 합리적인 의사결정을 할 수 있도록 유용한 정보를 제공하는 것이 목적이다. 그러므로 기업은 외부정보이용자들에게 기업에 유입될 미래 순현금유입의 금액, 시기 및 불확실성을 예측하기 위하여 재무상태, 재무성과, 자본변동 및 현금흐름에 관한 정보를 제공해야 한다. 이러한 재무회계의 목적을 달성하기 위해서는 다양한 회계정보가 필요하고, 이를 위하여 표준화된 일정한 양식이 필요한데 이를 재무제표(F/S; Financial Statements)라고 한다. 재무제표는 기업실체의 외부정보이용자에게 기업실체에 관한 재무적 정보를 전달하는 핵심적인 재무보고의 수단이다. 재무보고의 목적을 달성하기 위해서는 다양한 회계정보가 제공되어야 하고, 이를 위해서는 여러 종류의 재무제표가 필요하다. 재무제표는 특정 시점의 상태(저량, Stock)를 나타내는 재무제표와 특정 기간의 변동(유량, Flow)을 나타내는 재무제표로 구분된다.

기업회계기준서 제1001호 '재무제표 표시'는 다음과 같은 재무제표들을 공시하도록 요구하고 있다.

> ① 특정 시점의 상태에 관한 재무제표
> - 재무상태표(B/S, Statement of Financial Position): 일정 시점에 기업의 경제적 자원(자산)과 보고기업에 대한 청구권(부채 및 자본)에 관한 정보를 제공하는 재무제표
> ② 특정 기간의 변동에 관한 재무제표
> - 포괄손익계산서(I/S, Statement of Comprehensive Income): 일정 기간 동안의 지분참여자에 의한 출현과 관련된 것을 제외한 순자산의 증감에 의하여 발생하는 재무성과에 관한 정보를 제공하는 재무제표
> - 자본변동표(S/E, Statement of Change in Equity): 일정 시점에 자본의 잔액과 일정 기간 동안 자본의 변동에 관한 정보를 제공하는 재무제표
> - 현금흐름표(CF, Statement of Cash Flow): 일정 기간 동안 현금및현금성자산의 창출능력과 현금흐름의 사용 용도를 평가하는 데 유용한 기초를 제공하는 재무제표

재무제표는 주석을 통하여 재무제표 본문에 표시된 정보를 이해하는 데 도움이 되는 추가적 정보나 재무제표 본문에 계상되지 않은 자원, 의무 등에 대한 정보를 함께 제공해야 한다. 주석은 재무제표상 해당 과목 또는 금액에 기호를 붙이고 난외 또는 별지에 동일한 기호를 표시하여 그 내용을 간결하게 기재하는 것을 말한다. 주석은 재무제표와는 별도로 공시하지만 재무제표에 포함된다.

재무제표의 종류와 관계

B/S			I/S		CF		S/E	
자산	1,000	부채 800	수익	500	유입	300	자본금	100 → 100
		자본 200	비용	(−)400	유출	(−)600	이익잉여금	0 → 100
		• 자본금 100	N/I[1]	100		(−)300		
		• 이익잉여금 100						

[1] 당기순이익(N/I; Net Income)

주석 (세부사항)	• 자산구성내역 등
	• 수익구성내역 등

02 재무보고

재무보고는 기업 외부의 다양한 이해관계자들의 경제적 의사결정을 위해 경영자가 기업실체의 경제적 자원과 의무, 재무성과 등에 관한 재무정보를 제공하는 것을 의미한다.

재무보고에 의한 정보는 주로 기업의 재무제표에 의해 제공된다. 하지만 재무정보는 재무제표 이외에도 경영자 분석 및 전망, 그리고 경영자의 주주에 대한 서한 등과 같은 수단으로 제공될 수도 있다. 재무보고의 기타 수단으로 제공되는 재무정보에는 재무제표에 보고되기에는 적절하지 않지만 정보이용자의 의사결정에는 유용한 정보가 모두 포함되어 있다. 사업보고서는 재무제표와 더불어 기업의 재무정보를 제공하는 재무보고 수단의 예로 비재무정보를 포함한다.

> **재무보고의 형태**

외부정보이용자의 투자, 신용제공 및 기타 의사결정에 유용한 모든 정보			
재무보고			기타 정보
재무제표(양적 정보)		기타 재무보고 (질적 정보)	
재무제표	주석		
재무상태표	회사 개요	경영진 회의자료	분석보고서
포괄손익계산서	회계 정책	사업보고서	경제 통계자료
현금흐름표	우발부채	영업보고서	회사 관련 기사
자본변동표	잉여금처분계산서		

재무보고에 포함된 정보들은 투자자나 채권자 등 외부 이해관계자들의 의사결정에 도움을 주기 위하여 제공된다. 외부 이해관계자들은 이해관계가 서로 다르기 때문에 모든 외부 이해관계자들에게 모두 유용한 정보는 존재하지 않는다. 그러므로 재무보고수단으로 제공되는 재무제표는 모든 외부 이해관계자들이 공통적으로 필요로 한다고 판단되는 정보만을 제공하게 된다. 이렇듯 모든 외부 이해관계자들이 공통적으로 요구하는 정보를 제공한다는 점에서 이러한 재무보고를 일반목적재무보고(General Purpose of Financial Reporting)라고 하며 재무보고의 수단으로 제공되는 재무제표를 일반목적재무제표라고 한다.

Ⅳ 회계의 사회적 역할

회계는 기업실체와 관련된 이해관계자들의 합리적 의사결정에 도움을 줄 수 있도록 유용한 정보를 제공하는 역할을 수행하는데, 각 이해관계자들이 가장 합리적인 의사결정을 하게 되면 경제적으로 또는 사회 전체적으로 최선의 결과를 가져올 수 있게 된다. 회계의 사회적 역할은 아래와 같다.

01 경제적 자원의 효율적 배분

사회의 경제적 자원은 희소자원으로 한정되어 있어 사회 전체적으로 볼 때 경제적 자원이 적절하게 배분되고 효과적으로 이용되도록 하는 것이 매우 중요한 일이다. 회계는 각 경제주체의 합리적 의사결정에 필요한 정보를 제공함으로써 경제적 자원의 최적 배분에 기여하고 있다. 즉, 회계는 개인, 기업 및 국가 등 경제주체가 최선의 경제적 의사결정으로 하여 희소한 경제적 자원이 보다 생산성이 높은 효율적인 기업에 배분되도록 하는 데 중요한 역할을 한다. (⇒ 기업 내부·외부 자원 모두에 대한 배분 및 개념적으로의 배분이 아닌 실제 자원의 이동 모두에 영향을 미친다)

02 수탁책임에 관한 보고 기능

투자자와 채권자들은 기업의 경영자에게 자금을 수탁하고 전문경영인이 이를 효율적으로 관리하는 것이 일반적이다. 이때, 투자자와 채권자들은 수탁한 자본이 효율적이고 효과적으로 사용되고 있는지에 대해 결과보고를 받아야 하는데 이를 수탁책임에 관한 보고라고 한다. 이러한 보고는 회계정보를 통해서 이루어진다. 또한 수탁책임에 관한 보고 기능은 그 과정에서 역선택 문제와 도덕적 해이 문제를 발생시키는 정보의 비대칭으로 위험을 감소시킨다.

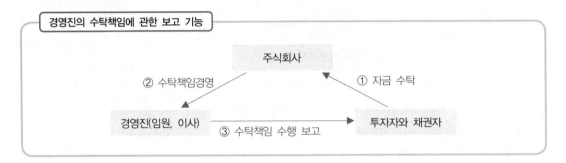

(1) 정보비대칭의 해소

기업의 내부정보이용자와 외부정보이용자는 회계정보의 양과 질에 있어서 차이가 존재하는 상황에 직면하게 된다. 투자자와 채권자는 기업으로부터 격리되어 있기 때문에 그들이 필요로 하는 회계정보에 대한 접근이 제한되어 있어 투자의사결정에 실패할 가능성이 존재한다. 그러나 수탁책임에 관한 보고 기능이 올바르게 수행된다면 내부정보이용자와 외부정보이용자의 정보비대칭이 해소되어 투자자와 채권자를 보호할 수 있게 된다.

① 역선택의 해소

역선택은 주로 의사결정 전에 발생하는 정보의 비대칭성으로 거래상대방의 숨겨진 정보를 알지 못하는 자가 정보가 많은 자와 거래할 때 바람직하지 못한 결과를 얻는 것을 말한다. 이러한 문제를 해결하려면 재무회계 시스템이 회사 내부의 정보를 신뢰성을 유지하면서 적시에 외부이용자에게 전달할 수 있도록 작동되어야 한다.

② 도덕적 해이의 해소

도덕적 해이는 주로 의사결정 후에 발생하는 정보의 비대칭성으로 거래상대방의 숨겨진 행동에 관한 정보를 알지 못하는 자가 정보가 많은 자와 거래 후에 바람직하지 못한 결과를 얻는 것을 말한다. 이러한 문제를 해결하려면 재무회계 시스템에서 산출된 회계수치에 근거하여 기업의 성과를 측정하고, 그 성과에 근거하여 경영자가 보상을 받을 수 있도록 회사와 경영자가 계약을 하는 것이다.

> **Additional Comment**
>
> 도덕적 해이를 해소하기 위하여 경영성과에 연계하여 경영자에게 특별 보너스를 산정하는 계약을 체결하는 방법이 있다. 또한, 이를 악용하여 경영자가 더 많은 보상을 받으려고 영업이익을 조작할 수 있어 다양한 감시 시스템을 통하여 예방하거나 적발할 수 있다.

다음 중 회계정보의 기능에 대한 설명으로 타당하지 않은 것은?　　　　[공인회계사 2010년 이전]

① 회계정보는 자본시장에서 정보비대칭으로 인해 존재하는 역선택의 문제를 완화하여 자본이 투자자로부터 기업에게 원활히 공급될 수 있도록 하는 데 도움을 준다.

② 회계정보는 경제적 실체 간의 자원 이동에 관한 의사결정에는 직접적인 경제적 영향을 미치지 못하지만 경제적 실체 내의 자원 이동에 관한 의사결정에는 도움을 준다.

③ 회계정보는 자본시장에서 발생할 수 있는 대리인의 기회주의적인 행위인 도덕적 해이라는 문제를 해결하는 데 도움을 준다.

④ 회계정보는 자본주의 시장경제체제에서 희소한 경제적 자원이 자본시장을 통해 효율적으로 배분되도록 하는 데 도움을 준다.

⑤ 회계정보는 정보가 효율적이고 적절한 자원배분을 위한 정책을 수립하는 데 도움을 준다.

풀이

회계정보는 경제적 실체 내에서 자원의 이동에 영향을 미칠 뿐만 아니라, 희소한 자원을 보다 생산성 높은 기업으로 배분하도록 하여 경제적 실체 간의 자원 이동에 관한 의사결정에도 직접적인 영향을 미친다.

정답: ②

2 일반적으로 인정된 회계원칙(GAAP)과 한국채택국제회계기준(K-IFRS)

I 일반적으로 인정된 회계원칙

01 일반적으로 인정된 회계원칙의 의의

기업은 정부의 규제 또는 자발적인 결정으로 외부정보이용자에게 회계정보를 제공하는데, 이때 가장 중요한 회계정보는 재무제표이다. 정보이용자는 재무제표를 통해서 기업의 재무상태와 재무성과, 현금흐름 및 자본변동을 한눈에 파악할 수 있다. 그런데 기업이 임의로 재무제표의 내용 및 형식을 정해서 작성·보고한다면 회계정보이용자의 유용성은 감소할 것이다. 그 이유는 하나의 거래에 대해 기업마다 측정한 결과나 보고하는 형식이 다를 수 있어 회계정보이용자가 여러 기업의 재무제표를 비교·분석하는 데 많은 어려움이 있을 수 있기 때문이다. 이에 따라 회계정보이용자에게 전달되는 공통된 회계정보를 담고 있는 일반목적재무제표를 위한 일반적으로 인정된 회계원칙(GAAP; Generally Accepted Accounting Principles)이 필요하게 되었다.

02 일반적으로 인정된 회계원칙의 특징

회계기준은 회계정보의 공급자와 이용자 모두로부터 광범위한 지지를 받아야 비로소 회계실무의 지침으로 인정될 수 있는 특성이 있다. 이러한 특성 때문에 회계기준을 '일반적으로 인정된 회계원칙'이라고 부른다. 일반적으로 인정된 회계원칙은 고의나 오류에 의해서 회계정보가 왜곡되는 것을 방지하여 회계정보가 기업 간·기간 간 비교 가능하고 객관적인 정보가 되도록 하기 위해서 기업실체에 영향을 미치는 특정 거래나 사건을 재무제표에 보고할 때 따라야 할 지침 또는 규범이라고 할 수 있다.

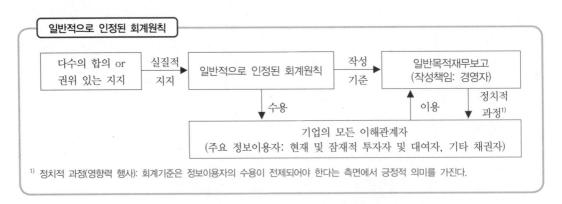

일반적으로 인정된 회계원칙의 특징은 아래와 같다.

(1) 실질적 권위가 있는 다수의 전문가들에 의하여 지지

회계원칙은 경제적 실체에 영향을 미치는 사건을 재무제표에 보고하는 일정한 방법으로, 권위 있는 다수의 전문가들에 의한 합의를 통하여 제정된다. 회계정보이용자들은 회계원칙의 제정과정에서 자신들의 이해관계에 유리하게 만들기 위한 정치적인 압력을 행사할 유인이 있다. 그러므로 실질적이고 권위가 있는 다수의 전문가들에 의하여 지지를 받고 수용되어야 하나의 사회적 제도로 존속이 가능해진다.

(2) 중립적인 성격(이해조정적 성격)

정보이용자의 욕구는 다양하므로 특정 정보이용자에게는 유리하지만, 다른 특정 정보이용자에게는 불리하게 회계원칙이 제정될 수 있다. 따라서 회계원칙은 다양한 정보이용자의 정보 욕구를 충족시키기 위한 일반적인 원칙을 제시함으로써 중립적인 성격(이해조정적 성격)을 가지고 있다.

(3) 가변성

회계원칙은 경제적·사회적 환경에 따라 변화한다. 회계는 사회과학이므로 시대의 흐름에 따라 변화하는 특징이 있다.

(4) 신뢰성, 비교가능성, 이해가능성 향상 및 제고

회계원칙을 제정하면 표준화된 객관적인 재무제표의 작성이 가능해져 재무제표의 신뢰성이 향상되고 재무제표 간의 비교가능성과 정보이용자의 이해가능성이 제고된다.

Additional Comment

회계정보는 공공재의 성격을 가지고 있으므로 제공자에게는 비용이 발생하지만 이용자는 그 대가를 거의 지불하지 않기 때문에 경제학적 관점에서 균형가격이 형성될 수 없어서 시장실패를 초래할 수 있다. 따라서 공공의 이익을 보호하기 위해서 중립적인 제3자가 회계기준을 제정하고, 회계정보의 공시에 대해서도 어느 정도 규제를 하여야 한다. 이러한 이유로 세계 각국에서는 중립적인 제3자가 회계기준을 제정하고 있다. 우리나라에서는 2000년부터 금융위원회로부터 회계기준 제정 권한을 위임받은 한국회계기준원이 회계기준을 제정하고 있으며, 미국에서도 중립적인 제3자인 재무회계기준위원회에서 회계기준을 제정하고 있다. 전 세계 모든 나라에서 중립적인 제3자가 회계기준을 제정하는 것은 아니며 나라마다 제정주체가 다른데, 그 이유는 각국의 규제 환경 및 규제 목적이 다르기 때문이다.

Self Study

정치적 과정이란 기업의 이해관계자들이 회계처리기준의 제정과정에 영향을 미치는 것을 말한다. 정치적 과정이 부정적인 영향만을 미치는 것은 아니다. 회계처리기준이 일반적으로 인정된 회계원칙이 되기 위해서는 회계처리기준에 의해 영향을 받는 집단에 의한 수용이 전제되어야 한다는 측면에서 정치적 과정은 긍정적인 의미를 가질 수도 있다.

03 회계기준의 제정방법

(1) 연역적 접근법

연역적 접근법은 기본적인 회계의 목적을 먼저 확정하고, 이를 기초로 실무에 적용 가능한 회계원칙을 논리적인 방법으로 유도한다. 이 접근법은 논리적으로 일관성 있는 이론체계를 구축할 수 있으나, 회계의 목적이 잘못 규정되는 경우 그릇된 결과를 초래할 수 있다. 오늘날 회계가 단순한 장부기록의 기술에서 회계정보시스템에 입각한 학문으로 발전함에 따라 주로 연역적 접근법이 회계원칙의 제정방법으로 사용되고 있다.

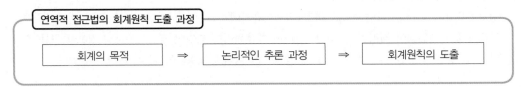

연역적 접근법의 회계원칙 도출 과정

회계의 목적 ⇒ 논리적인 추론 과정 ⇒ 회계원칙의 도출

(2) 귀납적 접근법

귀납적 접근법은 회계실무를 체계적으로 분류하여 분석하고, 이를 기초로 합리적인 회계원칙을 제정한다. 이 접근법은 채택된 회계원칙이 회계실무와 일치하므로 실무에 즉시 적용할 수 있지만 회계원칙들 간의 논리적 일관성이 결여될 가능성이 있고, 모든 실무를 관찰·분석한다는 것이 현실적으로 불가능하므로 중요한 자료가 누락될 가능성이 있다. 오늘날 회계는 주로 연역적 접근법에 의하여 회계원칙이 제정되지만 증권·보험업과 같은 특수한 업종에서는 회계실무를 반영하는 귀납적 접근법도 사용되고 있으며, 회계정보이용자들이 회계의 제정과정에 정치적 압력을 행사함으로써 연역적 접근법의 단점을 보완하고 있다.

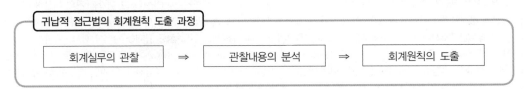

귀납적 접근법의 회계원칙 도출 과정

회계실무의 관찰 ⇒ 관찰내용의 분석 ⇒ 회계원칙의 도출

(3) 현행회계

현재의 회계원칙은 재무회계의 목적을 기초로 논리적인 방법으로 회계원칙을 도출하는 방법을 주로 사용하거나 다양한 이해관계자들에 의한 정치적 과정을 거쳐 제정되고 있다. 즉, 연역적 접근법과 귀납적 접근법이 결합되어 제정되고 있다.

[연역적 접근법과 귀납적 접근법 비교]

구분	연역적 접근법	귀납적 접근법
정의	① 회계목적(기본가정, 명제)을 확정 ② 목적에 부합하는 기본가정, 일반화된 명제를 기초로 한 논리적 추론 ③ 실무에 적용할 회계원칙 도출	① 회계실무(경험적 자료)를 관찰 및 분석 ② 회계원칙 도출
장점	① 논리적으로 일관성 있는 이론체계 정립 ② 회계절차와 실무를 바람직한 방향으로 유도	① 현실적인 적용가능성 높음 ② 회계환경 변화에 적응력이 높음
단점	① 기본가정이나 명제가 잘못 규정되면 잘못된 회계원칙 도출 ② 회계환경 변화에 대응능력 떨어짐	① 논리적 일관성이 결여될 수 있음 ② 다양한 실무사례를 일반화하는 것이 불가능

04 회계기준 제정

우리나라의 회계원칙을 기업회계기준이라고 한다. 「주식회사 등의 외부감사에 관한 법률」 제13조 제4항에 따라 금융감독위원회가 회계처리기준에 관한 업무를 전문성을 갖춘 민간 법인 또는 단체에 위탁할 수 있는 근거가 마련되었으며, 같은 법 시행령 제7조의 2에서는 회계기준제정기구로 한국회계기준원(KAI; Korea Accounting Institute)을 지정하였고, 이에 따라 **한국회계기준원은 기업회계기준의 제정, 개정, 해석과 질의회신 등 관련 업무를 수행**하게 되었다. 그러나 금융위원회는 이해관계인의 보호와 국제적 회계처리기준과 합치 등을 위하여 필요하다고 인정되면 증권선물위원회의 심의를 거쳐 한국회계기준원에 대하여 회계처리기준의 내용을 수정할 것을 요구할 수 있다. 이 경우 회계기준원은 정당한 사유가 있는 경우를 제외하고는 이에 따라야 한다.

Self Study

1. 한국회계기준원은 회계기준위원회의 심의와 의결을 거쳐 확정된 기업회계기준의 제정안 또는 개정안을 금융위원회에 보고한다(회계기준의 제정 권한은 금융위원회에 있다).
2. 회계기준원은 정당한 사유가 없으면 금융위원회의 수정요구사항에 응하고, 확정된 기업회계기준을 일반에 공표한다.

05 외부감사제도

기업은 회계정보를 통하여 외부정보이용자들의 의사결정에 도움이 되는 유용한 정보를 제공한다. 여기서 제기되는 문제가 회계정보의 신뢰성이다. 같은 회계정보라고 하더라도 내부정보이용자와 외부정보이용자가 회계정보에 대하여 부여하는 신뢰의 정도는 다르다. 그러므로 외부정보이용자에게 제공되는 회계정보가 의사결정에 도움을 주기 위해서는 그 회계정보에 독립적인 제3자가 신뢰성을 부여할 필요가 있다.

기업은 외부감사인과 감사계약을 체결하여 재무제표에 대한 회계감사(Auditing)를 수행하도록 함으로써 재무제표의 신뢰성을 제고시킬 수 있는데, 이를 외부감사제도라고 한다. 외부감사제도란 기업의 경영자가 작성한 재무제표가 일반적으로 인정된 회계원칙에 따라 작성되었는지를 독립적인 전문가가 감사를 수행하고 그에 따른 의견을 표명함으로써 재무제표의 신뢰성을 높이기 위한 제도이다. 즉, 현재 및 잠재적 투자자, 대여자와 그 밖의 채권자들은 경영자가 작성한 재무제표가 일반적으로 인정된 회계원칙에 의하여 작성되었는지를 파악할 수 없기 때문에 기업과 이해관계가 없는 독립적인 전문가인 공인회계사(CPA; Certified Public Accountant)가 회사의 재무제표가 재무상태와 경영성과를 중요성의 관점에서 적정하게 표시하고 있는지에 대한 의견(적정의견, 한정의견, 부적정의견, 의견거절)을 표명하는 제도이다.

Ⅱ 한국채택국제회계기준

01 한국채택국제회계기준의 의의

한국회계기준원과 국제회계기준 도입 준비단은 2007년 3월 15일 '국제회계기준 도입 로드맵'을 발표하였다. 이에 따라 회계기준위원회는 국제회계기준의 내용에 일치시키는 것을 원칙으로 하여 한국채택국제회계기준(K-IFRS)을 제정·개정하고 있다.

한국채택국제회계기준은 주식회사 등의 외부감사에 관한 법률 시행령 제7조 제1항에 따라 같은 법 적용 대상기업 중 「자본시장과 금융투자업에 관한 법률」에 따른 주권상장법인과 「은행법」에 따른 은행 등을 포함한 금융회사 등의 회계처리에 적용한다. 주식회사 등의 외부감사에 관한 법률 적용 대상기업 중 한국채택국제회계기준을 적용하지 않는 기업은 일반기업회계기준을 적용한다.

한국채택국제회계기준은 회계기준위원회가 국제회계기준을 근거로 제정한 회계기준이다. 한국채택국제회계기준을 구성하는 기업회계기준서는 원칙적으로 목적, 적용범위, 회계처리방법, 공시, 부록 등으로 구성된다. 부록은 용어의 정의, 적용보충기준 등으로 구성된다. 그리고 서문, 결론도출근거, 적용사례, 실무적용지침은 기준서의 일부를 구성하지는 않으나 기준서를 적용하는 데 편의를 제공하기 위해 실무지침으로 제시된다. 기준서의 각 문단은 해당 기준서의 목적과 결론도출근거 및 재무보고를 위한 개념체계 등을 바탕으로 이해하여야 한다.

한국채택국제회계기준을 구성하는 기업회계기준해석서는 기업회계기준서에 명시적으로 언급되지 않은, 새롭게 인식된 재무보고문제에 대하여 지침을 제공한다. 또한 구체적인 지침이 없다면 잘못 적용될 수 있는 내용에 대한 권위 있는 지침을 제공한다.

한국채택국제회계기준을 구성하는 기업회계기준해석서는 참조, 배경, 적용범위, 회계논제, 결론, 시행일, 경과규정 등으로 구성된다. 그리고 서문, 결론도출근거, 적용사례, 실무적용지침은 해석서의 일부를 구성하지는 않으나 해석서를 적용하는 데 편의를 제공하기 위해 실무지침으로 제시된다. 각 기업회계기준해석서는 해당 해석서의 적용범위에 대한 제한규정을 둔다.

2011년부터 우리나라가 국제회계기준을 전면 도입하기로 결정하고, 2013년에는 중소기업회계기준이 제정됨에 따라 회계기준이 3원화되었다. 하나는 상장기업이 강제적으로 적용하여야 하는 한국채택국제회계기준(K-IFRS)이며, 다른 각각은 비상장 외부감사대상기업이 적용할 수 있는 일반기업회계기준과 외부감사대상이 아닌 비상장중소기업이 적용할 수 있는 중소기업회계기준이다.

우리나라 회계기준의 구성

2011년 이전		2011년 이후		
		비상장기업		상장기업
외환위기 이전	외환위기 이후	비외부감사대상	외부감사대상	
기업회계기준 준칙 해석	기업회계기준서 기준해석서 기준적용사례	중소기업회계기준	일반기업회계기준	한국채택국제회계기준 (기준서와 기준해석서로 구성)

국제회계기준은 국제회계기준위원회(IASC에서 2001년 이후 IASB로 변경)에서 제정한다. 국제회계기준위원회의 명칭이 변경됨에 따라 국제회계기준의 명칭도 2가지로 구분되는데, 하나는 IASC가 제정하는 IAS와 IASB가 제정하는 IFRS이다. 명칭은 다르지만 국제회계기준으로서의 효력에는 차이가 없다.

02 국제회계기준의 특징

현재 전 세계 대부분의 나라가 국제회계기준을 도입하였거나 도입할 예정이다. 이러한 국제회계기준의 특징은 아래와 같다.

(1) 원칙 중심의 회계기준

국제회계기준은 재무회계개념체계의 범위 내에서 재무제표에 포함될 내용을 원칙 위주로 규정하고, 세부적인 인식 및 측정방법은 원칙을 벗어나지 않는 범위 내에서 각국의 재량을 허용하는 방식으로 규정되어 있다. 따라서 회계전문가의 판단을 중요시하며, 다양한 회계처리방법이 수용되어 기업 간 비교가능성이 훼손될 수 있으나 기간별 비교가능성은 강조된다.

(2) 공정가치 측정원칙

이전의 회계기준은 자산과 부채의 측정 속성으로 역사적 원가를 원칙으로 하였으나 국제회계기준은 공정가치 측정을 기본원칙으로 하고 있다. 그 예로 유형자산의 재평가모형과 투자부동산의 공정가치 모형이 전면 도입되었고 '공정가치 측정'의 기준서가 제정되었다.

(3) 연결재무제표 중심

국제회계기준은 종속회사가 있는 경우에는 경제적 실질에 따라 지배회사와 종속회사의 재무제표를 결합하여 보고하는 연결재무제표를 기본재무제표로 제시하고 있다.

[국제회계기준의 특징 비교]

구분	일반기업회계기준 (Local GAAP)	한국채택국제회계기준 (K-IFRS)
접근방식	규칙 중심	원칙 중심
외부공표 F/S	개별 F/S	연결 F/S
측정기준	역사적 원가	공정가치

한국채택국제회계기준(K-IFRS)의 도입과 관련한 설명으로 옳지 않은 것은?

① 공시체계가 연결재무제표 중심으로 전환되어 내부거래가 제거된 연결재무정보가 공시되므로 회계투명성과 재무정보의 질이 높아진다.
② 회계처리의 기본원칙과 방법론을 제시하는 데 주력하는 원칙 중심의 기준체계로 복잡한 현실을 모두 규율할 수 없어 기업의 규제회피가 쉬워진다.
③ 자본시장의 투자자에게 기업의 재무상태 및 내재가치에 대한 의미 있는 투자정보를 제공하는 데 중점을 두어 공정가치 회계가 확대 적용된다.
④ 한국회계기준원 및 규제기관에 대한 질의와 회신의 역할이 축소되어 기업 회계담당자들의 전문성이 절실하게 요구된다.
⑤ 「한국채택국제회계기준」은 연결재무제표를 주재무제표로 한다.

풀이

원칙 중심의 기준체계로 복잡한 현실을 모두 규율할 수 없어 기업의 규제회피가 어렵다.

[참고사항]「한국채택국제회계기준」
(1) 2007년 말 제정된 회계기준으로서 2009년부터 기업은 이를 선택적으로 적용하며 2011년부터는 모든 상장기업이 의무적으로 K-IFRS를 적용해야 한다.
(2) 원칙주의에 따라 제정된 기준으로서 구체적인 상황에서의 회계처리방법은 자세하게 기술되어 있지 않다.
(3) 연결재무제표를 주재무제표로 사용한다.
(4) 기업이 보유하고 있는 금융자산 및 부채의 가치를 공정가치(시장가치)로 평가하도록 하고 있다.
(5) 재무제표 구성 항목이 바뀌어 대차대조표는 재무상태표로, 손익계산서는 기존 손익계산서에서 재무상태표의 기타포괄손익을 포함하는 포괄손익계산서로 변경되고 이익잉여금처분계산서는 삭제되었다.
(6) 손실충당금은 예상되는 손실이 아닌 실제 발생 손실에 근거해 충당금을 적립하도록 설정해야 한다.
(7) 이전의 회계기준은 자산과 부채의 측정 속성으로 역사적 원가를 원칙으로 하였으나 「한국채택국제회계기준」은 공정가치 측정을 기본원칙으로 하고 있다. 그 예로 유형자산의 재평가모형과 투자부동산의 공정가치모형이 전면 도입되었고 '공정가치 측정'의 기준서가 제정되었다.

정답: ②

Chapter 1 | 핵심 빈출 문장

01 회계의 정의는 회계정보를 경제적 정보로 간주한다. 그러므로 회계정보에는 재무적 정보와 과거정보뿐만 아니라 비재무적 정보와 미래정보도 포함된다.

02 재무회계는 다양한 정보이용자들의 의사결정에 필요한 공통적인 정보를 제공하기에 일반목적회계라고도 하며, 일반적으로 인정된 회계원칙에 따라 재무제표라는 보고서를 이용하여 공표된다.

03 주석은 재무제표와는 별도로 공시하지만 재무제표에 포함된다.

04 재무회계는 기업 내부·외부 자원 모두에 대한 배분 및 개념적으로의 배분뿐만 아니라 실제 자원의 이동 모두에 영향을 미친다.

05 정치적 과정이 부정적인 영향만을 미치는 것은 아니다. 회계처리기준이 일반적으로 인정된 회계원칙이 되기 위해서는 회계처리기준에 의해 영향을 받는 집단에 의한 수용이 전제되어야 한다는 측면에서 정치적 과정은 긍정적인 의미를 가질 수도 있다.

06 회계기준원은 정당한 사유가 없으면 금융위원회의 수정요구사항에 응하고, 확정된 기업회계기준을 일반에 공표한다.

Chapter 1 | 객관식 문제

01 다음의 '일반적으로 인정된 회계원칙'에 대한 설명 중 가장 적합하지 않은 것은?

① 기업회계기준은 일반적으로 인정된 회계원칙의 일종으로서 기업이 회계처리를 함에 있어서 지켜야 할 규범이다.

② 회계관행이나 회계실무 중에서 보편타당성을 갖고 있으며 일반인 다수에 의해 수용되고 지지를 받을 때 일반적으로 인정된 회계원칙이 될 수 있다.

③ 일반적으로 인정된 회계원칙은 시대와 사회의 발전에 따라 변화될 수 있어야 하는 것이지 일정불변의 성격을 갖는 것은 아니다.

④ 회계실무를 행할 때 준수하여야 할 일반적인 행위지침으로서 회계실무를 끌어가는 지도원리가 된다.

⑤ 일반적으로 인정된 회계원칙은 논리적 추론에 의하여 그 타당성이 뒷받침되어야 하며 관습적인 요소는 논리적 일관성이 결여되어 있으므로 배제되어야 한다.

02 우리나라의 '일반적으로 인정된 회계원칙'에 대한 설명으로 가장 적합하지 않은 것은?

① 한국채택국제회계기준은 회계원칙의 일종으로서 상장기업의 경제적 사건을 보고하는 방법이며 2011년부터 모든 상장기업에 의무적으로 적용된다.

② 회계원칙은 재무제표에 대한 경영자의 자의적인 작성기준을 제한하므로 재무제표의 신뢰성 및 비교가능성 그리고 정보이용자의 이해가능성을 높이기 위하여 필요하다.

③ 우리나라의 경우 연역적 방법으로 회계원칙을 제정하고 있으며 정치적 과정과 같은 귀납적 요소도 제정과정에 일부 반영되어 있다.

④ 우리나라의 경우 「주식회사 등의 외부감사에 관한 법률」 규정에 따라 금융감독위원회가 제정권한을 갖고 있으나 이를 한국회계기준위원회에 위임하여 제정하고 있다.

⑤ 회계원칙은 회계행위 시 준수하여야 할 행위지침이므로 환경변화에 의해 영향을 받지 않는다.

03 다음의 회계원칙의 제정과정에 대한 설명 중 틀린 것은?

① 우리나라의 경우 회계정보를 공공재로 간주하여 규제기관에서 회계원칙의 제정에 관한 권한을 가지고 있으나 사적기관에 위임하여 제정하고 있다.

② 귀납적 방법은 회계실무에서 사용되고 있는 회계처리방법 중 회계목적에 비추어 공정·타당하다고 생각되는 것을 선택하여 회계원칙을 정립하는 방법이다.

③ 연역적 방법은 재무회계의 목적을 설정하고 이를 출발점으로 하여 회계원칙을 정립하는 방법이다.

④ 연역적 방법은 회계원칙들 간의 논리적 일관성이 유지되고 새로운 환경의 변화에도 쉽게 대응할 수 있다는 장점이 있다.

⑤ 회계원칙의 제정에는 이익단체 등의 정치적 과정이 개입되어 여러 이해관계자들의 영향력이 행사되는 경우가 있다.

04 회계정보와 관련한 설명으로 옳지 않은 것은?

① 경영자는 회계정보를 생산하여 외부 이해관계자들에게 공급하는 주체로서 회계정보의 공급자이므로 수요자는 아니다.

② 경제의 주요 관심사는 유한한 자원을 효율적으로 사용하는 것인데, 회계정보는 우량기업과 비우량기업을 구별하는 데 이용되어 의사결정에 도움을 준다.

③ 회계정보의 신뢰성을 확보하기 위하여 기업은 회계기준에 따라 재무제표를 작성하고, 외부감사인의 감사를 받는다.

④ 외부감사는 전문자격을 부여받은 공인회계사가 할 수 있다.

⑤ 외부감사의 의견은 적정의견, 부적정의견, 한정의견, 의견거절로 구성된다.

Chapter 1 | 객관식 문제 정답 및 해설

01 ⑤ 회계원칙은 논리적 추론과정을 거쳐 회계원칙을 도출하는 연역적 연구방법뿐만 아니라 관찰된 사실을 기반으로 회계원칙을 설정하는 귀납적 연구방법으로도 형성된다.

02 ⑤ 회계원칙은 사회적 제도로 존속하는 것으로서 경제사회의 변화 또는 시대의 변천에 따라 변화하는 특징이 있다.

03 ④ 연역적 방법은 연역적 추론에 의하여 회계원칙이 정립되므로 논리의 일관성이 유지된다는 장점이 있으나, 회계원칙이 너무 이론적으로만 정립되어 비현실적인 것이 될 수 있으며, 새로운 환경변화에 즉각적인 대응이 어렵다는 단점이 있다.

04 ① 보고기업의 경영진은 해당 기업에 대한 재무정보에 관심이 있지만 경영진은 그들이 필요로 하는 재무정보를 내부에서 구할 수 있기 때문에 일반목적재무보고서에 의존할 필요가 없으나 회계정보를 필요로 하므로 회계정보의 수요자는 맞다.

Chapter 1 | 주관식 문제

문제 01   회계의 역할, 회계원칙, 재무제표

과거에는 회계가 사회적으로 수행하는 역할 중에서 수탁책임에 대한 보고가 중요시되어 왔다. 그러나 최근에는 회계가 자본시장에 회계정보를 제공하는 측면이 강조되고 있다. 자본시장에 제공되는 정보는 목적적합성과 신뢰성을 갖추어야만 유용한 정보로서 그 기능을 수행한다. 과거에 여러 기업들의 분식회계 규모가 밝혀지고 그 외의 상장기업들도 어느 정도의 분식이 있다는 것이 공론화되고 있으며, 이로 인해 회계정보의 신뢰성에 심각한 손상을 받고 있는 것이 현실이다. 이러한 현실을 고려하여 다음의 물음에 답하시오.

물음 1) 회계의 사회적 역할에 대해서 설명하시오.

물음 2) 재무제표(재무회계)의 목적에 대해서 설명하시오.

물음 3) 재무보고와 재무제표의 차이에 대해서 설명하시오.

물음 4) 회계원칙의 필요성에 대해서 설명하시오.

물음 5) '일반적으로 인정된 회계원칙'의 의미와 특징에 대해서 설명하시오.

물음 1) 회계의 사회적 역할

회계는 투자자(주주)나 채권자, 경영자 등 기업의 이해관계자들이 합리적인 의사결정을 할 수 있도록 유용한 경제적 정보를 제공해 주는 기능을 함으로써 다음과 같은 사회적 역할을 수행한다.

(1) 사회적 자원의 효율적 배분: 투자자나 채권자들은 생산성이 높은 기업에 투자할 것이기 때문에 한정된 자원이 생산성이 높은 기업에 배분되고, 기업외부로부터 배분된 자원은 경영자에 의하여 경제적 실체 내에서 효율적으로 배분되는 데 공헌한다.

(2) 수탁책임에 관한 보고: 회계는 수탁책임보고의 기능을 수행한다. 즉, 회계정보는 자본의 운용을 위탁받은 경영자가 자본을 투자한 투자자나 채권자에게 운용결과를 보고하기 위한 수단이 된다.

(3) 사회적 통제의 합리화: 회계정보는 위에서 설명한 것 이외에도 노사 간의 임금협약이나 공공요금의 책정 등 국가 정책수립에도 많이 활용되고 있다.

물음 2) 재무제표(재무회계)의 목적

우리나라 회계기준위원회에서 발표한 재무제표의 작성과 표시를 위한 개념체계에서는 재무제표(재무회계)의 목적을 다음과 같이 설명하고 있다.

(1) 재무제표의 목적은 광범위한 정보이용자의 경제적 의사결정에 유용한 기업의 재무상태, 성과 및 재무상태변동에 관한 정보를 제공하는 것이다. 이러한 목적에 따라 작성된 재무제표는 대부분 정보이용자의 공통적인 정보 수요를 충족시킨다. 그러나 재무제표는 주로 과거 사건의 재무적 영향을 표시하는 것을 목적으로 하며 비재무적인 정보까지는 제공하지 못하므로, 정보이용자의 경제적 의사결정을 위해 필요할 수 있는 모든 정보를 제공하지는 못한다.

(2) 재무제표는 또한 위탁받은 자원에 대한 경영진의 수탁책임이나 회계책임의 결과를 보여준다. 경영진의 수탁책임이나 회계책임을 평가하려는 정보이용자의 목적은 경제적 의사결정을 하기 위해서이다. 이러한 경제적 의사결정에는 기업의 투자지분을 계속 보유하거나 매도할지 또는 경영진을 재선임하거나 교체할지와 같은 결정이 포함될 수 있다.

물음 3) 재무보고와 재무제표의 차이점

재무보고는 재무제표뿐만 아니라 미래수익성에 대한 경영자의 예측 등 계량화하기 어려운 질적인 정보(비재무적 정보)와 정보이용자의 의사결정에 도움을 주기 위한 미래지향적인 정보까지 포함한다. 즉, 재무보고는 재무제표보다 질과 양적인 면에서 광의적이고 포괄적인 개념이다.

물음 4) 회계원칙의 필요성

회계원칙이 필요한 이유는 재무제표 작성을 경영자의 자의적인 판단에 맡기게 되면 고의에 의해서든 실수에 의해서든 재무제표가 왜곡 표시될 우려가 있으며, 재무제표를 작성하는 방법이 기업 간·기간 간에 차이가 발생할 경우 재무제표의 비교가능성과 이해가능성이 저하되어 결과적으로 회계정보의 유용성이 감소할 것이기 때문이다. 즉, 재무제표의 신뢰성을 확보하고, 재무정보의 비교가능성과 이해가능성을 높이기 위하여 회계원칙이 필요하다.

물음 5) '일반적으로 인정된 회계원칙'의 의미와 특징

'일반적으로 인정된 회계원칙(GAAP)'이란 기업실체에 영향을 미치는 경제적 사건을 재무제표 등에 보고하는 방법을 의미하는 것으로 다음과 같은 특징이 있다.

(1) 회계원칙은 회계행위의 지침이며 회계실무를 이끌어 가는 지도원리이다.

(2) 회계원칙은 보편타당성과 이해관계자집단의 이해조정적 성격을 지니고 있다.

(3) 회계원칙은 경제적 환경의 변화에 따라 변화하는 특징이 있다.

문제 02   회계의 사회적 기능

오늘날 수많은 기업의 이해관계자들은 해당 기업에 관한 의사결정에 있어서 그 기업의 재무보고 내용에 크게 의존하고 있다. 다음 물음에 답하시오.

물음 1) 재무회계의 수탁책임에 대해서 설명하시오.

물음 2) 재무제표(재무회계)의 목적은 정보이용자들에게 과거의 경영성과를 보고하기 위해서인 지 아니면 정보이용자들이 의사결정에 따른 미래현금흐름의 전망을 평가하는 데 도움을 주기 위해서인지를 간략히 설명하시오.

풀이

물음 1) 수탁책임이란 경영자가 주주나 채권자로부터 수탁받은 자본을 효과적으로 관리·경영할 책임을 말한다. 경영자는 재무제표에 의해 위탁받은 자원에 대한 경영진의 수탁책임이나 회계책임의 결과를 보여준다. 경영진의 수탁책임이나 회계책임을 평가하려는 정보이용자의 목적은 경제적 의사결정을 하기 위해서이다.

물음 2) 과거에는 재무회계의 목적을 경영자의 수탁책임을 강조하여 정보이용자들에게 과거의 경영성과를 보고하는 것으로 이해하였다. 그러나 점차 재무제표(재무회계)의 목적은 수탁책임의 보고 기능에서 정보전달 기능으로 변천되었다. 즉, 오늘날 재무회계의 목적은 재무제표 이용자가 경제적 의사결정을 하기 위해 기업의 재무상태, 성과 및 재무상태 변동에 초점을 둔 정보를 제공함으로써 기업의 현금및현금성자산의 창출능력을 보다 잘 평가하는 데 도움을 주는 정보를 제공함에 있다.

회계사·세무사·경영지도사 단번에 합격!
해커스 경영아카데미
cpa.Hackers.com

Chapter **2**

재무보고를 위한 개념체계

1. 개념체계의 목적과 위상
2. 일반목적재무보고의 목적
3. 유용한 재무정보의 질적특성
   (정보의 유용성을 판단하는 기준)
4. 보고실체
5. 재무제표의 요소
6. 재무제표 요소의 인식과 제거
7. 재무제표 요소의 측정
8. 자본 및 자본유지개념

1 개념체계의 목적과 위상

I 개념체계의 의의와 필요성

01 개념체계의 의의

재무보고를 위한 개념체계는 회계기준위원회가 일관성 있는 회계기준을 제정·개정함에 있어 도움을 준다. 또한, 재무제표의 작성자가 회계기준이 정립되지 않은 새로운 거래에 대하여 회계정책을 개발하는 데 준거체계를 제공하는 지침으로서의 역할을 수행한다.

Additional Comment

현재의 일반적으로 인정된 회계원칙은 주로 연역적인 방법으로 제정된다. 그러므로 회계목적을 기초로 하여 논리적인 방법으로 회계원칙을 도출하기 위해서는 재무보고의 목적과 이론을 정립할 필요가 있다. 이에 따라 재무보고를 위한 개념체계는 외부이용자를 위한 재무보고의 기초가 되는 개념을 정립하기 위하여 제정되었다.

02 개념체계의 필요성

개념체계의 필요성은 다음과 같다.

① 개념체계를 정립해 놓으면 그 틀 내에서 논리적으로 타당하고 일관된 회계기준의 제정이 가능하다.
② 회계환경은 계속 변하기 때문에 이전에 경험해보지 못했던 다양한 거래들이 실무에서 발생할 수 있는데, 개념체계가 정립되어 있다면 비록 관련 회계기준이 미처 제정되어 있지 않더라도 개념체계에 준거하여 신속하게 회계처리와 관련된 문제를 해결할 수 있다.

재무보고를 위한 개념체계는 일반목적재무보고의 목적과 개념을 서술한다. 개념체계의 목적은 아래와 같다.

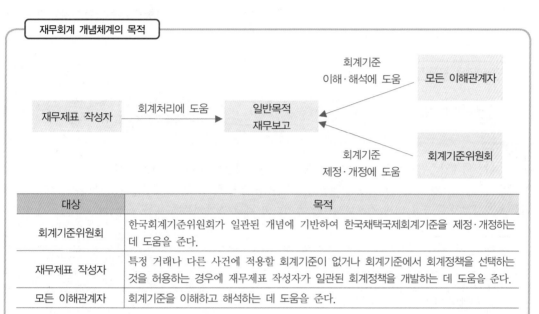

재무회계 개념체계의 목적

대상	목적
회계기준위원회	한국회계기준위원회가 일관된 개념에 기반하여 한국채택국제회계기준을 제정·개정하는 데 도움을 준다.
재무제표 작성자	특정 거래나 다른 사건에 적용할 회계기준이 없거나 회계기준에서 회계정책을 선택하는 것을 허용하는 경우에 재무제표 작성자가 일관된 회계정책을 개발하는 데 도움을 준다.
모든 이해관계자	회계기준을 이해하고 해석하는 데 도움을 준다.

개념체계는 국제회계기준이 아니기 때문에 개념체계의 어떠한 내용도 회계기준이나 회계기준의 요구사항에 우선하지 않는다. 일반목적재무보고의 목적을 달성하기 위해 회계기준위원회에서 개념체계의 관점에서 벗어난 요구사항을 정하는 경우가 있다. 만약, 회계기준위원회가 그러한 사항을 정한다면, 해당 기준서의 결론도출근거에 그러한 일탈에 대해 설명할 것이다.

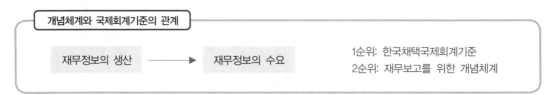

개념체계는 회계기준위원회가 관련 업무를 통해 축적한 경험을 토대로 수시로 개정될 수 있다. 개념체계가 개정되었다고 자동으로 회계기준이 개정되는 것은 아니다. 회계기준을 개정하기로 한 경우, 회계기준위원회는 정규절차에 따라 의제에 프로젝트를 추가하고 해당 회계기준에 대한 개정안을 개발할 것이다.

개념체계의 위상

구분	내용	비고
개념체계의 위상	회계기준 아님	어떠한 내용도 회계기준이나 회계기준의 요구사항에 우선 ×

⇒ 일반목적재무보고의 목적을 달성하기 위해 개념체계의 관점에서 벗어난 요구사항을 정하는 경우가 있을 수 있다. 이 경우, 해당 기준서의 결론도출근거에 그러한 일탈에 대해 설명할 것이다.

Self Study

1. 개념체계는 회계기준위원회가 관련 업무를 통해 축적한 경험을 토대로 수시로 개정될 수 있다.
2. 개념체계가 개정되었다고 자동으로 회계기준이 개정되는 것은 아니다.

Additional Comment

개념체계의 어떠한 내용도 회계기준이나 그 요구사항에 우선하지 않는다. 그러나 개념체계가 재무제표의 작성 지침으로 적용될 수도 있다. 기업회계기준서 제1008호 '회계정책, 회계추정치 변경과 오류'에 따르면 특정 거래 등에 대해서 구체적으로 적용할 수 있는 한국채택국제회계기준이 없는 경우 경영진은 다음의 사항을 순서대로 적용하여 고려하도록 언급하고 있다.

① 내용상 유사하고 관련되는 회계논제를 다루는 한국채택국제회계기준의 규정과 지침
② 자산, 부채, 수익, 비용에 대한 '개념체계'의 정의, 인식기준 및 측정개념

그러므로 특정 거래 등에 대해서 적용해야 할 회계기준이 없는 경우 내용상 유사한 한국채택국제회계기준의 규정이나 지침이 없다면 개념체계를 적용할 수 있다.

개념체계에서 제시하고 있는 회계기준위원회의 공식 임무는 전 세계 금융시장에 투명성, 책임성, 효율성을 제공하는 회계기준을 개발하는 것이다. 회계기준위원회의 업무는 세계 경제의 신뢰, 성장, 장기적 금융안정을 조성함으로써 공공이익에 기여하는 것으로 개념체계는 아래와 같은 회계기준을 위한 기반을 제공한다.

01 회계투명성에 기여

개념체계에 기반한 회계기준은 투자자와 그 밖의 시장참여자가 정보에 입각한 경제적 의사결정을 내릴 수 있도록 재무정보의 국제적 비교가능성과 정보의 질을 향상시킴으로써 투명성에 기여한다.

02 수탁책임정보의 제공

개념체계에 기반한 회계기준은 경영진의 책임을 묻기 위해 필요한 정보를 제공하며, 이로 인해 자본제공자와 자본수탁자 간의 정보 격차를 줄임으로써 책임성을 강화한다. 국제적으로 비교가능한 정보의 원천으로서 이 회계기준은 전 세계 규제기관에도 매우 중요하다.

03 경제적 효율성에 기여

개념체계에 기반한 회계기준은 투자자가 전 세계의 기회와 위험을 파악할 수 있도록 도움을 주어 자본 배분을 향상시킴으로써 경제적 효율성에 기여한다. 기업이 개념체계에 기반한 신뢰성 있는 단일의 회계 언어를 사용하면 자본비용이 낮아지고 국제보고 비용을 절감시킨다.

회계기준위원회의 공식임무와 개념체계

구분	내용	비고
회계기준위원회의 공식임무	투명성, 책임성, 효율성을 제공하는 회계기준을 개발하여 공공이익에 기여	개념체계는 회계기준위원회의 공식 임무에 기여함
개념체계는 회계기준을 위한 기반을 제공	① 재무정보의 투명성에 기여 ② 수탁책임에 관한 보고 기능 ③ 경제적 자원의 효율적 배분	

현재의 개념체계는 일반목적재무보고의 목적, 유용한 재무정보의 질적특성, 보고기업의 개념, 재무제표 요소의 정의, 인식과 제거, 측정, 표시와 공시 및 자본유지개념으로 구성되어 있다. 국제회계기준위원회가 제정한 재무보고를 위한 개념체계는 아래와 같이 구성되어 있다.

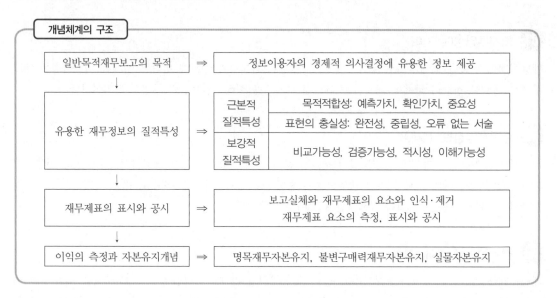

2 일반목적재무보고의 목적

I 일반목적재무보고의 의의와 목적, 보고대상, 한계

01 일반목적재무보고의 의의와 목적

(1) 일반목적재무보고의 의의

기업의 재무정보에 관심을 갖는 이용자는 현재 및 잠재적 투자자, 대여자, 종업원, 정부와 감독기관, 일반대중 등 다양하며, 이들이 필요로 하는 재무정보도 다양하다. 기업이 다양한 정보욕구에 맞추어 재무보고를 한다면 이는 특수목적재무보고가 될 것이다. 그러나 특수목적재무보고를 하려면 기업이 부담하는 비용이 증가할 수 있으며, 특수목적재무보고를 한다고 하여 이용자의 다양한 정보욕구를 모두 충족시킬 수 있는 것도 아니다. 따라서 개념체계에서 다양한 정보이용자들 중에서 주요 정보이용자를 먼저 정의하고, 그들이 기업에 자원을 제공하는 것과 관련된 의사결정을 할 때 유용한 보고기업의 재무정보를 제공하는 것을 목적으로 하는 접근법을 택하였는데, 이를 일반목적재무보고라고 한다.

(2) 일반목적재무보고의 목적

일반목적재무보고의 목적은 현재 및 잠재적 투자자, 대여자 및 그 밖의 채권자가 기업에 자원을 제공하는 것과 관련된 의사결정을 할 때 유용한 보고기업 재무정보를 제공하는 것이다. 그 의사결정은 다음을 포함한다.

> ① 지분상품 및 채무상품의 매수, 매도 또는 보유
> ② 대여 및 기타 형태의 신용 제공 또는 결제
> ③ 기업의 경제적 자원 사용에 영향을 미치는 경영진의 행위에 대한 의결권 또는 영향을 미치는 권리 행사

위에서 서술한 의사결정은 현재 및 잠재적 투자자, 대여자와 그 밖의 채권자의 수익에 대한 기대에 의존한다. 그리고 수익에 대한 기대는 기업에 유입될 미래 순현금유입액의 금액, 시기 및 불확실성(전망)과 기업의 경제적 자원에 대한 경영진의 수탁책임에 대한 그들의 평가에 달려있다. 그러므로 현재 및 잠재적 투자자, 대여자와 그 밖의 채권자는 두 가지(미래 순현금유입 및 수탁책임)를 평가하는 데 도움을 주는 다음의 정보를 필요로 한다.

> ① 기업의 경제적 자원, 기업에 대한 청구권 및 그러한 자원과 청구권의 변동
> ② 기업의 경영진과 이사회가 기업의 경제적 자원 사용에 대한 그들의 책임을 얼마나 효율적이고 효과적으로 이행했는지의 여부

일반목적재무보고의 목적

구분	내용
목적	현재 및 잠재적 투자자, 대여자 및 그 밖의 채권자(주요 정보이용자)가 기업에 자원을 제공하는 것에 대한 의사결정을 할 때 유용한 보고기업의 재무정보를 제공하는 것
의사결정의 핵심	기업의 수익(배당, 원금 및 이자의 지급, 시장가격의 상승)에 대한 기대
수익에 대한 기대의 평가 기준	① 미래 순현금유입의 금액, 시기 및 불확실성 ② 경영진의 수탁책임에 대한 평가
미래 순현금유입과 수탁책임의 평가를 위한 필요 정보	① 기업의 경제적 자원, 청구권 및 경제적 자원과 청구권 변동에 대한 정보 ② 경영진이 수탁책임을 얼마나 효율적이고 효과적으로 이행하였는지에 대한 정보

02 일반목적재무보고의 대상이 되는 주요 이용자

현재 및 잠재적 투자자, 대여자 및 그 밖의 채권자 대부분은 정보를 제공하도록 보고기업에 직접 요구할 수 없고, 그들이 필요로 하는 재무정보의 많은 부분을 일반목적재무보고에 의존해야만 한다. 따라서 그들이 일반목적재무보고서의 대상이 되는 주요 이용자이다.

그러나 일반목적재무보고서는 현재 및 잠재적 투자자, 대여자 및 그 밖의 채권자가 필요로 하는 모든 정보를 제공하지 않으며 제공할 수도 없다. 때문에 정보이용자들은 일반 경제적 상황 및 기대, 정치적 사건과 정치 풍토, 산업 및 기업 전망과 같은 다른 원천에서 입수한 관련 정보를 고려할 필요가 있다.

일반목적재무보고의 주요 이용자

구분	내용
주요 정보이용자 = 일반목적재무보고의 대상	현재 및 잠재적 투자자(例 보고기업의 관련 계정과목: 자본금, 사채)
	대여자(例 보고기업의 관련 계정과목: 차입금)
	그 밖의 채권자(例 보고기업의 관련 계정과목: 매입채무, 미지급금 등)

Self Study

1. 보고기업의 경영진은 해당 기업에 대한 재무정보에 관심이 있지만 경영진은 그들이 필요로 하는 재무정보를 내부에서 구할 수 있기 때문에 일반목적재무보고서에 의존할 필요가 없다.
2. 감독당국이나 일반대중과 같은 기타 정보이용자들도 일반목적재무보고가 유용하다고 여길 수 있다. 그러나 일반목적재무보고는 이러한 기타 집단을 주요 정보이용자로 하지 않는다.

03 일반목적재무보고의 한계

일반목적재무보고는 보고기업의 가치를 보여주기 위해 고안된 것이 아니지만 현재 및 잠재적 투자자, 대여자 및 그 밖의 채권자가 보고기업의 가치를 추정하는 데 도움이 되는 정보를 제공한다.

주요 이용자들의 정보 수요 및 욕구는 다르고 상충되기도 하기 때문에 회계기준위원회는 회계기준을 제정할 때 주요 이용자가 최대 다수의 수요를 충족하는 정보를 제공하기 위해 노력할 것이다. 그러나 공통된 정보 수요에 초점을 맞춘다고 해서 보고기업으로 하여금 주요 이용자의 특정 일부에게 가장 유용한 추가 정보를 포함하지 못하게 하는 것은 아니다(예 주주에게 가장 유용한 정보 중에 하나인 주당이익).

재무보고서는 정확한 서술보다는 상당 부분 추정, 판단 및 모형에 근거하며, 개념체계는 그 추정, 판단 및 모형의 기초가 되는 개념을 정한다. 이 개념은 회계기준위원회와 재무보고서의 작성자가 노력을 기울이는 목표이다.

Additional Comment

대부분의 목표가 그렇듯 이상적 재무보고에 대한 개념체계의 비전은 적어도 단기간 내에 완전히 달성될 가능성은 낮다. 거래와 그 밖의 개선을 분석하는 새로운 방식을 이해하고, 수용하며, 실행하는 데 시간이 걸릴 것이기 때문이다. 그러나 재무보고가 그 유용성을 개선하기 위해 발전해야 한다면 지향할 목표를 수립하는 것이 필수적이다.

일반목적재무보고의 한계

일반목적 재무보고의 한계	정보이용자가 필요로 하는 모든 정보를 제공하지 않고, 그렇게 할 수도 없음
	보고기업의 가치에 관한 정보를 제공하지 않음(가치추정에 도움이 되는 정보 제공)
	재무보고서는 정확한 서술보다는 상당 부분 추정, 판단 및 모형에 근거함
	각 주요 이용자들의 정보 수요 및 욕구는 다르고 상충되기도 함

기출 Check 1

일반목적재무보고에 대한 설명으로 옳지 않은 것은?

① 현재 및 잠재적 투자자, 대여자 및 기타 채권자는 기업의 경영진 및 이사회가 기업의 자원을 사용하는 그들의 책임을 얼마나 효율적이고 효과적으로 이행해왔는지에 대한 정보를 필요로 한다.

② 일반목적재무보고의 목적은 현재 및 잠재적 투자자, 대여자 및 기타 채권자가 기업에 자원을 제공하는 것에 대한 의사결정을 할 때 유용한 보고기업 재무정보를 제공하는 것이다.

③ 외부 이해관계자들과 마찬가지로 보고기업의 경영진도 해당 기업의 경영의사결정을 위해 일반목적재무보고서에 가장 많이 의존한다.

④ 재무보고서는 정확한 서술보다는 상당 부분 추정, 판단 및 모형에 근거한다.

⑤ 각 주요 이용자들의 정보 수요 및 욕구는 다르고 상충되기도 하지만, 기준제정기관은 재무보고기준을 제정할 때 주요 이용자 최대 다수의 수요를 충족하는 정보를 제공하기 위하여 노력한다.

풀이

경영자의 경우 일반목적재무보고서에 의존할 필요가 없다.

정답: ③

일반목적재무보고서는 보고기업의 재무상태에 관한 정보, 즉 기업의 경제적 자원(= 자산)과 보고기업에 대한 청구권(= 부채, 자본)에 관한 정보를 제공한다. 또한 재무보고서는 보고기업의 경제적 자원과 청구권을 변동시키는 거래와 그 밖의 사건의 영향에 대한 정보도 제공한다. 이 두 유형의 정보는 기업에 대한 자원 제공 관련 의사결정에 유용한 투입요소를 제공한다.

일반목적재무보고서가 제공하는 정보

구분			관련 재무제표
경제적 자원과 청구권에 관한 정보			재무상태표
경제적 자원과 청구권의 변동에 관한 정보	재무성과로 인한 변동	발생기준 회계를 반영	포괄손익계산서
		과거현금흐름을 반영	현금흐름표
	재무성과 이외로 인한 변동		현금흐름표와 자본변동표
경제적 자원 사용에 관한 정보			전체 재무제표

01 경제적 자원 및 청구권

보고기업의 경제적 자원 및 청구권의 성격 및 금액에 대한 정보는 이용자들이 보고기업의 재무적 강점과 약점을 식별하는 데 도움을 줄 수 있다.

Additional Comment

이 정보는 정보이용자가 보고기업의 유동성과 지급능력, 추가적인 자금조달의 필요성 및 그 자금조달이 얼마나 성공적일지를 평가하는 데 도움을 줄 수 있다. 또한, 이 정보는 정보이용자가 기업의 경제적 자원에 대한 경영진의 수탁책임을 평가하는 데 도움이 될 수 있으며, 현재 청구권에 대한 우선순위와 지급 요구사항에 대한 정보는 정보이용자가 기업에 대한 청구권이 있는 자들에게 미래현금흐름이 어떻게 분배될 것인지를 예측하는 데에도 도움이 된다.

Ex. 경제적 자원 및 청구권에 관한 정보

재무상태표

자산	2,000	부채	250
·유동자산	200	·유동부채	240
·비유동자산	1,800	·비유동부채	10
		자본	1,750

① 재무상태 및 유동성·지급능력·추가적인 자금조달의 필요성 등
→ 재무상태: 긍정적
→ 유동성·단기지급능력: 부정적
② 우선순위(청구권)
→ 부채 250 1순위

다른 유형의 경제적 자원은 미래현금흐름에 대한 보고기업의 전망에 관한 정보이용자의 평가에 다르게 영향을 미친다. 어떤 미래현금흐름은 수취채권과 같은 현재의 경제적 자원에서 직접 발생한다. 다른 현금흐름은 재화나 용역을 생산하고 고객에게 판매하기 위해 몇 가지 자원을 결합하여 사용하는 데에서 발생한다. 비록 그 현금흐름을 개별적인 경제적 자원(또는 청구권)과 관련지을 수 없더라도 재무보고서의 이용자는 보고기업의 영업에 이용 가능한 자원의 성격과 금액을 알 필요가 있다.

Self Study

1. 현금흐름을 개별적인 경제적 자원(또는 청구권)과 관련지을 수는 없을지라도 재무보고서의 이용자는 보고기업의 영업에 이용 가능한 자원의 성격과 금액을 알 필요가 있다.
2. 경제적 자원(자산)은 유형에 따라 미래현금흐름을 창출하는 방법이 다르다.

---

02 경제적 자원 및 청구권의 변동

보고기업의 경제적 자원 및 청구권의 변동은 그 기업의 재무성과와 채무상품이나 지분상품의 발행과 같은 그 밖의 사건이나 거래에서 발생한다. 보고기업의 미래순현금유입액에 대한 전망과 기업의 경제적 자원에 대한 경영진의 수탁책임을 올바르게 평가하기 위하여 정보이용자는 이 두 가지 변동을 구별할 수 있는 능력이 필요하다.

(1) 재무성과에 기인한 경제적 자원과 청구권의 변동

보고기업의 재무성과에 대한 정보는 그 기업의 경제적 자원에서 해당 기업이 창출한 수익을 정보이용자가 이해하는 데 도움을 준다. 기업이 창출한 수익에 대한 정보는 정보이용자들이 기업의 경제적 자원에 대한 경영진의 수탁책임을 평가하는 데 도움을 줄 수 있다. 특히 미래현금흐름의 불확실성을 평가하는 데 있어서는 그 수익의 변동성 및 구성요소에 대한 정보도 중요하다. 보고기업의 과거 재무성과와 경영진의 수탁책임을 어떻게 이행했는지에 대한 정보는 기업의 경제적 자원에서 발생하는 미래 수익을 예측하는 데 일반적으로 도움이 된다.

1) 발생기준 회계가 반영된 재무성과

발생기준 회계는 비록 그 결과로 발생하는 현금의 수취와 지급이 다른 기간에 이루어지더라도 거래와 그 밖의 사건 및 상황이 보고기업의 경제적 자원 및 청구권에 미치는 영향은 발생한 기간에 보여준다. 이것이 중요한 이유는 보고기업의 경제적 자원과 청구권 그리고 기간 중 변동에 관한 정보는 그 기간의 현금 수취와 지급만의 정보보다 기업의 과거 및 미래 성과를 평가하는 데 더 나은 근거를 제공하기 때문이다.

20×1년	차) 매출채권	A	대) 매출	A
20×2년	차) 현금	A	대) 매출채권	A

1. 현금주의 적용 시
   · 20×1년 수익: −
   · 20×2년 수익: A

2. 발생주의 적용 시
   · 20×1년 수익: A
   · 20×2년 수익: −

Additional Comment

한 기간의 보고기업의 재무성과에 투자자와 채권자에게서 직접 추가 자원을 획득한 것이 아닌 경제적 자원 및 청구권의 변동이 반영된 정보는 기업의 과거 및 미래순현금유입 창출 능력을 평가하는 데 유용하다. 이 정보는 보고기업이 이용 가능한 경제적 자원을 증가시켜온 정도와 그 결과로 투자자와 채권자에게서 직접 추가 자원을 획득하지 않고 영업을 통하여 순현금유입을 창출할 수 있는 능력을 증가시켜온 정도를 보여준다. 보고기업의 한 기간의 재무성과에 대한 정보는 정보이용자들이 기업의 경제적 자원에 대한 경영진의 수탁책임을 평가하는 데에도 도움을 줄 수 있다. 한 기간의 보고기업의 재무성과에 대한 정보는 시장가격 또는 이자율의 변동과 같은 사건이 기업의 경제적 자원 및 청구권을 증가시키거나 감소시켜 기업의 순현금유입 창출 능력에 영향을 미친 정도도 보여줄 수 있다.

Self Study

발생주의 회계의 이해
① 발생: 미수수익과 같이 미래에 수취할 자산을 관련된 수익과 함께 인식하거나, 미지급비용과 같이 미래에 지급할 부채를 관련된 비용과 함께 인식하는 회계과정
② 이연: 선수수익과 같이 현재의 현금유입액을 미래에 수익으로 인식하기 위해 부채로 인식하거나, 선급비용과 같이 현재의 현금유출액을 미래에 비용으로 인식하기 위해 자산으로 인식하는 회계과정

2) **과거현금흐름이 반영된 재무성과**

한 기간의 보고기업의 현금흐름에 대한 정보는 정보이용자가 기업의 미래순현금유입 창출 능력을 평가하고 기업의 경제적 자원에 대한 경영진의 수탁책임을 평가하는 데에도 도움이 된다. 이 정보는 채무의 차입과 상환, 현금 배당 등 투자자에 대한 현금 분배 그리고 기업의 유동성이나 지급능력에 영향을 미치는 그 밖의 요인에 대한 정보를 포함하여, 보고기업이 어떻게 현금을 획득하고 사용하는지 보여준다. 현금흐름에 대한 정보는 정보이용자가 보고기업의 영업을 이해하고, 재무활동과 투자활동을 평가하며, 유동성이나 지급능력을 평가하고, 재무성과에 대한 그 밖의 정보를 해석하는 데 도움이 된다.

구분	A기업	B기업
영업활동현금흐름	₩1,000	₩(−)1,000
투자활동현금흐름	₩(−)300	₩1,000
재무활동현금흐름	₩(−)200	₩500
합계	₩500	₩500

⇒ A기업의 미래순현금유입 창출 능력이 B기업보다 높다.

(2) 재무성과에 기인하지 않은 경제적 자원 및 청구권의 변동

보고기업의 경제적 자원 및 청구권은 지분상품과 채무상품의 발행과 같이 재무성과 외의 사유로도 변동될 수 있다. 이러한 유형의 변동에 관한 정보는 보고기업의 경제적 자원과 청구권이 변동된 이유와 그 변동이 미래 재무성과에 주는 의미를 정보이용자가 완전히 이해하는 데 필요하다.

Ex. 경제적 자원 및 청구권의 변동

재무성과 ○ : 영업활동(N/I), 투자활동(발생주의(MAIN), 현금주의(보완)) ①
재무성과 × : 재무활동(채무상품발행, 지분상품발행) ②, ③

B/S			재무성과 분석			
① ↑	②	↑	① 차) 매출채권	↑	대) 매출	↑
② ↑	① 자본	↑	② 차) 현금	↑	대) 차입금	↑
③ ↑	③ 자본	↑	③ 차) 현금	↑	대) 자본금	↑

03 기업의 경제적 자원 사용에 관한 정보

보고기업의 경영진이 기업의 경제적 자원을 얼마나 효율적이고 효과적으로 사용하는 책임을 이행하고 있는지에 대한 정보는 정보이용자들이 해당 자원에 대한 경영자의 관리(수탁책임)를 평가할 수 있도록 도움을 준다.

Additional Comment

이러한 정보는 미래에 얼마나 효율적이고 효과적으로 경영진이 기업의 경제적 자원을 사용할 것인지를 예측하는 데에도 유용하다. 따라서 그 정보는 미래순현금유입에 대한 기업의 전망을 평가하는 데 유용할 수 있다. 기업의 경제적 자원 사용에 대한 경영진의 책임의 예로는 가격과 기술 변화와 같은 경제적 요인들의 불리한 영향으로부터 해당 자원을 보고하고, 기업이 적용해야 하는 법률, 규제 계약조항을 준수하도록 보장하는 것을 들 수 있다.

재무정보가 정보이용자의 의사결정에 유용한 정보가 되기 위한 속성을 질적특성이라고 한다. 유용한 질적특성의 목적은 재무보고서에 포함된 재무정보에 근거하여 보고기업에 대한 의사결정을 할 때 현재 및 잠재적 투자자, 대여자와 그 밖의 채권자에게 가장 유용한 정보를 식별하는 것이다. 유용한 재무정보의 질적특성은 재무제표에서 제공되는 재무정보뿐만 아니라 그 밖의 방법으로 제공되는 재무정보에도 적용된다. 보고기업의 유용한 재무정보 제공 능력에 대한 포괄적 제약요인인 원가도 이와 마찬가지로 적용된다. 그러나 질적특성과 원가제약요인 적용 시 고려사항은 정보의 유형별로 달라질 수 있다.

개념체계에서는 질적특성을 아래와 같이 근본적 질적특성과 보강적 질적특성으로 구분하고 있다.

유용한 재무정보의 질적특성 구분		
포괄적 제약	재무정보의 원가 < 재무정보의 효익	
근본적 질적특성	목적적합성	표현의 충실성
	• 예측가치	• 완전성 서술
	• 확인가치	• 중립성 서술
	• 중요성	• 오류 없는 서술
보강적 질적특성	비교가능성, 검증가능성, 적시성, 이해가능성	

Self Study

오답유형: 유용한 재무정보의 질적특성은 재무제표에서 제공되는 재무정보에 적용되며, 그 밖의 방법으로 제공되는 재무정보에는 적용되지 않는다. (×)

I 근본적 질적특성과 보강적 질적특성의 의의, 적용 절차 및 계층관계

01 근본적 질적특성의 의의와 적용 절차

(1) 근본적 질적특성의 의의

재무정보가 유용하기 위해서는 목적적합해야 하고 나타내고자 하는 바를 충실하게 표현해야 한다. 이를 근본적 질적특성이라고 하며 그 구성요소는 목적적합성과 표현의 충실성이다.

(2) 근본적 질적특성의 적용 절차

정보가 유용하기 위해서는 목적적합하고 나타내고자 하는 바를 충실하게 표현해야 한다. 목적적합하지 않은 현상에 대한 표현충실성과 목적적합한 현상에 대한 충실하지 못한 표현 모두 이용자들이 좋은 결정을 내리는 데 도움이 되지 않는다. 개념체계에서는 근본적 질적특성을 적용하기 위한 가장 효율적이고 효과적인 절차를 제시하고 있는데 일반적으로 아래와 같다.

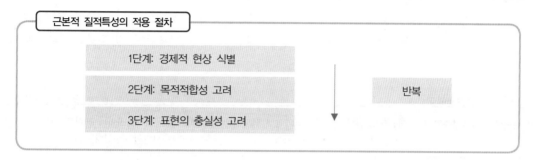

만약 식별된 경제적 현상의 목적적합한 정보의 유형이 충실하게 표현된다면, 근본적 질적특성의 충족 절차는 그 시점에 끝나게 된다. 그러나 그러하지 않은 경우에는 차선의 목적적합한 유형의 정보에 대해 그 절차를 반복해야 한다.

Additional Comment

경우에 따라 경제적 현상에 대한 유용한 정보를 제공한다는 재무보고의 목적을 달성하기 위해 근본적 질적특성 간 절충이 필요할 수도 있다. 예를 들어, 어떤 현상에 대한 가장 목적적합한 정보가 매우 불확실한 추정치일 수 있다. 어떤 경우에는 추정치 산출에 포함된 측정불확실성의 수준이 너무 높아 그 추정치가 현상을 충분히 충실하게 표현할 수 있을지 의심스러울 수도 있다. 그러한 경우에는 추정치에 대한 기술과 추정치에 영향을 미치는 불확실성에 대한 설명이 부연된다면 매우 불확실한 추정치도 가장 유용한 정보가 될 수 있다. 그러나 그러한 정보가 현상을 충분히 충실하게 표현할 수 없는 경우에 가장 유용한 정보는 다소 목적적합성이 떨어지지만 측정불확실성이 더 낮은 다른 유형의 추정치일 수 있다. 일부 제한된 상황에서는 유용한 정보를 제공하는 추정치가 없을 수도 있지만 그러한 제한된 상황에서는 추정에 의존하지 않는 정보를 제공해야 할 수 있다.

02 보강적 질적특성의 의의와 적용 절차

(1) 보강적 질적특성의 의의

재무정보가 비교가능하고 검증가능하며 적시성이 있고 이해가능한 경우 재무정보의 유용성은 보강된다. 따라서 비교가능성, 검증가능성, 적시성 및 이해가능성은 목적적합성과 나타내고자 하는 바를 충실하게 표현하는 것 모두를 충족하는 정보의 유용성을 보강시키는 질적특성이다.

보강적 질적특성은 만일 어떤 두 가지 방법 모두 현상에 대하여 동일하게 목적적합한 정보이고 동일하게 충실한 표현을 제공하는 것이라면 이 두 가지 방법 가운데 어느 방법을 그 현상의 서술에 사용해야 할지 결정하는 데에 도움을 줄 수 있다.

(2) 보강적 질적특성의 적용 절차

보강적 질적특성을 적용하는 것은 어떤 규정된 순서를 따르지 않는 반복적인 과정이다. 때로는 하나의 보강적 질적특성이 다른 질적특성의 극대화를 위해 감소되어야 할 수도 있다.

03 근본적 질적특성과 보강적 질적특성의 계층관계

보강적 질적특성은 가능한 한 극대화되어야 한다. 그러나 보강적 질적특성은 정보가 목적적합하지 않거나 나타내고자 하는 바를 충실하게 표현하지 않으면, 개별적으로든 집단적으로든 그 정보를 유용하게 할 수 없다.

Additional Comment

> 새로운 회계기준의 전진 적용으로 인한 비교가능성의 일시적 감소는 장기적으로 목적적합성이나 표현충실성을 향상시키기 위해 감수될 수도 있다. 적절한 공시는 비교가능성의 미비를 부분적으로 보완할 수 있다.

Self Study

> 1. 질적특성의 적용
>   우선순위: 근본적 질적특성 > 보강적 질적특성
>   보강적 질적특성 내 비교가능성, 검증가능성, 적시성, 이해가능성 사이에는 우선순위가 없고 항목별 극대화·감소가 가능
> 2. 보강적 질적특성들은 규정된 순서에 따르지 않고 반복적인 과정을 통해 적용한다.
> 3. 오답유형: 개념체계는 유용한 정보가 되기 위한 근본적 질적특성을 적용하는 데 있어서 가장 효율적이고 효과적인 일반적 절차를 제시하고 있지는 않다. (×)
> 4. 목적적합하지 않은 현상에 대한 충실한 표현과 목적적합한 현상에 대한 충실하지 못한 표현 모두 정보이용자가 좋은 결정을 내리는 데 도움이 되지 않는다.

Ⅱ 근본적 질적특성의 세부 항목

01 목적적합성

목적적합한 재무정보는 정보이용자의 의사결정에 차이가 나도록 할 수 있다. 정보는 일부 정보이용자가 이를 이용하지 않기로 선택하거나 다른 원천을 통하여 이미 이를 알고 있다고 할지라도 의사결정에 차이가 나도록 할 수 있다. 즉, 목적적합성은 정보이용자의 의사결정에 영향을 미쳐 차이가 발생할 수 있게 해주는 재무정보의 질적특성을 말한다. 재무정보가 목적적합성이 있는 정보가 되기 위해서는 예측가치와 확인가치를 가지고 있어야 하며 중요성이 고려되어야 한다.

(1) 예측가치와 확인가치

재무정보에 예측가치나 확인가치 또는 둘 다 있다면 그 재무정보는 의사결정에 차이가 나도록 할 수 있다. 예측가치는 기업실체의 미래 재무상태, 성과, 순현금흐름, 자본변동 등을 예측할 수 있는 능력을 말한다. 정보이용자들이 미래결과를 예측하는 과정에 재무정보가 사용될 수 있다면, 그 재무정보는 예측가치를 가진다. 여기서 유의할 점은 재무정보가 예측가치를 갖기 위해서는 그 자체가 예측치 또는 예상치일 필요는 없다는 것이다.

확인가치는 기업실체의 재무상태, 성과, 순현금흐름 또는 자본변동에 대한 정보이용자의 당초 기대치 또는 예측치를 확인 또는 수정함으로써 정보이용자의 의사결정에 영향을 미칠 수 있는 능력을 말한다. 즉, 재무정보가 과거 평가에 대해 피드백을 제공한다면 확인가치를 갖는다. (⇒ 과거 평가를 확인하거나 변경시키는 것을 의미한다)

재무정보의 예측가치와 확인가치는 상호 연관되어 예측가치를 갖는 정보는 동시에 확인가치도 갖는 경우가 많다.

Additional Comment

예를 들어, 미래 연도 수익의 예측 근거로 사용될 수 있는 당해 연도 수익 정보를 과거 연도에 행한 당해 연도 수익 예측치와 비교할 수 있고 그 결과는 정보이용자가 그 과거 예측에 사용한 절차를 수정하고 개선하는 데 도움을 줄 수 있다.

---

(2) 중요성

정보가 누락되거나 잘못 기재된 경우 정보이용자의 의사결정에 영향을 미치며 정보로서의 중요성을 갖는다. 중요성은 재무제표의 표시와 관련된 임계치나 판단기준으로서 회계 항목을 재무제표에 구분하여 표시하기 위한 요건으로 본다. 따라서 중요성은 기업마다 다를 수 있기 때문에 기업고유 중요성이라고 하며 인식을 위한 최소요건으로 부르고, 중요성에 대한 계량 임계치를 획일적으로 결정하거나 특정한 상황에서 무엇이 중요한지를 미리 결정할 수 없다.

개념체계에서 중요성을 목적적합성과 함께 설명하고 있지만, 목적적합성의 직접적인 속성으로 언급하고 있지는 않다. 그러므로 목적적합성의 직접적인 속성은 예측가치와 확인가치이고 중요성은 '기업의 특유한 측면의 목적적합성'이다.

목적적합성

구분	내용	비고
예측가치	미래 결과를 예측하기 위한 정보로서의 가치	자체가 예측치일 필요 ×
확인가치	과거 의사결정의 확인과 수정을 위한 정보로서의 가치	예측가치와 동시에 갖는 경우 많음
중요성	의사결정에 영향을 미칠 수 있는 정보로서의 가치	사전에 결정할 수 없음

1. 목적적합한 재무정보는 정보이용자의 의사결정에 차이가 나도록 할 수 있다.
2. 재무정보가 예측가치를 갖기 위해서 그 자체가 예측치 또는 예상치일 필요는 없다.
3. 재무정보에 예측가치나 확인가치 또는 이 둘 모두가 있다면 그 재무정보는 의사결정에 차이가 나도록 할 수 있다.
4. 중요성은 개별 기업 재무보고서 관점에서 해당 정보와 관련된 항목의 성격이나 규모 또는 이 둘 모두에 근거하여 해당 기업에 특유한 측면의 목적적합성을 의미한다. 회계기준위원회는 중요성에 대한 획일적인 계량 임계치를 정하거나 특정한 상황에서 무엇이 중요한 것인지를 미리 결정할 수 없다.
5. 목적적합한 정보는 일부 정보이용자가 이를 이용하지 않기로 선택하거나 다른 원천을 통하여 이미 이를 알고 있다고 할지라도 의사결정에 차이가 나도록 할 수 있다.

02 표현충실성

재무보고서는 경제적 현상을 글과 숫자로 나타낸 것이다. 재무정보가 유용하기 위해서는 목적적합한 현상을 표현하는 것뿐만 아니라 나타내고자 하는 현상의 실질을 충실하게 표현해야 한다. 많은 경우 경제적 현상의 실질과 그 법적 형식은 같다. 만약 같지 않다면 법적 형식에 따른 정보만 제공해서는 경제적 현상을 충실하게 표현할 수 없을 것이다(예 금융리스와 연결재무제표).
재무정보를 완벽하고 충실하게 표현하기 위해서는 다음과 같은 세 가지의 특성이 있어야 한다. 그 서술이 완전하고 중립적이며 오류가 없어야 한다는 것이다. 물론 완벽은 이루기 매우 어려우며 회계기준위원회의 목적은 가능한 한 이러한 특성을 극대화는 것이다.

(1) 완전한 서술

완전한 서술은 필요한 기술과 설명을 포함하여 정보이용자가 서술되는 현상을 이해하는 데 필요한 모든 정보를 포함하는 것이다.

> **Additional Comment**
>
> 예를 들어, 자산 집합의 완전한 서술은 적어도 집합 내의 자산의 특성에 대한 기술과 집합 내 모든 자산의 수량적 서술, 그러한 수량적 서술이 표현하고 있는 기술 내용(예 역사적원가 또는 공정가치)을 포함한다.

(2) 중립적 서술

중립적 서술은 재무정보의 선택이나 표시에 편의(Bias)가 없어야 한다는 것을 의미한다. 중립적 서술은 정보이용자가 재무정보를 유리하거나 불리하게 받아들일 가능성을 높이기 위해 편파적이거나, 편중되거나, 강조되거나, 경시되거나 그 밖의 방식으로 조작되지 않는다. 또한 중립적 정보는 목적이 없거나 행동에 대한 영향력이 없는 정보를 의미하지는 않는다. 오히려 목적적합한 재무정보는 정의상 정보이용자의 의사결정에 차이가 나도록 할 수 있는 정보이다.

> **신중성**
>
> • 중립성은 신중을 기함으로써 뒷받침된다. 신중성은 불확실한 상황에서 판단할 때 주의를 기울이는 것이다. 신중을 기한다는 것은 자산과 수익이 과대평가되지 않고 부채와 비용이 과소평가되지 않는 것을 의미한다. 마찬가지로, 신중을 기한다는 것은 자산이나 수익의 과소평가나 부채나 비용의 과대평가를 허용하지 않는다.
> • 신중을 기하는 것이 비대칭의 필요성(예 자산이나 수익을 인식하기 위해서는 부채나 비용을 인식할 때보다 더욱 설득력있는 증거가 필요)을 내포하는 것은 아니다. 그러한 비대칭은 유용한 재무정보의 질적특성이 아니다. 그럼에도 불구하고, 나타내고자 하는 바를 충실하게 표현하는 가장 목적적합한 정보를 선택하려는 결정의 결과가 비대칭성이라면, 특정회계기준에서 비대칭적인 요구사항을 포함할 수도 있다.

(3) 오류 없는 서술

오류가 없다는 것은 현상의 기술에 오류나 누락이 없고, 보고 정보를 생산하는 데 사용되는 절차의 선택과 적용 시 절차상의 오류가 없음을 의미한다. 그러나 오류 없는 서술이 모든 면에서 정확하다는 것을 의미하지는 않는다.

> **측정불확실성**
>
> 예를 들어, 관측 가능하지 않은 가격이나 가치의 추정치는 정확한지 또는 부정확한지 결정할 수 없다. 그러나 추정치로서 금액을 명확하고 정확하게 기술하고, 추정 절차의 성격과 한계를 설명하며, 그 추정치를 도출하기 위한 적절한 절차를 선택하고 적용하는 데 오류가 없다면 그 추정치의 표현은 충실하다고 할 수 있다.
> 재무보고서의 화폐금액을 직접 관측할 수 없어 추정해야만 하는 경우에는 측정불확실성이 발생한다. 합리적인 추정의 사용은 재무정보의 작성에 필수적인 부분이며, 추정이 명확하고 정확하게 기술되고 설명되는 한 정보의 유용성을 저해하지 않는다. 측정불확실성이 높은 수준이더라도 그러한 추정이 무조건 유용한 재무정보의 제공을 막는 것은 아니다.

> **표현충실성**
>
> | 구분 | 내용 | 비고 |
> |------|------|------|
> | 완전한 서술 | 정보이용자가 현상을 이해하는 데 필요한 모든 정보의 제공 | |
> | 중립적 서술 | 정보의 선택이나 표시에 편의가 없는 재무정보의 제공 | 목적이 없거나 영향력이 없는 정보라는 의미 × |
> | 오류 없는 서술 | 현상의 기술이나 절차상에 오류나 누락이 없는 정보의 제공 | 모든 면에서 정확하다는 의미 × |

Self Study

1. 표현충실성을 충족한 재무정보는 그 자체가 반드시 유용한 정보를 만들어 내지는 않는다.
2. 오답유형: 오류가 없는 서술이란 서술의 모든 면에서 완벽하게 정확하다는 것을 의미한다. (×)
3. 추정치의 불확실성 수준이 충분히 크다면, 그 추정치가 별로 유용하지는 못할 것이다. 그러나 더 충실한 다른 표현을 할 수 없다면, 그 추정치가 최선의 이용 가능한 정보를 제공하는 것일 수 있다.

01 비교가능성

비교가능성은 정보이용자가 항목 간의 유사점과 차이점을 식별하고 이해할 수 있게 하는 질적특성이다. 목적적합하고 충실하게 표현된 회계정보의 비교가능성이 높을 때 유용성이 더욱 보강된다.

Additional Comment

> 정보이용자들의 의사결정은 투자자산을 매도할지 또는 보유할지, 어느 보고기업에 투자할지를 선택하는 것과 같이 여러 대안들 중에서 선택을 하는 것이다. 따라서 보고기업에 대한 정보는 다른 기업에 대한 유사한 정보 및 해당 기업에 대한 다른 기간이나 다른 일자의 유사한 정보와 비교될 수 있다면 더욱 유용하다.

비교가능성과 관련하여 유의할 점은 아래와 같다.

① 비교가능성은 다른 질적특성과 달리 하나의 항목에 관련된 것이 아니다. 비교하려면 최소한 두 항목이 필요하다.
② 동일한 항목에 대해 동일한 방법을 적용하는 것을 의미하는 일관성은 비교가능성과 관련이 있지만 동일한 것은 아니다. 일관성은 비교가능성이라는 목표를 달성하게 해주는 수단이라고 볼 수 있다.
③ 비교가능성이 통일성을 뜻하는 것은 아니다. 정보가 비교가능하기 위해서는 비슷한 것은 비슷하게 보이고 다른 것은 다르게 보여야 한다.
④ 하나의 경제적 현상을 충실하게 표현하는 데 여러 방법이 있을 수 있으나 동일한 경제적 현상에 대해 대체적인 회계처리방법을 허용하면 비교가능성이 감소한다.
⑤ 근본적 질적특성을 충족하면 어느 정도의 비교가능성은 달성될 수 있을 것이다. 목적적합한 경제적 현상에 대한 표현충실성은 자연히 다른 보고기업의 유사한 목적적합한 경제적 현상에 대한 표현충실성과 어느 정도 비교가능성을 가져야 한다.

Ex. 비교가능성

기간 간	20×2년	20×1년
	××	××
기업 간	삼성전자	인텔
	××	××

1. 최소 두 항목의 비교대상 필요
2. 일관성(수단) ⇒ 비교가능성(목표) ≠ 통일성

02 검증가능성

검증가능성은 정보이용자들이 정보가 나타내고자 하는 경제적 현상을 충실히 표현하는지를 확인하는 데 도움을 준다. 검증가능성은 합리적인 판단력이 있고 독립적인 서로 다른 관찰자가 어떤 서술이 충실한 표현이라는 데, 비록 반드시 완전히 일치하지는 못하더라도, 의견이 일치할 수 있다는 것을 의미한다. 계량화된 정보가 검증가능하기 위해서는 단일 점추정치여야할 필요는 없다. 가능한 금액의 범위 및 관련된 확률도 검증될 수 있다.

Additional Comment

검증은 직접적 또는 간접적으로 이루어질 수 있다. 직접 검증은 현금을 세는 것과 같이 직접적인 관찰을 통하여 금액이나 그 밖의 표현을 검증하는 것을 의미한다. 간접 검증은 모형, 공식 또는 그 밖의 기법의 투입요소를 확인하고 같은 방법을 사용하여 그 결과를 재계산하는 것을 의미한다. 예를 들어, 투입요소(수량과 원가)를 확인하고 같은 원가흐름가정(예 선입선출법 사용)을 사용해 기말재고자산을 재계산하여 재고자산의 장부금액을 검증하는 것이다.

어느 미래 기간 전까지는 어떤 설명과 미래전망 재무정보를 검증하는 것이 전혀 가능하지 않을 수 있다. 이용자들이 그 정보의 이용 여부를 결정하는 데 도움을 주기 위해서는 일반적으로 기초가 된 가정과 정보의 작성 방법, 정보를 뒷받침하는 그 밖의 요인 및 상황을 공시하는 것이 필요하다.

03 적시성

적시성은 의사결정에 영향을 미칠 수 있도록 의사결정자가 정보를 적시에 이용 가능하게 하는 것을 의미한다. 일반적으로 정보는 오래된 것일수록 유용성이 낮아진다. 그러나 일부 정보는 보고기간 말 후에도 오랫동안 적시성을 잃지 않을 수도 있다. 일부 정보이용자는 추세를 식별하고 평가할 필요가 있을 수 있기 때문이다.

04 이해가능성

이해가능성은 이용자가 정보를 쉽게 이해할 수 있어야 한다는 것으로, 정보를 명확하고 간결하게 분류하고, 특징짓고 표시하는 것은 정보를 쉽게 이해할 수 있게 한다. 일부 현상은 본질적으로 복잡하여 이해하기 쉽지 않다. 이해하기 어려운 현상에 대한 정보를 재무보고서에서 제외하면 재무보고서의 정보를 이해하기 쉽게 할 수 있으나 그 보고서는 불완전하여 잠재적으로 오도할 수 있다.

재무보고서는 사업활동과 경제활동에 대한 합리적인 지식이 있고, 부지런히 정보를 검토하고 분석하는 이용자들을 위해 작성된다. 때로는 박식하고 부지런한 이용자들도 복잡한 경제적 현상에 대한 정보를 이해하기 위해 자문가의 도움을 받는 것이 필요할 수 있다.

보강적 질적특성

구분	내용	비고
비교가능성	기업 간 비교가능성과 기간 간 비교가능성이 있는 정보의 제공	비교가능성은 목표, 일관성은 수단
검증가능성	나타난 현상에 대해 정보이용자가 검증할 수 있는 정보의 제공	단일의 점추정치여야 할 필요 ×. 가능한 금액의 범위 및 관련된 확률도 검증가능
적시성	의사결정에 영향을 미칠 수 있도록 적시성 있는 정보의 제공	시간이 경과해도 적시성을 잃지 않을 수 있음
이해가능성	합리적 지식이 있는 정보이용자가 쉽게 이해할 수 있는 정보의 제공	복잡하고 이해하기 어려운 이유로 제외 ×. 부지런히 정보를 검토, 분석하는 정보이용자를 위해 작성

Self Study

1. 오답유형: 일관성은 비교가능성과 관련이 있지만 동일하지는 않다. 즉, 일관성은 목표이고 비교가능성은 그 목표를 달성하는 데 도움을 준다고 할 수 있다. (×)
2. 오답유형: 재무보고서는 사업활동과 경제활동에 대해 박식하고, 정보를 검토하고 분석하는 데 부지런한 정보이용자보다 모든 수준의 정보이용자들이 자력으로 이해할 수 있도록 작성되어야 한다. (×)

IV 유용한 재무보고에 대한 원가 제약

원가는 재무보고로 제공될 수 있는 정보에 대한 포괄적인 제약요인이다. 재무정보의 보고에는 원가가 소요되고 해당 정보 보고의 효익이 그 원가를 정당화한다는 것이 중요한데, 이를 유용한 재무보고에 대한 원가제약이라고 한다. 여기서 주의해야 할 몇 가지 유형의 원가와 효익이 있다.

재무정보의 제공자는 재무정보의 수집, 처리, 검증 및 전파에 대부분의 노력을 기울인다. 그러나 이용자는 궁극적으로 수익 감소의 형태로 그 원가를 부담한다. 재무정보의 이용자들에게도 제공된 정보를 분석하고 해석하는 데 원가가 발생한다. 필요한 정보가 제공되지 않으면 그 정보를 다른 곳에서 얻거나 그것을 추정하기 위한 추가적인 원가가 정보이용자들에게 발생한다.

목적적합하고 나타내고자 하는 바가 충실하게 표현된 재무정보를 보고하는 것은 이용자들이 더 확신을 가지고 의사결정하는 데 도움이 된다. 이것은 자본시장이 더 효율적으로 기능하도록 하고 경제 전반적으로 자본비용을 감소시킨다. 개별 투자자와 대여자, 그 밖의 채권자도 더 많은 정보에 근거한 의사결정을 함으로써 효익을 얻는다. 그러나 정보이용자 각자가 목적적합하다고 보는 모든 정보를 일반목적재무보고서에서 제공하는 것은 불가능하다.

원가 제약요인을 적용함에 있어서 회계기준위원회는 특정 정보를 보고하는 효익이 그 정보를 제공하고 사용하는 데 발생한 원가를 정당화할 수 있을 것인지 평가한다. 회계기준위원회는 제안된 회계기준을 제정하는 과정에 원가 제약요인을 적용할 때 그 회계기준의 예상되는 효익과 원가의 성격 및 양에 대하여 재무정보의 제공자와 이용자, 외부감사인, 학계 등에서 정보를 구한다. 대부분의 상황에서 평가는 양적 그리고 질적 정보의 조합에 근거한다.

본질적인 주관성 때문에 재무정보의 특정 항목 보고의 원가 및 효익에 대한 평가는 개인마다 달라진다. 따라서 회계기준위원회는 단지 개별 보고기업과 관련된 것이 아닌, 재무보고 전반적으로 원가와 효익을 고려하려고 노력하고 있다. 그렇다고 원가와 효익의 평가가 모든 기업에 대하여 동일한 보고 요구사항을 정당화하는 것은 아니다. 기업 규모의 차이와 자본조달 방법(공모 또는 사모)의 차이, 이용자 요구의 차이, 그 밖의 다른 요인 때문에 달리하는 것이 적절할 수 있다.

유용한 재무보고에 대한 원가 제약

구분	내용	비고
정의	재무정보의 효익 > 재무정보의 원가	정보이용자가 목적적합하다고 보는 모든 정보를 제공하는 것은 가능하지 않음
판단	회계기준위원회에서 판단	본질적인 주관성 때문에 개인마다 다름

기출 Check 2

재무보고를 위한 개념체계에 대한 다음 설명 중 옳지 않은 것은? [공인회계사 2015년]

① 일반목적재무보고서는 보고기업의 가치를 보여주기 위해 고안된 것이 아니다. 그러나 일반목적재무보고서는 현재 및 잠재적 투자자, 대여자 및 기타 채권자가 보고기업의 가치를 추정하는 데 도움이 되는 정보를 제공한다.

② 보강적 질적특성은 가능한 한 극대화되어야 한다. 그러나 보강적 질적특성은 정보가 목적적합하지 않거나 충실하게 표현되지 않으면, 개별적으로든 집단적으로든 그 정보를 유용하게 할 수 없다.

③ 재무정보의 예측가치와 확인가치는 상호 연관되어 있어, 예측가치를 갖는 정보는 확인가치도 갖는 경우가 많다.

④ 재무보고서는 사업활동과 경제활동에 대해 합리적인 지식이 있고, 부지런히 정보를 검토하고 분석하는 정보이용자를 위해 작성된다.

⑤ 통일성은 한 보고기업 내에서 기간 간 또는 같은 기간 동안에 기업 간 동일한 항목에 대해 동일한 방법을 적용하는 것을 말한다.

풀이

한 보고기업 내에서 기간 간 또는 같은 기간 동안에 기업 간 동일한 항목에 대해 동일한 방법을 적용하는 것은 일관성을 말한다.

정답: ⑤

I 재무제표의 목적과 범위

재무제표는 재무제표 요소의 정의를 충족하는 보고기업의 경제적 자원과 보고기업에 대한 청구권 및 경제적 자원과 청구권의 변동에 관한 정보를 제공한다.

재무제표의 목적은 보고기업에 유입될 미래순현금흐름에 대한 전망과 보고기업의 경제적 자원에 대한 경영진의 수탁책임을 평가하는 데 유용한 보고기업의 자산, 부채, 자본, 수익 및 비용에 대한 재무정보를 재무제표 이용자들에게 제공하는 것이다. 이러한 정보는 다음을 통해 제공된다.

1. 자산, 부채 및 자본이 인식된 재무상태표(Statement of Financial Position)

2. 수익과 비용이 인식된 재무성과표(Statement of Financial Performance)

3. 다음에 관한 정보가 표시되고 공시된 다른 재무제표와 주석
   ① 인식된 자산, 부채, 자본, 수익 및 비용(각각의 성격과 인식된 자산 및 부채에서 발생하는 위험에 대한 정보를 포함)
   ② 인식되지 않은 자산 및 부채(각각의 성격과 인식되지 않은 자산과 부채에서 발생하는 위험에 대한 정보를 포함)
   ③ 현금흐름
   ④ 자본청구권 보유자의 출자와 자본청구권 보유자에 대한 분배
   ⑤ 표시되거나 공시된 금액을 추정하는 데 사용된 방법, 가정과 판단 및 그러한 방법, 가정과 판단의 변경

Additional Comment

개념체계에서는 재무제표를 재무상태표와 재무성과표, 다른 재무제표와 주석으로 규정하고 있다. 여기서 말하는 재무성과표는 포괄손익계산서의 개념체계상 명칭이다. 또한 개념체계에서는 자본변동표와 현금흐름표를 그 밖의 재무제표라는 용어로 사용하고 있다. 이는 현금유입과 유출 및 자본청구권 보유자의 출자나 자본청구권 보유자에 대한 분배는 재무제표 요소가 아니며, 그러한 항목에 대한 정보를 제공하는 보고서는 인식된 요소를 요약하여 보여주지 않기 때문이다.

Self Study

1. 재무보고를 위한 개념체계
   일반목적 재무제표의 종류 – 재무상태표, 재무성과표, 그 밖의 재무제표, 주석
2. 기준서 1001호 '재무제표의 표시'
   일반목적 재무제표의 종류 – 재무상태표, 포괄손익계산서, 자본변동표, 현금흐름표, 주석

Ⅱ   보고기간(재무제표의 작성기간)

재무제표는 특정 기간인 보고기간에 대하여 작성되며, 보고기간 말과 보고기간 중에 존재했던 자산, 부채 (미인식된 자산과 부채 포함) 및 자본과 보고기간 동안의 수익과 비용에 관한 정보를 제공한다.

재무제표 이용자들이 변화와 추세를 식별하고 평가하는 것을 돕기 위해, 재무제표는 최소한 직전 연도에 대한 비교정보를 제공한다. 다음에 모두 해당하는 경우에는 미래에 발생할 수 있는 거래 및 사건에 대한 정보(미래전망 정보)를 재무제표에 포함한다.

> ① 그 정보가 보고기간 말 현재 또는 보고기간 중 존재했던 기업의 자산, 부채(미인식 자산이나 부채 포함)나 자본 또는 보고기간의 수익이나 비용과 관련된 경우
> ② 재무제표 이용자들에게 유용한 경우

Additional Comment

> 예를 들어, 미래현금흐름을 추정하여 자산이나 부채를 측정한다면, 그러한 추정 미래현금흐름에 대한 정보는 재무제 표 이용자들이 보고된 측정치(Measures)를 이해하는 데 도움을 줄 수 있다. 재무제표는 일반적으로 다른 유형의 미래 전망 정보(예 보고기업에 대한 경영진의 기대와 전략에 대한 설명자료)를 제공하지는 않는다.

재무제표의 목적을 달성하기 위해 보고기간 후 발생한 거래 및 그 밖의 사건에 대한 정보를 제공할 필요가 있다면 재무제표에 그러한 정보를 포함한다.

Ⅲ   재무제표에 채택된 관점

재무제표는 기업의 현재 및 잠재적 투자자, 대여자와 그 밖의 채권자 중 특정 집단의 관점이 아닌 보고기 업 전체의 관점에서 거래 및 그 밖의 사건에 대한 정보를 제공한다.

보고기업은 재무제표를 작성해야 하거나 작성하기로 선택한 기업이다. 보고기업은 단일의 실체이거나 어떤 실체의 일부일 수 있으며, 둘 이상의 실체로 구성될 수도 있다. 보고기업이 반드시 법적 실체일 필요는 없다. 보고기업별 재무제표는 다음과 같다.

① 연결재무제표(Consolidated Financial Statements): 한 기업(지배기업)이 다른 기업(종속기업)을 지배하는 경우 지배기업과 종속기업으로 구성되는 보고기업의 재무제표
② 비연결재무제표(Unconsolidated Financial Statements): 보고기업이 지배기업 단독인 경우의 재무제표
③ 결합재무제표(Combined Financial Statements): 지배·종속관계로 모두 연결되어 있지는 않은 둘 이상 실체들로 구성되는 보고기업의 재무제표

Additional Comment

실무에서는 기준서 제1110호에 따라 지배기업과 종속기업의 재무제표를 하나로 합친 연결재무제표를 작성하며, 지배기업은 기준서 제1027호에 따라 지배기업만의 비연결재무제표인 별도재무제표(Separate Financial Statements)를 작성한다. 따라서 기준서에서는 비연결재무제표라는 용어를 사용하지 않는다. 또한 국제회계기준에서는 결합재무제표의 작성을 요구하지 않는다.

V **재무제표 작성의 기본가정: 계속기업가정**

재무제표는 일반적으로 보고기업이 계속기업(Going Concern)이며 예측 가능한 미래에 영업을 계속할 것이라는 가정하에 작성된다. 따라서 기업이 청산을 하거나 거래를 중단하려는 의도가 없으며, 그럴 필요도 없다고 가정한다. 만약 그러한 의도나 필요가 있다면 재무제표는 계속기업과는 다른 기준에 따라 작성될 필요가 있을 수 있으며, 이 경우 사용된 기준을 재무제표에 기술한다.

Self Study

계속기업은 아래 네 가지 회계처리의 근간이 된다.
① 역사적 원가
② 감가상각
③ 자산과 부채의 유동·비유동 항목 분류
④ 수익·비용 이연

개념체계에 정의된 재무제표 요소는 경제적 자원, 청구권 및 경제적 자원과 청구권의 변동과 연계되어 있다.

재무제표의 요소 전체 구조					
정의	① 자산	② 부채	③ 자본	④ 수익	⑤ 비용
⇩					
인식	① 목적적합한 정보의 제공			② 충실한 표현을 제공	
⇩					
측정	① 역사적 원가	② 현행가치			
		공정가치	자산: 사용가치 부채: 이행가치	현행원가	
⇩					
제거	① 자산의 제거 통제를 상실하였을 때		② 부채의 제거 현재의무를 더 이상 부담하지 않을 때		
⇩					
표시와 공시	① 정보소통수단	② 목적과 원칙	③ 분류	④ 통합	

경제적 자원과 청구권은 보고기업의 재무상태를, 경제적 자원과 청구권의 변동은 보고기업의 재무성과를 각각 나타낸다. 보고기업의 재무상태 및 재무성과와 관련된 재무제표 요소는 다음과 같다.

1. 보고기업의 재무상태와 관련된 요소
   ① 자산: 과거 사건의 결과로 기업이 통제하는 현재의 경제적 자원
   ② 부채: 과거 사건의 결과로 기업의 경제적 자원을 이전해야 하는 현재의무
   ③ 자본: 기업의 자산에서 모든 부채를 차감한 후의 잔여지분

2. 보고기업의 재무성과와 관련된 요소
   ① 수익: 자본의 증가를 가져오는 자산의 증가나 부채의 감소(자본청구권 보유자의 출자와 관련된 것은 제외)
   ② 비용: 자본의 감소를 가져오는 자산의 감소나 부채의 증가(자본청구권 보유자에 대한 분배와 관련된 것은 제외)

I 자산

자산은 과거 사건의 결과로 기업이 통제하는 현재의 경제적 자원이다. 여기서 경제적 자원은 경제적 효익을 창출할 잠재력을 지닌 권리이다. 자산은 권리, 경제적 효익을 창출할 잠재력, 통제의 3가지 측면으로 구성된다.

경제적 효익을 창출할 잠재력을 지닌 권리는 다른 당사자의 의무에 해당하는 권리와 다른 당사자의 의무에 해당하지 않는 권리로 다음을 포함하여 다양한 형태가 있다.

---

1. 다른 당사자의 의무에 해당하는 권리
   ① 현금을 수취할 권리
   ② 재화나 용역을 제공받을 권리
   ③ 유리한 조건으로 다른 당사자와 경제적 자원을 교환할 권리(유리한 조건으로 경제적 자원을 구매하는 선도계약 또는 경제적 자원을 구매하는 옵션을 포함)
   ④ 특정 불확실한 미래사건이 발생하면 다른 당사자가 경제적 효익을 이전하기로 한 의무로 인해 효익을 얻을 권리
2. 다른 당사자의 의무에 해당하지 않는 권리
   ① 유형자산 또는 재고자산과 같이 물리적 대상에 대한 권리(물리적 대상을 사용할 권리 또는 리스제공자산의 잔존가치에서 효익을 얻을 권리)
   ② 지적재산권 사용권

많은 권리들은 계약과 법률 또는 이와 유사한 수단에 의해 성립된다. 예를 들어, 기업은 물리적 대상을 보유하거나 리스함으로써 획득할 수 있고, 채무상품이나 지분상품을 소유하거나 등록된 특허권을 소유함으로써 권리를 획득할 수 있다. 그러나 기업은 그 밖의 방법으로도 권리를 획득할 수 있다.

현금을 수취할 권리와는 달리, 일부 재화나 용역은 제공받는 즉시 소비된다. 이러한 재화나 용역으로 창출된 경제적 효익을 얻을 권리는 기업이 재화나 용역을 소비하기 전까지 일시적으로 존재한다.

기업의 모든 권리가 그 기업의 자산이 되는 것은 아니다. 권리가 기업의 자산이 되기 위해서는, 해당 권리가 그 기업을 위해서 다른 모든 당사자들이 이용 가능한 경제적 효익을 초과하는 경제적 효익을 창출할 잠재력이 있고, 그 기업에 의해 통제되어야 한다. 예를 들어, 유의적인 원가를 들이지 않고 모든 당사자들이 이용 가능한 권리를 보유하더라도 일반적으로 그것은 기업의 자산이 아니다. 기업은 기업 스스로부터 경제적 효익을 획득하는 권리를 가질 수는 없다. 따라서 다음의 경우에는 그 보고기업의 경제적 자원이 아니다.

---

① 기업이 발행한 후 재매입하여 보유하고 있는 채무상품이나 지분상품
② 만약 보고기업이 둘 이상의 법적 실체를 포함하는 경우, 그 법적 실체들 중 하나가 발행하고 다른 하나가 보유하고 있는 채무상품이나 지분상품

원칙적으로 기업의 권리 각각은 별도의 자산이다. 그러나 회계목적상 관련되어 있는 여러 권리가 단일 자산인 단일 회계단위로 취급되는 경우가 많다. 많은 경우에 물리적 대상에 대한 법적 소유권에서 발생하는 권리의 집합은 단일 자산으로 회계처리한다. 개념적으로 경제적 자원은 물리적 대상이 아니라 권리의 집합이다. 그럼에도 불구하고, 권리의 집합을 물리적 대상으로 기술하는 것이 때로는 그 권리의 집합을 가장 간결하고 이해하기 쉬운 방식으로 충실하게 표현하는 방법이 된다.

경우에 따라 권리의 존재 여부가 불확실할 수 있다. 예를 들어, 한 기업이 다른 당사자로부터 경제적 자원을 수취할 수 있는 권리가 있는지에 대해 서로 분쟁이 있을 수 있다. 그러한 존재불확실성이 해결(예 법원의 판결)될 때까지 기업은 권리를 보유하는지 불확실하고, 결과적으로 자산이 존재하는지도 불확실하다.

```
┌─ 자산의 요건 – 현재권리의 존재 ──────────────────────────────┐
```

구분		내용
권리의 성격	법적·계약적 권리	계약·법률에 의해 권리가 발생
	기타의 권리	노하우의 획득이나 창작 or 실무관행 등으로 권리가 발생
재화나 용역을 제공받을 권리		해당 재화와 용역을 소비하기 전까지 일시적으로 권리가 존재
기업 스스로부터 경제적 효익을 획득할 권리		자기사채와 자기주식은 권리로 볼 수 없음
여러 권리가 있는 자산		회계목적상 단일 자산인 단일 회계단위로 간주 가능
권리의 존재 여부가 불확실		결과적으로 자산의 존재 여부가 불확실하게 됨

Self Study

기업의 모든 권리가 그 기업의 자산이 되는 것은 아니다. 권리가 기업의 자산이 되기 위해서는, 해당 권리가 그 기업을 위해서 다른 모든 당사자들이 이용 가능한 경제적 효익을 초과하는 경제적 효익을 창출할 잠재력이 있고, 그 기업에 의해 통제되어야 한다.

02 자산의 요건 – 경제적 효익을 창출할 잠재력

경제적 자원은 경제적 효익을 창출할 잠재력을 지닌 권리이다. 경제적 자원이 잠재력을 가지기 위해 권리가 경제적 효익을 창출할 것이라고 확신하거나 그 가능성이 높아야 하는 것은 아니다. 권리가 이미 존재하고, 적어도 하나의 상황에서 그 기업을 위해 다른 모든 당사자들이 이용 가능한 경제적 효익을 초과하는 경제적 효익을 창출할 필요가 있다.

예를 들어, 경제적 자원은 기업에게 다음 중 하나 이상을 할 수 있는 자격이나 권한을 부여하여 경제적 효익을 창출할 수 있다.

① 계약상 현금흐름 또는 그 밖의 경제적 자원의 수취
② 다른 당사자와 유리한 조건으로 경제적 자원을 교환
③ 다음과 같은 방식으로 현금유입의 창출 또는 현금유출의 방지
  • 경제적 자원을 재화의 생산이나 용역의 제공을 위해 개별적으로 사용하거나 다른 경제적 자원과 함께 사용
  • 경제적 자원을 다른 경제적 자원의 가치를 증가시키기 위해 사용
  • 경제적 자원을 다른 당사자에게 리스
④ 경제적 자원을 판매하여 현금 또는 다른 경제적 자원을 수취
⑤ 경제적 자원을 이전하여 부채를 상환

경제적 효익을 창출할 가능성이 낮더라도 권리가 경제적 자원의 정의를 충족할 수 있고, 따라서 자산이 될 수 있다. 그럼에도 불구하고, 그러한 낮은 가능성은 자산의 인식 여부와 측정 방법의 결정을 포함하여, 자산과 관련하여 제공해야 할 정보와 그 정보를 제공하는 방법에 대한 결정에 영향을 미칠 수 있다.

경제적 자원의 가치가 미래경제적효익을 창출할 현재의 잠재력에서 도출되지만, 경제적 자원은 그 잠재력을 포함한 현재의 권리이며, 그 권리가 창출할 수 있는 미래경제적효익이 아니다.

지출의 발생과 자산의 취득은 밀접하게 관련되어 있으나 양자가 반드시 일치하는 것은 아니다. 따라서 기업이 지출한 경우 이는 미래경제적효익을 추구했다는 증거가 될 수는 있지만, 자산을 취득했다는 확정적인 증거는 될 수 없다. 마찬가지로 관련된 지출이 없더라도 특정 항목이 자산의 정의를 충족하는 것을 배제하지는 않는다. 예를 들어, 자산은 정부가 기업에게 무상으로 부여한 권리 또는 기업이 다른 당사자로부터 증여받은 권리를 포함할 수 있다.

자산의 요건 – 경제적 효익을 창출할 잠재력의 존재

구분		내용
경제적 자원의 개념		미래경제적효익을 창출할 잠재력을 지닌 현재의 권리
경제적 효익 창출가능성	가능성 높음	자산의 정의 충족 시 자산으로 인식함
	가능성 낮음	자산의 정의 충족하여도 자산으로 인식되지 않을 수 있음
지출의 발생과 자산의 취득		반드시 일치하는 것은 아님

03 자산의 요건 – 통제

통제는 경제적 자원을 기업에 결부시킨다. 통제의 존재 여부를 평가하는 것은 기업이 회계처리할 경제적 자원을 식별하는 데 도움이 된다. 기업은 경제적 자원의 사용을 지시하고 그로부터 유입될 수 있는 경제적 효익을 얻을 수 있는 현재의 능력이 있다면 그 경제적 자원을 통제한다. 통제에는 다른 당사자가 경제적 자원의 사용을 지시하고 이로부터 유입될 수 있는 경제적 효익을 얻지 못하게 하는 현재의 능력이 포함된다. 따라서 일방의 당사자가 경제적 자원을 통제하면 다른 당사자는 그 자원을 통제하지 못한다.

(1) 통제 – 사용지시권

기업은 경제적 자원을 자신의 활동에 투입할 수 있는 권리가 있거나 다른 당사자가 경제적 자원을 그들의 활동에 투입하도록 허용할 권리가 있다면, 그 경제적 자원의 사용을 지시할 수 있는 현재의 능력이 있다. 경제적 자원의 통제는 일반적으로 법적 권리를 행사할 수 있는 능력에서 비롯된다. 그러나 통제는 경제적 자원의 사용을 지시하고 이로부터 유입될 수 있는 효익을 얻을 수 있는 현재의 능력이 기업에게만 있도록 할 수 있는 경우에도 발생할 수 있다. 예를 들어, 기업이 공공의 영역에 속하지 않는 노하우에 접근할 수 있고 그 노하우를 지킬 수 있는 현재 능력이 있다면, 그 노하우가 등록된 특허에 의해 보호받지 못하더라도 노하우를 사용할 권리를 통제할 수 있다.

(2) 통제 – 효익획득권

기업이 경제적 자원을 통제하기 위해서는 해당 자원의 미래경제적효익이 다른 당사자가 아닌 그 기업에게 직접 또는 간접으로 유입되어야 한다. 통제의 이러한 측면은 모든 상황에서 해당 자원이 경제적 효익을 창출할 것이라고 보장할 수 있음을 의미하지는 않는다. 그 대신, 자원이 경제적 효익을 창출한다면 기업은 직접 또는 간접으로 그 경제적 효익을 얻을 수 있음을 의미한다. 경제적 자원에 의해 창출되는 경제적 효익의 유의적 변동에 노출된다는 것은 기업이 해당 자원을 통제한다는 것을 나타낼 수도 있다. 그러나 그것은 통제가 존재하는지에 대한 전반적인 평가에서 고려해야 할 하나의 요소일 뿐이다.

어떤 경우에는 한 당사자(본인)가 본인을 대신하고 본인을 위해 행동하도록 다른 당사자(대리인)를 고용한다. 예를 들어, 본인은 자신이 통제하는 재화를 판매하기 위해 대리인을 고용할 수 있다. 본인이 통제하는 경제적 자원을 대리인이 관리하고 있는 경우, 그 경제적 자원은 대리인의 자산이 아니다. 또한 본인이 통제하는 경제적 자원을 제3자에게 이전할 의무가 대리인에게 있는 경우 이전될 경제적 자원은 대리인의 것이 아니라 본인의 경제적 자원이기 때문에 그 의무는 대리인의 부채가 아니다.

자산의 요건 – 자원의 통제

구분		내용
통제 여부에 대한 판단기준	사용지시권	경제적 자원의 사용지시 능력이 관련 기업에게만 있어야 함
	효익획득권	경제적 자원의 미래효익이 관련 기업에게만 유입되어야 함
대리인이 관리하는 경제적 자원		본인이 통제하는 경우 해당 경제적 자원은 대리인의 자산이 아님

Example   자산에 해당하는지 판단 사례

사례 1) A사는 신기술 개발을 위하여 전문연구인력 5명을 채용하였다. 이들은 A사가 추진하는 자율주행자동차를 개발하는 업무에 투입되어 있으며, 성과를 내고 있다. 5명의 인적자원은 A사의 자산에 해당하는가?
➲ 전문연구인력은 자신의 의사에 따라 A사에서 다른 회사로 이직할 수 있기 때문에 A사가 통제하지 못한다. 그러므로 전문연구인력은 A사의 자산이 될 수 없다.

사례 2) B사는 바닷물을 분해하여 친환경 에너지를 얻는 기술을 개발하였으며, 곧 상용화 단계에 이를 것이다. 바닷물은 B사의 자산에 해당하는가?
➲ 바닷물은 누구든지 자유롭게 사용할 수 있으므로 B사의 자산이 될 수 없다.

부채는 과거사건의 결과로 기업이 경제적 자원을 이전해야 하는 현재의무이다. 부채가 존재하기 위해서는 다음의 3가지 조건을 모두 충족하여야 한다.

> ① 기업에게 의무가 있다.
> ② 의무는 경제적 자원을 이전하는 것이다.
> ③ 의무는 과거사건의 결과로 존재하는 현재의무이다.

01 부채의 요건 – 현재의무의 존재

부채에 대한 첫 번째 조건은 기업에게 의무가 있다는 것이다. 의무란 기업이 회피할 수 있는 실제 능력이 없는 책무나 책임을 말한다. 의무는 항상 다른 당사자(또는 당사자들, 이하 같음)에게 이행해야 한다. 다른 당사자는 사람이나 또 다른 기업, 사람들 또는 기업들의 집단, 사회 전반이 될 수 있다. 의무를 이행할 대상인 당사자의 신원을 알 필요는 없다.

한 당사자가 경제적 자원을 이전해야 하는 의무가 있는 경우, 다른 당사자는 그 경제적 자원을 수취할 권리가 있다. 그러나 한 당사자가 부채를 인식하고 이를 특정 금액으로 측정해야 한다는 요구사항이 다른 당사자가 자산을 인식하거나 동일한 금액으로 측정해야 한다는 것을 의미하지는 않는다. 예를 들어, 한 당사자의 부채와 이에 상응하는 다른 당사자의 자산에 대해, 서로 다른 인식기준이나 측정 요구사항이 표현하고자 하는 것을 가장 충실히 표현하는 목적적합한 정보를 선택하기 위한 결정이라면, 특정 회계기준은 그러한 서로 다른 기준이나 요구사항을 포함할 수 있다.

(1) 법적의무와 의제의무

많은 의무가 계약과 법률 또는 이와 유사한 수단에 의해 성립되며, 당사자가 채무자에게 법적으로 집행할 수 있도록 한다. 그러나 기업이 실무 관행과 공개한 경영방침, 특정 성명(서)과 상충되는 방식으로 행동할 실제 능력이 없는 경우, 기업의 그러한 실무 관행, 경영방침이나 성명(서)에서 의무가 발생할 수도 있다. 그러한 상황에서 발생하는 의무는 의제의무라고 불린다.

(2) 조건부의무

일부 상황에서 경제적 자원을 이전하는 기업의 책무나 책임은 기업 스스로 취할 수 있는 미래의 특정 행동을 조건으로 발생한다. 그러한 미래의 특정 행동에는 특정 사업을 운영하는 것과 미래의 특정 시점에 특정 시장에서 영업하는 것 또는 계약의 특정 옵션을 행사하는 것을 포함한다. 이러한 상황에서 기업은 그러한 행동을 회피할 수 있는 실제 능력이 없다면 의무가 있다. 기업이 그 기업을 청산하거나 거래를 중단하는 것으로만 이전을 회피할 수 있고 그 외에는 이전을 회피할 수 없다면, 기업의 재무 제표를 계속기업 기준으로 작성하는 것이 적절하다는 결론은 그러한 이전을 회피할 수 있는 실제 능력이 없다는 결론도 내포하고 있다. 기업이 경제적 자원의 이전을 회피할 수 있는 실제 능력이 있는지를 평가하는 데 사용되는 요소는 기업의 책무나 책임의 성격에 따라 달라질 수 있다. 예를 들어, 이전을 회피하기 위해 취하는 행동이 이전하는 것보다 유의적으로 더 불리한 경제적 결과를 가져온다면, 기업은 이전을 회피하기 위한 실제 능력이 없을 수 있다. 그러나 이전하고자 하는 의도나 높은 이전가능성은 기업이 이전을 회피할 실제 능력이 없다고 결론을 내릴 충분한 이유가 되지 않는다.

(3) 존재 여부가 불확실한 의무

의무가 존재하는지 불확실한 경우가 있다. 예를 들어, 다른 당사자가 기업의 범법행위 혐의에 대한 보상을 요구하는 경우, 그 행위가 발생했는지와 기업이 그 행위를 했는지, 또는 법률이 어떻게 적용되는지가 불확실할 수 있다. 예를 들어, 법원의 판결로 그 존재의 불확실성이 해소될 때까지 기업이 보상을 요구하는 당사자에게 의무가 있는지와 결과적으로 부채가 존재하는지 여부가 불확실하다.

부채의 요건 – 현재의무의 존재

구분		내용
현재의무	법적의무	계약 또는 법률에 의해 의무가 발생
	의제의무	실무 관행, 경영방침이나 특정 성명서에서 의무가 발생
조건부의무		해당 상황을 회피할 수 있는 능력이 없다면 의무가 존재함
의무의 존재가 불확실한 경우		부채의 존재 여부가 불확실하게 됨

02 부채의 요건 – 경제적 자원의 이전

부채에 대한 두 번째 조건은 경제적 자원을 이전하는 것이 의무라는 것이다. 이 조건을 충족하기 위해 의무에는 기업이 경제적 자원을 다른 당사자에게 이전해야 할 잠재력이 있어야 한다. 그러한 잠재력이 존재하기 위해서는 기업이 경제적 자원의 이전을 요구받을 것이 확실하거나 그 가능성이 높아야 하는 것은 아니다. 예를 들어, 불확실한 특정 미래사건이 발생할 경우에만 이전이 요구될 수도 있다. 의무가 이미 존재하고 적어도 하나의 상황에서 기업이 경제적 자원을 이전하도록 요구되기만 하면 된다.

경제적 자원의 이전가능성이 낮더라도 의무가 부채의 정의를 충족할 수 있다. 그럼에도 불구하고, 낮은 가능성은 부채의 인식 여부와 측정방법의 결정을 포함하여, 부채와 관련하여 제공해야 할 정보와 그 정보를 제공하는 방법에 대한 결정에 영향을 미칠 수 있다. 경제적 자원을 이전해야 하는 의무는 다음의 예를 포함한다.

① 현금을 지불할 의무
② 재화를 인도하거나 용역을 제공할 의무
③ 불리한 조건으로 다른 당사자와 경제적 자원을 교환할 의무(현재 불리한 조건으로 경제적 자원을 판매하는 선도계약 또는 다른 당사자가 해당 기업으로부터 경제적 자원을 구입할 수 있는 옵션을 포함)
④ 불확실한 특정 미래사건이 발생할 경우 경제적 자원을 이전할 의무
⑤ 기업에게 경제적 자원을 이전하도록 요구하는 금융상품을 발행할 의무

경제적 자원을 수취할 권리가 있는 당사자에게 그 경제적 자원을 이전해야 할 의무를 이행하는 대신에, 기업이 다음과 같이 결정하는 경우가 있다. 이러한 상황에서 기업은 해당 의무를 이행, 이전 또는 대체할 때까지 경제적 자원을 이전할 의무가 있다.

① 의무를 면제받는 협상으로 의무를 이행
② 의무를 제3자에게 이전
③ 새로운 거래를 체결하여 경제적 자원을 이전할 의무를 다른 의무로 대체

부채의 요건 – 경제적 자원의 이전 존재

구분		내용
경제적 자원의 이전		다른 당사자에게 경제적 자원을 이전하도록 요구받게 될 잠재력
경제적 자원의 이전 가능성	높은 경우	부채의 정의를 충족하면 부채로 인식함
	낮은 경우	부채의 정의를 충족하지만 부채로 인식되지 않을 수 있음
의무의 면제, 이전, 대체		해당 시점까지는 경제적 자원의 이전의무가 존재

03 부채의 요건 – 과거사건의 결과로 의무 존재

부채에 대한 세 번째 조건은 의무가 과거사건의 결과로 존재하는 현재의무라는 것이다. 현재의무는 다음 모두에 해당하는 경우에만 과거사건의 결과로 존재한다.

① 기업이 이미 경제적 효익을 얻었거나 조치를 취했고
② 그 결과로 기업이 이전하지 않아도 되었을 경제적 자원을 이전해야 하거나 이전하게 될 수 있는 경우

기업이 얻은 경제적 효익의 예에는 재화나 용역이 포함될 수 있다. 기업이 취한 조치의 예에는 특정 사업을 운영하거나 특정 시장에서 영업하는 것이 포함될 수 있다. 기업이 시간이 경과하면서 경제적 효익을 얻거나 조치를 취하는 경우, 현재의무는 그 기간 동안 누적될 수 있다.

새로운 법률이 제정되면 그 법률의 적용으로 경제적 효익을 얻게 되거나 조치를 취한 결과로 기업이 이전하지 않아도 되었을 경제적 자원을 이전해야 하거나 이전하게 될 수도 있는 경우에만 현재의무가 발생한다. 법률제정 그 자체만으로는 기업에 현재의무를 부여하기에 충분하지 않다. 이와 유사하게, 기업의 실무관행과 공개된 경영방침 또는 특정 성명(서)은 그에 따라 경제적 효익을 얻거나 조치를 취한 결과로 기업이 이전하지 않아도 되었을 경제적 자원을 이전해야 하거나 이전하게 될 수도 있는 경우에만 현재의무를 발생시킨다.

미래의 특정 시점까지 경제적 자원의 이전이 집행될 수 없더라도 현재의무는 존재할 수 있다. 예를 들어, 계약에서 미래의 특정 시점까지는 지급을 요구하지 않더라도 현금을 지급해야 하는 계약상 부채가 현재 존재할 수 있다. 이와 유사하게, 거래상대방이 미래의 특정 시점까지는 업무를 수행하도록 요구할 수 없더라도, 기업에게는 미래의 특정 시점에 업무를 수행해야 하는 계약상 의무가 현재 존재할 수 있다.

만약 기업이 이전하지 않아도 되었을 경제적 자원을 이전하도록 요구받거나 요구받을 수 있게 하는 경제적 효익의 수취나 조치가 아직 없는 경우, 기업은 경제적 자원을 이전해야 하는 현재의무가 없다. 예를 들어, 기업이 종업원의 용역을 제공받는 대가로 종업원에게 급여를 지급하는 계약을 체결한 경우, 기업은 종업원의 용역을 제공받을 때까지 급여를 지급할 현재의무가 없다. 그 전까지 계약은 미이행계약이며, 기업은 미래 종업원 용역에 대해서 미래급여를 교환하는 권리와 의무를 함께 보유하고 있다.

부채의 요건 – 과거사건의 결과로 의무 존재

구분	내용
현재의무발생 과거사건	기업이 이미 경제적 효익을 얻었거나 조치를 취했으며 그 결과로 경제적 자원을 이전해야 하거나 하게 될 수 있는 경우
새로운 법률의 제정	법률제정으로 경제적 자원을 이전해야 하는 경우에만 현재의무 존재
실무관행, 경영방침 등	실무관행 등으로 경제적 자원을 이전해야 하는 경우에만 현재의무 존재
자원의 집행이 이연되는 상황	특정 시점까지 경제적 자원의 이전이 집행되지 않아도 현재의무 존재
경제적 효익의 수취가 없는 경우	의무발생 과거사건이 없으므로 현재의무가 존재하지 않음

사례 1) 정부는 쓰레기 매립장 사업을 허용하는 법률을 제정하여 A사가 쓰레기 매립장 사업을 개시하였다. 동 법률에 따르면 A사가 쓰레기 매립장을 운용하면서 훼손된 토지만큼 정부가 지정하는 대체지에서 녹화사업을 수행하여야 한다. A사의 대체지 녹화사업은 부채에 해당하는가?

➲ 새로 제정된 법률에 따라 A사는 사업을 수행하게 되었으므로 경제적 효익을 얻는데, 그 결과로 A사는 정부가 지정하는 대체지에서 녹화사업을 수행해야 하며, 이는 A사가 이전하지 않아도 되었을 경제적 자원을 이전해야 하는 현재의무이므로 부채에 해당한다.

사례 2) B사는 자체 생산한 기계장치를 고객에게 판매하고 사용기간 5년 이내에 한하여 결함이 발생하면 무상수리서비스를 제공하기로 고객과 약속하였다. 이러한 무상수리서비스의 제공은 법적의무는 아니다. B사의 고객에 대한 무상수리서비스의 제공 약속은 부채에 해당하는가?

➲ 부채는 현재의무로서 법적의무뿐만 아니라 의제의무도 포함된다. 즉, 기업이 제품 판매 후 무상수리서비스를 제공하기로 고객에게 한 약속은 의제의무에 해당한다. 그리고 이러한 의제의무는 제품판매라는 과거 사건에 의해서 발생하였고, 의제의무를 이행하기 위해서 즉, 무상수리서비스를 제공하기 위해서 경제적 자원을 이전해야 할 잠재력이 있으므로 부채의 정의를 충족한다.

Ⅲ 자산과 부채에 대한 회계단위의 선택

01 회계단위의 선택

회계단위는 인식기준과 측정개념이 적용되는 권리나 권리의 집합, 의무나 의무의 집합 또는 권리와 의무의 집합이다. 인식기준과 측정개념이 자산이나 부채 그리고 관련 수익과 비용에 어떻게 적용될 것인지를 고려할 때, 그 자산이나 부채에 대해 회계단위가 선택된다. 어떤 경우에는 인식을 위한 회계단위와 측정을 위한 회계단위를 서로 다르게 선택하는 것이 적절할 수 있다.

기업이 자산의 일부 또는 부채의 일부를 이전하는 경우, 그때 회계단위가 변경되어 이전된 구성요소와 잔여 구성요소가 별도의 회계단위가 될 수 있다. 원가가 다른 재무보고 결정을 제약하는 것처럼 회계단위 선택도 제약한다. 따라서 회계단위를 선택할 때에는 회계단위의 선택으로 인해 재무제표 이용자들에게 제공되는 정보의 효익이 그 정보를 제공하고 사용하는 원가를 정당화할 수 있는지를 고려하는 것이 중요하다. 일반적으로 자산, 부채, 수익과 비용의 인식 및 측정에 관련된 원가는 회계단위의 크기가 작아짐에 따라 증가한다. 따라서 일반적으로 동일한 원천에서 발생하는 권리 또는 의무는 정보가 더 유용하고 그 효익이 원가를 초과하는 경우에만 분리한다.

권리와 의무 모두 동일한 원천에서 발생하는 경우가 있다. 예를 들어, 일부 계약은 각 당사자의 권리와 의무 모두를 성립시킨다. 그러한 권리와 의무가 상호의존적이고 분리될 수 없다면, 이는 단일한 불가분의 자산이나 부채를 구성하며 단일의 회계단위를 형성한다. 미이행계약이 그 예이다. 반대로, 권리가 의무와 분리될 수 있는 경우 의무와 권리를 별도로 분리하여 하나 이상의 자산과 부채를 별도로 식별하는 것이 적절할 수 있다. 다른 경우에는 분리 가능한 권리와 의무를 단일 회계단위로 묶어 단일의 자산이나 부채로 취급하는 것이 더 적절할 수 있다.

단일 회계단위로 권리와 의무의 집합과 의무를 처리하는 것은 자산과 부채를 상계하는 것과 다르다.

<table>
<tr><td colspan="3">회계단위의 선택</td></tr>
<tr><td colspan="2">구분</td><td>내용</td></tr>
<tr><td colspan="2">상호의존적 + 분리될 수 없는 경우</td><td>단일의 회계단위를 형성하여 단일의 자산, 부채로 식별</td></tr>
<tr><td rowspan="2">권리와 의무가
분리될 수 있는 경우</td><td>원칙</td><td>하나 이상의 자산과 부채로 식별</td></tr>
<tr><td>예외</td><td>단일의 회계단위로 묶어 단일의 자산, 부채로 식별</td></tr>
</table>

02 미이행계약에 대한 회계단위 선택

미이행계약은 계약당사자 모두가 자신의 의무를 전혀 수행하지 않았거나 계약당사자 모두가 동일한 정도로 자신의 의무를 부분적으로 수행한 계약이나 그 계약의 일부를 말한다.

미이행계약은 경제적 자원을 교환할 권리와 의무가 결합되어 확정된다. 그러한 권리와 의무는 상호의존적이어서 분리될 수 없다. 따라서 결합된 권리와 의무는 단일 자산 또는 단일 부채를 구성한다. 교환조건이 현재 유리할 경우 기업은 자산을 보유한다. 교환조건이 현재 불리한 경우에는 부채를 보유한다. 그러한 자산이나 부채가 재무제표에 포함되는지 여부는 그 자산 또는 부채에 대해 선택된 인식기준과 측정기준 및 손실부담계약인지에 대한 검토(해당되는 경우)에 따라 달라진다.

당사자 일방이 계약상 의무를 이행하면 그 계약은 더 이상 미이행계약이 아니다. 보고기업이 계약에 따라 먼저 수행하는 것은 보고기업의 경제적 자원을 교환할 권리와 의무를 경제적 자원을 수취할 권리로 변경하는 사건이 되며 그 권리는 자산이다. 다른 당사자가 먼저 수행하는 것은 보고기업의 경제적 자원을 교환할 권리와 의무를 경제적 자원을 이전할 의무로 변경하는 사건이 되며 그 의무는 부채이다.

Example 미이행계약

A사는 20×1년 10월 1일에 고객과 제품을 판매하는 계약을 체결하였다. 제품은 20×1년 11월 1일에 고객에게 인도하기로 하였다. 또한 제품을 고객에게 인도한 후에 판매대금을 수령하기로 하였다. 20×1년 10월 1일에 A사는 고객에게 제품을 인도하기로 한 약속은 부채에 해당하는가?

➡ A사가 20×1년 10월 1일에 고객과의 계약은 미이행계약에 해당한다. 계약 당시 어느 일방도 계약일 현재 계약상 의무를 이행하지 않았기 때문에 아무런 권리나 의무가 발생하지 않은 상태이다. 그러나 A사가 먼저 제품을 인도하는 의무를 이행하였다면 대금을 수취할 권리를 가지며, 이 권리는 자산의 정의를 충족한다. 한편, 거래상대방이 먼저 대금을 지급하는 의무를 이행하였다면 A사는 제품을 인도할 의무를 부담하며, 이 의무는 부채의 정의를 충족하게 된다.

<table>
<tr><td colspan="3">미이행계약에 대한 회계단위의 선택</td></tr>
<tr><td colspan="2">구분</td><td>내용</td></tr>
<tr><td rowspan="2">당사자 모두가 계약을
수행하지 않은 상태</td><td>교환조건이 유리</td><td>유리한 조건에 대한 자산을 보유</td></tr>
<tr><td>교환조건이 불리</td><td>불리한 조건에 대한 부채를 보유</td></tr>
<tr><td rowspan="2">당사자 일방이
계약을 수행한 상태</td><td>보고기업이 먼저 수행</td><td>수취할 권리에 대한 자산을 보유</td></tr>
<tr><td>다른 당사자가 먼저 수행</td><td>이전할 의무에 대한 부채를 보유</td></tr>
</table>

03 계약상 권리와 의무의 실질을 고려한 회계단위의 선택

계약조건은 계약당사자인 기업의 권리와 의무를 창출한다. 그러한 권리와 의무를 충실하게 표현하기 위해서는 재무제표에 그 실질을 보고한다. 어떤 경우에는 계약의 법적형식에서 권리와 의무의 실질이 분명하다. 다른 경우에는 그 권리와 의무의 실질을 식별하기 위해서 계약조건, 계약집합이나 일련의 계약을 분석할 필요가 있다.

계약의 모든 조건(명시적 또는 암묵적)은 실질이 없지 않는 한 고려되어야 한다. 암묵적 조건의 예에는 법령에 의해 부과된 의무가 포함될 수 있으며 실질이 없는 조건은 무시된다. 조건이 계약의 경제적 측면에서 구별될 수 있는 영향을 미치지 않는다면, 그 조건은 실질이 없다.

계약의 집합 또는 일련의 계약은 전반적인 상업적 효과를 달성하거나 달성하도록 설계될 수 있다. 그러한 계약의 실질을 보고하려면, 해당 계약의 집합 또는 일련의 계약에서 발생하는 권리와 의무를 단일 회계단위로 처리해야 할 수 있다.

Ⅳ 자본의 정의와 특성

자본은 기업의 자산에서 모든 부채를 차감한 후의 잔여지분이다. 자본청구권은 기업의 자산에서 모든 부채를 차감한 후의 잔여지분에 대한 청구권이다. 즉, 부채의 정의에 부합하지 않는 기업에 대한 청구권이다. 그러한 청구권은 계약, 법률 또는 이와 유사한 수단에 의해 성립될 수 있으며, 부채의 정의를 충족하지 않는 한 다음을 포함한다.

> ① 기업이 발행한 다양한 유형의 지분
> ② 기업이 또 다른 자본청구권을 발행할 의무

보통주 및 우선주와 같이 서로 다른 종류의 자본청구권은 보유자에게 서로 다른 권리를 부여할 수 있다. 법률, 규제 또는 그 밖의 요구사항이 자본금 또는 이익잉여금과 같은 자본의 특정 구성요소에 영향을 미치는 경우가 있다. 예를 들어, 그러한 요구사항 중 일부는 분배 가능한 특정 준비금이 충분한 경우에만 자본청구권 보유자에게 분배를 허용한다.

사업활동은 개인기업, 파트너십, 신탁 또는 다양한 유형의 정부 사업체와 같은 실체에서 수행되는 경우가 있다. 그러한 실체에 대한 법률 및 규제 체계는 회사에 적용되는 체계와 다른 경우가 있다. 예를 들어, 그러한 실체에 대한 자본청구권 보유자에게 분배제한이 거의 없을 수(있더라도 드물게) 있다. 그럼에도 불구하고, 개념체계의 자본의 정의는 모든 보고기업에 적용된다.

V 수익과 비용의 정의와 특성

수익은 자산의 증가 또는 부채의 감소로서 자본의 증가를 가져오며, 자본청구권 보유자의 출자와 관련된 것을 제외한다. 비용은 자산의 감소 또는 부채의 증가로서 자본의 감소를 가져오며, 자본청구권 보유자에 대한 분배와 관련된 것을 제외한다. 이러한 수익과 비용의 정의에 따라 자본청구권 보유자로부터의 출자는 수익이 아니며 자본청구권 보유자에 대한 분배는 비용이 아니다.

수익과 비용은 기업의 재무성과와 관련된 재무제표 요소이다. 재무제표 이용자들은 기업의 재무상태와 재무성과에 대한 정보가 필요하다. 따라서 수익과 비용은 자산과 부채의 변동으로 정의되지만 수익과 비용에 대한 정보는 자산과 부채에 대한 정보만큼 중요하다.

서로 다른 거래나 그 밖의 사건은 서로 다른 특성을 지닌 수익과 비용을 발생시킨다. 수익과 비용의 서로 다른 특성별로 정보를 별도로 제공하면 재무제표 이용자들이 기업의 재무성과를 이해하는 데 도움이 될 수 있다.

핵심 Check 1

'재무보고를 위한 개념체계'에 따르면 자산은 과거 사건의 결과로 기업이 통제하는 현재의 경제적 자원이며, 경제적 자원은 경제적 효익을 창출할 잠재력을 지닌 권리이다. 자산과 관련된 다음의 설명 중 올바른 것은?

① 지출의 발생과 자산의 취득은 밀접하게 관련되어 있으므로 지출이 없다면 특정 항목은 자산의 정의를 충족할 수 없다.
② 기업은 기업 스스로부터 경제적 효익을 획득하는 권리를 가질 수도 있다.
③ 잠재력이 있기 위해 권리가 경제적 효익을 창출할 것이라고 확신하거나 그 가능성이 높아야 한다.
④ 경제적 자원의 가치가 미래경제적효익을 창출할 현재의 잠재력에서 도출되지만, 경제적 자원은 그 잠재력을 포함한 현재의 권리이며, 그 권리가 창출할 수 있는 미래경제적효익이 아니다.
⑤ 권리가 기업의 자산이 되기 위해서는, 해당 권리가 그 기업을 위해서 다른 모든 당사자들이 이용 가능한 경제적 효익과 동일한 경제적 효익을 창출할 잠재력이 있고, 그 기업에 의해 통제되어야 한다.

풀이

① 지출의 발생과 자산의 취득은 밀접하게 관련되어 있으나 양자가 반드시 일치하는 것은 아니다. 따라서 기업이 지출한 경우 이는 미래경제적효익을 추구했다는 증거가 될 수는 있지만, 자산을 취득했다는 확정적인 증거가 될 수 없다. 마찬가지로 관련된 지출이 없더라도 특정 항목이 자산의 정의를 충족하는 것을 배제하지는 않는다.
② 기업은 기업 스스로부터 경제적 효익을 획득하는 권리를 가질 수는 없다.
③ 잠재력이 있기 위해 권리가 경제적 효익을 창출할 것이라고 확신하거나 그 가능성이 높아야 하는 것은 아니다. 권리가 이미 존재하고, 적어도 하나의 상황에서 그 기업을 위해 다른 모든 당사자들에게 이용 가능한 경제적 효익을 초과하는 경제적 효익을 창출할 수 있으면 된다. 경제적 효익을 창출할 가능성이 낮더라도 권리가 경제적 자원의 정의를 충족할 수 있고, 따라서 자산이 될 수 있다. 그럼에도 불구하고, 그러한 낮은 가능성은 자산의 인식 여부와 측정방법을 포함하여, 자산과 관련하여 제공해야 할 정보와 그 정보를 제공하는 방법에 대한 결정에 영향을 미칠 수 있다.
⑤ 권리가 기업의 자산이 되기 위해서는, 해당 권리가 그 기업을 위해서 다른 모든 당사자들이 이용 가능한 경제적 효익을 초과하는 경제적 효익을 창출할 잠재력이 있어야 한다.

정답: ④

다음 중 '재무보고를 위한 개념체계'의 내용과 다른 것은?

① 회계단위는 인식기준과 측정개념이 적용되는 권리나 권리의 집합, 의무나 의무의 집합 또는 권리와 의무의 집합이다.

② 일반적으로 자산, 부채, 수익과 비용의 인식 및 측정에 관련된 원가는 회계단위의 크기가 작아짐에 따라 증가한다.

③ 당사자 일방이 계약상 의무를 이행하면 그 계약은 더 이상 미이행계약이 아니다. 보고기업이 계약에 따라 먼저 수행한다면, 그렇게 수행하는 것은 보고기업의 경제적 자원을 교환할 권리와 의무를 경제적 자원을 수취할 권리로 변경하는 사건이 된다. 그 권리는 자산이다.

④ 미이행계약은 경제적 자원을 교환할 권리와 의무가 결합되어 성립된다. 그러한 권리와 의무는 상호의존적이어서 분리될 수 없다. 따라서 결합된 권리와 의무는 단일 자산 또는 단일 부채를 구성한다. 교환조건이 현재 유리할 경우 기업은 자산을 보유하며, 교환조건이 현재 불리한 경우 부채를 보유한다.

⑤ 계약의 모든 조건(명시적 또는 암묵적)은 고려되어야 한다.

풀이

계약의 모든 조건(명시적 또는 암묵적)은 실질이 있는 한 고려되어야 한다. 암묵적 조건의 예에는 법령에 의해 부과된 의무가 포함될 수 있다. 실질이 없는 조건은 무시된다. 조건이 계약의 경제적 측면에서 구별될 수 있는 영향을 미치지 않는다면 그 조건은 실질이 없다.

정답: ⑤

6 재무제표 요소의 인식과 제거

I 재무제표 요소의 인식

인식은 자산, 부채, 자본, 수익 또는 비용과 같은 재무제표 요소 중 하나의 정의를 충족하는 항목을 재무상태표나 재무성과표에 포함하기 위하여 포착하는 과정이다. 인식은 그러한 재무제표 중 하나에 어떤 항목(단독으로 또는 다른 항목과 통합하여)을 명칭과 화폐금액으로 나타내고, 그 항목을 해당 재무제표의 하나 이상의 합계에 포함시키는 것과 관련된다. 자산, 부채 또는 자본이 재무상태표에 인식되는 금액을 장부금액이라고 한다.

재무상태표와 재무성과표는 재무정보를 비교 가능하고 이해하기 쉽도록 구성한 구조화된 요약으로, 기업이 인식하는 자산, 부채, 자본, 수익 및 비용을 나타낸다. 이러한 요약의 구조상 중요한 특징은 재무제표에 인식하는 금액은 재무제표에 인식될 항목들이 연계되는 총계들과 (해당될 경우) 소계들에 포함된다는 점이다. 인식에 따라 재무제표 요소, 재무상태표 및 재무성과표가 다음과 같이 연계된다.

1. 재무상태표의 보고기간 기초와 기말의 총자산에서 총부채를 차감한 것은 총자본과 같다.

2. 보고기간에 인식한 자본변동은 다음과 같이 구성되어 있다.
   ① 재무성과표에 인식된 수익에서 비용을 차감한 금액
   ② 자본청구권 보유자로부터의 출자에서 자본청구권 보유자에 대한 분배를 차감한 금액

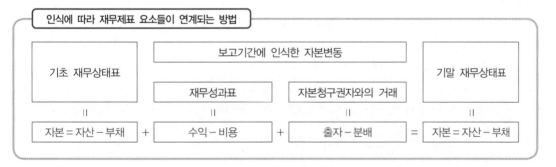

하나의 항목(또는 장부금액의 변동)의 인식은 하나 이상의 다른 항목의 인식 또는 제거가 필요하기 때문에 재무제표들은 다음과 같이 연계된다.

> 1. 수익의 인식은 다음과 동시에 발생한다.
>   ① 자산의 최초 인식 또는 자산의 장부금액의 증가
>   ② 부채의 제거 또는 부채의 장부금액의 감소
>
> 2. 비용의 인식은 다음과 동시에 발생한다.
>   ① 부채의 최초 인식 또는 부채의 장부금액의 증가
>   ② 자산의 제거 또는 자산의 장부금액의 감소

거래나 그 밖의 사건에서 발생된 자산이나 부채의 최초 인식에 따라 수익과 관련 비용을 동시에 인식할 수 있다. 예를 들어, 재화의 현금판매에 따라 수익(현금과 같은 자산의 인식으로 발생)과 비용(재화의 판매와 같이 다른 자산의 제거로 발생)을 동시에 인식하게 된다. 수익과 관련 비용의 동시 인식은 때때로 수익과 관련 원가의 대응을 나타낸다. '재무보고를 위한 개념체계'의 개념을 적용하면 자산과 부채의 변동을 인식할 때 이러한 대응이 나타난다. 그러나 원가와 수익의 대응은 개념체계의 목적이 아니다. 개념체계는 재무상태표에서 자산, 부채, 자본의 정의를 충족하지 않는 항목의 인식을 허용하지 않는다.

II 인식기준

자산, 부채 또는 자본의 정의를 충족하는 항목만이 재무상태표에 인식된다. 마찬가지로 수익이나 비용에 대한 정의를 충족하는 항목만이 재무성과표에 반영된다. 그러나 그러한 요소 중 하나의 정의를 충족하는 항목이라고 할지라도 항상 인식되는 것은 아니다.

요소의 정의를 충족하는 항목을 인식하지 않는 것은 재무상태표 및 재무성과표를 완전하지 않게 하고 재무제표에서 유용한 정보를 제외할 수 있다. 반면에, 어떤 상황에서는 요소의 정의를 충족하는 일부 항목을 인식하는 것이 오히려 유용한 정보를 제공하지 않을 수 있다. 자산이나 부채를 인식하고 이에 따른 결과로 수익, 비용 또는 자본변동을 인식하는 것이 재무제표 이용자들에게 다음과 같이 유용한 정보를 모두 제공하는 경우에만 자산이나 부채를 인식한다.

> ① 목적적합성: 자산이나 부채에 대한 그리고 이에 따른 결과로 발생하는 수익, 비용 또는 자본변동에 대한 목적적합한 정보
> ② 표현충실성: 자산이나 부채 그리고 이에 따른 결과로 발생하는 수익, 비용 또는 자본변동의 충실한 표현

한편, 질적특성의 제약요인인 원가는 다른 재무보고 결정을 제약하는 것처럼 인식에 대한 결정도 제약한다. 자산이나 부채를 인식할 때 원가가 발생한다. 재무제표 작성자는 자산이나 부채의 목적적합한 측정을 위해 원가를 부담한다. 재무제표 이용자들도 제공된 정보를 분석하고 해석하기 위해 원가를 부담한다. 재무제표 이용자들에게 제공되는 정보의 효익이 그 정보를 제공하고 사용하는 원가를 정당화할 수 있는 경우에 자산이나 부채를 인식한다. 어떤 경우에는 인식하기 위한 원가가 인식으로 인한 효익을 초과할 수 있다.

또한 자산이나 부채의 정의를 충족하는 항목이 인식되지 않더라도, 기업은 해당 항목에 대한 정보를 주석에 제공해야 할 수도 있다. 재무상태표와 재무성과표에서 제공하는 구조화된 요약에 그 항목이 포함되지 않은 것을 보완하기 위해 그러한 정보를 어떻게 충분히 보여줄 수 있는 지를 고려하는 것이 중요하다.

01 인식요건 – 목적적합성

자산, 부채, 자본, 수익과 비용에 대한 정보는 재무제표 이용자들에게 목적적합하다. 그러나 특정 자산이나 부채의 인식과 이에 따른 결과로 발생하는 수익, 비용 또는 자본변동을 인식하는 것이 항상 목적적합한 정보를 제공하지 않을 수 있다. 자산이나 부채가 존재하는지 불확실하거나 자산이나 부채가 존재하지만 경제적 효익의 유입가능성이나 유출가능성이 낮은 경우가 그러할 수 있다.

(1) 자산이나 부채가 존재하는지 불확실한 경우

어떤 경우 존재불확실성은 경제적 효익의 유입가능성이나 유출가능성이 낮고 발생가능한 결과의 범위가 매우 광범위한 상황과 결합될 수 있는데, 이는 자산이나 부채를 반드시 단일 금액으로만 측정하여 인식하는 것이 목적적합한 정보를 제공하지는 않음을 의미할 수 있다. 자산이나 부채가 인식되는지 여부에 관계없이, 이와 관련된 불확실성에 대한 설명정보가 재무제표에 제공되어야 할 수도 있다.

(2) 자산이나 부채가 존재하지만 경제적 효익의 유입가능성이나 유출가능성이 낮은 경우

경제적 효익의 유입가능성이나 유출가능성이 낮은 경우에도 자산이나 부채가 존재할 수 있다. 경제적 효익의 유입가능성이나 유출가능성이 낮다면, 그 자산이나 부채에 대해 가장 목적적합한 정보는 발생 가능한 유입이나 유출의 크기, 발생 가능한 시기 및 발생가능성에 영향을 미치는 요인에 대한 정보일 수 있다. 이러한 정보는 일반적으로 주석에 기재한다. 경제적 효익의 유입가능성이나 유출가능성이 낮더라도, 자산이나 부채를 인식하는 것이 목적적합한 정보를 제공할 수 있다.

02 인식요건 – 표현의 충실성

특정 자산이나 부채를 인식하는 것은 목적적합한 정보를 제공할 뿐만 아니라 해당 자산이나 부채 및 이에 따른 결과로 발생하는 수익, 비용 또는 자본변동에 대한 충실한 표현을 제공할 경우에 적절하다. 충실한 표현이 제공될 수 있는지는 자산이나 부채와 관련된 측정불확실성의 수준 또는 다른 요인에 의해 영향을 받을 수 있다.

(1) 자산이나 부채의 측정에 불확실성이 있는 경우

자산이나 부채를 인식하기 위해서는 측정을 해야 한다. 많은 경우 그러한 측정은 추정되어야 하며 따라서 측정불확실성의 영향을 받는다. 합리적인 추정의 사용은 재무정보 작성의 필수적인 부분이며 추정치를 명확하고 정확하게 기술하고 설명한다면 정보의 유용성을 훼손하지 않는다. 높은 수준의 측정불확실성이 있더라도 그러한 추정치가 유용한 정보를 반드시 제공하지 못하는 것은 아니다. 경우에 따라 자산이나 부채를 측정할 때 추정과 관련된 불확실성 수준이 너무 높아서, 이러한 추정으로 해당 자산이나 부채 및 이에 따른 결과로 발생하는 수익, 비용 또는 자본의 변동을 충분히 충실하게 표현할 수 있는지 의심스러울 수 있다.

자산이나 부채를 측정할 때 추정과 관련된 불확실성 수준이 너무 높은 경우에 대한 설명과 추정에 영향을 미칠 수 있는 불확실성에 대한 설명을 동반한다면, 불확실성이 높은 추정에 의존하는 측정이 가장 유용한 정보일 수 있다. 특히 측정이 자산이나 부채에 가장 목적적합한 측정인 경우에 그러할 수 있다. 다른 경우, 그 정보가 자산이나 부채와 이에 따른 결과로 발생하는 수익, 비용 또는 자본변동에 대해 충분히 충실하게 표현하지 못한다면, 비교적 목적적합성은 낮지만 측정불확실성이 낮은 다른 측정치가 가장 유용한 정보일 수 있다.

(2) 다른 요소들이 있는 경우

인식된 자산, 부채, 자본, 수익 또는 비용의 충실한 표현은 해당 항목의 인식뿐만 아니라 그 항목의 측정 및 표시와 관련 정보의 공시를 포함한다. 따라서 자산이나 부채의 인식으로 그 자산이나 부채를 충실하게 표현할 수 있는지를 평가할 때, 재무상태표에 이에 대한 설명과 측정뿐만 아니라 다음을 고려할 필요가 있다.

① 결과적으로 발생하는 수익, 비용 및 자본변동에 대한 서술
② 관련 자산과 부채가 인식되는지 여부
③ 자산이나 부채 그리고 이에 따른 결과로 발생하는 수익, 비용 또는 자본변동에 대한 정보의 표시와 공시

인식을 위한 목적적합성과 표현의 충실성

구분		내용
목적적합한 정보의 제공	자산·부채의 존재가 불확실한 경우	불확실성 관련 정보를 제공하고, 자산이나 부채 인식가능
	효익의 유입가능성이 낮은 경우	인식하는 것이 목적적합하다면, 자산이나 부채 인식가능
표현충실한 정보의 제공	자산·부채의 측정이 불확실한 경우	불확실성 관련 정보를 제공하고, 자산이나 부채 인식가능
	다른 요인이 있는 경우	인식한 항목 관련 정보를 추가로 제공하면 표현충실성이 상승

Additional Comment

재무보고를 위한 개념체계가 개정됨에 따라 인식기준이 목적적합성과 표현충실성을 충족할 때 재무제표의 요소를 인식하도록 규정하고 있다. 그러나 한국채택국제회계기준의 각 기준서에서는 아직 과거 재무보고를 위한 개념체계의 인식기준을 그대로 사용하고 있다. 재무보고를 위한 개념체계는 한국채택국제회계기준에 우선하지 않으므로 각 기준서의 인식기준이 우선 적용되어야 함을 기억해야 한다.

Ⅲ 제거기준

제거는 기업의 재무상태표에서 인식된 자산이나 부채의 전부 또는 일부를 삭제하는 것이다. 제거는 일반적으로 해당 항목이 더 이상 자산 또는 부채의 정의를 충족하지 못할 때 발생한다.

> ① 자산은 일반적으로 기업이 인식한 자산의 전부 또는 일부에 대한 통제를 상실하였을 때 제거한다.
> ② 부채는 일반적으로 기업이 인식한 부채의 전부 또는 일부에 대한 현재의무를 더 이상 부담하지 않을 때 제거한다.

제거에 대한 회계 요구사항은 다음 두 가지를 충실히 표현하는 것을 목표로 한다. 제거가 두 가지 목표를 달성하기에 충분하지 않은 경우, 이전된 구성요소를 계속 인식함으로써 두 가지 목표를 달성할 수 있는 경우도 있다.

> ① 제거를 초래하는 거래나 그 밖의 사건 후의 잔여 자산과 부채(그 거래나 그 밖의 사건의 일부로 취득, 발생 또는 창출한 자산이나 부채 포함)
> ② 그 거래나 그 밖의 사건으로 인한 기업의 자산과 부채의 변동

7 재무제표 요소의 측정

재무제표에 인식된 요소들은 화폐단위로 수량화되어 있다. 이를 위해 측정기준을 선택해야 한다. 측정기준은 측정 대상 항목에 대해 식별된 속성이다. 자산이나 부채에 측정기준을 적용하면 해당 자산이나 부채, 관련 수익과 비용의 측정치가 산출된다. 유용한 재무정보의 질적특성과 원가제약을 고려함으로써 서로 다른 자산, 부채, 수익과 비용에 대해 서로 다른 측정기준을 선택하게 될 수 있을 것이다. 개별 기준서에는 그 기준서에서 선택한 측정기준을 적용하는 방법이 기술될 필요가 있을 것이다. 측정기준은 역사적 원가와 현행가치가 있으며, 측정 대상과 주어진 상황에 따라 다양한 방법으로 결합되어 사용된다.

측정기준의 종류

구분	유입가치	유출가치
과거	역사적 원가	해당사항 없음[1]
현재	현행원가	공정가치
미래	해당사항 없음[1]	사용가치 및 이행가치

[1] 과거에 유출된 자산과 미래에 유입될 자산은 현재 기업실체의 자산이 아니므로 측정에 대한 기준을 구비할 필요가 없다.

I 측정기준 – 역사적 원가

역사적 원가 측정치는 적어도 부분적으로 자산, 부채 및 관련 수익과 비용을 발생시키는 거래나 그 밖의 사건의 가격에서 도출된 정보를 사용하여 자산, 부채 및 관련 수익과 비용에 관한 화폐적 정보를 제공한다. 현행가치와 달리 역사적 원가는 자산의 손상이나 손실부담에 따른 부채와 관련되는 변동을 제외하고는 가치의 변동을 반영하지 않는다.

자산을 취득하거나 창출할 때의 역사적 원가는 자산의 취득 또는 창출에 소요되는 원가의 가치로서, 자산을 취득 또는 창출하기 위하여 지급한 대가와 거래원가를 포함한다. 부채가 발생하거나 인수할 때의 역사적 원가는 발생시키거나 인수하면서 수취한 대가에서 거래원가를 차감한 가치이다.

시장 조건에 따른 거래가 아닌 사건으로 자산을 취득하거나 창출할 때 또는 부채를 발생시키거나 인수할 때, 원가를 식별할 수 없거나 그 원가가 자산이나 부채에 관한 목적적합한 정보를 제공하지 못할 수 있다. 이러한 경우 그 자산이나 부채의 현행가치가 최초 인식시점의 간주원가로 사용되며 그 간주원가는 역사적 원가로 후속 측정할 때의 시작점으로 사용된다.

자산의 역사적 원가는 다음의 상황을 나타내기 위하여 필요하다면 시간의 경과에 따라 갱신되어야 한다.

① 자산을 구성하는 경제적 자원의 일부 또는 전부를 소비(감가상각 또는 상각)
② 자산의 일부 또는 전부를 소멸시키면서 받는 대금
③ 자산의 역사적 원가의 일부 또는 전부를 더 이상 회수할 수 없게 하는 사건(손상)의 영향
④ 자산의 금융요소를 반영하는 이자의 발생

또한, 부채의 역사적 원가는 다음을 반영하기 위하여 필요하다면 시간의 경과에 따라 갱신되어야 한다.

① 부채 중 일부 또는 전부의 이행(예 부채의 일부 또는 전부를 소멸시키는 지급이나 재화를 인도할 의무의 이행)
② 부채의 이행에 필요한 경제적 자원을 이전해야 하는 의무의 가치를 증가(손실 부담 한도까지)시키는 사건의 영향과 부채의 역사적 원가가 부채를 이행할 의무를 더 이상 충분히 반영하지 못한다면 그러한 부채는 손실 부담 부채이다.
③ 부채의 금융요소를 반영하는 이자의 발생

역사적 원가 측정기준을 금융자산과 금융부채에 적용하는 한 가지 방법은 상각후원가로 측정하는 것이다. 금융자산과 금융부채의 상각후원가는 최초로 인식할 때 결정된 이자율로 할인한 미래현금흐름 추정치를 반영한다. 변동금리상품의 경우, 할인율은 변동금리의 변동을 반영하기 위해 갱신된다. 금융자산과 금융부채의 상각후원가는 이자의 발생, 금융자산의 손상 및 수취 또는 지급과 같은 후속 변동을 반영하기 위해 시간의 경과에 따라 갱신된다.

II 측정기준 - 현행가치

현행가치 측정치는 측정일의 조건을 반영하기 위해 갱신된 정보를 사용하여 자산, 부채 및 관련 수익과 비용의 화폐적 정보를 제공한다. 이러한 갱신에 따라 자산과 부채의 현행가치는 이전 측정일 이후의 변동, 즉 현행가치에 반영되는 현금흐름과 그 밖의 요소의 추정치의 변동을 반영한다. 역사적 원가와는 달리, 자산이나 부채의 현행가치는 자산이나 부채를 발생시킨 거래나 그 밖의 사건의 가격으로부터 부분적으로라도 도출되지 않는다. 이러한 현행가치의 측정기준은 공정가치와 자산의 사용가치 및 부채의 이행가치, 현행원가를 포함한다.

01 공정가치

공정가치(FV; Fair Value)는 측정일에 시장참여자 사이의 정상거래에서 자산을 매도할 때 받거나 부채를 이전할 때 지급하게 될 가격이다. 공정가치는 기업이 접근할 수 있는 시장의 참여자 관점을 반영한다. 시장참여자가 경제적으로 최선의 행동을 한다면 자산이나 부채의 가격을 결정할 때 사용할 가정과 동일한 가정을 사용하여 그 자산이나 부채를 측정한다.

공정가치는 자산을 취득할 때 발생한 거래원가로 인해 증가하지 않으며 부채를 발생시키거나 인수할 때 발생한 거래원가로 인해 감소하지 않는다. 또한 공정가치는 자산의 궁극적인 처분이나 부채의 이전 또는 결제에서 발생할 거래원가를 반영하지 않는다.

공정가치는 활성시장에서 관측되는 가격으로 직접 결정될 수 있다. 만약 공정가치가 활성시장에서 직접 관측되지 않는 경우에도 현금흐름기준 측정기법 등을 사용하여 간접적으로 결정된다.

02 자산의 사용가치 및 부채의 이행가치

사용가치는 기업이 자산의 사용과 궁극적인 처분으로 얻을 것으로 기대하는 현금흐름 또는 그 밖의 경제적 효익의 현재가치이다. 이행가치는 기업이 부채를 이행할 때 이전해야 하는 현금이나 그 밖의 경제적 자원의 현재가치이다. 이러한 현금이나 그 밖의 경제적 자원의 금액은 거래상대방에게 이전되는 금액뿐만 아니라 기업이 그 부채를 이행할 수 있도록 하기 위해 다른 당사자에게 이전할 것으로 기대하는 금액도 포함한다.

사용가치와 이행가치는 미래현금흐름에 기초하기 때문에 자산을 취득하거나 부채를 인수할 때 발생하는 거래원가는 포함하지 않는다. 그러나 사용가치와 이행가치에는 기업이 자산을 궁극적으로 처분하거나 부채를 이행할 때 발생할 것으로 기대되는 거래원가의 현재가치가 포함된다.

사용가치와 이행가치는 시장참여자의 관점보다는 기업 특유의 관점을 반영한다. 사용가치와 이행가치는 직접 관측될 수 없으며 현금흐름기준 측정기법으로 결정된다.

03 현행원가

자산의 현행원가(Current Cost)는 측정일 현재 동등한 자산의 원가로서 측정일에 지급할 대가와 그 날에 발생할 거래원가를 포함한다. 부채의 현행원가는 측정일 현재 동등한 부채에 대해 수취할 수 있는 대가에서 그 날 발생할 거래원가를 차감한다. 현행원가는 역사적 원가와 마찬가지로 유입가치이다. 이는 기업이 자산을 취득하거나 부채를 발생시킬 시장에서의 가격을 반영한다. 이런 이유로, 현행원가는 유출가치인 공정가치, 사용가치 또는 이행가치와 다르다. 그러나 현행원가는 역사적 원가와 달리 측정일의 조건을 반영한다.

자산과 부채의 측정기준

구분		자산	부채
역사적 원가		과거 지급 대가 + 발생한 거래원가	과거 수취한 대가 − 발생한 거래원가
현행가치	현행원가	측정일에 동등한 자산의 원가로서 지급할 대가 + 발생한 거래원가	측정일에 동등한 부채에 대해 수취할 대가 − 발생한 거래원가
	공정가치	측정일에 시장참여자 사이의 정상거래에서 자산 매도 시 수령할 가격	측정일에 시장참여자 사이의 정상거래에서 부채 이전 시 지급할 가격
	사용가치(이행가치)	측정일에 자산의 사용과 처분으로 인해 유입될 기대현금흐름의 현재가치	측정일에 부채의 이행으로 인해 유출된 기대현금흐름의 현재가치

기출 Check 3

측정기준에 관한 설명으로 옳지 않은 것은? [세무사 2021년]

① 자산을 취득하거나 창출할 때의 역사적 원가는 자산의 취득 또는 창출에 발생한 원가의 가치로서, 자산을 취득 또는 창출하기 위하여 지급한 대가와 거래원가를 포함한다.
② 부채가 발생하거나 인수할 때의 역사적 원가는 발생시키거나 인수하면서 수취한 대가에서 거래원가를 차감한 가치이다.
③ 공정가치는 측정일에 시장참여자 사이의 정상거래에서 자산을 매도할 때 받거나 부채를 이전할 때 지급하게 될 가격이다.
④ 사용가치와 이행가치는 자산을 취득하거나 부채를 인수할 때 발생하는 거래원가를 포함한다.
⑤ 자산의 현행원가는 측정일 현재 동등한 자산의 원가로서 측정일에 지급할 대가와 그 날에 발생할 거래원가를 포함한다.

풀이

사용가치와 이행가치는 자산을 취득하거나 부채를 인수할 때 발생하는 거래원가를 포함하지 않는다.

정답: ④

Ⅲ 특정 측정기준에 의해 제공되는 정보의 성격

특정 측정기준을 선택할 때 측정기준이 재무상태표와 재무성과표에서 만들어 낼 정보의 성격을 고려하는 것이 중요하다.

01 역사적 원가의 유용성

역사적 원가는 자산이나 부채를 발생시킨 거래나 그 밖의 사건의 가격에서 도출된 정보를 적어도 부분적으로 사용하기 때문에, 역사적 원가로 자산이나 부채를 측정하여 제공하는 정보는 재무제표 이용자들에게 목적적합할 수 있다.

일반적으로 기업이 시장 조건에 따라 최근 거래에서 자산을 취득한다면, 기업은 그 자산이 최소한 자산의 원가를 회수하는 데 충분한 경제적 효익을 제공할 것으로 기대한다. 마찬가지로, 시장 조건에 따른 최근 거래의 결과로 부채를 발생시키거나 인수한다면, 기업은 일반적으로 부채를 이행하기 위해 경제적 자원을 이전해야 하는 의무의 가치가 수취한 대가에서 거래원가를 차감한 가치를 초과하지 않을 것으로 기대한다. 따라서 이러한 경우에 자산이나 부채를 역사적 원가로 측정하는 것은 자산과 부채를 발생시킨 거래의 가격과 자산이나 부채 모두에 대한 목적적합한 정보를 제공한다.

역사적 원가는 자산의 소비와 손상을 반영하여 감소하기 때문에, 역사적 원가로 측정된 자산에서 회수될 것으로 예상되는 금액은 적어도 장부금액과 같거나 장부금액보다 크다. 마찬가지로, 부채의 역사적 원가는 손실부담이 되는 경우 증가하기 때문에 부채를 이행하기 위하여 필요한 경제적 자원을 이전할 의무의 가치는 부채의 장부금액을 초과하지 않는다.

금융자산 외의 자산을 역사적 원가로 측정할 경우, 일부 또는 전체 자산의 소비 또는 매각은 그러한 사용 또는 매각된 일부 또는 전체 자산의 역사적 원가로 측정된 비용을 발생시킨다. 마찬가지로, 금융부채 외의 부채가 발생하거나 대가의 교환으로 인수되고 역사적 원가로 측정되는 경우, 부채의 전부 또는 일부의 이행에 따라 이행된 부분에 대해 수취한 대가의 가치로 측정된 수익이 발생한다.

02 현행가치의 유용성

(1) 공정가치

공정가치로 자산과 부채를 측정하여 제공하는 정보는 예측가치를 가질 수 있다. 공정가치는 미래현금흐름의 금액, 시기 및 불확실성에 대한 시장참여자의 현재 기대를 반영하기 때문이다.

이러한 기대치는 시장참여자의 현재 위험선호도를 반영하는 방식으로 가격이 책정된다. 이러한 정보는 또한 종전 기대치에 대한 피드백을 제공함으로써 확인가치가 있을 수 있다.

시장참여자의 현재 기대를 반영한 수익과 비용은 미래의 수익과 비용을 예측할 때 투입요소로 사용될 수 있기 때문에 예측가치가 있을 수 있다. 이러한 수익과 비용은 기업의 경영진이 그 기업의 경제적 자원을 사용하는 책임을 얼마나 효율적이고 효과적으로 수행했는지를 평가하는 데 도움이 될 수 있다.

기업이 한 시장에서 자산을 취득하고 다른 시장(기업이 자산을 매각하고자 하는 시장)의 가격을 이용하여 공정가치를 결정한다면, 이 두 시장의 가격 차이는 공정가치를 처음 결정할 때 수익으로 인식된다.

(2) 자산의 사용가치 및 부채의 이행가치

사용가치는 자산의 사용과 궁극적인 처분으로 추정되는 현금흐름의 현재가치에 관한 정보를 제공한다. 이 정보는 미래순현금유입에 대한 예상치를 평가하는 데 사용할 수 있기 때문에 예측가치를 가질 수 있다.

이행가치는 부채의 이행에 필요한 추정현금흐름의 현재가치에 관한 정보를 제공한다. 따라서 이행가치는 부채가 이전되거나 협상으로 결제될 때보다는 특히 이행될 경우에 예측가치를 가질 수 있다.

사용가치나 이행가치 추정치가 미래현금흐름의 금액, 시기와 불확실성으로 추정된 정보와 결합되어 갱신될 경우, 갱신된 추정치는 사용가치나 이행가치의 종전 추정치에 관한 피드백을 제공하기 때문에 확인가치를 가질 수 있다.

(3) 현행원가

현행원가로 측정한 자산과 부채에 관한 정보는 현행원가가 측정일 현재 동등한 자산을 취득하거나 창출할 수 있는 원가를 반영하거나, 동등한 부채를 발생시키거나 인수하기 위해 수취할 대가를 반영하기 때문에 목적적합할 수 있다.

역사적 원가와 마찬가지로 현행원가는 소비된 자산의 원가나 부채의 이행에서 생기는 수익에 관한 정보를 제공한다. 이 정보는 현재이익을 도출하는 데 사용될 수 있으며 미래이익을 예측하는 데 사용될 수 있다. 역사적 원가와 달리 현행원가는 소비하거나 이행하는 시점의 일반적인 가격을 반영한다. 가격 변동이 유의적일 경우, 현행원가를 기반으로 한 이익은 역사적 원가를 기반으로 한 이익보다 미래이익을 예측하는 데 더 유용할 수 있다.

Ⅳ   특정 측정기준을 선택할 때 고려할 요인

자산이나 부채, 이와 관련된 수익과 비용의 측정기준을 선택할 때, 그 측정기준으로 재무상태표와 재무성과표에서 산출할 정보의 성격뿐만 아니라 그 밖의 요인을 고려할 필요가 있다. 대부분의 경우, 어떤 측정기준을 선택해야 하는지를 결정하는 단일의 요인은 없다. 각 요인의 상대적 중요성은 사실과 상황에 따라 달라질 것이다.

측정기준에 의해 제공되는 정보는 재무제표 이용자들에게 유용해야 한다. 이를 위해서는 선택된 측정기준에 의해 제공되는 정보는 목적적합해야 하고, 나타내고자 하는 바를 충실하게 표현해야 한다. 또한 제공되는 정보는 가능한 한 비교 가능하고, 검증 가능하며, 적시성이 있고, 이해 가능해야 한다.

01 측정기준의 선택 – 목적적합성

자산이나 부채, 이와 관련된 수익과 비용의 측정기준에 의해 제공된 정보의 목적적합성은 다음의 영향을 받는다.

① 자산이나 부채의 특성
② 자산이나 부채가 미래현금흐름에 어떻게 기여하는지

(1) 자산이나 부채의 특성

자산이나 부채의 가치가 시장요인이나 그 밖의 위험에 민감하다면 그 자산이나 부채의 역사적 원가는 현행가치와 유의적으로 다를 수 있다. 따라서 가치변동에 관한 정보가 재무제표 이용자들에게 중요할 경우 역사적 원가는 목적적합한 정보를 제공하지 못할 수 있다. 일부 경제적 자원은 현금흐름을 직접 창출하며, 다른 경우에는 여러 경제적 자원이 결합하여 사용되어 현금흐름을 간접적으로 창출한다. 경제적 자원을 어떻게 사용하는지에 따라서 자산과 부채가 어떻게 현금흐름을 창출하는지는 기업이 수행하는 사업활동의 성격에 부분적으로 달려있다.

(2) 미래현금흐름에 대한 기여

기업의 사업활동이 고객에게 재화나 용역을 생산하고 판매하기 위해 간접적으로 현금흐름을 생산하는 여러 가지 경제적 자원을 결합하여 사용하는 경우, 역사적 원가나 현행원가는 그 활동에 목적적합한 정보를 제공할 것이다. 예를 들어, 유형자산은 일반적으로 기업의 다른 경제적 자원과 함께 사용된다. 마찬가지로, 재고자산은 일반적으로 기업의 다른 경제적 자원을 광범위하게 사용(예 생산 및 마케팅 활동)하지 않는다면 고객에게 판매될 수 없다.

독립적이고 유의적인 경제적 불이익 없이 판매될 수 있는 자산과 같이 현금흐름을 직접 창출하는 자산과 부채의 경우, 가장 목적적합한 정보를 제공하는 측정기준은 미래현금흐름의 금액, 시기와 불확실성의 현재 추정치를 반영한 현행가치일 것이다.

기업의 사업활동이 계약상 현금흐름을 수취하기 위한 목적으로 금융자산과 금융부채를 관리하는 것과 관련된 경우, 상각후원가는 자산에서 가득하는 이자와 부채에서 발생한 이자 간의 이익을 도출하는 데 사용할 수 있는 목적적합한 정보를 제공할 수 있다. 그러나 상각후원가가 유용한 정보를 제공하는지 평가할 때 금융자산이나 금융부채의 특성도 고려해야 한다. 상각후원가는 원금과 이자 외의 요소에 의존하는 현금흐름에 목적적합한 정보를 제공하지 못할 것이다.

02 측정기준의 선택 – 표현충실성

자산과 부채가 어떤 방식으로든 관련된 경우, 해당 자산과 부채에 대해 서로 다른 측정기준을 사용하면 측정불일치(회계불일치)가 발생할 수 있다. 재무제표에 측정불일치가 포함될 경우, 해당 재무제표는 기업의 재무상태와 재무성과의 일부 측면을 충실하게 표현하지 못할 수 있다. 결과적으로, 어떤 상황에서는 관련된 자산과 부채에 동일한 측정기준을 사용함으로써, 재무제표 이용자들에게 다른 측정기준을 사용하는 정보보다 유용한 정보를 제공할 수 있다. 이는 특히 어떤 자산이나 부채의 현금흐름이 다른 자산이나 부채의 현금흐름에 직접 관련되어 있을 때에 그러할 수 있다.

완벽하게 충실한 표현에는 오류가 없지만, 이것은 모든 측면에서 측정이 완벽하게 정확해야 한다는 것을 의미하지는 않는다.

활성시장의 가격을 직접 관측하여 측정할 수 없어 추정해야만 하는 경우에는 측정불확실성이 발생한다. 특정 측정기준과 관련된 측정불확실성의 수준은 그 측정기준으로 제공하는 정보가 기업의 재무상태 및 재무성과를 충실하게 표현하는지에 영향을 줄 수 있다. 측정불확실성의 수준이 높다고 해서 목적적합한 정보를 제공하는 측정기준을 반드시 사용하지 못하는 것은 아니다. 그러나 어떤 경우에는 측정불확실성의 수준이 너무 높아서 측정기준에 의해 제공된 정보가 충분히 충실한 표현을 제공하지 못할 수도 있다.

측정불확실성은 결과불확실성이나 존재불확실성과는 다르다. 결과불확실성 또는 존재불확실성이 있다면 측정불확실성으로 이어지는 경우도 있다. 그러나 결과불확실성 또는 존재불확실성이 반드시 측정불확실성을 초래하는 것은 아니다.

> ① 결과불확실성: 자산이나 부채에서 발생할 경제적 효익의 유입이나 유출의 금액 또는 시기에 대한 불확실성이 있을 때 발생
> ② 존재불확실성: 자산이나 부채의 존재 여부가 불확실할 때 발생

03 측정기준의 선택 – 보강적 질적특성과 원가제약

보강적 질적특성 중 비교가능성, 이해가능성, 검증가능성 및 원가제약은 측정기준의 선택에 영향을 미친다. 보강적 질적특성 중 적시성은 측정에 특별한 영향을 미치지 않는다. 원가가 다른 재무보고결정을 제약하는 것처럼 측정기준의 선택도 제약한다. 따라서 측정기준을 선택할 때 그 측정기준에 의해 재무제표 이용자들에게 제공되는 정보의 효익이 그 정보를 제공하고 사용하는 데 발생한 원가를 정당화할 수 있는지를 고려하는 것이 중요하다.

한 보고기업 내에서 기간 간 또는 같은 기간 동안 기업 간에 동일 항목에 대해 동일한 측정기준을 일관되게 사용하면 보다 더 비교가능한 재무제표를 작성하는 데 도움이 될 수 있다. 하지만, 측정기준이 변경되면 재무제표의 이해가능성이 감소할 수 있다. 그러나 변경으로 인해 정보가 보다 목적적합해지는 경우와 같이 이해가능성 감소보다 다른 요소가 더 중요하다면 변경이 정당화될 수 있다. 변경이 이루어지면 재무제표 이용자들은 변경의 영향을 이해하기 위해 설명정보가 필요할 수 있다. 이해가능성은 부분적으로 얼마나 많은 다른 측정기준을 사용하고 있는지와 시간의 경과에 따라 측정기준이 변경되는지 여부에 달려 있다. 일반적으로 전체 재무제표에 더 많은 측정기준을 사용하면, 그에 따른 정보는 더 복잡해져서 이해하기 어려워지고 재무상태표와 재무성과표의 총계 또는 소계는 덜 유용해진다. 그러나 유용한 정보를 제공하기 위해 필요하다면 더 많은 측정기준을 사용하는 것이 적절할 수 있을 것이다.

검증가능성은 가격을 관측하는 것과 같이 직접 또는 모형의 투입요소를 확인하는 것과 같이 간접으로, 독립적으로 확인될 수 있는 측정기준을 사용함으로써 향상된다. 측정을 검증할 수 없는 경우, 재무제표 이용자들은 그 측정이 어떻게 결정되었는지 이해하기 위해 설명정보가 필요할 수 있다. 이러한 경우에는 다른 측정기준을 사용하도록 특정하는 것이 필요할 수도 있다.

(1) 역사적 원가의 보강적 질적특성

많은 경우에 역사적 원가를 측정하는 것이 현행가치를 측정하는 것보다 더 단순하고 비용이 적게 든다. 또한, 역사적 원가 측정기준을 적용하여 결정한 측정은 일반적으로 잘 이해되며 대부분 검증 가능하다. 그러나, 소비를 추정하고 손상차손 또는 손실부담부채를 식별하고 측정하는 것은 주관적일 수 있다. 따라서 때로는 자산이나 부채의 역사적 원가도 현행가치만큼 측정하거나 검증하기 어려울 수 있다.

역사적 원가 측정기준을 사용할 경우, 다른 시점에 취득한 동일한 자산이나 발생한 부채가 재무제표에 다른 금액으로 보고될 수 있다. 이것은 보고기업의 기간 간 또는 같은 기간의 기업 간 비교가능성을 저하시킬 수 있다.

(2) 공정가치의 보강적 질적특성

공정가치로 측정된 동일한 자산이나 부채는 원칙적으로 동일한 시장에 접근할 수 있는 보고기업에 의해 동일한 금액으로 측정된다. 이는 보고기업의 기간 간 또는 같은 기간의 기업 간 비교가능성을 높일 수 있다.

자산이나 부채의 공정가치를 활성시장의 가격을 관측하여 직접 결정할 수 있는 경우, 공정가치 측정과정은 비용이 적게 들고 단순하며, 이해하기 쉽다. 또한, 공정가치는 직접 관측을 해 검증할 수 있다. 현금흐름기준 측정기법의 사용을 포함한 평가기법은 활성시장에서 직접 관측할 수 없는 공정가치를 측정하기 위해 필요할 수 있으며, 일반적으로 사용가치나 이행가치를 결정할 때 필요하다. 하지만 사용되는 기법에 따라 평가에 필요한 투입요소를 추정하고 평가기법을 적용하는 것은 비용이 많이 들고 복잡할 수 있다. 또한 과정에 투입되는 요소는 주관적일 수 있으며, 투입요소와 과정 자체의 타당성을 검증하는 것이 어려울 수 있다. 결과적으로, 동일한 자산이나 부채의 측정치가 다를 수 있으며 이는 비교가능성을 저하시킬 것이다.

(3) 사용가치와 이행가치의 보강적 질적특성

사용가치와 이행가치는 개별 기업의 관점을 반영하기 때문에 이러한 측정은 동일한 자산이나 부채를 다른 기업이 보유할 경우 다를 수 있다. 특히 자산이나 부채가 유사한 방식으로 현금흐름에 기여하는 경우, 이러한 차이는 비교가능성을 저하시킬 수 있다.

대부분의 경우 다른 자산과 함께 사용하는 개별 자산의 사용가치는 의미 있게 결정할 수 없다. 대신에, 자산 집합의 사용가치가 결정되면 그 결과를 개별 자산에 배분해야 할 수도 있다. 이 과정은 주관적이고 자의적일 수 있다. 또한, 자산의 사용가치의 추정치에는 의도치 않게 집합 내의 다른 자산과의 시너지 효과가 반영될 수 있다. 따라서 다른 자산과 결합하여 사용하는 자산의 가치를 결정하는 것은 비용이 많이 드는 과정이 될 수 있으며, 그 복잡성과 주관성으로 인해 검증가능성이 저하한다. 이러한 이유로 사용가치는 자산을 정기적으로 재측정하기 위한 실무적인 측정기준이 아닐 수 있다. 그러나, 사용가치는 역사적 원가가 완전히 회수 가능한지를 판단하기 위해 손상검사에 사용될 때와 같이 자산의 부정기적 재측정에는 유용할 수 있다.

(4) 현행원가의 보강적 질적특성

현행원가 측정기준을 사용할 경우 다른 시점에 취득하거나 발행한 동일한 자산이나 부채를 재무제표에 같은 금액으로 보고한다. 이는 보고기업의 기간 간 그리고 같은 기간의 기업 간 비교가능성을 향상시킬 수 있다.

그러나 현행원가를 결정하는 것은 복잡하고 주관적이며 비용이 많이 들 수 있다. 예를 들어, 기업이 보유하고 있는 자산의 현재 연식과 상태를 반영하기 위해 새로운 자산의 현재 가격을 조정하여 자산의 현행원가를 측정해야 할 수도 있다. 또한 기술의 변화와 사업관행의 변화로 인해 많은 자산이 동일한 자산으로 대체되지 않을 것이다. 따라서 기존 자산과 동등한 자산의 현행원가를 추정하기 위해서는 새로운 자산의 현재가격에 대한 주관적인 조정이 더 필요할 것이다. 또한 현행원가 장부금액의 변동을 소비에 대한 현행원가와 가격변동 효과로 나누는 것은 복잡하고 자의적인 가정이 필요할 수 있다. 이러한 어려움 때문에 현행원가 측정치는 검증가능성과 이해가능성이 결여될 수 있다.

04 측정기준의 선택 – 최초 측정에 관련된 특정 요인들

최초 인식시점에 시장조건에 따른 거래에서 취득한 자산이나 발생한 부채의 원가는 거래원가가 유의적이지 않다면 일반적으로 그 시점의 공정가치와 비슷하다. 그럼에도 불구하고 이 두 금액이 유사하더라도 최초 인식할 때 사용한 측정기준이 무엇인지 기술할 필요가 있다. 역사적 원가를 후속적으로 사용한다면 그 측정기준은 일반적으로 최초 인식시점에도 적절하다. 마찬가지로 현행가치를 후속적으로 사용한다면 일반적으로 그 측정기준은 최초 인식시점에도 적절하다. 최초 인식과 후속 측정에 동일한 측정기준을 사용하면 첫 번째 후속 측정시점에 측정기준의 변경만으로 수익이나 비용을 인식하지 않게 된다.

기업이 시장조건에 따른 거래를 하면서 다른 자산이나 부채를 원가로 측정하는 경우, 이전된 자산이나 부채의 제거로 인해 수익과 비용이 발생하거나 자산이 손상되거나 손실부담부채가 생기는 경우가 아닌 한, 최초 인식시점에 수익이나 비용이 발생하지 않는다.

기업이 시장조건에 따른 거래가 아닌 사건의 결과로 자산을 취득하거나 부채가 발생하는 경우, 취득한 자산이나 발생한 부채를 역사적 원가로 측정하는 것은 거래나 그 밖의 사건에서 발생하는 기업의 자산과 부채 및 수익이나 비용을 충실하게 표현하지 못할 수도 있다. 따라서 취득한 자산이나 발생한 부채를 간주원가로 측정하는 것이 적절할 수 있다. 간주원가와 지급하거나 수취한 대가와의 차이는 최초 인식시점에 수익과 비용으로 인식될 것이다.

05 측정기준의 선택 - 하나 이상의 측정기준

때로는 기업의 재무상태와 재무성과를 충실히 표현하는 목적적합한 정보를 제공하기 위해 자산이나 부채, 관련된 수익과 비용에 대해 하나 이상의 측정기준이 필요하다는 결론에 이르게 될 수도 있다. 대부분의 경우 그러한 정보를 제공하는 가장 이해하기 쉬운 방법은 다음과 같다.

> ① 재무상태표상 자산이나 부채, 재무성과표상 관련 수익과 비용 모두에 대해 단일 측정기준을 사용한다.
> ② 다른 측정기준을 적용한 추가정보를 주석에 제공한다.

그러나 경우에 따라 다음과 같은 방법으로 정보를 더 목적적합하게 하거나 기업의 재무상태와 재무성과 모두 보다 충실히 표현할 수 있다.

> ① 재무상태표상 자산 또는 부채에 대한 현행가치 측정기준의 사용
> ② 손익계산서상 관련 수익 및 비용에 대한 다른 측정기준의 사용

이러한 경우, 자산이나 부채의 현행가치 변동으로 인해 발생한 총수익과 총비용은 다음과 같이 분류한다.

> ① 손익계산서에는 손익계산서에서 선택한 측정기준을 적용하여 측정한 수익이나 비용을 포함한다.
> ② 기타포괄손익은 모든 잔여 수익이나 비용을 포함한다. 결과적으로 해당 자산이나 부채와 관련된 누적기타포괄손익은 다음 항목 간의 차이와 동일하다.
>   • 재무상태표상의 자산이나 부채의 장부금액
>   • 손익계산서상 선택한 측정기준을 적용한다면 산출되었을 장부금액

V 자본의 측정

자본의 총장부금액(총자본)은 직접 측정하지 않는다. 이는 인식된 모든 자산의 장부금액에서 인식된 모든 부채의 장부금액을 차감한 금액과 동일하다. 일반목적재무제표는 기업의 가치를 보여주도록 설계되지 않았기 때문에 자본의 총장부금액은 일반적으로 다음과 동일하지 않을 것이다.

> ① 기업의 자본청구권에 대한 시가총액
> ② 계속기업을 전제로 하여 기업 전체를 매각할 때 조달할 수 있는 금액
> ③ 기업의 모든 자산을 매각하고 모든 부채를 상환하여 조달할 수 있는 금액

총자본을 직접 측정하지는 않지만, 자본의 일부 종류와 자본의 일부 구성요소에 대한 장부금액은 직접 측정하는 것이 적절할 수 있다. 예를 들어, 주식기준보상거래에서 발생하는 지분옵션은 직접 측정이 가능하다. 그럼에도 불구하고, 총자본은 잔여지분으로 측정되기 때문에 적어도 자본의 한 항목은 직접 측정할 수 없다.

자본의 개별 항목 또는 자본의 구성요소의 장부금액은 일반적으로 양(+)의 값이지만 일부 상황에서는 음(−)의 값을 가질 수 있다. 마찬가지로 총자본은 일반적으로 양(+)의 값이지만 어떤 자산과 부채가 인식되는지와 어떻게 측정되는지에 따라 음(−)의 값을 가질 수 있다.

Ⅵ   현금흐름기준 측정기법

때로는 측정치를 직접 관측할 수 없다. 이러한 경우에 측정치를 추정하는 한 가지 방법은 현금흐름기준 측정기법을 사용하는 것이다. 이러한 기법은 측정기준이 아니며 측정기준을 적용하는 데 사용되는 기법이다. 따라서 이러한 기법을 사용할 때 어떤 측정기준이 사용되는지 그리고 그 기법이 그 측정기준에 적용될 수 있는 요소를 어느 정도 반영하는지 확인하는 것이 필요하다.

결과불확실성은 미래현금흐름의 금액이나 시기에 대한 불확실성에서 발생한다. 이러한 불확실성은 자산과 부채의 중요한 특성이다. 불확실한 미래현금흐름의 추정치를 참조하여 자산이나 부채를 측정할 때 고려해야 할 한 가지 요인은 이러한 현금흐름의 추정 금액 또는 시기의 변동가능성이다. 이러한 변동은 가능한 현금흐름 범위 내에서 단일 금액을 선택할 때 고려된다. 선택한 금액 자체는 때로는 가능한 결과의 금액이지만 항상 그렇지는 않다. 가장 목적적합한 정보를 제공하는 금액은 일반적으로 범위의 중앙 부분 값(중앙 추정치, A Central Estimate) 중 하나이다. 서로 다른 중앙 추정치는 다른 정보를 제공하며 다음과 같다.

> ① 기댓값(확률가중평균, 통계적 평균이라고도 함)은 전체 범위의 결과를 반영하고 가능성이 높은 결과에 더 많은 가중치를 부여한다. 기댓값은 그 자산이나 부채에서 발생하는 현금이나 그 밖의 경제적 효익의 궁극적인 유입이나 유출을 예측하기 위한 것이 아니다.
> ② 일어날 가능성이 일어나지 않을 가능성보다 높은 범위 내 최대 금액(통계적 중간값과 유사)은 후속적으로 손실이 일어날 확률이 50% 이하이고 후속적으로 이익이 일어날 확률이 50% 이하임을 나타낸다.
> ③ 가장 가능성이 높은 결과(통계적 최빈값)는 자산이나 부채에서 발생할 가능성이 가장 높은 단일의 궁극적인 유입 또는 유출이다.

중앙 추정치는 미래현금흐름의 추정치들과 그 금액이나 시기의 변동가능성에 따라 달라진다. 중앙 추정치는 궁극적인 결과와 다를 수 있다는 불확실성을 부담하는 것을 위한 가격을 반영하지는 않는다. 어떠한 중앙 추정치도 가능한 결과의 범위에 대한 완전한 정보를 제공하지는 않는다. 따라서 이용자들은 가능한 결과의 범위에 대한 정보가 필요할 수 있다.

01 정보소통 수단으로서의 표시와 공시

보고기업은 재무제표에 정보를 표시하고 공시함으로써 자산, 부채, 자본, 수익 및 비용에 관한 정보를 전달한다. 재무제표의 정보가 효과적으로 소통되면 그 정보를 보다 목적적합하게 하고 기업의 자산, 부채, 자본, 수익 및 비용을 충실하게 표현하는 데 기여한다. 또한 이는 재무제표의 정보에 대한 이해가능성과 비교가능성을 향상시킨다. 재무제표의 정보가 효과적으로 소통되려면 다음이 필요하다.

> ① 규칙에 초점을 맞추기보다는 표시와 공시의 목적과 원칙에 초점을 맞춘다.
> ② 유사한 항목은 모으고 상이한 항목은 분리하는 방식으로 정보를 분류한다.
> ③ 불필요한 세부사항 또는 과도한 통합에 의해 정보를 가려져서 불분명하게 되지 않도록 통합한다.

원가가 다른 재무보고 결정을 제약하는 것처럼 표시와 공시의 결정도 제약한다. 따라서 표시와 공시를 결정할 때 특정 정보의 표시나 공시함으로써 재무제표 이용자들에게 제공되는 효익이 그 정보를 제공하고 사용하는 데 드는 원가를 정당화할 수 있는지를 고려하는 것이 중요하다.

02 표시와 공시의 목적과 원칙

재무제표의 정보가 쉽고 효과적으로 소통되기 위해 회계기준의 표시와 공시 요구사항을 개발할 때 다음 사이의 균형이 필요하다.

> ① 근본적 질적특성: 기업의 자산, 부채, 자본, 수익 및 비용을 충실히 표현하는 목적적합한 정보를 제공할 수 있도록 기업에 융통성을 부여한다.
> ② 비교가능성: 한 보고기업의 기간 간에 그리고 같은 보고기간의 기업 간 비교가능한 정보를 요구한다.

표시와 공시의 목적을 회계기준에 포함시킴으로써 정부가 재무제표에서 효과적으로 소통되는 데 도움을 준다. 왜냐하면 그러한 목적은 기업이 유용한 정보를 식별하고 가장 효과적인 방식으로 정보가 소통되는 방법을 결정하는 데 도움이 되기 때문이다.

03 재무제표 요소의 분류

분류란 표시와 공시를 위해 자산, 부채, 자본, 수익이나 비용을 공유되는 특성에 따라 구분하는 것을 말한다. 이러한 특성에는 항목의 성격, 기업이 수행하는 사업활동 내에서의 역할(또는 기능), 이들 항목을 측정하는 방법이 포함되나 이에 국한되지는 않는다. 상이한 자산, 부채, 자본, 수익이나 비용을 함께 분류하면 목적적합한 정보를 가려서 불분명하게 하고, 이해가능성과 비교가능성이 낮아질 수 있으며, 표현하고자 하는 내용을 충실하게 표현하지 못할 수 있다.

(1) 자산과 부채의 분류

분류는 자산 또는 부채에 대해 선택된 회계단위별로 적용하여 분류한다. 그러나 자산이나 부채 중 특성이 다른 구성요소를 구분하여 별도로 분류하는 것이 적절할 수도 있다. 이것은 구성요소를 별도로 분류한 결과 재무정보의 유용성이 향상되는 경우에 적절할 것이다. 예를 들어, 자산이나 부채를 유동요소와 비유동요소로 구분하고 별도로 분류하는 것이 적절할 수 있다.

(2) 상계

상계는 기업이 자산과 부채를 별도의 회계단위로 인식하고 측정하지만 재무상태표에서 단일의 순액으로 합산하는 경우에 발생한다. 상계는 서로 다른 항목을 함께 분류하는 것이므로 일반적으로 적절하지 않다. 자산과 부채의 상계는 권리와 의무의 집합(세트)을 단일의 회계단위로서 취급하는 것과 다르다.

(3) 자본의 분류

유용한 정보를 제공하기 위해, 자본청구권이 다른 특성을 가지고 있는 경우에는 그 자본청구권을 별도로 분류해야 할 수도 있다. 마찬가지로, 유용한 정보를 제공하기 위해, 자본의 일부 구성요소에 특정 법률, 규제 또는 그 밖의 요구사항이 있는 경우에는 자본의 구성요소를 별도로 분류해야 할 수 있다. 예를 들어, 일부 국가에서는 기업이 분배가능하다고 특정한 적립금이 충분히 있는 경우에만 자본청구권의 보유자에게 분배할 수 있다. 이러한 적립금을 별도로 표시하거나 공시하면 유용한 정보를 제공할 수 있다.

(4) 수익과 비용의 분류

수익과 비용의 분류는 다음 ① 또는 ②에 적용된다.

① 자산이나 부채에 대해 선택된 회계단위에서 발생하는 수익과 비용
② 수익이나 비용의 구성요소의 특성이 서로 다르며 이들 구성요소를 별도로 식별하는 경우 그러한 수익과 비용의 구성요소

(5) 당기손익과 기타포괄손익

수익과 비용은 분류되어 다음 중 하나에 포함된다.

> ① 손익계산서
> ② 손익계산서 이외의 기타포괄손익

손익계산서는 보고기간의 기업 재무성과에 관한 정보의 주요 원천이다. 이 재무제표는 해당 기간의 기업 재무성과에 대한 축약된 설명을 제공하는 당기손익 합계를 포함한다. 많은 재무제표 이용자들이 분석의 시작점 또는 그 기간의 재무성과의 주요 지표로 이 합계를 그들의 분석에 포함시킨다.

손익계산서는 해당 기간의 기업 재무성과에 관한 정보의 주요 원천이기 때문에 모든 수익과 비용은 원칙적으로 이 재무제표에 포함된다. 그러나 회계기준위원회는 회계기준을 개발할 때 자산이나 부채의 현행가치의 변동으로 인한 수익과 비용을 기타포괄손익에 포함하는 것이 그 기간의 기업 재무성과에 대한 보다 목적적합한 정보를 제공하거나 보다 충실한 표현을 제공하는 예외적인 상황에서는 수익이나 비용을 기타포괄손익에 포함하도록 결정할 수도 있다.

역사적 원가 측정기준에서 발생한 수익과 비용은 손익계산서에 포함된다. 이는 그러한 유형의 수익이나 비용이 자산이나 부채의 현행가치 변동의 구성요소로서 별도로 식별되는 경우에도 그러하다.

원칙적으로 한 기간에 기타포괄손익에 포함된 수익과 비용은 미래 기간에 기타포괄손익에서 당기손익으로 재분류한다. 이런 경우는 그러한 재분류가 보다 목적적합한 정보를 제공하는 손익계산서가 되거나 미래 기간의 기업 재무성과를 보다 충실하게 표현하는 결과를 가져오는 경우이다. 그러나 재분류되어야 할 기간이나 금액을 식별할 명확한 근거가 없다면, 회계기준위원회는 회계기준을 개발할 때, 기타포괄손익에 포함된 수익과 비용이 후속적으로 재분류되지 않도록 결정할 수도 있다.

04 통합

통합은 특성을 공유하고 동일한 분류에 속하는 자산, 부채, 자본, 수익 또는 비용을 합하는 것이다. 통합은 많은 양의 세부사항을 요약함으로써 정보를 더욱 유용하게 만든다. 그러나 통합은 세부사항 중 일부를 숨기기도 한다. 따라서 목적적합한 정보가 많은 양의 중요하지 않은 세부사항과 섞이거나 과도한 통합으로 인해 가려져서 불분명해지지 않도록 균형을 찾아야 한다.

재무제표의 다른 부분에는 다른 수준의 통합이 필요할 수 있다. 예를 들어, 일반적으로 재무상태표와 재무성과표는 요약된 정보를 제공하고 자세한 정보는 주석에서 제공한다.

다음은 '재무보고를 위한 개념체계' 중 측정과 관련된 내용들이다. 옳지 않은 것은?

① 부채의 이행가치는 기업이 부채를 이행할 때 이전해야 하는 현금이나 그 밖의 경제적 자원의 현재가치이다.

② 자산의 역사적 원가는 자산의 취득 또는 창출에 발생한 원가의 가치로서, 자산을 취득 또는 창출하기 위하여 지급한 대가와 거래원가를 포함한다.

③ 자산의 현행원가는 측정일 현재 동등한 자산의 원가로서 측정일에 지급할 대가와 그 날에 발생할 거래원가를 포함한다.

④ 부채의 현행원가는 측정일 현재 동등한 부채에 대해 수취할 수 있는 대가에서 그 날에 발생할 거래원가를 가산한다.

⑤ 사용가치와 이행가치는 미래현금흐름에 기초하기 때문에 자산을 취득하거나 부채를 인수할 때 발생하는 거래원가는 포함하지 않는다. 그러나 사용가치와 이행가치에는 기업이 자산을 궁극적으로 처분하거나 부채를 이행할 때 발생할 것으로 기대되는 거래원가의 현재가치가 포함된다.

풀이

부채의 현행원가는 측정일 현재 동등한 부채에 대하여 수취할 수 있는 대가에서 그 날에 발생할 거래원가를 차감한다.

정답: ④

다음은 '재무보고를 위한 개념체계' 중 표시와 공시에 관한 내용들이다. 옳지 않은 것은?

① 분류는 자산 또는 부채에 대해 선택된 회계단위별로 적용하여 분류한다. 그러나 자산이나 부채 중 특성이 다른 구성요소를 구분하여 별도로 분류하는 것이 적절할 수도 있다.

② 상계는 기업이 자산과 부채를 별도의 회계단위로 인식하고 측정하지만 재무상태표에서 단일의 순액으로 합산하는 경우에 발생한다. 상계는 서로 다른 항목을 함께 분류하는 것이므로 일반적으로는 적절하지 않다.

③ 손익계산서는 해당 기간의 기업 재무성과에 관한 정보의 주요 원천이기 때문에 모든 수익과 비용은 원칙적으로 이 재무제표에 포함된다. 그러나 회계기준위원회는 회계기준을 개발할 때 자산이나 부채의 현행가치의 변동으로 인한 수익과 비용을 기타포괄손익에 포함하는 것이 그 기간의 기업 재무성과에 대한 보다 목적적합한 정보를 제공하거나 보다 충실한 표현을 제공하는 예외적인 상황에서는 그러한 수익이나 비용을 기타포괄손익에 포함하도록 결정할 수도 있다.

④ 통합은 많은 양의 세부사항을 요약함으로써 정보를 더욱 유용하게 만든다. 그러나 통합은 그러한 세부사항 중 일부를 숨기기도 한다. 따라서 목적적합한 정보가 많은 양의 중요하지 않은 세부사항과 섞이거나 과도한 통합으로 인해 가려져서 불분명해지지 않도록 균형을 찾아야 한다.

⑤ 원칙적으로, 한 기간에 기타포괄손익에 포함된 수익과 비용은 미래 기간에 기타포괄손익에서 당기손익으로 재분류하지 아니한다.

풀이

원칙적으로, 한 기간에 기타포괄손익에 포함된 수익과 비용은 미래 기간에 기타포괄손익에서 당기손익으로 재분류한다. 이러한 경우는 그러한 재분류가 보다 목적적합한 정보를 제공하는 손익계산서가 되거나 미래 기간의 기업 재무성과를 보다 충실하게 표현하는 결과를 가져오는 경우이다.

정답: ⑤

8 자본 및 자본유지개념

기초와 동일한 만족상태를 유지하면서 일정 기간 동안 소비할 수 있는 최대금액을 경제학적 이익이라고 한다. 이를 회계에 적용한다면 기초자본을 유지하고도 남은 부분이 이익이 된다. 이 경우, 당기 중에 추가출자나 소유주에 대한 배분 등이 있었다면 이를 제외하여 이익을 아래와 같이 산정할 수 있다.

> 기말자본 − (기초자본 + 추가출자 − 소유주에 대한 배분) = 이익
> 기말자본 − 기초자본 − (추가출자 − 소유주에 대한 배분) = 이익

Additional Comment

위의 식에서 문제가 되는 것은 기초자본을 어떻게 무엇으로 설정할 것이냐 하는 것이다. 유지해야 할 기초자본이 결정되면 이에 따라 이익은 자연스럽게 결정된다. 이렇게 기업이 유지하려고 하는 자본을 어떻게 정의하는지와 관련된 것이 자본유지개념이다.

I 자본의 개념

자본개념은 재무적 개념과 실물적 개념으로 나눌 수 있다. 자본의 재무적 개념이란 투자된 화폐액 또는 투자된 구매력을 자본으로 보는 것을 말하고, 자본의 실물적 개념은 1일 생산수량과 같은 기업의 생산능력을 자본으로 보는 것을 말한다.

기업은 재무제표 이용자의 정보요구에 기초하여 적절한 자본개념을 선택하여야 한다. 따라서 재무제표의 이용자가 주로 명목상의 투하자본이나 투하자본의 구매력 유지에 관심이 있다면 재무적 개념의 자본을 채택하여야 한다. 그러나 이용자의 주된 관심이 기업의 조업능력 유지에 있다면 실물적 개념의 자본을 채택하여야 한다. 현재 대부분의 기업은 자본의 재무적 개념에 기초하여 재무제표를 작성한다.

자본개념의 구조

구분		정의
재무자본유지개념	명목화폐단위	투자된 화폐액
	불변구매력단위	투자된 구매력
실물자본유지개념		조업능력(생산능력)

기업의 이익을 측정하기 위하여 유지해야 할 자본개념은 재무자본유지와 실물자본유지로 구분할 수 있다.

01 　재무자본유지개념

재무자본유지개념에서 이익은 해당 기간 동안 소유주에게 배분하거나 소유주가 출연한 부분을 제외하고 기말 순자산의 재무적 측정금액이 기초 순자산의 재무적 측정금액(화폐자본)을 초과하는 경우에만 발생한다. 재무자본유지개념을 사용하기 위해서는 당해 재무자본을 명목화폐단위 또는 불변구매력단위를 이용하여 측정할 수 있으며, 재무자본유지개념하에서 측정기준의 선택은 기업이 유지하려는 재무자본의 유형과 관련이 있다. 따라서 재무자본유지개념은 특정한 측정기준의 적용을 요구하지 않는다.

> **재무자본유지개념에서 이익**
>
> 기말화폐자본 – 기초화폐자본, 특정한 측정기준의 적용 요구하지 않음

02 　실물자본유지개념

실물자본유지개념하에서 이익은 해당 기간 동안 소유주에게 배분하거나 소유주가 출연한 부분을 제외하고 기업의 기말 실물생산능력이나 조업능력, 또는 그러한 생산능력을 갖추기 위해 필요한 자원이나 기금이 기초 실물생산능력(실물자본)을 초과하는 경우에만 발생한다. 개념체계에서는 실물자본유지개념을 사용하기 위해서는 당해 실물자본을 현행원가기준에 따라 측정해야 한다고 규정하고 있다.

> **실물자본유지개념에서 이익**
>
> 기말실물자본 – 기초실물자본, 현행원가기준에 따라 측정

재무자본유지개념과 실물자본유지개념의 차이는 기업의 자산과 부채에 대한 가격변동 영향의 처리방법이다. 기초에 가지고 있던 자본만큼을 기말에도 가지고 있다면 이 기업의 자본은 유지된 것이며, 기초자본을 유지하기 위해 필요한 부분을 초과하는 금액이 이익이다. 자본유지개념은 이익이 측정되는 준거기준을 제공함으로써 자본개념과 이익개념 사이의 연결고리를 제공한다. 자본유지개념은 기업의 자본에 대한 투자수익과 투자회수를 구분하기 위한 필수요건이다. 자본유지를 위해 필요한 금액을 초과하는 자산의 유입액만이 이익으로 간주될 수 있고 결과적으로 자본의 투자수익이 된다. 각 자본유지개념하에서 가격변동의 영향은 다음과 같다.

> **자본유지접근법의 이익측정방법**
>
> 수익 − 비용 = 기말자본 − 기초자본(유지할 자본) − 자본거래
> ① 화폐단위
>   • Inf 반영 ×: 명목화폐자본유지
>   • Inf 반영 ○: 불변구매력화폐자본유지
> ② 실물자본: 실물자본유지(Inf 반영 ×)

01 명목화폐자본유지(명목화폐단위로 정의한 재무자본유지개념)

이익은 해당 기간 중 명목화폐자본의 증가액을 의미한다. 따라서 기간 중 보유한 자산가격의 증가 부분, 즉 가격변동에 따른 보유이익은 개념적으로 이익에 속한다. 그러나 보유이익은 자산이 교환거래에 따라 처분되기 전에는 이익으로 인식되지 않는다.

> **명목화폐자본유지 정리**
>
> ① 이익: 기말명목화폐자본 − 기초명목화폐자본
> ② 자산측정방법: 제한 없음
> ③ 가격변동효과: 이익에 포함
> ④ 계산구조
>
> | B/S | | | |
> |---|---|---|---|
> | 현금 1st | | 기말현금 | |
> | | 자본금 2nd | | 기초현금 |
> | | 당기순이익 3rd | | 대차차액 |

이익은 해당 기간 중 일반물가수준에 따른 가격상승을 초과하는 자산가격의 증가액을 의미하며, 그 이외의 가격증가 부분은 자본의 일부인 자본유지조정으로 처리된다.

불변구매력화폐자본유지 정리

① 이익: 기말불변구매력화폐자본 - 기초불변구매력화폐자본
② 자산측정방법: 제한 없음
③ 가격변동효과: 자본항목
④ 계산구조

B/S

현금 1st	기말현금		
		자본금 2nd	기초현금
		자본유지 3rd 기초현금 × (1 + 물가상승률) - 기초현금	
		당기순이익 4th	대차차액

Additional Comment

기업이 자산과 부채에 대한 재평가 또는 재작성을 하는 경우 자본의 증가나 감소를 초래하게 된다. 이와 같은 자본의 증가 또는 감소도 수익과 비용의 정의에는 부합하지만, 이 항목들은 특정 자본유지개념에 따라 포괄손익계산서에는 포함되지 않을 수도 있다. 그 대신 자본유지조정 또는 재평가적립금으로 자본에 포함될 수 있다.

---

03 실물자본유지(실물생산능력으로 정의한 실물자본유지개념)

이익은 해당 기간 중 실물생산능력의 증가액을 의미한다. 기업의 자산과 부채에 영향을 미치는 모든 가격변동은 해당 기업의 실물생산능력에 대한 측정치의 변동으로 간주되어 이익이 아니라 자본의 일부인 자본유지조정으로 처리된다.

실물자본유지 정리

① 이익: 기말실물생산능력 - 기초실물생산능력
② 자산측정방법: 현행원가
③ 가격변동효과: 자본항목
④ 계산구조

B/S

현금 1st	기말현금		
		자본금 2nd	기초현금
		자본유지 3rd 기초현금 × 기말가격/기초가격 - 기초현금	
		당기순이익 4th	대차차액

Self Study

1. 재무제표 이용자가 주로 명목상의 투하자본이나 투하자본의 구매력 유지에 관심이 있다면 재무적 개념의 자본을 채택하여야 한다. 그러나 이용자의 주된 관심이 기업의 조업능력 유지에 있다면 실물적 개념의 자본을 사용하여야 한다.
2. 재무자본유지개념은 특정한 자산의 측정기준 적용을 요구하지 않는다. 재무자본유지개념하에서 측정기준의 선택은 기업이 유지하려는 재무자본의 유형과 관련이 있다.
3. 측정기준과 자본유지개념의 선택에 따라 재무제표의 작성에 사용되는 회계모형이 결정된다. 각각의 회계모형은 상이한 목적적합성과 신뢰성을 나타내며, 경영진은 다른 경우와 마찬가지로 목적적합성과 신뢰성 간에 균형을 추구하여야 한다.
4. 불변구매력단위 재무자본유지개념과 실물자본유지개념에서는 보유손익이 자본유지조정으로 처리될 수 있다. 명목화폐 재무자본유지개념에서는 보유손익은 모두 손익으로 처리한다.
5. 개념체계의 자본유지조정의 내용은 이론적인 것이며, 한국채택국제회계기준에서는 자산과 부채의 재평가 또는 재작성에 따른 순자산의 변동을 수익과 비용으로 처리한다. 다만, 이러한 수익과 비용은 당기손익이나 기타포괄손익으로 분류된다.

사례연습: 자본유지개념

㈜도도는 20×1년 초에 현금 ₩100을 출자하여 설립되었으며, 20×1년 영업과 관련된 자료는 다음과 같다.

(1) 설립 시 재고자산 1단위를 단위당 ₩100에 매입하였으며, 20×1년 말에 재고자산 1단위를 ₩150에 판매하였다.
(2) 20×1년의 물가상승률은 20%이며, 20×1년 말 재고자산 1단위의 현행원가는 ₩140이다.

명목재무자본유지개념, 불변구매력재무자본유지개념 및 실물자본유지개념에 따라 유지해야 할 자본과 이익을 측정하시오.

풀이

B/S				명목화폐	불변구매력화폐	실물자본
현금	150					
		기초자본금	100	100	100	100
		자본유지조정		–	20[1]	40[2]
		이익		50	30	10

[1] $100 \times (1 + 20\%) - 100 = 20$
[2] $140 - 100 = 40$

㈜한국은 20×1년 초 보통주 1,000주(주당 액면금액 ₩1,000)를 주당 ₩1,500에 발행하고 전액 현금으로 받아 설립되었다. 설립과 동시에 영업을 개시한 ㈜한국은 20×1년 초 상품 400개를 개당 ₩3,000에 현금으로 구입하고, 당기에 개당 ₩4,500에 모두 현금으로 판매하여, 20×1년 말 ㈜한국의 자산총계는 현금 ₩2,100,000이다. 20×1년 말 동 상품은 개당 ₩4,000에 구입할 수 있다. 실물자본유지개념하에서 ㈜한국의 20×1년도 당기순이익은 얼마인가? [세무사 2015년]

① ₩100,000 　　　② ₩250,000 　　　③ ₩350,000
④ ₩450,000 　　　⑤ ₩600,000

풀이

재무상태표

현금 ①	기말현금 2,100,000		
		자본금 ②	기초현금 1,000주 × 1,500 = 1,500,000
		자본유지 ③	기초현금 × 기말가격/기초가격 − 기초현금 1,500,000 × 4,000/3,000 − 1,500,000 = 500,000
		당기순이익 ④	대차차액 100,000

정답: ①

Chapter 2 | 핵심 빈출 문장

01 재무보고를 위한 개념체계는 외부이용자를 위한 재무보고의 기초가 되는 개념으로 한국채택국제회계기준이 아니다. 또한 개념체계는 어떠한 내용도 회계기준이나 그 요구사항에 우선하지 않는다.

02 일반목적재무보고서는 보고기업의 가치를 보여주기 위해 고안된 것이 아니다. 그러나 그것은 현재 및 잠재적 투자자, 대여자와 그 밖의 채권자가 보고기업의 가치를 추정하는 데 도움이 되는 정보를 제공한다.

03 재무정보의 예측가치와 확인가치는 상호 연관되어 있어, 예측가치를 갖는 정보는 확인가치도 갖는다.

04 재무정보가 예측가치를 갖기 위해서는 그 자체가 예측치 또는 예상치일 필요는 없다.

05 중요성에 대한 획일적인 계량 임계치를 정하거나 특정한 상황에서 무엇이 중요한 것인지를 미리 결정할 수 없다.

06 재무보고서의 화폐금액을 직접 관측할 수 없어 추정해야만 하는 경우에는 측정불확실성이 발생한다. 합리적인 추정치의 사용은 재무정보 작성에 필수적인 부분이며, 추정이 명확하고 정확하게 기술되고 설명되는 한 정보의 유용성을 저해하지 않는다.

07 보강적 질적특성을 적용하는 것은 어떤 규정된 순서를 따르지 않는 반복적인 과정이다. 때로는 하나의 보강적 질적특성이 다른 질적특성의 극대화를 위해 감소되어야 할 수도 있다.

08 동일한 항목에 대해 동일한 방법을 적용하는 것을 의미하는 일관성은 비교가능성과 관련되지만 동일한 것은 아니다. 비교가능성이라는 목표를 달성하게 해주는 수단이라고 볼 수 있다.

09 계량화된 정보가 검증 가능하기 위해 단일 점추정치이어야 할 필요는 없다. 가능한 금액의 범위 및 관련된 확률도 검증될 수 있다.

10 일부 현상은 본래 복잡하여 이해하기 어려울 수 있다. 그렇다고 해서 그 현상에 대한 정보를 재무보고서에서 제외하면 그 보고서는 완전성이 결여되어 정보이용자를 오도할 가능성이 있다.

11 기업의 모든 권리가 그 기업의 자산이 되는 것은 아니다. 권리가 기업의 자산이 되기 위해서는 그 기업을 위해서 해당 권리가 다른 모든 당사자들이 이용 가능한 경제적 효익을 초과하는 경제적 효익을 창출할 잠재력이 있고, 그 기업에 의해 통제되어야 한다.

12 경제적 효익을 창출할 가능성이 낮더라도 권리가 경제적 자원의 정의를 충족할 수 있으며 자산이 될 수 있다.

13 통제는 경제적 자원의 사용을 지시하고, 이로부터 유입될 수 있는 효익을 얻을 수 있는 현재의 능력이 기업에게만 있도록 할 수 있는 경우에도 발생할 수 있다.

14 한 당사자가 부채를 인식하고 이를 특정 금액으로 측정해야 한다는 요구사항이 다른 당사자가 자산을 인식하거나 동일한 금액으로 측정해야 한다는 것을 의미하지는 않는다.

15 자산, 부채 또는 자본의 정의를 충족하는 항목만이 재무상태표에 인식된다. 마찬가지로 수익이나 비용에 대한 정의를 충족하는 항목만이 재무성과표에 반영된다. 그러나 그러한 요소 중 하나의 정의를 충족하는 항목이라고 할지라도 항상 인식되는 것은 아니다.

16 공정가치는 자산을 취득할 때 발생한 거래원가로 인해 증가하지 않으며 부채를 발생시키거나 인수할 때 발생한 거래원가로 인해 감소하지 않는다. 또한 공정가치는 자산의 궁극적인 처분이나 부채의 이전 또는 결제에서 발생할 거래원가를 반영하지 않는다.

17 역사적 원가 측정기준을 사용할 경우, 다른 시점에 취득한 동일한 자산이나 발생한 부채가 재무제표에 다른 금액으로 보고될 수 있다. 이것은 보고기업의 기간 간 또는 같은 기간의 기업 간 비교가능성을 저하시킬 수 있다.

Chapter 2 | 객관식 문제

01 다음은 재무보고를 위한 개념체계의 목적에 대한 내용들이다. 적합하지 않은 것은?

① 한국회계기준위원회가 향후 새로운 한국채택국제회계기준을 제정하거나 기존의 한국채택국제회계기준의 개정을 검토할 때에 도움을 제공한다.

② 한국채택국제회계기준에서 허용하고 있는 대체적인 회계처리방법의 수를 축소하기 위한 근거를 제공하여 한국회계기준위원회가 재무제표의 표시와 관련되는 법규, 회계기준 및 절차를 조화시킬 수 있도록 도움을 제공한다.

③ 재무제표 작성자가 회계기준을 해석·적용하여 재무제표를 작성·공시하거나, 특정한 거래나 사건에 대한 회계기준이 미비된 경우에 적용할 수 있는 구체적인 회계처리방법을 제공한다.

④ 감사인이 재무제표가 한국채택국제회계기준에 따르고 있는지에 대한 의견을 형성하는 데 도움을 제공한다.

⑤ 재무제표 이용자가 한국채택국제회계기준에 따라 작성된 재무제표에 포함된 정보를 해석하는 데 도움을 제공한다.

02 다음은 재무보고를 위한 개념체계에 대한 설명이다. 옳지 않은 것은?

① 개념체계는 한국채택국제회계기준이 아니므로 특정한 측정과 공시에 관한 기준을 정하지 아니한다. 따라서 개념체계는 어떤 경우에도 특정 한국채택국제회계기준에 우선하지 아니한다.

② 일반목적재무보고의 목적은 현재 및 잠재적 투자자, 대여자 및 기타 채권자가 기업에 자원을 제공하는 것에 대한 의사결정을 할 때 유용한 보고기업 재무정보를 제공하는 것이다.

③ 많은 현재 및 잠재적 투자자, 대여자 및 기타 채권자는 그들에게 직접 정보를 제공하도록 보고기업에 요구할 수 없고, 그들이 필요로 하는 재무정보의 많은 부분을 일반목적재무보고서에 의존해야만 한다. 따라서 그들은 일반목적재무보고서가 대상으로 하는 주요 이용자이다.

④ 감독당국이나 투자자, 대여자 및 기타 채권자가 아닌 일반대중도 일반목적재무보고서가 유용하다고 여길 수 있다. 따라서 일반목적재무보고서는 이러한 기타 집단도 주요 대상으로 한다.

⑤ 경영진은 그들이 필요로 하는 재무정보를 내부에서 구할 수 있기 때문에 일반목적재무보고서에 의존할 필요가 없다. 따라서 일반목적재무보고서는 경영진은 주요 대상으로 하지 않는다.

03 다음은 일반목적재무보고의 한계에 대한 개념체계의 설명이다. 옳지 않은 것은?

① 일반목적재무보고서는 현재 및 잠재적 투자자, 대여자 및 기타 채권자가 필요로 하는 모든 정보를 제공하지 않으며 제공할 수도 없다.

② 일반목적재무보고서는 보고기업의 가치를 보여주기 위해 고안된 것이 아니다. 그러나 그것은 현재 및 잠재적 투자자, 대여자 및 기타 채권자가 보고기업의 가치를 추정하는 데 도움이 되는 정보를 제공한다.

③ 회계기준위원회는 재무보고기준을 제정할 때 주요 이용자 최대 다수의 수요를 충족하는 정보를 제공하기 위해 노력할 것이다. 따라서 공통된 정보 수요에 초점을 맞추기 위해서 주요 이용자의 특정한 일부에게 가장 유용한 추가적인 정보가 배제될 수 있다.

④ 일반목적재무보고서가 모든 정보를 제공할 수 없기에, 정보이용자들은 일반 경제적 상황 및 기대, 정치적 사건과 정치 풍토, 산업 및 기업 전망과 같은 다른 원천에서 입수한 관련 정보를 추가로 고려할 필요가 있다.

⑤ 재무보고서는 정확한 서술보다 상당 부분 추정, 판단 및 모형에 근거한다. 개념체계는 그 추정, 판단 및 모형의 기초가 되는 개념을 정한다. 그 개념은 회계기준위원회와 재무보고서의 작성자가 노력을 기울이는 목표이다.

04 다음은 회계정보의 근본적 질적특성 중 목적적합성에 대한 설명이다. 개념체계의 내용과 일치하지 않는 설명은 무엇인가?

① 목적적합한 정보란 이용자가 과거, 현재 또는 미래의 사건을 평가하거나 과거의 평가를 확인 또는 수정하도록 도와주어 경제적 의사결정에 영향을 미치는 정보를 말한다.

② 기업이 현재 보유하고 있는 자산규모와 그 구성에 관한 정보는 이용자가 기업의 기회 활용능력과 위기대응능력을 예측하는 데 유용한 정보이므로 예측가치가 있다고 말할 수 있다.

③ 기업이 현재 보유하고 있는 자산규모와 그 구성에 관한 정보는 기업의 예상 조직구조나 계획한 영업의 성과에 대한 이용자의 과거 예측이 적절하였는지를 확인하는 역할을 하기도 하므로, 정보의 예측가치와 확인가치는 상호 관련이 있다고 말할 수 있다.

④ 정보가 예측능력을 보유하기 위하여는 정보 자체가 명백한 예측의 형태를 갖추어야만 한다. 따라서 수익이나 비용의 통상적, 비통상적 그리고 비반복적인 항목이 구분 표시되는 것만으로는 포괄손익계산서의 예측가치가 제고될 수 없다.

⑤ 정보가 누락되거나 잘못 기재된 경우 특정 보고기업의 재무정보에 근거한 정보이용자의 의사결정에 영향을 줄 수 있다면 그 정보는 중요한 것이다. 따라서 회계기준위원회가 중요성에 대한 획일적인 계량 임계치를 정하거나 특정한 상황에서 무엇이 중요한 것인지를 미리 결정할 수 없다.

05 유용한 재무정보의 질적특성에 관한 설명으로 옳지 않은 것은? [세무사 2022년]

① 재무보고서는 경제적 현상을 글과 숫자로 나타내는 것이다.

② 재무정보가 과거 평가에 대해 피드백을 제공한다면(과거 평가를 확인하거나 변경시 킨다면) 확인가치를 갖는다.

③ 중립적 정보는 목적이 없거나 행동에 대한 영향력이 없는 정보를 의미한다.

④ 회계기준위원회는 중요성에 대한 획일적인 계량 임계치를 정하거나 특정한 상황에서 무엇이 중요한 것인지를 미리 결정할 수 없다.

⑤ 합리적인 추정치의 사용은 재무정보의 작성에 필수적인 부분이며, 추정이 명확하고 정확하게 기술되고 설명되는 한 정보의 유용성을 저해하지 않는다.

06 다음 중 보강적 질적특성에 대한 설명으로 옳지 않은 것은?

① 비교가능성은 정보이용자가 항목 간의 유사점과 차이점을 식별하고 이해할 수 있게 하는 질적특성으로, 일관성과 관련되어 있기는 하지만 동일한 개념은 아니며 통일성 과는 다른 개념이다. 다른 질적특성과 달리 비교가능성은 단 하나의 항목에 관련된 것이 아니며, 비교하려면 최소한 두 항목이 필요하다.

② 통일성은 한 보고기업 내에서 기간 간 또는 같은 기간 동안에 기업 간, 동일한 항목에 대해 동일한 방법을 적용하는 것을 말한다.

③ 검증가능성은 정보가 나타내고자 하는 경제적 현상을 충실히 표현하는지를 독립적인 서로 다른 관찰자가 충실한 표현의 정보에 대하여 정보이용자가 확인하는 데 도움을 주는 특성을 말한다. 한편, 계량화된 정보가 검증가능하기 위해서 단일 점추정치어야 할 필요는 없다.

④ 적시성은 의사결정에 영향을 미칠 수 있도록 의사결정자가 정보를 제때에 이용 가능 하게 하는 것을 의미한다. 한편, 일반적으로 정보는 오래될수록 유용성이 낮아지지 만, 일부 정보는 보고기간 말 후에도 오랫동안 적시성이 있을 수 있다.

⑤ 재무보고서는 사업활동과 경제활동에 대해 합리적인 지식이 있고, 부지런히 정보를 검토하고 분석하는 정보이용자를 위해 작성된다. 하지만, 일부 현상은 본질적으로 정 보를 검토하고 분석하는 정보이용자를 위해 작성되며 본질적으로 복잡하여 이해하기 쉽게 할 수 없다. 그 현상에 대한 정보를 재무보고서에서 제외하면 그 재무보고서의 정보를 더 이해하기 쉽게 할 수 있지만, 그 보고서는 불완전하여 잠재적으로 오도할 수 있기에 정당화될 수 없다.

07 다음은 회계정보의 보강적 질적특성 중 하나인 비교가능성에 대한 설명이다. 개념체계와 한국채택국제회계기준의 내용과 일치하지 않는 설명은 무엇인가?

① 유사한 거래나 그 밖의 사건의 재무적 영향을 측정하고 표시할 때 한 기업 내에서, 그리고 당해 기업의 기간별 일관된 방법이 적용되어야 하며, 기업 간에도 일관된 방법이 적용되어야 한다.

② 기업이 한국채택국제회계기준을 준수하여 재무제표를 작성하고 사용한 회계정책에 대하여 공시한다면 비교가능성을 달성하는 데 도움이 될 수 있지만, 동일한 경제적 현상에 대해 대체적인 회계처리방법을 허용하면 비교가능성이 감소하게 된다.

③ 목적적합성과 표현의 충실성을 제고할 수 있는 대체적 방법이 있는 경우에도 기존의 회계정책을 유지하여 기간 간 비교가능성을 확보하여야 회계정보의 유용성이 제고될 수 있다.

④ 비교정보를 공시하는 기업은 적어도 두 개의 재무상태표와 두 개씩의 그 밖의 재무제표 및 관련 주석을 표시해야 한다. 회계정책을 소급하여 적용하거나 재무제표의 항목을 소급하여 재작성 또는 재분류하는 경우에는 적어도 세 개의 재무상태표와 두 개씩의 그 밖의 재무제표 및 관련 주석을 표시해야 한다.

⑤ 정보의 기간별 비교가능성이 제고되면 특히 예측을 위한 재무정보 추세분석이 가능하여 재무제표 이용자의 경제적 의사결정에 도움을 준다.

08 다음 중 '재무보고를 위한 개념체계'의 내용과 다른 것은?

① 재무제표 이용자들이 변화와 추세를 식별하고 평가하는 것을 돕기 위해, 재무제표는 최소한 직전 연도에 대한 비교정보를 제공한다.

② 재무제표는 기업의 현재 및 잠재적 투자자, 대여자와 그 밖의 채권자 중 특정 집단의 관점이 아닌 보고기업 전체의 관점에서 거래 및 그 밖의 사건에 대한 정보를 제공한다.

③ 보고기업이 지배 – 종속관계로 모두 연결되어 있지는 않은 둘 이상 실체들로 구성된다면 그 보고기업의 재무제표를 '결합재무제표'라고 한다. '비연결재무제표'는 보고기업이 지배기업 단독인 경우 그 보고기업의 재무제표를 말하며, 이는 한국채택국제회계기준에서 '별도재무제표'라고 불린다.

④ 보고기업은 재무제표를 작성해야 하거나 작성하기로 선택한 기업이다. 보고기업은 단일의 실체이거나 어떤 실체의 일부일 수 있으며, 둘 이상의 실체로 구성될 수도 있다. 보고기업이 반드시 법적 실체일 필요는 없다.

⑤ 재무제표는 일반적으로 보고기업이 계속기업이며 예측가능한 미래에 영업을 계속할 것이라는 가정하에 작성된다. 따라서 기업이 청산을 하거나 거래를 중단하려는 의도가 없으며, 그럴 필요도 없다고 가정한다. 또한 그러한 의도나 필요가 있더라도 재무제표는 계속기업 가정하에 작성되어야 한다.

09 '재무보고를 위한 개념체계'에 따르면 자산은 과거 사건의 결과로 기업이 통제하는 현재의 경제적 자원이며, 경제적 자원은 경제적 효익을 창출할 잠재력을 지닌 권리이다. 자산과 관련된 다음의 설명 중 올바른 것은?

① 지출의 발생과 자산의 취득은 밀접하게 관련되어 있으므로 지출이 없다면 특정 항목은 자산의 정의를 충족할 수 없다.

② 기업은 기업 스스로부터 경제적 효익을 획득하는 권리를 가질 수도 있다.

③ 잠재력이 있기 위해 권리가 경제적 효익을 창출할 것이라고 확신하거나 그 가능성이 높아야 한다.

④ 경제적 자원의 가치가 미래경제적효익을 창출할 현재의 잠재력에서 도출되지만, 경제적 자원은 그 잠재력을 포함한 현재의 권리이며, 그 권리가 창출할 수 있는 미래경제적효익이 아니다.

⑤ 권리가 기업의 자산이 되기 위해서는, 해당 권리가 그 기업을 위해서 다른 모든 당사자들이 이용 가능한 경제적 효익과 동일한 경제적 효익을 창출할 잠재력이 있고, 그 기업에 의해 통제되어야 한다.

10 다음은 '재무보고를 위한 개념체계' 중 측정과 관련된 내용들이다. 옳지 않은 것은?

① 부채의 이행가치는 기업이 부채를 이행할 때 이전해야 하는 현금이나 그 밖의 경제적 자원의 현재가치이다.

② 자산의 역사적원가는 자산의 취득 또는 창출에 발생한 원가의 가치로서, 자산을 취득 또는 창출하기 위하여 지급한 대가와 거래원가를 포함한다.

③ 자산의 현행원가는 측정일 현재 동등한 자산의 원가로서 측정일에 지급할 대가와 그 날에 발생할 거래원가를 포함한다.

④ 부채의 현행원가는 측정일 현재 동등한 부채에 대해 수취할 수 있는 대가에서 그 날에 발생할 거래원가를 가산한다.

⑤ 사용가치와 이행가치는 미래현금흐름에 기초하기 때문에 자산을 취득하거나 부채를 인수할 때 발생하는 거래원가는 포함하지 않는다. 그러나 사용가치와 이행가치에는 기업이 자산을 궁극적으로 처분하거나 부채를 이행할 때 발생할 것으로 기대되는 거래원가의 현재가치가 포함된다.

11 다음은 '재무보고를 위한 개념체계'의 내용들이다. 옳지 않은 것은?

① 역사적 원가는 자산의 소비와 손상을 반영하여 감소하기 때문에, 역사적 원가로 측정된 자산에서 회수될 것으로 예상되는 금액은 적어도 장부금액과 같거나 장부금액보다 크다.

② 역사적 원가로 측정한 수익과 비용은 재무제표 이용자들에게 현금흐름이나 이익에 관한 그들의 종전 예측에 대해 피드백을 제공하기 때문에 확인가치를 가질 수 있다. 판매하거나 사용한 자산의 원가에 관한 정보는 기업의 경영진이 그 기업의 경제적 자원을 사용하는 책임을 얼마나 효율적이고 효과적으로 수행했는지를 평가하는 데 도움이 될 수 있다.

③ 가격 변동이 유의적일 경우, 현행원가를 기반으로 한 이익은 역사적 원가를 기반으로 한 이익보다 미래 이익을 예측하는 데 더 유용할 수 있다.

④ 자본의 총장부금액(총자본)은 직접 측정하지 않는다. 총자본은 직접 측정하지 않지만, 자본의 일부 종류와 자본의 일부 구성요소에 대한 장부금액은 직접 측정하는 것이 적절할 수 있다. 그럼에도 불구하고, 총자본은 잔여지분으로 측정되기 때문에 적어도 자본의 한 종류는 직접 측정할 수 없다.

⑤ 자본의 총장부금액은 일반적으로 계속기업을 전제로 하여 기업 전체를 매각하여 조달할 수 있는 금액과 동일하다.

12 자본 및 자본유지개념에 관한 설명으로 옳지 않은 것은? [세무사 2018년]

① 자본유지개념은 이익이 측정되는 준거기준을 제공하며, 기업의 자본에 대한 투자수익과 투자회수를 구분하기 위한 필수요건이다.

② 자본을 투자된 화폐액 또는 투자된 구매력으로 보는 재무적 개념하에서 자본은 기업의 순자산이나 지분과 동의어로 사용된다.

③ 자본을 불변구매력 단위로 정의한 재무자본유지개념하에서는 일반물가수준에 따른 가격상승을 초과하는 자산가격의 증가 부분만이 이익으로 간주된다.

④ 재무자본유지개념을 사용하기 위해서는 현행원가기준에 따라 측정해야 하며, 실물자본유지개념은 특정한 측정기준의 적용을 요구하지 아니한다.

⑤ 자본을 실물생산능력으로 정의한 실물자본유지개념하에서 기업의 자산과 부채에 영향을 미치는 모든 가격변동은 해당 기업의 실물생산능력에 대한 측정치의 변동으로 간주되어 이익이 아니라 자본의 일부로 처리된다.

13 다음 자료를 이용하여 ㈜한국의 자본을 재무자본유지개념(불변구매력단위)과 실물자본유지개념으로 측정할 때, 20×1년도에 인식할 이익은? (단, 20×1년 중 다른 자본거래는 없다)

구분	20×1년 초	20×1년 말
자산 총계	₩100,000	₩300,000
부채 총계	₩50,000	₩150,000
일반물가지수	100	150
재고자산 단위당 구입가격	₩1,000	₩2,000

	재무자본유지개념(불변구매력단위)	실물자본유지개념
①	₩75,000	₩50,000
②	₩75,000	₩100,000
③	₩100,000	₩50,000
④	₩100,000	₩100,000
⑤	₩100,000	₩75,000

Chapter 2 | 객관식 문제 정답 및 해설

01 ③ 개념체계는 재무제표 작성자가 한국채택국제회계기준을 해석·적용하여 재무제표를 작성·공시하거나, 특정한 거래나 사건에 대한 회계기준이 미비된 경우에 적용할 수 있는 지침을 제공할 뿐 구체적인 회계처리방법을 제공하는 것은 아니다.

02 ④ 감독당국이나 투자자, 대여자 및 기타 채권자가 아닌 일반대중은 일반목적재무보고서의 주요 대상이 아니다.

03 ③ 공통된 정보 수요에 초점을 맞추기 위해서 주요 이용자의 특정한 일부에게 가장 유용한 추가적인 정보가 배제되어야 하는 것은 아니다.

04 ④ 정보이용자들이 미래 결과를 예측하기 위해 사용하는 절차의 투입요소로 재무정보가 사용될 수 있다면, 그 재무정보는 예측가치를 갖는다. 재무정보가 예측가치를 갖기 위해서 그 자체가 예측치 또는 예상치일 필요는 없다. 예측가치를 갖는 재무정보는 정보이용자가 예측하는 데 사용된다.

05 ③ 중립적 정보는 목적이 없거나 행동에 대한 영향력이 없는 정보를 의미하지는 않는다.

06 ② 일관성에 대한 설명이다.

07 ③ 기업이 채택한 회계정책이 목적적합성과 표현의 충실성인 질적특성이 확보되지 않았는데도 특정 거래나 그 밖의 사건에 대해 동일한 방법으로 계속 회계처리하는 것은 적절하지 않다. 또한 목적적합성과 표현의 충실성을 제고할 수 있는 대체적 방법이 있음에도 기존의 회계정책을 유지하는 것도 적절하지 않다.

08 ⑤ 재무제표는 일반적으로 보고기업이 계속기업이며 예측가능한 미래에 영업을 계속할 것이라는 가정하에 작성된다. 따라서 기업이 청산을 하거나 거래를 중단하려는 의도가 없으며, 그럴 필요도 없다고 가정한다. 만약 그러한 의도나 필요가 있다면, 재무제표는 계속기업과는 다른 기준에 따라 작성되어야 한다. 그러한 경우라면, 사용된 기준을 재무제표에 기술한다.

09 ④ ① 지출의 발생과 자산의 취득은 밀접하게 관련되어 있으나 양자가 반드시 일치하는 것은 아니다. 따라서 기업이 지출한 경우 이는 미래경제적효익을 추구했다는 증거가 될 수는 있지만, 자산을 취득했다는 확정적인 증거는 될 수 없다. 마찬가지로 관련된 지출이 없더라도 특정 항목이 자산의 정의를 충족하는 것을 배제하지는 않는다.
　② 기업은 기업 스스로부터 경제적 효익을 획득하는 권리를 가질 수는 없다.
　③ 잠재력이 있기 위해 권리가 경제적 효익을 창출할 것이라고 확신하거나 그 가능성이 높아야 하는 것은 아니다. 권리가 이미 존재하고, 적어도 하나의 상황에서 그 기업을 위해 다른 모든 당사자들에게 이용 가능한 경제적 효익을 초과하는 경제적 효익을 창출할 수 있으면 된다. 경제적 효익을 창출할 가능성이 낮더라도 권리가 경제적 자원의 정의를 충족할 수 있고, 따라서 자산이 될 수 있다. 그럼에도 불구하고, 그러한 낮은 가능성은 자산의 인식 여부와 측정방법을 포함하여, 자산과 관련하여 제공해야 할 정보와 그 정보를 제공하는 방법에 대한 결정에 영향을 미칠 수 있다.
　⑤ 권리가 기업의 자산이 되기 위해서는, 해당 권리가 그 기업을 위해서 다른 모든 당사자들이 이용 가능한 경제적 효익을 초과하는 경제적 효익을 창출할 잠재력이 있어야 한다.

10 ④ 부채의 현행원가는 측정일 현재 동등한 부채에 대해 수취할 수 있는 대가에서 그 날에 발생할 거래원가를 차감한다.

11 ⑤ 일반목적재무제표는 기업의 가치를 보여주도록 설계되지 않았기 때문에 자본의 총장부금액은 **일반적으로** 다음과 **동일하지 않을** 것이다.

ⓐ 기업의 자본청구권에 대한 시가총액

ⓑ **계속기업을 전제로 하여 기업 전체를 매각하여 조달할 수 있는 금액**

ⓒ 기업의 모든 자산을 매각하고 모든 부채를 상환하여 조달할 수 있는 금액

12 ④ 재무자본유지개념을 사용하기 위해서는 특정한 측정기준의 적용을 요구하지 아니하며, 실물자본유지개념은 현행원가기준의 적용을 요구한다.

13 ① (1) 기초자본: 100,000(기초자산) − 50,000(기초부채) = 50,000

(2) 기말자본: 300,000(기말자산) − 150,000(기말부채) = 150,000

(3) 불변구매력단위의 기말자본: 50,000 × 1.5 = 75,000

(4) 불변구매력단위의 이익: 150,000 − 75,000 = 75,000

(5) 실물자본유지의 기말자본: 50,000 × 2 = 100,000

(6) 실물자본유지의 이익: 150,000 − 100,000 = 50,000

Chapter 2 | 주관식 문제

문제 01　개념체계의 의의와 질적특성

우리나라 한국회계기준원 회계기준위원회는 국제회계기준위원회가 제정한 국제회계기준을 채택하여 기업회계기준의 일부로 구성하기로 한 정책에 따라 재무제표의 작성과 표시를 위한 개념체계를 제정하였다. 이와 관련하여 다음 물음에 답하시오.

물음 1) 재무제표의 작성과 표시를 위한 개념체계의 목적에 대해서 설명하시오.

물음 2) 회계정보가 의사결정에 유용하기 위해서는 목적적합성과 표현의 충실성이라는 두 가지 질적특성이 필요하다. 의사결정을 위한 두 가지 질적특성의 각 구성요소를 열거한 후 이를 간단히 설명하시오.

물음 1) 재무제표의 작성과 표시를 위한 개념체계의 목적에서 재무제표의 작성과 표시를 위한 개념체계는 외부정보이용자를 위한 재무제표의 작성과 표시에 있어 기초가 되는 개념을 정립하며, 다음과 같은 역할을 수행한다.

(1) 한국회계기준위원회가 향후 새로운 한국채택국제회계기준을 제정 또는 개정함에 있어 도움을 주며, 한국채택국 제회계기준에서 허용하고 있는 대체적인 회계처리방법의 수를 축소하기 위한 근거를 제공하여 한국회계기준위 원회가 재무제표의 표시와 관련되는 법규, 회계기준 및 절차를 조화시킬 수 있도록 도움을 제공한다.

(2) 재무제표 작성자가 한국채택국제회계기준을 적용하거나 한국채택국제회계기준이 미비한 거래에 대한 회계처리 를 하는 데 도움을 제공한다.

(3) 감사인이 재무제표가 한국채택국제회계기준을 따르고 있는지에 대한 의견을 형성하는 데 도움을 제공한다.

(4) 재무제표 이용자가 한국채택국제회계기준에 따라 작성된 재무제표에 포함된 정보를 해석하는 데 도움을 제공하 며, 한국회계기준위원회의 업무활동에 관심 있는 이해관계자에게 한국채택국제회계기준을 제정하는 데 사용한 접근방법에 대한 정보를 제공한다.

물음 2) **목적적합성과 표현의 충실성의 구성요소**

(1) 목적적합성이란 회계정보는 정보이용자가 의도하고 있는 의사결정목적과 관련되어야 한다는 것을 의미하며, 다 음과 같은 속성을 가지고 있어야 한다.

　1) 예측가치: 정보이용자가 과거, 현재 또는 미래의 사건을 평가할 수 있도록 도와주어 경제적 의사결정에 영향 을 미치는 정보의 능력(예측 역할 수행)

　2) 확인가치: 정보이용자가 과거의 평가를 확인 또는 수정하도록 도와주어 경제적 의사결정에 영향을 미치는 정보의 능력

　3) 중요성: 어떤 경우에는 정보의 성격 그 자체만으로도 목적적합성을 충족하나 어떤 경우에는 정보의 성격과 중요성이 모두 중요한데, 회계정보가 정보이용자의 의사결정에 영향을 미치면 중요한 정보이며, 재무제표에 표시되는 항목은 중요성이 고려되어야 함

(2) 표현의 충실성이란 정보가 나타내고자 하거나 나타낼 것이 합리적이라고 기대되는 거래나 그 밖의 사건을 충실 하게 표현하여야 한다는 것을 말한다. 재무정보를 완벽하고 충실하게 표현하기 위해서는 그 서술이 완전하고 중립적이며 오류가 없어야 한다.

주권상장법인인 ㈜경기는 2×10년부터 한국채택국제회계기준에 따라 재무제표를 작성하고자 한다. 회사의 재무이사와 외부감사인인 공인회계사 L은 정보이용자의 의사결정에 유용한 정보를 제공하기 위하여 재무제표가 갖추어야 할 특성에 대하여 대화를 나누고 있다. 아래의 각 물음은 독립적이다.

물음 1) 재무이사는 한국채택국제회계기준에서 규정하고 있는 퇴직급여 회계처리가 너무 복잡하고 일부 정보이용자가 이해하기 매우 어려울 것으로 판단하여 퇴직급여와 관련된 주석을 생략할 것을 주장하고 있다. 회사의 인건비가 상대적으로 중요한 비중을 차지하고 있을 때, 재무이사의 주장이 타당한가? 만약 타당하지 않다면 그 이유에 대하여 주요 질적특성과 관련지어 4줄 이내로 서술하시오.

물음 2) 공인회계사 L은 재무제표의 감사과정에서 매출채권의 회수가능성이 현저히 낮음에도 불구하고 회사는 당해 채권에 대한 손상차손을 인식하지 않은 것을 발견하였다. 만약 회사의 재무제표가 손상차손을 반영하지 않은 상태에서 매출채권 금액이 표시된다면 어떠한 질적특성에 위배되는가?

물음 1) 타당하지 않다. 왜냐하면 특정 정보가 목적적합한 정보임에도 불구하고 일부 이용자에게 이해하기 어렵다는 이유로 재무제표에서 제외되어서는 안 되기 때문이다. 퇴직급여 정보를 이해하기 어렵다는 이유로 제외할 경우 회계정보는 정보이용자에게 유용한 정보가 되지 못한다.

물음 2) 회계정보가 정보이용자의 의사결정에 유용하기 위해서는 충실한 표현을 할 수 있어야 한다. 매출채권에 손상이 발생되었을 경우 그러한 경제적 사건을 충실하게 표시하여야 의사결정에 유용한 정보가 될 수 있는 회계정보가 된다. 즉, 회계정보에 손상이라는 사건을 충실하게 표현하지 못하므로 표현의 충실성에 위배되는 것이다.

회계사 · 세무사 · 경영지도사 단번에 합격!
해커스 경영아카데미
cpa.Hackers.com

Chapter **3**

재무제표 표시와 공정가치

1. 재무제표의 목적과 전체 재무제표,
   일반 사항, 재무제표의 식별
2. 재무상태표
3. 포괄손익계산서
4. 기타 재무제표
5. 공정가치
6. 현재가치 측정

1 재무제표의 목적과 전체 재무제표, 일반 사항, 재무제표의 식별

I 재무제표의 목적

재무제표는 기업의 재무상태와 재무성과를 체계적으로 표현한 보고서로 일반목적재무보고의 가장 대표적인 수단이다. 재무제표의 목적은 다양한 정보이용자의 경제적 의사결정에 유용한 기업의 재무상태, 재무성과와 재무상태 변동에 관한 정보를 제공하는 것이다. 또한 재무제표는 위탁받은 자원에 대한 경영진의 수탁책임 결과도 보여준다. 이러한 목적을 충족하기 위하여 재무제표는 다음과 같은 기업 정보를 제공한다.

> ① 자산, 부채, 자본
> ② 수익, 비용
> ③ 소유주에 의한 출자와 소유주에 대한 배분
> ④ 현금흐름

이러한 정보는 주석에서 제공되는 정보와 함께 재무제표 이용자가 기업의 미래현금흐름과 그 시기, 확실성을 예측하는 데 도움을 준다.

Ⅱ   전체 재무제표

전체 재무제표는 다음을 모두 포함하여야 한다. 또한, 아래의 재무제표 명칭이 아닌 다른 명칭을 사용할 수도 있다.

① 기말 재무상태표

② 기간 포괄손익계산서

③ 기간 자본변동표

④ 기간 현금흐름표

⑤ 주석(중요한 회계정책 정보와 그 밖의 설명 정보로 구성)

⑥ 전기에 관한 비교정보

⑦ 회계정책을 소급하여 적용하거나, 재무제표의 항목을 소급하여 재작성 또는 재분류하는 경우 전기 기초 재무상태표

[예] 전기 기초 재무상태표]

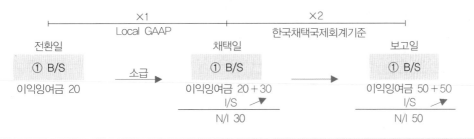

Additional Comment

각각의 재무제표는 전체 재무제표에서 동등한 비중으로 표시한다. 이는 재무제표 이용자가 기업의 재무성과를 평가할 때 단일의 재무제표에서 단일의 측정치(예) 당기순이익)만을 참조하여 평가하지 않는다는 관점에 기초한다.

기업은 재무제표 이외에도 그 기업의 재무성과와 재무상태의 주요 특성 및 기업이 직면한 주요 불확실성을 설명하는 경영진의 재무검토보고서를 제공하기도 한다. 또한 환경 요인의 유의적인 산업에 속해있는 경우나 종업원이 주요 재무제표 이용자인 경우 재무제표 이외에 환경보고서나 부가가치보고서와 같은 보고서를 제공하기도 한다. 그러나 재무제표 이외의 보고서는 한국채택국제회계기준의 적용범위에 해당하지 않는다.

Self Study

1. 각각의 재무제표는 전체 재무제표에서 동등한 비중으로 표시한다. 또한 기업들은 기업회계기준서 제1001호 '재무제표 표시'에서 사용하는 재무제표의 명칭이 아닌 다른 명칭을 사용할 수 있다.

2. 전체 재무제표는 전기에 관한 비교정보를 포함한다(예) 당기와 전기의 비교식 공시). 다만, 회계정책의 변경이나 중요한 오류수정으로 전기 이전 재무제표를 소급 재작성하는 경우에는 재무상태표 3개(당기 말 재무상태표, 전기 말 재무상태표, 전기 초 재무상태표)를 작성하여야 한다.

3. 재무제표 이외의 보고서는 한국채택국제회계기준의 적용범위에 해당하지 않는다.

01 공정한 표시와 한국채택국제회계기준의 준수

재무제표는 기업의 재무상태, 재무성과 및 현금흐름을 공정하게 표시해야 한다. 공정하게 표시하기 위해서는 Chapter 2의 개념체계에서 정한 자산, 부채, 수익 및 비용에 대한 정의와 인식요건에 따라 거래, 그 밖의 사건과 상황의 효과를 충실하게 표현해야 한다. 한국채택국제회계기준에 따라 작성된 재무제표(필요에 따라 추가 공시한 경우 포함)는 공정하게 표시된 재무제표로 본다.

또한 한국채택국제회계기준을 준수하여 작성된 재무제표는 국제회계기준을 준수하여 작성된 재무제표임을 주석으로 공시할 수 있다.

재무제표가 한국채택국제회계기준의 요구사항을 모두 충족한 경우가 아니라면 한국채택국제회계기준을 준수하여 작성되었다고 기재하여서는 안 된다. 부적절한 회계정책은 이에 대하여 공시나 주석 또는 보충자료를 통해 설명하더라도 정당화될 수 없다.

[공정한 표시와 한국채택국제회계기준의 준수]

구분	내용	비고
재무제표의 공정한 표시	한국채택국제회계기준을 준수함으로써 달성	부적절한 회계정책은 정당화될 수 없음

* 한국채택국제회계기준의 요구사항을 모두 충족한 경우에만 한국채택국제회계기준을 준수하여 작성하였다고 기재할 수 있음

02 재무제표 목적과의 상충

극히 드문 상황으로 한국채택국제회계기준의 요구사항을 준수하는 것이 오히려 '개념체계'에서 정하고 있는 재무제표의 목적과 상충되어 재무제표 이용자의 오해를 유발할 수 있는 경우에는 관련 감독체계가 이러한 요구사항으로부터의 일탈을 의무화하거나 금지하지 않는다면, 요구사항을 달리 적용하고, 일탈의 내용과 그로 인한 재무적 영향 등을 공시한다.

그러나 이와 같이 경영진이 한국채택국제회계기준의 요구사항을 준수하는 것이 오히려 '개념체계'에서 정하고 있는 재무제표의 목적과 상충될 수 있다고 결론을 내린 경우에도 관련 감독체계가 이러한 요구사항으로부터의 일탈을 의무화하거나 금지하는 경우에는 기업은 경영진이 결론을 내린 이유와 재무제표 각 항목에 대한 조정내용을 공시하여 오해를 유발할 수 있는 가능성을 최대한 줄여야 한다.

[재무제표 목적과의 상충]

구분		적용
원칙		한국채택국제회계기준의 요구사항을 모두 적용
예외	일탈을 허용하는 경우	한국채택국제회계기준의 요구사항을 달리 적용 가능
	일탈을 허용하지 않는 경우	기준서의 요구사항을 준수, 관련 사항을 주석으로 추가 공시

1. 영업이익 산정에 포함된 항목 이외에도 기업의 고유 영업환경을 반영하는 그 밖의 수익 또는 비용항목은 영업이익에 추가하여 별도의 영업성과 측정치를 산정하여 조정영업이익으로 주석에 공시할 수 있다.
2. 수익과 비용의 어느 항목도 당기손익과 기타포괄손익을 표시하는 보고서 또는 주석에 특별손익 항목으로 표시할 수 없다.

03 계속기업

재무제표는 일반적으로 기업이 계속기업이며, 예상 가능한 기간 동안 영업을 계속할 것이라는 가정하에 작성된다. 경영진은 재무제표를 작성할 때 계속기업으로서의 존속가능성을 평가해야 한다. 경영진이 기업을 청산하거나 경영활동을 중단할 의도를 가지고 있지 않거나, 청산 또는 경영활동을 중단 외에 다른 현실적 대안이 없는 경우가 아니면 계속기업을 전제로 재무제표를 작성한다. 그러므로 계속기업으로서의 존속능력에 유의적인 의문이 제기될 수 있는 사건이나 상황과 관련된 중요한 불확실성을 알게 된 경우, 경영진은 그러한 불확실성을 공시하여야 한다. 재무제표가 계속기업의 기준하에 작성되지 않는 경우에는 그 사실과 함께 재무제표가 작성된 기준 및 그 기업을 계속기업으로 보지 않는 이유를 주석 공시하여야 한다. 계속기업의 가정이 적절한지의 여부를 평가할 때 경영진은 적어도 보고기간 말부터 향후 12개월 기간에 대하여 이용 가능한 모든 정보를 고려한다.

경영자가 보고기간 말로부터 12개월을 초과하는 기간에 대해서도 계속기업으로 존속할 것인지를 평가하는 것은 어렵기 때문에 보고기간 말로부터 12개월 이내의 기간으로 평가기간을 제한하는 것이다.

기업이 상당기간 계속 사업이익을 보고하였고, 보고기간 말 현재 경영에 필요한 재무자원을 확보하고 있는 경우에는 자세한 분석이 없어도 계속기업을 전제로 한 회계처리가 적절하다는 결론을 내릴 수 있다.

04 발생기준 회계

기업은 현금흐름정보(현금흐름표)를 제외하고는 발생기준 회계를 사용하여 재무제표를 작성한다. 발생기준 회계는 미래현금흐름 예측에 필요한 정보를 제공할 수 있기 때문에 현금기준 회계보다 더 유용하다는 데에는 이견이 없다. 발생기준 회계를 사용하는 경우, 각 항목이 개념체계의 정의와 인식요건을 충족할 때 자산, 부채, 자본, 광의의 수익 및 비용으로 인식한다.

05 중요성과 통합표시

유사한 항목은 중요성 분류에 따라 재무제표에 구분하여 표시하며, 상이한 성격이나 기능을 가진 항목을 구분하여 표시한다. 단, 중요하지 않은 항목은 성격이나 기능이 유사한 항목과 통합하여 표시(예 현금및현금성자산)할 수 있다. 재무제표에는 중요하지 않아 구분하여 표시하지 않은 항목이라도 주석에는 구분 표시해야 할 만큼 충분히 중요할 수 있다.

기업은 중요하지 않은 정보로 중요한 정보가 가려져서 불분명하게 하거나, 다른 성격과 기능을 가진 중요한 항목들을 통합함으로써 기업의 재무제표의 이해가능성을 저하시키지 말아야 한다. (⇒ 개별적으로 중요하지 않은 항목은 상기 재무제표나 주석의 다른 항목과 통합한다)

Additional Comment

현재 한국채택국제회계기준을 적용하여 공시되고 있는 회사들의 재무제표를 비교해보면 매우 다양하게 구분표시 또는 통합표시를 하고 있음을 확인할 수 있는데, 이는 회사마다 적용한 중요성 기준이 동일하지 않기 때문이다.

[중요성과 통합표시]

성격이나 기능		재무제표 표시
상이한 항목		구분하여 표시
유사한 항목	중요한 경우	구분하여 표시
	중요하지 않는 경우	성격이나 기능이 유사한 항목과 통합하여 표시 가능

06 상계

한국채택국제회계기준에서 요구하거나 허용하지 않는 한 자산과 부채 그리고 수익과 비용은 상계하지 아니한다. 이들 항목을 상계표시하면 발생한 거래, 그 밖의 사건과 상황을 이해하고 기업의 미래현금흐름을 분석할 수 있는 재무제표 이용자의 능력을 저해할 수 있다.

Self Study

재고자산에 대한 재고자산평가충당금과 매출채권에 대한 손실충당금과 같은 평가충당금을 차감하여 관련 자산을 순액으로 측정하는 것은 상계표시에 해당하지 아니한다. 재고자산평가충당금이나 손실충당금은 부채가 아니라 자산의 차감계정이므로 이를 해당 자산에서 차감 표시하는 것은 자산과 부채의 상계가 아니기 때문이다.

동일 거래에서 발생하는 수익과 관련 비용의 상계표시가 거래나 그 밖의 사건의 실질을 반영한다면 그러한 거래의 결과는 상계하여 표시한다. 이러한 상계표시의 예를 들면 다음과 같다.

① 투자자산 및 영업용 자산을 포함한 비유동자산의 처분손익은 처분대금에서 그 자산의 장부금액과 관련 처분비용을 차감하여 표시한다.
② 기준서 제1037호 '충당부채, 우발부채 및 우발자산'에 따라 인식한 충당부채와 관련된 지출을 제3자와의 계약관계(예 보증약정)에 따라 보전받는 경우, 당해 지출과 보전받는 금액은 상계하여 표시할 수 있다.
③ 외환손익 또는 단기매매금융상품에서 발생하는 손익과 같이 유사한 거래의 집합에서 발생하는 차익과 차손은 순액(≒상계)으로 표시한다. 그러나 그러한 차익과 차손이 중요한 경우에는 구분하여 표시한다.

Example

1. 토지 장부금액 ₩200을 ₩250에 처분하면서 수수료 ₩10이 발생하였다.

차) 현금	240	대) 토지	200
		유형자산처분손익(상계)	40

2. 기업이 손해배상소송 관련하여 충당부채로 인식할 금액은 ₩200이며, 보험에 가입하여 ₩100을 보험회사로부터 수령할 것이 거의 확실하다.

차) 손해배상손실(N/I)	200	대) 손해배상충당부채	200
차) 대리변제자산	100	대) 손해배상손실(상계)	100
		or 충당부채관련수익	(N/I)

[상계]

구분	내용
원칙	자산과 부채, 수익과 비용은 상계하지 않음 * 평가충당금의 순액측정은 상계 ×
상계표시하는 경우	① 비유동자산처분손익(처분비용도 상계, 강제사항) ② 충당부채와 관련된 지출을 제3자와의 계약 관계로 보전받는 금액(임의사항)
유사한 거래의 집합에서 발생하는 차익과 차손	외환손익·단기매매금융상품 관련 손익 순액(≒상계)표시 * 중요한 경우 구분하여 표시

07 보고빈도

전체 재무제표(비교정보를 포함)는 적어도 1년마다 작성한다. 보고기간 종료일을 변경하여 재무제표의 보고기간이 1년을 초과하거나 미달하는 경우 재무제표 해당 기간뿐만 아니라 다음의 사항을 추가로 공시한다.

① 보고기간이 1년을 초과하거나 미달하게 된 이유
② 재무제표에 표시된 금액이 완전하게 비교 가능하지 않다는 사실

일반적으로 재무제표는 일관성 있게 1년 단위로 작성한다. 그러나 실무적인 이유로 보고빈도를 1년에 2회, 4회로 할 수도 있으며 이러한 보고관행을 금지하지 않는다.

08 비교정보

한국채택국제회계기준이 달리 허용하거나 요구하는 경우를 제외하고는 당기 재무제표에 보고되는 모든 금액에 대해 전기 비교정보를 표시한다. 당기 재무제표를 이해하는 데 목적적합하다면 서술형 정보의 경우에도 비교정보를 포함한다. 그러므로 최소한 두 개의 재무상태표와 두 개의 포괄손익계산서, 두 개의 별개 손익계산서(표시하는 경우), 두 개의 현금흐름표, 두 개의 자본변동표 그리고 관련 주석을 표시해야 한다.

회계정책을 소급하여 적용하거나, 재무제표 항목을 소급하여 재작성 또는 재분류하고 이러한 소급적용, 소급재작성 또는 소급재분류가 전기 기초 재무상태표의 정보에 중요한 영향을 미치는 경우에는 세 개의 재무상태표를 표시한다. 이 경우 각 시점(당기 말, 전기 말, 전기 초)에 세 개의 재무상태표를 표시하되 전기 기초의 개시 재무상태표에 관련된 주석을 표시할 필요는 없다.

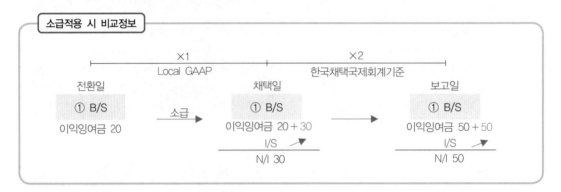

Additional Comment

정보의 기간별 비교가능성이 제고되면 특히 예측을 위한 재무정보 추세분석이 가능하여 재무제표 이용자의 경제적 의사결정에 도움을 준다. 따라서 재무제표 항목의 표시나 분류를 변경하는 경우 실무적으로 적용할 수 없는 것이 아니라면 비교금액도 재분류해야 한다.

비교금액을 재분류할 때에는 재분류의 성격, 재분류된 개별 항목이나 항목군의 금액 및 재분류의 이유를 공시한다. 그러나 비교금액을 실무적으로 재분류할 수 없는 경우에는 해당 금액을 재분류하지 아니한 이유와 해당 금액을 재분류한다면 이루어질 수정의 성격을 공시한다.

[비교 공시]

구분	재무상태표	다른 재무제표(주석 포함)
일반적인 경우	당기 말, 전기 말	당기, 전기
회계정책을 소급적용하거나 재무제표 항목을 소급하여 재작성하는 경우[1]	당기 말, 전기 말, 전기 초	당기, 전기

[1] 재무제표 항목의 표시나 분류를 변경하는 경우 비교금액도 재분류

09 표시의 계속성

재무제표 항목의 표시와 분류는 다음의 경우를 제외하고는 매기 동일하여야 한다.

> ① 사업내용의 유의적인 변화나 재무제표를 검토한 결과 다른 표시나 분류방법이 더 적절한 것이 명백한 경우
> ② 한국채택국제회계기준에서 표시방법의 변경을 요구하는 경우

Additional Comment

> 예로 유의적인 인수나 매각, 또는 재무제표의 표시에 대해 검토한 결과 재무제표를 다른 방법으로 표시하는 것이 유용할 수 있다. 기업은 변경된 표시방법이 재무제표 이용자에게 신뢰성 있고 더욱 목적적합한 정보를 제공하며, 변경된 구조가 지속적으로 유지될 가능성이 높아 비교가능성을 저해하지 않을 것으로 판단할 경우에만 재무제표의 표시방법을 변경할 수 있다.

IV 재무제표의 식별

재무제표는 동일한 문서에 포함되어 함께 공표되는 그 밖의 정보와 명확하게 구분되고 식별되어야 한다. 또한 다음 정보가 분명하게 드러나야 하며, 정보의 이해를 위해서 필요한 때에는 반복 표시하여야 한다.

> ① 보고기업의 명칭 또는 그 밖의 식별 수단과 전기 보고기간 말 이후 정보의 변경내용
> ② 재무제표가 개별 기업에 대한 것인지 연결실체에 대한 것인지의 여부
> ③ 재무제표나 주석의 작성 대상이 되는 보고기간 종료일 또는 보고기간
> ④ 기준서 제1021호에 정의된 표시통화
> ⑤ 재무제표의 금액 표시를 위하여 사용한 금액 단위

위의 요구사항에 따라 페이지, 재무제표, 주석 항목 등의 적절한 제목을 표시한다. 일반적으로 재무제표의 표시통화를 천 단위나 백만 단위로 표시할 때 더욱 이해가능성이 제고될 수 있는데, 이러한 표시는 금액 단위를 공시하고 중요한 정보가 누락되지 않는 경우에 허용될 수 있다.

Additional Comment

> 한국채택국제회계기준은 오직 재무제표에만 적용하며 연차보고서, 감독기관 제출서류 또는 다른 문서에 표시되는 그 밖의 정보에는 반드시 적용해야 하는 것은 아니다. 따라서 한국채택국제회계기준을 준수하여 작성된 정보와 한국채택국제회계기준에서 요구하지 않지만 유용한 그 밖의 정보를 재무제표 이용자가 구분할 수 있는 것이 중요하다.

재무제표 표시에 관한 설명으로 옳은 것은?   [세무사 2021년]

① 재무제표는 동일한 문서에 포함되어 함께 공표되는 그 밖의 정보와 명확하게 구분되고 식별되어야 한다.
② 각각의 재무제표는 전체 재무제표에서 중요성에 따라 상이한 비중으로 표시한다.
③ 상이한 성격이나 기능을 가진 항목은 구분하여 표시하므로 중요하지 않은 항목이라도 성격이나 기능이 유사한 항목과 통합하여 표시할 수 없다.
④ 동일 거래에서 발생하는 수익과 관련 비용의 상계 표시가 거래나 그 밖의 사건의 실질을 반영하더라도 그러한 거래의 결과는 상계하여 표시하지 않는다.
⑤ 공시나 주석 또는 보충자료를 통해 충분히 설명한다면 부적절한 회계정책도 정당화될 수 있다.

풀이

② 각각의 재무제표는 전체 재무제표에서 동일한 비중으로 표시한다.
③ 중요하지 않은 항목이라도 성격이나 기능이 유사한 항목과 통합하여 표시할 수 있다.
④ 동일 거래에서 발생하는 수익과 관련 비용의 상계 표시가 거래나 그 밖의 사건의 실질을 반영하는 경우 그러한 거래의 결과는 상계하여 표시할 수 있다.
⑤ 공시나 주석 또는 보충자료를 통해 충분히 설명한다면 부적절한 회계정책도 정당화될 수 없다.

정답: ①

2 재무상태표

01 재무상태표의 의의와 양식

(1) 재무상태표의 의의

재무상태표는 특정 시점 현재 기업의 자산, 부채 및 자본의 잔액을 보고하는 재무제표이다. 재무상태표는 기업의 재무구조, 유동성과 지급능력, 영업 환경변화에 대한 적응능력을 평가하는 데 필요한 정보를 제공한다.

Additional Comment

> 재무상태표는 자산에 대한 측정기준을 선택하여 적용할 수 있고, 가치가 있는 내부창출 무형자산을 비용으로 인식하며, 재무상태표에 인식되지 않는 외부 항목이 발생할 수 있는 한계점이 있다. 그러므로 기업의 재무상태를 평가할 때 주석으로 공시한 사항도 함께 분석해야 한다.

(2) 재무상태표에 표시되는 정보

일정 시점에 기업의 경제적 자원과 보고기업에 대한 청구권에 관한 정보를 제공하는 재무상태표는 적어도 다음에 해당하는 금액을 나타내는 항목을 표시하도록 기준서에서 규정하고 있다. 아래의 항목은 최소한 재무상태표에 표시되어야 할 항목이므로 기업의 재량에 따라 더 많은 항목이 재무상태표에 표시될 수 있다.

---

① 유형자산
② 투자부동산
③ 무형자산
④ 금융자산(단, ⑤, ⑧ 및 ⑨ 제외)
⑤ 지분법에 따라 회계처리하는 투자자산
⑥ 생물자산
⑦ 재고자산
⑧ 매출채권 및 기타 채권
⑨ 현금및현금성자산
⑩ 기준서 제1105호 '매각예정비유동자산과 중단영업'에 따라 매각예정으로 분류된 자산과 매각예정으로 분류된 처분자산집단에 포함된 자산의 총계
⑪ 매입채무 및 기타 채무
⑫ 충당부채
⑬ 금융부채(단, ⑪과 ⑫ 제외)
⑭ 기준서 제1021호 '법인세'에서 정의된 당기 법인세와 관련한 부채와 자산
⑮ 기준서 제1012호에서 정의된 이연법인세부채 및 이연법인세자산
⑯ 기준서 제1105호에 따라 매각예정으로 분류된 처분자산집단에 포함된 부채
⑰ 자본에 표시된 비지배지분
⑱ 지배기업의 소유주에게 귀속되는 납입자본과 적립금

기준서는 위의 항목들의 표시 순서나 형식을 규정하고 있지 않다. 위의 표시 항목들은 단순히 재무상태표에 구분표시를 하기 위해 성격이나 기능면에서 명확하게 상이한 항목명을 제시하고 있을 뿐이다. 한 항목 또는 통합된 유사 항목의 크기, 성격 또는 기능상 기업의 재무상태를 이해하기 위해 구분표시가 필요한 경우, 그러한 항목을 추가로 재무상태표에 포함한다. 기업의 재무상태를 이해하는 데 목적적합한 정보를 제공하기 위해 기업과 거래의 성격에 따라 사용된 용어와 항목의 순서 및 유사 항목의 통합방법을 변경할 수 있다(例 금융회사는 금융회사의 영업목적에 적합한 정보를 제공하기 위해 상기 용어를 변경할 수 있다).

상이하게 분류된 자산에 대해 상이한 측정기준을 사용하는 것은 그 자산의 성격이나 기능이 상이하여 별도의 항목으로 구분하여 표시해야 함을 의미한다(例 상이하게 분류된 유형자산에 대해서는 한국채택국제회계기준 제1016호 '유형자산'에 따라 원가 또는 재평가금액을 장부금액으로 할 수 있다).

(3) 재무상태표의 양식

기준서 제1001호의 실무적용지침에서 예시하고 있는 재무상태표 양식은 다음과 같다.

재무상태표

㈜××회사 (단위: 원)

과목	20×2년		20×1년	
자산				
유동자산		×××		×××
현금및현금성자산	×××		×××	
재고자산	×××		×××	
매출채권	×××		×××	
기타비유동자산	×××		×××	
…	×××		×××	
비유동자산		×××		×××
유형자산	×××		×××	
영업권	×××		×××	
기타무형자산	×××		×××	
관계기업투자자산	×××		×××	
…	×××		×××	
자산총계		×××		×××
부채				
유동부채		×××		×××
매입채무와 기타미지급금	×××		×××	
단기차입금	×××		×××	
유동성장기차입금	×××		×××	
당기법인세부채	×××		×××	
단기충당부채	×××		×××	
…	×××		×××	
비유동부채		×××		×××
장기차입금	×××		×××	
이연법인세부채	×××		×××	
장기충당부채	×××		×××	
부채총계		×××		×××
자본				
납입자본	×××		×××	
이익잉여금	×××		×××	
기타자본요소	×××		×××	
비지배지분		×××		×××
자본총계		×××		×××
자본 및 부채총계		×××		×××

Additional Comment

기준서에서 제시한 재무상태표는 자산, 부채, 자본의 순서로 표시되어 있는데 자산, 자본, 부채의 순서로 표시해도 무방하다. 자산과 부채의 유동·비유동 구분은 유동 항목을 먼저 표시한 후 비유동 항목을 표시하거나 비유동 항목을 먼저 표시하고 유동 항목을 먼저 표시해도 무방하다. 현재 한국채택국제회계기준을 적용하여 공시하고 있는 기업들의 재무상태표를 비교해보면 표시방법이 다양하다는 것을 알 수 있다.

01 표시방법

유동 항목과 비유동 항목을 재무상태표에 표시하는 방법은 아래와 같으며 한국채택국제회계기준은 각 방법을 모두 인정하고 있다.

(1) 유동·비유동 항목 구분법

자산과 부채를 유동성 순서에 따라 표시하는 방법이 신뢰성 있고 더욱 목적적합한 정보를 제공하는 경우를 제외하고는 자산과 부채를 유동 항목과 비유동 항목으로 구분하여 재무상태표에 표시한다. 이는 기업이 명확히 식별할 수 있는 영업주기 내에서 재화나 용역을 제공하는 경우, 재무상태표에 유동자산과 비유동자산 및 유동부채와 비유동부채를 구분하여 표시한다. 이는 운전자본으로서 계속 순환되는 순자산과 장기 영업활동에서 사용하는 순자산을 구분함으로써 기업의 지급능력에 대한 유용한 정보를 제공할 수 있기 때문이다. 단, 유동 항목과 비유동 항목을 구분할 경우 재무상태표의 표시 순서는 기업이 정한다.

(2) 유동성 순서법

금융기관과 같이 재화나 용역 제공에 따른 영업주기가 명확히 식별되지 않는 경우에는 자산과 부채를 유동성 순서에 따라 표시하는 것이 신뢰성 있고 더욱 목적적합한 정보를 제공할 수 있다. 현재 우리나라 금융기관들은 재무상태표에 자산과 부채를 유동성 순서에 따라 표시하고 있다. 이때에도 기업의 선택에 따라 유동성이 높은 항목부터 표시하거나 유동성이 낮은 항목부터 표시할 수 있다.

(3) 혼합표시방법

신뢰성 있고 더욱 목적적합한 정보를 제공한다면 자산과 부채의 일부는 유동과 비유동 구분법을, 나머지는 유동성 순서에 따른 표시방법으로 표시하는 것이 허용된다. 이러한 혼합표시방법은 기업이 다양한 사업을 영위하는 경우에 필요할 수 있다.

> **Self Study**
>
> 1. 기업의 재무상태표에 유동자산과 비유동자산, 유동부채와 비유동부채로 구분하여 표시하는 경우, 이연법인세자산(부채)은 유동자산(부채)으로 분류하지 않는다.
> 2. 자산과 부채의 일부는 유동·비유동으로 구분하고, 나머지 유동성 순서에 따르는 표시방법은 일반적으로 연결재무제표를 작성하는 경우 나타날 수 있다.
> 3. 오답유형: 재무상태표에 표시되는 자산과 부채는 반드시 유동자산과 비유동자산, 유동부채와 비유동부채로 구분하여 표시해야 한다. (×)

02 유동자산과 비유동자산

보고기간 후 12개월 이내 또는 정상영업주기 이내에 실현되거나 판매하거나 소비할 의도가 있는 자산은 유동자산으로 분류하며, 그 밖의 모든 자산은 비유동자산으로 분류한다. 유동자산으로 분류하는 자산의 예는 다음과 같다.

① 기업의 정상영업주기 내에 실현될 것으로 예상하거나, 정상영업주기 내에 판매하거나 소비할 의도가 있다.
② 주로 단기매매목적으로 보유하고 있다.
③ 보고기간 후 12개월 이내에 실현될 것으로 예상된다.
④ 현금이나 현금성자산으로서, 교환이나 부채상환목적으로서의 사용에 대한 제한기간이 보고기간 후 12개월 이상이 아니다.

Additional Comment

유동·비유동을 판단하는 시점은 보고기간 말이며, 보고기간 말 현재 위의 4가지 요건을 충족하는지의 판단에 따라 분류한다. 그러나 유동자산은 보고기간 후 12개월 이내에 실현될 것으로 예상하지 않는 경우에도 재고자산과 매출채권과 같이 정상영업주기의 일부로서 판매, 소비 또는 실현되는 자산을 포함한다. 또한 유동자산은 주로 단기매매목적으로 보유하고 있는 자산(FVPL금융자산)과 비유동금융자산의 유동성 대체 부분을 포함한다.

Self Study

1. 영업주기는 영업활동을 위한 자산의 취득시점부터 그 자산이 현금이나 현금성자산으로 실현되는 시점까지 소요되는 기간이다.
2. 기업의 정상영업주기가 명확하게 식별되지 않은 경우 그 주기는 12개월인 것으로 가정한다.

03 유동부채와 비유동부채

보고기간 후 12개월 이내 또는 정상영업주기 이내에 결제되거나 혹은 정상영업주기 내에 결제될 것으로 예상되는 부채는 유동부채로 분류하며, 그 밖의 모든 부채는 비유동부채로 분류한다. 유동부채로 분류하는 부채의 예는 다음과 같다.

① 기업의 정상영업주기 내에 결제될 것으로 예상하고 있다.
② 주로 단기매매목적으로 보유하고 있다.
③ 보고기간 후 12개월 이내에 결제하기로 되어 있다.
④ 보고기간 말 현재 보고기간 후 적어도 12개월 이상 부채의 결제를 연기할 수 있는 권리를 가지고 있지 않다.

Additional Comment

매입채무 그리고 종업원 및 그 밖의 영업원가에 대한 미지급비용과 같은 유동부채는 기업의 정상영업주기 내에 사용되는 운전자본의 일부이기 때문에 이러한 항목은 보고기간 후 12개월을 초과하여 결제일이 도래한다 하더라도 유동부채로 분류한다. 기타의 유동부채는 정상영업주기 이내에 결제되지 않지만 보고기간 후 12개월 이내에 결제일이 도래하거나 주로 단기매매목적으로 보유한다.

보고기간 후 적어도 12개월 이상 부채의 결제를 연기할 수 있는 기업의 권리는 실질적이어야 하고, 보고기간 말 현재 존재해야 한다. 부채의 분류는 기업이 보고기간 후 적어도 12개월 이상 부채의 결제를 연기할 권리의 행사가능성에 영향을 받지 않는다. 부채가 비유동부채로 분류되는 기준을 충족한다면, 비록 경영진이 보고기간 후 12개월 이내에 부채의 결제를 의도하거나 예상하더라도, 또는 보고기간 말과 재무제표 발행승인일 사이에 부채를 결제하더라도 비유동 부채로 분류한다.

04 유동부채와 비유동부채의 특수상황 구분

(1) 장기성 채무

원래의 결제기간이 12개월을 초과하는 경우에도 금융부채가 보고기간 후 12개월 이내에 결제일이 도 래하면 이를 유동부채로 분류한다. 또는 보고기간 후 재무제표 발행승인일 전에 장기로 차환하는 약 정 또는 지급기일을 장기로 재조정하는 약정이 체결된 경우에도 금융부채가 보고기간 후 12개월 이내 에 결제일이 도래하면 이를 유동부채로 분류한다.

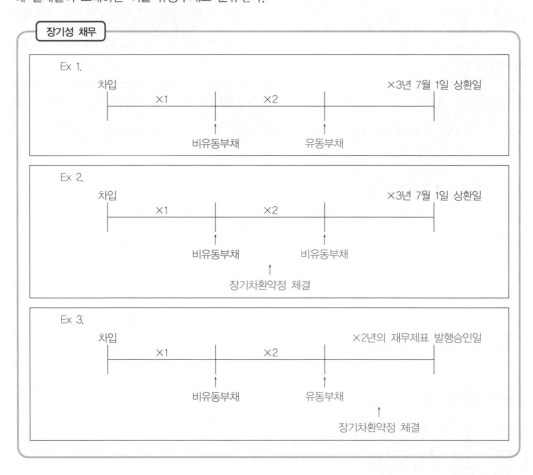

(2) 만기연장이 가능한 단기성 채무

기업이 보고기간 말 현재 기존의 대출계약조건에 따라 보고기간 후 적어도 12개월 이상 부채를 연장할 권리가 있다면, 보고기간 후 12개월 이내에 만기가 도래한다 하더라도 비유동부채로 분류한다. 만약 기업에 그러한 권리가 없다면, 차환가능성을 고려하지 않고 유동부채로 분류한다.

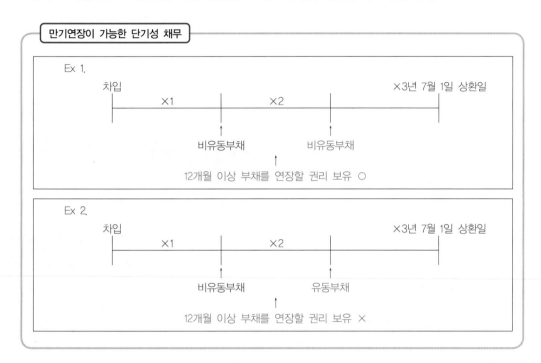

(3) 즉시 상환 요구가 가능한 약정을 위반한 장기성 채무

보고기간 말 이전에 장기차입약정을 위반했을 때, 대여자가 즉시 상환을 요구할 수 있는 채무라 하더라도 채권자가 보고기간 말 이전에 보고기간 후 적어도 12개월 이상의 유예기간을 주는 데 합의하여 그 유예기간 내에 기업이 위반사항을 해소할 수 있고, 또 그 유예기간 동안에는 채권자가 즉시 상환을 요구할 수 없다면, 그 부채는 비유동부채로 분류한다. 그러나 보고기간 후 재무제표 발행승인일 전에 채권자가 약정위반을 이유로 상환을 요구하지 않기로 합의한 경우에는 그대로 유동부채로 분류한다.

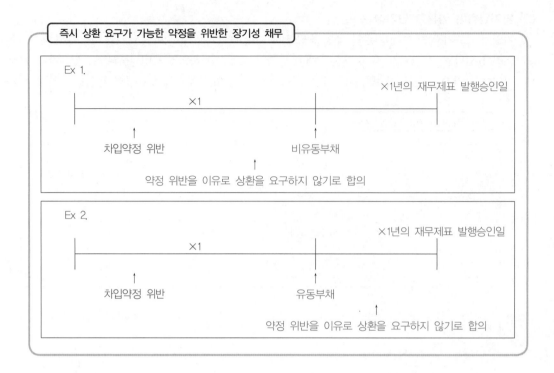

Additional Comment

특수한 상황에서의 유동부채와 비유동부채를 구분하는 것에 대한 한국채택국제회계기준의 취지는 기업이 단기부채인 유동부채를 비유동부채로 공시하고 싶은 자의적인 의도를 가지고 있기 때문에 보고기간 말 이후에 채권자와의 합의나 재조정을 통하여 유동부채를 비유동부채로 재분류하는 것을 막기 위한 것이다.

특수한 상황에서 부채의 유동성 분류

채무의 종류	보고기간 말 현재	유동성 분류
장기성 채무	12개월 이내	유동부채
	12개월 이후	비유동부채
연장 가능한 단기 채무	연장 불능	유동부채
	연장 가능	비유동부채
약정 위반한 장기 채무	해소 불능	유동부채
	해소 가능	비유동부채

유동부채와 비유동부채의 구분은 보고기간 말(재무제표 발행승인일 아님) 기준으로 한다. 이는 재무상태표일 이전에 발생한 사건이 재무상태표일 이후에 변경되면 재무제표를 수정하지만, 재무상태표 이후에 새롭게 발생한 사건은 재무제표에 반영하지 않는다는 '보고기간후사건'의 기준서 내용과도 일치한다.

사례연습 1: 유동부채와 비유동부채의 특수상황 구분

다음 문구들의 빈칸(① ~ ⑤)에 알맞은 단어들을 표기하시오.

1. 20×1년 초에 차입한 차입금의 만기일이 20×3년 말이라면, 20×2년 말 재무상태표에는 (①)로 표시한다.

2. 20×1년 초에 차입한 차입금의 만기일이 20×3년 말이라면, 20×2년 재무제표 발행승인일 전에 장기로 차환하는 계약을 체결하였다고 하더라도 20×2년 말 재무상태표에 (②)로 표시한다. 그런데 20×2년 말 전에 장기로 차환하는 계약을 체결하였다면 20×2년 말 재무상태표에 (③)로 표시한다.

3. 20×1년 초에 차입한 차입금의 만기일은 20×3년 말이며, 대출계약조건에 따르면 차입자가 상환을 20×5년 말까지 연장할 권리가 있다면 20×2년 말 재무상태표에 (④)로 표시한다. 만약, 20×2년 말 현재 만기를 연장할 것으로 기대하지 않으면, 20×2년 말 재무상태표에 (⑤)로 표시한다.

풀이

① 유동성장기부채 ② 유동부채 ③ 비유동부채 ④ 비유동부채 ⑤ 비유동부채

재무제표 표시와 관련된 다음의 설명으로 옳지 않은 것은? [공인회계사 2014년 수정]

① 기업이 재무상태표에 유동자산과 비유동자산, 그리고 유동부채와 비유동부채로 구분하여 표시하는 경우, 이연법인세자산(부채)은 유동자산(부채)으로 분류하지 아니한다.

② 보고기간 말 이전에 장기차입약정을 위반했을 때 대여자가 즉시 상환을 요구할 수 있는 채무는 보고기간 후 재무제표 발행승인일 전에 채권자가 약정위반을 이유로 상환을 요구하지 않기로 합의한다면 비유동부채로 분류한다.

③ 기업은 변경된 표시방법이 재무제표 이용자에게 신뢰성 있고 더욱 목적적합한 정보를 제공하며, 변경된 구조가 지속적으로 유지될 가능성이 높아 비교가능성을 저해하지 않을 것으로 판단할 때에만 재무제표의 표시방법을 변경한다.

④ 극히 드문 상황으로서 한국채택국제회계기준의 요구사항을 준수하는 것이 오히려 '개념체계'에서 정하고 있는 재무제표의 목적과 상충되어 재무제표 이용자의 오해를 유발할 수 있다고 경영진이 결론을 내리는 경우에는 관련 감독체계가 이러한 요구사항으로부터의 일탈을 의무화하거나 금지하지 않는다면, 한국채택국제회계기준의 요구사항을 달리 적용한다.

⑤ 기업이 보고기간 말 현재 기존의 대출계약조건에 따라 보고기간 후 적어도 12개월 이상 부채를 연장할 권리가 있다면, 보고기간 후 12개월 이내에 만기가 도래한다 하더라도 비유동부채로 분류한다. 만약 기업에 그러한 권리가 없다면, 차환가능성을 고려하지 않고 유동부채로 분류한다.

풀이

유동부채로 분류해야 하는 항목을 비유동부채로 분류할 수 있으려면 보고기간 말 이전에 채권자가 약정위반을 이유로 상환을 요구하지 않기로 합의하여야만 비유동부채로 분류할 수 있다.

정답: ②

Ⅲ   재무상태표 또는 주석에 표시되는 정보

기업은 영업활동을 나타내기에 적절한 방법으로 재무제표의 개별 항목을 세분류하고, 그 추가적인 분류 내용을 재무상태표 또는 주석으로 공시한다. 따라서 재무상태표에 세분류 항목으로 표시할 수도 있고, 재무상태표에는 대분류 항목만 표시하고 그 세분류 항목은 주석으로 공시할 수도 있다. 세분류상의 세부내용은 한국채택국제회계기준의 요구사항과 당해 금액의 크기, 성격 및 기능에 따라 달라진다. 또한 공시의 범위는 항목별로 다르다.

3 포괄손익계산서

I 포괄손익계산서의 의의와 표시되는 정보

01 포괄손익계산서의 의의

포괄손익계산서란 일정 기간 동안 발생한 모든 수익과 비용을 보고하는 재무제표이다. 즉, 포괄손익계산서는 소유주(주주)와의 자본거래에 따른 자본의 변동을 제외한 기업 순자산의 변동을 표시하는 보고서이다. 포괄손익계산서는 기업의 성과평가에 유용한 정보를 제공한다.

Additional Comment

포괄손익계산서에서 보여주는 영업손익, 당기순손익 등의 정보를 통해서 기업이 얼마나 효과적이고 효율적으로 성과를 달성하였는지 평가할 수 있다. 그러나 포괄손익계산서를 작성할 때 내부창출 무형자산과 관련된 특정 지출을 비용으로 인식하며, 자산의 손상차손 등 비용을 추정하는 과정에 경영자의 주관적 재량이 개입되어 이익조정이 가능하다는 한계점도 존재한다.

02 포괄손익계산서에 표시되는 정보

(1) 당기순이익

한 회계기간에 인식되는 모든 수익과 비용 항목은 한국채택국제회계기준이 달리 정하지 않는 한 당기손익으로 인식한다(수익과 비용의 정의를 만족하지만 당기손익에 반영되지 않는 항목은 기타포괄손익과 오류수정과 회계정책의 변경효과이다).

Self Study

1. 한국채택국제회계기준에서 요구하거나 허용하지 않는 한 수익과 비용은 상계하지 아니한다.
2. 중요한 오류수정과 회계정책의 변경은 소급법을 적용하므로 이러한 수익과 비용은 당기손익이 아니고 전기 이전 손익이 되어 당기 초 이익잉여금에 반영된다.

(2) 기타포괄손익

한국채택국제회계기준에서 요구하거나 허용하여 당기손익으로 인식하지 않은 수익과 비용 항목으로 모두 장기성 미실현보유이익 성격의 계정이다.

수익과 비용 중 어느 항목을 당기순손익이나 기타포괄손익으로 구분하는지에 대한 논리적 기준은 없다. 그러나 당기순손익으로 구분되는 수익과 비용 항목이 기타포괄손익으로 구분되는 수익과 비용 항목보다 더 높은 미래현금 흐름 예측능력이 있고, 경영자의 수탁책임 이행 여부를 판단할 수 있는 증거를 제시하고 있다. 그러므로 대체로 미래의 현금흐름을 예측하거나 기업의 경영성과를 평가하는 데 관련이 많은 항목을 당기순손익으로 구분하고, 그렇지 않은 항목을 기타포괄손익으로 구분한다.

수익과 비용의 분류

구분	내용
수익과 비용	원칙적으로 당기손익으로 인식
당기손익으로 분류하지 않는 경우	① 오류수정과 회계정책의 변경효과 ② 기타포괄손익

(3) 당기순손익과 기타포괄손익의 구분

수익에서 비용을 차감한 순액을 총포괄손익이라고 한다. 포괄손익계산서는 당기에 발생한 총포괄손익에 대한 정보를 제공하기 때문에 붙여진 명칭이다. 총포괄손익은 당기순손익과 기타포괄손익(OCI; Other Comprehensive Income)으로 구분할 수 있다.

(총)포괄손익 = 당기순손익 + 기타포괄손익의 변동(재분류조정 포함)

포괄손익계산서에는 당기순손익을 구성하는 수익과 비용을 먼저 표시하고, 그 아래에 기타포괄손익을 구성하는 수익과 비용을 표시한 후 당기순손익과 기타포괄손익의 합계를 총포괄손익으로 표시한다. 대부분의 수익과 비용은 당기순손익 항목이며, 일부의 수익과 비용이 기타포괄손익으로 구분된다.

수익과 비용의 포괄손익계산서 표시

포괄손익계산서

수익 – 비용

= 당기순손익(I)

수익 – 비용

= 기타포괄손익(II)

총포괄손익

총포괄손익을 굳이 당기순손익과 기타포괄손익 두 부분으로 구분하는 이유는 포괄손익계산서를 작성할 때 당기 순손익을 구성하는 수익·비용과 기타포괄손익을 구성하는 수익·비용을 구분하여 표시하면 정보이용자의 의사결정에 유용하다는 데 근거한다.

01 포괄손익계산서의 표시방법

(1) 단일보고와 별도보고

한국채택국제회계기준에서는 포괄이익개념으로 손익을 접근하므로 당기순손익의 구성요소는 단일 포괄손익계산서의 일부로 표시하거나, 두 개의 손익계산서 중 별개의 손익계산서에 표시할 수 있다(선택 가능).

단일의 포괄손익계산서에 두 부분으로 나누어 표시할 경우 당기손익 부분을 먼저 표시하고 바로 이어서 기타포괄손익 부분을 함께 표시하고, 별개의 손익계산서에 표시할 경우 별개의 손익계산서는 포괄손익을 표시하는 보고서 바로 앞에 위치한다.

Additional Comment

포괄손익계산서는 당기순손익과 기타포괄손익을 함께 표시한다. 그러나 경영자는 자신이 통제하기 어려운 기타포괄손익 항목을 기업의 경영성과로 간주되는 당기순손익과 함께 표시하는 것을 꺼리는 경향이 있다. 이에 많은 기업들이 기타포괄손익을 당기순손익과 함께 표시하는 단일보고방법을 적용하지 않고 별도보고방법을 선택하여 기타포괄손익이 당기순손익에 미치는 영향을 차단하고, 오로지 당기순손익으로만 경영자의 성과를 평가받을 수 있게 하고 있다.

단일보고와 별도보고

구분	내용	비고
단일의 포괄손익계산서	당기손익을 먼저 표시하고 기타포괄손익을 이어서 표시	
두 개의 포괄손익계산서(선택 가능)	① 별개의 손익계산서 ② 포괄손익계산서(당기순손익으로부터 시작)	별개의 손익계산서를 먼저 표시

포괄손익계산서

당기: 20×1년 1월 1일부터 20×1년 12월 31일까지

전기: 20×0년 1월 1일부터 20×0년 12월 31일까지

A회사 (단위: 원)

구분	당기	전기
매출액	××	××
매출원가	(−)××	(−)××
매출총이익	××	××
판매비와 관리비	(−)××	(−)××
영업이익	××	××
영업외수익과 차익	××	××
영업외비용과 차손	(−)××	(−)××
법인세비용차감전순이익	××	××
법인세비용	(−)××	(−)××
계속영업이익	××	××
세후중단영업손익	××	××
당기순이익	××	××
기타포괄손익		
당기손익으로 재분류되지 않는 세후기타포괄손익	××	××
당기손익으로 재분류되는 세후기타포괄손익	××	××
총포괄이익	××	××

(별개의) 손익계산서

당기: 20×1년 1월 1일부터 20×1년 12월 31일까지

전기: 20×0년 1월 1일부터 20×0년 12월 31일까지

A회사 (단위: 원)

구분	당기	전기
매출액	××	××
매출원가	(−)××	(−)××
매출총이익	××	××
판매비와 관리비	(−)××	(−)××
영업이익	××	××
영업외수익과 차익	××	××
영업외비용과 차손	(−)××	(−)××
법인세비용차감전순이익	××	××
법인세비용	(−)××	(−)××
계속영업이익	××	××
세후중단영업손익	××	××
당기순이익	××	××

포괄손익계산서

A회사 (단위: 원)

구분	당기	전기
당기순이익	××	××
기타포괄손익		
당기손익으로 재분류되지 않는 세후기타포괄손익	××	××
당기손익으로 재분류되는 세후기타포괄손익	××	××
총포괄이익	××	××

재무제표 표시와 중간기간

CH 3

해커스 IFRS 정윤돈 중급회계 1

(2) 기타포괄손익의 표시방법

기타포괄손익은 다른 한국채택국제회계기준서에서 요구하거나 허용하여 당기손익으로 인식하지 않은 수익과 비용 항목을 말하며 기타포괄손익 부분에 해당 기간의 금액을 표시하는 항목은 다음과 같다.

> ① 성격별로 분류하고 다른 한국채택국제회계기준에 따라 다음의 집단으로 묶은 기타포괄손익의 항목(②의 금액은 제외)
>   • 후속적으로 당기손익으로 재분류되지 않는 항목
>   • 특정조건을 충족할 때에 후속적으로 당기손익으로 재분류되는 항목
> ② 지분법으로 회계처리하는 관계기업과 공동기업의 기타포괄손익에 대한 지분으로서 다른 한국채택국제회계기준에 따라 다음과 같이 구분되는 항목에 대한 지분
>   • 후속적으로 당기손익으로 재분류되지 않는 항목
>   • 특정조건을 충족할 때에 후속적으로 당기손익으로 재분류되는 항목

기타포괄손익은 후속적으로 당기손익으로 재분류되지 않는 항목과 당기손익으로 재분류되는 항목으로 구분되며 이를 각각 포괄손익계산서에 표시한다(강제사항).

[기타포괄손익의 표시방법]

항목	강제 · 선택사항
재분류조정 가능 항목과 재분류조정 불가 항목 구분 표시	강제사항

(3) 기타포괄손익의 후속적 당기손익 재분류

재분류조정은 당기나 과거기간에 기타포괄손익으로 인식되었으나 당기손익으로 재분류된 금액을 말한다. 또한 다른 기준서들은 과거기간에 기타포괄손익으로 인식한 금액을 당기손익으로 재분류할지 여부와 그 시기에 대하여 규정하고 있는데 재분류를 재분류조정으로 규정하고 있다.

재분류조정은 포괄손익계산서나 주석에 표시할 수 있는데, 재분류조정을 주석에 표시하는 경우에는 관련 재분류조정을 반영한 후에 기타포괄손익의 항목을 표시한다. 기타포괄손익의 종류와 후속적으로 당기손익으로 재분류되는지의 여부를 요약하면 아래와 같다.

[후속적으로 당기손익으로 재분류되는 항목과 재분류되지 않는 항목 구분]

구분	내용	재분류 시기
재분류조정 ○	FVOCI금융자산(채무상품)에 대한 투자에서 발생한 손익	처분 시
	해외사업환산손익	해외사업장 매각 시
	파생상품평가손익(현금흐름위험회피에서 위험회피대상이 비금융자산이나 비금융부채가 아닌 경우에 발생하는 평가손익 중 효과적인 부분)	예상거래가 당기손익 인식 시
	관계기업 및 공동기업의 재분류되는 지분법기타포괄손익	
재분류조정 ×	순확정급여부채(자산)의 재측정요소	해당사항 없음
	유형·무형자산의 재평가잉여금의 변동손익	
	FVOCI금융자산(지분상품)에 대한 투자에서 발생한 손익	
	FVPL금융부채(지정)의 신용위험 변동으로 인한 공정가치 변동손익	
	파생상품평가손익(현금흐름위험회피에서 위험회피대상이 비금융자산이나 비금융부채인 경우)	
	관계기업 및 공동기업의 재분류되지 않는 지분법기타포괄손익	

Additional Comment

수익과 비용은 결산과정을 거쳐 재무상태표의 자본에 반영된다. 당기순손익을 구성하는 수익과 비용은 차기로 이월되는 것이 아니라 마감과정을 거쳐 그 순액이 재무상태표의 자본 중 이익잉여금에 집합된다. 그러나 기타포괄손익을 구성하는 수익과 비용 항목은 각각 재무상태표의 자본 중 기타포괄손익누계액에 집합되어 다음 연도로 이월된다. 그런데 기타포괄손익 중 어느 항목은 다음 연도 이후에 당기손익으로 재분류되기도 하고, 어느 항목은 다음 연도 이후에 당기손익으로 재분류되지 않기도 한다.

Self Study

1. 재분류조정대상 기타포괄손익: 당기나 과거기간에 인식한 기타포괄손익을 당기손익으로 재분류할 금액을 말한다.
2. 재분류조정대상이 아닌 기타포괄손익: 최초에 기타포괄손익으로 인식하고 후속 기간에 당기손익으로 재분류하지 않으며, 이익잉여금으로 직접 대체할 수 있는 금액을 말한다.
3. 재분류조정은 포괄손익계산서나 주석에 표시할 수 있다. 재분류조정을 주석에 표시하는 경우에는 관련 재분류조정을 반영한 후에 기타포괄손익의 구성요소를 표시한다.
4. 관계기업기타포괄손익은 관계기업투자주식을 처분할 때, 관계기업기타포괄손익 발생 원인에 따라 당기손익으로 재분류조정하거나 이익잉여금으로 대체한다.

20×1년 초 ₩100에 취득한 FVOCI금융자산의 20×1년 말 공정가치가 ₩150이고 20×2년 말 공정가치가 ₩170이다. 20×3년 초 동 금융자산을 ₩170에 처분한 경우 20×3년 초 처분과 관련하여 FVOCI금융자산이 채무상품인 경우(재분류조정 가능)와 지분상품인 경우(재분류조정 불가)로 나누어 연도별 회계처리를 보이고, 20×3년 초 동 금융자산을 처분할 때, 동 거래가 포괄손익계산서상의 당기순손익에 미치는 영향을 보이시오(단, 채무상품은 무이자조건으로 액면발행되었으므로 이자수익이나 유효이자율법에 따른 채권의 상각은 고려하지 않는다).

풀이

1. 채무상품인 경우

[재분류조정 ○]

20×1년 초	차) FVOCI금융자산	100	대) 현금	100
20×1년 말	차) FVOCI금융자산	50	대) 기타포괄이익(OCI)	50
20×2년 말	차) FVOCI금융자산	20	대) 기타포괄이익(OCI)	20
20×3년 초	차) 현금	170	대) FVOCI금융자산	170
	기타포괄이익(OCI)	70	금융자산처분이익(N/I)	70

포괄손익계산서상의 당기순손익에 미치는 영향: N/I 70 + OCI 변동 (70) = 총포괄손익 0
⇒ 채무상품으로 분류된 경우 해당 금융자산을 처분하면 당기나 과거 기간에 인식한 기타포괄손익을 재분류하여 당기순손익에 반영한다.

2. 지분상품인 경우

[재분류조정 ×]

20×1년 초	차) FVOCI금융자산	100	대) 현금	100
20×1년 말	차) FVOCI금융자산	50	대) 기타포괄이익(OCI)	50
20×2년 말	차) FVOCI금융자산	20	대) 기타포괄이익(OCI)	20
20×3년 초	차) 현금	170	대) FVOCI금융자산	170

포괄손익계산서상의 당기순손익에 미치는 영향: N/I 0 + OCI 변동 0 = 총포괄손익 0
⇒ 지분상품으로 분류된 동 금융자산을 처분한 경우 당기나 과거 기간에 인식한 기타포괄손익을 재분류하지 않는다. 단, 자본 내에서 누적손익을 다른 자본 항목(예 이익잉여금)으로 이전할 수 있다. 이에 대한 회계처리는 아래와 같다.

20×3년 초	차) 현금	170	대) FVOCI금융자산	170
	기타포괄이익(OCI)	70	이익잉여금(자본)	70

(4) 기타포괄손익의 항목과 관련한 법인세비용의 공시

포괄손익계산서에 기타포괄손익을 표시하는 경우 기타포괄손익의 구성요소와 관련된 법인세효과를 차감한 순액으로 표시하거나 기타포괄손익은 관련된 법인세효과 반영 전 금액으로 표시하고, 각 항목들에 관련된 법인세효과를 단일 금액으로 합산하여 표시할 수도 있다.

[기타포괄손익의 항목과 관련한 법인세비용의 공시]

항목	강제·선택사항
세전금액(법인세효과 별도 표시), 세후금액 표시	선택사항

Example

20×1년에 유형자산에서 재평가잉여금이 ₩100 발생하였고 법인세율은 30%로 추후 변동이 없을 것으로 예상된다.

[법인세효과를 차감한 순액으로 표시하는 경우]

20×1년 말	차) 유형자산	100	대) 기타포괄이익(OCI)	100
	차) 기타포괄이익(OCI)	30	대) 이연법인세부채	30

[법인세효과를 별도로 표시하는 경우]

20×1년 말	차) 유형자산	100	대) 기타포괄이익(OCI)	100
	차) 기타포괄손익법인세비용	30	대) 이연법인세부채	30

기출 Check 3: 재분류조정

기타포괄손익 항목 중 후속적으로 당기손익으로 재분류조정될 수 있는 것은? [세무사 2018년]

① 최초 인식시점에서 기타포괄손익 – 공정가치측정금융자산으로 분류한 지분상품의 공정가치 평가손익
② 확정급여제도의 재측정요소
③ 현금흐름위험회피 파생상품평가손익 중 위험회피에 효과적인 부분
④ 무형자산 재평가잉여금
⑤ 관계기업 유형자산 재평가로 인한 지분법기타포괄손익

풀이

현금흐름위험회피 파생상품평가손익은 위험회피대상이 당기손익에 영향을 미칠 때 당기손익으로 재분류조정된다.

정답: ③

(5) 영업이익의 구분표시

기업은 수익에서 매출원가 및 판매비와 관리비(물류원가 등을 포함)를 차감한 영업이익(또는 영업손실)을 포괄손익계산서에 구분하여 표시한다. 영업손익 산출에 포함된 주요 항목과 그 금액을 포괄손익계산서의 본문에 표시할 수도 있고 주석으로 공시할 수도 있다.

Additional Comment

> 과거 재무성과에 대한 정보는 통상적으로 미래의 재무상태나 재무성과 그리고 배당과 급여지급능력, 주가변동, 기업의 채무이행능력과 같이 회계정보 이용자와 직접적 이해관계가 있는 사안을 예측하는 기초자료로 이용되고 있다. 과거 거래나 사건이 표시되는 방법에 따라 재무제표의 예측능력이 제고될 수 있다. 이 때문에 포괄손익계산서는 당기순이익뿐만 아니라 통상적·반복적 활동에서 발생하는 영업손익과 비통상적·비반복적 활동에서 발생하는 영업외손익과 구분하여 공시하는 것이다.

[영업이익의 구분표시]

항목	강제·선택사항
영업이익의 구분표시	강제사항

Self Study

1. 영업활동과 관련하여 비용이 감소함에 따라 발생하는 퇴직급여충당부채환입, 판매보증충당부채환입 및 대손충당금환입 등은 판매비와 관리비의 부(−)의 금액으로 한다.
2. 영업의 특수성을 고려할 필요가 있는 경우(예 매출원가를 구분하기 어려운 경우)나 비용을 성격별로 분류하는 경우 영업수익에서 영업비용을 차감한 영업이익을 포괄손익계산서에 구분하여 표시할 수 있다.

당기손익 항목		내용
영업이익	매출원가 구분이 가능	매출액 − 매출원가 − 판매비와 관리비
	매출원가 구분이 불가능	영업수익 − 영업비용
당기순이익		영업이익 + 영업외수익 − 영업외비용 − 법인세비용

3. 영업이익 산정에 포함된 항목 이외에도 기업의 고유 영업환경을 반영하는 그 밖의 수익 또는 비용 항목은 영업이익에 추가하여 별도의 영업성과 측정치를 산정하여 조정영업이익으로 주석에 공시할 수 있다.
4. 수익과 비용의 어느 항목도 당기손익과 기타포괄손익을 표시하는 보고서 또는 주석에 특별손익 항목으로 표시할 수 없다.

(6) 계속영업이익과 중단영업이익

계속영업이익은 세전금액과 법인세를 구분하여 표시하고 중단영업이익은 세후금액으로 표시하여야한다.

02 비용의 분류

기업이 포괄손익계산서에 비용을 분류하는 방법은 성격별 비용으로 표시하는 방법과 기능별 비용으로 표시하는 방법이 있고 한국채택국제회계기준은 신뢰성 있고 더욱 목적적합한 정보를 제공할 수 있는 방법을 경영진이 선택하여 분류할 수 있도록 규정하고 있다.

(1) 성격별 분류방법

성격별 분류방법은 당기손익에 포함된 비용을 그 성격(예 감가상각비, 원재료의 구입, 운송비, 종업원급여와 광고비)별로 통합하여 분류하는 것을 말한다. 비용을 기능별 분류로 배분할 필요가 없기 때문에 적용이 간단할 수 있으며 미래현금흐름을 예측하는 데 유용하다.

비용의 성격별 분류방식에 기초한 비용 분석을 표시할 경우 당기의 재고자산 순변동액과 함께 비용으로 인식한 원재료 및 소모품, 노무원가와 기타원가를 주석에 공시하여야 한다.

(2) 기능별 분류방법

기능별 분류방법은 비용을 매출원가, 그리고 물류원가와 관리활동원가 등과 같이 기능별로 분류하는 것을 말한다. 이 방법은 적어도 매출원가를 다른 비용과 분리하여 공시한다. 이 방법은 성격별 분류보다 재무제표 이용자에게 더욱 목적적합한 정보를 제공할 수 있지만 비용을 기능별로 배분하는 데 자의적인 배분과 상당한 정도의 판단이 개입될 수 있다.

비용을 기능별로 분류하는 기업은 감가상각비, 기타 상각비와 종업원급여비용을 포함하여 비용의 성격에 대한 추가 정보를 주석에 공시하여야 한다.

Self Study

1. 비용의 성격에 대한 정보가 미래현금흐름을 예측하는 데 유용하기 때문에 비용을 기능별로 분류하는 경우에는 추가 공시가 필요하다.
2. 비용을 기능별로 분류하는 기업은 감가상각비, 기타 상각비와 종업원급여비용을 포함하여 비용의 성격에 대한 추가 정보를 주석 공시한다(비용을 성격별로 분류하는 기업은 비용의 기능에 대한 추가 정보를 공시하지 않는다).

1. 일부 손익계정자료

   매출원가 40,000 = 기초상품 20,000 + 매입 50,000 − 기말상품 30,000

2. 판매비와 관리비 내역

비용계정	물류활동	관리활동	합계
급여	20,000	40,000	60,000
손상차손	–	20,000	20,000
감가상각비	50,000	10,000	60,000
합계	70,000	70,000	140,000

3. 포괄손익계산서

기능별 포괄손익계산서		성격별 포괄손익계산서	
매출액	××	매출액	××
매출원가	(−)40,000	영업비용	
매출총이익	××	상품의 변동	(−)①
판매비와관리비		상품매입액	(−)②
물류원가	(−)③	종업원급여비용	(−)⑤
관리원가	(−)④	손상차손	(−)⑥
영업이익	××	감가상각비	(−)⑦
영업외손익	××	영업이익	××
법인세비용차감전순이익	××	영업외손익	××
법인세비용	(−)××	법인세비용차감전순이익	××
당기순이익	××	법인세비용	(−)××
기타포괄이익	××	당기순이익	××
총포괄이익	××	기타포괄이익	××
		총포괄이익	××

풀이

① (−)10,000 ② 50,000 ③ 70,000 ④ 70,000 ⑤ 60,000 ⑥ 20,000 ⑦ 60,000

기출 Check 4

영업이익 공시에 관한 설명으로 옳지 않은 것은?

[세무사 2013년]

① 한국채택국제회계기준은 포괄손익계산서의 본문에 영업이익을 구분하여 표시하도록 요구하고 있다.
② 비용을 기능별로 분류하는 기업은 수익에서 매출원가 및 판매비와 관리비(물류원가 등을 포함)를 차감하여 영업이익을 측정한다.
③ 금융회사와 같이 영업의 특수성으로 인해 매출원가를 구분하기 어려운 경우, 영업수익에서 영업비용을 차감하는 방식으로 영업이익을 측정할 수 있다.
④ 영업이익에는 포함되지 않았지만, 기업의 영업성과를 반영하는 그 밖의 수익 또는 비용 항목이 있다면 영업이익에 이러한 항목을 가감한 금액을 조정영업이익 등의 명칭으로 포괄손익계산서 본문에 보고한다.
⑤ 영업이익 산출에 포함된 주요 항목과 그 금액을 포괄손익계산서 본문에 표시하거나 주석으로 공시한다.

풀이

영업이익 산정에 포함된 항목 이외에도 기업의 고유 영업환경을 반영하는 그 밖의 수익 또는 비용 항목은 영업이익에 추가하여 별도의 영업성과 측정치를 산정하여 조정영업이익으로 주석에 공시할 수 있다.

정답: ④

기출 Check 5

다음 중 재무제표의 표시와 작성에 대한 설명으로 옳은 것은?

[공인회계사 2010년]

① 재무상태표에 표시되는 자산과 부채는 반드시 유동자산과 비유동자산, 유동부채와 비유동부채로 구분하여 표시해야 한다.
② 자본의 구성요소인 기타포괄손익누계액과 자본잉여금은 포괄손익계산서와 재무상태표를 연결시키는 역할을 한다.
③ 손익계산서는 당기손익을 구성하는 요소와 기타포괄손익을 구성하는 요소로 구분 표시하여 반드시 하나의 보고서로 작성해야 한다.
④ 기타포괄손익은 관련 자산과 부채의 미실현평가손익을 당기손익에 반영하지 않고 자본에 별도의 항목으로 잠정적으로 분류했다가 나중에 전부 이익잉여금에 직접 반영될 예정인 항목이다.
⑤ 재분류조정은 당기나 과거기간에 인식한 기타포괄손익을 당기의 손익으로 재분류하는 회계처리이다.

풀이

① 유동, 비유동 항목으로 구분하여 표시하지 않고 유동성 순서에 따라 표시할 수도 있다.
② 포괄손익계산서와 재무상태표를 연결시키는 역할은 총포괄이익이다.
③ 손익계산서와 포괄손익계산서로 작성되는 두 개의 보고서도 작성 가능하다.
④ 당기손익으로 재분류도 가능하다.

정답: ⑤

4 기타 재무제표

I 자본변동표

자본변동표란 당해 기간 동안 변동된 자본의 증가 및 감소의 내용을 보고하는 재무제표이다. 자본변동표에 대한 상세한 설명은 Chapter 10에서 하기로 한다.

II 현금흐름표

현금흐름표는 기업의 현금및현금성자산에 대한 창출능력과 기업의 현금흐름 사용 필요성에 대한 평가를 위한 정보를 제공하는 재무제표로 당해 기간 동안 발생한 현금흐름을 영업활동 현금흐름, 투자활동 현금흐름 및 재무활동 현금흐름으로 분류하여 표시한다. 현금흐름표에 대한 상세한 설명은 중급회계 2에서 다루도록 한다.

III 주석

주석은 재무제표 작성 근거와 기업이 적용한 회계정책에 대한 정보, 한국채택국제회계기준에서 요구하는 정보이지만 재무제표 어느 곳에도 표시되지 않는 정보 및 재무제표 어느 곳에도 표시되지 않지만 재무제표를 이해하는 데 목적적합한 정보를 제공한다. 주석은 일반적으로 다음의 순서로 표시한다.

① 한국채택국제회계기준을 준수하였다는 사실
② 적용한 중요한 회계정책의 요약
③ 재무상태표, 포괄손익계산서, 별개의 손익계산서(표시하는 경우), 자본변동표 및 현금흐름표에 표시된 항목에 대한 보충정보, 재무제표의 배열 및 각 재무제표에 표시된 개별 항목의 순서에 따라 표시
④ 다음을 포함한 기타 공시
  • 우발부채와 재무제표에서 인식하지 아니한 계약상 약정사항
  • 비재무적 공시 항목(예 기업의 재무위험관리목적과 정책)

5 공정가치

I 공정가치의 정의와 측정

01 정의

공정가치(FV; Fair Value)는 측정일에 시장참여자 사이의 정상거래에서 자산을 매도하면서 수취하거나 부채를 이전하면서 지급하게 될 가격(유출가격)을 말한다.

Additional Comment

> 공정가치의 정의는 시장에 근거한 측정치이므로 기업 특유의 측정치는 아닌 것을 강조하고 있다. 그러므로 공정가치를 측정하는 경우에는 위험에 대한 가정을 포함하여, 현행 시장 상황에서 자산이나 부채의 가격을 결정할 때 시장참여자가 사용하게 될 가정을 사용한다. 이로 인해 자산을 보유하고자 하는 기업의 의도나 부채를 결제·이행하고자 하는 기업의 의도는 공정가치 측정에 관련이 없다.

(1) 시장참여자

시장참여자는 다음의 특성을 모두 가진 주된 또는 가장 유리한 시장의 매입자와 매도자를 말한다.

> ① 서로 독립적이다.
> ② 합리적인 판단력이 있다.
> ③ 자산이나 부채에 대한 거래를 체결할 수 있다.
> ④ 자산이나 부채에 대한 거래를 체결할 의사가 있다.

기업은 시장참여자가 경제적으로 최선의 행동을 한다는 가정하에 시장참여자가 자산이나 부채의 가격을 결정할 때 사용하는 가정에 근거하여 자산이나 부채의 공정가치를 측정하여야 한다. 그러나 그러한 사정을 위하여 특정 시장참여자를 식별할 필요는 없다.

Self Study

> 공정가치는 시장에 근거한 측정치이므로 시장참여자의 위험에 대한 가정을 포함하여 측정된다. 그러므로 기업이 자산을 보유하는 의도나 부채를 결제 또는 이행하고자 하는 의도는 공정가치를 측정할 때 관련되지 않는다(즉, 공정가치는 시장에 근거한 측정치이며 기업 특유의 측정치가 아니다).

(2) 정상거래

정상거래란 측정일 이전에 일정 기간 동안 해당 자산이나 부채와 관련되는 거래를 위하여 통상적이고 관습적인 마케팅 활동을 할 수 있도록 시장에 노출되는 것을 가정하는 거래이며, 강제 청산이나 재무적 어려움에 따른 매각과 같은 강제된 거래가 아니다. 그러므로 공정가치는 측정일 현재의 시장 상황에서 자산을 매도하거나 부채를 이전하는 시장참여자 사이의 정상거래에서 자산이나 부채가 교환되는 것으로 가정하여 측정하여야 한다.

(3) 정상거래에서 자산을 매도하면서 수취하거나 부채를 이전하면서 지급하게 될 가격

공정가치는 자산을 보유하거나 부채를 부담하는 시장참여자의 관점에서 측정일의 유출가격으로 자산이나 부채를 제거한다고 할 때의 가격이다. 또한 거래가격은 자산을 취득하면서 지급하거나 부채를 인수하면서 수취하는 가격으로 유입가격이라고 한다. 다른 기준서에서 최초에 자산이나 부채를 공정가치로 측정할 것을 요구하거나 허용하면서 거래가격이 공정가치와 다른 경우에는 해당 기준서에서 다르게 정하고 있지 않는 한 이로 인한 손익을 당기손익으로 인식한다.

Example	**금융자산의 취득**

차) 금융자산	취득 시 FV(유출가격)	대) 현금	유입가격
		취득이익	N/I

02 측정

공정가치 측정은 특정 자산이나 부채에 대한 것이다. 따라서 공정가치를 측정할 때에는 시장참여자의 측정일에 자산이나 부채의 가격을 결정할 때 대상이 되는 그 자산이나 부채의 특성으로 고려할 때 사항은 다음과 같다.

> ① 자산의 상태와 위치
> ② 자산의 매도나 사용에 제약이 있는 경우에 그러한 사항

또한, 공정가치로 측정하는 자산이나 부채는 다음 중 하나일 수 있다.

> ① 독립적인 자산이나 부채(예 하나의 금융상품이나 하나의 비금융자산)
> ② 자산의 매도나 사용에 제약이 있는 경우에 그러한 사항(예 현금창출단위나 사업)

공정가치의 정의는 자산과 부채에 중점을 둔다. 또한 공정가치 측정 기준서는 공정가치로 측정되는 자기지분상품에도 적용된다(예 사업결합 대가로 발행되는 자기지분상품 or 출자전환으로 발행되는 지분).

[예 사업결합 대가로 발행되는 자기지분상품]

차) 피취득자 자산(1st)	FV	대) 피취득자 부채(2nd)	FV
영업권	대차차액	자본	FV측정

[예 출자전환으로 발행되는 자기지분상품]

차) 차입금	BV[1)	대) 자본	FV측정
		채무면제이익	N/I

[1) 장부금액(BV; Book Value)

(1) 거래가 이루어지는 시장

공정가치 측정은 자산을 매도하거나 부채를 이전하는 거래가 다음 중 어느 하나의 시장에서 이루어지는 것을 가정한다.

> ① 1순위: 자산이나 부채의 주된 시장(해당 자산이나 부채를 거래하는 규모가 가장 크고 빈도가 가장 많은 시장)
> ② 2순위: 자산이나 부채의 주된 시장이 없는 경우에는 가장 유리한 시장(거래원가나 운송원가를 고려했을 때, 자산을 매도할 때 받는 금액을 최대화하거나 부채를 이전할 때 지급하는 금액을 최소화하는 시장)

공정가치는 측정일 현재의 시장 상황에서 주된 또는 가장 유리한 시장에서의 정상거래에서 자산을 매도할 때 받거나 부채를 이전할 때 지급하게 될 가격(유출가격)이다. 이때, 그 가격은 직접 관측 가능한 시장이 존재하지 않는다면 다른 가치평가기법을 사용하여 추정할 수도 있다.

[관측 가능한 시장의 존재와 주된 시장의 판단]

구분	내용	비고
관측 가능한 시장 존재 O	1순위: 주된 시장	거래의 규모와 빈도가 가장 큰 시장
	2순위: 가장 유리한 시장	수취할 금액 – 거래원가 – 운송원가 고려하여 가장 유리한 시장 판단(단, 공정가치 측정 시에는 운송원가만 차감)
관측 가능한 시장 존재 X	가치평가기법 이용	시장접근법
		원가접근법
		이익접근법

1. 주된 시장이 없는 경우 가장 유리한 시장을 식별하기 위하여 생길 수 있는 모든 시장에 대한 광범위한 조사를 수행할 필요는 없으나 합리적으로 구할 수 있는 모든 정보를 고려한다. 이 경우 반증이 없는 한, 자산을 매도하거나 부채를 이전하기 위해 통상적으로 거래를 하는 시장을 주된 시장으로 간주한다.
2. 주된 시장이 있는 경우에는 다른 시장의 가격이 측정일에 잠재적으로 더 유리하더라도, 공정가치 측정치는 주된 시장의 가격을 나타내도록 한다. 동일한 자산이나 부채에 대한 주된 (또는 가장 유리한) 시장은 기업별로 다를 수 있다. 따라서 주된 (또는 가장 유리한) 시장은 기업의 관점에서 고려되며 이에 따라 다른 활동을 하는 기업 간의 차이는 허용된다.
3. 측정일에 그 시장을 접근할 수 있어야 하지만, 그 시장의 가격에 근거하여 공정가치를 측정하기 위해서 측정일에 특정 자산을 매도할 수 있거나 특정 부채를 이전할 수 있어야만 하는 것은 아니다.
4. 측정일에 자산의 매도나 부채의 이전에 대한 가격결정 정보를 제공할 수 있는 관측할 수 있는 시장이 없더라도, 자산을 보유하거나 부채를 부담하는 시장참여자의 관점을 고려한 거래가 측정일에 이루어질 것으로 가정하여 공정가치를 측정한다.

(2) 가격

자산이나 부채의 공정가치를 측정하기 위하여 사용하는 주된 시장의 가격은 거래원가를 조정하지 않는다. 그 이유는 거래원가는 자산이나 부채를 거래하는 주된 시장에서 자산을 매도하거나 부채를 이전할 때 발생하는 원가로서 자산이나 부채의 특성이 아니라 거래에 특정된 것이어서 자산이나 부채를 어떻게 거래하는지에 따라 달라지기 때문이다.

운송원가는 현재의 위치에서 주된 시장으로 자산을 운송하는 데 발생하는 원가로 거래원가는 운송원가에 포함하지 않는다. 그러나 위치가 자산의 특성에 해당한다면 현재의 위치에서 주된 또는 가장 유리한 시장까지 자산을 운송하는 데 드는 원가가 있을 경우에 주된 또는 가장 유리한 시장에서의 가격을 그 원가만큼 조정한 가격이 공정가치이다.

[거래원가와 운송원가의 유리한 시장 판단 및 공정가치 산정 시 적용]

구분	가장 유리한 시장 판단 시 고려	공정가치 측정 시 조정	비고
거래원가	고려함	조정하지 않음	거래의 특성
운송원가	고려함	조정함	자산이나 부채의 특성

Additional Comment

거래원가에 운송원가를 포함하지 않는 이유는 일반적인 상거래에서 운송원가가 커지면 받을 가격이 커지고 운송원가가 작으면 받을 가격이 작아지기 때문이다. 예를 들어, 공장에서 공정가치가 ₩30인 제품을 운송 없이 매출하면 ₩30이 매출로 인식되지만 운송원가가 ₩10인 제품은 ₩40에 매출하는 것이 일반적이다. 그러나 이 경우에도 공정가치는 모두 ₩30으로 일치하게 되므로 운송원가는 공정가치를 계산할 때 받을 가격에서 차감하여야 한다.

자산이 두 개의 서로 다른 활성시장에서 서로 다른 가격으로 매도된다. 기업은 두 시장 모두에서 거래하며 측정일에 그 자산에 대한 두 시장의 가격을 이용할 수 있다. 관련 자료는 다음과 같다.

> (1) 시장 A: 수취할 가격은 ₩26이며 그 시장에서의 거래원가는 ₩3, 그 시장으로 자산을 운송하기 위한 원가는 ₩2이다.
> (2) 시장 B: 수취할 가격은 ₩25이며 그 시장에서의 거래원가는 ₩1, 그 시장으로 자산을 운송하기 위한 원가는 ₩2이다.

1 시장 A가 주된 시장이라고 할 경우 공정가치는 얼마인가?

2 어떤 시장도 자산에 대한 주된 시장이 아니라고 할 경우 공정가치는 얼마인가?

풀이

1 시장 A가 주된 시장인 경우 공정가치: 26(수취할 금액) − 2(운송원가) = 24(공정가치)
  * 공정가치를 측정할 때 거래원가는 조정하지 않지만 운송원가는 조정한다.

2 (1) 가장 유리한 시장 판단
  - **시장 A**: 26(수취할 금액) − 3(거래원가) − 2(운송원가) = 21
  - **시장 B**: 25(수취할 금액) − 1(거래원가) − 2(운송원가) = 22
  ⇒ 시장 B가 가장 유리한 시장
  * 가장 유리한 시장은 받을 순금액이 가장 큰 시장이므로 거래원가도 고려하여야 한다.
  (2) 공정가치: 25(수취할 금액) − 2(운송원가) = 23(공정가치)

03 가치평가기법

관측 가능한 시장이 존재하지 않는 경우, 상황에 적합하며 관련된 관측할 수 있는 투입변수를 최대한 사용하고 관측할 수 없는 투입변수를 최소한으로 사용하여, 공정가치를 측정할 때 충분한 자료를 구할 수 있는 가치평가기법을 사용하여야 한다.

(1) 가치평가기법의 종류

가치평가기법을 사용하는 목적은 측정일 현재의 시장 상황에서 시장참여자 사이에 이루어지는 자산을 매도하거나 부채를 이전하는 정상거래에서의 가격을 추정하는 것이다. 널리 사용하는 세 가지 가치평가기법은 아래와 같다.

> ① 시장접근법: 동일하거나 비교할 수 있는 자산, 부채, 사업과 같은 자산과 부채의 집합에 대한 시장 거래에서 생성된 가격이나 그 밖의 목적적합한 정보를 사용하는 가치평가기법
> ② 원가접근법: 자산의 사용능력을 대체할 때 현재 필요한 금액을 반영하는 가치평가기법(≒현행대체원가)
> ③ 이익접근법: 미래 금액을 하나의 할인된 금액으로 전환하는 가치평가기법

공정가치 측정을 위해 사용하는 가치평가기법은 일관되게 적용한다. 그러나 가치평가기법이나 그 적용방법을 변경하는 것이 그 상황에서 공정가치를 똑같이 또는 더 잘 나타내는 측정치를 산출해낸다면 이러한 변경은 적절하다. 가치평가기법이나 그 적용방법이 바뀜에 따른 수정은 회계추정의 변경으로 회계처리한다.

(2) 투입변수

투입변수는 자산이나 부채의 가격을 결정할 때 시장참여자가 사용할 가정을 말하며, 관측 가능하거나 관측 가능하지 않을 수 있다. 공정가치를 측정하기 위해 사용하는 가치평가기법은 관련된 관측할 수 있는 투입변수(시장자료)를 최대한 사용하고 관측할 수 없는 투입변수(시장자료를 구할 수 없는 경우의 최선의 정보)를 최소한으로 사용한다.

① 관측할 수 있는 투입변수: 실제사건이나 거래에 관해 공개적으로 구할 수 있는 정보와 같은 시장자료를 사용하여 개발하였으며 자산이나 부채의 가격을 결정할 때 시장참여자가 사용할 가정을 반영하는 투입변수
② 관측할 수 없는 투입변수: 시장자료를 구할 수 없는 경우에 자산이나 부채의 가격을 결정할 때 시장참여자가 사용할 가정에 대해 구할 수 있는 최선의 정보를 사용하여 개발된 투입변수

(3) 공정가치 서열체계

공정가치 측정 및 관련 공시에서 일관성과 비교가능성을 높이기 위하여, 공정가치를 측정하기 위해 사용하는 가치평가기법의 투입변수를 3가지 수준으로 분류하는 공정가치 서열체계를 정한다. 즉, 공정가치를 측정하기 위하여 사용할 투입변수의 우선순위를 말한다.

공정가치 서열체계는 동일한 자산이나 부채에 대한 활성시장의 조정하지 않는 공시가격(수준 1 투입변수)에서 가장 높은 순위를 부여하며 관측할 수 없는 투입변수(수준 3 투입변수)에 가장 낮은 순위를 부여하는데 이를 구체적으로 살펴보면 아래와 같다.

구분	투입변수
수준 1 투입변수	측정일에 동일한 자산이나 부채에 대한 접근 가능한 활성 시장의 조정되지 않은 공시가격 (예 거래소 시장, 딜러 시장, 중개 시장)
수준 2 투입변수	수준 1의 공시가격 이외에 자산이나 부채에 대해 직접적으로 또는 간접적으로 관측 가능한 투입변수 (예 보유하여 사용하고 있는 건물의 경우 비슷한 위치의 비교할 수 있는 건물과 관련된 관측할 수 있는 거래의 가격에서 도출한 배수에서 도출한 건물의 제곱미터당 가격)
수준 3 투입변수	자산이나 부채에 대한 관측 가능하지 않은 투입변수 (예 현금창출 단위의 경우 기업 자신의 자료를 사용하여 개발한 재무예측)

1. 관련 투입변수의 사용 가능성과 이들 투입변수의 상대적인 주관성은 적절한 가치평가기법을 선택하는 데에 영향을 미칠 수 있다.
2. 공정가치 서열체계는 가치평가기법에의 투입변수에 우선순위를 부여하는 것이지, 공정가치를 측정하기 위해 사용하는 가치평가기법에 우선순위를 부여하는 것은 아니다.

II 공정가치 측정의 적용

01 비금융자산의 공정가치 측정 적용

비금융자산의 공정가치를 측정하는 경우에는 시장참여자가 경제적 효익을 창출하기 위하여 그 자산을 최고 최선으로 사용하거나 혹은 최고 최선으로 사용할 다른 시장참여자에게 그 자산을 매도하는 시장참여자의 능력을 고려한다.

비금융자산의 최고 최선의 사용을 고려하는 것은 물리적으로 가능하고 법적으로 허용될 수 있으며 재무적으로 실행할 수 있는 자산의 사용을 고려하는 것이다.

Additional Comment

기업이 취득한 무형자산을 다른 기업이 사용하는 것을 제한함으로써 그 무형자산을 방어적으로 사용하려고 계획할 수 있다. 그렇지만 이 경우에도 비금융자산의 공정가치는 시장참여자의 최고 최선의 사용을 가정하여 측정한다.

Self Study

1. 최고 최선의 사용은 기업이 다르게 사용할 의도가 있더라도 시장참여자의 관점에서 판단된다. 그러나 시장참여자가 비금융자산을 다르게 사용하여 그 가치를 최대화할 것이라는 점이 시장이나 그 밖의 요소에 의해 제시되지 않으면 기업은 비금융자산을 현재 사용하는 것을 최고 최선의 사용으로 본다.
2. 경쟁력 있는 지위를 보호하기 위하여, 혹은 그 밖의 이유로 취득한 비금융자산을 활발히 이용하지는 않으려고 하거나 최고 최선으로 자산을 사용하지는 않으려고 할 수 있다. 그럼에도 불구하고 비금융자산의 공정가치는 시장참여자의 최고 최선의 사용을 가정하여 측정한다.

02 부채와 지분상품의 공정가치 측정 적용

(1) 일반원칙

부채와 자기지분상품은 측정일에 금융부채 또는 비금융부채나 자기지분상품(예 사업결합의 대가로 발행된 지분)이 시장참여자에게 이전되는 것으로 가정하여 공정가치로 측정한다. 모든 경우에, 측정일 현재의 시장 상황에서 부채 또는 지분상품을 이전하는 시장참여자 사이의 정상거래에서 이루어지는 가격을 추정한다는 공정가치 측정의 목적을 이루기 위해서, 관측할 수 있는 관련된 투입변수를 최대한으로 사용하고 관측할 수 없는 투입변수를 최소한으로 사용한다.

(2) 부채와 지분상품을 다른 상대방이 자산으로 보유하는 경우

동일한 또는 유사한 부채 또는 자기지분상품의 이전을 위한 공시가격을 이용할 수 없으나 다른 상대방이 동일한 항목을 자산으로 보유하고 있는 경우, 부채나 지분상품의 공정가치는 측정일에 동일 항목을 자산으로 보유하고 있는 시장참여자의 관점에서 측정한다. 이러한 경우, 부채와 지분상품의 공정가치는 다음과 같이 측정한다.

① 공시가격 사용: 다른 상대방이 자산으로 보유하고 있는 동일한 항목에 대한 활성 시장의 공시가격을 구할 수 있다면, 그 공시가격을 사용한다.
② 관측 가능한 투입변수 사용: 활성 시장의 공시가격을 구할 수 없다면, 다른 상대방이 자산으로 보유하고 있는 동일한 항목에 대해 비활성 시장에서 공시되는 가격 등 그 밖의 관측할 수 있는 투입변수를 사용한다.
③ 가치평가기법 사용: 위 ①과 ②의 관측할 수 있는 가격을 구할 수 없다면 가치평가기법을 사용한다.

(3) 부채와 지분상품을 다른 상대방이 자산으로 보유하지 않는 경우

동일하거나 비슷한 부채 또는 자기지분상품을 이전하기 위한 공시가격을 구할 수 없으며 다른 상대방이 동일한 항목을 자산으로 보유하지 않는 경우에는, 부채를 부담하거나 자본에 대한 청구권을 발행한 시장참여자의 관점에서 가치평가기법을 사용하여 부채 또는 지분상품의 공정가치를 측정한다(다른 상대방이 자산으로 보유하지 않는 부채에는 대부분의 충당부채가 해당된다).

(4) 불이행위험

부채의 공정가치는 불이행위험의 영향을 반영한다. 불이행위험은 부채의 이전 전·후에 동일한 것으로 가정한다. 분리할 수 없는 제3자의 신용보강을 포함하여 부채를 발행하였지만, 이를 부채와 분리하여 회계처리하는 경우 발행자는 부채의 공정가치를 측정할 때 신용보강(예 채무에 대한 제3자의 보증)의 영향을 포함하지 않는다. 신용보강을 부채와 분리하여 회계처리하는 경우에 발행자는 부채의 공정가치를 측정할 때 자신의 신용수준을 고려하되 제3자 보증인의 신용수준은 고려하지 않는다.

(5) 부채 또는 자기지분상품을 이전하는 계약

부채 또는 자기지분상품의 공정가치를 측정할 때 이러한 항목의 이전을 제한하는 제약이 존재하는 것과 관련하여 별도의 투입변수를 포함하거나 다른 투입변수를 조정하지 않는다. 그 이유는 부채 또는 자기지분상품의 이전을 제한하는 제약의 영향은 공정가치 측정을 위한 다른 투입변수에 암묵적으로 또는 분명하게 포함되어 있기 때문이다.

(6) 요구불 특성을 가진 금융부채

요구불 특성을 가진 금융부채(예 요구불예금)의 공정가치는 요구하면 지급해야 하는 첫날부터 할인한 금액 이상이어야 한다.

자산 또는 부채의 측정에 관한 설명으로 옳지 않은 것은? [세무사 2016년]

① 거래원가가 존재하는 경우 자산이나 부채의 공정가치를 측정하기 위해서는 주된 시장의 가격에 서 동 거래원가를 조정해야 한다. 이때, 거래원가는 운송원가를 포함하지 않는다.

② 부채의 현행원가는 현재시점에서 그 의무를 이행하는 데 필요한 현금이나 현금성자산의 할인하 지 아니한 금액을 의미한다.

③ 자산의 역사적 원가는 자산취득의 대가로 취득 당시에 지급한 현금 또는 현금성자산이나 그 외 대가의 공정가치를 의미한다.

④ 자산이나 부채의 교환거래에서 자산을 취득하거나 부채를 인수하는 경우에, 거래가격은 자산을 취득하면서 지급하거나 부채를 인수하면서 받는 가격이다.

⑤ 동일한 자산이나 부채의 가격이 관측 가능하지 않을 경우 관련된 관측 가능한 투입변수의 사용 을 최대화하고 관측 가능하지 않은 투입변수의 사용을 최소화하는 다른 가치평가기법을 이용하 여 공정가치를 측정한다.

풀이

구분	내용	비고
관측 가능한 시장 존재 O	1순위: 주된 시장	거래의 규모와 빈도가 가장 큰 시장
	2순위: 가장 유리한 시장	수취할 금액 - 거래원가 - 운송원가 고려하여 가장 유리한 시장 판단 (단, 공정가치 측정 시는 운송원가만 차감[1])

[1] 거래원가는 가장 유리한 시장을 판단하는 경우에만 고려하고 공정가치를 측정할 때에는 거래원가는 차감하지 않는다.

정답: ①

6 현재가치 측정

01 화폐의 시간가치의 의의

화폐의 가치는 시간의 경과에 따라 달라진다. 동일한 현금이라면 미래의 현금보다 현재의 현금이 더 가치가 있다. 이는 일반적으로 경제적 주체들이 미래의 현금보다 현재의 현금을 선호하기 때문이며, 이러한 선호 현상을 유동성 선호라고 한다.

유동성 선호의 구조

| 현재의 ₩1,000 | >>>> | 1년 후의 ₩1,000 |

Additional Comment

지금 ₩1,000을 받는 것이 1년 후에 ₩1,000을 받는 것보다 더 유리하다. 이와 같은 의사결정은 인플레이션이 없다고 하더라도 마찬가지이다. 일반적으로 이자율은 0%보다 높기 때문에 지금 ₩1,000을 받아서 이자가 발생하는 금융상품에 투자한다면 1년 후에 금액은 ₩1,000보다 더 큰 금액이 된다. 그러므로 지금 ₩1,000을 받는 것이 1년 후에 ₩1,000을 받는 것보다 더 유리한 의사결정이다.

화폐는 시간가치를 갖는데 이를 이자라고 한다. 이자는 화폐를 사용하는 과정에서 그 대가로 발생하는 원가이다. 돈을 차입하는 입장에서 보면 빌린 금액보다 나중에 더 많은 금액을 갚아야 하는데 그 차이가 바로 이자비용이며, 돈을 대여하는 입장에서 보면 그가 빌려준 금액보다 나중에 더 많은 금액을 회수하는데 그 차이가 이자수익이다. 그런데 이자율이 일정하게 유지되더라도 이자는 시간의 길이에 따라 증가한다. 즉, 화폐의 시간가치는 시간의 경과에 따라 변화하는 특징이 있다.

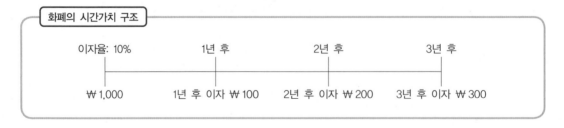

화폐의 시간가치 구조

이자율: 10%   1년 후   2년 후   3년 후

₩1,000   1년 후 이자 ₩100   2년 후 이자 ₩200   3년 후 이자 ₩300

현재의 현금을 소비할 수 있는 기회를 미래로 연기하게 되면 적절한 대가를 요구하며, 이를 이자라고 한다. 이때 현재의 현금에 대한 이자의 비율을 이자율, 할인율 또는 수익률이라고 한다. 쉽게 말해 이자율은 현재 ₩1을 소비할 수 있는 기회를 미래로 연기하면서 요구하는 이자이다.

02 이자의 계산방법

(1) 이자를 발생시키는 거래

이자를 발생시키는 거래는 통상적으로 원금, 이자계산의 기간, 이자율 그리고 미래현금흐름의 요소를 가진다. 각각에 대한 설명은 아래와 같다.

1) 원금

원금은 대여자와 차입자의 관계에서 최초 대출 또는 차입되는 금액으로 초기 이자발생의 근거가 되는 화폐금액을 말한다.

2) 이자계산의 기간

이자계산의 기간은 대여자에게는 투자 또는 대여기간이라고 할 수 있으며, 차입자에게는 차입기간이된다. 보통 이 기간이 1년을 초과하는 경우 1년 단위로 구분하여 이자를 계산하는 것이 일반적이다.

3) 이자율

이자율은 이자의 계산 대상 금액에 대하여 발생된 이자의 비율을 나타내는 것으로 계산 대상 금액은 원금만이 포함될 수도 있고 원금과 과거기간에 발생한 이자금액이 함께 포함될 수도 있다.

4) 미래현금흐름

미래현금흐름은 최초 거래 발생 이후 원금에 이자가 가산된 금액의 합계액으로 원금과 이자의 합계액이라고 볼 수 있다.

(2) 단리와 복리를 통한 이자의 계산방법

이자는 시간이 경과함에 따라 계속 발생한다. 흔히 이자율이라고 하면 연 이자율을 의미한다. 이자의 발생은 단리와 복리의 형태로 구분할 수 있다. 단리는 매년 동일한 이자가 발생하는 형태이며, 복리는 발생한 이자가 원금과 합쳐져 그 원금과 이자의 합계액에 다시 이자가 발생하는 형태이다. 이자의 계산방법 중 단리 계산방법은 투자자의 입장에서 이자계산의 기간별로 투자수익률이 일정하지 않은 점 등 여러 가지 측면에서 불합리한 점이 존재하므로 일반적으로 재무회계에서는 복리를 전제로 하여 이자계산을 한다.

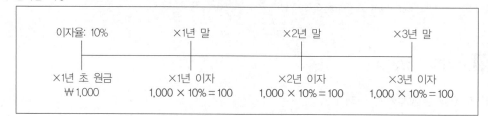

Ex. 단리와 복리를 사용한 이자계산

현재 원금이 ₩1,000인 금융상품에 투자하였으며, 3년 동안 투자할 예정이며, 이자율은 10%를 적용한다.

1. 단리를 적용

	이자율: 10%	×1년 말	×2년 말	×3년 말
	×1년 초 원금 ₩1,000	×1년 이자 1,000 × 10% = 100	×2년 이자 1,000 × 10% = 100	×3년 이자 1,000 × 10% = 100

2. 복리를 적용

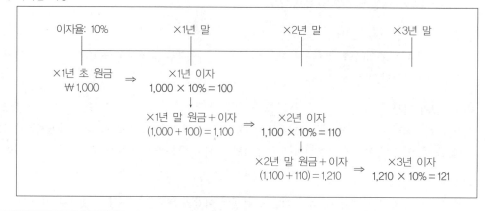

03 현재가치 및 미래가치의 계산

(1) 단순현금흐름의 현재가치와 미래가치

단순현금흐름이란 현재 또는 미래에 단 한 번의 현금흐름이 발생하는 경우를 말한다. 미래가치란 현재에 존재하는 일정한 금액과 등가관계에 있는 미래특정시점의 가치를 말하며, 일반적으로 특정한 금액으로 표시하게 된다.

예를 들어, 현재의 시장이자율이 10%이고 이자는 1년마다 지급하지 않고 만기에 일시 지급하는 조건이라고 가정하면 현재 ₩1,000을 10% 이자가 발생하는 금융상품에 투자할 경우 1년 후에 받게 될 원금과 이자의 합계는 ₩1,100{= 1,000 + 1,000 × 10% or 1,000 × (1 + 10%)}이고, 2년 후에 받게 될 원금과 이자의 합계는 ₩1,210{= 1,000 × (1 + 10%) × (1 + 10%) or 1,000 × (1 + 10%)^2}이다. 이 경우 현재시점 ₩1,000의 1년 후 미래가치는 ₩1,100이고, 현재시점 ₩1,000의 2년 후 미래가치는 ₩1,210이다.

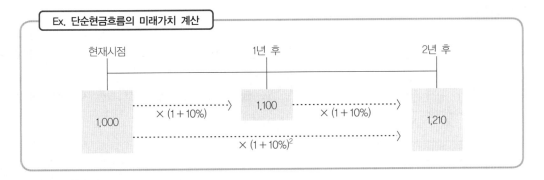

Ex. 단순현금흐름의 미래가치 계산

또한, 현재 이자율이 10%일 때 1년 후 ₩1,100의 현재가치는 ₩1,000이고, 2년 후 ₩1,210의 현재
가치는 ₩1,000이다.

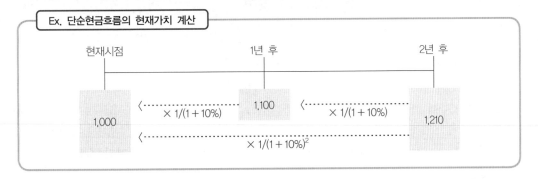

Ex. 단순현금흐름의 현재가치 계산

따라서 현재가치와 미래가치는 다음과 같은 식으로 정리할 수 있다.

① 미래가치 = 현재가치 × $(1 + R)^n$
② 현재가치 = 미래가치 ÷ $(1 + R)^n$
* R(Rate of interest): 이자율
* n: 기간

Additional Comment

현재의 현금흐름을 미래가치로 전환하기 위해서 현재가치에 $(1 + R)^n$을 곱해야 하거나 미래의 현금흐름을 현재가
치로 전환하기 위해서는 미래가치를 $(1 + R)^n$으로 나누어야 한다. 이 경우, 기간이 길지 않다면 $(1 + R)^n$을 직접
곱하거나 나누는 것이 가능하나 기간이 길어지면 이에 대한 계산이 번거로울 수 있어 본서의 부록에 미래가치표
와 현재가치표가 제시되어 있으며, 이자를 계산할 때에는 해당 표의 해당 계수를 이용하면 된다. 즉, 부록에 제시
되어 있는 미래가치표와 현재가치표에는 소수로 표시되어 있는 계수가 제시되어 있는데, 현재가치에 미래가치계
수를 곱하면 미래가치로 전환되고, 미래현금흐름에 현재가치계수를 곱하면 현재가치로 전환된다.

(2) 연금의 현재가치

단순현금흐름은 오직 한 번 현금흐름이 발생하는 것을 의미한다. 그러나 연금이란 일정액의 현금흐름이 2번 이상 계속되는 것을 의미한다. 즉, 동일한 금액이 연속적이고 규칙적으로 발생하는 현금흐름의 형태를 연금이라고 한다.

예를 들어, 현재 시장이자율이 10%일 경우, 매년 ₩1,000씩 2년 동안 유입되는 자산의 현재가치를 계산하면 아래와 같다.

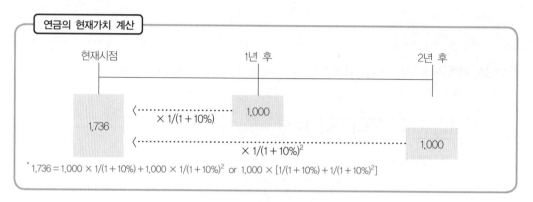

위의 예와 같이 연금의 현재가치는 각각 단순현금의 현재가치를 합친 수치이다. 또한 매년의 동일한 현금흐름에 $[1/(1 + 10\%) + 1/(1 + 10\%)^2]$만 곱하면 현재가치가 계산되므로, 본서 부록의 연금의 현재가치표에서 이러한 금액이 미리 계산되어 있는 연금의 현재가치계수를 이용하면 쉽게 계산할 수 있다.

Self Study

지금까지의 예는 현금흐름이 매년 말에 발생한다는 가정을 하였다. 이를 정상연금이라고 한다. 그런데 현금흐름이 연 초에 먼저 발생하는 연금도 있다. 즉, 선이자 개념의 현금흐름인데 이를 선불연금이라고 한다. 상기의 예를 매년 초에 ₩1,000씩 수령하는 현금흐름이라고 가정하면 현재가치는 ₩1,909{= 1,000 + 1,000 × 1/(1 + 10%)}로 계산될 수 있다.

각 물음별 현재가치를 계산하시오(단, 모든 물음에 적용되는 이자율은 연 10%이다).

1 3년 후 ₩100,000을 수령하는 금융상품의 현재가치(3년, 10% 현재가치계수 0.75131)

2 3년간 매년 말에 ₩100,000씩 수령하는 금융상품의 현재가치(3년, 10% 연금의 현재가치계수 2.48685)

3 3년간 매년 말에 ₩5,000씩 수령하고 3년 후에 ₩100,000을 수령하는 금융상품의 현재가치 (3년, 10% 현재가치계수 0.75131, 3년, 10% 연금의 현재가치계수 2.48685)

풀이

1

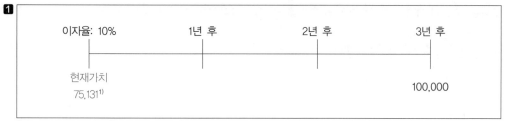

1) $100,000 \times 1/(1+10\%)^3$ or $100,000 \times 0.75131$

2

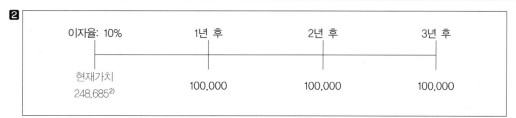

2) $[100,000 \times 1/(1+10\%) + 100,000 \times 1/(1+10\%)^2 + 100,000 \times 1/(1+10\%)^3]$ or $100,000 \times 2.48685$

3

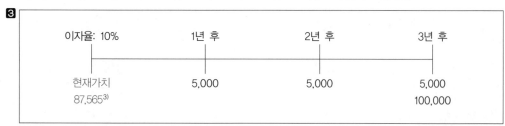

3) $[5,000 \times 1/(1+10\%) + 5,000 \times 1/(1+10\%)^2 + 105,000 \times 1/(1+10\%)^3]$ or $(5,000 \times 2.48685 + 100,000 \times 0.75131)$

01 현재가치평가의 대상

장기성 채권·채무는 장기연불조건의 매매거래나 장기금전대차거래에서 발생하는 채권·채무를 말한다. 장기성 채권·채무는 장기간에 걸쳐서 회수되거나 결제되기 때문에 만기에 수수되는 금액에는 금융요소가 포함되어 있다. 여기서 금융요소는 별도로 구분하여 이자수익이나 이자비용으로 인식하는 것이 타당하며, 이를 위해서 장기성 채권·채무를 적정한 이자율로 할인한 현재가치로 평가하여야 한다.

(1) 장기연불조건의 매매거래

장기연불조건의 매매거래는 거래의 대상이 재화나 용역인 경우를 말하며, 일반적으로 상거래에서 발생하는 재화의 매매거래, 용역의 수수거래 및 유형자산의 매매거래 등을 포함한다.

> **Ex. 장기연불조건의 자산과 부채**
>
> | 구분 | | 계정과목 |
> |---|---|---|
> | 장기연불조건의 매매거래 | 자산 | 장기매출채권, 장기미수금 등 |
> | | 부채 | 장기매입채무, 장기미지급금 등 |

(2) 장기금전대차거래

장기금전대차거래는 거래의 대상이 금전인 경우를 말하며, 투자채무증권, 장기대여금, 사채 및 장기차입금 등의 계정들이 나타난다.

> **Ex. 장기금전대차거래의 자산과 부채**
>
> | 구분 | | 계정과목 |
> |---|---|---|
> | 장기금전대차거래 | 자산 | 투자채무상품, 장기대여금 등 |
> | | 부채 | 사채, 장기차입금 등 |

Self Study

1. 기업이 고객에게 약속한 재화나 용역을 이전하는 시점과 고객이 그에 대한 대가를 지급하는 시점 간의 기간이 1년 이내일 것이라고 예상한다면 유의적인 금융요소의 영향을 반영하여 약속한 대가를 조정하지 않는 실무적 간편법을 사용할 수 있다.
2. 미래현금흐름의 현재가치는 자산 및 부채의 평가에 모두 적용할 수 있다. 다만, 미래현금흐름의 금액 및 시기를 알 수 있어야만 현재가치 평가가 가능하기 때문에 계약 등에 의해서 미래에 수령하거나 지불할 현금의 크기 및 시점을 명확하게 알 수 있는 자산 및 부채가 현재가치 평가대상이 된다.

02 현재가치 적용의 필요성

현재가치(PV: Present Value)는 미래현금흐름을 적절한 할인율로 할인하여 이자요소를 제거한 금액이다. 이는 일반적으로 해당 재화나 용역의 공정가치와 일치한다. 예를 들어, 토지를 처분하면서 3년 후에 그 구입대금으로 ₩300,000을 수령하기로 하였다. 여기에는 현재 토지의 구입 대금을 수령하지 않고 3년 후에 수령하는 대가인 이자가 포함되어 있다. 회사가 토지의 처분시점에 ₩300,000을 전액 미수금으로 인식하게 되면 자산이 과대 계상됨은 물론이고 3년간의 이자수익까지 처분시점에 처분이익으로 인식되어 손익의 구분과 손익의 귀속시기가 모두 잘못될 수 있다. 이러한 문제를 극복하기 위해서 현재가치를 적용하는 것이다.

> **Ex. 현재가치 적용의 필요성**
>
> ×1년 초에 외상으로 재화를 판매하였다. 대금은 2년 후에 ₩121을 수령하기로 하였고, 적용되는 이자율은 10%이다.
>
> | 일자 | 현재가치 적용 × | | | 현재가치 적용 ○ | | |
> |---|---|---|---|---|---|---|
> | ×1 초 | 차) 매출채권 | 121 | 대) 매출 121 | 차) 매출채권 100 | 대) 매출 | 100 |
> | ×1 말 | 회계처리 없음 | | | 차) 매출채권 10 | 대) 이자수익 | 10 |
> | ×2 말 | 차) 현금 | 121 | 대) 매출채권 121 | 차) 매출채권 11 | 대) 이자수익 | 11 |
> | | | | | 차) 현금 121 | 대) 매출채권 | 121 |
>
> ↪ 현재가치를 적용하지 않으면 적용하였을 때보다 ×1년 초에 매출채권이 ₩21만큼 과대계상되고 ×1년에 매출로 ₩121을 인식하고 ×2년에는 인식할 수익이 없다. 즉, 현재가치를 적용하지 않으면 자산은 과대계상되고 손익의 구분(매출, 이자수익 등)과 손익의 귀속시기가 모두 적절하게 표시되지 못할 수 있다.

03 현재가치평가 시 적용할 이자율

장기성 채권·채무는 최초 인식시점에 현재가치로 측정해야 하기 때문에 적절한 이자율로 할인한 현재가치로 평가해야 한다. 이러한 현재가치평가 시 적용할 이자율은 당해 거래의 유효이자율이다. 여기서 유효이자율이란 금융상품의 기대존속기간에 예상되는 미래현금흐름의 현재가치를 재화나 용역의 현금결제가격과 일치시키는 이자율을 말하며, 이를 거래의 내재이자율이라고도 한다.

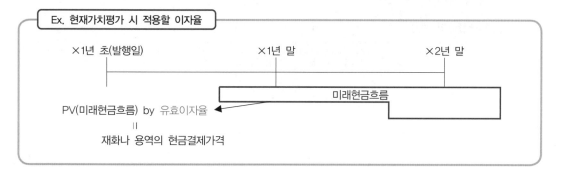

> **Ex. 현재가치평가 시 적용할 이자율**

Additional Comment

한국채택국제회계기준 제1115호 '고객과의 계약에서 생기는 수익'에서 내재이자율은 다음 중 더 명확히 결정될 수 있는 할인율을 사용하도록 규정하고 있다.
① 계약 개시시점에 기업과 고객이 별도 금융거래를 한다면 반영하게 될 할인율
② 재화나 용역의 대가를 현금으로 결제한다면 지급할 가격으로 약속한 대가의 명목금액을 할인하는 이자율

Self Study

일반적으로 재무회계에서는 문제에서 사용되는 유효이자율을 제시하므로 별도로 유효이자율을 산정할 필요는 없다.

04 현재가치 측정 시 회계처리

(1) 유효이자율법의 적용

장기성 채권·채무의 명목 미래현금흐름 총액과 자산·부채 최초 인식 시 현재가치의 차액은 현금을 수령하거나 지급하는 기간 동안 총이자수익 또는 총이자비용으로 인식한다.

[총이자수익 or 총이자비용의 구조]

> 총이자수익(비용) = 미래현금흐름의 합계 − 자산·부채의 최초 인식 시 현재가치

장기성 채권·채무의 현재가치 측정에 따른 회계처리의 핵심은 유효이자율법의 적용이다. 유효이자율법이란 장기성 채권·채무의 현재가치를 계산하고 관련 기간에 걸쳐 이자수익이나 이자비용을 배분하는 방법을 말한다. 즉, 현금을 수령하거나 지급하는 기간 동안 발생하는 총이자수익 또는 총이자비용을 유효이자율에 따라 기간에 걸쳐 배분하는 것이 현재가치 측정에 대한 회계처리(유효이자율법의 적용)이다.

(2) 현재가치 측정에 따른 매기 보고기간 말 회계처리

최초 인식할 때 현재가치로 측정한 자산과 부채는 현금을 수령하거나 지급하는 기간 동안 이자수익과 이자비용을 인식한다. 각 회계기간별로 인식할 이자수익과 이자비용은 자산·부채의 기초장부금액에 유효이자율을 곱하여 계산한다.

[이자수익(비용)의 계산]

> 이자수익(비용) = 기초장부금액 × 유효이자율

유효이자율법으로 계산된 유효이자와 표시이자의 차액은 자산·부채의 장부금액에 가감된다. 유효이자와 표시이자의 차액을 상각액이라고 한다. 따라서 특정 시점 자산·부채의 장부금액은 이전 장부금액에 상각액이 가감되고 수수되는 명목금액만큼 차감되어 결정되는데, 이렇게 결정된 장부금액을 상각후원가라고 한다. 즉 상각액은 해당 자산·부채의 장부금액의 변동액을 의미한다. 또한 유효이자율법으로 회계처리하면 특정 시점의 장부금액이 그 시점부터 남아 있는 미래현금흐름을 유효이자율로 할인한 현재가치가 된다.

유효이자와 표시이자, 상각액의 구조

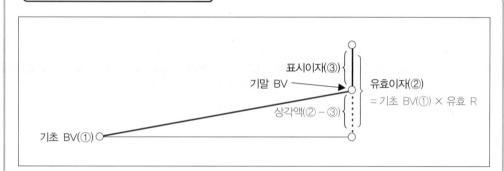

1. 기말장부금액 산정방법
   (1) 기초 장부금액(①) + 유효이자(②) − 표시이자(③)
   (2) 기초 장부금액(①) + 유효이자(① × R) − 표시이자(③) = 기초 장부금액(①) × (1 + R) − 표시이자(③)
   (3) PV(잔여 미래현금흐름) by R

2. 매기 상각액 산정방법
   (1) 유효이자 − 표시이자
   (2) 기말 장부금액 − 기초 장부금액
   (3) 전기 상각액 × (1 + R)

Additional Comment

장기성 채권·채무의 이자수익(비용)을 유효이자율법이 아닌 상환기간에 걸쳐 균등 안분한 금액을 기준으로 인식하는 방법이 있는데 이를 정액법이라고 한다. 정액법의 경우 매 기간 장부금액을 기준으로 계상한 이자수익(비용)에 대한 수익률이 일정하게 유지되지 않는 단점이 있어서 한국채택국제회계기준에서는 인정하지 않는다.

재무제표 표시와 공정가치

CH 3

해커스 IFRS 정윤돈 중급회계 1

01 사채의 현금흐름

사채의 현금흐름은 매기 일정액의 현금흐름(액면이자)이 있고 만기에 원금에 대한 현금흐름이 있는 유형이다.

사례연습 4: 사채의 현금흐름

20×1년 초에 A사는 장부금액 ₩80,000, 처분시점의 공정가치 ₩86,116인 기계장치를 매각하고 액면금액 ₩100,000, 액면이자율 연 2%(매년 말 지급), 만기 2년의 어음을 교부받기로 하였다. 동 거래에 적용되는 유효이자율이 연 10%이다(단, 이자율 10%, 2년 연금현가계수는 1.73554이고, 현가계수는 0.82645이다). 각 시점별 A사와 구매자의 회계처리를 보이시오.

풀이

1. 사채의 현금흐름 그리기

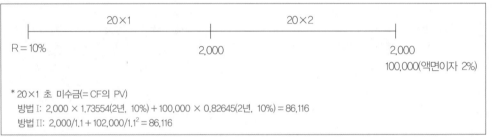

* 20×1 초 미수금(= CF의 PV)
방법 I: 2,000 × 1.73554(2년, 10%) + 100,000 × 0.82645(2년, 10%) = 86,116
방법 II: 2,000/1.1 + 102,000/1.1^2 = 86,116

2. 상각표 그리기

일자	① 기초장부가액	② 유효이자	③ 액면이자	②−③ 상각액	①' 기말장부가액	①'의 산정방법
20×1년	86,116	8,612	2,000	6,612	92,728	= ① + ② − ③
20×2년	92,728	9,273	2,000	7,273	100,000	= ① + ① × R − ③
합계		17,885	4,000	13,885		= ① × (1 + R) − ③

3. 그림

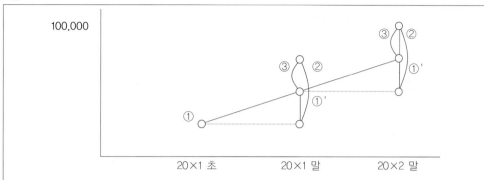

100,000

20×1 초　　　　20×1 말　　　　20×2 말

- 필수산식
  1) 이자수익: 기초 장부금액 × 유효 R = ② = ① × 유효이자율 R
  2) 기말 장부금액(상각후원가): 기초 장부금액(상각후원가) + 유효이자 − 액면이자
     ①' = ① + ② − ③ = ① + ① × 유효이자율 R − ③ = ① × (1 + 유효이자율 R) − ③
  3) 총이자수익: 유효이자(②)합계 = 액면이자(③)합계 + 상각액(② − ③)합계
     = 액면이자 × 연수 + 미수금의 명목가액 − 미수금의 최초상각후원가
     = 총현금수령액 − 총현금지급액

4. 수식
   (1) 20×1년 초 미수금의 최초상각후원가: $2,000 \times 1.73554 + 100,000 \times 0.82645 = 86,116$
   　　　　　　　　　　　　　　　　 or $2,000/1.1 + 102,000/1.1^2 = 86,116$
   (2) 20×1년 이자수익: $86,116 \times 10\% = 8,612$
   (3) 20×1년 말 장부가액(상각후원가): $86,116 \times (1 + 10\%) - 2,000 = 92,728$
   (4) 20×2년 이자수익: $(102,000/1.1) \times 10\% = 9,272$
   (5) 20×1 ~ 20×2년간 총이자수익: $2,000 \times 2 + (100,000 - 86,116) = 17,884$
   (6) 20×1년 유형자산 처분이익: 미수금의 최초상각후원가 − 유형자산의 장부가액 $= 86,116 - 80,000 = 6,116$

5. 당기순이익(N/I)에 미치는 영향

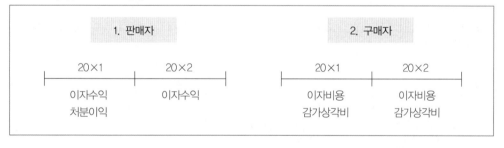

1. 판매자		2. 구매자	
20×1	20×2	20×1	20×2
이자수익	이자수익	이자비용	이자비용
처분이익		감가상각비	감가상각비

6. 회계처리(순액)

일자	판매자(A사)						구매자					
20×1 초	차)	미수금	86,116	대)	기계장치 처분이익	80,000 6,116	차)	기계장치	86,116	대)	미지급금	86,116
20×1 말	차)	현금 미수금	2,000 6,612	대)	이자수익	8,612	차)	이자비용	8,612	대)	현금 미지급금	2,000 6,612
							차)	감가상각비	××	대)	감가상각누계액	××
20×2 말	차)	현금 미수금	2,000 7,272	대)	이자수익	9,272	차)	이자비용	9,272	대)	현금 미지급금	2,000 7,272
							차)	감가상각비	××	대)	감가상각누계액	××
	차)	현금	100,000	대)	미수금	100,000	차)	미지급금	100,000	대)	현금	100,000

⊃ 20×1 N/I 영향
1) 이자수익: 86,116 × 10% = 8,612
2) 처분이익: 86,116 − 80,000 = 6,116

⊃ 20×1 N/I 영향
1) 이자비용: 86,116 × 10% = 8,612
2) 감가상각비: ××

Self Study

1. 최초 인식할 때 현재가치로 측정하는 자산과 부채는 순액으로 표시할 수도 있고, 현재가치할인차금 계정을 사용하여 표시할 수도 있다. 한국채택국제회계기준에서는 현재가치 적용 시 구체적인 분개를 언급하고 있지 않는데, 일반기업회계기준에서는 현재가치할인차금 계정을 사용하도록 규정하고 있다. 이후 본서에서는 더 이상 현재가치할인차금 계정을 사용하는 회계처리를 언급하지 않기로 한다.
2. 자산과 부채를 상각후원가로 측정하는 경우 순액으로 분개하는 경우와 총액(현재가치할인차금 계정 등 사용)으로 분개하는 경우가 있으나 두 방법이 재무상태표와 포괄손익계산서에 미치는 영향은 동일하다.
   1) 순액으로 분개하는 경우: 리스채권, 리스부채, AC금융자산과 FVOCI금융자산으로 분류하는 채무상품, 복구충당부채
   2) 총액으로 분개하는 경우: 장기매출채권과 장기매입채무, 장기미수금과 장기미지급금, 사채, 전환사채와 신주인수권부사채

02 할부판매의 현금흐름

할부판매는 매기 액면이자와 원금을 포함한 일정액의 현금흐름인데 액면이자와 원금부분이 명시적으로 구분되어 있지 않는 현금흐름을 특징으로 한다.

사례연습 5: 할부판매의 현금흐름

20×1년 초에 A사는 장부금액 ₩100,000, 공정가치 ₩173,554의 기계장치를 매각하고 대금을 20×1년 초부터 20×2년 말까지 매년 말 ₩100,000씩 수취하기로 하였다. 동 거래에 적용되는 유효이자율이 연 10%이다(단, 이자율 10%, 2년 연금현가계수는 1.73554이다). 각 시점별 A사의 회계처리를 보이시오.

풀이

1. 할부판매의 현금흐름 그리기

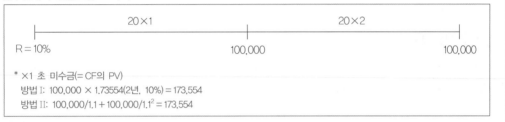

* ×1 초 미수금(= CF의 PV)
방법 I: 100,000 × 1.73554(2년, 10%) = 173,554
방법 II: 100,000/1.1 + 100,000/1.1^2 = 173,554

2. 상각표 그리기

일자	① 기초장부액	② 유효이자	③ 현금수령액	②-③ 상각액	①ʼ 기말장부액
20×1년	173,554	17,355	100,000	(−)82,645	90,909
20×2년	90,909	9,091	100,000	(−)90,909	0
합계		26,446	200,000	(−)173,554	

3. 수식
(1) 20×1년 초 장부가액(BV): (100,000/1.1) + (100,000/1.1^2) = 173,554 or 100,000 × 1.73554 = 173,554
(2) 20×1년 이자수익: 173,554 × 10% = 17,355
(3) 20×1년 말 장부가액(BV): 173,554 × (1 + 10%) − 100,000 = 100,000/1.1 = 90,909

4. 당기손익(N/I)에 미치는 영향

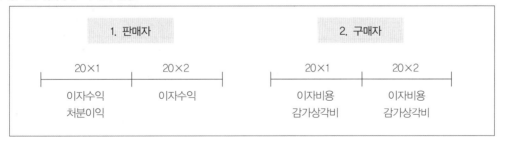

5. 회계처리(순액)

일자	판매자(A사)					구매자				
20×1 초	차)	미수금	173,554	대)	기계장치 처분이익	100,000 73,554	차)	기계장치	173,554	대) 미지급금 173,554
20×1 말	차)	현금	100,000	대)	이자수익 미수금	17,355 82,645	차) 차)	이자비용 미지급금 감가상각비	17,355 82,645 ××	대) 현금 100,000 대) 감가상각누계액××
20×2 말	차)	현금	100,000	대)	이자수익 미수금	9,090 90,910	차) 차)	이자비용 미지급금 감가상각비	9,090 90,910 ××	대) 현금 100,000 대) 감가상각누계액××

6. 20×1년 당기순이익(N/I)에 미치는 영향(판매자)
   (1) 이자수익: $(100,000/1.1 + 100,000/1.1^2) \times 10\% = 17,355$
   (2) 처분이익: $(100,000/1.1 + 100,000/1.1^2) - 100,000 = 73,554$

03 연속상환사채의 현금흐름

연속상환사채의 현금흐름은 원금과 이자를 한꺼번에 수취(지급)하는 유형으로 원금과 이자가 명백하게 구분되어 수취(지급)된다는 것이다.

> **사례연습 6: 연속상환사채의 현금흐름**
>
> 20×1년 초에 A사는 장부금액 ₩900,000, 공정가치 ₩973,555의 기계장치를 매각하고 액면금액 ₩1,000,000, 액면이자율 연 8%, 만기 20×2년 말인 장기어음을 교부받았는데, ₩500,000의 원금에 액면이자를 가산한 금액을 20×1년 말과 20×2년 말에 받기로 하였다. 동 거래에 적용되는 유효이자율이 연 10%이다(단, 이자율 10%, 1기간 현가계수는 0.90909, 2기간 현가계수는 0.82645이다). 각 시점별 A사의 회계처리를 보이시오.

풀이

1. 연속상환사채의 현금흐름 그리기

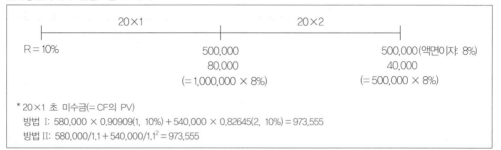

```
              20×1                          20×2
   ┌──────────────────────────┬──────────────────────────┐
R = 10%
                           500,000                      500,000 (액면이자: 8%)
                            80,000                       40,000
                       (= 1,000,000 × 8%)          (= 500,000 × 8%)
```

* 20×1 초 미수금(= CF의 PV)
  방법 I: 580,000 × 0.90909(1, 10%) + 540,000 × 0.82645(2, 10%) = 973,555
  방법 II: 580,000/1.1 + 540,000/1.1^2 = 973,555

2. 상각표 그리기

일자	① 기초장부가액	② 유효이자	③ 현금수령액	②−③ 상각액	①' 기말장부가액
20×1년	973,555	97,356	580,000	(−)482,644	490,911
20×2년	490,911	49,089	540,000	(−)490,911	0
합계		146,445	1,120,000	(−)973,555	

3. 수식

(1) 20×1년 초 장부가액(상각후원가): (580,000/1.1) + (540,000/1.1^2) = 973,555
       or 580,000 × 0.90909 + 540,000 × 0.82645 = 973,555
(2) 20×1년 이자수익: 973,555 × 10% = 97,356
(3) 20×1년 말 장부가액(BV): 973,555 × (1 + 10%) − 580,000 = 540,000/1.1 = 490,911
(4) 20×2년 이자수익: 490,911 × 10% = (540,000/1.1) × 10% = 49,089
(5) 총이자수익: 580,000 + 540,000 − 973,555 = 146,445
(6) 처분이익: 973,555 − 900,000 = 73,555

4. 회계처리

일자	판매자(A사)				구매자			
20×1 초	차) 미수금	973,555	대) 기계장치 처분손익	900,000 73,555	차) 기계장치	973,555	대) 미지급금	973,555
20×1 말	차) 현금	580,000	대) 이자수익 미수금	97,355 482,645	차) 이자비용 미지급금 차) 감가상각비	97,355 482,645 ××	대) 현금 대) 감가상각누계액	580,000 ××
20×2 말	차) 현금	540,000	대) 이자수익 미수금	49,089 490,911	차) 이자비용 미지급금 차) 감가상각비	49,089 490,911 ××	대) 현금 대) 감가상각누계액	540,000 ××

5. 20×1년 당기순이익(N/I)에 미치는 영향(판매자)

(1) 이자수익: (580,000/1.1 + 540,000/1.1^2) × 10% = 97,355
(2) 처분손익: (580,000/1.1 + 540,000/1.1^2) − 900,000 = 73,555

Chapter 3 | 핵심 빈출 문장

01 한국채택국제회계기준에 따라 작성된 재무제표는 공정하게 표시된 재무제표로 보며, 국제회계기준을 준수하여 작성된 재무제표임을 주석으로 공시할 수 있다.

02 재무제표가 한국채택국제회계기준의 요구사항을 모두 충족한 경우가 아니라면 한국채택국제회계기준을 준수하여 작성되었다고 기재하여서는 안 된다. 또한, 부적절한 회계정책은 이에 대하여 공시나 주석 또는 보충자료를 통해 설명하더라도 정당화될 수 없다.

03 극히 드문 상황으로 한국채택국제회계기준의 요구사항을 준수하는 것이 오히려 '개념체계'에서 정하고 있는 재무제표의 목적과 상충되어 재무제표 이용자의 오해를 유발할 수 있는 경우에는 관련 감독체계가 이러한 요구사항으로부터의 일탈을 의무화하거나 금지하지 않는다면, 요구사항을 달리 적용한다. 그러나 이러한 경우에도 관련 감독체계가 이러한 요구사항으로부터의 일탈을 의무화하거나 금지하는 경우에는 기업은 그러한 사항을 공시하여 오해를 유발할 수 있는 가능성을 최대한 줄여야 한다.

04 유사한 항목은 중요성 분류에 따라 재무제표에 구분하여 표시하며, 상이한 성격이나 기능을 가진 항목은 구분하여 표시한다. 단, 중요하지 않은 항목은 성격이나 기능이 유사한 항목과 통합하여 표시할 수 있다.

05 중요하지 않은 정보일 경우 한국채택국제회계기준에서 요구하는 특정 공시를 제공할 필요는 없다.

06 재고자산에 대한 재고자산평가충당금과 매출채권에 대한 대손충당금과 같은 평가충당금을 차감하여 관련 자산을 순액으로 측정하는 것은 상계표시에 해당하지 아니한다.

07 재무상태표에 표시되는 자산과 부채는 반드시 유동자산과 비유동자산, 유동부채와 비유동부채로 구분하여 표시하지 않을 수 있다.

08 매입채무 그리고 종업원 및 그 밖의 영업원가에 대한 미지급비용과 같은 유동부채는 기업의 정상영업주기 내에 사용되는 운전자본의 일부이므로, 이러한 항목은 보고기간 후 12개월 후에 결제일이 도래하더라도 유동부채로 분류한다.

09 기업이 보고기간 말 현재 기존의 대출계약조건에 따라 보고기간 후 적어도 12개월 이상 부채를 연장할 권리가 있다면, 보고기간 후 12개월 이내에 만기가 도래한다 하더라도 비유동부채로 분류한다. 만약 기업에 그러한 권리가 없다면, 차환가능성을 고려하지 않고 유동부채로 분류한다.

10 보고기간 말 이전에 장기차입약정을 위반했을 때 대여자가 즉시 상환을 요구할 수 있는 채무는 보고기간 후 재무제표 발행승인일 전에 채권자가 약정위반을 이유로 상환을 요구하지 않기로 합의하여도 유동부채로 분류한다.

11 영업이익 산정에 포함된 항목 이외에도 기업의 고유 영업환경을 반영하는 그 밖의 수익 또는 비용 항목은 영업이익에 추가하여 별도의 영업성과 측정치를 산정하여 조정영업이익으로 주석에 공시할 수 있다.

12 수익과 비용의 어느 항목도 당기손익과 기타포괄손익을 표시하는 보고서 또는 주석에 특별손익 항목으로 표시할 수 없다.

13 비용을 기능별로 분류하는 기업은 감가상각비, 기타 상각비와 종업원급여비용을 포함하여 비용의 성격에 대한 추가 정보를 주석 공시한다.

14 공정가치는 자산을 보유하거나 부채를 부담하는 시장참여자의 관점에서 측정일의 유출가격으로 자산이나 부채를 제거한다고 할 때의 가격이다.

15 공정가치는 시장에 근거한 측정치이므로, 시장참여자의 위험에 대한 가정을 포함하여 측정된다. 그러므로 기업이 자산을 보유하는 의도나 부채를 결제 또는 이행하고자 하는 의도는 공정가치를 측정할 때 관련되지 않는다.

16 다른 기준서에서 최초에 자산이나 부채를 공정가치로 측정할 것을 요구하거나 허용하면서 거래가격이 공정가치와 다른 경우에는 해당 기준서에서 다르게 정하고 있지 않는 한 이로 인한 손익을 당기손익으로 인식한다.

17 주된 시장이 있는 경우에는 다른 시장의 가격이 측정일에 잠재적으로 더 유리하더라도, 공정가치 측정치는 주된 시장의 가격을 나타내도록 한다. 동일한 자산이나 부채에 대한 주된 (또는 가장 유리한) 시장은 기업별로 다를 수 있다. 따라서 주된 (또는 가장 유리한) 시장은 기업의 관점에서 고려되며 이에 따라 다른 활동을 하는 기업 간의 차이는 허용된다.

18 자산이나 부채의 공정가치를 측정하기 위하여 사용하는 주된 시장의 가격에는 거래원가를 조정하지 않는다.

19 거래원가는 운송원가에 포함하지 않는다. 운송원가는 현재의 위치에서 주된 시장으로 자산을 운송하는 데 발생하는 원가를 말한다.

Chapter 3 | 객관식 문제

01 다음은 일반목적재무제표 작성을 위한 일반 사항에 대한 설명이다. 한국채택국제회계기준 제1001호의 규정과 다른 설명은 무엇인가?

① 재무제표는 기업의 재무상태, 재무성과 및 현금흐름을 공정하게 표시해야 하며, 한국채택국제회계기준에 따라 작성된 재무제표는 공정하게 표시된 재무제표로 간주한다.

② 한국채택국제회계기준을 준수하여 작성된 재무제표는 국제회계기준을 준수하여 작성된 재무제표임을 주석으로 공시할 수 있다.

③ 한국채택국제회계기준의 요구사항을 대부분 충족한 재무제표는 주석에 한국채택국제회계기준을 준수하여 작성되었다고 기재할 수 있다.

④ 부적절한 회계정책은 이에 대하여 공시나 주석 또는 보충 자료를 통해 설명하더라도 정당화될 수 없다.

⑤ 극히 드문 상황에서 한국채택국제회계기준의 요구사항을 준수하는 것이 오히려 개념체계에서 정하고 있는 재무제표의 목적과 상충되어 재무제표 이용자의 오해를 유발할 수 있다고 경영진이 결론을 내리는 경우에는, 관련 감독체계가 이러한 요구사항으로부터의 일탈을 의무화하거나 금지하지 않는 경우에 한하여 한국채택국제회계기준의 규정을 달리 적용할 수 있다.

02 다음은 일반목적재무제표 작성을 위한 일반 사항에 대한 설명이다. 한국채택국제회계기준 제1001호의 규정과 다른 설명은 무엇인가?

① 재무제표는 경영진이 기업을 청산하거나 경영활동을 중단할 의도를 가지고 있지 않거나, 청산 또는 경영활동의 중단 외에 다른 현실적 대안이 없는 경우가 아니면 계속기업을 전제로 작성한다.

② 모든 재무제표는 발생기준 회계를 사용하여 작성한다.

③ 상이한 성격이나 기능을 가진 항목은 재무제표에 구분하여 표시하며, 중요하지 않은 항목은 성격이나 기능이 유사한 항목과 통합하여 표시할 수 있다.

④ 자산과 부채, 그리고 수익과 비용은 서로 상계하지 않는 것이 원칙이다. 다만, 자산에 대한 평가충당금을 차감하여 관련 자산을 순액으로 측정하는 것은 상계표시에 해당하지 아니한다.

⑤ 수익과 비용은 서로 상계하지 않는 것이 원칙이지만, 예외적으로 투자자산 및 영업용 자산을 포함한 비유동자산의 처분손익은 처분대금에서 그 자산의 장부금액과 관련 처분비용을 상계하여 표시한다.

03 다음은 재무상태표 작성을 위한 일반 사항에 대한 설명이다. 한국채택국제회계기준 제1001호의 규정과 다른 설명은 무엇인가?

① 기업이 명확히 식별가능한 영업주기 내에서 재화나 용역을 제공하는 경우, 재무상태표에 유동자산과 비유동자산 및 유동부채와 비유동부채를 구분하여 표시한다. 하지만 한국채택국제회계기준서는 재무제표에 표시되어야 할 항목의 순서나 형식을 규정하지는 않는다.

② 영업주기는 영업활동을 위한 자산의 취득시점부터 그 자산이 현금이나 현금성자산으로 실현되는 시점까지 소요되는 기간이다. 정상영업주기를 명확히 식별할 수 없는 경우에는 그 기간이 12개월인 것으로 가정한다.

③ 유동자산은 보고기간 후 12개월 이내에 실현될 것으로 예상되는 자산으로 이를 제외하면 모두 비유동자산이다.

④ 유동자산은 보고기간 후 12개월 이내에 실현될 것으로 예상되지 않는 경우에도 재고자산 및 매출채권과 같이 정상영업주기의 일부로서 판매, 소비 또는 실현되는 자산을 포함한다.

⑤ 유동성 순서에 따른 표시방법이 신뢰성 있고 더욱 목적적합한 정보를 제공하는 경우에는 모든 자산과 부채는 유동성의 순서에 따라 오름차순이나 내림차순의 순서로 표시할 수 있다.

04 다음은 부채의 유동성 분류에 대한 내용이다. 한국채택국제회계기준 제1001호의 규정과 다른 설명은 무엇인가?

① 매입채무 그리고 종업원 그 밖의 영업원가에 대한 미지급비용과 같은 유동부채는 보고기간 후 12개월 후에 결제일이 도래한다 하더라도 정상영업주기 내에 사용되는 운전자본의 일부이므로 유동부채로 분류한다.

② 보고기간 후 12개월 이내에 결제일이 도래하는 경우에도 보고기간 후 재무제표 발행 승인일 전에 장기로 차환하는 약정 또는 지급기일을 장기로 재조정하는 약정이 체결된 경우에는 한국채택국제회계기준 제1010호 '보고기간후사건'에 따라 이를 비유동부채로 분류한다.

③ 기업이 보고기간 말 현재 기존의 대출계약조건에 따라 보고기간 후 적어도 12개월 이상 부채를 연장할 권리가 있다면, 보고기간 후 12개월 이내에 만기가 도래한다 하더라도 비유동부채로 분류한다. 만약 기업에 그러한 권리가 없다면, 차환가능성을 고려하지 않고 유동부채로 분류한다.

④ 보고기간 말 이전에 장기차입약정을 위반했을 때 대여자가 즉시 상환을 요구할 수 있는 채무는 보고기간 후 재무제표 발행승인일 전에 채권자가 약정위반을 이유로 상환을 요구하지 않기로 합의하더라도 유동부채로 분류한다.

⑤ 대여자가 보고기간 말 이전에 보고기간 후 적어도 12개월 이상의 유예기간을 주는데 합의하여 그 유예기간 내에 기업이 위반사항을 해소할 수 있고, 또 그 유예기간 동안에는 대여자가 즉시 상환을 요구할 수 없다면 그 부채는 비유동으로 분류한다.

05 다음은 포괄손익계산서 작성을 위한 일반 사항에 대한 설명이다. 한국채택국제회계기준 제 1001호의 규정과 다른 설명은 무엇인가?

① 인식한 모든 수익과 비용 항목은 단일 포괄손익계산서나 두 개의 보고서(당기순손익 의 구성요소를 표시하는 별개의 손익계산서와 당기순손익에서 시작하여 기타포괄손 익의 구성요소를 표시하는 보고서인 포괄손익계산서)로 공시할 수 있다.

② 수익과 비용 중에서 비통상적이며 비반복적으로 발생하는 항목에 대하여는 특별손익 의 항목으로 별도 표시하여 포괄손익계산서의 예측능력을 제고하여야 한다.

③ 기타포괄손익에 대한 법인세효과는 관련 법인세효과를 차감한 순액으로 표시할 수도 있으며, 각 항목들에 관련된 법인세효과를 단일 금액으로 합산하여 차감하는 형식으 로 보고할 수도 있다.

④ 비용을 표시하는 방법은 비용의 성격별 또는 기능별 분류방법 중에서 신뢰성이 있고 더욱 목적적합한 정보를 제공할 수 있는 방법으로 표시한다.

⑤ 비용의 성격에 대한 정보가 미래현금흐름을 예측하는 데 유용하기 때문에, 비용을 기 능별로 분류한 경우에는 감가상각비, 기타 상각비와 종업원급여비용을 포함하여 비 용의 성격에 대한 추가 정보를 공시한다.

06 다음은 포괄손익계산서 구성요소인 기타포괄손익에 대한 설명이다. 한국채택국제회계기준 제1001호의 규정과 다른 설명은 무엇인가?

① 기타포괄손익의 구성요소와 관련한 법인세비용 금액은 포괄손익계산서나 주석에 공 시한다.

② 기타포괄손익의 구성요소와 관련하여 기타포괄손익에서 당기손익으로 재분류되는 손 익은 포괄손익의 이중계상을 방지하기 위하여 재분류조정에 대한 내용을 별도로 공 시한다.

③ 모든 기타포괄손익은 실현시점에 당기손익으로 재분류하여 이익잉여금에 반영한다.

④ 재분류조정은 주석에 표시할 수 있으며, 재분류조정을 주석에 표시하는 경우에는 관 련 재분류조정을 반영한 후에 기타포괄손익의 구성요소를 표시한다.

⑤ 기타포괄손익에 대한 법인세효과는 관련 법인세효과를 차감하거나 별도로 기재하여 공시하는 방법 모두 인정되고 있다.

07 **재무제표 표시에 관한 설명으로 옳지 않은 것은?** [세무사 2022년]

① 비용을 기능별로 분류하는 기업은 감가상각비, 기타 상각비와 종업원급여비용을 포함하여 비용의 성격에 대한 추가 정보를 공시한다.

② 수익과 비용의 어느 항목도 당기손익과 기타포괄손익을 표시하는 보고서 또는 주석에 특별손익 항목으로 표시할 수 없다.

③ 비용의 기능별 분류 정보가 비용의 성격에 대한 정보보다 미래현금흐름을 예측하는 데 유용하다.

④ 동일 거래에서 발생하는 수익과 관련비용의 상계표시가 거래나 그 밖의 사건의 실질을 반영한다면 그러한 거래의 결과는 상계하여 표시한다.

⑤ 기업이 재무상태표에 유동자산과 비유동자산, 그리고 유동부채와 비유동부채로 구분하여 표시하는 경우, 이연법인세자산(부채)은 유동자산(부채)으로 분류하지 아니한다.

01 ③ 한국채택국제회계기준을 준수하여 재무제표를 작성하는 기업은 그러한 준수 사실을 주석에 명시적으로 제한 없이 기재하여야 하며, 재무제표가 한국채택국제회계기준의 요구사항을 모두 충족한 경우가 아니라면 한국채택국제회계기준을 준수하여 작성되었다고 기재하여서는 안 된다.

02 ② 기업은 현금흐름정보를 제외하고 발생기준 회계를 사용하여 재무제표를 작성한다.

03 ③ 유동자산은 ① 기업의 정상영업주기 내에 실현될 것으로 예상하거나, 정상영업주기 내에 판매하거나 소비할 의도가 있는 자산, ② 단기매매목적으로 보유하고 있는 자산, ③ 보고기간 후 12개월 이내에 실현될 것으로 예상되는 자산과 ④ 현금이나 현금성자산으로서, 교환이나 부채상환목적으로의 사용에 대한 제한기간이 보고기간 후 12개월 이상이 아닌 자산을 말하며 이를 제외한 모든 자산은 비유동자산으로 분류한다.

04 ② 보고기간 후 12개월 이내에 결제일이 도래하는 경우와 보고기간 후 재무제표 발행승인일 전에 장기로 차환하는 약정 또는 지급기일을 장기로 재조정하는 약정이 체결된 경우에도 한국채택국제회계기준 제1010호 '보고기간후사건'에 따라 이를 유동부채로 분류한다.

05 ② 수익과 비용 중에서 비통상적이며 비반복적으로 발생하는 항목에 대하여는 특별손익의 항목으로 별도 포괄손익계산서나 주석에 기재할 수 없다.

06 ③ 일부 기타포괄손익은 재분류하지 않고 이익잉여금으로 대체한다.

07 ③ 비용의 기능별 분류 정보가 비용의 성격에 대한 정보보다 미래현금흐름을 예측하는데 유용하지 않다.

Chapter 3 | 주관식 문제

문제 01   포괄손익계산서의 성격별 표시, 기능별 표시

포괄손익계산서는 비용을 성격별 및 기능별로 표시할 수 있다. 비용을 성격별로 구분하여 표시하는 경우 비용으로 인식되는 재고자산과 관련하여 주석으로 기재할 사항을 기능별로 표시하는 경우와 비교하여 그 이유를 기술하시오.

풀이

비용으로 인식되는 재고자산을 기능별로 표시할 경우 포괄손익계산서에 반드시 매출원가를 구분표시하고 매출원가 이외의 비용으로 인식되는 재고자산은 해당 비용을 기능별로 구분하여 표시한다. 반면, 성격별로 표시할 경우 재고자산과 관련된 항목을 상품매입액 및 상품의 변동으로 표시함으로써 매출원가 등에 대한 정보를 제공하지 못한다.

cpa.Hackers.com

Chapter **4**

재고자산

1. 재고자산의 정의 및 분류
2. 재고자산의 취득원가 및 기말재고자산 조정
3. 재고자산의 단위원가 결정방법
4. 재고자산의 감모손실과 평가손실
5. 특수한 원가배분방법
6. 농림어업

1 재고자산의 정의 및 분류

I 재고자산의 정의

재고자산은 통상적인 영업과정에서 판매를 위하여 보유 중인 상품과 제품, 판매를 위하여 생산 중인 재공품 및 생산 중인 자산 및 생산이나 용역제공에 사용될 원재료나 소모품을 말한다.

[한국채택국제회계기준에서 정의하고 있는 재고자산]

구분	해당 재고자산
통상적인 영업과정에서 판매를 위하여 보유 중인 자산	상품, 제품
통상적인 영업과정에서 판매를 위하여 생산 중인 자산	재공품, 반제품
생산이나 용역제공에 사용될 원재료나 소모품	원재료, 소모품

Additional Comment

재고자산은 회사의 업종에 따라 세부 분류에 차이가 있다. 도소매업을 주업으로 하는 기업은 통상적인 영업과정에서 판매를 위하여 다량의 재고자산을 보유하는데, 이를 상품이라고 한다. 이에 반해 제조 및 판매를 주업으로 하는 기업이 보유하는 생산에 사용할 원재료, 생산 중인 재공품, 그리고 생산 완료한 제품이 모두 재고자산에 해당한다. 용역제공을 주업으로 하는 기업도 재고자산을 보유하는데, 용역제공에 사용될 소모품(예 운수업을 하는 기업이 보유하는 차량용 경유 등)이 재고자산에 해당된다.

자산은 그 보유목적에 따라 그 금액을 측정하여야 정보이용자에게 유용한 정보를 제공할 수 있다. 따라서 재고자산은 기업의 주된 영업활동의 특성 및 성격에 따라 분류하여야 한다.

[영업활동의 특성 및 성격에 따른 자산의 분류 예시]

영업활동의 특성 및 성격	자산의 분류
① 기업이 영업활동에 사용할 목적으로 건물을 보유	유형자산
② 시세차익 또는 임대수익을 얻을 목적으로 건물을 보유	투자부동산
③ 부동산판매기업이 통상적인 영업과정에서 판매를 위하여 건물을 보유	재고자산
④ 금융회사가 보유하고 있는 지분상품과 채무상품	재고자산
⑤ 금융회사가 아닌 기업이 보유하고 있는 지분상품과 채무상품	금융자산

Additional Comment

재고자산의 정의에 기초하여 볼 때 기업이 장기간 사용하기 위하여 보유하는 자산은 재고자산이 아니라 유형자산 또는 무형자산으로 분류하여야 한다. 예를 들어, 노트북 판매업자가 보유하는 판매용 노트북은 재고자산으로 분류하지만, 업무용으로 장기간 사용하는 노트북은 유형자산으로 분류한다. 대부분의 경우 예비부품과 수선용구를 재고자산으로 분류하고 사용시점에 당기손익으로 인식하도록 규정하고 있다. 그러나 중요한 예비부품과 대기성 장비로서 한 회계기간 이상 사용할 것으로 예상되는 경우에는 유형자산으로 분류한다.

참고 **기준서 제1002호의 적용 범위**

1. **전체 제외**

   재고자산은 기준서 제1002호를 적용하여 회계처리한다. 그러나 다음의 경우에는 이 기준서를 적용하지 않는다.

   ① 금융상품(기준서 제1109호 '금융상품'과 제1032호 '금융상품: 표시' 적용)

   ② 농림어업활동과 관련된 생물자산과 수확시점의 농림어업 수확물(기준서 제1041호 '농림어업' 적용)

2. **측정 규정만 제외**

   기준서 제1002호에서는 재고자산을 원가와 순실현가능가치 중 낮은 금액으로 측정하도록 규정하고 있다. 그러나 다음에 해당되는 재고자산에는 이러한 측정 규정을 적용하지 않는다.

   ① 생산자가 해당 산업의 합리적인 관행에 따라 순실현가능가치로 측정하는 농림어업과 삼림제품

   ② 순공정가치로 측정한 일반상품 중개기업의 재고자산

2 재고자산의 취득원가 및 기말재고자산 조정

I 재고자산의 취득원가

재고자산의 취득원가는 매입가격의 정상적인 취득과정에서 불가피하게 발생한 부대비용을 가산한 금액이다. 이에 따라 한국채택국제회계기준 제1002호 '재고자산'에서 재고자산의 취득원가는 매입원가, 전환원가 및 재고자산을 현재의 장소에 현재의 상태로 이르게 하는 데 발생한 기타원가 모두를 포함하도록 규정하고 있다.

> 재고자산의 취득원가: 매입원가 + 전환원가 + 기타원가

Additional Comment

> 기타원가는 재고자산을 현재의 장소에 현재의 상태로 이르게 하는 데 발생한 범위 내에서만 취득원가에 포함된다. 예를 들어, 특정 고객을 위한 비제조 간접원가 또는 제품 디자인원가는 재고자산의 원가에 포함하는 것이 적절할 수 있다.
> 전환원가는 제조업의 회계처리에서 원재료가 제품으로 전환되는 데 소요되는 원가를 전환원가라고 한다. 전환원가는 직접노무원가 등 생산량과 직접 관련된 원가와 고정 및 변동제조간접원가의 체계적인 배부액을 포함한다.

재고자산의 취득원가에 포함할 수 없으며 발생기간의 비용으로 인식하여야 하는 원가의 예는 다음과 같다.

> ① 재료원가, 노무원가 및 기타 제조원가 중 비정상적으로 낭비된 부분
> ② 후속 생산단계에 투입하기 전에 보관이 필요한 경우 이외의 보관원가
> ③ 재고자산을 현재의 장소에 현재의 상태로 이르게 하는 데 기여하지 않은 관리간접원가
> ④ 판매원가

01 상품매매기업

상품매매기업이 보유하는 재고자산의 매입원가는 매입가격에 수입관세와 제세금, 매입운임, 하역료 그리고 완제품, 원재료 및 용역의 취득과정에 직접 관련된 기타원가를 가산한 금액이다. 매입할인, 리베이트 및 기타 유사한 항목은 매입원가를 결정할 때 차감하며, 과세당국으로부터 추후 환급받을 수 있는 수입관세나 제세금(부가가치세 등)은 매입원가에서 제외한다.

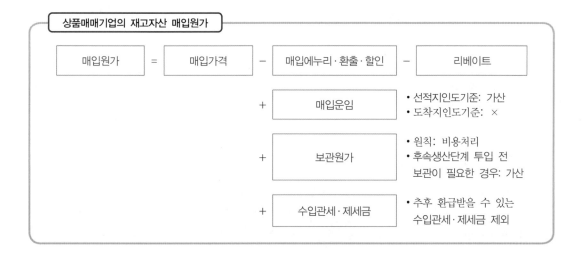

상품매매기업의 재고자산 매입원가

| 매입원가 | = | 매입가격 | − | 매입에누리·환출·할인 | − | 리베이트 |

+ 매입운임
- 선적지인도기준: 가산
- 도착지인도기준: ×

+ 보관원가
- 원칙: 비용처리
- 후속생산단계 투입 전 보관이 필요한 경우: 가산

+ 수입관세·제세금
- 추후 환급받을 수 있는 수입관세·제세금 제외

(1) 매입운임

매입운임은 통상적인 영업과정에서 재고자산 취득 시 불가피하게 발생한 지출을 말하며, 매입운임은 매입원가에 포함되므로 재고자산의 취득원가에 포함시켜야 한다. 매입운임은 FOB선적지인도기준과 FOB도착지인도기준에 따라 매입운임의 부담자가 달라지고 각각의 회계처리도 달라진다.

[FOB선적지인도기준과 FOB도착지인도기준의 회계처리와 취득원가 가산(차감) 예시]

구분	회계처리	취득원가에 가산(차감)
FOB선적지인도기준	구매자의 자산의 취득원가에 포함	가산
FOB도착지인도기준	판매자의 판매비(비용)로 인식	해당사항 없음

20×1　　　20×2

선적　　　도착

매입운임 발생

인도조건별 구매자 20×1년 회계처리
- 선적지인도기준: 차) 매입　××　대) 매입채무　××
- 도착지인도기준: 회계처리 없음

Additional Comment

FOB선적지인도기준은 재고자산에 대한 통제권이 선적시점에 이전되기 때문에 구매자가 운임을 부담한다. 그러나 FOB도착지인도기준은 재고자산에 대한 통제권이 도착시점에 이전되기 때문에 판매자가 운임을 부담한다.
운반비용은 취득이나 생산과정에 수반되어 발생한 경우에만 재고자산의 매입원가에 포함시키고, 그렇지 않은 경우 (예) 재고자산의 매입이나 생산 완료 후 단순한 위치 이동에 소요되는 운반비용의 경우)에는 당기비용으로 인식한다.

(2) 매입에누리와 환출, 매입할인, 리베이트

1) 매입에누리와 환출

매입에누리는 매입한 재고자산을 대량으로 구매하거나 상품의 결함 혹은 파손으로 인하여 판매자가 가격을 할인해주는 것이다. 매입환출은 매입한 상품의 결함 혹은 파손으로 인하여 반품하는 것을 말한다. 따라서 매입이 취소된 것으로 보기 때문에 매입에누리와 환출은 재고자산의 취득원가에서 차감하여야 한다.

> **매입에누리와 환출의 예시**
>
> A사가 B사로부터 상품 ₩100,000을 외상으로 매입하였으며, 상품의 결함 혹은 파손으로 인하여 매입에누리 ₩2,000과 매입환출 ₩1,000이 발생하였다. 각 시점별 회계처리를 나타내면 아래와 같다.
>
> [상품의 외상매입 시]
>
> | 차) 매입 | 100,000 | 대) 매입채무 | 100,000 |
> |---|---|---|---|
>
> [매입에누리와 환출 발생 시]
>
> | 차) 매입채무 | 3,000 | 대) 매입(에누리·환출) | 3,000 |
> |---|---|---|---|
>
> [매입채무 지급 시]
>
> | 차) 매입채무 | 97,000 | 대) 현금 | 97,000 |
> |---|---|---|---|

2) 매입할인, 리베이트

매입할인이란 매입자가 매입채무를 조기에 지급하여 가격을 할인해주는 것을 말하고 리베이트란 매입가격의 일부를 다시 돌려받는 것을 말한다. 매입할인과 리베이트 및 기타 유사한 항목은 매입원가를 결정할 때 차감한다. 그 이유는 매입할인이나 리베이트는 수익창출과정에서 발생한 순자산 증가(즉, 수익)가 아니라 당초 그 금액만큼 매입원가가 적게 소요된 것이나 다름없기 때문이다.

> **매입할인, 리베이트의 예시**
>
> A사가 B사로부터 상품 ₩100,000을 외상으로 매입하였으며, 매입할인 ₩2,000과 매입환출 ₩1,000이 발생하였다. 각 시점별 회계처리를 나타내면 아래와 같다.
>
> [상품의 외상매입 시]
>
> | 차) 매입 | 100,000 | 대) 매입채무 | 100,000 |
> |---|---|---|---|
>
> [매입할인 발생 시]
>
> | 차) 매입채무 | 100,000 | 대) 현금 | 97,000 |
> |---|---|---|---|
> | | | 매입(할인·환출) | 3,000 |
>
> [매입할인이 아닌 리베이트로 ₩2,000을 수령한 경우의 회계처리]
>
> | 차) 현금 | 2,000 | 대) 매입(리베이트) | 2,000 |
> |---|---|---|---|

[매입에누리·환출·할인, 리베이트의 회계처리, 취득원가 가산(차감) 및 예시]

구분	회계처리		취득원가에 가산(차감)
매입에누리와 환출	차) 매입채무	대) 매입(에누리·환출)	차감
매입할인	차) 매입채무	대) 현금 매입(할인)	차감
리베이트	차) 현금	대) 매입(리베이트)	차감

Self Study

재무제표에 표시될 매출원가는 총매입액을 기준으로 하는 것이 아니라 기업에 순수하게 유출되는 순매입액을 기준으로 한다. 그러므로 문제의 자료에서 총매입액과 에누리, 환출, 할인 등을 제시하고 있다면 총매입액에서 에누리, 환출, 할인을 차감한 순매입액을 기준으로 풀이하여야 한다. 다만, 문제에서 매입채무의 기초, 기말잔액 및 매입채무 지급액을 제시한 후에 에누리, 환출, 할인을 추가 자료로 제시하였다면 매입채무에는 이미 해당 금액이 고려되어 있으므로 추가로 차감할 필요가 없다.

매입채무		당기매입
지급	기초	= 현금매입 + 외상매입(순)[1]
기말	외상매입(순)	[1] 에누리·환출·할인 고려됨
		= 총매입 − 매입에누리·환출·할인 + 매입운임

(3) 후불지급조건

재고자산을 후불지급조건으로 취득하는 경우 한국채택국제회계기준에서는 재고자산의 구입계약이 실질적으로 금융요소를 포함하고 있다면 해당 금융요소(예 정상신용조건의 매입가격과 실제 지급액 간의 차이)는 금융이 이루어지는 기간 동안 이자비용으로 인식한다. 즉, 재고자산의 취득원가는 지급할 대가의 현재가치(공정가치)로 결정한다.

[후불지급조건의 회계처리 예시]

[취득일]			
차) 재고자산	정상신용조건의 매입가격	대) 매입채무	PV(실제 지급액)
[기말]			
차) 이자비용	N/I	대) 매입채무	××
[지급일]			
차) 이자비용	N/I	대) 매입채무	××
차) 매입채무	BV	대) 현금	명목금액

다음은 ㈜대한의 재고자산에 관련된 자료이다. 20×1년 1월 1일 재고자산을 ₩18,000,000에 취득하면서 ₩6,000,000은 즉시 지급하였다. 나머지 대금은 20×1년 12월 31일과 20×2년 12월 31일에 ₩6,000,000씩 총 2회에 걸쳐 분할 지급하면서, 기초 미지급 대금의 연 5% 이자도 함께 지급하기로 하였다. 취득일 현재 재고자산의 현금가격상당액은 총지급액을 유효이자율로 할인한 현재가치와 동일하며, 동 거래에 적용되는 유효이자율은 연 8%이다. 현재가치 계산 시 아래의 현가계수를 이용하고, 계산은 소수점 첫째 자리에서 반올림하시오.

기간 \ 이자율	단일금액 ₩1의 현가계수	
	5%	8%
1	0.95238	0.92593
2	0.90703	0.85734
3	0.86384	0.79383

1 20×1년 1월 1일의 매입액을 계산하시오.

2 동 거래와 관련하여 ㈜대한이 20×1년도 각 일자에 해야 할 회계처리를 보이시오.

[풀이]

1 20×1년 1월 1일 매입액

현금 지급액	6,000,000
매입채무: (6,000,000 + 12,000,000 × 5%) × 0.92593 + (6,000,000 + 6,000,000 × 5%) × 0.85734 =	11,512,380
	17,512,380

2 [20×1년 1월 1일]

차) 매입	17,512,380	대) 현금	6,000,000
		매입채무	11,512,380

[20×1년 12월 31일]

차) 이자비용[1]	920,990	대) 현금[2]	6,600,000
매입채무	5,679,010		

[1] 11,512,380 × 8% = 920,990
[2] 6,000,000 + 12,000,000 × 5% = 6,600,000

---

(4) 차입원가

한국채택국제회계기준에서는 판매 가능한 상태에 이르게 하는 데 상당한 기간을 필요로 하는 재고자산의 경우 타인자본에서 발생하는 차입원가를 재고자산의 취득원가로 인식하도록 규정하고 있다. 단, 단기간 내에 반복해서 대량으로 제조되거나 다른 방법으로 생산되는 재고자산은 적격자산에 해당하지 않으므로 차입원가를 자본화하지 않는다. 차입원가의 구체적인 내용은 Chapter 6 차입원가 자본화에서 다룰 것이다.

[차입원가 회계처리와 취득원가 가산(차감)]

구분	회계처리		취득원가에 가산(차감)
차입원가	차) 매입	대) 이자비용 등	가산

(5) 보관원가

후속생산단계에 투입하기 전에 보관이 필요한 경우의 보관원가는 취득원가에 포함된다. 따라서 일반적으로 상품 또는 제품의 보관비용은 당기비용으로 처리하지만, 원재료의 보관비용은 자산의 취득원가로 처리한다.

[보관원가의 회계처리, 취득원가 가산(차감)]

구분	회계처리		취득원가에 가산(차감)
상품 또는 제품	차) 보관비용	대) 현금	당기비용처리
원재료	차) 매입	대) 현금	가산

(6) 관세 납부금·환급금

관세 납부금은 납부시점에 자산의 취득원가에 가산한다. 관세 환급금은 수입원재료 구입시기와 다른 시기에 환급될 수 있으므로 원재료수입액에서 차감하기보다는 관세가 환급된 시기의 매출원가에서 차감하는 것이 합리적이다.

관세 납부금과 환급금 회계처리

[관세 납부 시]

| 차) 매입 | ×× | 대) 현금 | ×× |

[기말]

| 차) 재고(기말) | ×× | 대) 재고(기초) | ×× |
| 매출원가 | ×× | 매입 | ×× |

[관세 환급금 환급 시]

| 차) 현금(관세환급금) | ×× | 대) 매출원가 | ×× |

단, 문제에서 매출원가만을 묻는다면 매입원가에서 관세 환급금을 차감하여 매출원가를 계상하여도 답은 동일하다.

[관세 납부금과 환급금의 회계처리, 취득원가 가산(차감)]

구분	회계처리		취득원가에 가산(차감)
관세 납부금	차) 매입	대) 현금	가산
관세 환급금	차) 현금	대) 매입	차감

기출 Check 1

다음은 ㈜서울의 20×1년 단일상품거래와 관련한 자료이다.

구분	금액	구분	금액
기초재고	₩120,000	당기매입	₩500,000
매입운임(선적지인도조건)	₩15,000	보험료	₩2,000
하역료	₩3,000	매입할인	₩2,000
관세납부금	₩7,000	매입에누리	₩13,000
기말재고	₩75,000	관세환급금	₩5,000

㈜서울은 감모손실과 평가손실은 존재하지 않았다고 할 때 20×1년의 매출원가는 얼마인가?

[공인회계사 2009년 수정]

① ₩530,000 ② ₩534,000 ③ ₩542,000
④ ₩552,000 ⑤ ₩654,000

풀이

1. 당기매입

구분	금액
조정 전 당기매입	500,000
매입운임(선적지인도조건)	15,000
보험료	2,000
하역료	3,000
매입할인	(−)2,000
매입에누리	(−)13,000
관세납부금	7,000
관세환급금	(−)5,000
조정 후 당기매입	507,000

2. 매출원가

재고자산

기초재고	1st 120,000	매출원가	대차차액 552,000
당기매입	2nd 507,000	기말재고	3rd 75,000

정답: ④

02 제조기업

제조기업은 원재료를 구입하여 공장을 설립하고 인력과 기타 설비를 투입하여 제품을 생산한다. 제조기업의 영업활동에 따라 제품의 취득원가는 원재료를 취득하면서 불가피하게 발생한 부대비용을 포함한 직접재료원가에 직접노무원가 등 생산량과 직접 관련된 원가와 원재료를 완제품으로 전환하는 데 발생하는 고정 및 변동제조간접원가의 체계적인 배부액을 포함하도록 규정하고 있다.

> 재고자산의 제조원가 = 직접재료원가 + 직접노무원가 + 변동제조간접원가 + 고정제조간접원가

Additional Comment

고정제조간접원가는 건물이나 기계장치의 감가상각비와 수선유지비 및 공장관리비처럼 생산량과 관계없이 비교적 일정한 수준을 유지하는 간접제조원가이다. 변동제조간접원가는 간접재료원가나 간접노무원가처럼 생산량에 따라 직접적으로 또는 거의 직접적으로 변동하는 간접제조원가이다.

[참고] 고정제조간접원가 배부

전환원가는 직접노무원가, 고정 및 변동제조간접원가의 체계적인 배부액을 포함한다. 고정제조간접원가는 생산설비의 정상조업도에 기초하여 전환원가를 배부하는데, 실제조업도가 정상조업도와 유사한 경우에는 실제조업도를 사용할 수 있다.

생산량 비례 ×	고정제조간접원가 ⇒ 정상조업도로 배분
생산량 비례 ○	변동제조간접원가 ⇒ 실제 생산량 기준

① 생산단위당 고정제조간접원가 배부액은 낮은 조업도나 유휴설비로 인해 증가되지 않고, 배부되지 않은 고정제조간접원가는 발생한 기간의 비용으로 즉시 인식한다.
② 비정상적으로 많은 생산이 이루어진 기간에는 재고자산이 원가 이상으로 측정되지 않도록 생산단위당 고정제조간접원가 배부액을 감소시킨다.

Ex 1. 고정제조간접원가(감가상각비) ₩10,000, 정상조업도 1,000개, 실제조업도 900개
① 제품 1개당 고정제조간접원가 배부액: ₩10/개당 = ₩10,000 ÷ 1,000개
② 예정배부액: ₩10 × 900개 = ₩9,000 ⇒ 재고자산 취득원가 가산
③ 비정상 낭비(= 조업도손실): ₩10,000 − ₩9,000 = ₩1,000 ➔ 당기비용(매출원가에 포함)

[제조간접원가 발생]

차) 감가상각비	10,000	대) 감가상각누계액	10,000

[재공품 대체]

차) 재공품(예정배부액)	9,000	대) 감가상각비	10,000
조업도손실(N/I)	1,000		

Ex 2. 고정제조간접원가(감가상각비) ₩10,000, 정상조업도 1,000개, 실제조업도 1,250개
이 경우 단위당 고정제조간접원가 배부액은 ₩10/개당이 되며, 실제조업도가 1,250개라면 재고자산원가에 배부되는 금액은 ₩12,500(= 1,250개 × ₩10)이 되어야 한다. 이런 경우에는 재고자산에 단위당 배부액을 ₩8(= ₩10,000 ÷ 1,250개)로 하여 재고자산원가에 ₩10,000을 배부한다.

03 기타의 상황에서 재고자산의 취득원가

용역제공기업은 일반적으로 용역을 제공하면서 수익을 인식하기 때문에 관련 원가도 즉시 비용으로 인식한다. 따라서 특정 시점에서 재고자산을 인식할 가능성은 낮다. 그러나 용역을 제공하더라도 수익을 인식하지 않는다면 여기에 대응되는 비용도 인식할 수 없으므로 발생한 원가를 재고자산으로 인식한다. 일반적으로 용역제공기업이 가격을 산정할 때 고려하는 이윤이나 용역과 직접 관련이 없는 간접원가는 재고자산의 취득원가에 포함하지 않는다.

> **용역제공기업의 재고자산 인식 사례**
>
> 광고대행업을 영위하는 기업이 제공하는 광고용역에 대해서 아직 수익을 인식하지 않은 상태이나, 광고용역 제공과 관련된 노무원가 등이 발생하고 있는 상태이면 이를 재고자산으로 인식하고 향후 수익을 인식할 때 재고자산을 매출원가로 대체한다.

04 원가측정방법

재고자산의 취득원가는 실제 발생한 원가 즉, 역사적 원가에 기초한다. 그러나 취득원가가 실제원가와 유사하다면 편의상 표준원가법이나 소매재고법 등의 원가측정방법도 사용할 수 있다.

Self Study

1. 한국채택국제회계기준에서는 표준원가가 실제원가와 유사하다면 표준원가로 재고자산을 측정할 수 있도록 허용하고 있다.
2. 이익률이 유사하고 품종변화가 심한 다품종 상품을 취급하는 유통업에서 실무적으로 다른 원가측정방법을 사용할수 없는 경우에는 소매재고법을 사용할 수 있다.

01   재고자산의 원가배분

상품매매기업의 판매 가능한 재고자산은 기초재고자산에 당기매입액을 합산한 금액으로 구성된다. 이때 판매 가능한 재고자산 중 기중 판매된 부분에 해당하는 금액은 당기비용으로 인식되며, 보고기간 말까지 판매되지 않은 부분에 해당하는 금액은 기말 재무상태표에 재고자산으로 보고되는데 이러한 과정을 재고 자산의 원가배분이라고 한다.

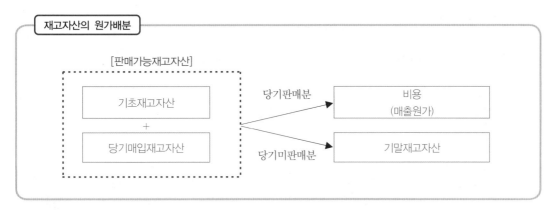

당기에 비용으로 인식하는 재고자산 금액을 일반적으로 매출원가라고 한다. 매출원가는 판매된 재고자산의 원가와 배분되지 않는 제조간접원가 및 제조원가 중 비정상적인 부분의 금액으로 구성되며, 기업의 특수한 상황에 따라 물류원가와 같은 금액들도 포함될 수 있다.

02   재고자산의 수량결정방법

재고자산의 특성상 상품의 입·출고가 빈번하고 그 금액이 크기 때문에 매출원가와 기말재고로 인식할 금액을 결정하는 문제는 매우 중요하다. 따라서 재고자산 회계의 초점은 기초재고자산과 당기매입 재고자산의 합(= 판매가능재고자산)을 비용과 자산으로 적절하게 배분하는 데 있다.

재고자산 회계의 핵심

> 기초재고자산 + 당기매입 재고자산 = 매출원가 + 기말재고자산

위 등식에서 알 수 있듯이 등식 우변의 매출원가를 먼저 확정지으면 기말재고자산을 간접적으로 알 수 있으며, 기말재고자산을 먼저 확정지으면 매출원가를 간접적으로 알 수 있다. 어느 금액을 먼저 확정할지는 재고자산의 수량 기록법에 따라 다르다. 기말재고자산을 과대평가하면 그만큼 매출원가가 과소계상되어 당기순이익을 증가시킬 수 있고, 기말재고자산을 과소평가하면 그만큼 매출원가가 과대계상되어 당기순이익을 감소시킬 수 있다. 그러므로 재고자산 회계의 핵심은 기말재고자산을 얼마나 적정하게 인식하는가에 있다.

(1) 계속기록법

계속기록법은 상품의 입고와 출고상황을 상품계정과 매출원가계정에 계속적으로 기록하는 방법이다. 즉, 당기 판매가능수량에서 당기에 실제로 판매된 수량을 차감하여 기말재고수량을 역산하는 방법이다.

> 기초재고수량 + 당기매입수량 − ① 당기판매수량(기록) = ② 기말재고수량(역산)

계속기록법을 적용하면 언제든지 특정 기간의 매출원가와 특정 시점의 재고자산 잔액을 파악할 수 있다는 장점이 있다. 계속기록법의 회계처리를 요약하면 다음과 같다.

[계속기록법 회계처리]

매입	차) 재고자산	××	대) 매입채무	××
판매	차) 매출채권	××	대) 매출	××
	차) 매출원가	실제 판매분	대) 재고자산	××
결산				
1) 매출원가	회계처리 없음			

> **Additional Comment**
>
> 계속기록법을 적용하면 재고자산을 판매할 때마다 보유 재고자산을 매출원가로 대체하기 때문에 재고자산 장부에는 기중의 증가, 감소 금액이 계속 기록된다. 따라서 특정 시점 현재 장부에 계상되어 있는 재고자산의 금액이 곧 그 시점의 재고자산 잔액이 되어 기말에 재고자산의 잔액을 구하기 위하여 별도의 회계처리를 수행할 필요가 없다는 장점이 있다. 그러나 도난, 분실 등의 사유로 감모수량이 발생한다면 재고자산의 장부상 수량과 실제 수량 간에 차이가 발생할 수 있다. 따라서 재고자산의 감모 여부를 파악하지 않고 장부상 재고자산을 재무상태표의 기말재고자산으로 결정하면 재고자산이 과대계상될 수 있다.

(2) 실지재고조사법

실지재고조사법은 상품의 입고 시에는 매입계정에 기록하고 출고 시에는 매출원가를 계속적으로 기록하지 않고, 결산일 현재 실사(= 재고자산의 수량을 일일이 세는 것)를 통하여 기말재고수량을 파악하여 한 번에 매출원가를 기록하는 방법이다. 즉, 당기판매가능수량에서 기말 실사를 통한 실제 수량을 차감하여 당기판매수량을 역산하는 방법이다.

> 기초재고수량 + 당기매입수량 − ① 기말재고수량(실사) = ② 당기판매수량(역산)

실지재고조사법을 사용하면 장부기록이 간편해지고 실제 존재하는 재고가 기말재고금액으로 계상되는 장점이 있다. 실지재고조사법의 회계처리를 요약하면 다음과 같다.

[실지재고조사법 회계처리]

매입	차) 매입[1]		××	대) 매입채무	××
판매	차) 매출채권		××	대) 매출	××
결산					
1) 매출원가	차) 매출원가		대차차액	대) 재고자산(기초)	1st
	재고자산(기말)	3rd 실제 존재하는 재고		매입[1]	2nd

[1] 매입계정을 자산으로 보아야 한다는 주장과 비용으로 보아야 한다는 주장도 있지만 핵심은 임시계정으로 기말에 모두 사라진다는 것이다.

(3) 혼합법(계속기록법과 실지재고조사법 동시 적용)

판매할 때마다 재고자산의 원가를 추적해야 하는 번거로움을 고려하지 않는다면 재고자산에 대한 관리목적상 계속기록법이 실지재고조사법보다 더 바람직한 방법이다. 그 이유는 계속기록법을 적용하면 회사는 특정 시점의 재고자산 잔액과 그때까지 발생한 매출원가에 대한 정보를 적시에 제공할 수 있기 때문이다. 그러나 계속기록법과 실지재고조사법 모두 도난이나 파손으로 발생하는 감모수량이 기말재고수량이나 당기판매수량에 포함되는 문제점이 있다. 그러므로 현재 우리나라에서는 소규모 기업을 제외하고는 대부분의 기업이 계속기록법과 실지재고조사법을 병행하여 사용하고, 계속기록법의 실제 판매수량과 실지재고조사법의 실제 기말재고수량을 사용하여 감모수량을 파악한다.

기초재고수량 + 당기매입수량 − ① 당기판매수량(기록) = ② 기말재고수량(실사) + 재고감모수량

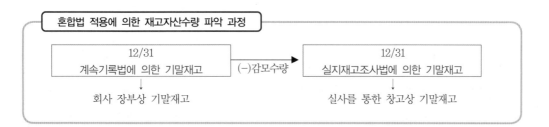

혼합법 적용에 의한 재고자산수량 파악 과정

12/31 계속기록법에 의한 기말재고	(−)감모수량	12/31 실지재고조사법에 의한 기말재고
↓ 회사 장부상 기말재고		↓ 실사를 통한 창고상 기말재고

아래의 물음들은 서로 독립적이다.

1 A사의 당기재고자산수량에 대한 자료가 다음과 같을 때, A사가 계속기록법과 실지재고조사법, 혼합법을 각각 사용할 경우의 당기판매수량과 기말재고수량을 구하시오.

> 기초재고수량 100개, 당기매입수량 1,000개, 회사의 창고에 기말 현재 존재하는 기말재고
> 수량 250개, 판매된 수량 800개

2 계속기록법을 적용하는 B사는 기초재고자산이 ₩1,000이고 재고자산의 당기매입액이 ₩10,000 (전액 외상매입)이며, 당기매출액(전액 외상매출)이 ₩15,000이다. 당기 중에 판매된 재고자산에 대한 매출원가가 ₩9,500이며 B사는 이에 대한 적절한 회계처리를 하였다. 결산시점의 수정전시산표에는 다음과 같은 금액들이 표시되어 있다.

수정전시산표			
...		...	
재고자산	1,500	매출	15,000
...		...	
매출원가	9,500		
...		...	

B사가 기말시점에 재고자산과 관련하여 행하여야 할 회계처리를 보이시오(단, 재고자산의 감모손실과 평가손실은 당기에 발생하지 않은 것으로 가정한다).

3 실지재고조사법을 적용하는 C사는 기초재고자산이 ₩1,000이고 재고자산의 당기매입액이 ₩10,000 (전액 외상매입)이며, 당기매출액(전액외상매출)이 ₩15,000이다. 결산일에 재고자산을 실사한 결과 기말재고자산이 ₩1,500인 것을 확인하였다. 결산시점의 수정전시산표에는 다음과 같은 금액들이 표시되어 있다.

수정전시산표			
...		...	
재고자산	1,000	매출	15,000
...		...	
매입	10,000		
...		...	

C사가 기말시점에 재고자산과 관련하여 행하여야 할 회계처리를 보이시오(단, 재고자산의 감모손실과 평가손실은 당기에 발생하지 않은 것으로 가정한다).

❶ 1. 계속기록법 – 당기판매수량: 800개, 기말재고수량: 300개
  ➪ 기초재고 100 + 당기매입 1,000 – ① 당기판매 800 = ② 기말재고 300(역산)

2. 실지재고조사법 – 당기판매수량: 850개, 기말재고수량: 250개
  ➪ 기초재고 100 + 당기매입 1,000 – ① 기말재고 250 = ② 당기판매 850(역산)

3. 혼합법 – 당기판매수량: 800개, 기말재고수량: 250개
  ➪ 기초재고 100 + 당기매입 1,000 – 당기판매 800 = 기말재고 250 + 감모 50

❷ B사는 기중에 아래와 같은 회계처리를 수행하였고 그 결과로 수정전시산표에는 판매가능재고자산(11,000)이 당기 판매된 재고자산에 해당하는 매출원가(9,500)와 당기 미판매된 재고자산(1,500)에 배분되어 있다. 그러므로 결산시 점에 추가적인 회계처리를 수행할 필요는 없다.

매입	차) 재고자산		10,000	대) 매입채무	10,000
판매	차) 매출채권		15,000	대) 매출	15,000
	차) 매출원가	실제 판매분 9,500		대) 재고자산	9,500
결산					
1) 매출원가			회계처리 없음		

* 장부상 기말재고자산: 1,000 + 10,000 – 9,500 = 1,500

❸ C사는 기중에 아래와 같은 회계처리를 수행하였고 그 결과로 수정전시산표에는 매출원가가 표시되어 있지 않으 며, 재고자산도 기말재고자산이 아니라 기초재고자산으로 표시되어 있다. 그러므로 회사는 결산수정분개를 아래 와 같이 수행하여야 한다.

매입	차) 매입		10,000	대) 매입채무	10,000
판매	차) 매출채권		15,000	대) 매출	15,000
결산					
1) 매출원가	차) 매출원가	대차차액 9,500		대) 재고자산(기초)	1st 1,000
	재고자산(기말)	3rd 실제 존재하는 재고 1,500		매입	2nd 10,000

참고 실지재고조사법의 수정후시산표

수정후시산표			
…		…	
재고자산	1,500	매출	15,000
…		…	
매출원가	9,500		
…		…	

03 **기말재고자산에 포함될 항목(기말재고자산 조정)**

재무상태표에 표시할 기말재고자산의 수량은 회사 소유의 재고수량을 파악함으로써 결정할 수 있다. 여기서 회사 소유의 재고수량은 창고실사재고로만 구성되어 있지 않다. 특정 재고수량을 재무상태표의 재고자산에 포함할 것인지는 재고자산에 대한 통제권을 기업이 소유하고 있는지에 따라 결정된다. 기업이 특정 재고자산에 대한 통제권(= 실질소유권)을 보유하고 있다면 해당 재고자산은 회사소유의 재고자산에 포함된다.

[재무상태표에 가산할 기말재고자산 조정]

구분(판단순서)	1st In 창고	→	2nd My 재고	→	창고실사재고자산에 가감
유형 1	○	→	○	→	조정사항 없음
유형 2	○	→	×	→	차감
유형 3	×	→	○	→	가산
유형 4	×	→	×	→	조정사항 없음

Additional Comment

기업의 창고에는 존재하지 않지만 통제권을 기업이 가지고 있을 때에는 창고실사재고에 해당 항목을 가산하여 기말 재고자산을 산정하고 기업의 창고에는 존재하지만 통제권을 기업이 가지고 있지 않다면 창고실사재고에서 해당 항목을 차감하여 기말재고자산을 산정하여야 한다.

Self Study

기업이 재고자산에 대한 통제권을 소유하고 있는지는 재화의 판매나 용역의 제공으로 인한 수익을 인식하였는지 여부에 따라 결정된다. 구체적인 내용은 중급회계 2 〈Chapter 14 고객과의 계약에서 생기는 수익〉에서 다루게 된다.

(1) 기말재고자산 조정의 회계처리

1) 창고실사재고에 가산해야 하는 경우

창고실사재고에는 포함되어 있지 않으나 기업이 해당 재고자산의 통제권을 소유하고 있는 경우에는 해당 재고자산을 창고실사재고에 가산하여 재무상태표에 보고하여야 한다. 이 경우 회계처리는 회사가 해당 재고자산을 매입할 때 매입 회계처리를 한 경우와 하지 않은 경우의 차이가 발생할 수 있다.

매입 시 매입 회계처리를 수행한 경우 - 실지재고조사법 가정				
매입 시	차) 매입	A	대) 매입채무	A
기말	차) 매출원가	××＋A	대) 재고자산(기초)	××
	차) 재고자산(기말)	창고실사재고	대) 매입	××＋A
↓				
재고자산 조정	차) 재고자산(기말)	A	대) 매출원가	A

실지재고조사법하에서 회사가 특정 재고자산을 매입하고 이에 대한 회계처리를 수행하였으며, 기말 현재 재고자산의 통제권을 기업이 소유하고 있음에도 해당 재고자산이 창고 내에 존재하지 않는 경우 해당 재고자산은 기말에 매출원가에 배분되어져 있을 것이다. 그 이유는 실지재고조사법하에서는 매입 시 장부에 기록이 되었으며 기말시점에 창고에 존재하지 않는 재고는 모두 매출원가로 처리되기 때문이다. 그러나 회사는 재고자산에 대한 통제권을 소유하고 있으므로 해당 재고자산에 대하여 매출원가로 처리하면 안 된다. 이 경우 회사는 재고자산의 조정 회계처리를 통하여 매출원가를 줄이고 기말재고자산을 증가시키는 회계처리를 수행하여야 한다.

매입 시 매입 회계처리를 수행하지 않은 경우 – 실지재고조사법 가정			
매입 시	매입분 A에 대한 회계처리를 수행하지 않음		
기말	차) 매출원가	×× 대) 재고자산(기초)	××
	차) 재고자산(기말)	창고실사재고 대) 매입	××
	↓		
재고자산 조정	차) 재고자산(기말)	A 대) 매입채무	A

실지재고조사법하에서 회사가 특정 재고자산을 매입하고 이에 대한 회계처리를 수행하지 않았으며, 기말 현재 재고자산의 통제권을 기업이 소유하고 있음에도 해당 재고자산이 창고 내에 존재하지 않는 경우에 해당 재고자산은 어디에도 기록되어 있지 않을 것이다. 그 이유는 실지재고조사법하에서는 매입 시 장부에 기록이 되어있지 않으면 창고에 존재하지 않는 재고는 원가배분이 불가능하기 때문이다. 그러나 회사는 재고자산에 대한 통제권을 소유하고 있으므로 해당 재고자산에 대하여 기말재고자산에 가산하여야 한다. 이 경우 회사는 재고자산의 조정 회계처리를 통하여 기말재고자산을 증가시키고 매입채무도 증가시키는 회계처리를 수행하여야 한다.

2) 창고실사재고에 차감해야 하는 경우

창고실사재고에는 포함되어 있으나 기업이 해당 재고자산의 통제권을 소유하고 있지 않은 경우에는 해당 재고자산을 창고실사재고에 차감하여 재무상태표에 보고하여야 한다. 이 경우 이미 해당 재고자산이 창고실사재고자산에 포함되어 있으므로 회사가 해당 재고자산의 매입 시 회계처리를 하였는지에 대한 여부는 고려할 필요가 없다.

창고실사재고에서 차감해야 하는 경우 – 실지재고조사법 가정			
재고자산 조정	차) 매출원가	×× 대) 재고자산(기말)	××

(2) 미착상품

미착상품이란 상품을 주문하였으나 운송 중에 있어 아직 도착하지 않은 상품을 말한다. 이 경우 상품에 대한 통제권(= 법적 소유권)의 이전 여부는 FOB선적지인도조건과 FOB도착지인도조건과 같은 매매계약조건에 따라 결정된다.

[FOB선적지인도조건과 FOB도착지인도조건에 따른 매입자와 판매자의 매입 및 수익인식]

구분		×1년 말 현재 선적 후 이동 중	×1년 말 기말재고자산 조정 회계처리
FOB선적지 인도조건	매입자	매입 ○(회계처리 수행)	차) 재고자산(기말)　　대) 매출원가
		매입 ×(회계처리 미수행)	차) 재고자산(기말)　　대) 매입채무
	판매자	판매 ○	회계처리 없음
FOB도착지 인도조건	매입자	매입 ×	회계처리 없음
	판매자	판매 ×	차) 재고자산(기말)　　대) 매출원가

Additional Comment

> FOB선적지인도조건으로 재고자산을 판매한 경우 판매자가 선적하는 시점에 재고자산의 통제권이 매입자에게 이전된다. 따라서 판매자는 선적시점에 매출을 인식하며, 매입자도 선적시점에 재고자산 매입을 인식한다. 그러나 FOB도착지인도조건으로 재고자산을 판매하는 경우 재고자산이 목적지에 도착하여야 재고자산의 통제권이 매입자에게 이전된다. 따라서 목적지에 도착하기 전까지 판매자는 매출을 인식하지 않으며, 매입자도 매입을 인식하지 않는다.

[미착상품의 재고자산 조정 판단]

구분(운송 중)	1st In 창고	→	2nd My 재고	→	창고실사재고자산에 가감
선적지인도조건 – 구매자	×	→	○	→	기말재고 가산
선적지인도조건 – 판매자	×	→	×	→	조정사항 없음
도착지인도조건 – 구매자	×	→	×	→	조정사항 없음
도착지인도조건 – 판매자	×	→	○	→	기말재고 가산

사례연습 3: 미착상품

다음은 12월 말 결산법인인 A사의 20×1년도 재고자산의 매입과 관련된 자료이다. 다음 자료를 바탕으로 물음에 답하시오.

> (1) 선적지인도조건으로 매입 중인 상품 ₩3,000이 12월 31일 현재 운송 중에 있다. 12월 31일까지 선적서류가 도착하여 매입에 관한 회계처리를 하였다.
> (2) 선적지인도조건으로 매입 중인 상품 ₩5,000이 12월 31일 현재 운송 중에 있다. 12월 31일까지 선적서류가 도착하지 않아 매입에 관한 회계처리를 하지 못하였다.
> (3) 도착지인도조건으로 매입 중인 상품 ₩2,000이 12월 31일 현재 운송 중에 있다. 12월 26일 선적서류가 도착하여 매입에 관한 회계처리를 하였다.
> (4) 도착지인도조건으로 매입 중인 상품 ₩4,000이 12월 31일 현재 운송 중에 있다. 12월 26일 선적서류가 도착하지 못하여 매입에 관한 회계처리를 하지 못하였다.

12월 31일 현재 A사의 창고에 있는 모든 재고자산을 실사한 결과 재고자산이 ₩12,000이라면 12월 31일 현재 올바른 재고자산은 얼마인가? (단, 회사는 실지재고조사법을 적용하고 있다)

풀이

1. 재고자산 조정의 판단

구분(운송 중)	1st In 창고	→	2nd My 재고	→	창고실사재고자산에 가감
(1)	×	→	○	→	기말재고 가산
(2)	×	→	○	→	기말재고 가산
(3)	×	→	×	→	조정사항 없음
(4)	×	→	×	→	조정사항 없음

2. 12월 31일 현재 올바른 재고자산

12월 31일 현재 창고실사재고자산	12,000
(1)	(+)3,000
(2)	(+)5,000
(3)	–
(4)	–
합계	20,000

3. 12월 31일 기말재고자산 조정 회계처리

(1)	차) 재고자산(기말)	3,000	대) 매출원가	3,000
(2)	차) 재고자산(기말)	5,000	대) 매입채무	5,000
(3)	차) 매입채무[1]	2,000	대) 매출원가	2,000
(4)		회계처리 없음		

[1] 매입자는 FOB도착지인도조건이므로 재고자산의 도착시점에 매입거래를 기록하여야 한다. 그러나 회사는 선적서류가 도착하는 시점에 매입과 매입채무에 대한 매입거래를 기록하였고, 창고실사재고에 포함되지 않는 매입분은 모두 매출원가에 계상된다. 그러므로 기말재고자산 조정으로 매출원가를 취소하고 매입채무를 감소시키는 회계처리를 수행하여야 한다.

04 시용판매

시용판매는 재고자산을 고객에게 인도하고 일정 기간 사용한 후 구매 여부를 결정하는 조건부 판매로, 시용판매한 상품을 시송품이라고 한다. 매입자가 매입의사를 표시한 시점에 수익을 인식하고 매입의사표시가 없으면 시송품이 창고실사재고자산에 포함되어 있지 않았더라도 기말재고자산에 포함시켜야 한다.

[시용판매 판매자의 수익인식]

구분		수익인식 여부	×1년 말 기말재고자산 조정 회계처리
시용판매 판매자	매입의사표시 ○	수익인식 ○	회계처리 없음
	매입의사표시 ×	수익인식 ×	차) 기말재고 　　　 대) 매출원가

만약 판매자가 시송품을 매입자에게 인도하는 시점에 매출을 인식하는 회계처리를 수행하였다면 매입자가 기말 현재 시점에 매입의사를 표시하지 않은 부분의 매출을 취소하는 회계처리를 수행하여야 한다.

매출 취소 회계처리	차) 매출	매입의사표시 × 부분	대) 매출채권	매입의사표시 × 부분

[시용판매의 재고자산 조정 판단]

구분(운송 중)	1st In 창고	→	2nd My 재고	→	창고실사재고자산에 가감
시송품(매입의사표시 ×)	×	→	○	→	기말재고 가산
시송품(매입의사표시 ○)	×	→	×	→	조정사항 없음

05 할부판매

할부판매란 상품 등을 고객에게 인도하고 대금은 미래에 분할하여 회수하기로 한 판매를 말한다. 한국채택국제회계기준에서는 할부판매의 경우 계약에 유의적인 금융요소가 포함되어 있으므로 자산에 대한 통제권이 이전되는 시점에 현재가치로 평가한 금액을 수익으로 인식하고, 유의적인 금융요소는 신용기간 동안 이자수익으로 인식하도록 규정하고 있다. 그러므로 할부판매된 재고자산은 수익인식시점 이후에는 판매자의 재고자산에서 제외하여야 한다.

[할부판매 판매자의 수익인식]

구분		수익인식 여부	×1년 말 기말재고자산 조정 회계처리
할부판매 판매자	통제권 이전	수익인식 ○	회계처리 없음

할부판매는 판매자가 고객에게 자산에 대한 통제권을 이전하는 시점에 수익을 인식한다. 추후에 대금 회수가능성이 불확실해지는 경우 이미 인식한 수익금액을 조정하지 않고, 대금의 회수불가능한 부분이나 더 이상 회수가능성이 높다고 볼 수 없는 부분을 별도의 비용(손상차손)으로 인식한다.

추후 회수가능성 ↓	차) 손상차손	회수불가능한 부분	대) 손실충당금	××

[할부판매의 재고자산 조정 판단]

구분	1st In 창고	→	2nd My 재고	→	창고실사재고자산에 가감
할부판매 판매자	×	→	×	→	조정사항 없음

06 위탁판매

위탁판매는 제품의 판매를 다른 기업에게 위탁하고 그 다른 기업이 재고자산을 판매하게 되면 그 대가로 수수료를 지급하는 형태의 판매이다. 이때 재고자산의 판매를 위탁한 기업을 위탁자, 재고자산의 판매를 위탁받은 기업을 수탁자라고 한다. 이때 위탁자가 수탁자에게 판매를 위탁하기 위해 보낸 재고자산을 적송품이라고 한다.

위탁판매가 되려면 최종 고객에게 판매하기 위해 기업이 재고자산을 중개인이나 유통업자 등 다른 당사자에게 인도하는 경우에는 그 다른 당사자(= 수탁자)가 그 시점에 재고자산을 통제하게 되었는지 여부를 먼저 평가하여야 한다.

① 다른 당사자(= 수탁자)가 재고자산을 통제하는 경우: 재고자산의 통제가 다른 당사자에게 이전되었으므로 수익으로 인식한다.
② 다른 당사자(= 수탁자)가 재고자산을 통제하지 못하는 경우: 재고자산의 통제가 다른 당사자(= 수탁자)에게 이전되지 않았으므로 다른 당사자(= 수탁자)가 제3자에게 재고자산에 대한 통제를 이전할 때 수익으로 인식한다(위탁판매).

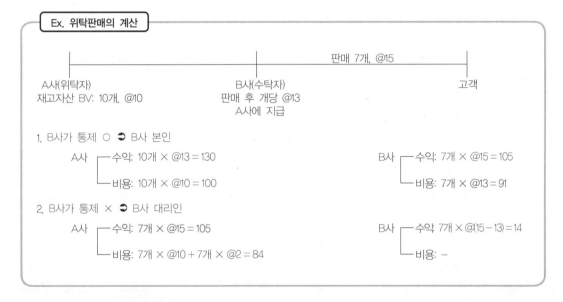

Ex. 위탁판매의 계산

[위탁판매 위탁자·수탁자의 수익인식]

구분		미판매분 수익인식 여부	×1년 말 기말재고자산 조정 회계처리
위탁자 통제권 보유 ○	위탁자	수익인식 ×	차) 기말재고　　　대) 매출원가
	수탁자	수익인식 ×	차) 매입채무　　　대) 기말재고
수탁자 통제권 보유 ○	위탁자	수익인식 ○	회계처리 없음
	수탁자	수익인식 ×	회계처리 없음

[위탁판매의 재고자산 조정 판단]

구분	1st In 창고	→	2nd My 재고	→	창고실사재고자산에 가감
위탁판매 미판매분 – 위탁자	×	→	○	→	기말재고 가산
위탁판매 미판매분 – 수탁자	○	→	×	→	기말재고 차감
위탁판매 판매분 – 위탁자	×	→	×	→	조정사항 없음
위탁판매 판매분 – 수탁자	×	→	×	→	조정사항 없음

07 반품권이 부여된 판매

반품권이 부여된 판매란 기업이 고객에게 제품에 대한 통제를 이전하고, 다양한 사유로 제품을 반품할 권리와 함께 환불, 공제, 교환을 조합하여 받을 권리를 고객에게 부여하는 판매를 말한다. 반품권이 부여된 판매의 경우에는 반품을 예상할 수 없는 경우와 반품을 예상할 수 있는 경우로 구분하여 회계처리한다.

(1) 반품을 예상할 수 없는 경우

반품을 예상할 수 없다면 재고자산을 이전할 때 수익으로 인식하지 않는다. 그러므로 기업은 반품권과 관련된 불확실성이 해소되는 시점에 수익을 인식하고, 받은 대가를 전액 환불부채로 인식해야 한다. 또한 반품을 예상할 수 없는 경우에는 수익을 인식할 수 없고 관련 매출원가를 인식하지 아니하고 고객에게 제품을 이전할 때 고객에게서 제품을 회수할 기업의 권리에 대해서는 반환재고회수권이라는 별도의 자산을 인식한다.

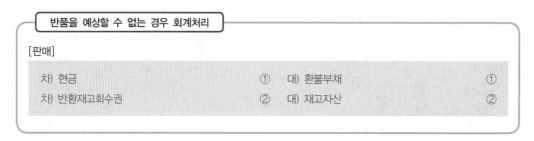

반품을 예상할 수 없는 경우 회계처리

[판매]

| 차) 현금 | ① | 대) 환불부채 | ① |
| 차) 반환재고회수권 | ② | 대) 재고자산 | ② |

(2) 반품을 예상할 수 있는 경우

반품을 예상할 수 있다면 받았거나 또는 받을 금액 중 기업이 권리를 갖게 될 것으로 예상하는 부분의 수익과 관련 매출원가를 인식한다. 그러나 받았거나 또는 받을 금액 중 기업이 권리를 갖게 될 것으로 예상하지 않는 부분은 고객에게 제품을 이전할 때 수익으로 인식하지 않고, 환불부채로 인식한다.

```
┌─ 반품을 예상할 수 있는 경우 회계처리 ─────────────────────────────┐
│                                                                 │
│ [판매 – 반품률 A% 추정]                                           │
│                                                                 │
│  차) 현금                        ①        대) 매출              ①   │
│  차) 매출                    ① × A%       대) 환불부채         ① × A%  │
│  차) 매출원가                    ②        대) 재고자산           ②   │
│  차) 반품비용      수선비 + 재고자산 가치 감소분   대) 매출원가     ② × A%  │
│      반환재고회수권            대차차액                             │
│                                                                 │
└─────────────────────────────────────────────────────────────────┘
```

Additional Comment

한국채택국제회계기준에서는 반환재고회수권을 기말 재무상태표에 재고자산으로 포함하여 표시 여부는 규정하고 있지 않다. 다만, 수험 목적상으로 기말재고자산으로 인식하는 금액은 반품가능성의 예측가능 여부에 관계없이 항상 '0'으로 하는 것이 타당하다. 그러나 반환재고회수권이라는 계정은 별도의 자산으로 환불부채와 구분하여 표시하도록 규정하고 있다.

[반품권이 부여된 판매의 수익인식]

구분		수익인식 여부	×1년 말 기말재고자산 조정 회계처리
반품권이 부여된 판매	예상 ○	수익인식 ○	회계처리 없음
	예상 ×	수익인식 ×	회계처리 없음

[반품권이 부여된 판매의 재고자산 조정 판단]

구분	1st In 창고	→	2nd My 재고	→	창고실사재고자산에 가감
반품가능성 예상 ○					
1) 판매 예상 부분	×	→	×	→	조정사항 없음
2) 반품 예상 부분	×	→	×	→	조정사항 없음
반품가능성 예상 ×	×	→	×	→	조정사항 없음

08 저당상품

저당상품이란 자금을 차입하기 위해 채무의 담보로 잡힌 재고자산이다. 차입자인 회사가 원금과 이자를 상환하지 못할 경우 금융기관이 임의로 처분하여 채권을 회수하게 되지만, 저당권이 실행되기 전까지는 담보제공자인 회사에게 소유권이 있다. 그러므로 저당권이 행사되기 전까지의 저당상품은 기말실사재고자산에 포함되어 있지 않다면 가산하여 기말재고자산으로 표시하여야 한다.

[저당상품의 재고자산 조정 판단]

구분	1st In 창고	→	2nd My 재고	→	창고실사재고자산에 가감
저당상품 – 창고에 보관 ○	○	→	○	→	조정사항 없음
저당상품 – 창고에 보관 ×	×	→	○	→	기말재고 가산

구분	1st In 창고	→	2nd My 재고	→	창고실사재고자산에 가감
미인도청구판매(판매자)[1]	○	→	×	→	기말재고자산에 차감
인도결제 판매조건[2]	×	→	○	→	기말재고자산에 가산
대금 수령 후 재고완성[3]	○	→	○	→	조정사항 없음
재매입약정 판매[4]	×	→	○	→	기말재고자산에 가산

[1] 고객이 제품을 통제할 수 있는 경우
[2] 인도 후 대금 미회수된 경우
[3] 대금 수령 후 완성되었으나 미인도된 상태
[4] 금융약정에 해당하는 경우

사례연습 4: 기말재고자산 조정

A사가 기말 현재 창고에 보관 중인 재고자산은 ₩4,000,000이다. 다음은 기말재고자산에 대한 추가 자료이다.

(1) 결산일 현재 운송 중인 재고자산 ₩1,000,000 중 ₩600,000은 선적지인도기준으로 구입하였고, ₩400,000은 도착지인도기준으로 구입하였다. 회사는 송장(거래증빙서류)이 도착하지 않아 매입 회계처리를 하지 않았다.

(2) 회사는 시용판매를 하고 있는데 20×1년 말 현재 고객이 구입의사를 표시하지 않은 금액은 판매가로 ₩1,250,000이며, 시용매출의 매출총이익률은 20%이다. 회사는 고객이 구입의사를 표시한 시점에 매출을 인식하고 있다.

(3) 회사는 위탁판매를 하고 있는데 수탁자에게 적송한 시점에 매출 회계처리를 하고 있다. 당기 적송품의 판매가는 ₩1,500,000이며 기말 현재 수탁자가 보관하고 있는 적송품재고액은 판매가로 ₩400,000이다. 위탁판매의 경우 원가에 25%의 이익을 가산하여 판매하고 있다.

(4) 결산일 현재 회사가 창고에 보관하고 있는 재고자산 중 금융기관의 차입금에 대한 담보로 제공된 재고자산이 ₩1,500,000이다.

(5) 반품권이 있는 판매조건으로 원가 ₩800,000의 재고자산을 ₩1,000,000에 판매하였다. 기업은 변동대가로 추정하기 위해 기댓값 방법을 사용하여 판매된 재고자산의 90%는 반환되지 않을 것으로 추정하였다. 기말 현재 반품기간은 종료되지 않았다. 단, 회사는 고객에게 재고자산을 인도하는 시점에 매출과 매출원가를 전액 인식하였고, 반품시점에 예상되는 재고자산의 가치감소분과 수선비 등은 발생하지 않을 것으로 예상된다.

(6) 재고자산은 원가 ₩3,000,000을 장기할부판매하였다. 할부금 중 ₩2,000,000은 결산일 현재 회수되지 않았다.

1 각 항목별 기말재고자산 포함 여부를 결정하시오.

2 A사의 기말재고자산 금액을 계산하시오.

1

구분	1st In 창고	→	2nd My 재고	→	창고실사재고자산에 가감
(1) 선적지인도기준 매입	×	→	○	→	기말재고자산에 가산
도착지인도기준 매입	×	→	×	→	조정사항 없음
(2) 시용판매 구매의사 ×	×	→	○	→	기말재고자산에 가산
(3) 수탁자 판매분	×	→	×	→	조정사항 없음
수탁자 미판매분	×	→	○	→	기말재고자산에 가산
(4) 담보제공(창고보관 중)	○	→	○	→	조정사항 없음
(5) 반품권이 있는 판매	×	→	×	→	조정사항 없음
(6) 할부판매	×	→	×	→	조정사항 없음

2 A사의 기말재고: $4,000,000 + 600,000 + 1,250,000 \times (1 - 20\%) + 400,000/(1 + 25\%) = 5,920,000$

[기말재고자산 조정 회계처리]

(1)	차) 재고자산	600,000	대) 매입채무	600,000
(2)	차) 재고자산	1,000,000	대) 매출원가	1,000,000
(3)	차) 매출	400,000	대) 매출채권	400,000
	차) 재고자산	320,000	대) 매출원가	320,000
(5)	차) 매출	100,000	대) 환불부채	100,000
	차) 반환재고회수권	80,000	대) 매출원가	80,000

Self Study

1. 매출총이익률: 매출 × (1 − 매출총이익률) = 매출원가
2. 원가가산율: 매출 × 1/(1 + 원가가산율) = 매출원가

㈜세무의 20×1년 재고자산 관련 현황이 다음과 같을 때, 20×1년 말 재무상태표의 재고자산은?

[세무사 2017년]

(1) 20×1년 말 재고실사를 한 결과 ㈜세무의 창고에 보관 중인 재고자산의 원가는 ₩100,000 이다.
(2) 20×1년도 중 고객에게 원가 ₩80,000 상당의 시송품을 인도하였으나, 기말 현재까지 매입의사를 표시하지 않았다.
(3) 20×1년도 중 운영자금 차입목적으로 은행에 원가 ₩80,000의 재고자산을 담보로 인도하였으며, 해당 재고자산은 재고실사 목록에 포함되지 않았다.
(4) ㈜한국과 위탁판매계약을 체결하고 20×1년도 중 원가 ₩100,000 상당의 재고자산을 ㈜한국으로 운송하였으며, 이 중 기말 현재 미판매되어 ㈜한국이 보유하고 있는 재고자산의 원가는 ₩40,000이다.
(5) ㈜대한으로부터 원가 ₩65,000의 재고자산을 도착지인도조건으로 매입하였으나 20×1년 말 현재 운송 중이다.

① ₩220,000
② ₩260,000
③ ₩300,000
④ ₩320,000
⑤ ₩365,000

풀이

1. 재고자산 조정

구분(운송 중)	1st In 창고 →	2nd My 재고 →	기말 B/S 재고 가산·차감
시송품(매입의사 ×)	×	○	+ 80,000
담보제공(기말재고실사 포함 ×)	×	○	+ 80,000
위탁자 – 미판매분	×	○	+ 40,000
도착지인도조건(미도착)	×	×	–
합계			200,000

2. 기말재고자산: 창고보관재고 100,000 + 재고자산 조정 200,000 = 300,000

정답: ③

3 재고자산의 단위원가 결정방법

I 재고자산의 원가배분에 수량과 단가의 고려

재고자산의 판매가능재고자산을 결산일 현재 판매된 매출원가와 판매되지 않고 기업이 보유하는 기말재고자산의 원가로 배분하는 것을 원가의 배분이라고 한다. 재고자산의 원가배분을 하기 위해서는 판매된 부분과 판매되지 않고 보유하는 부분의 수량(Q)과 단가(P)를 결정하여야 한다.

```
┌─ 재고자산의 원가배분 시 고려사항 ──────────────────────────────────

        ┌──────── 재고자산 ────────┐
        │ 기초재고   Q × P │──▶ 매출원가   Q × P      1. Q: 계속기록법, 실지재고조사법, 혼합법
        │ 당기매입   Q × P │──▶ 기말재고   Q × P          회사장부수량 ≠ 실제창고수량
        └──────────────────┘
        ⇒ 원가의 배분                                  2. P: 선입선출법, 평균법, 개별법, 후입선출법
                                                           ↳ 원가흐름의 가정
```

Ⅱ 　단위원가 결정(원가흐름의 가정)

당기 중에 재고자산을 여러 차례 매입할 경우 매입시점마다 재고자산의 단위당 취득원가가 동일하다면 판매된 재고자산의 취득원가(= 매출원가)는 쉽게 파악할 수 있다. 그러나 재고자산의 단위당 취득원가가 매입시점마다 상이하다면 얼마에 취득했던 재고자산이 판매되었는지 파악하는 것은 쉽지 않다. 따라서 재고자산의 실물흐름과 관계없이 원가흐름에 대한 가정을 선택하여야 한다.

> **Ex. 원가흐름에 대한 가정의 필요성**
>
> | | | 재고자산 | | |
> |---------|---------|---------|---------|-------------------|
> | 기초 | 1개 @100 | 매출원가 | 2개 판매 | ← 단위당 취득원가 적용? |
> | 매입(4/1) | 1개 @120 | | | |
> | 매입(6/1) | 1개 @160 | 기말 | 1개 보유 | ← 단위당 취득원가 적용? |

Additional Comment

위의 예에서 판매되는 재고자산의 당초 취득원가를 식별하는 것이 어려운 경우 기업이 자의적으로 매출원가를 결정할 여지가 있다. 만약 기업이 당기순이익을 증가시키고자 한다면 매출원가를 적게 인식하기 위하여 ₩100과 ₩120에 취득한 재고자산이 판매되었다고 주장할 수 있다. 또한 당기순이익을 감소시키고자 한다면 매출원가를 많이 인식하기 위하여 ₩120과 ₩160에 취득한 재고자산이 판매되었다고 주장할 것이다.

Ⅲ 　단위원가 결정방법

재고자산을 매입하는 시점이 여러 번인 경우 판매된 매출원가와 판매되지 않은 기말재고자산에 단가를 어떻게 적용하느냐에 따라 기말재고자산, 매출원가, 당기순이익, 법인세지급액에 영향을 미치게 된다. 이 경우 원가흐름의 가정 개별법, 선입선출법, 후입선출법, 평균법의 단위원가 결정방법과 장·단점은 아래와 같다.

Self Study

1. 원가흐름의 가정에 따라 다양한 단위원가 결정방법을 사용하여도 수량을 결정하는 계속기록법과 실지재고조사법이 결합되어 사용된다.
2. 성격과 용도 면에서 유사한 재고자산에는 동일한 단위원가 결정방법을 적용하여야 하며, 성격이나 용도에 차이가 있는 재고자산에는 서로 다른 단위원가 결정방법을 적용할 수 있다.
3. 재고자산의 지역별 위치나 과세방식이 다르다는 이유만으로 동일한 재고자산에 다른 단가 결정방법을 적용할 수 없다.

01 개별법

개별법은 식별되는 재고자산별로 특정한 원가를 부과하는 방법이다.

[개별법의 장점과 단점]

구분	장점	단점
개별법	① 원가흐름과 실제물량흐름이 일치하므로 이론상 가장 이상적인 방법 ② 실제원가와 실제수익이 대응되어 수익·비용 대응이 이상적임	① 재고자산의 종류와 수량이 많고 거래가 빈번한 경우에는 실무적용이 어려움 ② 동일한 상품의 구입단가가 다른 경우 의도적인 이익조작이 가능함

Self Study

1. 통상적으로 상호교환될 수 없는 재고자산 항목의 원가와 특정 프로젝트별로 생산되고 분리되는 재화 또는 용역의 원가는 개별법을 사용하여 결정한다. 개별법이 적용되지 않는 재고자산의 단위원가는 선입선출법이나 가중평균법을 사용하여 결정한다.
2. 통상적으로 상호교환 가능한 대량의 재고자산 항목에 개별법을 적용하는 것은 적절하지 않다. 이 경우 기말재고로 남아 있는 항목을 선택하는 방식을 사용하여 손익을 자의적으로 조정할 수 있기 때문이다.

02 선입선출법

선입선출법은 먼저 매입 또는 생산한 재고자산이 먼저 판매되고 결과적으로 기말에 재고로 남아 있는 항목은 가장 최근에 매입 또는 생산된 항목이라고 가정한다. 선입선출법은 실물흐름과 원가흐름이 대체로 일치하는 방법으로서 부패하기 쉽거나 진부화 속도가 빠른 재고자산에 적용하는 것이 적절하다.

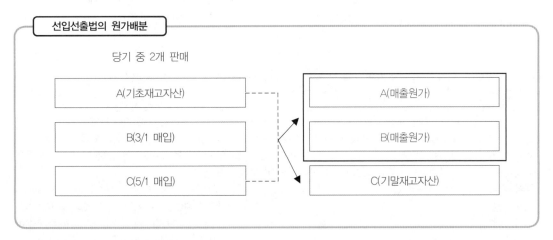

[선입선출법의 장점과 단점]

구분	장점	단점
선입선출법	① 일반적인 물량흐름과 원가흐름의 가정이 일치함 ② 기말재고는 최근에 구입한 상품의 원가가 되므로 재무상태표상 재고자산금액은 현행원가에 가까움	① 물가상승 시 현재수익에 과거원가가 대응되므로 높은 이익을 계상하게 되어 실물자본유지를 어렵게 함 ② 현행수익에 과거원가를 대응시키므로 대응원칙에 충실하지 못함

03 후입선출법

후입선출법은 가장 최근에 매입 또는 생산한 재고항목이 가장 먼저 판매된다고 원가흐름을 가정하는 방법이다. 그러나 후입선출법을 적용하면 재무상태표의 재고자산은 최근의 원가수준과 거의 관련 없는 금액으로 표시될 뿐만 아니라 재고자산이 과거의 낮은 취득원가로 계상되어 있을 때 의도적으로 당해 재고자산이 매출원가로 대체되도록 함으로써 이익조정의 수단으로 이용될 수 있다. 이러한 이유 때문에 한국채택국제회계기준은 후입선출법을 허용하지 않는다.

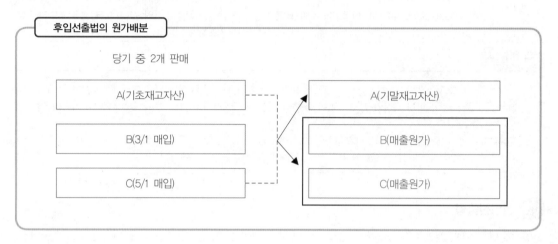

Additional Comment

재고자산을 후입선출법으로 평가하는 경우 기업이 기말재고자산으로 보유하고 있는 재고자산이 과거에 구입한 재고자산이 되는 것은 아니다. 기업이 기말에 보유하고 있는 재고자산은 모두 최신 재고자산들이다. 다만, 후입선출법에서는 최신상품들에 적용하는 단가를 과거의 가격으로 한다는 것일 뿐이다.

[후입선출법의 장점과 단점 – 물가의 지속적 상승 & 기말재고수량 > 기초재고수량인 경우]

구분	장점	단점
후입선출법 (한국채택국제회계기준 인정 ×)	① 다른 방법에 비하여 현재의 수익에 현재의 원가가 대응되므로 수익·비용대응이 적절히 이루어짐 ② 물가상승 시에 기말재고수량이 기초재고수량과 같거나 증가하는 한 다른 방법보다 이익을 적게 계상하므로 법인세이연효과가 있음	① 재고자산금액은 오래 전에 구입한 원가로 구성되어 있기 때문에 공정가치를 표시하지 못함 ② 일반적인 물량흐름과 원가흐름의 가정이 일치하지 않음 ③ 물가상승 시 재고자산의 수량이 감소하면 오래된 재고가 매출원가로 계상되어 이익을 과대계상하게 되므로 과다한 법인세 및 배당을 부담하는 현상이 발생할 수 있음(LIFO청산)

04 가중평균법

가중평균법은 기초재고자산과 회계기간 중에 매입 또는 생산된 재고자산의 원가를 가중평균하여 단위원가를 결정하는 방법이다.

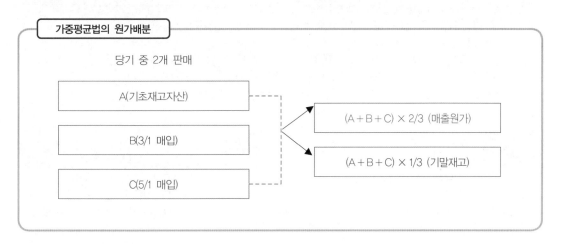

가중평균법을 적용할 경우, 기업이 실지재고조사법에 따라 장부기록을 한다면 월별 또는 분기별, 연말에 총평균법을 적용하겠지만, 계속기록법에 따라 장부기록을 한다면 판매할 때마다 재고자산의 단위당 취득원가를 파악하여 매출원가로 인식해야 하므로 이동평균법을 적용해야 할 것이다.

Additional Comment

실지재고조사법하에서 가중평균법(총평균법)은 한 회계기간의 판매가능재고자산 총액을 총판매가능수량으로 나누어 평균 단위원가를 산출한다. 이에 반해, 계속기록법하에서 가중평균법(이동평균법)은 매입할 때마다 매입 당시까지 재고자산의 취득원가(직전 매입 시 이동평균법으로 평가한 금액)와 새로 구입한 재고자산의 매입금액을 가산하고 이를 판매가능수량으로 나누어 평균 단위원가를 산출한다.

계속기록법과 실지재고조사법에 따른 가중평균법 계산

일자	적요	수량	단가
기초	기초재고	100개	₩ A/개
3/1	매입	200개	₩ B/개
5/1	매출	(200)개	
7/1	매입	200개	₩ C/개
9/1	매출	(100)개	

➡ 실지재고조사법하의 가중평균법(총평균법): 기말에 한 번 평균단위원가 계산
　① 평균단가: (100개 × A + 200개 × B + 200개 × C)/500개 = 평균단위원가 총평균법
　② 매출원가: 300개 × 평균단위원가 총평균법
　　*총평균법의 경우 매출 후 매입분도 매출원가 계상 시 고려된다.
➡ 계속기록법하의 가중평균법(이동평균법): 매출이 발생할 때마다 평균단위원가 재계산
　① 평균단가
　　• 5/1 매출분: (100개 × A + 200개 × B)/300개 = 평균단위원가 5/1분
　　• 9/1 매출분: (100개 × 평균단가원가 5/1분 + 200개 × C)/300개 = 평균단위원가 9/1분
　② 매출원가: 200개 × 평균단위원가 5/1분 + 100개 × 평균단위원가 9/1분

[가중평균법의 장점과 단점]

구분	장점	단점
가중평균법	① 실무적으로 적용하기 편리하며 객관적이어서 이익조작의 가능성이 작음 ② 실제의 물량흐름을 개별 항목별로 파악하는 것은 현실적으로 불가능하므로 평균원가의 사용이 보다 적절할 수 있음	① 수익과 비용의 적절한 대응이 어려움 ② 기초재고자산의 원가가 평균단가에 합산되어 기말재고자산의 금액에 영향을 미칠 수 있음

다음은 A사의 20×1년 재고자산 관련 자료이다.

일자	거래	수량	단가
기초	기초재고	10개	₩100
2월	매입	10개	₩120
5월	매출	(10개)	?
8월	매입	10개	₩140
기말	기말재고	20개	

다음의 각 방법에 따라 A사가 20×1년에 포괄손익계산서에 인식할 매출원가와 20×1년 말에 재무상태표에 인식할 재고자산을 구하라.

(1) 계속기록법 – 개별법(단, 2월 매입분이 판매된 것으로 가정한다)
(2) 실지재고조사법 – 개별법(단, 2월 매입분이 판매된 것으로 가정한다)
(3) 계속기록법 – 선입선출법
(4) 실지재고조사법 – 선입선출법
(5) 계속기록법 – 평균법
(6) 실지재고조사법 – 평균법
(7) 계속기록법 – 후입선출법
(8) 실지재고조사법 – 후입선출법

풀이

구분	매출원가	기말재고
개별법(2월분 판매)		
– 계속기록법	1,200 = @120 × 10개	2,400 = 3,600[3] – 1,200
– 실지재고조사법	1,200 = 3,600 – 2,400	2,400 = @120 × 20개
선입선출법		
– 계속기록법	1,000 = @100 × 10개	2,600 = 3,600 – 1,000
– 실지재고조사법	1,000 = 3,600 – 2,600	2,600 = @120 × 10개 + @140 × 10개
평균법		
– 계속기록법(이동평균법)	1,100 = @110[1] × 10개	2,500 = 3,600 – 1,100
– 실지재고조사법(총평균법)	1,200 = 3,600 – 2,400	2,400 = @120[2] × 20개
후입선출법		
– 계속기록법	1,200 = @120 × 10개	2,400 = 3,600 – 1,200
– 실지재고조사법	1,400 = 3,600 – 2,200	2,200 = @100 × 10개 + @120 × 10개

[1] (@100 × 10개 + @120 × 10개)/20개 = @110
[2] (@100 × 10개 + @120 × 10개 + @140 × 10개)/30개 = @120
[3] @100 × 10개 + @120 × 10개 + @140 × 10개 = 3,600

개별법과 선입선출법은 계속기록법과 실지재고조사법 사용 시 결과가 일치하지만 후입선출법과 평균법은 계속기록법과 실지재고조사법 사용 시 결과가 일치하지 않는다.

기출 Check 3

다음은 ㈜대한의 20×1년도 매입과 매출에 관한 자료이며, 재고자산의 평가방법으로 평균법을 적용하고 있다. 실지재고조사법 또는 계속기록법을 적용한다고 가정할 경우 20×1년의 매출원가는 각각 얼마인가? (단, 장부상 재고와 실지재고는 일치한다) [세무사 2009년]

일자	적요	수량	단가	금액
1월 1일	기초재고	100개	₩ 50	₩ 5,000
3월 1일	매입	200개	₩ 65	₩ 13,000
5월 1일	매출	(200개)		
7월 1일	매입	200개	₩ 75	₩ 15,000
9월 1일	매출	(100개)		
10월 1일	매입	50개	₩ 77	₩ 3,850

	실지재고조사법	계속기록법
①	₩ 16,750	₩ 17,850
②	₩ 16,750	₩ 19,000
③	₩ 19,000	₩ 20,100
④	₩ 20,100	₩ 17,850
⑤	₩ 20,100	₩ 19,000

풀이

◐ 실지재고조사법하의 평균법(총평균법): 기말에 한 번 평균단위원가 계산
  (1) 평균단위원가: (5,000 + 13,000 + 15,000 + 3,850)/550개 = @67
  (2) 매출원가: 300개 × @67 = 20,100
    *총평균법의 경우 매출 후 매입분도 매출원가 계산 시 고려된다.
◐ 계속기록법하의 평균법(이동평균법): 매출이 발생할 때마다 평균단위원가 재계산
  (1) 평균단위원가
    • 5/1 매출분: (5,000 + 13,000)/300개 = @60
    • 9/1 매출분: (100개 × @60 + 200개 × @75)/300개 = @70
  (2) 매출원가: 200개 × @60 + 100개 × @70 = 19,000

정답: ⑤

위의 사례연습 5번을 보듯이 물가가 지속적으로 상승하고 기말재고수량이 기초재고수량보다 많은 경우 재고자산 원가흐름의 가정별로 당기순이익의 크기는 일정한 관계를 갖게 된다. 그 관계를 정리하면 아래와 같다.

[원가흐름의 가정별 재무제표 효과 분석 – 물가의 지속적 상승 및 재고수량 증가 가정]

기말재고자산		선입선출법 > 이동평균법 > 총평균법 > 후입선출법
매출원가		선입선출법 < 이동평균법 < 총평균법 < 후입선출법
당기순이익		선입선출법 > 이동평균법 > 총평균법 > 후입선출법
법인세비용(과세소득이 있는 경우)		선입선출법 > 이동평균법 > 총평균법 > 후입선출법
현금흐름	법인세효과 ×	선입선출법 = 이동평균법 = 총평균법 = 후입선출법
	법인세효과 ○	선입선출법 < 이동평균법 < 총평균법 < 후입선출법

선입선출법의 경우에는 최근에 높은 가격으로 매입한 재고자산부터 기말재고자산 장부금액을 구성하는 것으로 가정하는 반면, 가중평균법에서는 기초재고자산과 당기매입재고자산의 평균단위원가를 기말재고자산 장부금액으로 결정하기 때문에 선입선출법의 기말재고자산 장부금액이 가중평균법의 기말재고자산 장부금액보다 더 많다. 그 결과 매출원가는 선입선출법이 가중평균법보다 더 적으며, 법인세부담액과 당기순이익은 선입선출법이 가중평균법보다 더 많다. 후입선출법은 이 반대의 경우를 적용하여 판단하면 된다.

Self Study

1. 법인세가 있는 경우 법인세는 당기순이익에 비례하므로 당기순이익의 크기를 비교한 순서와 동일하며, 법인세가 클수록 기업의 현금흐름이 나빠지므로 현금흐름의 크기는 당기순이익의 크기순서의 반대가 된다.
2. 법인세가 없다고 가정하면 현금흐름의 크기는 재고자산 원가흐름의 가정에 관계없이 동일한 금액이다. 각 방법별로 판매가능재고자산을 매출원가와 기말재고로 배분하는 가정의 차이만 있을 뿐이지 실제 현금흐름(매출, 매입)과 원가배분과는 무관하다. 그러므로 법인세를 고려하지 않으면 현금흐름은 모두 동일하다.

I/S		재고자산		
매출원가	매출	판매가능	기초	매출원가(a)
		재고자산	당기매입(①)	기말재고(b)

4 재고자산의 감모손실과 평가손실

I 재고자산 감모손실

01 재고자산 감모손실의 정의와 인식

재고자산의 창고실사수량이 장부수량보다 적은 경우 차액을 재고자산 감모손실이라고 한다. 재고자산 감모손실은 아래의 그림과 같이 구할 수 있다.

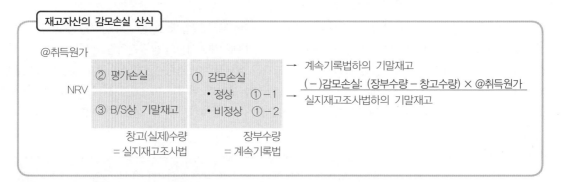

재고자산의 감모는 정상적인 경우(정상감모손실)와 비정상적(비정상감모손실)인 경우로 나눌 수 있다.

구분	정의	산식
정상적인 경우 = 정상감모손실	재고자산의 특성으로 인해 정상적인 영업활동에서 감소하는 것	(장부수량 − 창고수량) × @취득원가 × 정상감모비율
비정상적인 경우 = 비정상감모손실	영업활동과 관련 없이 특별한 사유로 인해 감소하는 것	(장부수량 − 창고수량) × @취득원가 × 비정상감모비율

02 재고자산 감모손실의 회계처리

재고자산 감모손실은 재고자산이 수익에 공헌하지 못하고 소멸된 부분이므로 장부상 재고자산 금액을 감소시키고 동 금액을 비용으로 인식하여야 한다. 한국채택국제회계기준에서는 모든 감모손실은 감모가 발생한 기간에 비용으로 인식하도록 규정하고 있다.

Additional Comment

재고자산의 감모손실은 실제로 판매할 수 있는 재고자산이 존재하지 않으므로 충당금을 설정하는 방법을 사용할 수 없다.

```
┌─ 재고자산 감모손실의 회계처리 - 정상감모는 매출원가에 포함 가정 ─┐
```

[계속기록법하의 감모손실]

차) 매출원가	정상감모	대) 재고자산	감모손실
기타비용(영업외비용)	비정상감모		

[실지재고조사법하의 감모손실]

차) 기타비용(영업외비용)	비정상감모	대) 매출원가	비정상감모

사례연습 6: 감모손실 회계처리

다음은 A사의 20×1년 재고자산거래와 관련된 자료이다.

> (1) 기초재고: ₩200, 당기매입액: ₩1,000, 기말장부수량: 10개, 기말실사재고수량: 8개
> (2) 단위당 원가: ₩10, 영업활동과 관련 없이 발생한 감모수량: 1개

❶ A사는 재고자산을 계속기록법을 이용하여 회계처리하고 있다. A사가 기말 결산 시 동 재고자산과 관련하여 수행할 회계처리를 보이시오(단, A사는 정책상 정상감모손실을 매출원가에 가산하고 있다).

❷ A사는 재고자산을 실지재고조사법을 이용하여 회계처리하고 있다. A사가 기말 결산 시 동 재고자산과 관련하여 수행할 회계처리를 보이시오(단, 회사는 정책상 정상감모손실을 매출원가에 가산하고 있다).

풀이

❶ 1. 매출원가 계상 기말수정분개

회계처리 없음

* 기중 매입·판매시점에 재고자산 관련 회계처리를 모두 수행하였다. 단, 기말재고자산은 장부상재고수량 10개를 기준으로 한 100이 계상되어 있고 매출원가는 1,100(= 1,200 − 100)로 계상되어 있다.

2. 재고자산 감모손실 기말수정분개

차) 매출원가[1]	10	대) 재고자산	20
기타비용	10		

[1] 정상감모손실: 1개 × @10 = 10

❷ 1. 매출원가 계상 기말수정분개

차) 매출원가	1,120	대) 재고자산(기초)	200
재고자산(기말)	80	당기매입	1,000

2. 재고자산 감모손실 기말수정분개

차) 기타비용	10	대) 매출원가	10

* 정상감모손실: 1개 × @10 = 10

01 재고자산의 평가

재고자산의 회계처리는 취득원가에 기초하여 매출원가와 기말재고자산을 결정하는 과정을 중시하고 있다. 그러나 재고자산의 취득원가보다 순실현가능가치(NRV; Net Realizable Value)가 낮음에도 불구하고 재무상태표에 재고자산을 취득원가로 보고한다면 재고자산 금액이 과대표시되는 문제가 발생한다. 그러므로 재고자산은 취득원가와 순실현가능가치 중 낮은 금액으로 측정하여야 하는데 이를 저가법이라고 한다. 저가법은 재고자산의 원가를 회수하기 어려운 다음의 경우에 적용한다.

① 물리적으로 손상된 경우
② 완전히 또는 부분적으로 진부화된 경우
③ 판매가격이 하락한 경우
④ 완성하거나 판매하는 데 필요한 원가가 상승한 경우

Additional Comment

재고자산의 순실현가능가치가 취득원가보다 낮은 경우에도 재고자산을 취득원가로 보고하면, 미래현금유입액에 대한 정보이용자의 예측을 오도할 수 있다. 그러므로 재고자산의 장부금액은 순실현가능가치와 취득원가 중 낮은 금액으로 표시되어야 한다. 이는 저가법이 재고자산의 장부금액이 판매(제품, 상품)나 사용(원재료)으로부터 실현될 것으로 기대되는 금액을 초과해서는 안 된다는 견해와 일치한다.

Self Study

저가법의 문제점
1. 순실현가능가치가 하락하는 경우에만 손실을 인식하고 순실현가능가치가 상승하는 경우에는 이익을 인식하지 않으므로 논리적 일관성이 없다.
2. 특정 기간에 저가법으로 평가한 결과는 차기 이후의 기간의 이익을 증가시키므로 현재 주주의 부가 미래 주주의 부로 이전되는 결과를 초래한다.

02 재고자산의 재무상태표 표시

재고자산의 순실현가능가치가 장부금액 이하로 하락하여 발생한 평가손실은 발생한 기간에 비용으로 인식한다. 비용으로 인식한 평가손실은 재고자산평가충당금의 과목으로 하여 재고자산의 차감계정으로 표시한다.

> **재고자산의 재무제표 표시**
>
> - 저가법에 의한 기말재고자산 장부금액(③) = Min[취득원가, 순실현가능가치] × 실사수량
> - 저가법에 의한 기말 재무상태표상 재고자산평가충당금(②) = 실사수량 × (취득원가 − NRV)
>
> | | B/S | |
> | --- | --- | --- |
> | 재고자산 | ② + ③ | |
> | 재고자산평가충당금 | (−)② | |
> | BV | ③ | |

Additional Comment

한국채택국제회계기준에서는 재고자산 평가손실의 분류표시에 대해서 언급하고 있지 않으므로 기업의 판단에 따라 재고자산평가손실을 매출원가 또는 기타의 비용으로 분류할 수 있을 것이다. 또한 재고자산평가충당금 계정의 사용에 대해서도 기준서 제1002호에는 명시적으로 언급하고 있지 않으나 기준서 제1001호에서 재고자산평가충당금의 표시를 언급하고 있기 때문에 재고자산평가충당금으로 회계처리한다. 또한 재고자산 평가손실을 인식하면서 직접 재고자산을 감소시키면 재고자산의 감소가 저가법을 적용한 결과인지, 판매한 결과인지 구분하기가 어렵기 때문에 재고자산평가충당금을 사용하는 회계처리가 더 적절하다고 사료된다.

03 재고자산의 저가법 회계처리

재고자산을 순실현가능가치로 측정한 이후에는 매 보고기간 말에 순실현가능가치를 재평가한다. 재고자산의 감액을 초래했던 사유가 해소되거나 경제상황의 변동으로 순실현가능가치가 상승한 명백한 증거가 있는 경우에는 최초의 장부금액을 초과하지 않는 범위 내에서 평가손실을 환입한다. 순실현가능가치의 상승으로 인한 재고자산 평가손실의 환입은 환입이 발생한 기간의 비용으로 인식된 재고자산 금액의 차감액으로 인식한다.

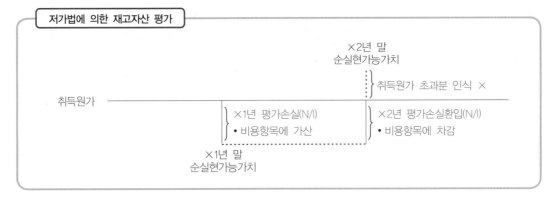

[저가법 회계처리]

[기말재고자산평가충당금 > 기초재고자산평가충당금]			
차) 재고자산 평가손실(비용)	××	대) 재고자산평가충당금	××
[기말재고자산평가충당금 < 기초재고자산평가충당금]			
차) 재고자산평가충당금	××	대) 재고자산 평가손실환입(비용의 차감)	××

만약 재고자산의 취득원가를 초과하여 재고자산 평가손실환입을 인식하면 이는 재고자산에 대해서 공정가치법을 적용하는 결과가 된다. 재고자산은 통상적인 영업과정에서 판매나 생산을 위해서 보유하는 자산이지 공정가치 변동에 따른 시세차익을 얻고자 보유하는 자산이 아니다. 그러므로 재고자산의 공정가치 증가에 따른 보유이익을 재고자산을 판매하기 전에 인식하는 것보다 재고자산을 판매한 회계기간의 매출총이익에 포함하여 보고하는 것이 정보이용자에게 더 유용한 정보를 제공할 것이다. 이러한 이유로 재고자산 최초의 장부금액을 초과하지 않는 범위 내에서 재고자산평가손실환입을 인식하는 것이다.

사례연습 7: 재고자산의 저가법 회계처리

A사가 20×1년 말 현재 보유 중인 재고자산의 취득원가는 ₩100이다. 아래의 각 물음별 상황에 따라 A사가 20×1년과 20×2년에 재고자산의 평가와 관련하여 수행할 회계처리를 보이시오(단, 20×2년에 A사는 재고자산을 추가 구매하거나 판매하지 않았다).

1 20×1년 말 현재 보유 중인 재고자산의 순실현가능가치는 ₩70이고 20×2년 말 현재 보유 중인 재고자산의 순실현가능가치는 ₩50이다.

2 20×1년 말 현재 보유 중인 재고자산의 순실현가능가치는 ₩70이고 20×2년 말 현재 보유 중인 재고자산의 순실현가능가치는 ₩90이다.

3 20×1년 말 현재 보유 중인 재고자산의 순실현가능가치는 ₩70이고 20×2년 말 현재 보유 중인 재고자산의 순실현가능가치는 ₩120이다.

풀이

1

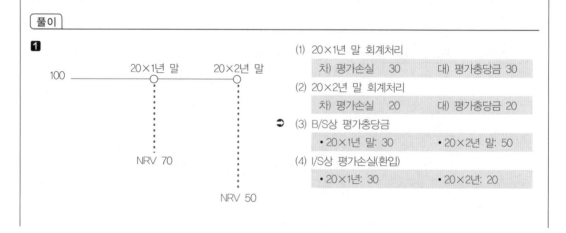

(1) 20×1년 말 회계처리

차) 평가손실	30	대) 평가충당금	30

(2) 20×2년 말 회계처리

차) 평가손실	20	대) 평가충당금	20

(3) B/S상 평가충당금
- 20×1년 말: 30
- 20×2년 말: 50

(4) I/S상 평가손실(환입)
- 20×1년: 30
- 20×2년: 20

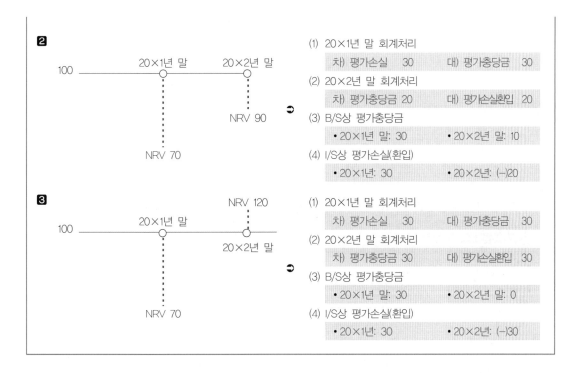

❷

	(1) 20×1년 말 회계처리
	차) 평가손실 30 대) 평가충당금 30
	(2) 20×2년 말 회계처리
	차) 평가충당금 20 대) 평가손실환입 20
	(3) B/S상 평가충당금
	• 20×1년 말: 30 • 20×2년 말: 10
	(4) I/S상 평가손실(환입)
	• 20×1년: 30 • 20×2년: (−)20

❸

	(1) 20×1년 말 회계처리
	차) 평가손실 30 대) 평가충당금 30
	(2) 20×2년 말 회계처리
	차) 평가충당금 30 대) 평가손실환입 30
	(3) B/S상 평가충당금
	• 20×1년 말: 30 • 20×2년 말: 0
	(4) I/S상 평가손실(환입)
	• 20×1년: 30 • 20×2년: (−)30

04 재고자산의 감모손실과 평가손실 적용에 따른 재무제표 효과

(1) 기말재고자산 산정 과정

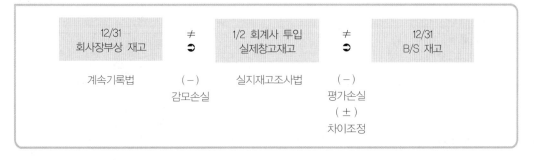

(2) 감모손실과 평가손실 적용에 따른 계산구조

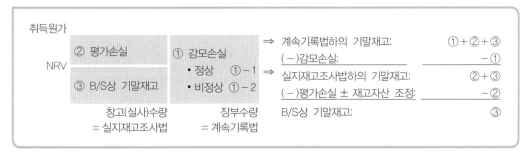

(3) 재고자산의 T계정 구성항목 파악

재고자산			
기초	당기판매		➡ 비용처리
매입	정상감모	① – 1	➡ 비용처리
	평가손실	②	➡ 비용처리
	비정상감모	① – 2	➡ 비용처리
	기말재고	③	➡ B/S상 기말재고

(4) 재고자산의 감모손실과 평가손실 회계처리(정상감모손실과 평가손실 매출원가에 포함 가정)

1) 계속기록법하의 회계처리

매입	차) 상품	××	대) 매입채무	××
판매	차) 매출채권	××	대) 매출	××
	차) 매출원가	××	대) 상품	××
결산	➡ 결산시점 기말재고: ① + ② + ③			
1) 매출원가	회계처리 없음			
2) 감모손실	차) 매출원가(정상감모)	① – 1	대) 상품	①
	기타비용(비정상감모)	① – 2		
3) 평가손실	차) 매출원가	②	대) 재고자산평가충당금	②

2) 실지재고조사법하의 회계처리

매입	차) 매입	××	대) 매입채무	××
판매	차) 매출채권	××	대) 매출	××
결산				
1) 매출원가	차) 매출원가	×× + ①	대) 재고자산(기초)	1st
	재고자산(기말)	3rd(② + ③)	당기매입	2nd
2) 감모손실	차) 기타비용(비정상감모)	① – 2	대) 매출원가	① – 2
3) 평가손실	차) 매출원가	②	대) 재고자산평가충당금	②

(5) 재고자산의 재무제표 표시

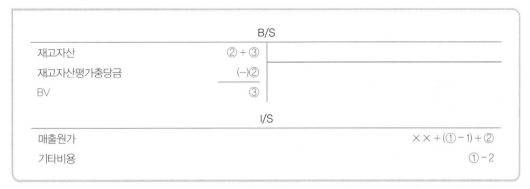

(6) 재고자산 T계정을 이용한 풀이 TOOL(순액법 풀이)

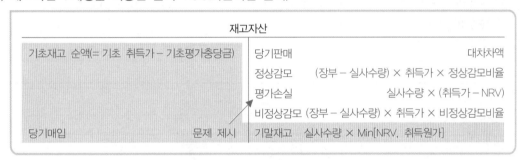

- 재고자산으로 인한 비용 합계: 기초재고 + 당기매입 − 기말재고(③)
- 매출원가(정상감모, 평가손실 포함 가정): 기초재고 + 당기매입 − 기말재고(③) − 비정상감모손실(① − 2)

㈜대한의 20×1년도 재고자산(상품 A)과 관련된 자료가 다음과 같을 때, 20×1년도의 매출원가와 감모손실, 평가손실로 인식할 비용의 합계액은?　　　　　　　　　　　　　　　　　　　　　　　　　　[세무사 2013년]

> (1) 기초재고: ₩700,000(재고자산평가충당금 ₩0)
> (2) 매입액: ₩6,000,000
> (3) 매출액: ₩8,000,000
> (4) 기말재고: 장부수량 3,000개, 개당 취득원가 ₩200
> 　　　　　　 실사수량 2,500개, 개당 순실현가능가치 ₩240
> 재고자산 감모분 중 50%는 정상적인 것으로 판단되었다.

① ₩6,000,000 　　　　② ₩6,050,000 　　　　③ ₩6,100,000
④ ₩6,150,000 　　　　⑤ ₩6,200,000

풀이

재고자산

기초재고	순액(= 기초 취득가 – 기초평가충당금)	당기판매	대차차액
	700,000	정상감모	(장부 – 실사수량) × 취득가 × 정상감모비율
		평가손실	실사수량 × (취득가 – NRV)
		비정상감모	(장부 – 실사수량) × 취득가 × 비정상감모비율
당기매입	문제 제시	기말재고	실사수량 × Min[NRV, 취득원가]
	6,000,000		2,500개 × Min[200, 240] = 500,000

➲ 재고자산으로 인한 비용 합계: 기초재고(700,000) + 당기매입(6,000,000) – 기말재고 ③(500,000)
　　　　　　　　　　　　　　　= 6,200,000

[회계처리] – 정상감모손실과 평가손실은 매출원가에 반영한다고 가정

매출원가	차) 매출원가	6,200,000	대) 재고자산(기초)	700,000
	재고자산(기말)	500,000	매입	6,000,000
감모손실	차) 기타비용[1]	50,000	대) 매출원가	50,000
평가손실		회계처리 없음		

[1] (3,000 – 2,500)개 × 50% × @200 = 50,000

정답: ⑤

㈜한국의 20×1년 말 재고자산의 취득원가는 ₩200,000, 순실현가능가치는 ₩160,000이다. 20×2년 중 재고자산을 ₩1,600,000에 매입하였다. 20×2년 말 장부상 재고자산 수량은 200단위지만 실사 결과 재고자산 수량은 190단위(단위당 취득원가 ₩2,200, 단위당 순실현가능가치 ₩1,900)였다. 회사가 재고자산으로 인한 당기비용 중 재고자산 감모손실을 제외한 금액을 매출원가로 인식할 때, 20×2년 매출원가는? (단, 20×1년 말 재고자산은 20×2년에 모두 판매되었다) [세무사 2015년]

① ₩1,377,000 ② ₩1,394,000 ③ ₩1,399,000
④ ₩1,417,000 ⑤ ₩1,421,000

풀이

재고자산			
기초재고	순액(= 기초 취득가 – 기초평가충당금) 200,000 – 40,000 = 160,000	당기판매	대차차액
		평가손실	실사수량 × (취득가 – NRV)
		감모손실	(장부 – 실사수량) × 취득가 (200 – 190)단위 × 2,200 = 22,000
당기매입	문제 제시 1,600,000	기말재고	실사수량 × Min[NRV, 취득원가] 190단위 × Min[1,900, 2,200] = 361,000

➜ 매출원가(정상감모, 평가손실 포함 가정): 160,000 + 1,600,000 – 361,000 – 22,000 = 1,377,000

[회계처리]

매출원가	차)	매출원가	1,382,000	대)	재고자산(기초)	200,000
		재고자산(기말)	418,000		매입	1,600,000
감모손실	차)	감모손실[1]	22,000	대)	매출원가	22,000
평가손실	차)	매출원가[2]	17,000	대)	평가충당금	17,000

[1] (200 – 190)단위 × @2,200 = 22,000
[2] (2,200 – 1,900) × 190단위 – (200,000 – 160,000) = 17,000

정답: ①

다음은 한국채택국제회계기준을 적용하고 있는 A사의 재고자산과 관련된 자료이다. A사의 회계기간은 20×1년 1월 1일부터 12월 31일까지이다. 관련 자료를 기초로 하여 각 물음에 답하시오.

1) 상품(기초): ₩500,000, 재고자산평가충당금(기초): ₩0
2) 당기총매입: ₩4,100,000, 매입에누리와 환출: ₩80,000, 매입할인: ₩20,000
3) 기말상품의 장부재고액과 실지재고액 및 공정가치는 다음과 같다. 재고자산 감모손실 중 30%는 원가성이 있는 것으로 판명되었으며 종목별로 저가법을 적용한다.

상품	장부재고	실지재고	단위원가	순실현가능가치
A	1,000개	900개	₩100	₩110
B	400개	350개	₩200	₩180
C	500개	500개	₩250	₩220

4) A사는 재고자산과 관련하여 평가손실 및 원가성 있는 감모는 매출원가에 포함하고, 원가성 없는 감모는 기타비용으로 처리한다.

1 상기 관련 자료를 토대로 20×1년 말 재무상태표에 계상할 재고자산의 장부금액을 구하면 얼마인가? (단, 장부금액은 취득원가에서 재고자산평가충당금을 차감한 후의 금액이다)

2 상기 관련 자료를 토대로 20×1년 포괄손익계산서에 계상해야 할 매출원가를 구하시오.

3 상기 관련 자료에서 기초상품에 대한 재고자산평가충당금이 ₩15,000만큼 계상되었을 경우 매출원가를 구하고, 재고자산평가충당금 설정과 관련한 회계처리를 제시하시오.

4 상기 관련 자료에서 기초상품에 대한 재고자산평가충당금이 ₩30,000만큼 계상되었을 경우 매출원가를 구하고, 재고자산평가충당금 설정과 관련한 회계처리를 제시하시오.

[풀이]

1 20×1년 말 재무상태표에 계상할 재고자산의 장부금액: 263,000
[근거]
A: 900개 × Min[100, 110] = 90,000
B: 350개 × Min[200, 180] = 63,000
C: 500개 × Min[250, 220] = 110,000
합계: 263,000

2 매출원가: 4,223,000

[근거]

1) 20×1년 원가성이 없는 감모: (10,000 + 10,000) × (1 − 30%) = 14,000

A: (1,000 − 900)개 × 100 = 10,000

B: (400 − 350)개 × 200 = 10,000

C: 감모수량 없음

2) 매출원가: 500,000 + (4,100,000 − 80,000 − 20,000) − 263,000 ‐ 14,000 = 4,223,000

3) T계정을 이용한 풀이

재고자산			
기초상품	500,000	매출원가(판매 + 평가손실 + 정상감모)	4,223,000
당기매입	4,000,000	비정상감모손실	14,000
		기말상품(순액)	263,000

3 매출원가: 4,208,000

[재고자산평가충당금 회계처리]

차) 매출원가	7,000	대) 재고자산평가충당금	7,000

[근거]

1) 매출원가: (500,000 − 15,000) + (4,100,000 − 80,000 − 20,000) − 263,000 ‐ 14,000 = 4,208,000

* T계정을 이용한 풀이

재고자산			
기초상품	500,000 − 15,000	매출원가(판매 + 평가손실 + 정상감모)	4,208,000
당기매입	4,000,000	비정상감모손실	14,000
		기말상품(순액)	263,000

2) 재고자산평가충당금 회계처리

차) 매출원가	7,000	대) 재고자산평가충당금	7,000

* 기말 재고자산평가충당금: 22,000

A: 단위원가가 순실현가능가치보다 작으므로 저가법 적용대상 아님

B: 350개 × [200 − 180] = 7,000

C: 500개 × [250 − 220] = 15,000

* 재고자산평가충당금 변동: 22,000 − 15,000 = 7,000

4 매출원가: 4,193,000

[재고자산평가충당금 회계처리]

차) 재고자산평가충당금	8,000	대) 매출원가	8,000

[근거]

1) 매출원가: (500,000 − 30,000) + (4,100,000 − 80,000 − 20,000) − 263,000 ‐ 14,000 = 4,193,000

* T계정을 이용한 풀이

재고자산			
기초상품	500,000 − 30,000	매출원가(판매 + 평가손실 + 정상감모)	4,193,000
당기매입	4,000,000	비정상감모손실	14,000
		기말상품(순액)	263,000

2) 재고자산평가충당금 회계처리

차) 재고자산평가충당금	8,000	대) 매출원가	8,000

* 재고자산평가충당금 변동: 22,000 − 30,000 = (−)8,000

05 순실현가능가치

순실현가능가치는 통상적인 영업과정에서 재고자산의 판매를 통해 실현할 것으로 기대하는 순매각금액을 말한다. 그러므로 순실현가능가치는 통상적인 영업과정의 예상판매가격에서 예상되는 추가 완성원가와 판매비용을 차감한 금액으로 측정된다.

Additional Comment

공정가치는 측정일에 시장참여자 사이의 정상거래에서 자산을 매도할 때 받거나 부채를 이전할 때 지급하게 될 가격을 말한다. 순실현가능가치는 기업특유가치이지만 공정가치는 그렇지 않으므로 재고자산의 순실현가능가치는 순공정가치와 일치하지 않을 수도 있다.

재고자산을 저가법으로 평가하는 경우 순실현가능가치는 재고자산의 보유목적을 고려하여 아래의 표와 같이 추정한다.

[순실현가능가치의 추정]

구분	순실현가능가치의 추정
확정판매계약 또는 용역계약을 이행하기 위하여 보유하는 재고자산	계약에 기초하여 추정
보유하고 있는 재고자산의 수량이 확정판매계약의 이행에 필요한 수량을 초과하는 경우	초과수량의 순실현가능가치는 일반 판매가격에 기초하여 추정

완성될 제품이 원가 이상으로 판매될 것으로 예상되는 경우에는 그 생산에 투입하기 위해 보유하는 원재료 및 기타 소모품을 감액하지 아니한다. 그러나 원재료 가격이 하락하여 제품의 원가가 순실현가능가치를 초과할 것으로 예상된다면 해당 원재료를 순실현가능가치로 감액한다. 이 경우 원재료의 현행대체원가는 순실현가능가치에 대한 최선의 측정치가 될 수 있다.

[재고자산의 순실현가능가치와 저가법 적용 여부]

구분		순실현가능가치(NRV)	저가법 적용(취득원가 〉 NRV)
제품		예상판매가($\neq$ FV) - 예상판매비용	적용 ○
재공품		예상판매가($\neq$ FV) - 추가가공원가 - 예상판매비용	적용 ○[1]
원재료		현행대체원가	원칙: 적용 ×, 예외[2]
확정판매 계약	계약이행	계약가격에 기초함	적용 ○
	계약초과수량	일반판매가격에 기초한 추정가액	적용 ○[3]

[1] 재공품은 완성될 제품의 저가법 적용 대상 여부와 관계없이 저가법 적용 대상이 되면 저가법 적용
[2] 원재료의 경우 완성될 제품이 원가 이상으로 판매되지 못하면(취득원가 > NRV) 저가법 적용 ○
[3] 제품이 확정판매계약으로 이행되는 부분과 계약초과수량분으로 나누어져 있다면 원재료의 저가법 적용 여부는 계약초과수량을 기초로 하여 산정한다.

1. 원재료 가격이 하락하고 제품의 원가가 순실현가능가치(현행대체원가)를 초과할 것으로 예상된다면 해당 원재료를 순실현가능가치(현행대체원가)로 감액한다.
   ➲ 원재료의 저가법 적용 조건: ①과 ②가 모두 만족할 때
      ① 제품: 취득원가 > 순실현가능가치
      ② 원재료: 취득원가 > 현행대체원가
2. 순실현가능가치를 추정할 때에는 재고자산으로부터 실현가능한 금액에 대하여 추정일 현재 사용가능한 가장 신뢰성 있는 증거에 기초하여야 한다. 또한 보고기간 후 사건이 보고기간 말 존재하는 상황에 대하여 확인하여 주는 경우에는, 그 사건과 직접 관련된 가격이나 원가의 변동을 고려하여 추정하여야 한다.

사례연습 9: 재고자산의 저가법 적용을 위한 순실현가능가치

20×2년 초 영업을 개시한 A회사의 20×2년 말 기말재고자산 평가와 관련된 자료는 아래와 같다. 20×2년에 계상될 재고자산 평가손실은 얼마인가?

구분	취득원가	현행대체원가	예상판매가 – 추가비용
제품	24,000	22,000	26,000
재공품	18,000	19,000	16,000
원재료	15,000	12,000	10,000

풀이

(1) 제품: 0(24,000 < 26,000, 순실현가능가치가 취득원가보다 크므로 저가법 적용 대상 아님)
(2) 재공품: (−)2,000(18,000 > 16,000, 순실현가능가치가 취득원가보다 작으므로 저가법 적용 대상임)
(3) 원재료: 0(현행대체원가가 취득원가보다 작지만 제품의 순실현가능가치가 취득원가보다 높으므로 원재료의 평가손실을 계상하지 않음)
If. 20×2년 재고자산 장부금액은 얼마인가? ➲ 24,000 + 16,000 + 15,000 = 55,000

12월 말 결산법인인 A사는 20×1년 말 현재 다음과 같은 재고자산을 보유하고 있으며, 원재료는 제조공정에 투입하여 제품을 생산하고 있다.

구분	수량		단위당		
	장부수량	실사수량	원가	현행대체원가	순실현가능가치
원재료	100개	90개	₩10	₩9	₩12
제품	50개	40개	₩40	₩35	₩42

A사는 20×1년 12월 중 B사와 제품 20개를 개당 ₩35에 판매하는 확정계약을 체결하였으며, 12월 31일 현재 인도한 제품은 없다. 확정판매계약에 따라 판매하는 제품은 판매비용은 ₩1이다.

1 A사가 20×1년도에 인식할 재고자산 감모손실과 재고자산 평가손실은 각각 얼마인가?

2 A사의 20×2년 말 현재 제품과 관련된 자료들이 다음과 같다고 할 경우 재고자산 감모손실과 재고자산 평가손실(또는 환입)을 구하시오(단, 재고자산 감모손실이나 재고자산 평가손실 및 환입은 별도의 계정으로 처리한다).

수량		단위당	
장부수량	실사수량	원가	순실현가능가치
100개	80개	₩10	₩9

풀이

1 1. 20×1년 재고자산 감모손실: (100 − 90)개 × @10 + (50 − 40)개 × @40 = 500

2. 20×1년 재고자산 평가손실: 20개 × @[40 − (35 − 1)] = 120

* 원재료를 제조공정에 투입하여 생산한 제품은 손상대상이 아니므로 원재료는 평가하지 않는다. 확정판매계약에 따라 판매하는 제품의 경우 재고자산 평가손실이 발생하지만 나머지 제품은 손상대상이 아니므로 원재료를 투입하여 생산된 제품은 평가손실이 발생하지 않는다.

[회계처리]

(1) 감모손실

차) 감모손실	500	대) 재고자산	500

(2) 평가손실

차) 평가손실	120	대) 재고자산평가충당금	120

[재무상태표]

B/S

재고자산	② + ③ 2,500	
재고자산평가충당금	(−)② (−)120	
BV	③ 2,380	

2 1. 재고자산 감모손실: (100 − 80)개 × @10 = 200

2. 재고자산 평가손실환입: 120 − 80 = 40
   (1) 20×2년 기말재고자산평가충당금: 80개 × @(10 − 9) = 80
   (2) 20×2년 기초재고자산평가충당금: 120

[회계처리]

| (1) 감모손실 | 차) 감모손실 | 200 | 대) 재고자산 | 200 |
| (2) 평가손실환입 | 차) 재고자산평가충당금 | 40 | 대) 평가손실환입 | 40 |

[재무상태표]

B/S

재고자산	② + ③ 800	
재고자산평가충당금	(−)② (−)80	
BV	③ 720	

사례연습 11: 재고자산의 저가법 적용을 위한 순실현가능가치(확정판매계약)

A사는 20×1년 말 현재 배추 500포기를 재고자산으로 소유하고 있고 배추의 취득원가는 개당 ₩10,000이다. 20×1년 말 현재 200포기를 개당 ₩20,000에 확정판매계약을 체결한 상태이고 기말 현재 일반판매가격에 기초한 순실현가능가치는 ₩5,000이다. 20×1년에 A사가 인식할 재고자산의 평가손실을 계상하시오.

[풀이]

(1) 200포기: 평가손실 없음, 순실현가능가치 20,000이 취득원가보다 크다.
(2) 300포기: (−)1,500,000 = 300포기 × (10,000 − 5,000)

상품판매업을 하는 ㈜한국은 확정판매계약(취소불능계약)에 따른 판매와 시장을 통한 판매를 동시에 실시하고 있다. 다음은 ㈜한국이 20×1년 말 보유 중인 재고내역이다.

종목	실사수량	단위당 취득원가	단위당 정상판매가격
상품 A	100개	₩150	₩160
상품 B	200개	₩200	₩230
상품 C	300개	₩250	₩260

㈜한국은 확정판매계약에 따른 판매의 경우 판매비용이 발생하지 않으나, 시장을 통해 판매하는 경우 상품의 종목과 관계없이 단위당 ₩20의 판매비용이 발생한다. 재고자산 중 상품 B의 50%와 상품 C의 50%는 확정판매계약을 이행하기 위하여 보유하고 있는 재고자산이다. 상품 B의 단위당 확정판매계약은 ₩190이며, 상품 C의 단위당 확정판매계약가격은 ₩230이다. 재고자산평가와 관련한 20×1년도 당기손익은? (단, 재고자산의 감모는 발생하지 않았다) [세무사 2015년]

① ₩5,000 손실 ② ₩5,500 이익 ③ ₩6,500 손실
④ ₩7,500 이익 ⑤ ₩8,000 손실

[풀이]

1. 종목별 저가법 적용 판단(취득가액 > NRV) 및 단위당 평가손실

종목	취득원가		NRV		단위당 평가손실
상품 A	150	>	160 − 20 = 140	➲	(−)10
상품 B					
• 확정판매계약(50%)	200	>	190	➲	(−)10
• 초과수량(50%)	200	<	230 − 20 = 210	➲	−
상품 C					
• 확정판매계약(50%)	250	>	230	➲	(−)20
• 초과수량(50%)	250	>	260 − 20 = 240	➲	(−)10

2. 20×1년 평가손실

종목	평가손실 계상
상품 A	@(10) × 100개 = (−)1,000
상품 B	
• 확정판매계약(50%)	@(10) × 200개 × 50% = (−)1,000
• 초과수량(50%)	저가법 적용 대상 아님
상품 C	
• 확정판매계약(50%)	@(20) × 300개 × 50% = (−)3,000
• 초과수량(50%)	@(10) × 300개 × 50% = (−)1,500
합계	(−)6,500

정답: ③

06 저가법의 적용

재고자산을 순실현가능가치로 감액하는 저가법은 항목별로 적용한다. 그러나 경우에 따라서는 서로 비슷하거나 관련된 항목들을 통합하여 적용하는 것(조별)이 적절할 수 있다. 이러한 경우로는 재고자산 항목이 비슷한 목적 또는 최종 용도를 갖는 같은 제품군과 관련되고, 같은 지역에서 생산되어 판매되며, 실무적으로 그 제품군에 속하는 다른 항목과 구분하여 평가할 수 없는 경우를 들 수 있다. 그러나 재고자산의 분류나 특정 영업부문에 속하는 모든 재고자산에 기초하여 저가법을 적용하는 것은 적절하지 않다.

| Example | 저가법 적용 |

구분	취득원가	NRV	항목별 기준	조별 기준	총계 기준
A	100	80	(−)20	(−)20	
B	100	100	0		
①	100	70	(−)30	0	
②	100	160	0		
계	400	410	(−)50	(−)20	0

즉, 재고자산을 저가법으로 평가하는 방법에는 항목별 기준, 조별 기준, 총계 기준이 있다. 세 가지 방법 중에서 항목별 기준이 가장 보수적인 방법이라고 할 수 있다. 항목별 기준으로 저가법을 적용하는 것을 원칙으로 하고, 재고자산들이 서로 유사하거나 관련 있는 경우에는 조별 기준으로도 저가법을 적용할 수 있도록 하고 있다.

Self Study

1. 완제품 또는 특정 영업부문에 속하는 모든 재고자산과 같은 분류에 기초하여 저가법을 적용하는 것은 적절하지 아니하다(= 총계 기준은 인정하지 않는다).
2. 보유하고 있는 재고자산의 순실현가능가치 총합계액이 취득원가 총합계액을 초과하더라도 재고자산 평가손실을 계상할 수 있다.
3. 조별 기준 적용 시 기말재고자산의 장부금액
   ➡ $\text{Min}[(\text{실사수량}_1 \times \text{취득원가}_1 + \text{실사수량}_2 \times \text{취득원가}_2), (\text{실사수량}_1 \times \text{NRV}_1 + \text{실사수량}_2 \times \text{NRV}_2)]$

유통업을 영위하는 ㈜대한의 20×1년도 기초재고자산은 ₩855,000이며, 기초재고자산평가충당금은 ₩0이고 순매입액은 ₩7,500,000이다. ㈜대한의 20×1년도 기말재고자산 관련 자료는 다음과 같다.

조	항목	장부 수량	실사 수량	단위당 원가	단위당 순실현가능가치
A	A1	120개	110개	₩800	₩700
	A2	200개	200개	₩1,000	₩950
B	B1	300개	280개	₩900	₩800
	B2	350개	300개	₩1,050	₩1,150

㈜대한은 재고자산 감모손실과 재고자산 평가손실을 매출원가에 포함한다. ㈜대한이 항목별 기준 저가법과 조별 기준 저가법을 각각 적용할 경우, ㈜대한의 20×1년도 포괄손익계산서에 표시되는 매출원가는 얼마인가?   [공인회계사 2019년]

	항목별 기준	조별 기준
①	₩7,549,000	₩7,521,000
②	₩7,549,000	₩7,500,000
③	₩7,519,000	₩7,500,000
④	₩7,519,000	₩7,498,000
⑤	₩7,500,000	₩7,498,000

풀이

1. 항목별 기준
   (1) 기말재고자산: 110개 × Min[800, 700] + 200개 × Min[1,000, 950] + 280개 × Min[900, 800]
   　　　　　　　　+ 300개 × Min[1,050, 1,150] = 806,000
   (2) 매출원가: 855,000 + 7,500,000 - 806,000 = 7,549,000

2. 조별 기준
   (1) 기말재고자산: Min[110개 × 800 + 200개 × 1,000, 110개 × 700 + 200개 × 950]
   　　　　　　　　+ Min[280개 × 900 + 300개 × 1,050, 280개 × 800 + 300개 × 1,150] = 834,000
   (2) 매출원가: 855,000 + 7,500,000 - 834,000 = 7,521,000

정답: ①

5 특수한 원가배분방법

I 매출총이익률법

매출총이익률법이란 과거의 매출총이익률을 이용하여 판매가능상품원가를 매출원가와 기말재고에 배분하는 방법으로 기준서에서 규정하는 재고자산 평가방법이 아니다. 그러나 매출총이익률법은 화재 등의 재난으로 인해 재고자산에 대한 기록을 이용할 수 없거나 실지재고조사를 하지 않고 중간결산을 하는 경우 등 회사의 필요에 의해 사용한다.

재고자산		
기초	④ 매출원가	← ③ 매출(순)
① 매입(순)	⑤ 기말	
② 판매가능상품원가		

(1) 당기매입(순): 총매입 − 매입에누리/환출/할인 + 매입운임 등 = 현금매입 ± 외상매입

매입채무		
지급	기초	→ 당기매입 ① = 현금매입 + 외상매입(순)[1]
기말	외상매입(순)	[1] 에누리·환출·할인 고려됨

(2) 판매가능상품원가: 기초 + 매입

재고자산(×1)			재고자산(×2)		
기초재고 ××	매출원가	××	기초재고 ?		← 매출 ××
	기말	?	당기매입 ××		

×1년 재고자산평균보유기간: ××

➡ 재고자산회전율: 매출원가/[(기초재고 + 기말재고)/2]
　　　　　　　= 360(1년을 360일로 가정)/재고자산 평균보유기간
➡ 매출채권회전율: 매출/[(기초매출채권 + 기말매출채권)/2]
　　　　　　　= 360(1년을 360일로 가정)/매출채권 평균회수기간

(3) 매출(순): 총매출 – 매출에누리/환입/할인 = 현금매출 ± 외상매출

매출채권		
기초	회수·대손확정	→ 매출(②) = 현금매출 + 외상매출(순)¹⁾
외상매출(순)	기말	¹⁾ 에누리·환입·할인 고려됨 * 판매운임 → 판매관리비(비용)로 처리

(4) **매출원가**

⇒ 매출총이익률(a): 매출 × (1 – a) = 매출원가

⇒ 원가가산율 = 매출원가 대비 매출총이익률(b): 매출/(1 + b) = 매출원가

(5) **기말재고**: 판매가능상품원가(②) – 매출원가(④)

(6) **화재 발생 시 재고자산손실액**: 기말재고추정액 ⑤ – 운송 중 재고(선적지인도조건 매입 + 도착지인
도조건 판매) – 정상감모손실 – 소실 후 남은 재고자산 Min[NRV, 취득원가]

기출 Check 8

다음은 ㈜대한의 20×1년도 매출 및 매입 관련 자료이다. ㈜대한의 매출원가 대비 매출총이익률이
25%일 때, 20×1년 기초상품재고원가는 얼마인가?   [세무사 2009년]

• 총매출액	₩1,170,000
• 매출에누리와 환입	₩120,000
• 기초상품재고원가	?
• 총매입액	₩600,000
• 매입에누리와 환출	₩30,000
• 기말상품재고원가	₩120,000

① ₩307,500   ② ₩337,500   ③ ₩390,000
④ ₩410,000   ⑤ ₩427,500

풀이

재고자산			
기초 대차차액 390,000	매출원가 ④	840,000	← ③ 매출(순):
① 매입(순) 600,000 – 30,000 = 570,000	기말 ⑤	120,000	1,170,000 – 120,000 = 1,050,000
② 판매가능상품원가			

* ④ 매출원가: 1,050,000/(1 + 25%) = 840,000

정답: ③

다음은 ㈜국세의 20×1년도 회계자료 중 일부이다. 이를 이용하여 물음에 답하시오. ㈜국세의 20×1년 말 재무상태표에 표시될 매출채권은 얼마인가? (단, 대손상각은 고려하지 않는다) [세무사 2017년]

• 당기현금매출액	₩ 50,000	• 매출총이익	₩ 90,000
• 기초매출채권	₩ 80,000	• 매출채권회수액	₩ 260,000
• 기초상품재고	₩ 120,000	• 당기상품매입액	₩ 200,000
• 기말상품재고	₩ 110,000		

① ₩ 60,000 ② ₩ 70,000 ③ ₩ 80,000
④ ₩ 90,000 ⑤ ₩ 100,000

풀이

1. 재고자산 T계정

재고자산

기초	120,000	④ 매출원가 대차차액	210,000	← ③ 매출(순): 210,000 + 90,000 = 300,000
① 매입(순)	200,000	③ 기말	110,000	
② 판매가능상품원가				

2. 매출(순): 현금 매출 ± 매출채권증감액

매출채권

기초	80,000	회수·대손확정	260,000	→ 매출(⑤) = 현금매출 + 외상매출(순)(⑥)
외상매출(순)	250,000	기말 대차차액	70,000	300,000 = 50,000 + 250,000

정답: ②

㈜포도는 LED조명장치를 판매하는 업체인데, 20×9년 4월 1일 낙뢰로 인하여 창고에 있던 상품재고 중 20%가 소실된 것으로 추정하였다. 다음은 소실된 상품재고를 파악하기 위한 20×9년 1월 1일부터 3월 31일까지의 회계자료이다.

• 기초상품재고액	₩1,000,000
• 기초매입채무	₩3,000,000
• 현금매입	₩1,000,000
• 매입에누리	₩200,000
• 매입할인	₩300,000
• 3월 31일까지 매입채무 현금지급액	₩50,000,000
• 3월 31일 현재 매입채무	₩2,000,000
• 기초매출채권	₩2,000,000
• 현금매출	₩1,500,000
• 매출환입	₩300,000
• 매출할인	₩200,000
• 3월 31일까지 매출채권 현금회수액	₩50,000,000
• 3월 31일 현재 매출채권	₩3,000,000

위의 현금매입 중에는 FOB(Free On Board)선적지인도조건으로 매입하여, 20×9년 3월 31일 현재 운송 중인 미착품 ₩500,000이 포함되어 있다. ㈜포도의 매출원가에 대한 이익률은 25%이고 매출 환입·매출에누리는 외상거래에서 발생하였다고 가정한다.

1 ㈜포도의 1분기 매출총이익을 계산하시오.

2 ㈜포도의 소실된 상품재고금액을 계산하시오.

1 1. 매출액의 추정

매출채권

기초매출채권	2,000,000	현금회수액	50,000,000
순외상매출액	x	3/31 매출채권	3,000,000
	53,000,000		53,000,000

순외상매출액(x) = 51,000,000

∴ 매출액 = 51,000,000(순외상매출액) + 1,500,000(현금매출액) = 52,500,000

2. 매출총이익

(1) 매출원가 = 52,500,000 ÷ 1.25 = 42,000,000

(2) 매출총이익 = 52,500,000 − 42,000,000 = 10,500,000

2 1. 매입액의 추정

매입채무

현급지급액	50,000,000	기초매입채무	3,000,000
3/31 매입채무	2,000,000	순외상매입액	x
	52,000,000		52,000,000

순외상매입액(x) = 49,000,000

∴ 매입액 = 49,000,000(순외상매입액) + 1,000,000(현금매입액) = 50,000,000

2. 소실 전 상품재고액

재고자산

기초재고	1,000,000	매출원가	42,000,000
당기매입	50,000,000	3/31 재고	x
	51,000,000		51,000,000

∴ 3월 31일 재고금액(x) = 9,000,000

3. 소실된 상품재고액

(1) 창고재고액 = 9,000,000 − 500,000 = 8,500,000

(2) 소실된 상품재고액 = 8,500,000 × 20% = 1,700,000

소매재고법은 판매가를 기준으로 평가한 기말재고자산에 구입원가, 판매가 및 판매가변동액에 근거하여 산정한 원가율을 적용하여 기말재고자산의 원가를 결정하는 방법으로 매출가격환원법이라고도 한다.

소매재고법은 실제원가가 아닌 추정에 의한 원가결정방법이므로 평가한 결과가 실제 원가와 유사한 경우에 편의상 사용할 수 있다. 따라서 소매재고법은 이익률이 유사하고 품종 변화가 심한 다품종 상품을 취급하는 유통업에서 실무적으로 다른 원가측정방법을 사용할 수 없는 경우에 흔히 사용한다.

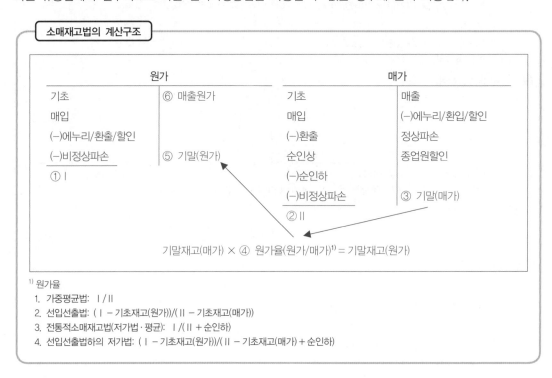

소매재고법의 계산구조

원가		매가	
기초	⑥ 매출원가	기초	매출
매입		매입	(−)에누리/환입/할인
(−)에누리/환출/할인		(−)환출	정상파손
(−)비정상파손	⑤ 기말(원가)	순인상	종업원할인
① I		(−)순인하	
		(−)비정상파손	③ 기말(매가)
		② II	

기말재고(매가) × ④ 원가율(원가/매가)[1] = 기말재고(원가)

[1] 원가율
1. 가중평균법: I / II
2. 선입선출법: (I − 기초재고(원가))/(II − 기초재고(매가))
3. 전통적소매재고법(저가법·평균): I /(II + 순인하)
4. 선입선출법하의 저가법: (I − 기초재고(원가))/(II − 기초재고(매가) + 순인하)

01 매입운임, 매입환출, 매입에누리 및 매입할인

각 항목은 매입에 가산 또는 차감항목이다. 다만, 매입환출의 경우에는 환출을 하면 상품 자체가 반품이 되므로 원가와 매가 모두에서 차감해야 한다(매입환출은 매가 자료가 있을 때만 고려한다).

02 순인상액과 순인하액

순인상액(가격인상 − 가격인상취소)과 순인하액(가격인하 − 가격인하취소)은 최초에 정한 판매가격보다 더 높거나 낮은 가격으로 조정된 판매가격을 말한다. 순인상액과 순인하액은 매가기준 매출액과 기말재고에 반영하면 되고 매가의 변동이므로 원가에는 고려하지 않는다.

03 비정상파손

비정상파손은 비정상적으로 발생한 파손, 감손, 도난 등을 말하는 것으로 정상적인 영업활동과 무관하므로 기타비용(영업외비용)으로 처리한다. 그러므로 비정상파손은 원가와 매가에서 차감한다.

04 종업원할인과 정상파손

종업원할인이나 정상파손은 정상적인 영업활동에서 발생한 것으로 매출원가로 처리해야 한다. 이 금액을 조정하지 않으면 기말재고 매가가 과대평가되므로 기말재고 매가를 적정하게 평가하기 위해서 종업원할인과 정상파손은 기말재고자산과 별도로 구분하여 표시한다. 다만, 원가에서는 매출원가에 고려되므로 별도로 고려할 필요가 없다.

05 원가율

(1) 가중평균소매재고법

가중평균소매재고법은 기초재고와 당기매입분이 평균적으로 판매된다고 가정하므로 원가율은 기초재고자산과 당기매입, 순인상액, 순인하액을 모두 포함하여 계산한다.

(2) 선입선출소매재고법

선입선출소매재고법은 먼저 구입한 재고자산이 먼저 판매된다고 가정하므로 가중평균소매재고법의 원가율에서 기초재고자산을 고려하지 않는다.

(3) 저가기준가중평균소매재고법(전통적소매재고법)

저가기준가중평균소매재고법은 기말재고자산을 가능한 낮게 표시하기 위하여 가중평균소매재고법의 원가율에서 순인하액을 원가율 분모에서 제외시켜 원가율을 낮게 계상하는 방법이다.

(4) 저가기준선입선출소매재고법

저가기준선입선출소매재고법은 가중평균소매재고법의 원가율에서 기초재고자산을 고려하지 않고 순인하액도 분모에서 제외시키는 방법이다.

Self Study

1. 소매재고법은 판매가격을 기준으로 한 기말재고자산에 원가율을 적용하여 기말재고자산금액을 산정하므로 원가율이 서로 다른 재고자산을 통합하여 매출가격환원법을 적용할 경우 매출원가 및 재고자산금액에 신뢰성이 결여될 수 있다. 그러므로 원가율이 서로 다른 상품군을 통합하여 소매재고법을 적용할 수는 없다.
2. 한국채택국제회계기준에서 표준원가법이나 소매재고법 등의 원가측정방법은 그러한 방법으로 평가한 결과가 실제 원가와 유사한 경우에 편의상 사용할 수 있다고 규정하고 있다.
3. 매출할인은 매출채권 조기 회수 시 발생되는 것이므로 기말재고자산 매가 및 원가율 계산에 영향을 주지 않아야 하므로 아무런 조정도 필요하지 않다는 주장도 있다.

여의마트는 재고자산평가의 원가배분방법으로 소매재고법을 사용하고 있다. 20×2년의 재고자산과 관련된 자료는 다음과 같다.

구분	원가	매가
기초재고	₩5,700	₩10,000
총매입액	₩88,600	₩132,900
매입환출	₩1,900	₩1,200
총매출액		₩81,000
매출에누리 등		₩8,000
순인상액		₩600
순인하액		₩8,000
종업원할인		₩1,000
정상파손	₩940	₩1,450
비정상파손	₩2,700	₩4,300

여의마트가 아래의 원가흐름 가정을 적용하는 경우 다음 표의 각 번호에 해당하는 금액은 얼마인가? (단, 소수점 첫째 자리에서 반올림한다)

구분	기말재고(원가)	매출원가
가중평균소매재고법	①	②
선입선출소매재고법	③	④
전통적소매재고법	⑤	⑥
저가기준선입선출소매재고법	⑦	⑧

상품(원가)				상품(매가)			
기초	5,700	매출원가		기초	10,000	매출액	81,000
매입	88,600			매입	132,900	정상파손	1,450
매입환출	(−)1,900			매입환출	(−)1,200	종업원할인	1,000
비정상파손	(−)2,700	기말재고		순인상	600	매출에누리 등	(−)8,000
				순인하	(−)8,000		
				비정상파손	(−)4,300	기말재고	54,550
합계: I	89,700			합계: II	130,000		

1. 가중평균소매재고법
   (1) 원가율: I/II = 69%
   (2) 기말재고(원가): 54,550 × 69% = 37,640
   (3) 매출원가: 89,700 − 37,640 = 52,060

2. 선입선출소매재고법
   (1) 원가율: (I − 5,700)/(II − 10,000) = 70%
   (2) 기말재고(원가): 54,550 × 70% = 38,185
   (3) 매출원가: 89,700 − 38,185 = 51,515

3. 전통적소매재고법
   (1) 원가율: I/(II + 8,000) = 65%
   (2) 기말재고(원가): 54,550 × 65% = 35,458
   (3) 매출원가: 89,700 − 35,458 = 54,242

4. 저가기준선입선출소매재고법
   (1) 원가율: (I − 5,700)/(II − 10,000 + 8,000) = 66%
   (2) 기말재고(원가): 54,550 × 66% = 36,003
   (3) 매출원가: 89,700 − 36,003 = 53,697

㈜한국백화점은 선입선출법에 의한 저가기준소매재고법을 이용하여 재고자산을 평가하고 있으며, 재고자산 관련 자료는 다음과 같다. ㈜한국백화점이 20×1년도 포괄손익계산서에 인식할 매출원가는 얼마인가?

구분	원가	소매가
기초재고액	₩2,000,000	₩3,000,000
당기매입액	₩6,000,000	₩9,600,000
매입운반비	₩100,000	
매입할인	₩318,000	
당기매출액		₩10,000,000
종업원할인		₩500,000
순인상액		₩200,000
순인하액		₩300,000

① ₩6,502,000　　② ₩6,562,000　　③ ₩6,582,000
④ ₩6,602,000　　⑤ ₩6,642,000

풀이

	원가		
기초	2,000,000	⑥ 매출원가	6,602,000
매입	6,100,000		
(−)에/환/할	(−)318,000		
(−)비정상파손		⑤ 기말(원가)	1,180,000
① I	7,782,000		

	매가		
기초	3,000,000	매출	10,000,000
매입	9,600,000	(−)에/환/할	
(−)환출		정상파손	
순인상	200,000	종업원할인	500,000
(−)순인하	(−)300,000		
(−)비정상파손		③ 기말(매가)	2,000,000
② II	12,500,000		

기말매가 × ④ 원가율(원가 / 매가)[1] = 기말재고(원가)
2,000,000 × 59% = 1,180,000

[1] 원가율법
선입선출법하의 저가법: (I − 기초재고(원가))/(II − 기초재고(매가) + 순인하)
= (7,782,000 − 2,000,000)/(12,500,000 − 3,000,000 + 300,000) = 59%

정답: ④

6 농림어업

I 의의

농림어업활동은 판매목적 또는 수확물이나 추가적인 생물자산으로의 전환목적으로 생물자산의 생물적 변환과 수확을 관리하는 활동을 말한다. 농림어업활동은 목축, 조림, 일년생이나 다년생 곡물 등의 재배, 과수재배와 농원경작, 화훼원예, 양식(양어 포함)과 같은 다양한 활동을 포함한다. 이러한 활동의 공통적인 특성은 다음과 같다.

① 변환할 수 있는 능력: 살아있는 동물과 식물은 생물적 변환을 할 수 있는 능력이 있다.
② 변화의 관리: 관리는 생물적 변환의 발생과정에 필요한 조건을 향상시키거나 적어도 유지시켜 생물적 변환을 용이하게 한다. 이러한 관리는 농림어업활동을 다른 활동과 구분하는 기준이 된다.
③ 변화의 측정: 생물적 변환이나 수확으로 인해 발생한 질적변화나 양적변화는 일상적인 관리기능으로 측정되고 관찰된다.

II 인식과 측정

01 인식

생물자산과 수확물은 다음의 조건이 모두 충족되는 경우에 한하여 인식한다.

① 정의 충족: 과거 사건의 결과로 자산을 통제한다.
② 효익의 가능성: 자산과 관련된 미래경제적효익의 유입가능성이 높다.
③ 측정가능성: 자산의 공정가치나 원가를 신뢰성 있게 측정할 수 있다.

생물자산은 살아있는 동물이나 식물을 말하며, 생산용식물에서 자라는 생산물을 포함한다. 한편, 수확물은 생물자산에서 수확한 생산물을 말한다. 생산용식물은 다음 모두에 해당하는 살아있는 식물을 말한다.

(1) 수확물을 생산하거나 공급하는 데 사용

(2) 한 회계기간을 초과하여 생산물을 생산할 것으로 예상

(3) 수확물로 판매될 가능성이 희박(부수적인 폐물로 판매하는 경우는 제외)

다음의 경우에는 생산용 식물에 해당하지 아니한다.

(1) 수확물로 수확하기 위해 재배하는 식물(예 목재로 사용하기 위해 재배하는 나무)

(2) 부수적인 폐물 판매가 아닌, 수확물로도 식물을 수확하고 판매할 가능성이 희박하지 않은 경우 수확물을 생산하기 위해 재배하는 식물(예 과일과 목재를 모두 얻기 위해 재배하는 나무)

(3) 한해살이 작물(예 옥수수, 밀)

02 측정

(1) 생물자산은 최초 인식시점과 매 보고기간 말에 순공정가치로 측정하여야 한다. 단, 생물자산 중 생산용식물은 유형자산으로 분류하여 원가모형이나 재평가모형을 적용한다.

(2) 생물자산의 공정가치를 신뢰성 있게 측정할 수 없는 경우(● 오직 최초 인식시점에만 적용됨)에는 생물자산은 취득원가에서 감가상각누계액과 손상차손누계액을 차감한 금액으로 측정한다. 그러나 원가로 측정하는 경우에도 추후에 그러한 생물자산의 공정가치를 신뢰성 있게 측정할 수 있게 되면 순공정가치로 측정한다.

(3) 생물자산에서 수확된 수확물의 경우에도 수확시점의 순공정가치로 측정해야 하며, 이 측정치는 기업회계기준서 제1002호 '재고자산'이나 적용가능한 다른 한국채택국제회계기준서를 적용하는 시점의 원가가 된다.

Self Study

1. 순공정가치는 공정가치에서 추정매각부대원가(금융원가, 법인세비용 제외)를 차감한 금액으로 결정된다.
2. 수확시점에서 수확물의 공정가치는 항상 신뢰성 있게 측정할 수 있다.
3. 생물자산의 순공정가치를 산정할 때에 추정 매각부대원가를 차감하기 때문에 생물자산의 최초 인식시점에 손실이 발생할 수도 있다.

---

03 평가손익 인식방법

(1) 생산용식물을 제외한 생물자산을 최초 인식시점에 순공정가치로 인식하여 발생하는 평가손익과 후속적으로 생물자산의 순공정가치 변동으로 발생하는 평가손익은 발생한 기간의 당기손익에 반영한다.

(2) 수확물을 최초 인식시점에 순공정가치로 인식하여 발생하는 평가손익은 발생한 기간의 당기손익에 반영하며, 수확의 결과로 수확물의 최초 인식시점에 평가손익이 발생할 수 있다.

[생물자산 등의 측정]

구분	최초 취득	후속측정	비고
생물자산 – 공정가치 측정가능	순공정가치	순공정가치	평가손익 ○, 상각 ×
생물자산 – 공정가치 측정불가	취득원가	상각후원가측정	감가상각, 손상차손 인식
수확시점의 수확물	순공정가치	재고자산(저가법)	취득 시 평가손익계상
수확 후 가공	재고자산	재고자산(저가법)	
생산용식물	원가	원가 or 재평가모형 적용	유형자산으로 분류

㈜대한은 우유 생산을 위하여 20×1년 1월 1일 어미 젖소 5마리를 마리당 ₩1,500,000에 취득하였으며, 관련 자료는 다음과 같다.

(1) 20×1년 10월 말 처음으로 우유를 생산하였으며, 동 일자에 생산된 우유 전체의 순공정가치는 ₩1,000,000이다.
(2) 20×1년 11월 초 전월에 생산된 우유 전체를 유제품 생산업체에 ₩1,200,000에 납품하였다.
(3) 20×1년 11월 말 새끼 젖소 2마리가 태어났다. 이 시점의 새끼 젖소 순공정가치는 마리당 ₩300,000이다.
(4) 20×1년 12월 말 우유를 2차로 생산하였으며, 동 일자에 생산된 우유 전체의 순공정가치는 ₩1,100,000이다. 또한 20×1년 12월 말에도 어미 젖소와 새끼 젖소의 수량 변화는 없으며, 기말 현재 어미 젖소의 순공정가치는 마리당 ₩1,550,000, 새끼 젖소의 순공정가치는 마리당 ₩280,000이다.

위 거래의 각 일자별 회계처리를 보이시오.

풀이

[10/31]

차) 수확물	1,000,000	대) 평가이익	1,000,000

[11/1]

차) 현금	1,200,000	대) 수확물	1,000,000
		처분이익	200,000

[11/30]

차) 생물자산	600,000	대) 평가이익	600,000

[12/31]

차) 수확물	1,100,000	대) 평가이익	1,100,000
차) 생물자산[1]	210,000	대) 평가이익	210,000

[1] $(1,550,000 - 1,500,000) \times 5 + (280,000 - 300,000) \times 2 = 210,000$

If. 당기손익에 미치는 영향: $3,110,000 = 1,000,000 + 200,000 + 600,000 + 1,100,000 + 210,000$

농림어업활동과 관련하여 정부로부터 지원받는 보조금은 상황에 따라 다음과 같이 인식한다.

01 순공정가치로 측정하는 생물자산과 관련된 정부보조금

순공정가치로 측정하는 생물자산과 관련된 정부보조금에 다른 조건이 없는 경우에는 이를 수취할 수 있게 되는 시점에 수익으로 인식한다. 다만, 기업이 특정 농림어업활동에 종사하지 못하게 요구하는 경우를 포함하여 순공정가치로 측정하는 생물자산과 관련된 정부보조금에 조건이 있는 경우에는 그 조건을 충족하는 시점에 수익으로 인식한다.

02 상각후원가로 측정하는 생물자산과 관련된 정부보조금

취득원가에서 감가상각누계액과 손상차손누계액을 차감한 금액으로 측정하는 생물자산과 관련된 정부보조금에 대해서는 일반 유형자산과 동일하게 기업회계기준서 제1020호 '정부보조금의 회계처리와 정부지원의 공시'를 적용한다.

[농림어업 관련 정부보조금의 인식]

구분		정부보조금의 인식방법
순공정가치로 측정하는 생물자산	조건이 없는 경우	수취할 수 있게 되는 시점에 수익인식
	조건이 있는 경우	관련 조건을 충족하는 시점에 수익인식
상각후원가로 측정하는 생물자산		유형자산과 동일한 논리로 정부보조금 인식

사례연습 15: 농림어업의 정부보조금 인식

㈜서농은 20×1년 1월 1일 정부로부터 아래의 정부보조금을 수령하였다. ㈜서농이 정부보조금과 관련하여 20×1년도 당기손익으로 인식할 금액을 계산하시오(단, 20×1년 초에 사육 중인 어미 양과 새끼 양은 20×1년 말까지 정상적으로 사육하였다고 가정한다).

구분	정부보조금	지급조건
어미 양	₩20,000	현재 사육 중인 경우에 지급하며 반환하지 않음
새끼 양	₩80,000	지급일로부터 8년간 사육하여야 함(사육 중단 시 기간경과에 비례하여 반환하여야 함)

풀이

1. 어미 양 관련 보조금: 20,000

2. 새끼 양 관련 보조금: 80,000 ÷ 8년 = 10,000
   * 정부보조금에 조건이 부여된 경우에는 당해 조건이 충족되는 시점에 수익으로 인식한다.

기출 Check 10

농림어업 기준서의 내용으로 옳지 않은 것은? [세무사 2018년]

① 최초의 인식시점에 생물자산의 공정가치를 신뢰성 있게 측정할 수 없다면, 원가에서 감가상각누계액 및 손상차손누계액을 차감한 금액으로 측정한다.

② 생물자산을 이전에 순공정가치로 측정하였다면 처분시점까지 계속하여 당해 생물자산을 순공정가치로 측정한다.

③ 수확물을 최초 인식시점에 순공정가치로 인식하여 발생하는 평가손익은 발생한 기간의 당기손익에 반영한다.

④ 목재로 사용하기 위해 재배하는 나무와 같이 수확물로 수확하기 위해 재배하는 식물은 생산용식물이 아니다.

⑤ 과일과 목재 모두를 얻기 위해 재배하는 나무는 생산용식물이다.

풀이

부수적인 폐물 판매가 아닌, 수확물로도 식물을 수확하고 판매할 가능성이 희박하지 않은 경우 수확물을 생산하기 위해 재배하는 식물(예 과일과 목재를 모두 얻기 위해 재배하는 나무)은 생산용식물로 보지 않는다.

정답: ⑤

기출 Check 11

낙농업을 영위하는 ㈜대한목장은 20×1년 1월 1일에 우유 생산이 가능한 젖소 10마리를 보유하고 있다. ㈜대한목장은 우유의 생산 확대를 위하여 20×1년 6월 젖소 10마리를 1마리당 ₩100,000에 추가로 취득하였으며, 취득시점의 1마리당 순공정가치는 ₩95,000이다. 한편 ㈜대한목장은 20×1년에 100리터(ℓ)의 우유를 생산하였으며, 생산시점(착유시점) 우유의 1리터(ℓ)당 순공정가치는 ₩3,000이다. ㈜대한목장은 생산된 우유 전부를 20×1년에 거래처인 ㈜민국유업에 1리터(ℓ)당 ₩5,000에 판매하였다. 20×1년 말 현재 ㈜대한목장이 보유 중인 젖소 1마리당 순공정가치는 ₩100,000이다. 위 거래로 인한 ㈜대한목장의 20×1년 포괄손익계산서상 당기순이익의 증가액은 얼마인가? (단, 20×0년 말 젖소의 1마리당 순공정가치는 ₩105,000이다) [공인회계사 2021년]

① ₩340,000   ② ₩450,000   ③ ₩560,000

④ ₩630,000   ⑤ ₩750,000

풀이

당기순이익 증가액: 450,000

(1) 젖소 취득 시 평가손실: (95,000 − 100,000) × 10마리 = (−)50,000

(2) 수확물 수확 시 평가이익: 3,000 × 100리터 = 300,000

(3) 수확물 처분이익: (5,000 − 3,000) × 100리터 = 200,000

(4) 젖소 기말 평가이익: (100,000 − 105,000) × 10마리 + (100,000 − 95,000) × 10마리 = 0

정답: ②

Chapter 4 | 핵심 빈출 문장

01 재고자산의 매입원가는 매입가액에 매입운임, 하역료 및 보험료 등 취득과정에서 정상적으로 발생한 부대 비용을 가산하며, 매입과 관련된 할인, 에누리 및 기타 유사 항목은 매입원가에서 차감한다.

02 후속 생산단계에 투입하기 전 보관이 필요한 경우 이외의 보관원가는 재고자산의 취득원가에 포함할 수 없으며 발생기간의 비용으로 인식한다.

03 재고자산의 취득원가는 매입원가, 전환원가 및 재고자산을 현재의 장소에 현재의 상태로 이르게 하는 데 발생한 기타 원가 모두를 포함한다.

04 하나의 생산과정을 통하여 동시에 둘 이상의 제품이 생산되는 연산품의 경우 전환원가를 완성시점의 제품별 상대적 판매가치를 기준으로 배부할 수 있다.

05 용역제공기업이 재고자산을 가지고 있다면, 이를 제조원가로 측정하며 이는 용역제공에 직접 관여된 인력에 대한 노무원가 및 기타 원가와 관련된 간접원가로 구성된다.

06 통상적으로 상호 교환될 수 없는 재고자산항목의 원가와 특정 프로젝트별로 생산되고 분리되는 재화 또는 용역의 원가는 개별법을 적용한다. 개별법이 적용되지 않는 재고자산의 단위원가는 선입선출법이나 가중평균법을 사용한다.

07 특정한 고객을 위한 비제조 간접원가 또는 제품 디자인원가를 재고자산의 원가에 포함하는 것이 적절할 수도 있다.

08 물가가 지속적으로 상승하는 경우 선입선출법하의 기말재고자산금액은 평균법하의 기말재고자산금액보다 적지 않다.

09 물가가 지속적으로 상승할 때 후입선출법하에서의 당기순이익이 선입선출법하에서의 당기순이익보다 적어지는데, 이는 후입선출법이 수익비용의 대응을 왜곡하는 일례가 아니다.

10 계속기록법에서는 판매가 이루어질 때마다 당해 판매로 인한 매출원가를 계산하여야 한다.

11 계속기록법을 사용하더라도 기말의 정확한 재고를 파악하기 위하여 실지재고조사법을 병행하여 사용할 수 있다.

12 개별법을 적용할 수 없는 재고자산의 단위원가는 선입선출법이나 가중평균법을 사용하여 결정한다.

13 성격과 용도 면에서 유사한 재고자산에는 동일한 단위원가 결정방법을 적용하여야 하며, 성격이나 용도 면에서 차이가 있는 재고자산에는 서로 다른 단위원가 결정방법을 적용할 수 있다.

14 동일한 재고자산이 동일한 기업 내에서 영업부문에 따라 서로 다른 용도로 사용되는 경우에는 서로 다른 단위원가 결정방법을 적용할 수 있다.

15 재고자산의 지역별 위치나 과세방식이 다르다는 이유만으로 동일한 재고자산에 다른 단위원가 결정방법을 적용하는 것이 정당화될 수는 없다.

16 재고자산에 대한 단위원가 결정방법 적용은 동일한 용도나 성격을 지닌 재고자산에 대해서는 동일하게 적용해야 하나, 지역별로 분포된 사업장이나 과세방식이 다른 사업장 간에는 동일한 재고자산이라도 원칙적으로 다른 방법을 적용할 수 없다.

17 재고자산은 서로 유사하거나 관련 있는 항목들을 통합하여 적용하는 것이 적절하지 않은 경우 항목별로 저가법을 적용한다.

18 완성될 제품이 원가 이상으로 판매될 것으로 예상하는 경우에는 그 제품의 생산에 투입하기 위해 보유하는 원재료는 감액하지 아니한다.

19 순실현가능가치를 추정할 때에는 재고자산으로부터 실현가능한 금액에 대하여 추정일 현재 사용가능한 가장 신뢰성 있는 증거에 기초하여야 한다. 또한 보고기간 후 사건이 보고기간 말 존재하는 상황에 대하여 확인하여 주는 경우에는, 그 사건과 직접 관련된 가격이나 원가의 변동을 고려하여 추정하여야 한다.

20 재고자산을 순실현가능가치로 감액한 평가손실과 모든 감모손실은 감액이나 감모가 발생한 기간에 비용으로 인식한다. 순실현가능가치의 상승으로 인한 재고자산 평가손실의 환입은 환입이 발생한 기간의 비용으로 인식된 재고자산 금액의 차감액으로 인식한다.

21 재고자산보유 수량을 초과하는 확정판매계약을 체결하는 경우 매입단가와 계약단가를 비교하여 손실이 예상되는 경우에는 손실충당부채가 인식될 수 있다.

22 표준원가법이나 소매재고법 등의 원가측정방법은 그러한 방법으로 평가한 결과가 실제 원가와 유사한 경우 편의상 사용할 수 있다.

23 소매재고법은 흔히 이익률이 유사하고 품종변화가 심한 다품종 상품을 취급하는 유통업에서 실무적으로 다른 원가측정법을 사용할 수 없는 경우에 사용한다.

24 가중평균 소매재고법을 사용할 경우 매출원가는 판매가능재고자산의 원가와 판매가를 이용하여 산출한 원가율을 매출액에 곱하여 결정한다.

25 다음의 경우에는 생산용식물에 해당하지 아니한다.

① 수확물로 수확하기 위해 재배하는 식물(예 목재로 사용하기 위해 재배하는 나무)

② 부수적인 폐물 판매가 아닌, 수확물로도 식물을 수확하고 판매할 가능성이 희박하지 않은 경우 수확물을 생산하기 위해 재배하는 식물(예 과일과 목재를 모두 얻기 위해 재배하는 나무)

③ 한해살이 작물(예 옥수수, 밀)

26 생물자산은 최초 인식시점과 매 보고기간 말에 순공정가치로 측정하여야 한다. 단, 생물자산 중 생산용식물은 유형자산으로 분류하여 원가모형이나 재평가모형을 적용한다.

27 생물자산의 공정가치를 신뢰성 있게 측정할 수 없는 경우(⇒ 오직 최초 인식시점에만 적용된다)에는 생물자산은 취득원가에서 감가상각누계액과 손상차손누계액을 차감한 금액으로 측정한다. 그러나 원가로 측정하는 경우에도 추후에 그러한 생물자산의 공정가치를 신뢰성 있게 측정할 수 있게 되면 순공정가치로 측정한다.

28 생물자산에서 수확된 수확물의 경우에도 수확시점의 순공정가치로 측정해야 하며, 이 측정치는 기업회계기준서 제1002호 '재고자산'이나 적용 가능한 다른 한국채택국제회계기준서를 적용하는 시점의 원가가 된다.

29 생산용식물을 제외한 생물자산을 최초 인식시점에 순공정가치로 인식하여 발생하는 평가손익과 후속적으로 생물자산의 순공정가치 변동으로 인해 발생하는 평가손익은 발생한 기간의 당기손익에 반영한다.

30 수확물을 최초 인식시점에 순공정가치로 인식하여 발생하는 평가손익은 발생한 기간의 당기손익에 반영하며, 수확의 결과로 수확물의 최초 인식시점에 평가손익이 발생할 수 있다.

31 농림어업활동과 관련하여 정부로부터 지원받는 보조금은 상황에 따라 다음과 같이 인식한다.

구분		정부보조금의 인식방법
순공정가치로 측정하는 생물자산	조건 ×	수취할 수 있게 되는 시점에 수익인식
	조건 ○	관련 조건을 충족하는 시점에 수익인식
상각후원가로 측정하는 생물자산		유형자산과 동일한 논리로 정부보조금 인식

01 다음은 재고자산의 취득원가와 관련된 설명이다. 아래의 설명 중 한국채택국제회계기준서 제1002호 '재고자산'의 규정과 다른 설명은 무엇인가?

① 재고자산의 취득원가는 매입원가, 전환원가 및 재고자산을 현재의 장소에 현재의 상태로 이르게 하는 데 발생한 기타 원가 모두를 포함한다.

② 외부 구입한 재고자산의 매입원가는 매입가격에 수입관세와 제세금, 매입운임, 하역료 등 취득과정에 직접 관련된 기타 원가를 가산한 금액이다.

③ 자가제조한 재고자산의 취득원가는 전환원가이다.

④ 전환원가에 포함되는 고정제조간접원가는 생산설비의 정상조업도에 기초하여 전환원가에 배부하는 것을 원칙으로 하며, 실제조업도가 정상조업도와 유사한 경우에는 실제조업도를 사용할 수 있다.

⑤ 하나의 생산과정을 통하여 동시에 둘 이상의 제품이 생산되는 연산품의 경우에는 전환원가를 완성시점의 제품별 상대적 판매가치를 기준으로 배부할 수 있다.

02 다음은 한국채택국제회계기준서 제1002호 '재고자산'의 단위원가 결정을 위한 원가흐름의 가정에 대한 설명이다. 기준서의 내용과 일치하지 않는 설명은 무엇인가?

① 통상적으로 상호 교환될 수 없는 재고자산 항목의 원가와 특정 프로젝트별로 생산되고 분리되는 재화 또는 용역의 원가는 개별법을 사용하여 결정한다.

② 개별법을 적용할 수 없는 재고자산의 단위원가는 선입선출법이나 가중평균법, 후입선출법을 사용하여 결정한다.

③ 성격과 용도 면에서 유사한 재고자산에는 동일한 단위원가 결정방법을 적용하여야 하며, 성격이나 용도 면에서 차이가 있는 재고자산에는 서로 다른 단위원가 결정방법을 적용할 수 있다.

④ 동일한 재고자산이 동일한 기업 내에서 영업부문에 따라 서로 다른 용도로 사용되는 경우에는 서로 다른 단위원가 결정방법을 적용할 수 있다.

⑤ 재고자산의 지역별 위치나 과세방식이 다르다는 이유만으로 동일한 재고자산에 다른 단위원가 결정방법을 적용하는 것이 정당화될 수 없다.

03 유통업체인 A회사는 다양한 판매방식을 이용하여 매출을 발생시키고 있다. 20×1년 12월 31일부로 종료하는 회계연도의 재고실사 수행 후 기말재고자산은 ₩1,350,000이다. 20×1년의 결산을 수행하면서 아래의 사항을 누락한 것을 발견하고 수정하였다. 아래의 자료를 바탕으로 A회사의 수정후시산표에 인식되어야 할 정확한 재고자산의 금액을 계산하면 얼마인가?

---

(1) 20×1년 말 현재 B회사로부터 선적지인도조건으로 매입한 상품 ₩200,000이 운송 중에 있다. 이에 대한 운송비는 ₩10,000으로 회사는 선적시점에 매입에 대한 회계처리를 적절히 하였으나, 운송비는 20×2년 초에 청구된 시점에 회계처리를 수행하였다.

(2) 20×2년 1월 초에 ₩30,000의 월별운임청구서를 수령하고 이를 회계처리하였다. 이 청구서는 12월의 원재료 매입과 관련된 것으로 매입한 원재료의 50%는 기말재고에 남아 있다.

(3) 20×1년 말 C회사로부터 검수완료 조건부매입계약으로 원재료 ₩48,000을 공급받아 매입 회계처리를 수행하고 재고자산으로 인식하였다. 하지만 20×2년 초 A회사의 검수부서에서 검수를 수행한 결과 물품에 하자가 있어 C회사로 다시 반품처리하였다.

(4) D회사와의 20×1년의 반품가능조건 현금판매액이 ₩100,000이며, 매출원가율은 70%이다. 업계 평균 반품률은 10%이지만, A회사는 전액을 매출과 매출원가로 각각 인식하였다. 가방이 반품될 경우 수선만 하면 판매가치의 감소는 없다. 그리고 가방이 반품될 경우 수선에 총 ₩200이 지출될 것으로 추정된다.

---

① ₩1,350,000   ② ₩1,575,000   ③ ₩1,560,000
④ ₩1,527,000   ⑤ ₩1,536,000

04 ㈜국세의 20×1년 기초재고자산은 ₩2,000,000이며, 당기매입액은 ₩12,000,000이다. ㈜국세는 20×1년도 결산을 하는 과정에서 재고자산 실사를 한 결과 ₩1,000,000인 것으로 파악되었다. 20×1년 중에 발생한 아래와 같은 사항을 고려하여 20×1년도 매출원가를 계산하면 얼마인가? (단, 당기 매입에 대한 회계처리는 적절하게 이루어졌으며, 재고자산 감모손실과 재고자산 평가손실은 없다고 가정한다)

> (1) 20×1년 12월 25일 ㈜대한으로부터 선적지인도조건으로 매입한 상품(송장가격 ₩1,500,000)이 20×1년 12월 31일 현재 선박으로 운송 중에 있다. 이 상품은 20×2년 1월 9일에 도착할 예정이다.
> (2) 20×1년 12월 30일 ㈜민국으로부터 도착지인도조건으로 매입한 상품(송장가격 ₩2,100,000)이 20×1년 12월 31일 현재 항공편으로 운송 중에 있다. 이 상품은 20×2년 1월 2일에 도착할 예정이다.
> (3) ㈜국세가 판매를 목적으로 고객에게 발송한 상품(원가 ₩1,500,000) 중 20×1년 12월 31일 현재 원가 ₩1,000,000에 해당하는 상품에 대해서만 고객이 매입의사를 표시하였다.
> (4) ㈜국세가 은행에서 자금을 차입하면서 담보로 제공한 재고자산(₩700,000)을 창고에 보관 중인데, 재고자산 실사 시 이를 포함하였다.

① ₩9,300,000   ② ₩10,300,000   ③ ₩11,000,000
④ ₩11,500,000   ⑤ ₩11,700,000

05 다음은 20×1년 C사의 재고자산 매입과 매출에 관한 자료이다. C사는 재고자산에 대하여 실지재고조사법과 가중평균법을 이용하고 있다. 기말재고자산의 실사수량은 15개이며, 단위당 순실현가능가치는 ₩18이다. 재고자산 감모손실은 매출원가에 포함하지 않고 별도의 계정으로 분류하며 재고자산 평가손실(환입)은 매출원가에 포함하여 표시한다고 할 때, 당기 매출원가는 얼마인가? (단, 기초재고의 단위당 순실현가능가치는 ₩12이다)

일자	적요	수량	단가[1]	금액
1월 1일	기초재고	20개	₩10	₩200
2월 3일	매입	40개	₩20	₩800
7월 8일	매출	(50개)	₩50	₩2,500
10월 3일	매입	40개	₩30	₩1,200
11월 31일	매출	(30개)	₩60	₩1,800

[1] 매입 시 매입단가, 매출 시 판매단가를 의미함

① ₩2,220   ② ₩2,120   ③ ₩2,020
④ ₩1,920   ⑤ ₩1,820

06 다음 중 재고자산의 회계처리에 대한 설명으로 옳지 않은 것은?

① 완성될 제품이 원가 이상으로 판매될 것으로 예상하는 경우에는 그 생산에 투입하기 위해 보유하는 원재료 및 기타 소모품을 감액하지 아니한다. 그러나 원재료 가격이 하락하여 제품의 원가가 순실현가능가치를 초과할 것으로 예상된다면 해당 원재료를 순실현가능가치로 감액한다. 이 경우 원재료의 현행대체원가는 순실현가능가치에 대한 최선의 이용가능한 측정치가 될 수 있다.

② 순실현가능가치는 정상적인 영업과정에서 재고자산의 판매를 통해 실현될 것으로 기대하는 순매각금액을 말한다. 공정가치는 측정일에 재고자산의 주된 시장에서 시장참여자 사이에 일어날 수 있는 그 재고자산을 판매하는 정상거래의 가격을 반영한다. 전자는 기업특유가치이지만, 후자는 그러하지 아니하다.

③ 소매재고법에서 재고자산의 원가는 재고자산의 판매가격을 적절한 총이익률을 반영하여 환원하는 방법으로 결정한다. 이때 적용되는 이익률은 최초판매가격 이하로 가격이 인하된 재고자산을 고려하여 계산하는데, 일반적으로 판매부문별 평균이익률을 사용한다.

④ 당기에 비용으로 인식하는 재고자산 금액은 일반적으로 매출원가로 불리며, 판매된 재고자산의 원가와 배분되지 않은 제조간접원가 및 제조원가 중 비정상적인 부분의 금액으로 구성된다. 또한 기업의 특수한 상황에 따라 물류원가와 같은 다른 금액들도 포함될 수 있다.

⑤ 기타 원가는 재고자산을 현재의 장소에 현재의 상태로 이르게 하는 데 발생한 범위 내에서만 취득원가에 포함된다. 따라서 특정한 고객을 위한 비제조 간접원가 또는 제품 디자인원가를 재고자산의 원가에 포함하는 것은 적절하지 않다.

07 ㈜세무는 20×1년 12월 31일 독립 사업부로 운영되는 A공장에 화재가 발생하여 재고자산 전부와 장부가 소실되었다. 화재로 인한 재고자산 손실을 확인하기 위하여 A공장의 매출처 및 매입처, 그리고 외부감사인으로부터 다음과 같은 자료를 수집하였다.

- 매출: ₩1,000,000
- 기초재고: ₩100,000
- 20×0년 재무비용
  - 매출총이익률: 15%
  - 재고자산회전율: 680%

㈜세무가 추정한 재고자산 손실 금액은? (단, 매출총이익률과 재고자산회전율은 매년 동일하며, 재고자산회전율은 매출원가와 평균재고자산을 이용한다) [세무사 2020년]

① ₩150,000
② ₩150,500
③ ₩151,000
④ ₩151,500
⑤ ₩152,000

08 다음은 재고자산의 취득원가와 관련된 설명이다. 아래의 설명 중 한국채택국제회계기준서 제1002호 '재고자산'의 규정과 다른 설명은 무엇인가?

① 용역제공기업이 재고자산을 가지고 있다면, 이를 제조원가로 측정하며 이는 용역제공에 직접 관여된 인력에 대한 노무원가 및 기타 원가와 관련된 간접원가로 구성된다.
② 매출총이익률법은 한국채택국제회계기준에서 인정하고 있지 않다.
③ 관리회계적인 원가측정법인 표준원가법은 실제원가와 차이가 있으므로 사용할 수 없다.
④ 소매재고법에 의한 재고자산 원가측정은 이 방법으로 평가한 결과가 실제원가와 유사한 경우에 편의상 사용할 수 있다.
⑤ 소매재고법에서 재고자산의 원가는 재고자산의 판매가격을 적절한 총이익률을 반영하여 환원하는 방법으로 결정한다. 이때 적용되는 이익률은 최초판매가격 이하로 가격이 인하된 재고자산을 고려하여 계산하여야 한다.

유통업을 영위하고 있는 ㈜대한은 확정판매계약(취소불능계약)에 따른 판매와 시장을 통한 일반 판매를 동시에 수행하고 있다. ㈜대한이 20×1년 말 보유하고 있는 상품재고 관련 자료는 다음과 같다.

항목	수량	단위당 취득원가	단위당 일반판매가격	단위당 확정판매 계약가격
상품 A	300개	₩500	₩600	–
상품 B	200개	₩300	₩350	₩280
상품 C	160개	₩200	₩250	₩180
상품 D	150개	₩250	₩300	–
상품 E	50개	₩300	₩350	₩290

- 기말재고 내역

- 재고자산 각 항목은 성격과 용도가 유사하지 않으며, ㈜대한은 저가법을 사용하고 있고, 저가법 적용 시 항목기준을 사용한다.
- 확정판매계약(취소불능계약)에 따른 판매 시에는 단위당 추정 판매비용이 발생하지 않을 것으로 예상되며, 일반 판매 시에는 단위당 ₩20의 추정 판매비용이 발생할 것으로 예상된다.
- 재고자산 중 상품 B, 상품 C, 상품 E는 모두 확정판매계약(취소불능계약) 이행을 위해 보유 중이다.
- 모든 상품에 대해 재고자산 감모는 발생하지 않았으며, 기초의 재고자산평가충당금은 없다.

㈜대한의 재고자산 평가와 관련된 회계처리가 20×1년도 포괄손익계산서의 당기순이익에 미치는 영향은 얼마인가?

[공인회계사 2020년]

① ₩11,800 감소   ② ₩10,800 감소   ③ ₩9,700 감소
④ ₩8,700 감소   ⑤ ₩7,700 감소

10 ㈜세무는 단일상품을 판매하는 기업으로, 20×1년 결산 이전 재고자산의 정상적인 수량부족과 평가손실을 반영하지 않은 매출원가는 ₩989,400이다. 재고와 관련된 자료가 다음과 같을 때, 20×1년 기초재고자산은? (단, 재고자산의 정상적인 수량부족과 평가손실은 매출원가로 처리하고, 비정상적인 수량부족은 기타비용으로 처리한다)   [세무사 2020년]

- 당기 매입 관련 자료
  - 상품 매입액: ₩800,000
  - 매입운임: ₩60,000
  - 관세환급금: ₩10,000
- 기말 재고 실사자료
  - 기말 재고 장부상 수량: 500개
  - 기말 재고 실제 수량: 480개(14개는 정상적인 수량 부족임)
  - 단위당 취득단가: ₩900
  - 단위당 순실현가능가치: ₩800

① ₩584,000   ② ₩586,600   ③ ₩587,400
④ ₩589,400   ⑤ ₩596,600

11 ㈜대한은 20×2년도 결산을 앞둔 시점에 화재가 발생하여 장부와 창고에 보관 중이던 재고자산 전부를 잃게 되었다. ㈜대한은 재고자산 손실액을 파악할 목적으로 외부감사인, 매입처 및 매출처 등으로부터 다음과 같은 자료를 수집하였다. ㈜대한의 20×2년도 매출총이익률이 20×1년도와 동일하다고 가정할 때, 화재와 관련된 재고자산 손실액은? (단, 재고자산회전율 계산 시 평균재고자산을 사용하면 1년을 360일로 가정한다)

(1) 외부감사인으로부터 수집한 20×1년도 재무자료
- 20×1년도 매출총이익률: 25%
- 20×1년도 기초재고자산: ₩700,000
- 20×1년도 매출원가: ₩5,000,000
- 20×1년도 재고자산평균보유기간: 72일
(2) 매입처 및 매출처로부터 수집한 20×2년도 재무자료
- 20×2년도 매입액: ₩7,500,000
- 20×2년도 매출액: ₩9,000,000

① ₩2,050,000   ② ₩2,150,000   ③ ₩2,250,000
④ ₩2,350,000   ⑤ ₩2,450,000

12 여의마트는 재고자산평가의 원가배분방법으로 소매재고법을 사용하고 있다. 20×2년의 재고자산과 관련된 자료는 다음과 같다.

구분	원가	매가
기초재고	₩5,700	₩10,000
총매입액	₩88,600	₩132,900
매입환출	₩1,900	₩1,200
총매출액		₩81,000
매출에누리 등		₩8,000
순인상액		₩600
순인하액		₩8,000
종업원할인		₩1,000
정상파손	₩940	₩1,450
비정상파손	₩2,700	₩4,300

여의마트가 아래의 원가흐름 가정으로 저가기준선입선출소매재고법을 적용하는 20×2년 매출원가는 얼마인가? (단, 원가율(%)은 소수점 첫째 자리에서 반올림한다)

① ₩54,242 ② ₩53,697 ③ ₩51,515

④ ₩52,060 ⑤ ₩51,987

Chapter 4 | 객관식 문제 정답 및 해설

01 ③ 자가제조한 재고자산의 취득원가는 원재료의 매입원가와 전환원가(노무비와 간접비)의 합계이다.

02 ② 후입선출법은 한국채택국제회계기준에서 인정하지 않는다.

03 ④

수정 전 기말재고	1,350,000
(1) 선적지인도조건 매입	210,000
(2) 12월분 재고 잔여분	30,000 × 50% = 15,000
(3) 검수 미완료 매입계약	(−)48,000
(4) 반품조건부판매	−
수정 후 기말재고	1,527,000

04 ③ (1) 기말: 1,000,000 + 1,500,000 + (1,500,000 − 1,000,000) = 3,000,000
   (2) 매출원가: 2,000,000 + 12,000,000 − 3,000,000 = 11,000,000

05 ⑤ (1) 평균단가(순액법): (200 + 800 + 1,200)/100개 = @22/단위당
   (2) 재고자산 감모손실: (20[1] − 15)개 × @22 = 110
      [1] 기말재고 장부수량: 20 + 40 − 50 + 40 − 30 = 20개
   (3) B/S에 기재될 기말재고: 15개 × Min[22, 18] = 270
   (4) 매출원가: 1,820[2]
      [2] 판매가능상품원가 2,200 − 재고자산 감모손실 110 − B/S상 기말재고 270

06 ⑤ 특정한 고객을 위한 비제조 간접원가 또는 제품 디자인원가를 재고자산의 원가에 포함하는 것이 적절할 수도 있다. 이는 기타 원가는 재고자산을 현재의 장소에 현재의 상태로 이르게 하는 데 발생한 범위 내에서만 취득원가에 포함되는 것과 같은 이유이다.

07 ① 1) 매출원가: 1,000,000 × (1 − 15%) = 850,000
   2) 기말재고자산: 680% = 850,000 ÷ (100,000 + 기말재고)/2, 기말재고 = 150,000

08 ③ 표준원가법이나 소매재고법 등의 원가측정방법은 그러한 방법으로 평가한 결과가 실제원가와 유사한 경우에 편의상 사용할 수 있다. 표준원가는 정상적인 재료원가, 소모품원가, 노무원가 및 효율성과 생산능력 활용도를 반영한다. 표준원가는 정기적으로 검토하여야 하며 필요한 경우 현재 상황에 맞게 조정하여야 한다.

09 ⑤　1)　재고자산 평가손실: 7,700 평가손실

　　　　(1)　상품 A: 순실현가능가치가 취득원가보다 크므로 저가법 적용대상 아님

　　　　(2)　상품 B: 200개 × (300 − 280) = 4,000

　　　　(3)　상품 C: 160개 × (200 − 180) = 3,200

　　　　(4)　상품 D: 순실현가능가치가 취득원가보다 크므로 저가법 적용대상 아님

　　　　(5)　상품 E: 50개 × (300 − 290) = 500

　　　2)　당기순이익에 미친 영향: (−)7,700

10 ④　기초재고자산 + (800,000 + 60,000 − 10,000) = 989,400(판매에 대한 재고) + 500개 × @900(감모와 평가손실 포함된 재고), 기초재고자산: 589,400

11 ①

재고(×1)				재고(×2)			
기초재고	700,000	매출원가	5,000,000	기초재고 ②	1,300,000	매출원가 ①	6,750,000 ← 매출 9,000,000
당기매입	××	기말 ②	1,300,000	당기매입	7,500,000	기말 ④	대차차액 2,050,000

　　　×1년 재고자산평균보유기간: 72일

- 재고자산회전율

　매출원가/[(×1년 기초재고 + ×1년 기말재고)/2] = 360(1년 360일 가정)/재고자산 평균보유기간

- 재고자산회전율

　5,000,000/[(700,000 + ×1년 기말재고)/2] = 360 / 72일, ×1년 기말재고 = 1,300,000

* 20×2년 매출원가: 9,000,000 × (1 − 25%) = 6,750,000

12 ②

상품(원가)				상품(매가)			
기초	5,700	매출원가		기초	10,000	매출액	81,000
매입	88,600			매입	132,900	정상파손	1,450
매입환출	(−)1,900			매입환출	(−)1,200	종업원할인	1,000
비정상파손	(−)2,700	기말재고		순인상	600	매출에누리 등	(−)8,000
				순인하	(−)8,000		
				비정상파손	(−)4,300	기말재고	54,550
합계: Ⅰ	89,700			합계: Ⅱ	130,000		

　　　(1)　저가기준선입선출법

　　　　- 원가율: (Ⅰ − 5,700)/(Ⅱ − 10,000 + 8,000) = 66%

　　　　- 기말재고(원가): 54,550 × 66% = 36,003

　　　　- 매출원가: 89,700 − 36,003 = 53,697

Chapter 4 | 주관식 문제

문제 01   재고자산의 매입과 재고자산 조정

다음은 12월 말 결산법인인 A사의 20×1년도 재고자산의 매입과 관련된 자료들이다. 이들 자료를 기초로 물음에 답하시오.

> (1) 선적지인도조건으로 매입 중인 상품 ₩3,000이 12월 31일 현재 운송 중에 있다. 12월 31일까지 선적서류가 도착하지 않아 매입에 관한 회계처리를 하지 못하였다.
>
> (2) 도착지인도조건으로 매입 중인 상품 ₩2,000이 12월 31일 현재 운송 중에 있다. 12월 26일 선적 서류가 도착하여 매입에 관한 회계처리를 하였다.
>
> (3) 선적지인도조건으로 매입 중인 상품 ₩1,000이 12월 31일 현재 운송 중에 있으나 운송 중 사고로 인하여 소실되었다. 12월 26일 선적서류가 도착하여 매입에 관한 회계처리를 하였다.
>
> (4) 거래처에서 판매를 위탁한 상품 ₩2,500이 12월 31일 현재 창고에 보관되어 있다. 회사에서는 상품을 구입한 것으로 보아 12월 31일 현재 매입으로 회계처리하였다.
>
> (5) 12월 30일, 1개월 후에 재판매하는 조건으로 거래처로부터 상품 ₩3,400을 매입하고 매입채무로 회계처리하였다. 상품은 12월 31일 현재 창고에 보관되어 있으며 대금의 결제는 다음 해 1월 2일에 있었다.

A사의 12월 31일 현재 매입채무와 창고에 있는 모든 재고자산을 실사한 결과 재고자산이 각각 ₩9,000과 ₩12,000이라면 12월 31일 현재 올바른 매입채무와 재고자산은 얼마인가?

구분	매입채무	재고자산
수정 전 금액	9,000	12,000
(1)	3,000	3,000
(2)	(−)2,000	−
(3)	−	−
(4)	(−)2,500	(−)2,500
(5)	(−)3,400	(−)3,400
수정 후 금액	4,100	9,100

(1)

구분	회사 금액	수정분개	올바른 금액
매입채무	−	3,000	3,000
재고자산	−	3,000	3,000

차) 재고자산   3,000   대) 매입채무   3,000

(2)

구분	회사 금액	수정분개	올바른 금액
매입채무	2,000	(−)2,000	−
재고자산	−	−	−

차) 매입채무   2,000   대) 매출원가   2,000

(3)

구분	회사 금액	수정분개	올바른 금액
매입채무	1,000	−	1,000
재고자산[1]	−	−	−

[1] 재고는 운송 중에 소실되어 운송손실로 비용처리한다.

회계처리 없음

(4)

구분	회사 금액	수정분개	올바른 금액
매입채무	2,500	(−)2,500	−
재고자산	2,500	(−)2,500	−

차) 매입채무   2,500   대) 재고자산   2,500

(5)

구분	회사 금액	수정분개	올바른 금액
매입채무	3,400	(−)3,400	−
재고자산	3,400	(−)3,400	−

차) 매입채무   3,400   대) 재고자산   3,400

다음은 A사의 20×9년도 상반기의 매입과 매출에 관한 자료이며, 재고자산의 평가방법으로 가중평균법을 적용하고 있다(단, 장부상 재고와 실지재고는 일치하며, 소수점 이하 금액은 반올림한다).

일자	적요	수량	단가
1월 1일	기초재고	50개	₩310
2월 3일	매입	200	₩330
3월 12일	매출	(100)	₩500
4월 7일	매입	90	₩350
5월 23일	매출	(150)	₩600
6월 30일	매입	60	₩370

물음 1) 기말단가기록법(총평균법)을 적용한다고 가정할 경우 A사의 (1) 20×9년 6월 30일 현재 재고자산금액과 (2) 20×9년 상반기 매출총이익을 각각 계산하시오.

물음 2) 계속단가기록법(이동평균법)을 적용한다고 가정할 경우 A사의 (1) 20×9년 6월 30일 현재 재고자산금액과 (2) 20×9년 상반기의 매출총이익을 각각 계산하시오.

물음 1) (1) 20×9년 6월 30일 현재 재고자산금액: 150개 × @338 = 50,700

    1) 20×9년 6월 30일 현재 재고수량: 50 + 200 − 100 + 90 − 150 + 60 = 150개

    2) 평균단가: (50개 × 310 + 200개 × 330 + 90개 × 350 + 60개 × 370) ÷ (50 + 200 + 90 + 60)개

        = @338

(2) 20×9년 상반기 매출총이익

    1) 매출액: 100개 × 500 + 150개 × 600 = 140,000

    2) 매출원가: 135,200 − 50,700 = 84,500

    3) 매출총이익: 140,000 − 84,500 = 55,500

물음 2) (1) 20×9년 6월 30일 현재 재고자산금액: 150개 × @349 = 52,350

    1) 2월 3일 평균단가: (50개 × 310 + 200개 × 330) ÷ (50 + 200)개 = @326

    2) 4월 7일 평균단가: (150개 × 326 + 90개 × 350) ÷ (150 + 90)개 = @335

    3) 6월 30일 평균단가: (90개 × 335 + 60개 × 370) ÷ (90 + 60)개 = @349

(2) 20×9년 상반기 매출총이익

    1) 매출액: 100개 × 500 + 150개 × 600 = 140,000

    2) 매출원가: 135,200 − 52,350 = 82,850

    3) 매출총이익: 140,000 − 82,850 = 57,150

㈜포도의 당해 상품 매매와 관련된 자료는 다음과 같다.

<자료>

1) 재고자산의 물량 흐름

구분	수량	단위원가
기초 상품 재고	650개	@700
1월 20일 매입	1,500개	@800
2월 10일 매출(외상매출)	1,500개	@1,000
5월 25일 매입	750개	@820
7월 10일 매출(외상매출)	1,200개	@1,000
10월 20일 매입	800개	@844
12월 15일 매출(외상매출)	350개	@1,000

2) ㈜포도는 기말 재고자산 실사 중에 감모 수량이 100개가 발생한 것을 확인하였고 이 중 40개는 원가성이 있는 감모인 것을 확인하였다. 기말 재고자산의 순실현가능가치는 ₩750이고, 전기 말에 재고자산평가충당금은 없었다.

3) ㈜포도는 정상감모손실과 평가손실은 매출원가로 기록하고 있으며, 비정상감모손실은 기타비용으로 기록하고 있다.

4) 기말 재고자산 중 250개는 ₩1,200에 판매하기로 확정판매계약을 맺었으며, 이 계약에서만 판매비용으로 ₩200이 발생한다.

물음 1) ㈜포도는 재고자산에 대해 가중평균법을 사용하고 있으며, 재고자산 수량을 계속기록법에 따라 기록하는 경우, 7월 10일에 ㈜포도가 해야 할 회계처리를 보이시오. (단, 단위원가는 소수점 첫째 자리에서 반올림한다)

물음 2) ㈜포도는 재고자산에 대해 가중평균법을 사용하고 있으며, 재고자산 수량을 실지재고조사법에 따라 기록하는 경우, 매출원가를 계산하시오.

물음 3) ㈜포도는 재고자산에 대해 가중평균법을 사용하고 있으며, 재고자산 수량을 실지재고조사법에 따라 기록하는 경우, 매출원가를 계산하시오. (단, 기초에 동 재고자산에 대한 평가충당금은 ₩20,000이 존재한다고 가정한다)

물음 4) ㈜포도는 재고자산에 대해 선입선출법을 사용하고 있으며, 재고자산 수량을 계속기록법과 실지재고조사법에 따라 기록할 경우, 두 방법에 따른 매출원가의 차이를 구하시오.

물음 1) [7월 10일 회계처리]

차) 매출채권	1,200,000	대) 매출	1,200,000
매출원가	956,400	상품	956,400

1) 2월 10일 평균단위원가: (650개 × @700 + 1,500 × @800) ÷ (650 + 2,150)개 = @770
2) 7월 10일 평균단위원가: (650개 × @770 + 750개 × @820) ÷ (650 + 750)개 = @797
3) 7월 10일 매출: 1,200개 × @1,000 = 1,200,000
4) 7월 10일 매출원가: 1,200개 × @797 = 956,400

물음 2) 매출원가: 2,473,440

1) 장부상 기말재고수량: 650 + 1,500 − 1,500 + 750 − 1,200 + 800 − 350 = 650개
2) 평균단위원가: (650 × 700 + 1,500 × 800 + 750 × 820 + 800 × 844) ÷ (650 + 1,500 + 750 + 800) = @796
3) 감모손실
   (1) 정상감모손실: 40개 × @796 = 31,840
   (2) 비정상감모손실: 60개 × @796 = 47,760
4) 기말 평가충당금: 13,800
   (1) 확정판매계약분: 순실현가능가치(1,200 − 200 = 1,000)가 평균단위원가보다 크므로 저가법 대상이 아니다.
   (2) 확정판매계약초과분: (650 − 100 − 250)개 × @(796 − 750) = 13,800
5) 매출원가: 455,000 + 2,490,200 − 47,760 − 437,800 + 13,800 = 2,473,440

재고자산

기초재고	455,000	당기판매	대차차액
(−)기초평가충당금	−	정상감모 (장부 − 실제수량) × 취득가 × 정상감모비율	
		평가손실 기말평가충당금 − 기초평가충당금	
		비정상감모	47,760
당기매입	2,490,200	기말재고	437,800
		(−)기말평가충당금	(−)13,800

물음 3) 매출원가: 455,000 − 20,000 + 2,490,200 − 47,760 − 437,800 + 13,800 = 2,453,440

재고자산

기초재고	455,000	당기판매	대차차액
(−)기초평가충당금	(−)20,000	정상감모 (장부 − 실제수량) × 취득가 × 정상감모비율	
		평가손실 기말평가충당금 − 기초평가충당금	
		비정상감모	47,760
당기매입	2,490,200	기말재고	437,800
		(−)기말평가충당금	(−)13,800

물음 4) 차이 금액: 0

선입선출법을 사용하는 경우 계속기록법과 실지재고조사법은 기말재고자산과 매출원가의 차이가 존재하지 않는다.

다음은 ㈜대한의 재고자산에 관련된 자료이다. [세무사 2차 2017년]

(1) 20×1년 1월 1일 재고자산은 ₩200,000이고, 재고자산평가충당금은 ₩15,000이다.

(2) 20×1년 1월 1일 재고자산을 ₩18,000,000에 취득하면서 ₩6,000,000은 즉시 지급하였다. 나머지 대금은 20×1년 12월 31일과 20×2년 12월 31일에 ₩6,000,000씩 총 2회에 걸쳐 분할지급하면서, 기초 미지급대금의 연 5% 이자도 함께 지급하기로 하였다. 취득일 현재 재고자산의 현금가격상당액은 총지급액을 유효이자율로 할인한 현재가치와 동일하며, 동 거래에 적용되는 유효이자율은 연 8%이다.

(3) 현재가치 계산 시 아래의 현가계수를 이용하고, 계산은 소수점 첫째 자리에서 반올림하시오.

기간	단일금액 ₩1의 현가계수	
	5%	8%
1	0.95238	0.92593
2	0.90703	0.85734
3	0.86384	0.79383

(4) 20×1년 총매입액은 ₩30,000,000(1월 1일 매입액 포함)이고, 매입에누리와 환출은 ₩1,000,000, 매입할인은 ₩400,000이다.

(5) 20×1년 총매출액은 ₩40,000,000이고, ㈜대한이 부담한 매출운임은 ₩100,000, 매출에누리와 환입은 ₩300,000, 매출할인은 ₩150,000이다.

(6) 20×1년 12월 31일 재고자산의 장부상 수량은 1,100개, 실사수량은 1,050개이다. 재고자산의 단위당 취득원가는 ₩1,300이고, 기말 평가를 위한 자료는 다음과 같다.

단위당 현행대체원가	단위당 예상 판매가격	단위당 예상 판매비용
₩1,200	₩1,400	₩150

(7) 재고자산 감모손실 중 80%는 원가성이 있고 20%는 원가성이 없는 것으로 판명되었다. 원가성이 있는 재고자산 감모손실과 재고자산 평가손실(환입)은 매출원가에 반영하고, 원가성이 없는 재고자산 감모손실은 기타비용으로 처리한다.

물음 1) 20×1년 1월 1일의 매입액을 계산하시오.

물음 2) ㈜대한은 재고자산의 기말 장부수량에 단위당 취득원가를 적용하여 매출원가산정을 위한 분개를 하였다. 정확한 매출원가 계산을 위해 ① 재고자산 감모손실과 ② 재고자산 평가손실(환입)에 대한 분개를 추가로 행하였다. ①과 ②의 분개가 매출원가에 미치는 영향을 각각 계산하시오(단, 매출원가를 감소시키는 경우에는 금액 앞에 (−)표시를 하시오).

물음 3) 20×1년 포괄손익계산서에 보고되는 ① 매출액, ② 매출원가, ③ 당기순이익을 각각 계산하시오(단, ③의 당기순이익을 계산할 경우 매출총이익은 ₩3,000,000으로 가정한다).

물음 1) ① 20×1년 1월 1일 매입액: 17,512,380
          매입채무: (6,000,000 + 12,000,000 × 5%) × 0.92593 + (6,000,000 + 6,000,000 × 5%) × 0.85734
                  = 11,512,380
     ② 매입 시 회계처리(계속기록법)

차) 재고자산	17,512,380	대) 현금	6,000,000
		매입채무	11,512,380

물음 2) ① 재고자산 감모손실이 매출원가에 미치는 영향: 52,000 증가
     ② 재고자산 평가손실(환입)이 매출원가에 미치는 영향: 37,500 증가
       • 재고자산 감모손실
        - 정상감모손실: (1,100 - 1,050)개 × @1,300 × 80% = 52,000
        - 비정상감모손실: (1,100 - 1,050)개 × @1,300 × 20% = 13,000
       • 재고자산 평가손실: 37,500
        - 20×1년 말 재고자산평가충당금: 1,050개 × @[1,300 - (1,400 - 150)] = 52,500
        - 20×1년 재고자산평가손실(환입): 52,500 - 15,000(기초 재고자산평가충당금) = 37,500
     ③ 계속기록법하의 감모손실과 평가손실 회계처리

차) 매출원가	52,000	대) 재고자산	65,000
기타비용	13,000		
차) 매출원가	37,500	대) 재고자산평가충당금	37,500

물음 3) ① 매출액: 39,550,000
     ② 매출원가: (-)27,459,500
     ③ 당기순이익: 1,966,010
       • 매출액: 40,000,000 - 300,000(에누리) - 150,000(매출할인) = 39,550,000
        * 매출운임은 별도의 판매관리비 처리
       • 매출원가: ㉠ + ㉡ - ㉢ - ㉣ = 27,459,500
        ㉠ 기초 재고자산(순액): 200,000 - 15,000 = 185,000
        ㉡ 매입: 30,000,000 - 1,000,000 - 400,000 = 28,600,000
        ㉢ 기말 재고자산(순액): 1,050개 × @(1,400 - 150) = 1,312,500
        ㉣ 비정상감모손실: 13,000
       • 당기순이익: ㉠ - ㉡ - ㉢ - ㉣ = 1,966,010
        ㉠ 매출총이익: 3,000,000
        ㉡ 기타비용(비정상감모손실): 13,000
        ㉢ 매입채무 관련 이자비용: 11,512,380 × 8% = 920,990
        ㉣ 매출운임: 100,000

신용판매만을 하는 ㈜대한은 20×1년 중 창고에 보관 중이던 상품 전부를 도난당하였다. 사고조사 과정에서 수집된 20×0년도 및 20×1년도의 자료에서 도난사건과 관련하여 회수하지 못한 상품의 원가는 얼마로 추정되는가?

(1) ㈜대한의 20×0년도 신용 매출액과 평균매출채권을 이용하여 계산한 매출채권회전율은 10.5회, 매출원가와 평균재고자산을 이용하여 계산한 재고자산회전율은 8회였다. 또한 ㈜대한은 20×0년도에 매출원가에 25%를 가산하여 상품을 판매하였다.

(2) ㈜대한의 20×0년 1월 1일 매출채권은 ₩10,000, 상품재고액은 ₩8,000이었으며, 20×0년도에는 경기부진으로 인해 기말매출채권이 기초 대비 80% 증가하였다.

(3) 20×1년 1월 1일부터 상품의 도난시점까지 ㈜대한의 상품매입액과 상품매출액은 각각 ₩260,000과 ₩330,000이었으며, 매출원가율은 20×0년도와 동일하였다.

(4) 경찰의 신속한 수사를 통해 도난 당일에 원가 ₩10,000의 상품을 회수하였다.

풀이

1) 20×0년 매출: 10.5 = 매출 ÷ 14,000, 매출: 147,000
2) 20×0년 매출원가: 147,000 ÷ (1 + 25%) = 117,600
3) 20×0년 기말재고: 8 = 117,600 ÷ [(8,000 + 기말재고) ÷ 2], 기말재고: 21,400
4) 20×1년 기말재고: 21,400 + 260,000 − 330,000 ÷ 1.25 = 17,400
5) 회수 못한 상품 원가: 17,400 − 10,000 = 7,400

A사는 업종의 특성상 매출가격환원법이 다른 재고자산평가방법보다 합리적이라고 인정되어 매출가격환원법을 사용하고 있다. A사의 20×1년도 재고자산과 관련된 자료는 다음과 같다. 원가율 계산 시 소수점 다섯째 자리(0.00%)에서 반올림한다.

	원가	매가
기초재고	₩12,000	₩20,000
당기총매입액	₩200,000	₩308,000
매입할인	₩3,000	
순인상		₩4,000
순인하		₩1,600
매출액		₩295,000
종업원할인		₩3,000
정상파손	₩1,000	₩1,500
비정상파손	₩4,000	₩8,000

A사가 원가흐름의 가정으로 저가기준선입선출법을 적용하는 경우와 가중평균법을 적용하는 경우 다음 표의 각 번호에 해당하는 금액은 얼마인가? (단, 원 단위 미만은 반올림한다)

구분	기말재고(원가)	매출원가
저가기준선입선출매출가격환원법	①	②
가중평균매출가격환원법	③	④

구분	기말재고(원가)	매출원가
저가기준선입선출매출가격환원법	① 14,539	② 190,461
가중평균매출가격환원법	③ 14,562	④ 190,438

1. T계정 분석

상품(원가)			
기초재고	12,000	매출원가	?
총매입액	200,000		
매입할인	(−)3,000	기말재고	?
비정상파손	(−)4,000		
	205,000		205,000

상품(매가)			
기초재고	20,000	총매출액	295,000
총매입액	308,000	종업원할인	3,000
순인상액	4,000	정상파손	1,500
순인하액	(−)1,600		
비정상파손	(−)8,000	기말재고	22,900
	322,400		322,400

2. 저가기준선입선출매출가격환원법

(1) 원가율: $(205,000 − 12,000) ÷ (322,400 − 20,000 + 1,600) = 63.49\%$

(2) 기말재고(원가): $22,900 × 63.49\% = 14,539$

(3) 매출원가: $205,000 − 14,539 = 190,461$

3. 가중평균매출가격환원법

(1) 원가율: $205,000 ÷ 322,400 = 63.59\%$

(2) 기말재고(원가): $22,900 × 63.59\% = 14,562$

(3) 매출원가: $205,000 − 14,562 = 190,438$

Chapter **5**

유형자산

1. 유형자산의 의의
2. 유형자산의 최초 인식과 측정
3. 유형자산의 감가상각과 후속원가, 제거
4. 유형별 자산의 원가
5. 복구원가와 정부보조금
6. 재평가모형
7. 유형자산의 손상

1 유형자산의 의의

01 유형자산의 정의

유형자산은 기업이 재화나 용역의 생산이나 제공, 타인에 대한 임대 또는 관리활동에 사용할 목적으로 보유하는 물리적 형태가 있는 자산으로서 한 회계기간을 초과하여 사용할 것이 예상되는 자산으로 정의하고 있다.

02 유형자산의 특징

유형자산은 한 회계기간을 초과하여 사용할 것으로 예상되는 자산이다. 만약에 자산을 취득하였으나 사용기간이 한 회계기간을 초과하지 못한다면 중요성의 관점에서 발생기간의 비용으로 회계처리하는 것이 타당하다.

물리적 형태가 있는 자산이라고 해서 모두 유형자산으로 분류되는 것은 아니다. 물리적 형태가 있는 자산도 그 보유목적에 따라 여러 가지 자산으로 분류하여 재무제표에 표시하는데, 그 이유는 자산의 보유목적에 따라 미래현금흐름의 창출에 기여하는 특성이 다르기 때문이다.

[자산의 보유목적에 따른 물리적 실체가 있는 자산의 분류]

자산의 보유목적	자산의 분류
재화나 용역의 생산이나 제공, 타인에 대한 임대 또는 관리활동에 사용할 목적으로 보유	유형자산
임대수익이나 시세차익 또는 두 가지 모두를 얻기 위하여 보유하는 부동산	투자부동산
영업활동과정에서 판매를 위하여 보유 중이거나 생산 중인 자산 또는 생산이나 용역제공에 사용될 원재료나 소모품	재고자산

Self Study

1. 유형자산의 특징
   ① 재화나 용역의 생산이나 제공, 타인에 대한 임대 또는 관리활동에 사용할 목적으로 보유
   ② 한 회계기간을 초과하여 사용할 것으로 예상
   ③ 물리적 실체가 있는 자산
2. 예비부품, 대기성장비 및 수선용구와 같은 항목은 유형자산의 정의를 충족하면 유형자산으로 인식하고, 유형자산의 정의를 충족하지 못하면 재고자산으로 분류한다.

유형자산은 시간의 경과나 사용으로 인하여 가치가 감소되어 감가상각비를 인식하는 상각자산과 시간의 경과나 사용으로 인하여 가치가 감소되지 않는 비상각자산으로 나누어진다.

[유형자산의 분류]

계정과목		내용
사용 중인 자산	토지(상각 ×)	대지, 임야 등 영업활동에 사용할 목적으로 취득한 자산
	건물(상각 ○)	건물, 냉난방, 전기, 통신 및 기타 건물부속설비
	구축물(상각 ○)	교량, 굴뚝, 저수지 등(토지, 건물 분류 불가)
	기계장치(상각 ○)	기계장치, 운송설비 및 기타의 부속설비
	기타자산(상각 ○)	위 항목 이외의 자산, 차량운반구, 리스계량자산 등
건설중인자산(상각 ×)		유형자산의 건설을 위한 재료비, 노무비, 경비 등

Additional Comment

건설중인자산은 유형자산의 취득이 완료될 때까지 상당한 기간이 소요되는 경우 취득을 위하여 지출한 도급금액이나 자가건설을 하는 경우 건설에 직접적으로 또는 간접적으로 발생한 지출액을 말한다. 즉, 건설중인자산은 재무상태표에 아직 취득이 완료되지 않은 경우 사용하는 임시계정으로 취득이 완료되면 본 유형자산 계정인 토지, 건물 및 기계장치 등으로 대체하여야 한다. 건설중인자산은 취득이 완료되기 전까지는 감가상각을 하지 않는다.

건설 중	차) 건설중인자산	××	대) 현금	××
기말	회계처리 없음(감가상각 ×)			
건설 완료	차) 토지, 건물, 기계장치 등	××	대) 건설중인자산	××

Ⅰ 인식기준

유형자산을 인식하기 위해서는 다음의 인식기준을 모두 충족하여야 한다.

> ① 자산으로부터 발생하는 미래경제적효익이 기업에 유입될 가능성이 높다.
> ② 자산의 원가를 신뢰성 있게 측정할 수 있다.

유형자산과 관련된 모든 원가는 그 발생시점에 인식원칙을 적용하여 평가한다. 이러한 원가에는 유형자산을 매입하거나 건설할 때 최초로 발생하는 원가뿐만 아니라 후속적으로 증설, 대체 또는 수선 및 유지와 관련하여 발생하는 원가를 포함한다. 즉, 최초원가든 후속원가(= 취득 후 사용과정에서 발생하는 원가)든 관계없이 발생한 원가가 유형자산의 인식기준을 모두 충족하면 유형자산으로 인식하고, 그렇지 못하면 발생시점에서 당기손익으로 인식한다.

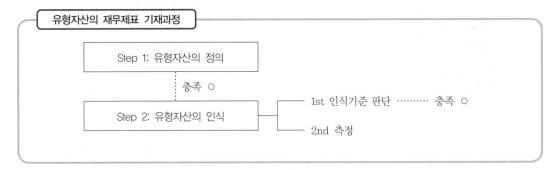

유형자산의 재무제표 기재과정

Step 1: 유형자산의 정의

⋮ 충족 ○

Step 2: 유형자산의 인식 ── 1st 인식기준 판단 ········ 충족 ○

── 2nd 측정

Additional Comment

> 자산의 정의와 인식은 별개이다. 자산의 정의에 부합되는 자원을 자산으로 인식한다는 것은 그 자원을 화폐단위로 측정하고 특정 과목을 이용하여 장부에 기록하고 재무제표에 표시하는 것을 말한다. 어떤 자원이 자산의 정의에 부합하더라도 인식을 위한 기준을 충족하지 못한다면 자산으로 인식하지 못한다.

1. 유형자산 항목의 통합인식: 개별적으로 경미한 항목은 통합하여 인식기준을 적용한다.
2. 규제상 취득하는 자산의 인식: 안전 또는 환경상의 이유로 취득한 유형자산은 그 자체로는 직접적인 미래경제적효익을 얻을 수 없지만, 당해 유형자산을 취득하지 않았을 경우보다 관련 자산으로부터 미래경제적효익을 더 많이 얻을 수 있기 때문에 자산으로 인식할 수 있다.

계정과목	내용
개별적으로 경미한 항목	통합하여 유형자산 분류
안전 또는 환경상의 이유로 취득한 자산	자체적 효익 없어도 유형자산 분류

II 최초 인식 시 측정

유형자산 인식 시 측정은 아래의 그림과 같이 구분할 수 있다. 유형자산은 사용이 가능한 상태부터 수익을 창출할 수 있으므로 유형자산과 관련된 지출들도 사용이 가능한 시점 이후부터는 비용처리될 수 있다. 단, 유형자산의 취득과 직접적으로 관련이 없는 지출들은 그 즉시 비용처리된다.

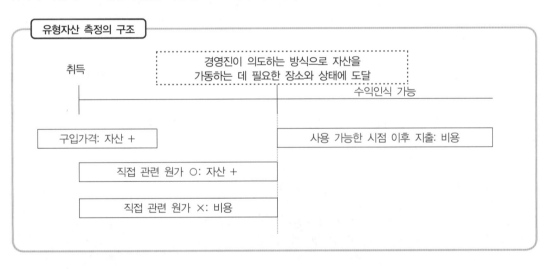

01 구입가격

재무제표에 인식하는 유형자산은 원가로 측정한다. 이때 원가란 자산을 취득하기 위하여 자산의 취득시점이나 건설시점에 지급한 현금 또는 현금성자산이나 제공한 기타 대가의 공정가치를 의미한다. 만약, 유형자산을 무상으로 취득한 경우에는 취득한 유형자산의 공정가치를 원가로 측정한다.

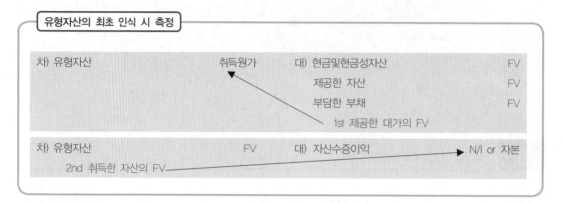

Additional Comment

관세나 환급불가능한 취득 관련 세금(취득세, 등록세 등)은 취득과정에서 회피할 수 없는 원가이므로 유형자산의 구입가격에 포함하는 반면, 매입할인이나 리베이트는 유형자산을 싸게 구입하는 것이므로 구입가격에서 차감한다.

02 경영진이 의도하는 방식으로 자산을 가동하는 데 필요한 장소와 상태에 이르게 하는 데 직접 관련된 원가

경영진이 의도하는 방식으로 자산을 가동하는 데 필요한 장소와 상태에 이르게 하는 데 직접 관련되는 원가의 예는 아래와 같다.

① 유형자산 매입 또는 건설과 직접적으로 관련된 종업원급여
② 취득과 관련하여 전문가에게 지급하는 수수료
③ 최초의 운송 및 취급 관련 원가, 설치장소 준비원가, 설치원가 및 조립원가
④ 정상적으로 작동을 위해 시험하는 과정에서 발생하는 시험원가

Self Study

경영진이 의도한 방식으로 유형자산을 가동할 수 있는 장소와 상태에 이르게 하는 동안에 재화(예 자산이 정상적으로 작동되는지를 시험할 때 생산되는 시제품)가 생산될 수 있다. 그러한 재화를 판매하여 얻은 매각금액과 그 재화의 원가는 적용 가능한 기준서에 따라 당기손익으로 인식한다.

03 유형자산의 원가에 포함되지 않는 항목들(직접 관련된 원가 ×)

정상적인 취득과정에서 불가피하게 발생한 부대비용이 아니거나 미래경제적효익이 기업에 유입될 가능성이 불분명한 원가는 유형자산의 원가에 포함해서는 안 된다. 이러한 유형자산의 원가가 아닌 예는 아래와 같다.

① 새로운 시설을 개설하는 데 소요되는 원가
② 새로운 상품과 서비스를 소개하는 데 소요되는 원가(예 광고 및 판촉활동과 관련된 원가)
③ 새로운 지역 또는 고객층을 대상으로 영업을 하는 데 소요되는 원가(예 직원 교육훈련비)
④ 관리 및 기타 일반간접원가

04 경영진이 의도하는 방식으로 자산을 가동할 수 있는 장소와 상태에 이른 후에 발생한 원가

유형자산이 경영진이 의도하는 방식으로 가동될 수 있는 장소와 상태에 이른 후에 발생한 원가는 더 이상 자산으로 인식하지 않는다. 따라서 유형자산을 사용하거나 이전하는 과정에서 발생하는 아래와 같은 원가는 유형자산의 장부금액에 포함하지 않는다.

① 유형자산이 경영진이 의도하는 방식으로 가동될 수 있으나 실제 사용되지 않고 있는 경우 또는 가동 수준이 완전 조업도 수준에 미치지 못하는 경우에 발생하는 원가
② 유형자산과 관련된 산출물에 대한 수요가 형성되는 과정에서 발생하는 초기 가동손실
③ 기업의 영업 전부 또는 일부를 재배치하거나 재편성하는 과정에서 발생하는 원가

Additional Comment

토지나 건물과 같은 부동산을 취득하는 경우, 부담해야 하는 취득세와 부동산 중개수수료 등도 경영진이 의도하는 방식으로 자산을 가동하는 데 필요한 장소와 상태에 이르게 하는 데 직접 관련된 원가이므로 당해 토지나 건물의 취득원가에 가산한다. 그러나 취득 이후 보유기간에 부과되는 재산세 등은 이미 취득과정이 종료된 후에 발생한 것이므로 발생기간의 비용으로 인식한다. 이와 동일하게 유형자산의 취득과정에서 파손이나 화재 등에 대비하기 위하여 보험에 가입하고 부담한 보험료는 유형자산의 장부금액에 포함되나, 취득 이후 기간에 부담한 보험료는 발생기간의 비용으로 인식한다.

Self Study

건설이 시작되기 전에 건설용지를 주차장 용도로 사용함에 따라 수익을 획득할 수 있다. 이러한 부수적인 영업은 유형자산을 경영진이 의도하는 방식으로 가동하는 데 필요한 장소와 상태에 이르게 하기 위해 필요한 활동이 아니므로 그러한 수익과 관련 비용은 당기손익으로 인식하고 각각의 수익과 비용항목을 구분하여 표시한다.

㈜한영은 재화의 생산을 위하여 기계장치를 취득하였으며, 관련 자료는 다음과 같다. 동 기계장치의 취득원가는?

구분	금액
구입가격(매입할인 미반영)	₩1,000,000
매입할인	₩15,000
설치장소 준비원가	₩25,000
정상작동 여부 시험과정에서 발생한 원가	₩10,000
정상작동 여부 시험과정에서 생산된 시제품 순매각금액	₩5,000
신제품을 소개하는 데 소요되는 원가	₩3,000
신제품 영업을 위한 직원 교육훈련비	₩2,000
기계 구입과 직접적으로 관련되어 발생한 종업원급여	₩2,000

풀이

구분	금액
구입가격(매입할인 미반영)	1,000,000
매입할인	(−)15,000
설치장소 준비원가	25,000
정상작동 여부 시험과정에서 발생한 원가	10,000
정상작동 여부 시험과정에서 생산된 시제품 순매각금액	당기손익처리
신제품을 소개하는 데 소요되는 원가	취득원가에 포함되지 않음
신제품 영업을 위한 직원 교육훈련비	취득원가에 포함되지 않음
기계 구입과 직접적으로 관련되어 발생한 종업원급여	2,000
합계	1,022,000

유형자산의 감가상각과 후속원가, 제거

I 감가상각의 본질

감가상각이란 당해 자산의 경제적 내용연수 동안 자산의 감가상각대상금액(= 취득원가 − 잔존가치)을 합리적이고 체계적인 방법으로 배분하여 당기비용으로 인식하는 과정을 말한다. 감가상각은 원가의 배분과정이지 자산의 평가과정이 아니다.

Additional Comment

토지를 제외한 유형자산은 회사의 통상적인 영업활동에 사용되면서 미래의 경제적 효익이 감소된다. 유형자산의 미래 경제적효익의 감소요인으로는 크게 물리적 요인(예 파손, 화재 등)과 경제적 요인(예 진부화)이 있다. 그러나 유형자산의 경제적 효익의 감소원인은 다양하고 복합적이므로 회사가 유형자산의 경제적 효익의 감소분을 직접 관찰하여 화폐금액으로 측정하기는 어렵다. 대신 유형자산의 취득원가를 합리적이고 체계적인 방법으로 배분하여 당기비용으로 인식하는데, 이를 감가상각이라고 한다.

Self Study

감가상각의 목적은 원가배분이며, 자산의 평가는 아니다. 즉, 감가상각비는 취득원가 중에서 당기에 비용으로 배분된 부분을 의미하고, 재무상태표상의 유형자산 장부금액(= 취득원가 − 감가상각누계액)은 취득원가 중에서 아직까지 비용으로 배분되지 않은 부분을 의미할 뿐이지 그 자산의 공정가치가 아니다.

II 감가상각단위와 감가상각액의 회계처리

01 감가상각단위

(1) 유의적인 일부의 원가

유형자산을 구성하는 일부의 원가가 당해 유형자산의 전체원가와 비교하여 유의적이라면, 해당 유형자산을 감가상각할 때 그 부분은 별도로 구분하여 감가상각한다. 단, 일부의 원가가 당해 유형자산의 전체원가와 비교하여 유의적이지 않더라도 그 부분을 별도로 구분하여 감가상각할 수 있다.

유형자산의 일부를 별도로 구분하여 감가상각하는 경우에는 동일한 유형자산을 구성하고 있는 나머지 부분도 별도로 구분하여 감가상각한다. 나머지 부분은 개별적으로 유의적이지 않은 부분들로 구성된다.

(2) 토지의 원가에 대한 감가상각

토지의 원가에 해체, 제거 및 복구원가가 포함된 경우에는 그러한 원가를 관련 경제적 효익이 유입되는 기간에 감가상각한다. 따라서 토지의 내용연수가 한정될 수 있는데, 이 경우에는 관련 경제적 효익이 유입되는 형태를 반영하는 방법으로 토지를 감가상각한다.

사례연습 2: 토지의 감가상각

A사는 20×1년 초 토지를 ₩500,000에 취득하였다. 토지는 5년간 산업폐기물 야적장으로 사용한 후 건물을 신축할 예정이다. 토지를 취득한 시점에서 5년 후에 오염된 주변 토지를 원상복구할 의무가 있다. 5년 후 원상복구비용의 취득시점의 현재가치는 ₩15,000이다(할인율 10%). 20×1년 A사가 해야 할 회계처리를 보이시오.

풀이

20×1년 초	차) 토지	515,000	대) 현금		500,000
			복구충당부채		15,000
20×1년 말	차) 감가상각비[1]	3,000	대) 감가상각누계액		3,000
	이자비용[2]	1,500	복구충당부채		1,500

[1] 15,000/5년 = 3,000
[2] 15,000 × 10% = 1,500

---

02 감가상각액의 처리

각 기간의 감가상각액은 당기손익으로 인식한다. 그러나 유형자산에 내재된 미래경제적효익이 다른 자산을 생산하는 데 사용되는 경우도 있는데, 이러한 경우 유형자산의 감가상각액은 해당 자산의 원가의 일부가 된다.

특정 회계연도의 감가상각비를 계산하기 위해서는 아래의 3가지 기본요소가 먼저 결정되어야 한다.

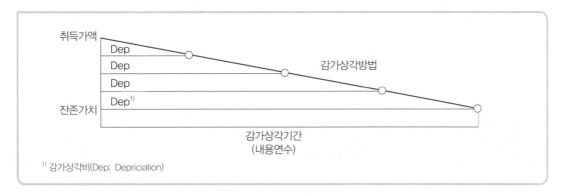

¹⁾ 감가상각비(Dep; Depriciation)

01 감가상각대상금액

감가상각대상금액이란 취득원가에서 잔존가치를 차감한 것으로 당해 자산을 수익획득과정에서 이용하는 기간 동안 인식할 총감가상각비를 의미한다. 유형자산의 감가상각대상금액은 내용연수에 걸쳐 체계적인 방법으로 배분된다.

> 감가상각대상금액(감가상각기준액) = 유형자산의 원가(취득원가) – 잔존가치

잔존가치는 자산이 이미 오래되어 내용연수 종료시점에 도달하였다는 가정하에 자산의 처분으로부터 현재 획득할 금액에서 추정 처분부대원가를 차감한 금액의 추정치를 말한다(잔존가치 = 내용연수 종료시점의 처분금액 – 처분부대원가).

Self Study

1. 잔존가치는 적어도 매 회계연도 말에 재검토하고 재검토의 결과 추정치가 종전의 추정치와 다르다면 그 차이는 회계추정의 변경으로 회계처리한다.
2. 토지와 건물을 동시에 취득하는 경우에도 이들은 분리 가능한 자산이므로 별개의 자산으로 회계처리한다. 건물이 위치한 토지의 가치가 증가하더라도 건물의 감가상각대상금액에는 영향을 미치지 않는다.
3. 유형자산의 잔존가치가 해당 자산의 장부금액과 같거나 큰 금액으로 증가하는 경우에는 자산의 잔존가치가 장부금액보다 작은 금액으로 감소될 때까지 유형자산의 감가상각액은 '0'이 된다. 유형자산의 공정가치가 장부금액을 초과하더라도 잔존가치가 장부금액을 초과하지 않는 한 감가상각액을 계속 인식한다.

02 내용연수

유형자산의 감가상각은 자산이 사용 가능한 때부터 시작한다. 유형자산을 매각예정비유동자산으로 분류하거나 재무상태표에서 제거하지 않는 한 내용연수 동안 감가상각하는데, 여기서 내용연수란 기업에서 자산을 사용 가능할 것으로 기대되는 기간 또는 자산에서 얻을 것으로 예상되는 생산량이나 이와 유사한 단위 수량을 말한다. 유형자산의 내용연수는 자산으로부터 기대되는 효용에 따라 결정된다. 내용연수와 관련된 한국채택국제회계기준의 규정은 아래와 같다.

① 유형자산의 감가상각은 자산이 사용 가능한 때부터 시작한다. 즉, 경영진이 의도하는 방식으로 자산을 가동하는 데 필요한 장소와 상태에 이른 때부터 시작한다.
② 유형자산의 내용연수는 자산으로부터 기대되는 효용에 따라 결정되므로 내용연수는 일반적 상황에서의 경제적 내용연수보다 짧을 수 있다. 유사한 자산에 대한 기업의 경험에 비추어 해당 유형자산의 내용연수를 추정해야 한다.
③ 유형자산의 미래경제적효익은 주로 사용함으로써 소비하는 것이 일반적이다. 그러나 자산을 사용하지 않더라도 기술적 또는 상업적 진부화와 마모 또는 손상 등의 다른 요인으로 인하여 자산에서 얻을 것으로 예상하였던 경제적 효익이 감소될 수 있으므로 자산의 내용연수를 결정할 때에는 다른 요인들을 고려하여야 한다.

Self Study

내용연수는 적어도 매 회계연도 말에 재검토하고 재검토의 결과 추정치가 종전의 추정치와 다르다면 그 차이는 회계추정의 변경으로 회계처리한다.

03 감가상각방법

감가상각방법은 감가상각대상금액을 내용연수에 걸쳐 각 회계기간에 배분하는 방법을 말한다. 감가상각방법은 자산의 미래경제적효익이 소비되는 형태를 반영하여 결정하고, 예상 소비형태가 달라지지 않는 한 매 회계기간에 일관성 있게 적용한다.

유형자산의 감가상각방법에는 아래와 같은 방법들이 있다.

① 균등상각법: 정액법
② 체감상각법: 연수합계법, 정률법, 이중체감법
③ 활동기준법: 생산량비례법

균등상각법은 매기 일정액의 감가상각비를 인식하는 방법이고, 체감상각법은 내용연수 초반부에는 감가상각비를 많이 인식하고 후반부로 갈수록 감가상각비를 적게 인식하는 방법이다. 또한 활동기준법은 자산을 이용한 활동량에 따라 감가상각비를 인식하는 방법이다.

유형자산의 감가상각방법은 자산의 미래경제적효익이 소비되는 형태를 반영해야 한다. 예를 들어, 기계장치의 감가상각방법은 당해 기계장치의 사용으로부터 산출되는 재화에 근거하여 결정되어야 한다. 그 이유는 기계장치의 경제적 효익은 사용에 의해서 소비되며, 그러한 경제적 효익의 소비는 산출되는 재화에 의해 주로 결정될 것이기 때문이다. 따라서 특정 기계장치를 사용하여 생산하는 산출물이 매년 일정하다면 정액법을 적용하는 것이 적절할 것이다. 그러나 특정 기계장치를 사용하여 생산하는 산출물이 매년 유의적으로 변동된다면 정액법보다 생산량비례법을 적용하는 것이 더 적절할 수 있다.

유형자산의 사용기간이 경과됨에 따라 유지보수비용이 증가하거나 기술적 진부화가 발생하여 정액법보다 정률법을 적용하는 것은 타당하지 않다. 그 이유는 유지보수비용이나 기술적 진부화는 당초에 자산의 내용연수를 결정할 때 고려할 수 있으나 이러한 요인이 자산의 미래경제적효익의 소비형태에 영향을 미치는 것은 아니기 때문이다.

1. 한국채택국제회계기준은 자산의 사용을 포함하는 활동에서 창출되는 수익에 기초한 감가상각방법을 인정하지 않는다. 그러한 활동으로 창출되는 수익은 일반적으로 자산의 경제적 효익의 소비 외 요소를 반영한다(예 가격의 변동).
2. 감가상각방법에 따라 각 회계기간단위로 배분되는 감가상각액은 다르지만, 내용연수 동안 총감가상각액은 동일하다.
3. 감가상각방법은 적어도 매 회계연도 말에 재검토하고 재검토의 결과 추정치가 종전의 추정치와 다르다면 그 차이는 회계추정의 변경으로 회계처리한다.

Ⅳ 감가상각비의 계산

유형자산의 감가상각대상금액을 내용연수 동안 체계적으로 배분하기 위해 다양한 방법을 사용할 수 있다. 이러한 감가상각방법에는 정액법, 체감잔액법과 생산량비례법이 있다. 정액법은 잔존가치가 변동하지 않는다고 가정할 때 자산의 내용연수 동안 매 기간 일정액의 감가상각액을 계상하는 방법이며, 체감잔액법은 자산의 내용연수 동안 감가상각액이 매 기간 감소하는 방법이다. 또한 생산량비례법은 자산의 예상조업도 또는 예상생산량에 기초하여 감가상각액을 계산하는 방법이다. 정액법과 체감잔액법의 연도별 감가상각비를 비교하면 아래와 같다.

[정액법과 체감잔액법의 비교]

총감가상각비	정액법 = 체감잔액법
내용연수 초기의 감가상각비	정액법 < 체감잔액법
내용연수 후기의 감가상각비	정액법 > 체감잔액법

감가상각의 각 방법별 계산구조는 아래와 같다.

상각방법	감가상각기준금액	상각률
정액법	취득원가 – 잔존가치	1/내용연수
연수합계법	취득원가 – 잔존가치	내용연수역순/내용연수합계
생산량비례법	취득원가 – 잔존가치	당기생산량/총생산가능량
정률법	기초 장부가액 = 취득원가 – 기초 감가상각누계액	별도의 상각률
이중체감법	기초 장부가액 = 취득원가 – 기초 감가상각누계액	2/내용연수

Additional Comment

체감잔액법의 경우 감가상각대상금액이나 기초 유형자산의 장부금액에 상각률을 곱하여 감가상각비를 매년 계상하고 내용연수가 경과할수록 감가상각비가 감소하여야 하는데, 이를 위해서 연수합계법은 감가상각대상금액은 고정이지만 상각률이 매년 감소한다. 이에 반해 이중체감법과 정률법은 상각률이 변동하지 않고 기초 유형자산의 장부금액이 매년 감소한다.

① 정액법, 연수합계법, 생산량비례법: (취득가 – 잔존가치) × 상각률
　　　　　　　　　　　　　　　　　　　고정　　　　　　(변동, 정액법 제외)

② 이중체감법, 정률법: 기초 BV(취득가 – 기초 감가상각누계액) × 상각률
　　　　　　　　　　　　　　　　변동　　　　　　　　　　　고정

(1) 정액법(가정: 자산의 가치가 시간의 경과에 따라 감소)

정액법은 잔존가치가 변동하지 않는다고 가정할 때 자산의 내용연수 동안 매 기간 일정액의 감가상각액을 계산하는 방법이다.

(2) 정률법(가정: 진부화)

정률법은 기초의 장부금액(= 취득원가 – 기초 감가상각누계액)에 매기 일정한 상각률을 곱하여 계산하는 방법이다. 정률법은 상각률에 잔존가치가 이미 고려되어 있기 때문에 감가상각비 계산 시 잔존가치를 고려하지 않는다.

(3) 이중체감법(가정: 진부화)

이중체감법은 기초 장부금액(= 취득원가 – 기초 감가상각누계액)에 상각률을 곱하여 감가상각비를 계산하는 방법이다. 정률법과 유사하나 상각률은 정액법 상각률의 2배를 곱하여 사용한다.

Additional Comment

정률법과 이중체감법은 내용연수가 종료되는 회계연도에는 감가상각비를 계산한 이후의 장부금액이 잔존가치와 다르므로 잔존가치를 남겨두기 위하여 기초 장부금액에서 잔존가치를 차감한 금액을 감가상각비로 계상한다.

(4) 연수합계법(가정: 진부화)

연수합계법은 감가상각대상금액(= 취득원가 − 잔존가치)에 매기 다른 상각률을 곱하여 감가상각비를 구한다. 상각률의 분모는 내용연수의 합계금액이고 분자는 내용연수의 역순으로 매년 다른 상각률이 계산된다.

Self Study

1. 정액법은 자산의 경제적 유용성이 내용연수 동안 매년 동일하고, 관련된 수선유지비도 매년 동일하다고 가정하는데 일반적으로 내용연수의 후기로 갈수록 수선유지비가 증가하는 현실과 맞지 않는다.
2. 정률법, 이중체감법, 연수합계법을 체감잔액법이라고 하는데 체감잔액법은 유형자산과 관련된 비용을 감가상각비와 수선유지비로 볼 때, 초기에는 감가상각비가 많이 계상되는 대신 수선유지비가 적게 발생하고, 후기에는 수선유지비가 많이 발생하는 대신 감가상각비가 적게 계상된다. 체감잔액법은 유형자산과 관련된 총비용이 내용연수에 걸쳐 비교적 균등하게 계상됨으로써 유형자산의 경제적 유용성이 내용연수 동안 일정하다고 가정하는 경우 수익·비용의 적절한 대응이 가능하다.

---

(5) 생산량비례법(가정: 물리적인 사용)

생산량비례법은 물리적인 생산량에 비례하여 감가상각을 인식하는 방법이다. 따라서 내용연수는 총 예상생산량에 근거하여 결정되며 매기 물리적인 생산량만큼 감가상각비를 인식한다. 그러나 총예상 생산량 추정이 불가능하고 당기의 실제 생산량을 계산할 수 없으면 생산량비례법을 적용하지 못하고, 시간의 경과에 따라 가치가 감소하거나 진부화되는 자산에는 적용하지 못하는 단점이 있다.

사례연습 3: 감가상각비의 계산

㈜토리는 20×1년 초에 기계장치를 ₩2,000,000에 취득하여 사용을 개시하였다. ㈜토리의 보고기간은 매년 1월 1일부터 12월 31일까지이며, 관련 자료는 다음과 같다.

(1) 기계장치의 내용연수는 3년, 잔존가치는 ₩200,000으로 추정되며, 총생산단위는 250,000개로 추정된다.
(2) ㈜토리는 20×1년에 80,000개의 제품을 생산하였으며, 20×2년에는 100,000개의 제품을 생산하였고, 20×3년에는 70,000개의 제품을 생산하였다.

다음의 각 방법에 따라 연도별 감가상각비를 계산하시오.

① 정액법
② 연수합계법
③ 생산량비례법
④ 정률법(상각률: 0.536)
⑤ 이중체감법

① 정액법의 감가상각비

연도	계산근거	감가상각비	감가상각누계액	장부금액
취득 시	−	−	−	2,000,000
20×1년 말	(2,000,000 − 200,000)/3	600,000	600,000	1,400,000
20×2년 말	(2,000,000 − 200,000)/3	600,000	1,200,000	800,000
20×3년 말	(2,000,000 − 200,000)/3	600,000	1,800,000	200,000

② 연수합계법의 감가상각비

연도	계산근거	감가상각비	감가상각누계액	장부금액
취득 시	−	−	−	2,000,000
20×1년 말	(2,000,000 − 200,000) × 3/6[1]	900,000	900,000	1,100,000
20×2년 말	(2,000,000 − 200,000) × 2/6	600,000	1,500,000	500,000
20×3년 말	(2,000,000 − 200,000) × 1/6	300,000	1,800,000	200,000

[1] 1 + 2 + 3 = 6

③ 생산량비례법의 감가상각비

연도	계산근거	감가상각비	감가상각누계액	장부금액
취득 시	−	−	−	2,000,000
20×1년 말	1,800,000 × 80,000/250,000	576,000	576,000	1,424,000
20×2년 말	1,800,000 × 100,000/250,000	720,000	1,296,000	704,000
20×3년 말	1,800,000 × 70,000/250,000	504,000	1,800,000	200,000

④ 정률법의 감가상각비

연도	계산근거	감가상각비	감가상각누계액	장부금액
취득 시	−	−	−	2,000,000
20×1년 말	2,000,000 × 0.536	1,072,000	1,072,000	928,000
20×2년 말	928,000 × 0.536	497,408	1,569,408	430,592
20×3년 말	430,592 − 200,000	230,592	1,800,000	200,000

⑤ 이중체감법의 감가상각비

연도	계산근거	감가상각비	감가상각누계액	장부금액
취득 시	−	−	−	2,000,000
20×1년 말	2,000,000 × 2/3(0.667)	1,334,000	1,334,000	666,000
20×2년 말	666,000 × 2/3(0.667)	444,222	1,778,222	221,778
20×3년 말	221,778 − 200,000	21,778	1,800,000	200,000

02 회계기간 중 취득한 유형자산의 감가상각비 계산과 월할상각

지금까지의 서술은 감가상각비 계산을 1년 단위로 한 것이었지만, 일반적으로 유형자산의 구입과 처분은 보고기간의 기초나 기말에 발생하기보다 기중에 발생한다. 따라서 유형자산을 기중에 취득한 경우에는 1년 치 감가상각비를 다 인식하는 것보다 취득시점부터 기말까지의 기간에 대하여만 감가상각비를 인식하는 것이 더 합리적이다. 이를 월할상각이라고 하는데 월할상각이란 1년 단위로 계산한 감가상각비를 보고기간의 월수에 비례하여 배분하는 방법이다.

(1) 기중 취득에 따른 월할상각의 계산방법

1) 정액법, 정률법, 이중체감법으로 감가상각을 하는 경우 감가상각대상금액에 해당연도의 상각기간에 따라 월수를 고려하여 감가상각비를 계상한다.

2) 연수합계법의 경우 상각률이 매년 변동하므로 구입연도와 그 다음 연도까지의 1년 전체 감가상각비를 계상한 후에 월수에 따라 안분 후 감가상각비를 계상한다.

> **Ex. 기중 취득에 따른 월할상각**
>
>
>
> ×1   ×2
> 5/1 취득   4/30
>
> 1. 방법별 ×1년의 감가상각비 계산식(단, 연수합계법은 내용연수 3년 가정)
>
> | 구분 | ×1년 감가상각비 계상 |
> |---|---|
> | 정액법 | (취득가액 − 잔존가치)/내용연수 × 8/12 |
> | 정률법 | (취득가액 − 기초감가상각누계액) × 상각률 × 8/12 |
> | 이중체감법 | (취득가액 − 기초감가상각누계액) × 2/내용연수 × 8/12 |
> | 연수합계법 | (취득가액 − 잔존가치) × 3/6 × 8/12 |
>
> 2. 방법별 ×2년의 감가상각비 계산식(단, 연수합계법은 내용연수 3년 가정)
>
> | 구분 | ×2년 감가상각비 계상 |
> |---|---|
> | 정액법 | (취득가액 − 잔존가치)/내용연수 |
> | 정률법 | (취득가액 − 기초감가상각누계액) × 상각률 |
> | 이중체감법 | (취득가액 − 기초감가상각누계액) × 2/내용연수 |
> | 연수합계법 | (취득가액 − 잔존가치) × 3/6 × 4/12 + (취득가액 − 잔존가치) × 2/6 × 8/12 |

(2) 정률법과 이중체감법의 기중 취득에 따른 월할상각의 계산방법

정률법과 이중체감법은 1년분의 감가상각비를 계산한 후 월수에 비례하여 배분하는 방법을 사용하거나 취득한 이후의 보고기간에는 월수에 비례하지 않고 기초장부금액에 상각률을 곱하여 계산하여도 동일한 금액으로 계산된다. 그러므로 정률법과 이중체감법은 취득한 회계연도에만 월할상각하고 다음 회계연도부터는 일반적인 방법을 적용해도 동일한 결과에 도달한다.

Self Study

1. 특별히 언급이 없는 한 월 단위에 따라 안분하여 상각한다.
2. 이중체감법과 정률법은 기중 취득을 하여도 취득 다음 연도의 감가상각대상금액은 기초장부가액(취득원가 − 기초감가상각누계액)이므로 다음 연도에는 별도의 월할상각을 고려할 필요가 없다.

사례연습 4: 기중 취득 시 감가상각비 계산

㈜도도는 기계장치를 20×1년 5월 1일 ₩2,000,000에 취득하고 사용을 개시하였다. 잔존가치는 ₩200,000, 내용연수 3년으로 감가상각하려 한다. 아래의 물음에 답하시오.

1 정액법 상각 시 20×1년과 20×2년의 감가상각비를 구하시오.

2 이중체감법 상각 시 20×1년과 20×2년의 감가상각비를 구하시오.

3 연수합계법 상각 시 20×1년과 20×2년의 감가상각비를 구하시오.

풀이

1 ① 20×1년 감가상각비: [(2,000,000 − 200,000)/3] × 8/12 = 400,000
  ② 20×2년 감가상각비: (2,000,000 − 200,000)/3 = 600,000

2 ① 20×1년 감가상각비: (2,000,000 − 0) × 2/3 × 8/12 = 888,889
  ② 20×2년 감가상각비: (2,000,000 − 888,889) × 2/3 = 740,741

3 ① 20×1년 감가상각비: [(2,000,000 − 200,000) × 3/6] × 8/12 = 600,000
  ② 20×2년 감가상각비: 300,000 + 400,000 = 700,000
    • [(2,000,000 − 200,000) × 3/6] × 4/12 = 300,000
    • [(2,000,000 − 200,000) × 2/6] × 8/12 = 400,000

㈜대한은 20×1년 9월 1일 내용연수 5년의 기계장치를 취득하였다. 이 기계장치는 정률법을 사용하여 감가상각하며, 감가상각률은 36%이고 20×2년도에 인식한 감가상각비는 ₩253,440이다. 20×3년도에 인식할 기계장치의 감가상각비는 얼마인가? (단, 계산방식에 따라 단수차이로 인해 오차가 있는 경우, 가장 근사치를 선택한다)

① ₩85,899   ② ₩91,238   ③ ₩102,005

④ ₩103,809   ⑤ ₩162,202

풀이

정률법 사용: 상각률 36%

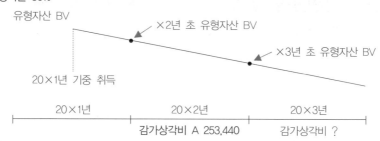

① ×2년 초 유형자산 BV(C): C × B = A, C = 역산
: C × 36% = 253,440, C = 704,000(역산)
② ×3년 감가상각비: (C − A) × B
: (704,000 − 253,440) × 36% = 162,202

정답: ⑤

03 기타사항

(1) 감가상각의 개시와 중지

유형자산의 감가상각은 자산이 사용 가능한 때부터 시작한다. 이는 경영진이 의도하는 방식으로 자산을 가동하는 데 필요한 장소와 상태에 이른 때부터 시작한다. 감가상각은 자산이 매각예정자산으로 분류되는 날과 자산이 제거되는 날 중 이른 날에 중지한다.

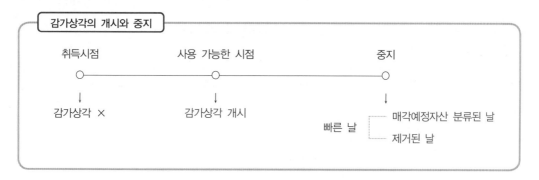

(2) 감가상각의 중단

유형자산이 가동되지 않거나 유휴상태가 되더라도, 감가상각이 완전히 이루어지기 전까지는 감가상각을 중단하지 않는다. 그러나 유형자산의 사용 정도에 따라 감가상각을 하는 경우에는 생산활동이 이루어지지 않을 때 감가상각액을 인식하지 않는다.

(3) 잔존가치가 유형자산의 장부금액보다 큰 경우

유형자산의 잔존가치가 해당 자산의 장부금액과 같거나 큰 금액으로 증가하는 경우에는 자산의 잔존가치가 장부금액보다 작은 금액으로 감소될 때까지 유형자산의 감가상각액은 '0'이 된다. 더하여 유형자산의 공정가치가 장부금액을 초과하더라도 잔존가치가 장부금액을 초과하지 않는 한 감가상각액을 계속 인식한다.

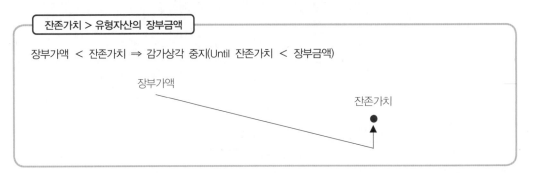

사례연습 5: 잔존가치가 유형자산의 장부금액보다 큰 경우

20×2년 1월 1일에 기계 B를 취득하면서 ₩4,000을 먼저 지급하고, 잔금은 20×2년 12월 31일부터 매년 ₩4,000씩 3년간 분할상환하기로 하였으며, 유효이자율은 연 8%이다(할인율 8%인 경우 ₩1의 3년 현가는 0.79383이며, 연금현가는 2.57710이다). 취득 시 잔존가치는 ₩308이고 정액법으로 5년간 상각하기로 하였다. 20×5년 말 감가상각 전에 기계 B의 감가상각방법, 내용연수 및 잔존가치를 재검토한 결과 감가상각방법을 연수합계법으로, 잔존가치를 ₩6,000으로 변경하였다.

1 20×4년 말 유형자산의 장부금액을 구하시오.

2 20×5년 말 감가상각비를 구하시오.

[풀이]

1 (1) 취득원가: $4,000 + 4,000 \times 2.57710 = 14,308$
  (2) 20×4년 말 기계 B의 BV: $14,308 - (14,308 - 308) \times 3/5 = 5,908$

2 감가상각추정 변경 시 잔존가치인 6,000이 20×4년 말 유형자산의 장부금액인 5,908보다 크기 때문에 20×5년의 감가상각비는 '0'이 된다.

유형자산을 매입하거나 건설할 때 최초로 발생하는 원가가 아니라 사용하는 기간 동안에도 후속적으로 증설, 대체 또는 수선·유지와 같은 자산과 관련된 여러 가지 지출이 발생한다. 이를 후속원가라 하며, 한국채택국제회계기준에서는 후속원가를 자산의 취득원가로 포함할 수 있는지에 대해서 최초 인식과 동일하게 판단하도록 하고 있다. 따라서 유형자산의 인식기준을 모두 충족하면 당해 지출을 취득원가(자산)로 인식하며, 충족하지 못하는 경우에는 당해 지출을 발생시점에 당기비용으로 인식한다.

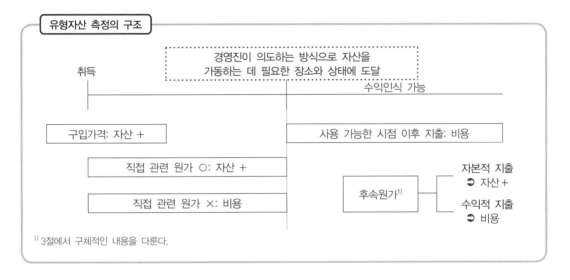

1) 3절에서 구체적인 내용을 다룬다.

01 수익적 지출

유형자산의 인식기준을 충족하지 못하는 일상적인 수선·유지와 관련하여 발생하는 원가는 해당 유형자산의 장부금액에 포함하여 인식하지 않고 발생시점에 당기손익으로 인식한다. 일상적인 수선·유지과정에서 발생하는 원가는 주로 노무비와 소모품비로 구성되며 사소한 부품원가가 포함될 수 있다. 이러한 지출의 목적은 보통 유형자산의 '수선과 유지'를 위한 것이며, 일반적으로 이를 수익적 지출이라고 한다.

[수익적 지출의 회계처리]

인식요건	구분		비고
인식기준 ×	차) 수선유지비　　××	대) 현금 등　　××	원상회복, 능력유지, 소액지출

02 자본적 지출

후속적으로 발생한 지출이 자산으로부터 발생하는 미래경제적효익이 기업에 유입될 가능성이 높고, 자산의 원가를 신뢰성 있게 측정할 수 있으면 자산의 취득원가에 가산하여 회계처리하는데 이를 자본적 지출이라고 한다.

[자본적 지출의 회계처리]

인식요건	구분				비고
인식기준 O	차) 유형자산	××	대) 현금 등	××	내용연수 증가 미래제공서비스의 양 or 질 증가

(1) 정기적인 교체

일부 유형자산의 경우 주요 부품이나 구성요소의 정기적 교체가 필요할 수 있다. 유형자산의 일부를 대체하는 경우 대체에 소요되는 원가가 자산의 인식기준을 충족한다면 그 금액을 장부금액으로 인식하고 대체되는 부분(구부품)의 장부금액을 장부에서 제거한다.

[정기적인 교체의 회계처리]

구부품 제거 시	차) 감가상각누계액 유형자산처분손실(N/I)	×× ××	대) 유형자산	××
신부품 대체 시	차) 유형자산	××	대) 현금	자산인식기준 충족 O

Additional Comment

용광로의 경우 일정 시간 사용 후에 내화벽돌의 교체가 필요할 수 있으며, 항공기의 경우에도 항공기 동체의 내용연수 동안 좌석과 취사실 등의 내부설비를 여러 번 교체할 필요가 있을 수 있다. 또한 유형자산이 취득된 후 반복적이지만 비교적 적은 빈도로 대체(예) 건물 인테리어 벽 대체)되거나 비반복적으로 대체되는 경우도 있는데 이때에 발생하는 원가가 인식기준을 충족하는 경우에 유형자산의 장부금액에 포함하여 인식하고 대체되는 부분은 장부금액에서 제거한다.

(2) 정기적인 종합검사

항공기와 같이 유형자산을 계속적으로 가동하기 위해서 당해 유형자산의 일부가 대체되는지 여부와 관계없이 결함에 대한 정기적인 종합검사가 필요할 수 있다. 정기적인 종합검사과정에서 발생하는 원가가 인식기준을 충족하는 경우에는 유형자산의 일부가 대체되는 것으로 보아 해당 유형자산의 장부금액에 포함하여 인식한다. 이 경우 직전에 이루어진 종합검사에서의 원가와 관련하여 남아 있는 장부금액을 제거한다. 이러한 회계처리는 해당 유형자산을 매입하거나 건설할 때 종합검사와 관련된 원가를 분리하여 인식하였는지 여부와 관계가 없다.

[정기적인 종합검사의 회계처리]

직전 종합검사	차) 감가상각누계액	××	대) 유형자산	××
	유형자산처분손실(N/I)	××		
신 종합검사	차) 유형자산	××	대) 현금	자산인식기준 충족 O

Self Study

1. 증설: 기존설비에 새롭고 독립적인 자산을 부가하거나 기존의 설비를 확장하는 것으로 증설을 한 경우에는 이에 따른 경제적 효익이 미래 기간에 지속되므로, 증설에 소요된 지출액을 자본적 지출로 처리한다. 또한, 증설된 자산은 기존의 자산과 독립적으로 존재하여 별도의 유형자산으로 계상하여 내용연수에 걸쳐 상각한다.
2. 수선 및 유지: 수선 및 유지에서 발생하는 원가는 자산의 인식기준을 충족하지 못하므로 발생시점에서 비용으로 처리한다.
3. 유형자산의 후속원가 정리

구분	내용	비고
일상적인 수선유지비	당기비용처리	
일부대체와 종합검사원가	인식기준을 충족하는 경우 장부금액에 포함	분리하여 인식하지 않은 경우에도 대체되는 부분의 장부금액은 제거

사례연습 6: 정기적인 종합검사

㈜현주는 20×1년 초 제품을 생산하는 데 필수적인 고가의 기계장치를 ₩100,000(잔존가치 0, 내용연수 10년, 정액법)에 구입하여 원가모형으로 평가하고 있으며, 취득금액 중 ₩20,000을 종합검사원가로 별도로 구분하여 인식하였다. ㈜현주는 제품의 품질을 유지하기 위하여 동 기계장치에 대해 5년마다 정기적인 종합검사를 수행할 예정이다. 그러나 제품에 하자가 발견됨에 따라 20×5년 초에 기계장치에 대해 종합검사를 수행하여 ₩15,000을 지출하였으며, 향후 정기적 종합검사를 3년마다 실시하기로 하였다. 동 거래로 20×5년 당기손익에 미치는 영향은 얼마인지 구하고 연도별 회계처리를 보이시오.

풀이

1. 20×5년 당기손익에 미치는 영향: (−)17,000
   (1) 직전 종합검사 처분손실: 20,000 × 4/5 − 20,000 = (−)4,000
   (2) 감가상각비: (100,000 − 20,000 − 0)/10 + 15,000/3 = (−)13,000

2.

20×1년 초	차) 기계장치	100,000	대) 현금	100,000
×1년 말 ~ ×4년 말	차) 감가상각비[1]	12,000	대) 감가상각누계액	12,000
20×5년 초	차) 감가상각누계액	16,000	대) 기계장치	20,000
	처분손실(N/I)	4,000		
	차) 기계장치	15,000	대) 현금	15,000
20×5년 말	차) 감가상각비	13,000	대) 감가상각누계액	13,000

[1] (100,000 − 20,000)/10 + 20,000/5 = 12,000

03 자본적 지출과 감가상각

회계연도 중 유형자산에 자본적 지출이 발생한 경우에는 자본적 지출이 발생한 시점부터 해당 자산의 잔존내용연수에 걸쳐 감가상각비를 계산한다. 또한 자본적 지출로 인하여 내용연수, 잔존가치의 증가가 생긴다면 이는 회계추정의 변경으로 회계처리한다.

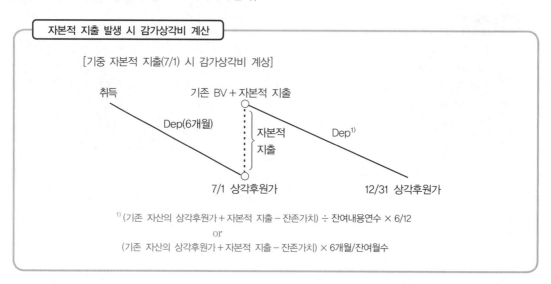

자본적 지출 발생 시 감가상각비 계산

[기중 자본적 지출(7/1) 시 감가상각비 계상]

취득

기존 BV + 자본적 지출

Dep(6개월)

자본적
지출

Dep[1]

7/1 상각후원가

12/31 상각후원가

[1] (기존 자산의 상각후원가 + 자본적 지출 − 잔존가치) ÷ 잔여내용연수 × 6/12
or
(기존 자산의 상각후원가 + 자본적 지출 − 잔존가치) × 6개월/잔여월수

Self Study

자본적 지출로 인하여 내용연수나 잔존가치가 변경된 경우에는 지출이 발생한 시점 현재 기존 자산의 장부금액에 자본적 지출을 가산한 금액을 새로운 취득원가로 보고 잔여내용연수 동안 감가상각한다.

Additional Comment

감가상각은 관련된 수익에 자산의 원가를 합리적으로 배분하여 대응시키는 데 목적이 있다. 법인세법에서는 기중에 발생한 자본적 지출에 대해서 기초에 발생한 것으로 보아 감가상각하는데, 이 경우 자본적 지출 이전에는 이로 인하여 발생한 수익이 없음에도 불구하고 비용이 인식되는 문제가 있다. 그러므로 자본적 지출을 감가상각하는 경우 지출이 이루어지는 시점부터 보고기간 말까지의 기간에 걸쳐 월할상각을 하여야 수익·비용의 적절한 대응이 이루어진다.

㈜세무는 20×1년 4월 1일 기계장치를 취득(취득원가 ₩30,000, 잔존가치 ₩0, 내용연수 4년)하여 연수합계법으로 감가상각하고 원가모형을 적용하고 있다. 20×3년 1월 1일 동 기계장치의 부품 교체에 ₩10,000을 지출하고 다음과 같은 조치를 취하였다.

- 부품 교체는 자본적 지출로 인식한다.
- 부품 교체시점에서의 회계추정 변경사항
  - 감가상각방법: 정액법
  - 잔존내용연수: 5년
  - 잔존가치: ₩500

동 기계장치의 20×2년 감가상각비와 20×3년 말 장부금액은? (단, 감가상각은 월할상각한다)

[세무사 2018년]

	20×2년 감가상각비	20×3년 말 장부금액
①	₩9,000	₩15,500
②	₩9,000	₩17,100
③	₩9,750	₩15,500
④	₩9,750	₩17,100
⑤	₩12,000	₩17,100

풀이

(1) 20×1년 감가상각비: $(30,000 - 0) \times 4/(1 + 2 + 3 + 4) \times 9/12 = 9,000$
(2) 20×2년 감가상각비: $(30,000 - 0) \times 4/(1 + 2 + 3 + 4) \times 3/12 + (30,000 - 0) \times 3/(1 + 2 + 3 + 4) \times 9/12$
$= 9,750$
(3) 20×2년 말 기계장치의 장부금액: $30,000 - 9,000 - 9,750 = 11,250$
(4) 20×3년 감가상각비: $(11,250 + 10,000 - 500)/5년 = 4,150$
(5) 20×3년 말 장부금액: $11,250 + 10,000 - 4,150 = 17,100$

정답: ④

유형자산의 장부금액은 처분하는 때 또는 사용이나 처분을 통하여 미래경제적효익이 기대되지 않을 때 제거한다. 유형자산 항목의 일부에 대한 대체원가를 자산의 장부금액으로 인식하는 경우, 대체되는 부분이 별도로 분리되어 상각되었는지 여부와 관계없이 대체된 부분의 장부금액을 제거한다.

유형자산의 제거로 인해 발생하는 손익은 순매각금액과 장부금액의 차이로 결정하며, 유형자산처분손익의 과목으로 하여 당기손익으로 인식한다. 처분일에 매각금액이 수취되지 않는 경우 매각금액은 현금가격상당액[= PV(수취할 현금)]으로 인식하고, 명목금액과의 차이는 유효이자율을 적용하여 이자수익으로 인식한다.

Additional Comment

> 유형자산의 처분일은 한국채택국제회계기준 제1115호 '고객과의 계약에서 생기는 수익'의 수행의무 이행시기를 판단하는 규정에 따라 수령자가 해당 자산을 통제하게 되는 날이다. 유형자산의 제거에서 생기는 손익에 포함되는 대가는 한국채택국제회계기준 제1115호 '고객과의 계약에서 생기는 수익'의 거래가격 산정에 관한 요구사항에 따라 산정하고, 손익에 포함된 추정 대가의 후속적 변동은 동 기준서의 거래가격 변동에 관한 요구사항에 따라 회계처리한다.

---

01 회계연도 중에 유형자산을 처분하는 경우

유형자산의 장부금액은 유형자산의 원가에서 감가상각누계액과 손상차손누계액을 뺀 후의 금액이다. 만약, 회계연도 중에 유형자산을 처분하는 경우의 장부금액은 기중 취득과 마찬가지로 기초부터 처분일까지의 감가상각비를 인식한 이후의 금액을 의미한다.

[회계연도 중에 유형자산을 처분하는 경우 회계처리]

제거 시	차) 감가상각비(N/I)		1st	대) 감가상각누계액		××
	차) 현금		2nd	대) 유형자산		취득가액
	감가상각누계액		BV	유형자산처분이익(N/I)		3rd

Self Study

> 1. 만약, 유형자산의 회계연도 중 처분 시 문제에서 당기손익에 미친 영향을 묻는다면 아래와 같이 처분대가에서 기초 유형자산의 장부금액을 차감하여 쉽게 계산할 수 있다.
>   ⊃ 기중 처분 시 당기손익에 미친 영향: ② − ① = 처분대가 − 기초 유형자산의 BV
>   ① 당기 회계연도의 감가상각비
>   ② 처분손익 = 처분대가 − (기초 유형자산의 BV − ①)
> 2. 기중 처분 시 내용연수를 연수에서 월수로 환산하여 산정하면 처분 시 감가상각누계액을 쉽게 구할 수 있다.
>   • 처분 시 감가상각누계액: 감가상각대상금액 × 경과 월수/전체 내용연수 월수

A사는 취득원가 ₩2,000,000(내용연수 3년, 잔존가치 ₩200,000)인 기계장치를 20×1년 초에 취득하여 정액법으로 감가상각하던 중 20×2년 7월 1일에 처분하였다. 처분대가는 1년 후에 ₩1,100,000을 받기로 하였는데, 이의 현재가치는 ₩1,000,000이다. 20×2년 7월 1일에 A사가 수행할 회계처리를 보이시오.

풀이

	차) 감가상각비(N/I)	300,000	대) 감가상각누계액	300,000
처분 시	차) 미수금	1,000,000	대) 기계장치	2,000,000
	감가상각누계액[1]	900,000		
	유형자산처분손실(N/I)[2]	100,000		

[1] 처분 시 감가상각누계액: (2,000,000 − 200,000) × 18/36 = 900,000
[2] 유형자산처분손실: 1,000,000 − (2,000,000 − 900,000) = (−)100,000

4 유형별 자산의 원가

유형자산의 원가는 자산을 취득하기 위하여 자산의 취득시점이나 건설시점에 지급한 현금 또는 현금성 자산이나 제공한 기타 대가의 공정가치이며, 이는 인식시점의 현금가격상당액이다.

차) 유형자산	취득원가	대) 현금및현금성자산	FV
		제공한 자산	FV
		부담한 부채	FV
		1st 제공한 대가의 FV	

I 할부구입

유형자산의 원가는 인식시점의 현금가격상당액[= PV(CF)]이다. 만약 대금지급이 일반적인 신용기간을 초과하여 이연되는 경우, 현금가격상당액과 실제 총지급액과의 차액은 차입원가에 따라 자본화하지 않는 한 신용기간에 걸쳐 이자비용으로 인식한다.

Additional Comment

> 유형자산을 총지급액으로 측정한다면 대금지급조건에 따라 유형자산의 최초 인식금액이 달라지는 문제가 발생할 수 있다. 즉, 대금지급을 미래로 이연하면 할수록 유형자산을 매도하려는 측에서 더 많은 대가를 요구하여 유형자산의 최초 인식금액이 많아지게 될 것이다. 따라서 기준서에서는 대금지급이 일반적인 신용기간을 초과하여 이연되는 경우 유형자산의 취득원가를 현금가격상당액으로 인식하도록 규정하고 있다.

01 토지의 구입

토지는 구입가격에 중개수수료, 취득세 및 법률비용 등 취득부대원가를 가산한 금액을 원가로 한다. 토지의 원가에 가산되는 항목과 기타원가로 비용처리되는 항목은 아래와 같다.

[토지의 원가]

토지의 취득원가(가산항목)	기타원가
• 취득세 등(재산세 제외)	• 재산세: 당기손익처리
• 국공채 매입가액 − FV	• 토지 취득 후 일시 운영수익: 당기손익처리
• 내용연수가 영구적인 배수·조경비용	• 내부이익·비정상원가: 당기손익처리
• 국가가 유지·관리하는 진입도로 포장비	• 토지굴착비용: 건물 취득원가 가산
• 취득 관련 차입원가	
• 토지정지비용	

* 건물의 경우에 이전 소유자가 체납한 재산세 대납액은 건물의 원가에 포함되며, 차량운반구를 취득한 경우에는 이전 소유자의 체납한 자동차세 대납액도 차량운반구의 원가에 포함한다.

한편, 토지를 취득목적에 사용하기 위하여 발생한 구획정리비용 및 산업공단 입주 시의 하수종말처리장 분담금도 토지의 취득원가에 포함된다. 또한 내용연수가 영구적인 배수공사비용 및 조경공사비용과 국가나 지방자치단체가 유지관리하는 진입도로포장공사비 및 상하수도공사비는 토지의 원가에 포함된다. 그러나 내용연수가 영구적이지 않거나 기업이 유지관리하는 경우에는 토지의 원가에 포함될 수 없으며 구축물의 과목으로 인식하고 감가상각한다.

[배수공사비용, 조경관리비용, 진입도로공사비용와 상하수도공사비용의 회계처리]

토지 취득 이후 진입도로 개설, 도로포장, 조경공사 등 추가적 지출	회계처리
회사가 유지보수책임 ×(영구적 지출)	토지취득원가에 가산(감가상각 ×)
회사가 유지보수책임 ○(반영구적 지출)	구축물로 계상(감가상각 ○)

02 건물의 건설

(1) 외부위탁하는 경우

건물의 건설을 건설사업자에게 위탁하는 경우 건물의 원가는 아래와 같다.

> 건물의 원가: 건설계약금액 + 건축허가비 + 설계·감리비용, 취득세, 건물신축업무에 전적으로 종사한 직원들의
> 급여나 보험료(건설기간 중 발생) + 차입원가(건설기간 중 발생) + 장려금(약정된 일정보다 조기에 준공되어 지급
> 하는 금액)

급여나 보험료 및 차입원가는 건설기간 중 발생한 금액만 원가로 처리하고, 건설이 완료된 이후에 발
생한 금액은 당기 비용처리한다. 건물이 계약상 약정된 일자보다 지연되어 준공되는 경우 건설사업자
로부터 수령하는 지체상금은 건물의 원가에서 제외된다.

(2) 자가건설하는 경우

자가건설한 유형자산의 원가는 외부에서 구입한 유형자산에 적용하는 것과 같은 기준을 적용하여 결정
한다. 따라서 자가건설에 따른 내부이익과 자가건설과정에서 원재료, 인력 및 기타 자원의 낭비로 인
한 비정상적인 원가는 자산의 원가에 포함하지 않는다.

그러므로 자가건설한 건물의 원가는 건설에 소요된 재료원가, 노무원가 및 제조간접원가의 합계액으
로 하며, 고정제조간접원가 배부액을 포함한다. 건물 신축을 위한 토지굴착비용도 건물의 원가에 포
함된다.

[건물의 건설]

구분	외부위탁	자가건설
유형자산의 원가	건설계약금액 (장려금 포함, 지체상금 제외)	재료원가, 노무원가, 제조간접원가 (건물 신축을 위한 토지굴착비용 포함)
비고	① 건설기간 중의 건물신축업무에 전적으로 종사한 직원급여, 보험료, 차입원가 등은 원가 에 포함 ② 자가건설에 따른 내부이익과 비정상원가는 포함하지 않음	

03 토지와 건물의 일괄구입

일괄구입이란 여러 종류의 자산을 정해진 가격에 한 번에 구입하는 것을 말한다. 토지와 건물을 일괄로 구입할 때 취득원가를 결정하는 방법은 아래와 같다.

[토지와 건물의 일괄구입 시 유형별 원가]

구분		취득가액
취득 후 모두 사용		공정가치 비율로 안분
취득 후 기존 건물 철거 후 신축	토지	일괄구입원가 + 철거비용 − 폐물매각수익 + 토지정지비용 등
	신축 건물	신축비용 + 토지굴착비용 등
기존 건물 철거 후 신축		기존 건물 장부가액 + 철거비용 − 폐물매각수익: 당기손익처리

(1) 토지와 건물을 모두 사용할 목적인 경우

토지와 건물을 모두 사용할 목적으로 토지와 건물을 일괄구입하는 경우, 일괄구입대가는 토지와 건물의 공정가치 비율로 안분한 금액을 각각 토지와 건물의 원가로 처리한다. 그러나 토지와 건물 중 어느 하나의 공정가치만을 신뢰성 있게 추정할 수 있는 경우에는 공정가치를 측정할 수 있는 자산은 공정가치를 원가로 하고, 일괄구입대가 중 나머지 금액은 다른 자산의 원가로 한다.

또한, 일괄구입으로 발생한 취득부대원가 중개수수료 등 공통부대원가는 토지와 건물의 공정가치 비율로 안분하여 각 자산의 원가에 포함한다. 그러나 토지나 건물과 개별적으로 관련되어 발생하는 취득세는 공통부대원가가 아니므로 토지와 건물에 각각 개별적으로 원가에 포함한다.

(2) 취득 후 건물을 신축하는 경우

토지만 사용할 목적으로 토지와 건물을 일괄구입하는 경우 건물 취득에 대한 대가는 토지 취득을 위하여 발생한 회피불가능한 지출이므로 일괄구입대가를 모두 토지의 원가로 처리한다. 일괄구입 후 기존 건물을 철거할 때 발생하는 건물철거비용은 토지의 원가에 가산하고, 건물 철거로 인한 폐자재 처분수입은 토지의 원가에서 차감한다. 만일 건물 철거로 발생한 폐자재들을 처리하는 비용이 발생하는 경우에는 동 지출도 토지의 원가에 가산한다(토지와 건물을 각각 별개로 구입하는 계약을 체결하는 경우에도 동일하다).

(3) 기존에 보유 중인 건물 철거 후 건물을 신축하는 경우

사용 중인 건물을 철거하고 새로운 건물을 신축하는 경우 기존 건물 장부금액은 처분손실로 처리하며, 철거비용도 처분손실에 포함하여 당기비용으로 처리한다.

> **기존에 보유 중인 건물 철거 시 회계처리**
>
> | 차) 처분손실 | N/I | 대) 건물(기존 건물) | 최초 취득원가 |
> |---|---|---|---|
> | 감가상각누계액 | BV | | |
> | 차) 철거비용 | N/I | 대) 현금 | 철거 시 지출 |

각 물음은 서로 독립적이다.

1 ㈜포도는 공장을 신축할 목적으로 건물이 있는 토지를 구입하고 현금 ₩600,000을 지급하였다. 이전 소유자는 토지와 건물에 대한 담보로 은행으로부터 ₩400,000을 차입하였으며, 동 차입금은 ㈜포도가 승계하기로 하였다. 취득일 현재 토지와 건물의 공정가치 비율은 9 : 1이며, 건물은 취득과 동시에 철거하였다. 추가적인 자료가 아래와 같을 때, 토지와 건물의 취득원가는 각각 얼마인가?

> (1) 이전 소유주의 안전설비 미설치로 인한 범칙금(㈜포도가 대납): ₩10,000
> (2) 구건물 철거비용: ₩5,000, 폐자재 처분으로 인한 수입금액: ₩3,000
> (3) 토지와 건물 구입 관련 중개수수료: ₩10,000
> (4) 건물 철거 후 건축허가시점까지 발생한 토지 임대수익: ₩10,000
> (5) 건물의 설계비용: ₩30,000
> (6) 토지 취득세와 등기비용: ₩5,000
> (7) 토지 재산세 20×1년분: ₩8,000
> (8) 토지정지비용: ₩30,000
> (9) 건물 신축을 위한 토지굴착비용: ₩50,000
> (10) 토지 등기를 위하여 취득한 공채 취득금액: ₩20,000(취득과 동시에 처분하여 처분손실 ₩3,000 인식)
> (11) 건설사업자와의 건설계약금액: ₩500,000
> (12) 건물건설현장 파견직원 연간 총급여: ₩12,000(파견기간은 8개월)
> (13) 공장진입도로 공사비용(추후 지방자치단체에서 유지 보수함): ₩18,000
> (14) 울타리와 주차장 공사비(내용연수 영구적): ₩20,000
> (15) 공장건물 관련 화재보험료(보험기간: 20×1년 7월 1일부터 1년간, 건물은 20×2년 초부터 사용 가능): ₩240,000

2 ㈜포도는 20×1년 초에 토지와 토지 위에 정착되어 있는 건물을 일괄하여 ₩40,000,000에 취득하였다. 20×1년 초 현재 토지와 건물의 공정가치 비율은 3 : 1이었다. 건물의 내용연수는 5년이며, 잔존가치는 없는 것으로 추정하였다.

> **2-①** 20×1년 초에 토지와 건물을 취득하면서 건물을 철거하고 새로운 건물을 신축하였다. 건물 철거에 소요된 비용은 ₩1,000,000이며, 철거 시 수거한 고철 등을 매각하여 ₩200,000을 수령하였다. 건물 신축과 관련하여 20×1년도에 ₩24,000,000의 건설비가 발생하였으며, 건물은 20×1년 12월 초에 완공되었다. 신축 건물의 추정내용연수는 20년이며, 잔존가치 없이 정액법으로 감가상각한다. 20×1년 말 토지와 건물의 장부금액은 각각 얼마인지 계산하시오.

2-2 위의 **2-1**과 관계없이 ㈜포도는 토지와 건물을 일괄취득하고 건물을 계속 사용하였다. 건물은 정액법을 적용하여 감가상각하였다. 그러나 20×2년 초 더 이상 건물을 사용할 수 없어 이를 철거하고 새로운 건물을 신축하였다. 건물 철거에 소요된 비용은 ₩3,000,000이며, 철거 시 수거한 고철 등을 매각하여 ₩500,000을 수령하였다. 건물 신축과 관련하여 20×2년도에 ₩12,000,000의 건설비가 발생하였으며, 건물은 20×2년 12월 초에 완공되었다. 신축 건물의 추정내용연수는 20년이며, 잔존가치 없이 정액법으로 감가상각한다. 20×2년 말 토지와 건물의 장부금액은 각각 얼마인지 계산하시오.

풀이

1

구분	토지	건물
현금지급액	600,000	
부채부담액	400,000	
(1) 이전 소유주 범칙금 대납액	10,000	
(2) 구건물 철거비용	5,000	
(2) 폐자재 처분수입	(−)3,000	
(3) 중개수수료	10,000	
(5) 건물설계비용		30,000
·(6) 토지 취득세와 등기비용	5,000	
(8) 토지정지비용	30,000	
(9) 토지굴착비용		50,000
(10) 공채할인금액	3,000	
(11) 건설계약금액		500,000
(12) 파견직원 급여[1]		8,000
(13) 진입도로 공사비용	18,000	
(14) 울타리와 주차장	20,000	
(15) 화재보험료		120,000
합계	1,098,000	708,000

[1] $12,000 \times 8/12$개월 $= 8,000$

2-1 (1) 토지의 취득가액: $40,000,000 + 1,000,000 - 200,000 = 40,800,000$
(2) 건물의 취득가액: 24,000,000
(3) 건물의 20×1년 감가상각비: $(24,000,000 - 0) \div 20$년 $\times 1/12 = 100,000$
(4) 토지의 20×1년 장부금액: 40,800,000
(5) 건물의 20×1년 장부금액: $24,000,000 - 100,000 = 23,900,000$

2-2 (1) 20×2년 말 토지의 장부가액: $40,000,000 \times 3/4 = 30,000,000$
(2) 신축 건물의 취득원가: 12,000,000
  *기존 보유하고 있던 건물을 철거하고 건물을 새로 건설하는 경우에 기존 건물의 장부금액과 철거비용은 당기비용처리한다.
(3) 20×2년 말 건물의 장부금액: $12,000,000 - (12,000,000 - 0) \div 20$년 $\times 1/12 = 11,950,000$

㈜대한은 철강제조공장을 신축하기 위하여 토지를 취득하였으며, 이 토지에는 철거 예정인 창고가 있었다. 다음 자료를 고려하여 토지의 취득원가를 계산하면 얼마인가? [세무사 2014년]

(1) 토지취득가격	₩700,000
(2) 토지 취득세 및 등기비용	₩50,000
(3) 토지 중개수수료	₩10,000
(4) 공장 신축 전 토지를 임시주차장으로 운영함에 따른 수익	₩40,000
(5) 창고 철거비용	₩30,000
(6) 창고 철거 시 발생한 폐자재 처분 수입	₩20,000
(7) 영구적으로 사용 가능한 하수도 공사비	₩15,000
(8) 토지의 구획정리비용	₩10,000

① ₩775,000   ② ₩780,000   ③ ₩795,000
④ ₩815,000   ⑤ ₩835,000

풀이

토지취득원가: (1)+(2)+(3)+(5)−(6)+(7)+(8)=795,000

정답: ③

토지, 건물 등 부동산의 소유권을 등기하거나 자동차의 소유권을 등록하는 경우에는 정부에서 발행한 국공채를 의무적으로 구입하여야 한다. 국공채는 일반적으로 공정가치보다 비싼 금액인 액면금액으로 구입하는데, 그렇게 하는 경우에만 당해 유형자산의 소유권을 등기·등록할 수 있다.

국공채의 공정가치를 초과한 국공채의 구입가격은 유형자산의 취득과 관련하여 불가피하게 지출한 금액이므로 당해 자산의 원가에 포함시켜야 한다. 이때 국공채의 공정가치(FV)는 국공채의 미래현금흐름을 국공채 구입시점의 현행 시장이자율로 할인한 현재가치 금액(= PV(미래현금흐름) by 취득시점 시장이자율)이 된다.

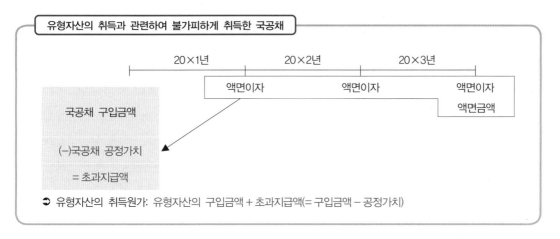

한편 국공채의 공정가치는 금융자산으로 분류하여 회계처리하는데, 유형자산과 국공채의 구입 회계처리는 아래와 같다.

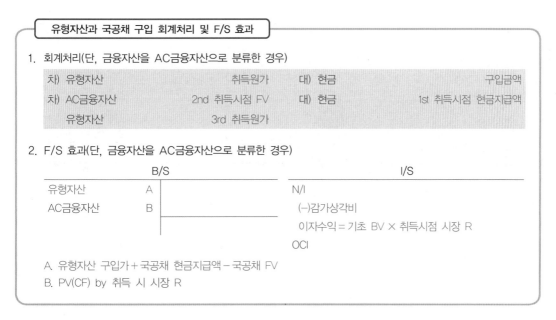

A회사는 20×1년 초 영업용 건물을 ₩10,000,000에 취득하면서 취득세 ₩100,000을 지출하였다. 동 건물 취득과 관련하여 3년 만기 국채를 액면가액(₩300,000)으로 의무매입하였다. 국채의 액면 이자율은 5%이고, 이자는 매년 말에 후급한다. A회사는 취득한 국채를 AC금융자산으로 분류하였으며 구입 당시의 시장이자율은 연 12%이다. 한편, 관련 현가계수는 12%, 3년 현가계수: 0.71178, 3년 연금현가계수: 2.40183이다(단, 건물은 잔존가치 ₩0, 내용연수 5년, 정액법).

1 20×1년 초 국채의 공정가치는 얼마인가?

2 건물의 취득원가와 AC금융자산의 취득원가는 얼마인가?

3 동 거래가 20×1년 당기손익에 미치는 영향은 얼마인가?

풀이

1 국공채 공정가치: 300,000 × 0.71178 + 15,000 × 2.40183 = 249,561

2 (1) 건물 취득원가: 10,000,000 + 100,000 + (300,000 − 249,561) = 10,150,439

  (2) AC금융자산: 249,561

3 당기손익에 미치는 영향: 29,947 − 2,030,087 = (−)2,000,140

  (1) 이자수익: 249,561 × 12% = 29,947

  (2) 감가상각비: (10,150,439 − 0)/5년 = (−)2,030,087

참고 F/S 효과 및 회계처리

	B/S	취득시점		I/S	
건물	10,150,439		N/I		
AC금융자산	249,561		(−)감가상각비 = (−)2,030,087		
			이자수익 = 29,947		
			OCI		

[취득시점]

차)	건물	10,100,000	대)	현금	10,100,000
차)	AC금융자산	249,561	대)	현금	300,000
	건물	50,439			

[기말시점]

차)	감가상각비	2,030,087	대)	감가상각누계액	2,030,087
차)	현금	15,000	대)	이자수익	29,947
	AC금융자산	14,947			

Ⅳ 교환 취득

교환거래란 하나 이상의 비화폐성자산 또는 화폐성자산과 비화폐성자산이 결합된 대가와 교환하여 하나 이상의 유형자산을 취득하는 경우를 말한다. 교환거래로 인하여 취득한 비화폐성자산의 취득원가는 상업적 실질 유무에 따라 달라진다.

교환거래의 상업적 실질 유무는 교환거래 결과 미래현금흐름이 얼마나 변동될 것인지를 고려하여 결정하는데 다음에 해당하는 경우 상업적 실질이 있는 것으로 본다.

> 다음 중 하나에 해당하고 그 차이가 교환된 자산의 공정가치에 비하여 유의적이다.
> ① 취득한 자산과 관련된 현금흐름의 구성(위험, 유출입시기, 금액)이 제공한 자산과 관련된 현금흐름의 구성과 다르다.
> ② 교환거래의 영향을 받는 영업 부분의 기업특유가치가 교환거래의 결과로 변동한다.

01 교환거래에 상업적 실질이 있는 경우

교환거래에 상업적 실질이 있는 경우 교환으로 취득한 자산의 원가는 제공한 자산의 공정가치로 하되, 현금이 수수되는 경우에는 현금수수액을 가감한다. 다만, 취득한 자산의 공정가치가 더 명백한 경우에는 취득한 자산의 공정가치를 취득한 자산의 원가로 한다. 이때 취득한 자산과 제공한 자산 모두의 공정가치를 신뢰성 있게 측정할 수 없는 경우에는 제공한 자산의 장부금액을 취득한 유형자산의 원가로 한다.

(1) 제공한 자산의 공정가치가 보다 명확한 경우

[1st 처분손익]

차) 유형자산(신규취득자산)	제공한 자산 FV	대) 유형자산(기존보유자산)	BV
		처분손익	제공한 자산 FV − BV

[2nd 현금지급액 or 수령액]

차) 유형자산(신규취득자산)	현금지급액	대) 현금	××
차) 현금	××	대) 유형자산(신규취득자산)	현금수령액

(2) 취득한 자산의 공정가치가 보다 명확한 경우

[처분손익 & 현금지급액 or 현금수령액 동시 고려]

차) 유형자산(신규취득자산)	1st 취득한 자산 FV	대) 유형자산(기존보유자산)	2nd BV
현금	3rd 현금수령액	현금	3rd 현금지급액
		처분손익	대차차액

(3) 제공한 자산과 취득한 자산의 공정가치를 모두 신뢰성 있게 측정할 수 없는 경우

차) 유형자산(신규취득자산)	제공한 자산 BV	대) 유형자산(기존보유자산)	BV
차) 유형자산(신규취득자산)	현금지급액	대) 현금	추가지급액
차) 현금	추가수령액	대) 유형자산(신규취득자산)	현금수령액

교환거래 시 제공한 자산의 공정가치를 취득원가로 인식하는 경우 현금을 지급했다면 현금도 제공한 자산의 일부에 해당되므로 취득원가에 가산한다. 만약 현금을 수령했다면 취득원가에서 차감한다. 이에 반해 교환거래 시 취득한 자산의 공정가치를 취득원가로 인식하는 경우에는 현금수수에 관계없이 취득한 자산의 공정가치로 취득원가가 결정되므로 현금수수액을 유형자산처분손익에 반영한다.

02 교환거래에 상업적 실질이 없는 경우

상업적 실질이 없거나 취득한 자산과 제공한 자산 모두 공정가치를 신뢰성 있게 측정할 수 없는 경우에는 제공한 자산의 장부금액을 취득한 자산의 취득원가로 인식한다. 제공된 유형자산으로부터 수익창출과정이 아직 완료되지 않기 때문에 교환에 따른 손익을 인식하지 않는다.

차) 유형자산(신규취득자산)	제공한 자산 BV	대) 유형자산(기존보유자산)	BV
차) 유형자산(신규취득자산)	현금지급액	대) 현금	추가지급액
차) 현금	추가수령액	대) 유형자산(신규취득자산)	현금수령액

[유형자산의 교환거래 정리]

구분		취득원가	처분손익
상업적 실질 ○	제공한 자산 FV가 명확	제공한 자산 FV + 현금지급 − 현금수령	제공한 자산 FV − BV
	취득한 자산 FV가 명확	취득한 자산 FV	취득한 자산 FV − BV − 현금지급 + 현금수령
	FV를 측정할 수 없는 경우	제공한 자산 BV + 현금지급 − 현금수령	−
상업적 실질 ×		제공한 자산 BV + 현금지급 − 현금수령	−

사례연습 10: 교환 취득

㈜하늘은 차량 A를 ㈜포도의 차량 B와 교환하였으며, 추가로 현금 ₩20,000을 지급하였다. 교환 당시 차량 A와 차량 B의 장부금액 및 공정가치는 다음과 같다.

구분	차량 A	차량 B
취득원가	₩500,000	₩1,000,000
감가상각누계액	₩200,000	₩150,000
공정가치	₩250,000	₩270,000

❶ 동 거래가 상업적 실질이 있는 교환거래에 해당될 경우 ㈜하늘의 차량 취득원가와 유형자산처분손익은 각각 얼마인가?

❷ 동 거래가 상업적 실질이 있는 교환거래에 해당될 경우 ㈜하늘의 차량 취득원가와 유형자산처분손익은 각각 얼마인가? (단, ㈜하늘의 차량 A의 공정가치를 신뢰성 있게 측정할 수 없다)

❸ 동 거래가 상업적 실질이 있는 교환거래에 해당될 경우 ㈜하늘의 차량 취득원가와 유형자산처분손익은 각각 얼마인가? (단, 두 차량의 공정가치를 신뢰성 있게 측정할 수 없다)

❹ 동 거래가 상업적 실질이 없는 교환거래에 해당될 경우 ㈜하늘의 차량 취득원가와 유형자산처분손익은 각각 얼마인가? (단, 두 차량의 공정가치를 신뢰성 있게 측정할 수 없다)

풀이

[산식]

구분		취득원가	처분손익
상업적 실질 O	제공한 자산 FV가 명확	제공한 자산 FV + 현금지급 − 현금수령 250,000 + 20,000 = 270,000	제공한 자산 FV − BV 250,000 − 300,000 = (−)50,000
	취득한 자산 FV가 명확	취득한 자산 FV 270,000	취득한 자산 FV − BV − 현금지급 + 현금수령 270,000 − 300,000 − 20,000 = (−)50,000
	FV를 측정할 수 없는 경우	제공한 자산 BV + 현금지급 − 현금수령 300,000 + 20,000 = 320,000	−
상업적 실질 ×		제공한 자산 BV + 현금지급 − 현금수령 300,000 + 20,000 = 320,000	−

[회계처리]

❶ 상업적 실질 O + 제공한 자산의 공정가치 명확

[1st 처분손익]

차) 유형자산(신규취득자산)	제공한 자산 FV 250,000	대) 유형자산(기존보유자산)	BV 300,000
처분손실	제공한 자산 FV − BV 50,000		

[2nd 현금수령액]

차) 유형자산(신규취득자산)	현금지급액 20,000	대) 현금	20,000

❷ 상업적 실질 O + 제공받은 자산의 공정가치 명확

[처분손익 & 현금수령액 동시 고려]

차) 유형자산(신규취득자산)	1st 취득한 자산 FV 270,000	대) 유형자산(기존보유자산)	2nd BV 300,000
처분손실	대차차액 50,000	현금	3rd 현금지급액 20,000

❸, ❹ 상업적 실질 × or 자산의 공정가치 불명확

차) 유형자산(신규취득자산)	제공한 자산 BV 300,000	대) 유형자산(기존보유자산)	BV 300,000
차) 유형자산(신규취득자산)	20,000	대) 현금	20,000

다음의 각 독립적인 상황(상황 1, 상황 2)에서 ㈜대한의 유형자산(기계장치) 취득원가는 각각 얼마인가?

[공인회계사 2022년]

상황 1	• ㈜대한은 기계장치(장부금액 ₩800,000, 공정가치 ₩1,000,000)를 ㈜민국의 기계장치와 교환하면서 현금 ₩1,800,000을 추가로 지급하였다. • ㈜대한과 ㈜민국 간의 기계장치 교환은 상업적 실질이 있는 거래이다.
상황 2	• ㈜대한은 기계장치를 ㈜민국의 기계장치와 교환하였다. • ㈜대한과 ㈜민국의 기계장치에 대한 취득원가 및 감가상각누계액은 각각 다음과 같다.

구분	㈜대한	㈜민국
취득원가	₩2,000,000	₩2,400,000
감가상각누계액	₩1,200,000	₩1,500,000

• ㈜대한과 ㈜민국 간의 기계장치 교환은 상업적 실질이 결여된 거래이다.

	상황 1	상황 2
①	₩2,700,000	₩800,000
②	₩2,700,000	₩900,000
③	₩2,800,000	₩800,000
④	₩2,800,000	₩900,000
⑤	₩3,100,000	₩2,000,000

풀이

1) 상황 1의 취득원가: 1,000,000 + 1,800,000 = 2,800,000
2) 상황 2의 취득원가: 2,000,000 − 1,200,000 = 800,000

정답: ③

01 현물출자

현물출자란 유형자산을 취득하면서 그 대가로 회사의 주식을 발행·교부하는 것을 말한다. 이때 현물출자에서 발생하는 회계 이슈는 발행금액을 별도로 결정하여야 한다는 것이다. 발행금액을 결정하는 방법은 다음과 같다.

① 납입된 비화폐성자산의 공정가치에 해당하는 금액을 발행금액으로 결정하는 방법
② 발행된 주식의 공정가치에 해당하는 금액으로 발행금액을 결정하는 방법

현물출자에서 자본으로 인식할 금액은 자산의 측정으로 결정되며, 이 경우 자산에 해당하는 유형자산의 공정가치를 먼저 측정하여 그 잔액으로 자본으로 인식할 금액을 측정하는 것이 잔여지분이라는 지분상품의 정의와 일관성 있는 회계처리가 된다. 그러므로 현물출자로 유형자산을 취득할 경우 취득하는 유형자산의 공정가치로 유형자산의 취득원가를 결정하되, 취득하는 유형자산의 공정가치를 신뢰성 있게 추정할 수 없다면 발행·교부하는 주식의 공정가치로 취득원가를 결정한다.

현물출자	차) 유형자산	FV	대) 자본금	××
			주식발행초과금	××
	• 원칙: 취득자산의 FV로 취득원가 결정			
	• 예외: 발행주식의 FV로 취득원가 결정			

02 무상취득

기업은 일반대중, 주주, 정부 또는 지방자치단체로부터 증여 등으로 인해 무상으로 유형자산을 취득하는 경우가 종종 발생한다. 그러나 유형자산의 원가는 자산을 취득하기 위하여 자산의 취득시점이나 건설시점에서 지급한 현금 또는 현금성자산이나 제공한 기타 대가의 공정가치로 정의하고 있지만 지급한 현금이나 제공한 대가의 공정가치가 없으므로 자산으로 인식할 수 있는지 여부와 유형자산을 얼마의 금액으로 측정할 것인가의 문제가 발생한다. 재무보고개념체계에서는 일반적으로 지출의 발생과 자산의 취득은 밀접하게 관련되어 있으나 양자가 반드시 일치하는 것은 아니며 증여받은 재화는 자산의 정의를 충족할 수 있다고 규정하고 있다. 따라서 인식기준을 충족한 증여받은 유형자산은 취득한 자산의 공정가치로 측정하고 자본거래가 아니라면 자산수증이익으로 하여 당기순손익으로 인식하여야 한다.

| 무상취득 | 차) 유형자산 | FV | 대) 자산수증이익 | N/I or 자본 |

5 복구원가와 정부보조금

I 복구원가

01 의의

기업은 유형자산을 해체, 제거하고 복구할 의무를 부담하는 경우가 많다. 복구원가란 이렇듯 유형자산의 경제적 사용이 종료된 후에 원상회복을 위하여 그 자산을 제거, 해체하거나 또는 부지를 복원하는 데 소요될 것으로 추정되는 비용을 말한다. 회사가 자산을 해체, 제거하거나 부지를 복구할 의무는 해당 유형자산을 취득한 시점 또는 해당 유형자산을 특정 기간 동안 재고자산 생산 이외의 목적으로 사용한 결과로서 발생한다.

유형자산의 최초 인식시점에 예상되는 자산의 복구원가가 다음의 충당부채의 인식요건을 충족한다면 복구충당부채로 인식하고 해당 금액을 유형자산의 원가에 가산한다.

> ① 과거사건의 결과로 현재의무(법적의무 or 의제의무)가 존재
> ② 당해 의무를 이행하기 위하여 경제적 효익이 내재된 자원의 유출가능성이 높음
> ③ 당해 의무의 이행에 소요되는 금액을 신뢰성 있게 추정할 수 있음

한편, 특정 기간 동안 재고자산을 생산하기 위해 유형자산을 사용한 결과로 동 기간에 발생한 그 유형자산을 해체, 제거하거나 부지를 복구할 의무의 원가에 대해서는 기업회계기준서 제1002호 '재고자산'을 적용하여 제조원가로 처리한다.

Additional Comment

복구원가는 경영진이 의도하는 방식으로 자산을 가동하는 데 필요한 장소와 상태에 이르게 하는 데 직접 관련되는 원가는 아니므로 회계이론상 취득원가에 포함해서는 안 된다. 그러나 미래에 부채의 인식요건을 충족하는 복구원가의 현재가치를 복구충당부채로 인식한 후 일시에 비용처리하게 된다면 수익이 발생하는 기간과 비용을 인식하는 기간이 일치하지 않아 수익·비용 대응이 되지 않는 문제점이 발생한다. 그러므로 복구원가의 현재가치를 유형자산의 취득원가에 포함하여 감가상각을 통해 자산을 사용하는 내용연수 동안 비용처리하게 되면 수익·비용 대응 원칙에 합리적인 회계처리가 될 수 있다.

02 복구원가의 회계처리

복구원가는 복구충당부채로 인식한다. 복구충당부채는 예상되는 복구원가의 현재가치로 하며, 유효이자율법을 적용하여 기간 경과에 따라 증가시키고 해당 금액은 차입원가(이자비용)로 인식한다.

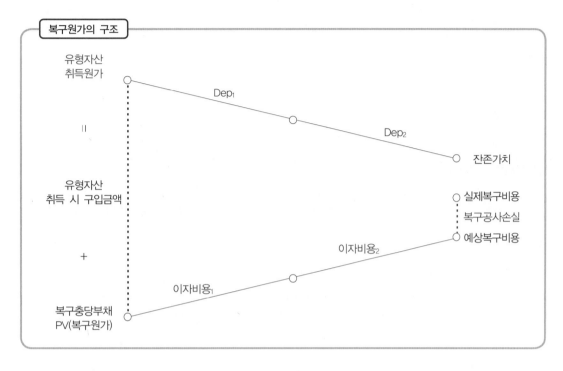

(1) 유형자산 취득 시

유형자산의 취득, 건설, 개발에 따른 내용연수 종료시점의 복구비용은 적정한 할인율로 할인한 현재가치를 복구충당부채로 계상하고 동 금액을 유형자산의 취득원가에 가산한다.

차) 유형자산	××	대) 현금	××
		복구충당부채	PV(복구원가)

B/S			
유형자산	××＋PV(복구원가)	복구충당부채	PV(복구원가) at 취득

(2) 내용연수기간 중의 보고기간 말

내용연수기간 중의 보고기간 말 기초복구충당부채의 장부금액에 유효이자율법을 적용하여 이자금액을 이자비용(복구충당부채 전입액)으로 하여 당기비용으로 인식하고, 동 금액을 복구충당부채의 장부금액에 가산한다. 이때 사용하는 할인율은 복구충당부채를 인식할 때 현재가치 평가 시 사용한 할인율을 의미한다. 또한 해당 유형자산이 감가상각대상자산이라면 수익에 공헌한 미래경제적효익의 해당분을 감가상각한다.

차) 감가상각비	N/I	대) 감가상각누계액	××
차) 이자비용	N/I	대) 복구충당부채	전입액

B/S			
유형자산	××＋PV(복구원가)	복구충당부채	PV(복구원가)
(–)감가상각누계액	(–)××		
유형자산 BV	××		

I/S	
감가상각비	최초 취득원가에 근거
복구충당부채전입액	기초 PV(복구원가) × R

(3) 실제복구원가 지출시점

유형자산의 내용연수 종료 시 실제 복구공사를 하는 경우, 실제로 발생한 복구원가와 복구충당부채의 장부금액을 상계하고 그 차액은 복구공사손실 또는 복구공사이익(복구공사손실환입)으로 하여 당해 연도의 손익으로 인식한다.

1. 실제로 발생한 원가 > 복구충당부채 장부금액

차) 복구충당부채	예상복구원가	대) 현금	실제복구비용
복구공사손실	N/I		

2. 실제로 발생한 원가 < 복구충당부채 장부금액

차) 복구충당부채	예상복구원가	대) 현금	실제복구비용
		복구공사이익	N/I

사례연습 11: 복구원가

㈜대한은 20×1년 초 해양구조물을 ₩974,607에 취득하여 20×3년 말까지 사용한다. ㈜대한은 관련 법률에 따라 사용 종료시점에 해양구조물을 철거 및 원상복구하여야 한다. 20×3년 말 철거 및 원상복 구시점에 ₩300,000이 지출될 것으로 예상되며, 이는 인플레이션과 시장위험프리미엄 등을 고려한 금 액이다. ㈜대한의 신용위험 등을 고려하여 산출된 할인율은 10%이며, ㈜대한은 해양구조물을 정액법(내 용연수 3년, 잔존가치 ₩0)으로 감가상각한다. ㈜대한은 20×3년 말에 이 해양구조물을 철거하였으며, 총 ₩314,000의 철거 및 원상복구비용이 발생하였다(단, 10%의 단일금액 현가계수(3년)는 0.75131이 다. 계산금액은 소수점 첫째 자리에서 반올림하며, 단수차이로 인해 약간의 오차가 있으면 가장 근사치 를 선택한다). ㈜대한이 20×1년부터 20×3년까지 수행할 회계처리를 보이시오.

1. 최초 취득일(20×1년 초)

차) 유형자산	1,200,000	대) 현금	974,607
		복구충당부채[1]	225,393
			PV(복구원가)

[1] 300,000 × 0.75131 = 225,393

		B/S	
유형자산	1,200,000	복구충당부채	225,393

2. 내용연수 보고기간 말

[20×1년 말]

차) 감가상각비[1]	N/I 400,000	대) 감가상각누계액	400,000
차) 이자비용[2]	N/I 22,539	대) 복구충당부채	22,539

[1] (1,200,000 − 0)/3 = (−)400,000
[2] 225,393 × 10% = 22,539

[20×2년 말]

차) 감가상각비[1]	N/I 400,000	대) 감가상각누계액	400,000
차) 복구충당부채전입액[2]	N/I 24,793	대) 복구충당부채	24,793

[1] (1,200,000 − 0)/3 = (−)400,000
[2] 225,393 × (1 + 10%) × 10% = 24,793

3. 복구시점(20×3년 말)

차) 감가상각비	N/I 400,000	대) 감가상각누계액	400,000
차) 복구충당부채전입액	N/I 27,275	대) 복구충당부채	27,275
차) 복구충당부채	복구원가 300,000	대) 현금	실제복구비용 314,000
복구공사손실	N/I 14,000		

	I/S		
감가상각비	최초 취득원가에 근거	(1,200,000 − 0)/3 = (−)400,000	
복구충당부채전입액	기초 PV(복구원가) × R	300,000/1.1 × 10% = (−)27,275	
복구공사손실	예상복구원가 − 실제복구비용	300,000 − 314,000 = (−)14,000	

㈜세무는 20×1년 7월 1일 관리부서에서 사용할 설비를 ₩1,000,000에 취득하였다. 동 설비는 복구의무가 있으며, 내용연수 종료 후 원상복구를 위해 지출할 복구비용은 ₩300,000으로 추정된다. ㈜세무는 동 설비에 대해 원가모형을 적용하고 있으며, 연수합계법(잔존가치 ₩200,000, 내용연수 4년)으로 감가상각한다. 동 설비와 관련하여 ㈜세무가 20×2년도 당기비용으로 인식할 금액은? (단, 현재가치에 적용할 할인율은 연 10%이며, 이후 할인율의 변동은 없다. 10%, 4기간 단일금액 ₩1의 현재가치는 0.6830이다. 계산금액은 소수점 첫째 자리에서 반올림하며, 감가상각비와 이자비용은 월할 계산한다)

[세무사 2021년]

① ₩301,470   ② ₩322,985   ③ ₩351,715
④ ₩373,230   ⑤ ₩389,335

풀이

(1) 20×1년 7/1 복구충당부채의 장부금액: 300,000 × 0.6830 = 204,900
(2) 20×1년 7/1 설비의 장부금액: 1,000,000 + 204,900 = 1,204,900
(3) 20×2년 당기비용: 373,230
    1) 감가상각비: (1,204,900 − 200,000) × 4/10 × 6/12 + (1,204,900 − 200,000) × 3/10 × 6/12 = 351,715
    2) 이자비용: 204,900 × 10% × 6/12 + 204,900 × 1.1 × 10% × 6/12 = 21,515

정답: ④

03 복구충당부채의 변경

유형자산의 취득시점에 인식한 복구충당부채의 금액은 내용연수 종료시점의 복구예상액을 추정한 것이므로 추후에 변경될 수 있다. 최초 인식시점에 추정한 복구충당부채의 금액은 다음과 같은 경우에 변동한다.

① 의무를 이행하기 위해 필요한 경제적 효익을 갖는 자원의 유출에 대한 추정치의 변경
② 시장에 기초한 현행 할인율의 변경

이러한 회계처리는 유형자산에 대해 원가모형을 적용하여 회계처리하는 경우와 재평가모형을 적용하는 경우에 따라 아래와 같이 처리한다.

(1) 원가모형

원가모형을 사용하는 유형자산은 복구충당부채가 변경되는 경우 당해 자산의 원가에 가감한다. 이때 자산의 원가가 증가한 경우에는 관련 자산의 새로운 장부금액이 회수 가능한지를 고려하여야 한다. 만약 회수가능성이 의심된다면, 회수가능액을 추정하여 자산손상 여부를 검토하고, 손상된 경우에는 손상차손으로 회계처리한다.

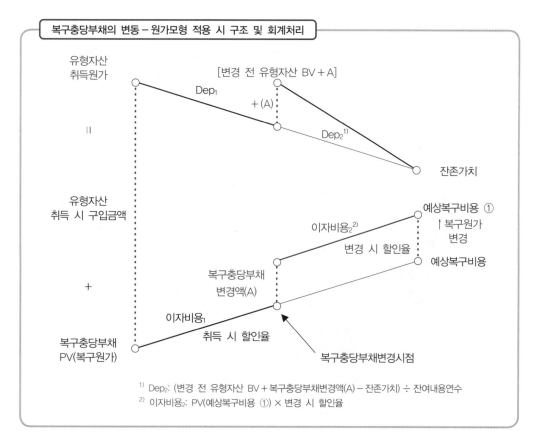

복구충당부채의 변동 - 원가모형 적용 시 구조 및 회계처리

[변경 전 유형자산 BV + A]

유형자산 취득원가

Dep_1 + (A) $Dep_2^{1)}$ 잔존가치

=

유형자산 취득 시 구입금액

이자비용$_2^{2)}$ 예상복구비용 ① ↑복구원가 변경

변경 시 할인율 예상복구비용

복구충당부채 변경액(A)

+

이자비용$_1$ 취득 시 할인율

복구충당부채변경시점

복구충당부채 PV(복구원가)

1) Dep_2: (변경 전 유형자산 BV + 복구충당부채변경액(A) - 잔존가치) ÷ 잔여내용연수
2) 이자비용$_2$: PV(예상복구비용 ①) × 변경 시 할인율

구분		회계처리				
변경 시점	복구충당부채 증가	차) 유형자산	①	대) 복구충당부채	①	
	복구충당부채 감소	차) 복구충당부채	①	대) 유형자산	①	
결산일		차) 감가상각비	②	대) 감가상각누계액	②	
		차) 복구충당부채전입액	③	대) 복구충당부채	③	

① 복구충당부채 변경액: PV(변경된 복구원가) by 변경 시 R_2 – PV(변경 전 복구원가) by 취득 시 R_1
② 변경 후 Dep: (변경 전 유형자산 BV + 복구충당부채 변경액 – 잔존가치) ÷ 잔존내용연수(정액법 가정 시)
③ 복구충당부채전입액: PV(변경된 복구원가) by 변경 시 R_2 × 변경 시 R_2

Self Study

부채의 변경 시 자산의 원가에서 차감되는 금액은 그 자산의 장부금액을 초과할 수 없다. 만약 부채의 감소가 자산의 장부금액을 초과한다면 그 초과액은 즉시 당기손익으로 인식한다.

차) 복구충당부채	변경액	대) 유형자산	BV 한도
		변경이익	N/I

(2) 재평가모형

재평가모형을 사용하는 유형자산은 당해 유형자산이 공정가치로 측정되어 있기 때문에 복구충당부채의 변동분을 유형자산의 장부금액에 가감할 수 없다. 따라서 재평가모형을 사용하는 유형자산에서 복구충당부채의 변경은 당해 유형자산에 대하여 이전에 인식한 재평가잉여금을 조정하여 회계처리한다.

복구충당부채의 변동 – 재평가모형 적용 시 회계처리

① 복구충당부채의 감소: 기타포괄손익으로 인식(이전에 당기손익으로 인식한 재평가손실에 해당하는 금액은 당기손익으로 인식)
② 복구충당부채의 증가: 당기손익으로 인식(재평가잉여금의 잔액을 한도로 기타포괄손익으로 인식)
③ 복구충당부채 변경액: PV(변경된 복구원가) by 변경 시 R_2 – PV(변경 전 복구원가) by 취득 시 R_1

구분		회계처리				
변경 시점	복구충당 부채 증가	차) 재평가잉여금(OCI)	2nd BV	대) 복구충당부채	1st	
		재평가손실(N/I)	대차차액			
	복구충당 부채 감소	차) 복구충당부채	1st	대) 재평가이익(N/I)	2nd 전기손실	
				재평가잉여금(OCI)	대차차액	

부채의 변경은 당해 자산에 대하여 이전에 인식한 재평가잉여금을 조정하여 회계처리한다. 부채의 감소는 기타포괄손익으로 인식하고 자본항목 중 재평가잉여금을 증가시킨다. 다만, 그 금액 중 자산에 대하여 이전에 당기손익으로 인식한 재평가 감소에 해당하는 금액은 당기손익으로 환입한다. 부채의 증가는 당기손익으로 인식한다. 다만, 그 금액 중 해당 자산과 관련된 재평가잉여금의 잔액을 한도로 기타포괄손익으로 인식하고 자본항목 중 재평가잉여금을 감소시킨다.

1. 부채의 변경에서 발생하는 재평가잉여금의 변동은 별도로 인식하고 공시하여야 한다.
2. 자산이 조정된 감가상각대상금액은 그 내용연수 동안 상각한다. 그러므로 일단 당해 자산의 내용연수가 종료되면, 관련 부채의 모든 후속적인 변경은 발생 즉시 당기손익으로 인식한다. 이러한 회계처리는 원가모형과 재평가모형에 모두 적용한다.
3. 할인액 상각은 발생 시 금융원가로 당기손익에 인식하지만 적격자산원가의 일부로 자본화되지는 않는다.

사례연습 12: 복구원가의 변경

㈜동해는 20×1년 초부터 10년간 해상에서 석유를 채굴할 수 있는 권리를 취득하는 계약을 체결하였다. ㈜동해의 결산일은 매년 12월 31일이며, 관련 자료는 다음과 같다.

(1) 해저구조물을 20×1년 초 ₩1,000,000(내용연수 10년, 잔존가치 0, 정액법 상각)에 취득하였으며, 계약만료 시 석유채굴선을 제거하고 원상복구하는 경우 복구원가는 ₩500,000으로 추정되며, 복구원가의 현재가치는 ₩192,770이다(현재가치를 위한 할인율이 10%).
(2) 해저구조물의 복구원가를 포함한 20×1년 말 공정가치는 ₩1,093,493으로 평가되었으며, 신기술의 개발로 복구원가의 현재가치는 ₩234,397으로 추정되었다. 이는 계약만료시점의 복구원가가 ₩650,000으로 변경되고 현재가치를 위한 할인율이 12%로 변경된 것으로 인한 것이다.

1 ㈜동해는 유형자산에 대해서 원가모형을 적용하고 복구충당부채의 변경도 고려하지 않는다고 가정할 때 계약기간 만료일인 2×10년에 실제복구원가는 ₩550,000이 발생하였을 때, 동 거래가 ㈜동해의 2×10년의 당기손익에 미치는 영향은 얼마인가?

2 ㈜동해가 유형자산을 원가모형으로 측정하고 복구충당부채의 변경도 고려할 때, 동 거래가 20×2년 당기손익에 미치는 영향은 얼마인가? (단, 소수점 첫째 자리에서 반올림)

3 ㈜동해가 유형자산을 재평가모형으로 측정하고 복구충당부채의 변경도 고려할 때, 20×1년 말 복구충당부채 변경시점의 회계처리를 보이시오.

1

2×10년 N/I 영향 (−)214,732	• 감가상각비: $(1,000,000 + 192,770 − 0)/10 = (−)119,277$ • 이자비용: $(500,000/1.1) × 10\% = (−)45,455$ • 복구공사손실: $500,000 − 550,000 = (−)50,000$

2

구분		회계처리			
변경 시점	복구충당 부채 증가	차) 유형자산	① 22,350	대) 복구충당부채	① 22,350
	복구충당 부채 감소	회계처리 없음			
결산일 ×2년 말		차) 감가상각비	② 121,760	대) 감가상각누계액	② 121,760
		차) 복구충당부채전입액	③ 28,128	대) 복구충당부채	③ 28,128

① 복구충당부채 변경액: PV(변경된 복구원가) by 변경 시 R₂ − PV(변경 전 복구원가) by 취득 시 R₁
  $234,397 − 192,770 × 1.1 = 22,350$
② 변경 후 Dep: (변경 전 유형자산 BV + 복구충당부채 변경액 − 잔존가치)/잔존내용연수(정액법 가정 시)
  $(1,192,770 − 119,277 + 22,350 − 0)/9 = (−)121,760$
③ 복구충당부채전입액: PV(변경된 복구원가) by 변경 시 R₂ × 변경 시 R₂
  $234,397 × 12\% = (−)28,128$
➲ 20×2년 당기손익에 미친 영향: $(121,760) + (28,128) = (−)149,888$

3

구분		회계처리			
변경 시점	복구충당 부채 증가	차) 재평가잉여금(OCI)	2nd ② 20,000	대) 복구충당부채	1st ① 22,350
		재평가손실(N/I)	대차차액 2,350		
	복구충당 부채 감소	회계처리 없음			

① 복구충당부채 변경액: PV(변경된 복구원가) by 변경 시 R₂ − PV(변경 전 복구원가) by 취득 시 R₁
  $234,397 − 192,770 × 1.1 = 22,350$
② 복구충당부채 변경 전 재평가잉여금: $1,093,493 − (1,192,770 − 119,277) = 20,000$

01 　정부보조금의 의의

정부보조금은 기업의 영업활동과 관련하여 과거나 미래에 일정한 조건을 충족하였거나 충족할 경우 기업에게 자원을 이전하는 형식의 정부 지원을 말한다. 여기서 정부란 지방자치단체, 중앙정부 또는 국제기구인 정부, 정부기관 및 이와 유사한 단체를 말한다.

정부 지원이란 일정한 기준을 충족하는 기업에게 경제적 효익을 제공하기 위한 정부의 행위를 말한다. 한국채택국제회계기준에서는 다음과 같은 거래는 정부보조금에서 제외한다.

① 합리적으로 가치를 산정할 수 없는 정부 지원 및 기업의 정상적인 거래와 구분할 수 없는 정부와의 거래는 정부보조금에서 제외한다.
② 대중교통과 통신망의 개선 그리고 지역사회 전체의 효익을 위해 부정기적으로 계속 진행하는 관개수로나 수도관 등 개선된 시설의 공급으로 사회기반시설을 제공하는 것은 정부 지원에 해당하지 않는다.

Additional Comment

합리적으로 가치를 산정할 수 없는 지원으로는 기술이나 마케팅에 관한 무료 자문과 보증제공이 있고, 기업의 정상적인 거래와 구별할 수 없는 지원의 예로는 기업 매출의 일정 부분을 책임지는 정부구매정책을 들 수 있다. 이러한 정부 지원은 효익의 존재에는 의문이 없지만 정부 지원을 거래활동과 구분하는 것은 자의적일 수 있기 때문에 정부보조금에서 제외한다.

02 　정부보조금의 인식방법

정부보조금에 부수되는 조건의 준수와 보조금 수취에 대한 합리적인 확신이 있을 경우에만 정부보조금을 인식한다. 보조금의 수취 자체가 보조금에 부수되는 조건이 이행되었거나 이행될 것이라는 결정적인 증거를 제공하지는 않는다.

보조금을 수취하는 방법은 보조금에 적용되는 회계처리방법에 영향을 미치지 않는다. 따라서 보조금을 현금으로 수취하는지 또는 정부에 대한 부채를 감소시키는지에 관계없이 동일한 방법으로 회계처리한다.

[정부보조금으로 현금 수령]			
차) 현금	××	대) 정부보조금	××
[정부보조금으로 미지급법인세 면제]			
차) 미지급법인세	××	대) 이연정부보조금수익	××

정부의 상환면제가능대출은 당해 기업 대출의 상환면제조건을 충족할 것이라는 합리적인 확신이 있을 때 정부보조금으로 처리한다.

[정부로부터 차입]

| 차) 현금 | ×× | 대) 정부차입금(부채) | ×× |

[상환면제조건을 충족할 것이라는 합리적인 확신]

| 차) 정부차입금(부채) | ×× | 대) 정부보조금 | ×× |

03 정부보조금 회계처리방법의 이론적 접근법

정부보조금의 회계처리방법에는 아래의 두 가지 접근방법이 있다.

① 자본접근법: 정부보조금을 당기손익 이외의 항목으로 인식
② 수익접근법: 정부보조금을 하나 이상의 회계기간에 걸쳐 당기손익으로 인식

자본접근법과 수익접근법을 비교하면 아래의 표와 같다.

구분	내용
자본접근법	① 정부보조금은 하나의 금융수단이므로 관련된 비용항목과 상계하기 위해 당기순손익으로 인식하지 않고 재무상태에 자금조달로 처리하여야 한다. 상환이 예상되지 않기 때문에 정부보조금을 당기순손익 이외의 항목으로 인식한다. ② 정부보조금은 수익을 창출한 것이 아니라 관련 원가 없이 정부에게서 받은 장려금이기 때문에 정부보조금을 당기손익으로 인식하는 것은 적절하지 않다.
수익접근법	① 정부보조금은 주주 이외의 원천으로부터 수취하기 때문에 자본으로 직접 인식할 수 없으며 적절한 기간에 당기손익으로 인식한다. ② 정부보조금은 무상으로 지급되는 경우가 거의 없다. 정부보조금은 조건을 준수하고 부여된 의무를 충족함으로써 얻는다. 따라서 정부보조금으로 보전하려고 하는 관련 원가를 비용으로 인식하는 기간에 걸쳐 당기손익으로 인식하여야 한다. ③ 법인세와 그 밖의 세금은 비용이기 때문에 재정정책의 일환인 정부보조금도 당기손익에 표시하는 것이 논리적이다.

한국채택국제회계기준에서는 정부보조금을 수익접근법에 따라 회계처리하도록 규정하고 있다. 따라서 자산 관련 보조금이든 수익 관련 보조금이든 관계없이 이를 수익으로 인식하여야 한다.

Additional Comment

수익접근법에서는 정부보조금으로 보전하려는 관련 원가를 비용으로 인식하는 기간에 걸쳐 체계적인 기준에 따라 정부보조금을 당기순손익으로 인식해야 하는 것이 중요하다. 수취기준에 따라 정부보조금을 당기순손익으로 인식하는 것은 발생기준 회계의 가정에 따른 것이 아니며, 정부보조금을 수취한 회계기간 이외의 회계기간에 배분하는 기준이 존재하지 않는 경우에만 인정될 수 있다.

정부보조금을 수익으로 인식하는 방법은 정부보조금을 관련 원가와 대응시키는 경우와 그렇지 않는 경우에 따라 다르다.

정부보조금은 보전하려는 관련 원가를 비용으로 인식하는 기간에 걸쳐 체계적인 기준에 따라 당기손익으로 인식한다. 예를 들어, 감가상각자산과 관련된 정부보조금은 당해 자산의 감가상각비가 인식되는 비율에 따라 인식기간에 걸쳐 당기손익으로 인식한다.

비상각자산과 관련된 정부보조금이 일정한 의무의 이행도 요구한다면 그 의무를 충족시키기 위한 원가를 부담하는 기간에 그 정부보조금을 당기손익으로 인식한다. 예를 들어, 건물을 건설하는 조건으로 토지를 보조금으로 받은 경우 건물의 내용연수 동안 보조금을 당기손익으로 인식하는 것이 적절할 수 있다.

이미 발생한 비용이나 손실에 대한 보전 또는 향후의 관련 원가 없이 기업에 제공되는 즉각적인 금융지원으로 수취하는 정부보조금은 정부보조금을 수취할 권리가 발생한 기간에 당기손익으로 인식한다(≠ 수취한 시점).

[정부보조금의 수익인식방법]

구분	수익인식방법
관련 원가와 대응되는 정부보조금	정부보조금으로 보전하려는 관련 원가를 비용으로 인식하는 기간에 걸쳐 체계적인 기준에 따라 당기순손익으로 인식
이미 발생한 비용이나 손실에 대한 보전 또는 향후의 관련 원가가 없는 정부보조금	정부보조금을 수취할 권리가 발생하는 기간에 당기순손익으로 인식

수익접근법에 의한 정부보조금의 회계처리와 표시는 자산 관련 보조금과 수익 관련 보조금으로 구분하여 회계처리한다. 각 표시방법을 요약하면 아래와 같다.

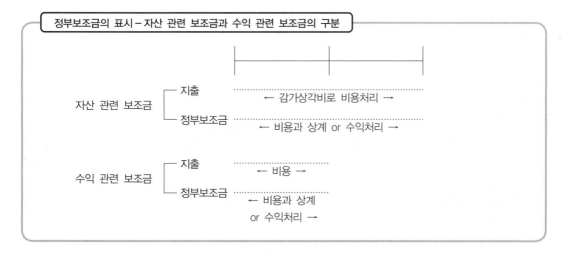

05 수익 관련 보조금

수익 관련 보조금이란 자산 관련 보조금 이외의 정부보조금을 말한다. 수익 관련 보조금은 당기순손익의 일부로 별도의 계정이나 기타수익과 같은 일반계정으로 표시(수익인식법)하거나 대체적인 방법으로 관련 비용에서 보조금을 차감(비용차감법)할 수도 있다.

[수익 관련 보조금 회계처리 정리]

구분		수익인식 회계처리
수익 관련 보조금	수익인식법	별도의 계정이나 기타수익으로 표시
	비용차감법	관련 비용을 보조금에서 차감

Additional Comment

수익 관련 보조금을 수익으로 별도 표시하자는 주장은 수익과 비용의 상계는 적절하지 않으며, 보조금을 관련 비용과 분리하는 것이 보조금의 영향을 받지 않는 기타비용과의 비교를 용이하게 한다는 데 근거한다. 반면, 상계하자는 주장은 보조금을 이용할 수 없었다면 비용도 발생하지 않았을 것이므로 보조금과 비용을 상계하지 않으면 이용자의 오해를 유발할 수 있다는 데 근거한다.

Ex. 수익인식법의 회계처리

[정부보조금 수령 시]

차) 현금	10,000	대) 이연정부보조금수익(부채)	10,000

[기타 수익인식 시]

차) 이연정부보조금수익(부채)	10,000	대) 정부보조금수익	10,000

Ex. 비용차감법의 회계처리

[정부보조금 수령 시]

차) 현금	10,000	대) 정부보조금	10,000

[관련 비용 지출 시]

차) 정부보조금	10,000	대) 관련 비용	10,000

아래의 물음은 서로 독립적이다.

1 ㈜포도는 20×1년 12월 초에 인턴사원의 급여에 대하여 정부로부터 보조금 ₩200,000을 수령하였다. 정부보조금은 20×1년 12월분 급여 ₩200,000과 20×2년 1월분 급여 ₩200,000의 일부에 대한 보조이다. 회사는 매월 말에 급여를 지급하며, 12월 31일에 인턴사원에 대한 급여 ₩200,000을 지급하였다. 인턴사원의 급여에 대한 정부보조금 회계처리를 서술하시오.

2 ㈜하늘은 원자재를 저가에 공급하기 위해서 판매가격을 제조원가보다 낮게 하는 판매정책을 채택함으로써 과거손실을 보전해주는 ₩300,000의 상환의무가 없는 정부보조금을 추가로 수령하였다. 정부보조금 수령 시 회계처리를 나타내시오.

3 ㈜사과는 20×1년 중 발생한 지진으로 인해 재고자산이 소실되었으며, 이에 대한 보전을 목적으로 회사가 아직 납부하지 못한 전기 당기법인세부채 ₩100,000을 감면받았다. 당기법인세부채 감면에 대한 회계처리를 나타내시오.

풀이

1 1. 수익으로 인식 시
[20×1년 12월 1일]

차) 현금	200,000	대) 이연정부보조금수익	200,000

[20×1년 12월 31일]

차) 급여	200,000	대) 현금	200,000
차) 이연정부보조금수익	100,000	대) 정부보조금수익*	100,000

2. 비용으로 인식 시
[20×1년 12월 1일]

차) 현금	200,000	대) 정부보조금	200,000

[20×1년 12월 31일]

차) 급여	200,000	대) 현금	200,000
차) 정부보조금	100,000	대) 급여*	100,000

* 수익 관련 보조금은 이연수익(부채)으로 처리한 후 관련 원가를 비용으로 인식할 때 수익으로 인식하거나 관련 비용에서 차감할 수 있다.

2

차) 현금	300,000	대) 정부보조금수익	300,000

* 이미 발생한 비용이나 손실에 대한 보전 또는 향후의 관련 원가 없이 기업에 제공되는 즉각적인 금융지원으로 수취하는 정부보조금은 수취할 권리가 발생한 기간에 수익으로 인식한다.

3

차) 당기법인세부채	100,000	대) 정부보조금수익	100,000

* 이미 발생한 비용이나 손실에 대한 보전 또는 향후의 관련원가 없이 기업에 제공되는 즉각적인 금융지원으로 수취하는 정부보조금은 수취할 권리가 발생한 기간에 수익으로 인식한다. 또한 보조금을 수취하는 방법은 보조금에 적용되는 회계처리방법에 영향을 미치지 않는다. 따라서 보조금을 현금으로 수취하는지 또는 정부에 대한 부채를 감소시키는지에 관계없이 동일한 방법으로 회계처리한다.

06 자산 관련 보조금

자산 관련 보조금이란 정부 지원의 요건을 충족하는 기업이 장기성 자산을 매입, 건설하거나 다른 방법으로 취득하여야 하는 일차적 조건이 있는 정부보조금을 말한다. 자산 관련 보조금은 부수조건으로 해당 자산의 유형이나 위치 또는 자산의 취득기간이나 보유기간을 제한할 수 있다. 이와 관련된 한국채택국제회계기준의 내용은 아래와 같다.

자산 관련 보조금의 회계처리방법으로 자산차감법과 이연수익법을 모두 인정하며, 두 가지 방법 중 하나를 선택할 수 있다.

① 자산차감법: 자산차감법은 자산의 장부금액을 계산할 때 보조금을 차감하는 방법을 말한다. 보조금은 감가상각자산의 내용연수에 걸쳐 감가상각비를 감소시키는 방식으로 당기순손익을 인식한다.
② 이연수익법: 이연수익법은 보조금을 이연수익(부채)으로 인식하여 자산의 내용연수에 걸쳐 체계적인 기준으로 당기순손익에 인식하는 방법을 말한다.

[자산 관련 보조금 회계처리 정리]

구분		수익인식 회계처리
자산 관련 보조금	자산차감법	내용연수에 걸쳐 감가상각비와 상계
	이연수익법	내용연수에 걸쳐 체계적인 기준으로 수익인식

(1) 자산차감법과 이연수익법의 회계처리 비교

1) 정부보조금 수령 및 자산의 취득시점

구분	자산차감법					이연수익법				
수령	차) 현금		B	대) 정부보조금	B	차) 현금		B	대) 이연수익	B
취득	차) 유형자산		A	대) 현금	A	차) 유형자산		A	대) 현금	A

구분	자산차감법			이연수익법		
F/S	**B/S**			**B/S**		
	유형자산	A		유형자산	A	이연수익	B
	정부보조금	(−)B					
	BV	A − B					

> **Self Study**
>
> 자산차감법과 이연수익법은 재무제표에 미치는 영향은 동일하나 이연수익법은 별도의 부채가 계상되어 실무적으로 자산차감법을 선호한다.

2) 내용연수 동안 결산일

구분	자산차감법				이연수익법			
기말	차) 감가상각비	I	대) 상각누계액	××	차) 감가상각비	I	대) 상각누계액	××
	차) 정부보조금	××	대) 감가상각비	II	차) 이연수익	××	대) 보조금수익	II

<table>
<tr><td rowspan="2">F/S</td><td colspan="2" align="center">B/S</td><td colspan="2" align="center">B/S</td></tr>
<tr>
<td>유형자산   A
정부보조금   (B − 상계액)
감가상각누계액 (−)××</td><td></td>
<td>유형자산   A
상각누계액   (−)××</td><td>이연수익   (B − 상계액)</td>
</tr>
<tr><td></td><td colspan="2" align="center">I/S</td><td colspan="2" align="center">I/S</td></tr>
<tr><td></td><td>감가상각비   I − II</td><td></td><td>감가상각비   I</td><td>보조금수익   II</td></tr>
</table>

자산 관련 보조금은 매 보고기간 말 자산차감법에서는 감가상각비와 상계하고, 이연수익법에서는 체계적인 기준으로 당기에 수익으로 인식한다. 이때, 매 보고기간 말 감가상각비와 상계하거나 수익으로 인식할 금액은 다음과 같다.

> 감가상각비와 상계하거나 수익으로 인식할 금액: 감가상각비 × 정부보조금 ÷ (취득원가 − 잔존가치)

Self Study

유형자산을 정액법이나 연수합계법으로 감가상각하는 경우에는 정부보조금을 내용연수에 걸쳐 정액법이나 연수합계법으로 상각해도 동일한 결과에 도달한다.

[예 정액법 사용 시]

➔ (취득원가 − 잔존가치)/내용연수 × 정부보조금/(취득원가 − 잔존가치) = 정부보조금/내용연수

3) 처분일

구분	자산차감법				이연수익법			
처분	차) 현금 ①	처분가	대) 유형자산 ②	A	차) 현금 ①	처분가	대) 유형자산 ②	A
	감가상각누계액 ③	BV	처분손익	대차차액	감가상각누계액 ③	BV	처분손익	대차차액
	정부보조금 ④	BV			차) 이연수익	BV	대) 보조금수익	BV

자산 관련 보조금이 있는 자산의 처분이 발생하였을 때, 자산차감법에서는 정부보조금의 잔액을 모두 제거하여 자산의 처분손익에 가감하며, 이연수익법에서는 이연정부보조금수익의 잔액을 일시에 정부보조금수익으로 인식한다.

Self Study

유형자산의 제거 시에 유형자산의 장부금액은 유형자산의 원가에서 감가상각누계액, 손상차손누계액 및 정부보조금(자산차감법의 경우)을 차감한 잔액을 말한다.

예 A사는 20×1년 초에 정부로부터 설비 구입에 필요한 자금으로 ₩20을 보조받아 내용연수 5년, 잔존가치가 ₩0인 기계장치를 ₩100에 취득하였다. A회사는 기계장치가 사용목적에 적합하지 않아 20×2년 말에 ₩70에 매각하였다. A회사의 결산일은 매년 12월 31일이며, 감가상각방법은 정액법이다.

동 사례에 대하여 자산차감법과 이연수익법을 사용할 때를 도식화하면 아래와 같다.

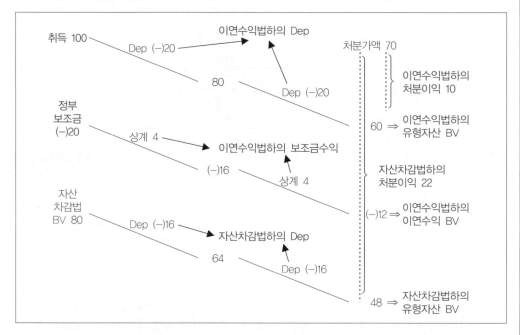

상계되는 정부보조금은 감가상각비 × [정부보조금/감가상각대상금액(취득가액 − 잔존가치)]이며 매기 말 유형자산의 장부가액의 변동을 표로 나타내면 아래와 같이 구성된다.

구분	×1년 초	상각	×1년 말
취득가액	100	–	100
상각누계액	–	(−)20	(−)20
정부보조금	(−)20	4	(−)16
장부가액	80	(−)16	64

➲ 정부보조금 차감 후 순장부가액(BV): 취득가액 − 정부보조금
➲ I/S상 감가상각비: (정부보조금차감 후 BV − 잔존가치) × 상각률
➲ I/S상 처분손익: 처분가액 − (정부보조금차감 후 BV − 상각누계액)

위와 같이 정액법이나 연수합계법을 사용하여 감가상각하는 경우에는 유형자산에서 정부보조금을 차감한 순장부가액을 기준으로 감가상각비와 처분손익을 계산하여도 결론은 동일하다. 그러나 정률법이나 이중체감법을 사용하는 경우에는 동 방법을 사용하여서는 안 된다.

4) 정부보조금의 상환

구분	자산차감법	이연수익법
상환	차) 정부보조금 ②　　BV　대) 현금 ①　현금상환액 　　　감가상각비　대차차액	차) 이연수익 ②　　BV　대) 현금 ①　현금상환액 　　　상환손실　대차차액

정부보조금의 사용요건 등을 충족하지 못하여 상환의무가 발생하게 된 정부보조금은 회계추정의 변경으로 회계처리한다. 즉, 과거의 정부보조금과 관련된 회계처리는 수정하지 않고 상환의무가 발생하게된 이후에만 영향을 미치도록 회계처리한다.

자산 관련 보조금을 상환하는 경우에는 상환금액만큼 자산의 장부금액을 증가시키거나 이연수익에서차감하여 기록한다. 이때 정부보조금이 없었다면 현재까지 당기손익으로 인식했어야 하는 추가 감가상각누계액은 즉시 당기손익으로 인식한다.

자산 관련 정부보조금 자산차감법과 이연수익법의 정리

구분	자산차감법	이연수익법
정부보조금 표시	자산의 차감계정으로 표시	별도의 부채로 표시(이연수익)
유형자산 BV	취득원가 − 감가상각누계액 − 정부보조금	취득원가 − 감가상각누계액
후속측정	자산의 내용연수 동안 감가상각비와 상계	자산의 내용연수 동안 별도의 수익으로 인식
유형자산 처분손익	처분가 − (취득원가 − 감가상각누계액 − 정부보조금)	처분가 − (취득원가 − 감가상각누계액) 이연수익은 별도의 수익으로 인식
정부보조금 상환	감가상각비 처리(N/I) (= 상환액 − 상환 대상 정부보조금 BV)	상환손실 처리(N/I) (= 상환액 − 상환 대상 이연수익 BV)

12월 말 결산법인인 ㈜나우는 20×1년 1월 1일 경제적 내용연수 5년, 잔존가치 ₩0인 기계장치를 ₩100,000에 취득하였다. 기계장치의 취득과 관련하여 ㈜나우는 정부로부터 ₩20,000을 수령하였다. 기계장치의 감가상각방법은 정액법이다. 아래의 물음들은 서로 독립적이다.

1 20×2년도에 ㈜나우가 자산차감법과 이연수익법으로 회계처리할 경우 각각 감가상각비로 인식할 금액은 얼마인가?

2 20×3년 7월 1일 기계장치를 ₩60,000에 처분하였다면 ㈜나우가 자산차감법과 이연수익법으로 회계처리할 경우 각각 유형자산처분이익으로 인식할 금액은 얼마인가?

3 20×3년 7월 1일 기계장치를 ₩60,000에 처분하였다면 ㈜나우가 자산차감법과 이연수익법으로 회계처리할 경우 각각 20×3년 ㈜나우의 당기순이익에 영향을 미치는 금액은 얼마인가?

4 20×3년 1월 1일 정부보조금 ₩20,000 전액을 상환해야 한다면 ㈜나우가 자산차감법과 이연수익법으로 회계처리할 경우 각각 20×3년 ㈜나우의 당기순이익에 영향을 미치는 금액은 얼마인가?

5 회사가 정액법이 아닌 정률법을 적용하는 경우(상각률 20%) 20×2년에 감가상각비와 상계되는 정부보조금은 얼마인가?

풀이

1, 2, 3, 4

구분	자산차감법	이연수익법
정부보조금 표시	자산의 차감계정으로 표시	별도의 부채로 표시(이연수익)
취득가액	취득원가 − 정부보조금 100,000 − 20,000 = 80,000	취득원가 100,000
20×2년 감가상각비	(취득원가 − 정부보조금 − 잔존가치) × 상각률 (80,000 − 0)/5 = (−)16,000	(취득원가 − 잔존가치) × 상각률 (100,000 − 0)/5 = (−)20,000
유형자산 BV (20×3년 7/1)	취득원가 − 감가상각누계액 − 정부보조금 80,000 − 16,000 × 2.5 = 40,000	취득원가 − 감가상각누계액 100,000 − 20,000 × 2.5 = 50,000
유형자산 처분손익	처분가 − (취득원가 − 감가상각누계액 − 정부보조금) 60,000 − (80,000 − 16,000 × 2.5) = 20,000	처분가 − (취득원가 − 감가상각누계액) 60,000 − (100,000 − 20,000 × 2.5) = 10,000
정부보조금 상환 시 N/I 영향	감가상각비 처리(N/I) (= 상환액 − 상환 대상 정부보조금 BV) 20,000 − 20,000 × 3/5 = 8,000	상환손실 처리(N/I) (= 상환액 − 상환 대상 이연수익 BV) 20,000 − 20,000 × 3/5 = 8,000

3 20×3년 당기순이익에 미치는 영향은 자산차감법과 이연수익법이 동일하다.
취득한 현금 60,000 − 기초 기계장치 (80,000 − 16,000 × 2) = 12,000
*당기손익에 미치는 영향은 자산의 증감(취득한 현금 − 기초자산)으로 쉽게 구할 수 있다.

5 20×2년 정률법 적용 시 감가상각비: 기초 유형자산 BV(취득가액 − 기초 감가상각누계액) × 상각률
                                    = (100,000 − 20,000) × 20% = 16,000
정부보조금 상계액: 감가상각비 × 정부보조금 수령액/(취득원가 − 잔존가치)
                = 16,000 × 20,000/(100,000 − 0) = 3,200

[회계처리 및 F/S 효과]

1. 취득시점 F/S 효과

구분	자산차감법	이연수익법
기말	차) 현금 20,000 대) 정부보조금 20,000	차) 현금 20,000 대) 이연수익 20,000
취득	차) 유형자산 100,000 대) 현금 100,000	차) 유형자산 100,000 대) 현금 100,000
F/S	**B/S** 유형자산 100,000 정부보조금 (−)20,000	**B/S** 유형자산 100,000 │ 이연수익 20,000

2. 결산일

구분	자산차감법	이연수익법
기말	차) 감가상각비 20,000 대) 감가상각누계액 20,000 차) 정부보조금 4,000 대) 감가상각비 4,000	차) 감가상각비 20,000 대) 감가상각누계액 20,000 차) 이연수익 4,000 대) 보조금수익 4,000
F/S	**B/S** 유형자산 100,000 정부보조금 (−)16,000 감가상각누계액 (−)20,000 **I/S** 감가상각비 16,000	**B/S** 유형자산 100,000 │ 이연수익 16,000 감가상각누계액 (−)20,000 **I/S** 감가상각비 20,000 │ 보조금수익 4,000

3. 처분일

구분	자산차감법	이연수익법
상각	차) 감가상각비 10,000 대) 감가상각누계액 10,000 차) 정부보조금 2,000 대) 감가상각비 2,000	차) 감가상각비 10,000 대) 감가상각누계액 10,000 차) 이연수익 2,000 대) 보조금수익 2,000
처분	차) 현금 60,000 대) 유형자산 100,000 　감가상각누계액 50,000 　처분손익 20,000 　정부보조금 10,000	차) 현금 60,000 대) 유형자산 100,000 　감가상각누계액 50,000 　처분손익 10,000 차) 이연수익 10,000 대) 보조금수익 10,000

4. 상환일

구분	자산차감법	이연수익법
상환	차) 정부보조금 12,000 대) 현금 20,000 　감가상각비 8,000	차) 이연수익 12,000 대) 현금 20,000 　상환손실 8,000

㈜성서전자는 정부의 전략산업육성지침에 따라 기계장치 구입자금의 일부를 정부로부터 보조받았다. ㈜성서전자는 정부보조금 ₩20,000,000을 이용하여 20×1년 1월 1일에 취득원가 ₩100,000,000의 기계장치를 구입하였다. 정부보조금에 부수되는 조건은 이미 충족되었고 상환의무가 없으며 정부보조금은 기계장치를 구입한 당일에 수취하였다. 동 기계장치의 잔존가치는 없으며, 내용연수는 10년, 감가상각방법은 정액법으로 결정되었다. ㈜성서전자는 동 기계장치를 20×5년 12월 31일에 ₩35,000,000에 처분하였다. 다음 중 동 기계장치와 관련된 기록을 설명한 것으로 맞는 것은 어느 것인가? (단, 법인세효과는 고려하지 않는다) [공인회계사 2011년]

① 자산 관련 정부보조금은 재무상태표에 이연수익으로 표시(이연수익법)하거나 자산의 장부금액을 결정할 때 차감하여 표시(원가차감법)하는 방법이 있는데, 한국채택국제회계기준에서는 이연수익법을 허용하지 않고 있다.
② 이연수익법을 적용하면 20×1년 12월 31일 현재 재무상태표에 보고되는 유형자산의 순장부금액이 ₩90,000,000으로 원가차감법을 적용했을 때의 ₩72,000,000보다 크다.
③ 이연수익법과 원가차감법 모두 20×1년도 포괄손익계산서상 정부보조금수익은 ₩2,000,000이다.
④ 이연수익법을 적용하면 20×5년도 포괄손익계산서상 유형자산처분이익 ₩5,000,000이 당기손익에 반영되지만, 원가차감법을 적용하면 유형자산처분손실 ₩5,000,000이 당기손익에 반영된다.
⑤ 이연수익법과 원가차감법 모두 20×1년 12월 31일 현재 재무상태표에 동 거래와 관련하여 부채가 보고되지 않는다.

풀이

구분	자산차감법	이연수익법
정부보조금 표시	자산의 차감계정으로 표시	별도의 부채로 표시(이연수익)
취득가액	취득원가 − 정부보조금 100,000,000 − 20,000,000 = 80,000,000	취득원가 100,000,000
감가상각비	(취득원가 − 정부보조금 − 잔존가치) × 상각률 (80,000,000 − 0)/10 = (−)8,000,000	(취득원가 − 잔존가치) × 상각률 (100,000,000 − 0)/10 = (−)10,000,000
유형자산 BV (20×1년 말)	취득원가 − 감가상각누계액 − 정부보조금 80,000,000 − 8,000,000 × 1 = 72,000,000	취득원가 − 감가상각누계액 100,000,000 − 10,000,000 × 1 = 90,000,000
유형자산 BV (20×5년 말)	취득원가 − 감가상각누계액 − 정부보조금 80,000,000 − 8,000,000 × 5 = 40,000,000	취득원가 − 감가상각누계액 100,000,000 − 10,000,000 × 5 = 50,000,000
후속측정	자산의 내용연수 동안 감가상각비와 상계	자산의 내용연수 동안 별도의 수익으로 인식
유형자산 처분손익	처분가 − (취득원가 − 감가상각누계액 − 정부보조금) 35,000,000 − (80,000,000 − 40,000,000) = (−)5,000,000	처분가 − (취득원가 − 감가상각누계액) 35,000,000 − (100,000,000 − 50,000,000) = (−)15,000,000
정부보조금 상환	감가상각비 처리(N/I) (= 상환액 − 상환 대상 정부보조금 BV)	상환손실 처리(N/I) (= 상환액 − 상환 대상 이연수익 BV)

정답: ②

07 시장이자율보다 낮은 이자율의 정부대여금

시장이자율보다 낮은 이자율을 지급하는 조건으로 정부로부터 자금을 차입하는 경우 당해 정부대여금의 효익은 정부보조금으로 처리한다. 그 정부대여금은 한국채택국제회계기준 제1109호 '금융상품'에 따라 대여일의 공정가치(= PV(CF) by 대여일의 시장 R)로 인식하고 측정한다. 이 경우 정부대여금의 효익은 대여일의 공정가치인 최초 장부금액과 수취한 대가의 차이에 해당하며, 이 차액은 정부보조금으로 인식한다.

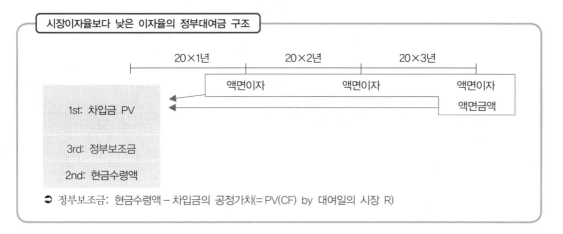

시장이자율보다 낮은 이자율의 정부대여금 구조

➲ 정부보조금: 현금수령액 − 차입금의 공정가치(= PV(CF) by 대여일의 시장 R)

[회계처리와 F/S 분석(자산차감법 − 정액법 사용 가정)]

1. 회계처리

구분	회계처리			
차입 시(낮은 이자율)	차) 현금	수령액	대) 차입금	PV
			정부보조금	현금수령액 − PV
취득 시	차) 자산	취득원가	대) 현금	취득자산 FV
기말 ① 상각	차) 감가상각비	××	대) 감가상각누계액	××
② 보조금 상계	차) 정부보조금	××	대) 감가상각비	××
③ 이자비용	차) 이자비용	기초 BV × R	대) 차입금	××

2. F/S 분석
   (1) 최초 차입 & 취득 시

B/S			
유형자산		차입금	PV(CF)
(−)정부보조금	현금수령액 − PV(CF)		
유형자산 BV	××		

(2) 결산일

B/S

유형자산		차입금	PV(잔여 CF)
(−)정부보조금	(현금수령액 − PV(CF)) − Dep상계액		
(−)감가상각누계액	(−)××		
유형자산 BV	××		

I/S

감가상각비	(제공한 대가 FV − 정부보조금 − 잔존가치)/내용연수
이자비용	기초 차입금 BV × R

㈜코리아는 20×1년 1월 1일 지방자치단체로부터 자금을 전액 차입하여 기계장치를 ₩200,000에 구입하였다. 지방자치단체로부터 수령한 차입금은 20×5년 12월 31일에 상환해야 하며, 매년 말에 액면이자율 연 2%를 지급하는 조건이다. ㈜코리아가 구입한 기계장치의 추정내용연수는 5년이고, 잔존가치는 ₩0이며 정액법으로 감가상각한다. 20×1년 1월 1일 구입 당시의 시장이자율은 연 10%이며, 10%의 현가계수는 아래의 표와 같다(단, 소수점 첫째 자리에서 반올림하며, 계산 결과 단수차이로 인한 약간의 오차가 있으면 가장 근사치를 선택한다).

기간	단일금액 ₩1의 현가	정상연금 ₩1의 현가
4	0.6830	3.1699
5	0.6209	3.7908

1 20×1년 1월 1일에 ㈜코리아가 지방자치단체로부터 수령한 차입금 중 정부보조금으로 인식할 금액을 구하시오.

2 ㈜코리아가 20×1년에 해야 할 회계처리를 보이시오(단, 정부보조금은 전액 기계장치 구입에만 사용하여야 하며, 자산의 취득원가에서 차감하는 원가(자산)차감법을 사용하여 표시한다).

풀이

1 정부보조금으로 인식할 금액: 60,657

취득 시 B/S	20×1년 초 ├─────────────┤	20×5년 말
취득자산 FV 200,000		잔존가치 0
현금수령액 200,000		차입금액면금액 200,000
− 차입금 PV (−)139,343[1) ◀────────		차입금액면이자 4,000
= 정부보조금 60,657		

[1) 200,000 × 0.6209 + 4,000 × 3.7908 = 139,343

2 [20×1년 수행할 회계처리]

구분	회계처리				
차입 시(낮은 이자율)	차) 현금	200,000	대) 차입금	139,343	
			정부보조금	60,657	
취득 시	차) 자산	200,000	대) 현금	200,000	
기말 ① 감가상각비	차) 감가상각비	40,000	대) 감가상각누계액	40,000	
② 보조금 상계	차) 정부보조금	12,131	대) 감가상각비	12,131	
③ 이자비용	차) 이자비용	13,934	대) 차입금	9,934	
			현금	4,000	

① 감가상각비: (200,000 − 0)/5년 = (−)40,000
② 보조금 상계: 40,000 × 60,657/(200,000 − 0) = 12,131
③ 이자비용: 139,343 × 10% = (−)13,934

F/S 효과

1. 최초 차입 & 취득 시

B/S			
유형자산	취득자산 FV	차입금	PV(CF)
	200,000	$200,000 \times 0.6209 + 4,000 \times 3.7908 = 139,343$	
(−)정부보조금	현금수령액 − PV(CF)		
	(−)60,657		
유형자산 BV	139,343		

2. 20×1년 결산일

B/S			
유형자산	취득자산 FV	차입금	PV(잔여 CF)
		$139,343 \times 1.1 - 4,000 = 149,277$	
(−)정부보조금 (현금수령액 − PV(CF)) − Dep상계액			
(−)감가상각누계액	(−)대차차액		
유형자산 BV	$139,343 - 27,869 = 111,474$		

I/S	
감가상각비	(취득자산 FV − 정부보조금 − 잔존가치)/내용연수
	$(200,000 - 60,657 - 0)/5년 = (−)27,869$
이자비용	기초 차입금 BV × R
	$139,343 \times 10\% = (−)13,934$

6 재평가모형

I 재평가모형의 의의

01 재평가모형의 선택과 의의

한국채택국제회계기준에서는 기업이 원가모형과 재평가모형 중 하나를 회계정책으로 선택하여 유형자산 유형별로 동일하게 적용하도록 규정하고 있다. 유형자산을 취득한 후 공정가치의 변동을 인식하지 않는 것을 원가모형이라고 하고 유형자산을 최초 인식한 후에 공정가치를 신뢰성 있게 측정할 수 있는 유형자산에 대하여 재평가일의 공정가치로 측정하는 것을 재평가모형이라고 한다.

Additional Comment

원가모형과 재평가모형 중 어떤 측정모형을 적용하는지는 회계정책의 선택에 해당한다. 기업이 최초로 재평가모형을 적용하는 경우와 이후 측정모형을 변경하는 경우의 회계처리는 아래와 같다.

구분	회계처리
재평가모형의 최초 적용	회계정책 변경을 적용하지 않고, 재평가모형의 최초 적용연도의 유형자산 장부금액을 공정가치로 수정한다. ⇒ 비교 표시되는 과거기간의 재무제표를 소급하여 재작성하지 않는다.
재평가모형에서 원가모형으로 변경 (이후 다시 재평가모형으로 변경 포함)	회계정책의 변경에 해당되므로 기준서 제1008호를 적용하여 비교 표시되는 과거기간의 재무제표를 소급하여 재작성한다.

02 재평가의 빈도와 범위

재평가는 보고기간 말에 자산의 장부금액이 공정가치와 중요하게 차이가 나지 않도록 주기적으로 수행한다. 재평가의 빈도는 재평가되는 유형자산의 공정가치 변동에 따라 달라진다. 재평가된 자산의 공정가치가 장부금액과 중요하게 차이가 나는 경우에는 추가적인 재평가가 필요하다.

특정 유형자산을 재평가할 때 당해 자산이 포함되는 유형자산의 유형 전체를 재평가한다. 따라서 유형자산 분류 중 일부만을 보고기간 말의 공정가치로 재평가할 수는 없다. 이는 유형자산별로 선택적 재평가를 하거나 서로 다른 기준일의 평가금액이 혼재된 재무보고를 하는 것을 방지하기 위한 것이다.

[재평가의 빈도와 범위]

구분	내용	비고
재평가 빈도	주기적으로 재평가 (장부금액과 공정가치가 중요하게 차이나는 경우)	매 보고기간 말마다 재평가 ×
재평가 범위	유형자산의 유형 전체를 재평가	일부만 재평가 ×

Additional Comment

기업이 여러 필지의 토지를 보유하고 있는 경우 이 중 한 개 필지의 토지에 대해서만 재평가할 수 없으며, 보유 토지 전체에 대해서 재평가를 해야 한다. 그러나 토지와 건물은 동일하게 분류되지 않으므로 토지에 대해서는 재평가모형을, 토지상의 건물에 대해서는 원가모형을 적용할 수 있다. 이렇듯 개별자산에 기초하지 않고 동일 분류에 기초하여 재평가모형을 적용하는 이유는 개별자산에 기초할 경우 재평가 대상 자산을 선택적으로 결정함으로써 재무제표를 왜곡시킬 수 있기 때문이다. 또한 동일 분류 내의 모든 자산에 대해서 동일한 측정기준을 일관성 있게 적용할 수 있다는 장점도 있다.

Ⅱ   비상각자산의 재평가 회계처리

유형자산을 재평가할 때 자산의 장부금액이 증가하는 경우와 감소하는 경우의 회계처리를 최초로 재평가 하는 회계연도와 이후 연도로 구분하면 아래와 같다.

01 최초 재평가 시 평가증(공정가치 > 장부금액)

유형자산에 대하여 최초 재평가모형을 적용할 때 장부금액을 증가시킬 경우에는 증가액인 재평가잉여금을 기타포괄손익으로 인식한다. 또한 이후에 장부금액을 감소시킬 경우에는 전기 이전에 인식한 재평가잉여 금을 우선 감소시키고, 초과액이 있으면 재평가손실(당기손익)을 인식한다.

[최초 재평가 시 평가증(공정가치 > 장부금액)의 구조]

최초 재평가 시 구분	최초 재평가 시 회계처리	이후 재평가 시 회계처리
최초 재평가 시 평가증	재평가잉여금(OCI) 인식	① 평가증의 경우: 재평가잉여금 인식 ② 평가감의 경우: 전기 이전 인식 재평가잉여금을 우선 감소시키고, 초과액이 있으면 재평가손실 인식

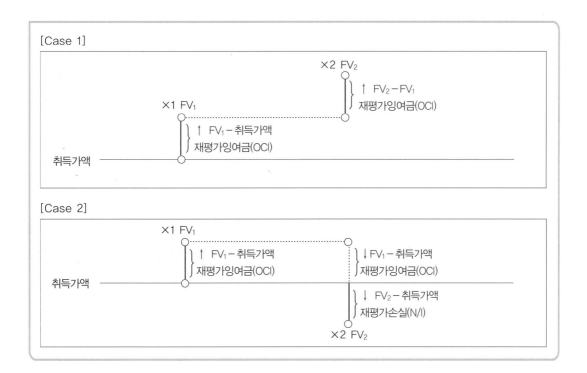

[Case 1]

×2 FV$_2$

↑ FV$_2$ − FV$_1$
재평가잉여금(OCI)

×1 FV$_1$

↑ FV$_1$ − 취득가액
재평가잉여금(OCI)

취득가액

[Case 2]

×1 FV$_1$

↑ FV$_1$ − 취득가액
재평가잉여금(OCI)

↓ FV$_1$ − 취득가액
재평가잉여금(OCI)

취득가액

↓ FV$_2$ − 취득가액
재평가손실(N/I)

×2 FV$_2$

Additional Comment

유형자산의 재평가잉여금은 매년 반복하여 발생하는 항목도 아니며, 비록 경영자가 재평가모형을 적용하기로 선택을 했더라도 공정가치의 변동은 경영자가 통제할 수 없다. 따라서 한국채택국제회계기준은 재무제표 이용자 및 경영자의 입장을 모두 고려하여 재평가잉여금을 당기순이익이 아닌 기타포괄손익으로 구분하도록 하였다. 또한 한국채택국제회계기준은 재평가잉여금을 인식한 후에 공정가치가 감소하는 경우에는 재평가잉여금을 우선 감소시키고 초과액을 당기비용으로 인식하도록 하고 있다. 그 이유는 당초에 인식했던 재평가잉여금을 초과하는 공정가치의 감소는 자산의 미래경제적효익이 감소된 것으로 볼 수 있기 때문이다.

02 최초 재평가 시 평가감(공정가치 < 장부금액)

유형자산에 대하여 최초 재평가모형을 적용할 때 공정가치가 장부금액보다 낮아지는 경우에는 감소액을 재평가손실(당기손익)로 인식한다. 이후에 장부금액을 증가시킬 경우에는 전기 이전에 인식한 재평가손실만큼 재평가이익(당기손익)을 인식하고, 초과액이 있으면 재평가잉여금(기타포괄손익)을 인식한다.

[최초 재평가 시 평가감(공정가치 < 장부금액)의 구조]

최초 재평가 시 구분	최초 재평가 시 회계처리	이후 재평가 시 회계처리
최초 재평가 시 평가감	재평가손실(N/I) 인식	① 평가감의 경우: 재평가손실 인식 ② 평가증의 경우: 전기 이전 인식 재평가손실만큼 재평가이익 (N/I)을 인식하고, 초과액이 있으면 재평가잉여금 인식

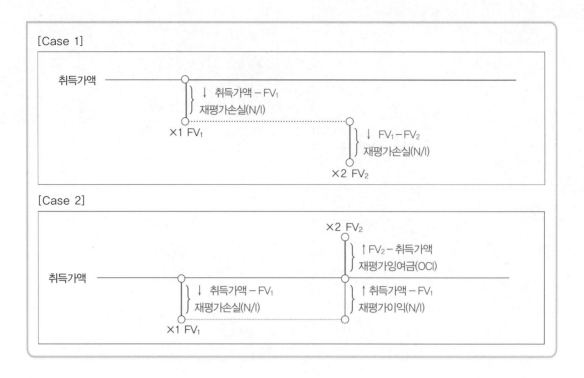

03 재평가모형을 적용하는 비상각자산의 제거

재평가모형을 사용하는 유형자산의 장부금액도 원가모형을 적용하는 경우와 동일하게 처분하는 때 또는 사용이나 처분을 통하여 미래경제적효익이 기대되지 않을 때 제거한다. 유형자산의 제거로 발생하는 손익은 원가모형의 경우와 마찬가지로 순매각금액과 장부금액의 차이로 결정하며, 당기손익으로 인식한다. 유형자산의 재평가와 관련하여 자본항목으로 보고한 재평가잉여금이 있는 경우 동 금액은 이익잉여금으로 대체할 수 있다. 처분시점에 재평가잉여금을 이익잉여금으로 대체하는 규정도 임의 규정이므로 대체하지 않을 수도 있다.

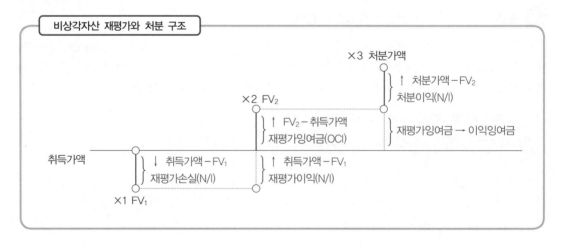

유형자산 처분 시 재평가잉여금을 이익잉여금으로 대체하는 회계처리는 자본총계(총포괄손익, OCI)에 영향을 미치지 않는다. 재평가잉여금을 이익잉여금으로 대체하는 것은 자본 내에서 자본계정 간의 변동으로 순자산의 변동은 없기 때문에 포괄손익계산서에는 표시하지 않는다.

사례연습 16: 비상각자산의 재평가

㈜현주는 20×1년 초 토지를 ₩ 100,000에 구입하였다. ㈜현주는 토지에 대하여 재평가모형을 적용하여 회계처리하고 있으며 매기 말 ㈜현주가 소유한 동 토지의 공정가치는 다음과 같다. ㈜현주는 20×3년 7월 1일 토지를 외부에 ₩ 130,000에 처분하였다.

20×1 말	20×2 말	20×3 7/1
₩ 70,000	₩ 120,000	₩ 130,000 처분

1 토지의 재평가와 관련하여 ㈜현주가 ×1년부터 ×3년까지 매 연도별로 동 거래로 포괄손익계산서상에 인식할 당기손익과 기타포괄손익, 총포괄손익에 미치는 영향을 구하시오.

2 동 거래와 관련하여 ㈜현주가 ×1년 초부터 ×3년 처분까지 해야 할 회계처리를 보이시오(단, ㈜현주는 자본에 계상된 재평가잉여금을 관련 자산이 제거될 때 직접 이익잉여금으로 대체하고 있다).

풀이

1

구분	N/I 영향	OCI 변동	총포괄이익 변동
20×1 말	(−)30,000	−	(−)30,000
20×2 말	30,000	20,000	50,000
처분	10,000		10,000

[근거]

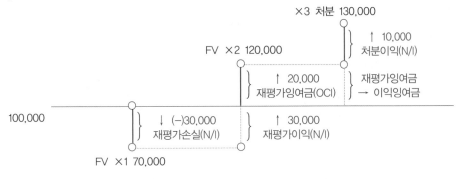

❷

×1 초	차) 토지	100,000	대) 현금		100,000
×1 말	차) 재평가손실	30,000	대) 토지		30,000

	B/S			I/S	
F/S	토지	70,000		N/I 재평가손실	30,000
				OCI −	

×2 말	차) 토지	50,000	대) 재평가이익		30,000
			재평가잉여금		20,000

	B/S			I/S	
F/S	토지	120,000		N/I 재평가이익	30,000
			재평가잉여금 20,000	OCI 재평가잉여금	20,000

처분	차) 현금	130,000	대) 토지		120,000
			처분이익		10,000
	차) 재평가잉여금	20,000	대) 이익잉여금		20,000

	B/S			I/S	
F/S	현금	130,000		N/I 처분이익	10,000
				OCI −	

다음은 ㈜봉명이 20×1년 초에 취득한 토지에 관한 자료이다. ㈜봉명은 토지 취득 후에 재평가모형에 의해서 토지에 대한 회계처리를 한다. 토지의 취득원가와 각 회계기간 말 현재 토지의 공정가치는 아래와 같다.

구분	취득원가	각 회계기간 말 공정가치		
	20×1년 초	20×1년	20×2년	20×3년
토지	₩3,000	₩3,500	₩3,200	₩2,900

토지의 재평가와 관련하여 ㈜봉명이 20×3년도에 인식할 당기손실과 총포괄손실은 얼마인가?
(단, 법인세효과는 고려하지 않는다)

[공인회계사 2010년]

	당기손실	총포괄손실
①	₩300	₩300
②	₩0	₩300
③	₩200	₩500
④	₩100	₩200
⑤	₩100	₩300

풀이

	B/S		20×2년 말
토지	기말 FV 3,200		
		재평가잉여금	기말 FV − 취득원가 3,200 − 3,000 = 200

	B/S		20×3년 말
토지	기말 FV 2,900		

* 토지의 공정가치가 취득원가보다 낮은 경우, 재평가손실로 기재되어 B/S 재평가잉여금은 없다.

I/S

N/I 영향 − 재평가손실: 취득원가 − 기말 FV(FV < 취득원가)

3,000 − 2,900 = (−)100

OCI 영향 − 재평가잉여금 변동액: 기말 B/S상 재평가잉여금 − 기초 B/S상 재평가잉여금

0 − 200 = (−)200 환입

총포괄손익: N/I + OCI 변동액 = (100) + (200) = (−)300

자산의 변동(기말자산 − 기초자산) = 2,900 − 3,200 = (−)300

정답: ⑤

01 상각자산의 재평가 회계처리방법론

건물이나 기계장치와 같은 감가상각자산에 대해서 재평가모형을 적용할 경우에도 기본적으로 토지에 대한 재평가모형의 적용과 다르지 않다. 다만 이미 인식한 감가상각누계액을 두 가지 방법 중 하나를 적용하여 수정한다.

(1) 비례수정법

비례수정법은 자산 장부금액의 재평가와 일치하는 방식으로 자산의 총장부금액(감가상각누계액을 차감하기 전 금액, 즉 취득원가)을 조정하는 방법이다.

비례수정법 적용 시 재평가 후 재무상태표와 회계처리

B/S

유형자산	(−)역산
(−)감가상각누계액[1]	직접 계산(A)
상각후원가(BV)	기말 FV
	재평가잉여금 ××

[1] 감가상각누계액(A): (기말 FV − 잔존가치) ÷ 잔여내용연수 × 경과기간

| 차) 유형자산 | ×× | 대) 감가상각누계액 | ×× |
| | | 재평가잉여금 | FV − 재평가 전 BV |

Additional Comment

장부금액이 ₩1,000(취득금액 ₩2,000, 감가상각누계액 ₩1,000)인 건물의 보고기간 말 현재 공정가치가 ₩1,800인 경우, 비례수정법에서는 감가상각누계액과 총장부금액을 비례적으로 수정하여야 한다. 이 경우 재평가금액과 장부금액의 비율이 180%이므로 취득금액과 감가상각누계액을 해당 비율만큼 증가시키면 된다. 그러므로 취득금액은 ₩3,600, 감가상각누계액은 ₩1,800으로 각각 수정되어야 한다. 이에 대한 회계처리는 아래와 같다(단, 잔존가치가 있는 경우에는 이와 같은 방법이 적절하지 않다).

| 차) 건물 | 3,600 − 2,000 | 대) 감가상각누계액 | 1,800 − 1,000 |
| | | 재평가잉여금 | 800 |

재평가 시에 비례수정법을 사용하는 경우, 재평가 전에 잔존가치, 내용연수 또는 감가상각방법이 재추정된 경우 총장부금액의 변동과 같은 비율로 감가상각누계액을 수정하여 적용하게 되면, 각 회계연도별로 취득금액과 감가상각누계액의 비율이 일치하지 않게 되는 문제점이 있다. 그러므로 재평가 후의 감가상각누계액은 아래와 같은 산식으로 계산하는 것이 논리적으로 옳다.

➲ 감가상각누계액(A): (기말 FV − 잔존가치) ÷ 잔여내용연수 × 경과기간

(2) 누계액제거법

누계액제거법은 총장부금액에서 기존의 감가상각누계액을 전부 제거하여 자산의 순장부금액이 재평가 금액이 되도록 하는 방법이다.

누계액제거법 적용 시 재평가 후 재무상태표와 회계처리

B/S

유형자산		기말 FV		
		재평가잉여금		××

차) 감가상각누계액(1st)	BV	대) 재평가잉여금(2nd)	FV − 재평가 전 BV
유형자산(3rd)	대차차액		

장부금액이 ₩1,000(취득금액 ₩2,000, 감가상각누계액 ₩1,000)인 건물의 보고기간 말 현재 공정가치가 ₩1,800인 경우, 누계액제거법에서는 감가상각누계액 ₩1,000을 전액 제거하고 대차잔액은 건물의 취득금액으로 수정한다. 재평가 이후의 장부금액이 ₩1,800이 되어야 하므로 건물의 취득금액은 ₩1,800으로 수정된다. 이에 대한 회계처리는 아래와 같다.

차) 감가상각누계액(1st)	1,000	대) 재평가잉여금(2nd)	800
		유형자산(3rd)	200

재평가모형 회계처리의 방법론

구분		내용
회계 처리	비례수정법	• 감가상각누계액과 총장부금액을 비례적으로 수정하는 방법 • 재평가 후 감가상각누계액: (기말 FV − 잔존가치) ÷ 잔존내용연수 × 경과내용연수
	누계액 제거법	• 기존 감가상각누계액을 제거하여 자산의 순장부금액이 재평가금액이 되도록 수정하는 방법 • 재평가 후 감가상각누계액: 0

㈜현주가 20×1년 초에 취득한 건물의 취득원가는 ₩10,000이며, 잔존가치는 ₩0, 내용연수는 10년이고 정액법으로 감가상각한다. ㈜현주는 동 건물에 대하여 재평가모형을 적용하고 있다. 20×1년 말 현재 건물의 공정가치는 ₩10,800이다.

1 ㈜현주가 재평가모형 적용 시 상각자산에 대하여 비례수정법을 사용한다면 20×1년 말 동 건물에 대하여 ㈜현주가 수행할 회계처리를 보이시오.

2 ㈜현주가 재평가모형 적용 시 상각자산에 대하여 누계액제거법을 사용한다면 20×1년 말 동 건물에 대하여 ㈜현주가 수행할 회계처리를 보이시오.

풀이

1

차) 감가상각비	1,000	대) 감가상각누계액	1,000
차) 건물	2,000	대) 감가상각누계액	200
		재평가잉여금	1,800

(1) 비율: 10,800(재평가 후 공정가치)/9,000(재평가 전 장부금액) = 1.2
(2) 재평가 후 건물: 10,000 × 1.2 = 12,000
(3) 재평가 후 감가상각누계액: 1,000 × 1.2 = 1,200

2

차) 감가상각비	1,000	대) 감가상각누계액	1,000
차) 감가상각누계액(1st)	1,000	대) 재평가잉여금(2nd)	1,800
건물(대차차액)	800		

---

02 상각자산 재평가의 후속적용

(1) 재평가 이후의 감가상각

재평가모형을 적용하여 공정가치로 재평가한 이후의 회계연도에는 원가모형을 선택한 경우와 마찬가지로 감가상각을 하여야 한다. 감가상각비는 기초시점의 유형자산 장부금액, 즉 전기 말 재평가금액을 기초로 하여 잔존내용연수에 걸쳐 선택한 감가상각방법을 적용하여 측정한다.

> 재평가 이후 회계연도의 Dep = (전기 말 FV − 잔존가치) ÷ 기초현재시점의 잔여내용연수

(2) 재평가잉여금의 후속처리

유형자산의 재평가와 관련하여 자본항목으로 계상된 재평가잉여금은 당해 자산을 사용함에 따라 일부 금액을 이익잉여금으로 대체할 수 있다. 이러한 재평가잉여금의 이익잉여금 대체는 임의조항으로 선택사항이지 반드시 대체할 필요는 없다.

재평가잉여금을 이익잉여금으로 대체하는 정책을 채택하는 경우 대체되는 금액은 재평가된 금액에 근거한 감가상각액과 최초원가에 근거한 감가상각액의 차이가 된다.

> 이익잉여금으로 대체될 재평가잉여금 = 재평가된 금액에 기초한 Dep – 최초원가에 기초한 Dep

재평가잉여금 중 이익잉여금으로 대체한 금액은 포괄손익계산서의 당기손익이나 기타포괄손익에 표시되지 않으며 자본변동표에만 표시된다. 그 이유는 재평가잉여금을 이익잉여금으로 대체하는 것은 자본의 구성내역의 변동만 있을 뿐이지 자본총계에는 영향을 미치지 않기 때문에 재평가잉여금을 당기손익이나 기타포괄손익으로 인식하게 되면 총포괄이익이 왜곡 표시된다.

Additional Comment

재평가잉여금이 발생한 경우 원가모형을 적용하는 것보다 재평가잉여금에 해당하는 감가상각비가 더 많이 계상되어 당기순이익이 적게 계상되므로 이익잉여금도 동 금액만큼 적게 계상된다. 이때 재평가잉여금 중 일부를 이익잉여금으로 대체함으로써 원가모형을 적용한 경우의 이익잉여금과 동일한 금액이 되도록 하는 것이다.

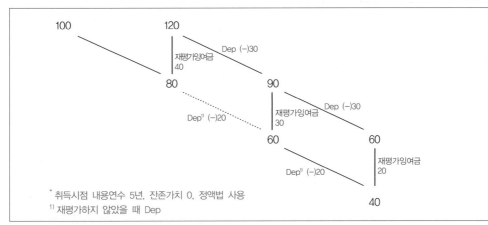

1. 재평가를 수행하지 않는 경우
   (1) 매년 감가상각비: 20
   (2) 유형자산이 이익잉여금에 미치는 영향: (−)20

2. 재평가를 수행하는 경우
   (1) 매년 감가상각비: 30
   (2) 이익잉여금에 미치는 영향: (−)30
   (3) 재평가잉여금을 이익잉여금으로 대체하는 금액: 30 − 20 = 10 or 40 ÷ 4년 = 10
   (4) 재평가잉여금을 이익잉여금으로 대체 시 유형자산이 이익잉여금에 미치는 영향: (30) + 10 = (−)20

Self Study

1. 재평가잉여금을 이익잉여금으로 대체하는 금액은 유형자산을 정액법으로 감가상각하는 경우에 재평가잉여금을 잔존내용연수에 걸쳐 정액법으로 상각한 금액과 일치한다. 또한 이 경우 잔존가치가 있는 경우에도 이익잉여금으로 대체할 재평가잉여금은 동일하게 계산된다.
2. 사용하는 동안 재평가잉여금을 이익잉여금(미처분이익잉여금)으로 대체하는지 여부에 따라 당기순이익은 달라진다. 그러나 총포괄이익(= 순자산 변동 금액)은 차이가 없다.

(3) 재평가 이후 연도의 재평가

1) 재평가잉여금을 인식한 이후 재평가손실이 발생하는 경우

재평가잉여금을 인식한 이후의 재평가에서 재평가손실이 발생하는 경우에는 아래와 같이 재평가손실을 인식한다.

> 1st 전기 재평가잉여금 해당분: 기타포괄손익으로 인식
> 2nd 초과분: 재평가손실로 당기손익에 반영

기업이 재평가잉여금을 당해 유형자산의 사용에 따라 이익잉여금으로 대체한 경우에는 전기 재평가잉여금 중 감가상각 차이에 해당하는 금액을 제외한 금액이 재평가손실과 상계된다. 그러나 기업이 재평가잉여금을 이익잉여금으로 대체하지 않는 경우에는 전기 재평가잉여금이 재평가손실과 상계된다.

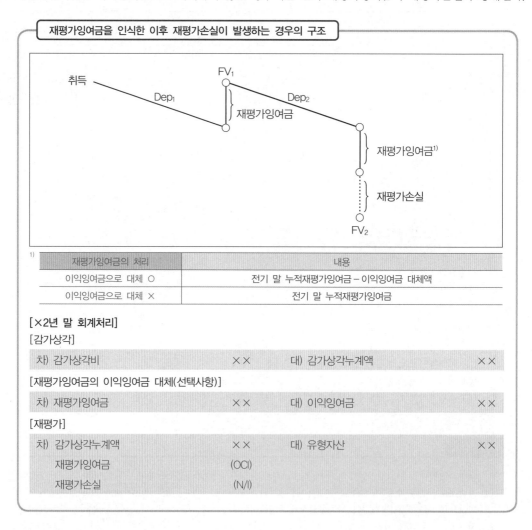

재평가잉여금을 인식한 이후 재평가손실이 발생하는 경우의 구조

재평가잉여금의 처리	내용
이익잉여금으로 대체 ○	전기 말 누적재평가잉여금 − 이익잉여금 대체액
이익잉여금으로 대체 ×	전기 말 누적재평가잉여금

[×2년 말 회계처리]

[감가상각]

차) 감가상각비	××	대) 감가상각누계액	××

[재평가잉여금의 이익잉여금 대체(선택사항)]

차) 재평가잉여금	××	대) 이익잉여금	××

[재평가]

차) 감가상각누계액	××	대) 유형자산	××
재평가잉여금	(OCI)		
재평가손실	(N/I)		

2) 재평가손실을 인식한 이후 재평가이익이 발생하는 경우

재평가손실을 인식한 이후의 재평가에서 재평가이익이 발생하는 경우에는 아래와 같이 재평가이익을 인식한다.

> 1st 전기 재평가손실 해당분: 당기손익으로 인식
> 2nd 초과분: 재평가잉여금으로 기타포괄손익에 반영

Additional Comment

재평가잉여금을 이익잉여금으로 대체하는 것은 재평가손익의 감가상각 차이를 반영하기 위한 것이므로 재평가잉여금을 이익잉여금으로 대체하는 정책을 채택한다면 재평가손실도 이익잉여금으로 대체하여야 한다. 그러나 한국채택국제회계기준에서는 재평가잉여금을 이익잉여금으로 대체하도록 하고 있을 뿐 재평가손실을 이익잉여금으로 대체하는지 여부에 대해서는 규정하고 있지 않다. 현재 다수의 견해는 재평가손실의 감가상각 차이는 한국채택국제회계기준에 규정되어 있지 않으므로 고려하지 않아야 한다는 것이다.

재평가손실을 인식한 이후 재평가이익이 발생하는 경우의 구조

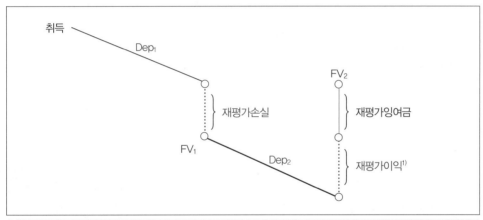

[1] 재평가손실의 처리	내용
이익잉여금으로 대체 ○	전기 말 누적재평가손실
이익잉여금으로 대체 ×	전기 말 누적재평가손실

[×2년 말 회계처리]

[감가상각]

차) 감가상각비	××	대) 감가상각누계액	××

[재평가잉여금의 이익잉여금 대체(선택사항)]

차) 재평가잉여금	××	대) 이익잉여금	××

[재평가]

차) 유형자산	××	대) 재평가이익	(N/I)
감가상각누계액	××	재평가잉여금	(OCI)

재평가모형을 사용하는 유형자산의 장부금액도 원가모형을 적용하는 경우와 동일하게 처분하는 때 또는 사용이나 처분을 통하여 미래경제적효익이 기대되지 않을 때 제거한다. 유형자산의 제거로 발생하는 손익은 원가모형의 경우와 마찬가지로 순매각금액과 장부금액의 차이로 결정하며, 당기손익으로 인식한다. 유형자산의 재평가와 관련하여 자본항목으로 보고한 재평가잉여금이 있는 경우 동 금액은 이익잉여금으로 대체할 수 있다. 처분시점에 재평가잉여금을 이익잉여금으로 대체하는 규정도 임의 규정이므로 대체하지 않을 수도 있다.

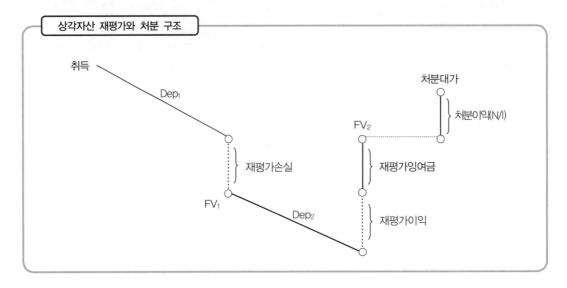

04 상각자산의 재평가모형 사례연습

(1) 평가증 → 평가증

1) 사용기간 중 재평가잉여금을 이익잉여금으로 대체 O

B/S		N/I 변동	OCI 변동	총포괄손익 변동
취득　　　　취득자산 FV 상각　　　　　　(Dep₁) ① ×1 말 상각후원가　BV₁ ③ 재평가잉여금　대차차액 A ② ×1 말 FV　　　FV₁		(Dep₁)		(Dep₁)
	재평가잉여금　　　A		A	A
	OCI잔액　　　　　A	(Dep₁)	A	(Dep₁)＋A ＝FV₁－취득가
상각¹⁾　　　　　(Dep₂) ① ×2 말 상각후원가　BV₂ ③ 재평가잉여금 대차차액 B ② ×2 말 FV　　　FV₂	대체²⁾　　(Dep₂－Dep₁)	(Dep₂)		(Dep₂)
	재평가잉여금　　　B		B	B
	OCI잔액　　A－대체＋B	(Dep₂)	B	(Dep₂)＋B ＝FV₂－FV₁

¹⁾ (전기 말 FV – 잔존가치) ÷ 잔여내용연수
²⁾ 재평가된 금액에 근거한 감가상각액과 최초 취득원가에 근거한 감가상각비의 차이

2) 사용기간 중 재평가잉여금을 이익잉여금으로 대체 ×

B/S		N/I 변동	OCI 변동	총포괄손익 변동
취득　　　　취득자산 FV 상각　　　　　　(Dep₁) ① ×1 말 상각후원가　BV₁ ③ 재평가잉여금　대차차액 A ② ×1 말 FV　　　FV₁	재평가잉여금　　　A	(Dep₁)	A	(Dep₁)
				A
	OCI잔액　　　　　A	(Dep₁)	A	(Dep₁)＋A ＝FV₁－취득가
상각¹⁾　　　　　(Dep₂) ① ×2 말 상각후원가　BV₂ ③ 재평가잉여금　대차차액 B ② ×2 말 FV　　　FV₂	재평가잉여금　　　B	(Dep₂)	B	(Dep₂) B
	OCI잔액　　　　A＋B	(Dep₂)	B	(Dep₂)＋B ＝FV₂－FV₁

¹⁾ (전기 말 FV – 잔존가치) ÷ 잔여내용연수

매년 12월 31일이 결산일인 ㈜포도는 기계장치를 재평가모형으로 측정하고 있다. 유형자산과 관련된 자료는 다음과 같다.

> (1) ㈜포도는 기계장치를 20×1년 초 ₩100,000(내용연수 10년, 잔존가치 없음)에 취득하여 정액법으로 감가상각하였다.
> (2) 재평가 결과 20×1년 말 기계장치의 공정가치가 ₩99,000이었으며, 20×2년 말 공정가치는 ₩105,000이다.

1 ㈜포도가 유형자산을 사용함에 따라 재평가잉여금의 일부를 이익잉여금으로 대체하는 회계처리 방법을 채택하고 있을 경우, 20×1년과 20×2년의 당기손익과 기타포괄손익, 총포괄손익에 미친 영향을 구하고, ㈜포도가 20×1년 말과 20×2년 말에 동 거래와 관련하여 수행할 회계처리를 보이시오(단, ㈜포도는 누계액제거법을 사용하여 재평가 회계처리를 하고 있다).

2 ㈜포도가 유형자산을 사용함에 따라 재평가잉여금의 일부를 이익잉여금으로 대체하지 않는 회계처리방법을 채택하고 있을 경우, 20×1년과 20×2년의 당기손익과 기타포괄손익, 총포괄손익에 미친 영향을 구하고, ㈜포도가 20×1년 말과 20×2년 말에 동 거래와 관련하여 수행할 회계처리를 보이시오(단, ㈜포도는 누계액제거법을 사용하여 재평가 회계처리를 하고 있다).

풀이

1 1. B/S법 풀이

B/S				N/I 변동	OCI 변동	총포괄손익 변동
취득	100,000					
상각	(−)10,000			(−)10,000		(−)10,000
① ×1 말 BV	90,000					
③ 재평가잉여금	9,000	재평가잉여금	9,000		9,000	9,000
② ×1 말 FV	99,000					
		OCI잔액	9,000	(−)10,000	9,000	(−)1,000
상각[1]	(−)11,000	대체[2]	(−)1,000	(−)11,000		(−)11,000
① ×2 말 BV	88,000					
③ 재평가잉여금	17,000	재평가잉여금	17,000		17,000	17,000
② ×2 말 FV	105,000					
		OCI잔액	25,000	(−)11,000	17,000	6,000

[1] (전기 말 FV − 잔존가치)/잔여내용연수
[2] 재평가된 금액에 근거한 감가상각액과 최초 취득원가에 근거한 감가상각비의 차이

2. 회계처리

		차)		대)	
×1 말	1st 상각	차) 감가상각비	10,000	대) 감가상각누계액	10,000
	2nd 재평가	차) 감가상각누계액(1st)	10,000	대) 재평가잉여금(2nd)	9,000
				기계장치(3rd)	1,000
×2 말	1st 상각	차) 감가상각비	11,000	대) 감가상각누계액	11,000
	2nd 대체	차) 재평가잉여금	1,000	대) 이익잉여금	1,000
	3rd 재평가	차) 감가상각누계액(1st)	11,000	대) 재평가잉여금(2nd)	17,000
		기계장치(3rd)	6,000		

2 1. B/S법 풀이

B/S				N/I 변동	OCI 변동	총포괄손익 변동
취득	100,000					
상각	(−)10,000			(−)10,000		(−)10,000
① ×1 말 BV	90,000					
③ 재평가잉여금	9,000	재평가잉여금	9,000		9,000	9,000
② ×1 말 FV	99,000					
		OCI잔액	9,000	(−)10,000	9,000	(−)1,000
상각[1]	(−)11,000			(−)11,000		(−)11,000
① ×2 말 BV	88,000					
③ 재평가잉여금	17,000	재평가잉여금	17,000		17,000	17,000
② ×2 말 FV	105,000					
		OCI잔액	26,000	(−)11,000	17,000	6,000

[1] (전기 말 FV − 잔존가치)/잔여내용연수

2. 회계처리

		차)		대)	
×1 말	1st 상각	차) 감가상각비	10,000	대) 감가상각누계액	10,000
	2nd 재평가	차) 감가상각누계액(1st)	10,000	대) 재평가잉여금(2nd)	9,000
				기계장치(3rd)	1,000
×2 말	1st 상각	차) 감가상각비	11,000	대) 감가상각누계액	11,000
	2nd 대체		회계처리 없음		
	3rd 재평가	차) 감가상각누계액(1st)	11,000	대) 재평가잉여금(2nd)	17,000
		기계장치(3rd)	6,000		

Self Study

1. 재평가잉여금을 이익잉여금으로 대체시키는 경우, 자산의 변동을 가져오지 않으므로 OCI의 변동에 영향을 미치지 않는다. 다만, 이익잉여금의 변동에는 영향을 미친다.
2. 재평가잉여금을 이익잉여금으로 대체시키는 경우 이익잉여금 변동액: N/I + 재평가잉여금 대체액

(2) 평가증 → 평가감

1) 사용기간 중 재평가잉여금을 이익잉여금으로 대체 ○

B/S			N/I 변동	OCI 변동	총포괄손익 변동
취득　　　　　취득자산 FV					
상각　　　　　(Dep₁)			(Dep_1)		(Dep_1)
① ×1 말 상각후원가　BV₁					
③ 재평가잉여금　대차차액 A	재평가잉여금	A		A	A
② ×1 말 FV　　FV₁					
	OCI잔액	A	(Dep_1)	A	$(Dep_1)+A$ $= FV_1 -$ 취득가
상각[1]　　　　(Dep₂)	대체[2]	$(Dep_2 - Dep_1)$	(Dep_2)		(Dep_2)
① ×2 말 상각후원가　BV₂					
③ 재평가잉여금　(잔여분)	재평가잉여금	(잔여분)		(잔여분)	(잔여분)
③ 재평가손실　대차차액 C			(C)		(C)
② ×2 말 FV　　FV₂					
	OCI잔액	－	$(Dep_2 + C)$	(잔여분)	$(Dep_2 +$ 잔여분 $+ C)$ $= FV_2 - FV_1$

[1] (전기 말 FV－잔존가치)/잔여내용연수
[2] 재평가된 금액에 근거한 감가상각액과 최초 취득원가에 근거한 감가상각비의 차이

2) 사용기간 중 재평가잉여금을 이익잉여금으로 대체 ×

B/S			N/I 변동	OCI 변동	총포괄손익 변동
취득　　　　　취득자산 FV					
상각　　　　　(Dep₁)			(Dep_1)		(Dep_1)
① ×1 말 상각후원가　BV₁					
③ 재평가잉여금　대차차액 A	재평가잉여금	A		A	A
② ×1 말 FV　　FV₁					
	OCI잔액	A	(Dep_1)	A	$(Dep_1)+A$ $= FV_1 -$ 취득가
상각[1]　　　　(Dep₂)			(Dep_2)		(Dep_2)
① ×2 말 상각후원가　BV₂					
③ 재평가잉여금　(A)	재평가잉여금	(A)		(A)	(A)
③ 재평가손실　대차차액 C			(C)		(C)
② ×2 말 FV　　FV₂					
	OCI잔액	－	$(Dep_2 + C)$	(A)	$(Dep_2 + A + C)$ $= FV_2 - FV_1$

[1] (전기 말 FV－잔존가치)/잔여내용연수

매년 12월 31일이 결산일인 ㈜포도는 기계장치를 재평가모형으로 측정하고 있다. 유형자산과 관련된 자료는 다음과 같다.

(1) ㈜포도는 기계장치를 20×1년 초 ₩100,000(내용연수 10년, 잔존가치 없음)에 취득하여 정액법으로 감가상각하였다.

(2) 재평가 결과 20×1년 말 기계장치의 공정가치가 ₩126,000이었으며, 20×2년 말 공정가치는 ₩70,000이다.

1 ㈜포도가 유형자산을 사용함에 따라 재평가잉여금의 일부를 이익잉여금으로 대체하는 회계처리 방법을 채택하고 있을 경우, 20×1년과 20×2년의 당기손익과 기타포괄손익, 총포괄손익에 미친 영향을 구하고, ㈜포도가 20×1년 말과 20×2년 말에 동 거래와 관련하여 수행할 회계처리를 보이시오(단, ㈜포도는 누계액제거법을 사용하여 재평가 회계처리를 하고 있다).

2 ㈜포도는 유형자산을 사용함에 따라 재평가잉여금의 일부를 이익잉여금으로 대체하지 않는 회계처리방법을 채택하고 있을 경우, 20×1년과 20×2년의 당기손익과 기타포괄손익, 총포괄손익에 미친 영향을 구하고, ㈜포도가 20×1년 말과 20×2년 말에 동 거래와 관련하여 수행할 회계처리를 보이시오(단, ㈜포도는 누계액제거법을 사용하여 재평가 회계처리를 하고 있다).

풀이

1. 1. B/S법 풀이

B/S					N/I 변동	OCI 변동	총포괄손익 변동
취득	100,000						
상각	(−)10,000				(−)10,000		(−)10,000
① ×1 말 BV	90,000						
③ 재평가잉여금	36,000	재평가잉여금		36,000		36,000	36,000
② ×1 말 FV	126,000						
		OCI잔액		36,000	(−)10,000	36,000	26,000
상각	(−)14,000	대체		(−)4,000	(−)14,000		(−)14,000
① ×2 말 BV	112,000						
③ 재평가잉여금	(−)32,000	재평가잉여금		(−)32,000		(−)32,000	(−)32,000
③ 재평가손실	(−)10,000				(−)10,000		(−)10,000
② ×2 말 FV	70,000	OCI잔액		−	(−)24,000	(−)32,000	(−)56,000

2. 회계처리

×1 말	1st 상각	차) 감가상각비		10,000	대) 감가상각누계액		10,000
	2nd 재평가	차) 감가상각누계액(1st)		10,000	대) 재평가잉여금(2nd)		36,000
		기계장치(3rd)		26,000			
×2 말	1st 상각	차) 감가상각비		14,000	대) 감가상각누계액		14,000
	2nd 대체	차) 재평가잉여금		4,000	대) 이익잉여금		4,000
	3rd 재평가	차) 감가상각누계액(1st)		14,000	대) 기계장치 (3rd)		56,000
		재평가잉여금 (2nd)		32,000			
		재평가손실 (2nd)		10,000			

참고

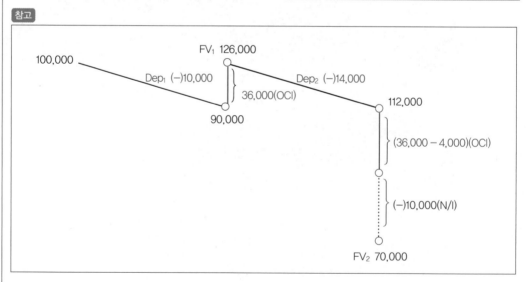

2 1. B/S법 풀이

B/S				N/I 변동	OCI 변동	총포괄손익 변동
취득	100,000					
상각	(−)10,000			(−)10,000		(−)10,000
① ×1 말 BV	90,000					
③ 재평가잉여금	36,000	재평가잉여금	36,000		36,000	36,000
② ×1 말 FV	126,000					
		OCI잔액	36,000	(−)10,000	36,000	26,000
상각	(−)14,000			(−)14,000		(−)14,000
① ×2 말 BV	112,000					
③ 재평가잉여금	(−)36,000	재평가잉여금	(−)36,000		(−)36,000	(−)36,000
③ 재평가손실	(−)6,000			(−)6,000		(−)6,000
② ×2 말 FV	70,000	OCI잔액	−	(−)20,000	(−)36,000	(−)56,000

2. 회계처리

×1 말	1st 상각	차) 감가상각비	10,000	대) 감가상각누계액		10,000
	2nd 재평가	차) 감가상각누계액(1st)	10,000	대) 재평가잉여금(2nd)		36,000
		기계장치(3rd)	26,000			
×2 말	1st 상각	차) 감가상각비	14,000	대) 감가상각누계액		14,000
	2nd 대체		회계처리 없음			
	3rd 재평가	차) 감가상각누계액(1st)	14,000	대) 기계장치(3rd)		56,000
		재평가잉여금(2nd)	36,000			
		재평가손실(2nd)	6,000			

참고

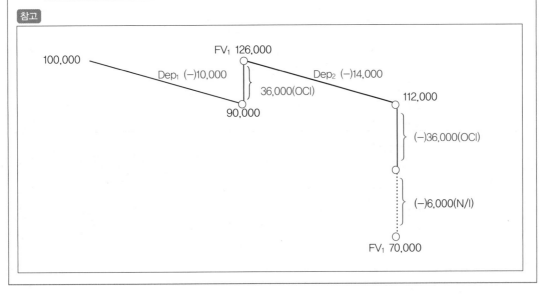

(3) 평가감 → 평가증

1) 사용기간 중 재평가잉여금을 이익잉여금으로 대체 O

B/S		N/I 변동	OCI 변동	총포괄손익 변동
취득 취득자산 FV				
상각 (Dep_1)		(Dep_1)		(Dep_1)
① ×1 말 상각후원가 BV_1				
③ 재평가손실 대차차액 A	재평가잉여금 −	(A)		(A)
② ×1 말 FV FV_1				
	OCI잔액 −		$(Dep_1 + A)$	$(Dep_1 + A)$ = FV_1 − 취득가
상각[1)] (Dep_2)		(Dep_2)		(Dep_2)
① ×2 말 상각후원가 BV_2				
③ 재평가이익 A		A		A
③ 재평가잉여금 대차차액 B	재평가잉여금 B		B	B
② ×2 말 FV FV_2				
	OCI잔액 B	$(Dep_2) + A$	B	$(Dep_2) + A + B$ = $FV_2 − FV_1$

1) (전기 말 FV − 잔존가치)/잔여내용연수

2) 사용기간 중 재평가잉여금을 이익잉여금으로 대체 ×

B/S		N/I 변동	OCI 변동	총포괄손익 변동
취득 취득자산 FV				
상각 (Dep_1)		(Dep_1)		(Dep_1)
① ×1 말 상각후원가 BV_1				
③ 재평가손실 대차차액 A	재평가잉여금 −	(A)		(A)
② ×1 말 FV FV_1				
	OCI잔액 −	$(Dep_1 + A)$		$(Dep_1 + A)$ = FV_1 − 취득가
상각[1)] (Dep_2)		(Dep_2)		(Dep_2)
① ×2 말 상각후원가 BV_2				
③ 재평가이익 A		A		A
③ 재평가잉여금 대차차액 B	재평가잉여금 B		B	B
② ×2 말 FV FV_2				
	OCI잔액 B	$(Dep_2) + A$	B	$(Dep_2) + A + B$ = $FV_2 − FV_1$

1) (전기 말 FV − 잔존가치)/잔여내용연수

한국채택국제회계기준에서는 재평가잉여금을 이익잉여금으로 대체하도록 하고 있을 뿐 재평가손실을 이익잉여금으로 대체하는지 여부에 대해서는 규정하고 있지 않다. 현재 다수의 견해는 재평가손실의 감가상각 차이는 한국채택국제회계기준에 규정되어 있지 않으므로 고려하지 않아야 한다는 것이다. 그러므로 평가감 후 평가증이 발생하는 경우에는 유형자산 사용 중 재평가잉여금을 이익잉여금으로 대체하는 경우와 대체하지 않는 경우의 답이 동일하다.

사례연습 20: 상각자산의 재평가(3)

매년 12월 31일이 결산일인 ㈜포도는 기계장치를 재평가모형으로 측정하고 있다. 유형자산과 관련된 자료는 다음과 같다.

(1) ㈜포도는 기계장치를 20×1년 초 ₩100,000(내용연수 10년, 잔존가치 없음)에 취득하여 정액법으로 감가상각하였다.

(2) 재평가 결과 20×1년 말 기계장치의 공정가치가 ₩81,000이었으며, 20×2년 말 공정가치는 ₩105,000이다.

1 ㈜포도가 유형자산을 사용함에 따라 재평가잉여금의 일부를 이익잉여금으로 대체하는 회계처리방법을 채택하고 있을 경우, 20×1년과 20×2년의 당기손익과 기타포괄손익, 총포괄손익에 미친 영향을 구하고, ㈜포도가 20×1년 말과 20×2년 말에 동 거래와 관련하여 수행할 회계처리를 보이시오(단, ㈜포도는 누계액제거법을 사용하여 재평가 회계처리를 하고 있다).

2 ㈜포도가 유형자산을 사용함에 따라 재평가잉여금의 일부를 이익잉여금으로 대체하지 않는 회계처리방법을 채택하고 있을 경우, 20×1년과 20×2년의 당기손익과 기타포괄손익, 총포괄손익에 미친 영향을 구하고, ㈜포도가 20×1년 말과 20×2년 말에 동 거래와 관련하여 수행할 회계처리를 보이시오(단, ㈜포도는 누계액제거법을 사용하여 재평가 회계처리를 하고 있다).

3 ㈜포도는 동 기계장치를 20×3년 초 ₩106,000에 처분하였다. ㈜포도가 20×3년 초에 수행할 회계처리를 보이시오(단, ㈜포도는 유형자산을 사용함에 따라 재평가잉여금의 일부를 이익잉여금으로 대체하는 회계처리방법을 채택하고 있고, 처분 시 재평가잉여금의 잔액을 이익잉여금으로 대체하는 방법을 선택하였다).

1 1. B/S법 풀이

B/S		N/I 변동	OCI 변동	총포괄손익 변동
취득　　　　　　 100,000				
상각　　　　　　(−)10,000		(−)10,000		(−)10,000
① ×1 말 BV　　 90,000				
③ 재평가손실　(−)9,000	재평가잉여금　　　　 −	(−)9,000		(−)9,000
② ×1 말 FV　　 81,000				
	OCI잔액　　　　　　 −	(−)19,000	−	(−)19,000
상각　　　　　　 9,000	대체　　　　　　　 −	(−)9,000		(−)9,000
① ×2 말 BV　　 72,000				
③ 재평가이익　 9,000		9,000		9,000
③ 재평가잉여금 24,000	재평가잉여금　 24,000		24,000	24,000
② ×2 말 FV　 105,000	OCI잔액　　　 24,000	−	24,000	24,000

2. 회계처리

×1 말	1st 상각	차) 감가상각비	10,000	대) 감가상각누계액		10,000
	2nd 재평가	차) 감가상각누계액(1st)	10,000	대) 기계장치(3rd)		19,000
		재평가손실(2nd)	9,000			
×2 말	1st 상각	차) 감가상각비	9,000	대) 감가상각누계액		9,000
	2nd 대체		회계처리 없음			
	3rd 재평가	차) 감가상각누계액(1st)	9,000	대) 재평가이익(2nd)		9,000
		기계장치(3rd)	24,000	재평가잉여금(2nd)		24,000

2 1. B/S법 풀이

B/S					N/I 변동	OCI 변동	총포괄손익 변동
취득	100,000						
상각	(−)10,000				(−)10,000		(−)10,000
① ×1 말 BV	90,000						
③ 재평가손실	(−)9,000	재평가잉여금		−	(−)9,000		(−)9,000
② ×1 말 FV	81,000						
		OCI잔액		−	(−)19,000	−	(−)19,000
상각	9,000	대체		−	(−)9,000		(−)9,000
① ×2 말 BV	72,000						
③ 재평가이익	9,000				9,000		9,000
③ 재평가잉여금	24,000	재평가잉여금	24,000			24,000	24,000
② ×2 말 FV	105,000	OCI잔액	24,000		−	24,000	24,000

2. 회계처리

×1 말	1st 상각	차) 감가상각비	10,000	대) 감가상각누계액			10,000
	2nd 재평가	차) 감가상각누계액(1st)	10,000	대) 기계장치(3rd)			19,000
		재평가손실(2nd)	9,000				
×2 말	1st 상각	차) 감가상각비	9,000	대) 감가상각누계액			9,000
	2nd 대체			회계처리 없음			
	3rd 재평가	차) 감가상각누계액(1st)	9,000	대) 재평가이익(2nd)			9,000
		기계장치(3rd)	24,000	재평가잉여금(2nd)			24,000

3 1. B/S법 풀이

×3 초	처분	차) 현금	106,000	대) 기계장치		105,000
				유형자산처분이익(N/I)		1,000
		차) 재평가잉여금	24,000	대) 이익잉여금		24,000

> [참고]

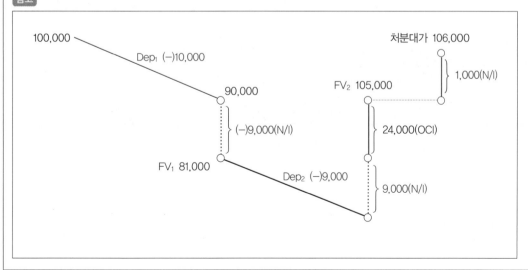

재평가잉여금이 계상된 유형자산의 처분 시 자본에 계상된 재평가잉여금은 당기손익의 인식과정을 거치지 않고 직접 이익잉여금으로 대체한다. 따라서 유형자산을 제거할 때 당해 유형자산과 관련된 재평가잉여금을 유형자산처분손익에 가감하면 안 된다.

기출 Check 7

㈜세무는 20×1년 1월 1일 기계장치를 ₩100,000(내용연수 5년, 잔존가치 ₩0, 정액법 감가상각)에 취득하고 재평가모형(매년 말 재평가)을 적용하기로 하였다. 재평가잉여금은 자산을 사용함에 따라 이익잉여금으로 대체한다. 공정가치가 다음과 같을 때 관련 설명으로 옳지 않은 것은? (단, 공정가치의 하락은 자산손상과 무관하다)   [세무사 2016년]

연도	20×1년 말	20×2년 말	20×3년 말
공정가치	₩100,000	₩63,000	₩39,000

① 20×2년도 감가상각비는 ₩25,000이다.
② 동 거래로 인한 20×2년도 이익잉여금의 당기 변동분은 ₩(-)20,000이다.
③ 20×2년 말 당기손익으로 인식할 재평가손실은 ₩0이다.
④ 20×3년 말 당기손익으로 인식할 재평가손실은 ₩3,000이다.
⑤ 동 거래로 인한 20×3년도 이익잉여금의 당기 변동분은 ₩(-)21,000이다.

B/S		N/I 변동	OCI 변동	총포괄손익 변동
취득　　　취득자산 FV 　　　　　100,000 상각　　　　(Dep₁) 　　　　(−)20,000 ① ×1 말 상각후원가 BV₁ 　　　　　80,000 ③ 재평가잉여금 대차차액 A 　　　20,000 ② ×1 말 FV　　FV₁ 　　　100,000	재평가잉여금　　　A 　　　　20,000	(Dep₁) (−)20,000	A 20,000	(Dep₁) (−)20,000
			A 20,000	A 20,000
	OCI잔액　　　A 　　　　20,000	(Dep₁) (−)20,000	A 20,000	(Dep₁) + A = FV₁ − 취득가 (20,000) + 20,000 = 100,000 − 100,000
상각[1]　　　(Dep₂) 　　　(−)25,000 ① ×2 말 상각후원가 BV₂ 　　　　75,000 ③ 재평가잉여금 (대차차액 B) 　　　(−)12,000 ② ×2 말 FV　　FV₂ 　　　63,000	대체[2]　(Dep₂ − Dep₁) 　　　(−)5,000	(Dep₂) (−)25,000		(Dep₂) (−)25,000
	재평가잉여금　　　(B) 　　　(−)12,000		(B) (−)12,000	(B) (−)12,000
	OCI잔액　A − 대체 + B 20,000 − 5,000 − 12,000	(Dep₂) (−)25,000	(B) (−)12,000	(Dep₂ + B) = FV₂ − FV₁ (25,000 + 12,000) = 63,000 − 100,000
상각[1]　　　(Dep₃) 　　　(−)21,000 ① ×3 말 상각후원가 BV₂ 　　　　42,000 ③ 재평가잉여금 (잔여분) 　　　(−)2,000 ③ 재평가손실 (대차차액 C) 　　　(−)1,000 ② ×3 말 FV　　FV₃ 　　　39,000	대체[2]　(Dep₃ − Dep₁) 　　　(−)1,000	(Dep₃) (−)21,000		(Dep₃) (−)21,000
	재평가잉여금　　(잔여분) 　　　(−)2,000		(잔여분) (−)2,000	(잔여분) (−)2,000
		(C) (−)1,000		(C) (−)1,000
	OCI잔액　　　−	(Dep₃ + C) (−)22,000	(잔여분) (−)2,000	(Dep₃ + 잔여분 + C) = FV₃ − FV₂ (21,000 + 2,000 + 1,000) = 39,000 − 63,000

[1] (전기 말 FV − 잔존가치)/잔여내용연수
[2] 재평가된 금액에 근거한 감가상각액과 최초 취득원가에 근거한 감가상각비의 차이

➲ 재평가잉여금을 이익잉여금으로 대체시키는 경우 이익잉여금 변동액: N/I + 재평가잉여금 대체액

　　20×2년 이익잉여금 변동액: (25,000) + 5,000 = (−)20,000
　　20×3년 이익잉여금 변동액: (22,000) + 1,000 = (−)21,000

정답: ④

7 유형자산의 손상

I 손상의 의의와 적용 범위, 인식과정

01 손상의 의의

투자자를 보호하기 위하여 재무상태표에 표시되는 자산은 장부금액을 회수가능액보다 더 큰 금액으로 표시할 수 없다. 만약 자산의 장부금액이 자산을 매각하거나 사용하여 회수될 금액을 초과하면, 자산의 장부금액은 그 자산의 회수가능액보다 더 큰 금액으로 표시된 것이며, 회수가능액을 초과하는 금액을 손상차손으로 인식해야 하는데 이를 자산손상이라고 말한다.

Additional Comment

기업이 보유하는 기계의 당기 말 장부금액이 10억 원인데, 당기 말에 발생한 물리적 손상으로 인하여 이를 계속 사용하더라도 10억 원의 미래경제적효익의 유입을 기대할 수 없으며, 당장 매각하더라도 10억 원보다 낮은 금액을 받을 것으로 예상된다면, 당기 말 재무상태표에 기계장치를 10억 원으로 보고한다면 미래경제적효익보다 더 많은 금액으로 자산이 표시되는 문제가 발생한다. 따라서 재무상태표에 기계장치를 적절하게 감액한 금액으로 보고함으로써 정보이용자의 의사결정이 오도되지 않도록 할 수 있다. 이와 같은 상황에서 기업은 기계장치가 손상된 것으로 판단하고, 기계장치의 장부금액을 감액하면서 손상차손을 당기손익으로 인식한다.

02 손상의 적용 범위

손상의 회계처리는 별도로 제정된 기준서 제1036호 '자산손상'을 적용한다. 기준서 제1036호는 유형자산을 포함한 대부분의 자산에 적용하는데, 다음의 자산에는 적용하지 않는다.

① 재고자산
② 기준서 제1115호 '고객과의 계약에서 생기는 수익'에 따라 인식한 계약자산과 자산으로 인식한 계약원가(계약체결 증분원가 및 계약이행원가)
③ 이연법인세자산
④ 종업원급여에서 생기는 자산
⑤ 기준서 제1109호를 적용하는 금융자산
⑥ 공정가치로 측정한 투자부동산
⑦ 순공정가치로 측정하는 생물자산
⑧ 매각예정비유동자산

03 손상차손의 인식과정

손상차손을 인식하기 위해서는 손상징후를 검토한 결과 손상징후가 존재하는 경우 회수가능액을 추정한다. 그러므로 유형자산은 반드시 손상징후를 검토하여야 한다. 손상검사는 연차 회계기간 중 어느 때라도 할 수 있으며 매년 같은 시기에 실시한다. 단, 일부자산은 손상징후를 검토하지 않고 곧바로 회수가능액을 추정하는 자산도 있다(예 내용연수가 비한정인 무형자산, 아직 사용할 수 없는 무형자산 및 사업결합으로 취득한 영업권).

Ⅱ 원가모형의 손상

01 회수가능액

회수가능액은 순공정가치와 사용가치 중 큰 금액을 말한다. 순공정가치는 공정가치에서 처분부대원가를 뺀 금액으로, 이때 처분부대원가는 자산의 처분에 직접 기인하는 증분원가를 말한다. 처분부대원가의 예로는 법률원가, 인지세와 거래세 등이 있다. 사용가치는 자산에서 얻을 것으로 예상되는 미래현금흐름의 현재가치를 말한다. 미래현금흐름은 자산의 현재 상태를 기초로 추정하며, 미래현금흐름 추정치에는 재무활동에서 생기는 현금흐름과 법인세는 포함하지 않는다.

```
┌ 회수가능액의 구조 ─────────────────────────────────────┐
│                                                        │
│                    ┌─ 순공정가치 = 공정가치 - 처분부대원가        │
│   회수가능액 = MAX ─┤                                     │
│                    └─ 사용가치: 자산에서 얻을 것으로 예상되는 미래 CF의 PV  │
│                                                        │
└────────────────────────────────────────────────────────┘
```

회수가능액을 측정할 때 항상 순공정가치와 사용가치를 모두 추정할 필요는 없다. 그 이유는 두 가지 중 한 가지 측정치만 장부금액을 초과하면 자산손상이 발생하지 않은 것으로 볼 수 있기 때문이다. 순공정가치는 자산이 활성 시장에서 거래되지 않아도 결정할 수 있으나, 금액을 신뢰성 있게 추정할 근거가 없어 순공정가치를 결정하지 못한다면 사용가치로 회수가능액을 측정할 수 있다.

처분부대원가 계상 시 아래의 경우는 제외한다.
① 금융원가 및 법인세비용
② 이미 부채로 인식된 처분부대원가
③ 자산처분에 따르는 사업의 축소나 조직변경과 관련된 해고급여와 그 밖의 원가

02 손상차손의 인식

유형자산의 회수가능액이 장부금액에 못 미치는 경우에 자산의 장부금액을 회수가능액으로 감액하고 해당 감소액은 손상차손으로 인식한다. 손상차손은 곧바로 당기손익으로 인식하며, 손상차손누계액의 계정으로 하여 유형자산의 차감계정으로 표시한다.

손상차손의 회계처리 및 F/S 분석

[회계처리]

차) 감가상각비	××	대) 감가상각누계액	××
차) 유형자산손상차손	××	대) 손상차손누계액	××

B/S

유형자산	제공한 대가 FV	
(−)감가상각누계액	(−)역산	
(−)손상차손누계액	(손상 전 BV − 회수가능액)	
유형자산 BV	회수가능액	

I/S

감가상각비	(제공한 대가 FV − 잔존가치)/내용연수
손상차손	손상 전 BV − 회수가능액

자산의 손상을 인식하는 경우 감가상각비를 먼저 인식하고 손상차손은 나중에 인식한다. 감가상각은 회계기간 동안 사용한 부분에 대한 원가를 비용처리하는 것이므로 회수가능액의 하락으로 인한 손상차손의 인식보다 먼저 이루어져야 한다.

03 손상차손 인식 이후의 감가상각비

손상차손 인식 이후 회수가능액은 새로운 취득원가로 보아 잔존가치를 차감한 금액을 자산의 잔여내용연수에 걸쳐 체계적인 방법으로 감가상각비를 인식한다. 그러므로 특정 연도에 유형자산에 대해서 손상차손을 인식했다면, 다음 연도 감가상각비는 손상차손을 인식하지 않는 경우에 비해 적게 인식된다.

04 손상차손환입

보고일마다 과거기간에 인식한 손상차손이 더는 존재하지 않거나 감소되었을 수 있는 징후가 있는지를 검토하고, 그러한 징후가 있는 경우에는 해당 자산의 회수가능액을 추정한다. 회수가능액이 장부금액을 초과하는 경우 자산의 장부금액은 회수가능액으로 증액하고 손상차손환입의 계정으로 하여 당기손익으로 인식한다. 이때 증액된 장부금액은 과거에 손상차손을 인식하기 전에 장부금액의 감가상각 후 남은 잔액을 초과할 수 없다. 즉 손상차손을 인식한 유형자산의 회수가능액이 장부금액을 초과하는 경우에는 손상차손을 인식하지 않았을 경우의 장부금액을 한도로 당기이익(유형자산손상차손환입)으로 처리한다.

손상차손환입의 회계처리 및 F/S 분석

[회계처리]

| 차) 감가상각비 | ×× | 대) 감가상각누계액 | ×× |
| 차) 손상차손누계액 | ×× | 대) 손상차손환입 | ×× |

B/S

유형자산	제공한 대가 FV	
(−)감가상각누계액	(−)역산	
(−)손상차손누계액	(손상차손(누적) − 손상차손환입(누적))	
유형자산 BV	Min[손상되지 않았을 경우 BV, 회수가능액]	

I/S

| 감가상각비 | (손상 후 BV − 잔존가치)/잔여내용연수 |
| 손상차손환입 | Min[손상되지 않았을 경우 BV, 회수가능액] − 손상 후 BV |

Additional Comment

유형자산의 원가모형의 경우, 손상차손환입은 과거에 손상차손을 인식하기 전 장부금액의 감가상각 또는 상각 후 잔액(즉, 손상차손을 인식하지 않았다면 계상되었을 장부금액)을 초과할 수 없다. 그 이유는 손상차손을 인식하지 않았다면 계상되었을 장부금액을 초과하여 손상차손환입을 인식하면 당해 자산에 대해서 원가모형을 적용하지 않고 마치 재평가모형과 같이 평가이익을 인식한 결과가 되기 때문이다.

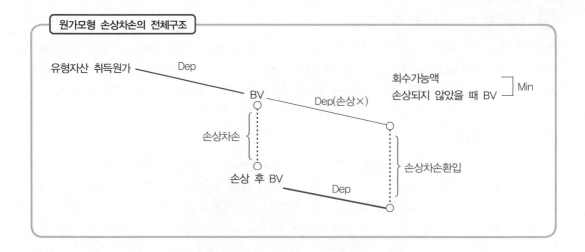

원가모형 손상차손의 전체구조

유형자산 취득원가 — Dep — BV — Dep(손상×)

회수가능액
손상되지 않았을 때 BV — Min

손상차손

손상 후 BV — Dep

손상차손환입

---

05 손상에 대한 보상

손상, 손실 또는 포기된 유형자산에 대해 제3자로부터 보상금을 받는 경우가 있다. 이 경우 보상금은 수취할 권리가 발생하는 시점에 당기손익으로 반영한다.

사례연습 21: 원가모형의 손상

매년 12월 31일이 결산일인 ㈜포도는 ×1년 초 기계장치를 ₩100에 취득하고 원가모형으로 기록하고 있다. 동 자산의 잔존가치는 ₩0, 내용연수는 5년이고 ㈜포도는 동 자산을 정액법으로 상각한다.

> (1) ×1년 말 현재 손상징후를 보인 것으로 판단하고 손상차손을 인식하기로 하였다. ×1년 말 현재 동 자산의 회수가능액은 ₩60으로 추정되었다.
> (2) ×3년 말에 손상사유가 해소되었고 이때의 동 자산의 회수가능액은 ₩50으로 추정되었다.

1 동 거래가 ㈜포도의 ×1년부터 ×3년까지 각 연도별 포괄손익계산서상 당기손익에 미친 영향을 구하시오.

2 동 거래로 ㈜포도가 ×1년 초부터 ×3년 말까지 수행할 회계처리를 보이시오.

1

×1년 N/I 영향	감가상각비: (100 − 0)/5 = (−)20
	손상차손: 60 − (100 − 20) = (−)20
×2년 N/I 영향	감가상각비: (60 − 0)/4 = (−)15
×3년 N/I 영향	감가상각비: (60 − 0)/4 = (−)15
	손상차손환입: Min[40, 50] − (60 − 30) = 10

[전체 구조]

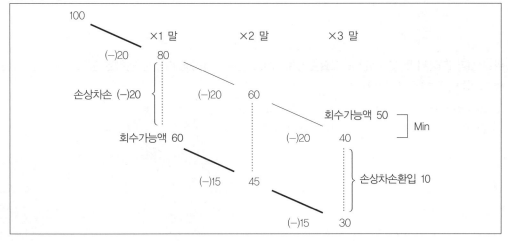

2

×1년 초	차) 기계장치	100	대) 현금	100
×1년 말	차) 감가상각비(N/I)	20	대) 감가상각누계액	20
	차) 손상차손(N/I)	20	대) 손상차손누계액	20
×2년 말	차) 감가상각비(N/I)	15	대) 감가상각누계액	15
×3년 말	차) 감가상각비(N/I)	15	대) 감가상각누계액	15
	차) 손상차손누계액	10	대) 손상차손환입(N/I)	10

참고 B/S 분석

B/S	×1 말	B/S	×3 말
유형자산	100	유형자산	100
(−)감가상각누계액	(−)20	(−)감가상각누계액	(−)50
(−)손상차손누계액	(−)20	(−)손상차손누계액	(−)10
유형자산 BV	60	유형자산 BV	40

㈜국세가 20×1년 1월 1일에 취득한 영업용 차량운반구(내용연수 10년, 잔존가치 ₩0, 정액법 상각)의 20×3년 초 재무상태표상 장부금액은 ₩7,500,000(감가상각누계액 ₩2,000,000, 손상차손누계액 ₩500,000)이다. ㈜국세는 영업용 차량운반구에 원가모형을 적용하고 있으며 동 자산에 대한 손상은 20×2년 말 처음으로 발생하였다. 다음은 동 영업용 차량운반구의 순공정가치와 사용가치에 대한 자료이다.

[세무사 2011년]

구분	20×3년 말	20×4년 말
순공정가치	₩6,860,000	₩6,300,000
사용가치	₩6,800,000	₩6,400,000

위 거래가 ㈜국세의 20×4년도 포괄손익계산서상 당기순이익에 미치는 영향은 얼마인가? (단, 법인세 효과는 고려하지 않는다)

① ₩640,000 감소 ② ₩690,000 감소 ③ ₩780,000 감소

④ ₩860,000 감소 ⑤ ₩920,000 감소

풀이

1. 20×2년 말 B/S

		B/S	
유형자산	역산 10,000,000		
(−)감가상각누계액	(−)2,000,000		
(−)손상차손누계액	(−)500,000		
유형자산 BV	7,500,000		

2. TOOL

연도	20×1년 말	20×2년 말	20×3년 말	20×4년 말
손상 전 장부금액	① 손상 전 BV 9,000,000	손상 전 BV 8,000,000	손상 전 BV 7,000,000	손상 전 BV 6,000,000
회수가능액	(회수가능액) −	(회수가능액) 7,500,000	(회수가능액) 6,860,000	④ 회수가능액 6,400,000
손상 후 장부금액	−	② 손상 후 BV 7,500,000	손상 후 BV 6,562,500	③ 손상 후 BV 5,880,000
손상차손	−	② (−)500,000	−	−
손상차손환입	−	−	297,500	⑤ 120,000

③ Dep 손상 후 BV 기준 (−)937,500   ③ Dep 손상 후 BV 기준 (−)980,000

손상차손	유형자산 회수가능액 – 손상 전 유형자산의 BV 7,500,000 – 8,000,000 = (–)500,000
손상 후 20×3년 감가상각비	정액법: 손상 후 BV(= 손상 시 회수가능액)/잔여내용연수 정액법: 7,500,000/(10 – 2)년 = (–)937,500
20×3년 말 손상차손환입	Min[손상되지 않았을 경우의 BV, 회수가능액] – 손상 후 BV Min[7,000,000, 6,860,000] – (7,500,000 – 937,500) = 297,500
환입 후 20×4년 감가상각비	정액법: 손상 후 BV(= 손상 시 회수가능액)/잔여내용연수 정액법: 6,860,000/(10 – 3)년 = (–)980,000
20×4년 말 손상차손환입	Min[손상되지 않았을 경우의 BV, 회수가능액] – 손상 후 BV Min[6,000,000, 6,400,000] – (6,860,000 – 980,000) = 120,000
20×4년 말 B/S상 손상차손누계액	누적손상차손 – 누적손상차손환입 500,000 – (297,500 + 120,000) = 82,500

3. 20×4년 말 B/S

B/S	
유형자산	10,000,000
(–)감가상각누계액	(–)3,917,500
(–)손상차손누계액	(–)82,500
유형자산 BV	6,000,000

I/S	
감가상각비	(6,860,000 – 0)/(10 – 3)년 = (–)980,000
손상차손	Min[6,000,000, 6,400,000] – (6,860,000 – 980,000) = 120,000

➔ N/I 영향: (980,000) + 120,000 = (–)860,000

정답: ④

유형자산 재평가모형의 경우 실무적으로 손상이 발생하는 경우가 드물다. 그러므로 손상 여부를 먼저 판단하고 회수가능액이 하락하면 손상차손을 인식하고 회수가능액이 회복하면 손상차손환입을 인식한다.

01 손상 여부의 검토

재평가모형을 적용하는 유형자산의 공정가치와 순공정가치 사이의 유일한 차이는 자산의 처분에 소요되는 직접증분원가이다. 처분부대원가가 무시해도 될 정도인 경우 재평가자산의 회수가능액은 재평가금액에 가깝거나 이보다 많다. 이 경우 재평가 규정을 적용한 후라면 재평가된 자산이 손상되었을 것 같지 않으므로 회수가능액을 추정할 필요가 없다.

처분부대원가가 무시할 수 없는 정도인 경우 재평가된 자산의 순공정가치는 당연히 그 자산의 공정가치보다 적다. 따라서 자산의 사용가치가 재평가금액보다 적다면 재평가된 자산은 손상된 것이다. 이 경우 재평가 규정을 적용한 다음에 손상되었는지를 판단한다.

Additional Comment

처분부대원가가 무시할 수 없는 정도라면 순공정가치는 재평가금액(공정가치)보다 당연히 적다. 아래 그림과 같이 사용가치가 어디에 위치하는가에 따라 재평가된 자산의 손상 여부가 달라진다.

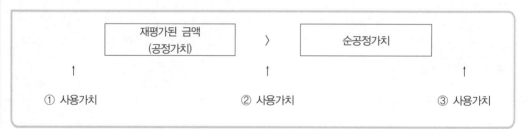

사용가치가 ①에 위치한다면 회수가능액이 되어 공정가치보다 크므로 자산이 손상되지 않은 것으로 본다. 그러나 사용가치가 ②나 ③에 위치에 있으면 손상된 것으로 본다. 이때 ②의 경우에는 사용가치가 회수가능액이 되고 ③의 경우 순공정가치가 회수가능액이 된다.

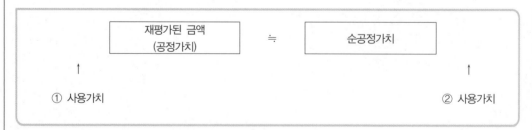

그러나 위의 그림과 같이 처분부대원가가 무시해도 될 정도일 때 사용가치가 ①에 위치한다면 회수가능액이 사용가치가 되어 자산이 손상되지 않는다. 또한 사용가치가 ②에 위치하면 순공정가치가 회수가능액이 되며 해당 금액은 재평가금액과 근사치이므로 손상가능성이 낮다고 보아 손상차손을 인식하지 않는다.

1. 처분부대원가가 미미한 경우에는 공정가치와 순공정가치의 차이가 크지 않기 때문에, 사용가치 측정금액과 상관없이 손상되었을 가능성이 적다.
2. 처분부대원가가 미미하지 않은 경우에는 재평가된 자산의 처분부대원가를 차감한 순공정가치는 항상 그 자산의 공정가치보다 작다. 이 경우에는 해당 자산의 사용가치가 재평가금액보다 작다면 재평가된 자산은 손상된 것이다.

02 회수가능액의 하락

재평가모형을 적용하는 유형자산의 회수가능액이 재평가모형을 적용한 재평가금액에 미달하는 경우 장부금액을 회수가능액으로 감액하고 손상차손을 인식한다. 이 경우 손상차손은 재평가감소액으로 보아 해당 자산에서 생긴 재평가잉여금에 해당하는 금액까지 기타포괄손익으로 인식하며, 초과하는 금액은 당기손익으로 인식한다.

> **손상차손을 인식하는 경우**
>
> 1st: 과년도에 기타포괄손익으로 인식한 재평가잉여금 우선 감소
> 2nd: 초과액이 있다면 당기손익으로 인식

03 회수가능액의 회복

손상된 재평가모형을 적용하는 유형자산의 회수가능액이 회복되면 회복액 중 해당 자산의 손상차손을 과거에 당기손익으로 인식한 부분까지는 손상차손환입의 계정으로 하여 당기손익으로 처리하고, 초과하는 금액은 기타포괄손익으로 인식하고 재평가잉여금을 증액한다.

> **손상차손환입을 인식하는 경우**
>
> 1st: 과년도에 손상차손을 당기손익으로 인식한 금액이 있다면 그 금액만큼 손상차손환입을 당기손익으로 인식
> 2nd: 초과액이 있다면 재평가잉여금의 증가로 인식

Additional Comment

회수가능액의 회복이 과거에 손상차손으로 인식한 금액에 미달하면 당해 유형자산은 계속 손상된 상태에 있는 것이므로 공정가치로 측정할 수 없다. 그러나 회수가능액의 회복이 과거에 손상차손으로 인식한 금액을 초과한다면 회수가능액이 전부 회복된 것이므로 공정가치로 측정하고 재평가모형을 적용한다.

재평가모형을 적용하는 유형자산은 손상차손환입 시 당기손익으로 인식한 손상차손금액을 한도로 한다. 이는 사실상 재평가모형 적용 유형자산에 대해서 손상차손환입을 인식할 때 한도액을 고려하지 않는 것이다.

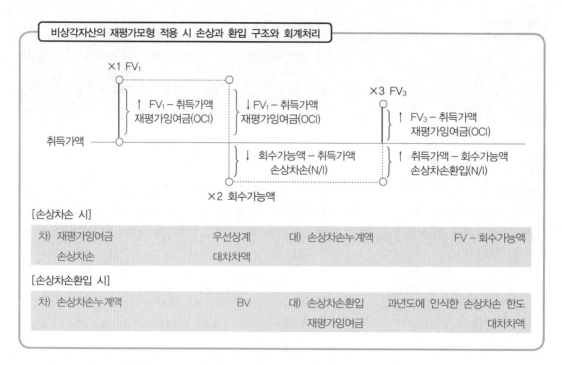

비상각자산의 재평가모형 적용 시 손상과 환입 구조와 회계처리

[손상차손 시]

| 차) 재평가잉여금 | 우선상계 | 대) 손상차손누계액 | FV – 회수가능액 |
| 손상차손 | 대차차액 | | |

[손상차손환입 시]

| 차) 손상차손누계액 | BV | 대) 손상차손환입 | 과년도에 인식한 손상차손 한도 |
| | | 재평가잉여금 | 대차차액 |

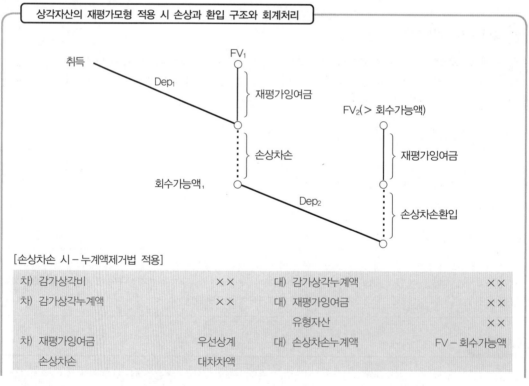

상각자산의 재평가모형 적용 시 손상과 환입 구조와 회계처리

[손상차손 시 – 누계액제거법 적용]

차) 감가상각비	××	대) 감가상각누계액	××
차) 감가상각누계액	××	대) 재평가잉여금	××
		유형자산	××
차) 재평가잉여금	우선상계	대) 손상차손누계액	FV – 회수가능액
손상차손	대차차액		

[손상차손환입 시 - 누계액제거법 적용]

차) 감가상각비	××	대) 감가상각누계액	××
차) 손상차손누계액	BV	대) 손상차손환입	과년도에 인식한 손상차손 한도
		재평가잉여금	대차차액
차) 감가상각누계액	××	대) 재평가잉여금	××
유형자산	××		

Additional Comment

손상차손을 인식하는 경우에는 자산의 재평가를 먼저 인식하고 손상차손을 나중에 인식한다. 재평가를 먼저 인식한 후의 재평가금액보다 회수가능액이 적을 경우 손상차손을 순차적으로 인식하기 때문이다. 반대로 손상차손환입을 인식하는 경우에는 손상차손환입을 먼저 인식한 후에 자산의 재평가를 나중에 인식한다.

구분	1st	2nd	3rd
손상차손인식	감가상각	재평가	회수가능액 측정(재평가잉여금과 우선 상계한 후 잔액을 손상차손으로 인식)
손상차손환입	감가상각	손상차손환입(당기손익으로 인식한 손상차손금액을 한도로 손상차손환입 인식)	공정가치 측정(손상된 금액이 모두 회복된 경우 공정가치 변동분을 재평가잉여금으로 인식)

사례연습 22: 재평가모형의 손상

매년 12월 31일이 결산일인 ㈜포도는 유형자산을 재평가모형으로 기록하고 있다. ㈜포도는 유형자산을 사용함에 따라 재평가잉여금의 일부를 이익잉여금으로 대체하고 누계액제거법을 사용하여 재평가 회계처리를 하고 있다. 관련 자료는 다음과 같다.

(1) ㈜포도는 20×1년 초 내용연수 10년, 잔존가치는 없고, 정액법을 사용하는 기계장치를 ₩1,000,000에 취득하였다. 20×1년 말 동 기계장치의 공정가치는 ₩918,000으로 평가되었으며, 처분부대원가는 미미할 것으로 판단되고, 사용가치는 ₩910,000으로 추정되었다.

(2) 20×2년 말 동 기계장치의 공정가치는 ₩820,000으로 평가되었으며, 처분부대원가는 ₩50,000이고 사용가치는 ₩780,000으로 추정되었다.

(3) 20×3년 말 동 기계장치의 공정가치는 ₩750,000으로 평가되었으며, 처분부대원가는 ₩20,000이고 사용가치는 ₩770,000으로 추정되었다.

❶ 동 거래가 20×1년부터 20×3년까지 각 연도별로 ㈜포도의 당기손익과 기타포괄손익, 총포괄손익에 미치는 영향을 구하시오.

❷ 동 거래로 ㈜포도가 20×1년 초부터 20×3년 말까지 해야 할 회계처리를 보이시오.

❶

B/S		N/I 변동	OCI 변동	총포괄손익 변동
취득 1,000,000				
상각 (−)100,000		(−)100,000		(−)100,000
① ×1 말 BV 900,000				
③ 재평가잉여금 18,000	재평가잉여금 18,000		18,000	18,000
② ×1 말 FV 918,000				
	OCI잔액 18,000	(−)100,000	18,000	(−)82,000
상각 (−)102,000	대체 (−)2,000	(−)102,000		(−)102,000
① ×2 말 BV 816,000				
③ 재평가잉여금 4,000	재평가잉여금 4,000		4,000	4,000
② ×2 말 FV 820,000	OCI잔액 20,000			
⑤ 재평가잉여금 (−)20,000	재평가잉여금 (−)20,000		(−)20,000	(−)20,000
⑥ 손상차손 (−)20,000		(−)20,000		(−)20,000
④ ×2 말 회수 780,000				
	OCI잔액 −	(−)122,000	(−)16,000	(−)138,000
상각 (−)97,500		(−)97,500		(−)97,500
① ×3 말 BV 682,500				
② 손상환입 20,000		20,000		20,000
② 재평가잉여금 47,500	재평가잉여금 47,500		47,500	47,500
③ ×3 말 FV 750,000				
	OCI잔액 47,500	(−)77,500	47,500	(−)30,000

❷

×1 말	1st 상각	차) 감가상각비 100,000	대) 감가상각누계액	100,000
	2nd 재평가	차) 감가상각누계액 100,000	대) 유형자산	82,000
			재평가잉여금	18,000
×2 말	1st 상각	차) 감가상각비 102,000	대) 감가상각누계액	102,000
	2nd 대체	차) 재평가잉여금 2,000	대) 이익잉여금	2,000
	3rd 재평가	차) 감가상각누계액 102,000	대) 재평가잉여금	4,000
			유형자산	98,000
	4th 손상	차) 재평가잉여금 20,000	대) 손상차손누계액	40,000
		손상차손 20,000		
×3 말	1st 상각	차) 감가상각비 97,500	대) 감가상각누계액	97,500
	2nd 대체	−		
	3rd 환입	차) 손상차손누계액 40,000	대) 손상차손환입	20,000
			재평가잉여금	20,000
	4th 재평가	차) 감가상각누계액 97,500	대) 재평가잉여금	27,500
			유형자산	70,000

㈜한국은 설비자산을 20×1년 초에 ₩400,000에 취득하여, 매년 말 재평가모형을 적용한다. 이 설비자산의 잔존가치는 ₩0, 내용연수는 8년이며, 정액법으로 감가상각한다. 20×2년 초 설비자산의 잔존내용연수를 4년으로 변경하였다. 20×2년 말 설비자산에 대해서 손상을 인식하기로 하였다. 다음은 설비자산의 공정가치와 회수가능액에 대한 자료이다. 20×2년에 당기손익으로 인식할 손상차손은? (단, 설비자산을 사용하는 동안에 재평가잉여금을 이익잉여금으로 대체하지 않는다) [세무사 2015년]

구분	공정가치	회수가능액
20×1년 말	₩380,000	₩385,000
20×2년 말	₩270,000	₩242,000

① ₩11,000   ② ₩13,000   ③ ₩15,000
④ ₩19,000   ⑤ ₩28,000

풀이

B/S			N/I 변동	OCI 변동	총포괄손익 변동
취득	취득자산 FV	400,000			
상각	(Dep_1)	(−)50,000	(Dep_1) (−)50,000		(Dep_1) (−)50,000
① ×1 말 상각후원가	BV_1	350,000			
③ 재평가잉여금 대차차액 A	30,000	재평가잉여금 A 30,000		A 30,000	A 30,000
② ×1 말 FV	FV_1	380,000			
	OCI잔액 A 30,000		(Dep_1) (−)50,000	A 30,000	$(Dep_1) + A = FV_1 -$ 취득가 $(50,000) + 30,000$ $= 380,000 - 400,000$
상각[1]	(Dep_2)	(−)95,000	(Dep_2) (−)95,000		(Dep_2) (−)95,000
① ×2 말 상각후원가	BV_2	285,000			
③ 재평가잉여금	(잔여분) (−)30,000	재평가잉여금 (잔여분) (−)30,000		(잔여분) (−)30,000	(잔여분) (−)30,000
④ 손상차손 대차차액 B	(−)13,000		(B) (−)13,000		(B) (−)13,000
② ×2 말 회수가능액	회수$_2$	242,000	OCI잔액 −	$(Dep_2 + B)$ (95,000 +13,000)	(잔여분) (−)30,000	$(Dep_2 + $ 잔여분 $ + B)$ $=$ 회수$_2 - FV_1$ $(95,000 + 30,000 + 13,000)$ $= 242,000 - 380,000$

[1] (전기 말 FV − 잔존가치)/잔여내용연수(변경된 내용연수)
$(380,000 - 0)/4$년 $= (−)95,000$

정답: ②

Chapter 5 | 핵심 빈출 문장

01 회사가 자산을 해체, 제거하거나 부지를 복구할 의무는 해당 의무의 발생시점에 취득원가로 인식한다.

02 유형자산 자체로는 직접적인 미래경제적효익을 얻을 수 없지만, 다른 자산에서 미래경제적효익을 얻기 위하여 필요한 자산은 유형자산으로 인식할 수 있다.

03 유형자산은 자산으로부터 발생하는 미래경제적효익이 기업에 유입될 가능성이 높고, 자산의 원가를 신뢰성 있게 측정할 수 있는 경우에 인식한다.

04 비화폐성자산 간의 교환거래가 상업적 실질을 결여하지 않은 경우라 하더라도 제공한 자산과 취득한 자산 모두의 공정가치를 신뢰성 있게 측정할 수 없는 경우에는 취득한 유형자산의 취득원가는 그 교환으로 제공한 자산의 장부금액으로 측정한다.

05 부채의 변경은 당기에 관련 자산의 원가에 가산하거나 차감한다. 자산의 원가에서 차감되는 금액은 그 자산의 장부금액을 초과할 수 없고 만약 그 초과분이 존재한다면 즉시 당기손익으로 인식한다.

06 정부보조금에 부수되는 조건의 준수와 보조금 수취에 대한 합리적인 확신이 있을 경우에만 정부보조금으로 인식한다.

07 합리적으로 가치를 산정할 수 없는 정부지원과 기업의 정상적인 거래와 구분할 수 없는 정부와의 거래, 대중교통과 통신망의 개선 및 사회기반시설을 제공하는 행위는 정부보조금에서 제외한다.

08 정부보조금의 회계처리 방법은 정부보조금을 하나의 주주지분으로 직접 인식하는 자본접근법과 하나 이상의 회계기간에 걸쳐 수익으로 인식해야 하는 수익접근법이 있으며 이 중 한국채택국제회계기준은 수익접근법을 채택하고 있다.

09 유형자산에 내재된 미래경제적효익이 다른 자산을 생산하는 데 사용되는 경우 유형자산의 감가상각액은 해당 자산의 원가의 일부가 된다.

10 정액법으로 감가상각하는 경우, 감가상각이 완전히 이루어지기 전이라도 유형자산이 가동되지 않거나 유휴상태가 되더라도 감가상각을 중단하지 않는다.

11 매 회계연도 말 재검토 결과 자산에 내재된 미래경제적효익의 예상되는 소비 형태에 유의적인 변동이 있다면, 변동된 소비 형태를 반영하기 위하여 감가상각방법을 변경한다.

12 유형자산의 잔존가치는 해당 자산의 장부금액과 같거나 큰 금액으로 증가할 수도 있다. 이 경우에는 자산의 잔존가치가 장부금액보다 작은 금액으로 감소될 때까지 유형자산의 감가상각액은 '0'이 된다.

13 자산에 내재된 미래경제적효익의 예상되는 소비 형태에 유의적인 변동이 있어 감가상각방법을 변경할 경우, 그 변경 효과를 전진 적용하고 비교 표시되는 재무제표에 재작성하지 않는다.

14 내용연수가 유한한 무형자산과 유형자산의 감가상각방법은 적어도 매 회계연도 말에 재검토한다.

15 유형자산의 경제적 효익이 소비되는 형태를 신뢰성 있게 결정할 수 없는 경우에도 모든 상각방법을 사용할 수 있다.

16 유형자산을 구성하는 일부의 원가가 당해 유형자산의 전체원가에 비교하여 유의적이라면, 해당 유형자산을 감가상각할 때 그 부분은 별도로 구분하여 감가상각하며, 유의적이지 않은 경우에도 분리하여 감가상각할 수 있다.

17 유형자산의 사용을 포함하는 활동에서 창출되는 수익에 기초한 감가상각방법은 미래경제적효익의 예상 소비 형태를 잘 반영하는 방법이 아니므로 적절한 방법이 아니다.

18 토지의 내용연수가 한정되는 경우에는 관련 경제적 효익이 유입되는 형태를 반영하는 방법으로 감가상각한다.

19 재평가모형을 선택한 유형자산에 대해서도 자산손상에 대해 회계처리를 적용한다.

20 유형자산은 원가모형이나 재평가모형 중 하나를 회계정책으로 선택하여 동일 범주의 유형자산에 동일하게 적용한다.

21 특정 유형자산을 재평가할 때에는 유형자산의 분류 내에서 공정가치와 장부금액이 중요하게 차이 나는 항목만 공정가치로 재측정하고, 중요하게 차이나지 않는 항목도 공정가치로 측정한다.

22 자산의 장부금액이 재평가로 인하여 증가된 경우에 그 증가액은 기타포괄손익으로 인식하고 재평가잉여금의 과목으로 자본에 가산하되, 이전에 당기손익으로 인식한 재평가감소액에 해당하는 부분은 당기손익으로 인식한다.

23 재평가모형은 자산을 원가로 최초에 인식한 후에 적용한다. 따라서 일부 과정이 종료될 때까지 인식기준을 충족하지 않아서 무형자산의 원가의 일부만 자산으로 인식한 경우에도 재평가모형을 적용할 수 있다.

Chapter 5 | 객관식 문제

01 인식하는 유형자산은 원가로 측정한다. 다음 중 한국채택국제회계기준서 제1016호 '유형자산'에서 규정하고 있는 유형자산의 원가로 볼 수 없는 지출은 무엇인가?

① 관세 및 환급불가능한 취득 관련 세금을 가산하고 매입할인과 리베이트 등을 차감한 구입가격

② 경영진이 의도하는 방식으로 자산을 가동하는 데 필요한 장소와 상태에 이르게 하는 데 직접 관련되는 원가

③ 유형자산을 해체, 제거하거나 부지를 복구하는 데 소요될 것으로 최초에 추정되는 원가

④ 자가건설한 유형자산에서 발행한 매입원가와 전환원가

⑤ 건설을 목적으로 취득한 토지를 건설이 본격적으로 시작되기 전에 주차장 용도로 일시 전용함에 따라 발생하는 토지 관련 원가

02 다음은 유형자산의 취득원가에 대한 설명이다. 이 중 한국채택국제회계기준서의 내용과 일치하지 않는 것은?

① 유형자산의 취득과 관련하여 국공채를 불가피하게 매입하는 경우 국공채의 매입가액과 공정가치평가액의 차액을 당해 유형자산의 취득원가에 산입하는 것이 타당하다.

② 지상 건물이 있는 토지를 구입하여 구건물을 계속 사용할 경우에는 일괄구입가격을 토지와 건물의 공정가치에 따라 각각 안분하는 것이 타당하다.

③ 대금지급이 일반적인 신용기간을 초과하여 이연되는 경우, 대금지급액의 현재가치인 현금가격상당액을 유형자산의 원가로 인식한다.

④ 신건물 신축을 위하여 건물이 있는 토지를 취득한 경우 기존 건물의 철거비용은 토지의 취득원가에 포함한다. 동일한 논리로 신건물 신축을 위하여 사용 중인 기존 건물을 철거하는 비용은 신건물의 취득원가에 포함하는 것이 타당하다.

⑤ 자산을 해체, 제거하거나 부지를 복구하는 데 소요될 것으로 최초에 추정되는 원가는 취득시점에 유형자산의 원가에 가산해야 하며, 비용으로 인식하지는 않는다.

03 유형자산의 취득원가를 회계기준에 따라 결정하는 경우 다음 설명 중 타당한 것은 무엇인가?

① 토지를 구입할 당시 토지에 설정된 담보 등을 떠맡거나 미지급재산세를 부담하는 등의 조건으로 토지를 취득하는 경우, 이러한 부담금액은 토지의 취득원가에 산입하지 않는다.

② 건물을 신축할 목적으로 구건물이 있는 토지를 취득한 경우 구건물의 철거비용은 새로 신축할 건물의 취득원가에 산입한다.

③ 유형자산을 장기후불조건으로 구입하거나, 대금지급기간이 일반적인 신용기간보다 긴 경우 취득원가는 취득시점의 현금가격상당액으로 한다. 현금가격상당액과 실제 총지급액과의 차액은 차입원가의 자본화대상이 아닌 한 만기까지의 기간에 걸쳐 이자비용으로 인식한다.

④ 기계장치를 취득한 경우 이 기계를 의도한 용도에 사용할 수 있는 상태로 만들기 위해서 지출한 시운전비는 기계장치의 취득원가에 산입하지 않고 당기비용으로 처리하여야 한다.

⑤ 자가건설한 유형자산의 원가는 외부에서 구입한 유형자산에 적용하는 것과 같은 기준을 적용하여 결정한다. 따라서 자가건설에 따른 내부이익과 자가건설과정에서 원재료, 인력 및 기타 자원의 낭비로 인한 비정상적인 원가도 자산의 원가에 포함될 수 있다.

04 ㈜세무와 ㈜한국은 다음과 같은 기계장치를 서로 교환하였다. 교환과정에서 ㈜세무는 ㈜한국에게 현금 ₩20,000을 지급하였다.

구분	㈜세무	㈜한국
취득원가	₩500,000	₩350,000
감가상각누계액	₩220,000	₩20,000
공정가치	₩270,000	₩300,000

동 거래에 관한 설명으로 옳은 것은?

[세무사 2019년]

① 교환거래에 상업적 실질이 있으며, 각 기계장치의 공정가치가 신뢰성 있게 측정된 금액이라면 ㈜세무가 교환 취득한 기계장치의 취득원가는 ₩300,000이다.
② 교환거래에 상업적 실질이 있으며, 각 기계장치의 공정가치가 신뢰성 있게 측정된 금액이라면 ㈜한국이 교환 취득한 기계장치의 취득원가는 ₩290,000이다.
③ 교환거래에 상업적 실질이 있으며, ㈜세무가 사용하던 기계장치의 공정가치가 명백하지 않을 경우 ㈜세무가 교환 취득한 기계장치의 취득원가는 ₩280,000이다.
④ 교환거래에 상업적 실질이 없으면 ㈜세무만 손실을 인식한다.
⑤ 교환거래에 상업적 실질이 있으며, 각 기계장치의 공정가치가 신뢰성 있게 측정된 금액이라면 ㈜세무와 ㈜한국 모두 손실을 인식한다.

05 ㈜대한은 산업폐기물을 분쇄하는 공장을 설립하였다. 동 공장은 20×1년 1월 1일 ₩20,000,000에 완공되었으며 내용연수 10년, 잔존가치는 ₩2,000,000, 정액법으로 감가상각하며 원가모형을 적용한다. ㈜대한은 지방자치단체로부터 공장설립을 허가받는 조건으로 공장의 내용연수가 종료되는 시점에서 오염된 주변환경을 원상복구시키기로 약속하였다. 20×1년 1월 1일 ㈜대한은 내용연수 종료 시 복구원가를 ₩3,000,000으로 추정하였고, 할인율은 연 12%이다. 20×1년 12월 31일 결산시점에서 내용연수 종료시점의 복구원가 추정액이 ₩3,300,000으로 상향되었고 할인율도 연 11%로 변동되었다. 주어진 자료만 고려할 경우 ㈜대한이 20×1년도에 인식할 총비용은 얼마인가? (단, 손상차손은 고려하지 않는다)

할인율	9기간 현가요소	10기간 현가요소
11%	0.39092	0.35218
12%	0.36061	0.32197

① ₩1,896,591
② ₩2,220,717
③ ₩324,126
④ ₩208,217
⑤ ₩2,012,500

06 회사는 20×1년 초 폐기물처리장을 ₩2,000,000에 건설하였다. 동 폐기물처리장은 관계 법령에 의하여 경제적 내용연수가 종료되면 철거해야 한다. 동 구조물의 경제적 내용연수는 5년, 잔존가치는 없으며, 정액법으로 상각한다. 경제적 내용연수 종료 후에 복구원가로 지출된 금액은 ₩500,000으로 추정되며, 현재가치 계산에 사용될 적절한 할인율은 10%였다. 20×2년 초 내용연수 종료 후에 복구원가로 지출된 금액이 ₩500,000에서 ₩600,000으로 증가될 것으로 예상되며, 현재가치 계산에 사용될 할인율도 10%에서 12%로 수정되는 경우 20×2년 A회사 법인세차감전손익에 미치는 영향은 얼마인가?

① ₩417,801   ② ₩517,801   ③ ₩617,801
④ ₩717,801   ⑤ ₩817,801

07 20×1년 4월 1일 ㈜세무는 다음의 영업용 건물을 ₩500,000에 처분하였다.

> • 취득원가: ₩2,000,000
> • 취득 시 정부보조금 수령액: ₩450,000
> • 감가상각방법: 정률법(상각률: 25%)
> • 잔존가치: ₩200,000
> • 20×1년 1월 1일 감가상각누계액: ₩1,200,000
> • 기말평가: 원가모형

동 건물의 감가상각 및 처분이 ㈜세무의 20×1년 당기순이익에 미친 영향은?

[세무사 2019년]

① ₩150,000 감소   ② ₩187,500 감소   ③ ₩227,500 감소
④ ₩250,000 증가   ⑤ ₩262,500 증가

A사는 20×1년 1월 1일 토지와 토지 위에 있는 건물 A를 일괄하여 ₩40,000에 취득(토지와 건물 A의 공정가치 비율은 4 : 1)하였다. 취득 당시 건물 A의 잔여내용연수는 5년이고 잔존가치는 없으며 정액법으로 감가상각한다. 20×2년 1월 1일 더 이상 건물 A를 사용할 수 없어 철거하고 새로운 건물 B의 신축을 시작하였다. 건물 A의 철거비용은 ₩1,500이며, 철거 시 수거한 고철 등을 매각하여 ₩500을 수령하였다. 건물 신축과 관련하여 20×2년에 ₩20,000의 건설비가 발생하였으며, 건물 B(내용연수 10년, 잔존가치 ₩0, 정액법 감가상각)는 20×2년 10월 1일 완공 후 즉시 사용하였다. 20×1년 12월 31일 건물 A의 장부금액과 20×2년 12월 31일 건물 B의 장부금액은? (단, 감가상각은 월할 계산한다)

	건물 A	건물 B
①	₩6,400	₩19,500
②	₩6,400	₩18,000
③	₩6,400	₩25,900
④	₩8,000	₩19,500
⑤	₩8,000	₩26,900

09 유형자산의 감가상각에 관한 설명으로 옳지 않은 것은?

① 유형자산의 감가상각방법은 자산의 미래경제적효익이 소비되는 형태를 반영한다.

② 유형자산의 감가상각은 자산이 사용 가능한 때부터 시작한다.

③ 유형자산에 내재된 미래경제적효익이 다른 자산을 생산하는 데 사용되는 경우 유형자산의 감가상각액은 해당 자산 원가의 일부가 된다.

④ 정액법으로 감가상각하는 경우, 감가상각이 완전히 이루어지기 전이라도 유형자산이 가동되지 않거나 유휴상태가 되면 감가상각을 중단해야 한다.

⑤ 매 회계연도 말 재검토 결과 자산에 내재된 미래경제적효익의 예상되는 소비 형태에 유의적인 변동이 있다면, 변동된 소비 형태를 반영하기 위하여 감가상각방법을 변경한다.

10 ㈜세무는 20×1년 1월 1일에 기계장치(취득원가 ₩1,000,000, 잔존가치 ₩0, 내용연수 4년, 정액법으로 감가상각)를 취득하여 원가모형을 적용하고 있다. 20×3년 1월 1일에 ㈜세무는 동 기계장치에 대하여 자산인식기준을 충족하는 후속원가 ₩500,000을 지출하였다. 이로 인해 내용연수가 2년 연장(20×3년 1월 1일 현재 잔존내용연수 4년)되고 잔존가치는 ₩100,000 증가할 것으로 추정하였으며, 감가상각방법은 연수합계법으로 변경하였다. ㈜세무는 동 기계장치를 20×4년 1월 1일에 현금을 수령하고 처분하였으며, 처분손실은 ₩60,000이다. 기계장치 처분 시 수령한 현금은 얼마인가?

[세무사 2019년]

① ₩190,000 ② ₩480,000 ③ ₩540,000
④ ₩580,000 ⑤ ₩700,000

11 ㈜세무는 20×1년 4월 1일 영업용 차량을 취득(취득원가 ₩1,200,000, 내용연수 5년, 잔존가치 ₩200,000, 정액법으로 감가상각)하면서 정부로부터 취득원가의 30%를 보조받고, 이를 부채(이연수익법)로 회계처리하였다. 20×3년 7월 1일에 동 영업용 차량을 현금 ₩600,000에 처분하였다면, 정부보조금과 관련하여 처분시점에서 제거해야 할 부채(이연정부보조금수익)는? (단, 감가상각은 월할상각한다)   [세무사 2020년]

① ₩126,000   ② ₩144,000   ③ ₩162,000
④ ₩198,000   ⑤ ₩234,000

12 ㈜서울은 20×1년 1월 1일 ₩1,000,000에 기계장치를 취득하여 사용하기 시작하였다. 기계장치의 내용연수는 5년이고 잔존가치 없이 정액법으로 상각하며 원가모형을 적용한다. ㈜서울은 20×2년부터 기계장치에 대해서 재평가모형을 최초 적용하기로 하였다. 또한 내용연수를 재검토한 결과 당초 내용연수를 5년이 아니라 6년으로 재추정하였다. 20×2년 12월 31일 기계장치의 공정가치는 ₩700,000이다. ㈜서울이 20×2년에 인식할 기계장치의 감가상각비와 20×2년 12월 31일 재평가잉여금의 잔액은?

	감가상각비	재평가잉여금
①	₩133,333	₩33,333
②	₩133,333	₩0
③	₩166,667	₩66,667
④	₩160,000	₩60,000
⑤	₩160,000	₩0

13 ㈜대한은 제조업을 영위하고 있으며, 20×1년 초에 재화의 생산에 사용할 목적으로 기계장치를 ₩5,000,000에 취득하였다(내용연수: 9년, 잔존가치: ₩500,000, 감가상각방법: 정액법). ㈜대한은 매년 말 해당 기계장치에 대해서 재평가모형을 선택하여 사용하고 있다. ㈜대한의 각 연도 말 기계장치에 대한 공정가치는 다음과 같다.

구분	20×1년 말	20×2년 말
기계장치의 공정가치	₩4,750,000	₩3,900,750

㈜대한의 기계장치 관련 회계처리가 20×2년도 포괄손익계산서의 당기순이익에 미치는 영향은 얼마인가? (단, ㈜대한은 기계장치를 사용하는 기간 동안 재평가잉여금을 이익잉여금으로 대체하지 않으며, 감가상각비 중 자본화한 금액은 없다) [공인회계사 2020년]

① ₩589,250 감소 ② ₩599,250 감소 ③ ₩600,250 감소

④ ₩601,250 감소 ⑤ ₩602,250 감소

14 유형자산의 재평가 회계처리에 관한 설명으로 옳은 것은?

① 재평가는 자산의 장부금액이 공정가치와 중요하게 차이가 나지 않도록 매 보고기간 말에 수행한다.

② 특정 유형자산을 재평가할 때, 해당 자산이 포함되는 유형자산 분류 전체를 재평가할 필요는 없으며, 개별 유형자산별로 재평가모형을 선택하는 것이 가능하다.

③ 자산의 장부금액이 재평가로 인하여 증가된 경우에 그 증가액은 동일한 자산에 대하여 이전에 당기손익으로 인식한 재평가감소액이 있다 하더라도 기타포괄손익으로 인식하고 재평가잉여금의 과목으로 자본에 가산한다.

④ 자산의 장부금액이 재평가로 인하여 감소된 경우에 그 감소액은 당기손익으로 인식한다. 그러나 그 자산에 대한 재평가잉여금의 잔액이 있다면 그 금액을 한도로 재평가감소액을 당기손익으로 인식한다.

⑤ 자본에 계상된 재평가잉여금은 그 자산이 제거될 때 이익잉여금으로 대체할 수 있다. 그러나 기업이 그 자산을 사용함에 따라 재평가잉여금의 일부를 대체할 수도 있다.

15 ㈜포도는 20×4년 초 ₩5,000,000(잔존가치 ₩1,000,000, 내용연수 5년, 정액법 감가상각)에 건물을 취득하였다. ㈜포도는 20×4년 말 건물을 공정가치 ₩6,300,000으로 재평가하고 자산의 장부금액이 재평가금액과 일치하도록 감가상각누계액과 총장부금액을 비례적으로 수정하였다. ㈜포도가 20×4년 말 재무상태표에 보고할 건물의 감가상각누계액은?

① ₩600,000 　　　　② ₩800,000 　　　　③ ₩1,325,000

④ ₩1,300,000 　　　 ⑤ ₩2,100,000

16 20×6년 1월 1일 ㈜사과는 건물과 토지를 ₩2,000,000에 일괄구입하였다. 구입 당시 건물과 토지의 공정가치는 각각 ₩960,000과 ₩1,440,000이었다. 건물의 내용연수는 7년, 잔존가치는 ₩100,000으로 추정하였으며 정액법으로 감가상각한다. 20×6년 12월 31일 건물과 토지에 관한 순공정가치와 사용가치는 다음과 같으며 회수가능액과 장부금액의 차이는 중요하고 손상징후가 있다고 판단된다.

	순공정가치	사용가치
건물	₩600,000	₩670,000
토지	₩1,150,000	₩1,000,000

㈜사과가 20×6년도에 인식해야 할 손상차손은?

① ₩0 　　　　　　　② ₩80,000 　　　　　③ ₩130,000

④ ₩230,000 　　　　⑤ ₩300,000

17 ㈜대한은 건물(유형자산)에 대해서 원가모형을 선택하여 회계처리하고 있고 관련 자료는 다음과 같다.

- ㈜대한은 20×1년 초에 본사 건물(유형자산)을 ₩600,000에 취득하였으며, 내용연수는 6년, 잔존가치는 없고, 감가상각방법은 정액법을 사용한다.
- ㈜대한은 20×1년 말 보유 중인 건물에 대해서 손상징후를 검토한 결과 손상징후가 존재하여 이를 회수가능액으로 감액하고 해당 건물에 대해서 손상차손을 인식하였다.
- 20×1년 말 건물을 처분하는 경우 처분금액은 ₩370,000, 처분부대원가는 ₩10,000이 발생할 것으로 추정되었다. 20×1년 말 건물을 계속 사용하는 경우 20×2년 말부터 내용연수 종료시점까지 매년 말 ₩80,000의 순현금유입이 있을 것으로 예상되며, 잔존가치는 없을 것으로 예상된다. 미래 순현금유입액의 현재가치 측정에 사용될 할인율은 연 8%이다.
- 20×2년 초 건물의 일상적인 수선 및 유지비용(수익적지출)과 관련하여 ₩20,000이 발생하였다.
- 20×2년 말 건물이 손상회복의 징후가 있는 것으로 판단되었고, 회수가능액은 ₩450,000으로 추정되고 있다.

기간 \ 할인율	8%	
	단일금액 ₩1의 현재가치	정상연금 ₩1의 현재가치
4년	0.7350	3.3121
5년	0.6806	3.9927

㈜대한의 건물 관련 회계처리가 20×2년도 포괄손익계산서의 당기순이익에 미치는 영향은 얼마인가? (단, 단수차이로 인해 오차가 있다면 가장 근사치를 선택한다)

[공인회계사 2020년]

① ₩20,000 증가　　② ₩40,000 증가　　③ ₩80,000 증가
④ ₩92,000 증가　　⑤ ₩100,000 증가

18 ㈜세무는 20×1년 1월 1일 기계장치(내용연수 4년, 잔존가치 ₩0, 정액법 상각, 원가모형 적용)를 ₩240,000에 취득하여 기계장치가 정상적으로 작동되는지 여부를 시험한 후 즉시 사용하고 있다. 시험하는 과정에서 시운전비 ₩40,000이 발생하였고, 시험하는 과정에서 생산된 시제품은 시험 종료 후 즉시 전부 판매하고 ₩20,000을 현금으로 수취하였다. ㈜세무는 20×1년 7월 1일 동 기계장치를 재배치하기 위해 운반비 ₩50,000과 설치원가 ₩50,000을 추가 지출하였다. 20×1년 말 기계장치에 대한 순공정가치와 사용가치는 각각 ₩150,000과 ₩120,000으로 손상이 발생하였으며, 20×2년 말 순공정가치와 사용가치는 각각 ₩160,000과 ₩170,000으로 회복되었다. 위 거래와 관련하여 ㈜세무의 기계장치 회계처리에 관한 설명으로 옳은 것은? (단, 감가상각은 월할 계산한다)

[세무사 2022년]

① 20×1년 손상차손은 ₩45,000이다.
② 20×1년 감가상각비는 ₩65,000이다.
③ 20×2년 감가상각비는 ₩40,000이다.
④ 20×2년 말 장부금액은 ₩140,000이다.
⑤ 20×2년 손상차손환입액은 ₩30,000이다.

19 ㈜세무는 20×1년 1월 1일 소유하고 있는 장부금액 ₩1,000,000(공정가치 ₩900,000)인 기계장치를 ㈜대한이 소유하고 있는 기계장치와 교환하면서 ㈜대한의 기계장치와의 공정가치 차이 ₩100,000을 현금으로 수취하였다. 동 자산의 교환은 상업적 실질이 있다. ㈜세무는 ㈜대한과의 교환으로 취득하여 사용하고 있는 기계장치에 대해 내용연수 4년과 잔존가치 ₩0을 적용하여 정액법으로 상각하고 재평가모형(매년 말 평가)을 적용하고 있다. 재평가모형을 적용하여 장부금액을 조정할 때 기존의 감가상각누계액을 전부 제거하는 방법을 사용하며, 재평가잉여금을 이익잉여금으로 대체하지 않는다. 20×1년 말과 20×2년 말의 공정가치는 각각 ₩570,000과 ₩420,000이다. 위 거래가 ㈜세무의 20×2년 포괄손익계산서상 당기순이익에 미치는 영향은? (단, 감가상각은 월할 계산하며 감가상각비 중 자본화한 금액은 없다)

[세무사 2022년]

① ₩130,000 감소　　　② ₩160,000 감소　　　③ ₩190,000 감소
④ ₩220,000 감소　　　⑤ ₩250,000 감소

01 ⑤ 부수적인 영업활동은 건설이나 개발이 진행되는 동안 또는 그 이전단계에서 이루어질 수 있다. 이 경우 관련된 수익과 비용은 당기손익으로 인식한다.

02 ④ 신건물 신축을 위하여 사용 중인 기존 건물의 철거로 지출한 금액은 비용처리한다.

03 ③ ① 토지를 구입할 당시 토지에 설정된 담보 등을 떠맡거나 미지급재산세를 부담하는 등의 조건으로 토지를 취득하는 경우, 이러한 부담금액은 토지의 취득원가에 산입한다.
② 건물을 신축할 목적으로 구건물이 있는 토지를 취득한 경우 구건물의 철거비용은 토지의 취득원가에 산입한다.
④ 기계장치를 취득한 경우 이 기계를 의도한 용도에 사용할 수 있는 상태로 만들기 위해서 지출한 시운전비는 기계장치의 취득원가에 가산한다.
⑤ 자가건설에 따른 내부이익과 자가건설 과정에서 원재료, 인력 및 기타 자원의 낭비로 인한 비정상적인 원가도 자산의 원가에 포함될 수 없다.

04 ⑤ (1) ㈜세무

구분		취득원가	처분손익
상업적 실질 ○	제공한 자산 FV가 명확	제공한 자산 FV + 현금지급 제공한 자산 FV − 현금수령 270,000 + 20,000 = 290,000	제공한 자산 FV − BV 270,000 − 280,000 = (−)10,000
	취득한 자산 FV가 명확	취득한 자산 FV 300,000	취득한 자산 FV − BV − 현금지급 취득한 자산 FV − BV + 현금수령 300,000 − 280,000 − 20,000 = 0
상업적 실질 ×		제공한 자산 BV + 현금지급 − 현금수령 280,000 + 20,000 = 300,000	−
FV를 측정할 수 없는 경우		제공한 자산 BV + 현금지급 − 현금수령 280,000 + 20,000 = 300,000	−

(2) ㈜한국

구분		취득원가	처분손익
상업적 실질 ○	제공한 자산 FV가 명확	제공한 자산 FV + 현금지급 제공한 자산 FV − 현금수령 300,000 − 20,000 = 280,000	제공한 자산 FV − BV 300,000 − 330,000 = (−)30,000
	취득한 자산 FV가 명확	취득한 자산 FV 270,000	취득한 자산 FV − BV − 현금지급 취득한 자산 FV − BV + 현금수령 270,000 − 330,000 + 20,000 = (−)40,000
상업적 실질 ×		제공한 자산 BV + 현금지급 − 현금수령 330,000 − 20,000 = 310,000	−
FV를 측정할 수 없는 경우		제공한 자산 BV + 현금지급 − 현금수령 330,000 − 20,000 = 310,000	−

05 ⑤ (1) 공장 취득원가: $20,000,000 + 3,000,000 \times 0.32197 = 20,965,910$

(2) 20×1년도에 인식할 총비용

1) 감가상각비:	$(20,965,910 - 2,000,000) \div 10년 =$	1,896,591
2) 복구충당부채전입액(이자비용):	$965,910 \times 12\% =$	115,909
계		2,012,500

06 ② (1) 20×2년 초 재측정 후 복구충당부채: $600,000 / 1.12^4 = 381,312$

(2) 20×2년 초 복구충당부채 조정금액: $381,312 - 500,000/1.1^4 = 39,806$

(3) 20×2년 초 수정 후 장부금액: $2,310,460 - 462,092 + 39,806 = 1,888,174$

(4) 20×2년 전입액: $381,312 \times 12\% = 45,757$

(5) 20×2년 감가상각비: $1,888,174 \div 4년 = 472,044$

(6) 20×2년 법인세차감전손익에 미치는 영향: $45,757 + 472,044 = 517,801$

07 ① (1) 20×1년 초 정부보조금의 장부금액: 150,000

   * $450,000 - 1,200,000 \times 450,000/(2,000,000 - 200,000) = 150,000$

(2) 20×1년 초 건물의 장부금액(자산차감법 사용): 650,000

   * $2,000,000 - 1,200,000 - 150,000 = 650,000$

(3) 20×1년 당기순이익에 미친 영향(= 자산의 변동액): 150,000 감소

   * 500,000(처분 시 현금 수령액) - 650,000(기초 자산의 장부금액) = (-)150,000

08 ① (1) 건물 A의 20×1년 말 장부금액: $40,000 \times 1/5 \times 4/5 = 6,400$

(2) 건물 B의 20×2년 말 장부금액: $20,000 - 20,000/10 \times 3/12 = 19,500$

   * 기존 건물의 장부금액과 철거비용은 당기손익처리한다.

09 ④ ① 감가상각방법은 선택할 수 있는 것이 아니며 미래경제적효익이 소멸되는 형태를 반영한 방법에 따른다. 다만, 유형자산의 경우에는 수익을 기초로 한 감가상각방법은 사용할 수 없다.

④ 정액법으로 감가상각하는 경우, 유형자산이 제거되거나 매각예정비유동자산으로 분류된 경우를 제외하고는 어떠한 경우에도 감가상각을 중단하지 않는다.

⑤ 감가상각방법, 잔존가치 및 내용연수는 매 회계연도 말에 재검토하고 변경이 필요한 경우에는 변경된 방법이나 추정치에 근거하여 감가상각하여야 한다.

10 ④ (1) 20×2년 말 장부금액: $1,000,000 - (1,000,000 - 0) \times 2/4 = 500,000$

(2) 20×3년 감가상각비: $(500,000 + 500,000 - 100,000) \times 4/(4 + 3 + 2 + 1) = 360,000$

(3) 20×4년 초 장부금액: $1,000,000 - 360,000 = 640,000$

(4) 처분 시 수령한 현금

차)	현금(역산)	580,000	대)	기계장치(순액)	640,000
	처분손실	60,000			

11 ④ 20×3년 7월 1일 부채: $1,200,000 \times 30\% \times (60 - 27)/60개월 = 198,000$

12 ④ (1) 20×2년 초 기계장치 BV: $1,000,000 - (1,000,000 - 0)/5 = 800,000$

(2) 20×2년 감가상각비: $800,000/(6 - 1) = (-)160,000$

(3) 20×2년 말 재평가잉여금 잔액: $700,000 - (800,000 - 160,000) = 60,000$

13 ②
1) ×1년 말 상각후원가: 5,000,000 − (5,000,000 − 500,000)/9 = 4,500,000
2) ×1년 재평가잉여금: 4,750,000 − 4,500,000 = 250,000
3) ×2년 감가상각비: (4,750,000 − 500,000) ÷ 8년 = 531,250
4) ×2년 재평가손실: (4,750,000 − 531,250) − 3,900,750 − 250,000 = 68,000
5) ×2년 당기순이익에 미치는 영향: (531,250) + (68,000) = (−)599,250

14 ⑤
① 재평가는 자산의 장부금액이 공정가치와 중요하게 차이가 나는 경우만 재평가를 수행한다.
② 특정 유형자산을 재평가할 때, 해당 자산이 포함되는 유형자산 분류 전체를 재평가한다.
③ 자산의 장부금액이 재평가로 인하여 증가된 경우에 그 증가액은 동일한 자산에 대하여 이전에 당기손익으로 인식한 재평가감소액이 있다면 그 부분은 당기손익으로 인식한다.
④ 자산의 장부금액이 재평가로 인하여 감소된 경우에 그 감소액은 당기손익으로 인식한다. 그러나 그 자산에 대한 재평가잉여금의 잔액이 있다면 그 금액을 한도로 재평가감소액을 기타포괄손익으로 인식한다.

15 ③
20×4년 말 감가상각누계액: (6,300,000 − 1,000,000) ÷ 4년 × 1년 = 1,325,000

16 ②
(1) 토지의 취득원가: 2,000,000 × 1,440,000/2,400,000 = 1,200,000
(2) 건물의 취득원가: 2,000,000 × 960,000/2,400,000 = 800,000
(3) 토지의 손상차손: 1,200,000 − Max[1,150,000, 1,000,000] = 50,000
(4) 건물의 손상차손: (800,000 − 100,000*) − Max[600,000, 670,000] = 30,000
   * 상각비: (800,000 − 100,000)/7 = 100,000

17 ①
1) ×1년 상각후원가: 600,000 − (600,000 − 0)/6 = 500,000
2) ×1년 손상차손: 500,000 − Max[(370,000 − 10,000), 319,416[1]] = 140,000
   [1] 80,000 × 3.9927 = 319,416
3) ×2년 당기손익에 미친 영향: (72,000) + (20,000) + 112,000 = 20,000
   (1) ×2년 감가상각비: (360,000 − 0)/5 = (−)72,000
   (2) ×2년 수익적지출: (−)20,000
   (3) ×2년 손상차손환입: Min[450,000, (500,000 − 100,000)] − (360,000 − 72,000) = 112,000

18 ④
1) 기계장치 취득원가: 240,000 + 40,000 = 280,000
   * 시험과정에서 발생한 시제품의 매각금액과 재배치비용 등은 유형자산의 취득원가에 가산하지 않는다.
2) 20×1년 감가상각비: 280,000/4 = 70,000
3) 20×1년 손상차손: (280,000 − 70,000) − Max(150,000, 120,000) = 60,000
4) 20×2년 감가상각비: 150,000/3 = 50,000
5) 20×2년 손상차손환입: Min(170,000, 280,000 − 70,000 − 70,000) − (150,000 − 50,000) = 40,000
6) 20×2년 말 기계장치 장부금액: 140,000

19 ②
1) 기계장치 취득원가: 900,000 − 100,000 = 800,000
2) 20×1년 재평가손실: 570,000 − (800,000 − 800,000/4) = (−)30,000
3) 20×2년 감가상각비: 570,000/3 = 190,000
4) 20×2년 재평가잉여금: 420,000 − (570,000 − 190,000) − 30,000 = 10,000
5) 20×2년 당기순이익에 미치는 영향: (−)190,000 + 30,000 = (−)160,000

CH 5

해커스 IFRS 정윤돈 중급회계 1

Chapter 5 | 주관식 문제

문제 01   유형자산의 최초측정

A사는 20×1년에 기계장치 ₩2,000,000을 현금으로 취득하였다. 설치장소 준비원가로 ₩30,000, 조립원가로 ₩20,000을 지출하였다. 동 기계장치 설치와 관련하여 전문가에 지급한 수수료는 ₩5,000이며, 기계장치를 사용할 직원의 교육훈련비로 ₩15,000을 지출하였다. 기계장치는 4월 1일 설치가 완료되었으나, 기계장치가 정상적으로 작동되는지 여부를 시험하는 과정에서 7월 1일부터 사용 가능하게 되었다. 시운전과정에서 원가 ₩4,000이 발생하였으며, 시험과정에서 생산된 시제품은 ₩2,000에 판매하였다. 20×1년 동 기계장치와 관련하여 A사가 인식할 감가상각비를 계산하시오(단, 동 기계장치의 내용연수는 10년, 잔존가치는 ₩0이며 정액법을 사용한다).

풀이

20×1년 감가상각비: 102,950

(1) 기계장치 취득가액: 2,000,000 + 30,000 + 20,000 + 5,000 + 4,000 = 2,059,000

(2) 20×1년 감가상각비: 2,059,000 × 1/10 × 6/12 = 102,950

아래의 물음은 서로 독립적이다.

물음 1) A사는 사업다각화를 위하여 신규 사업에 진출하기로 결정해 수도권에 새로운 공장을 건설하기로 하였다. 이에 따라 A사는 20×1년 1월 1일 경기도에 보유하고 있는 토지를 경기도 소재의 B사 토지와 교환하였다. B사 토지에는 B사가 사용하던 공장건물이 세워져 있었고, A사는 공장건물을 그대로 사용할 계획이다. 이 토지의 교환거래는 상업적 실질이 있는 거래에 해당되며, 관련 자료는 다음과 같다.

구분	A사의 토지	B사의 토지	B사의 건물
장부금액	₩30,000,000	₩60,000,000	₩15,000,000
공정가치	₩50,000,000	₩90,000,000	₩30,000,000

A사는 상기 교환거래를 하면서 공정가치 차이에 대한 대가로 B사에게 현금 ₩70,000,000을 추가로 지급하였으며, 건물의 증설을 위하여 추가로 ₩5,000,000을 지출하였다. 동 공장건물은 20×1년 7월 1일부터 가동할 수 있는 상태가 완료되었으나, 각종 기계장치의 설치가 완료되지 않아 20×1년 말까지 아직 사용하지 못하고 있다. 위 교환거래가 A사의 20×1년도 법인세비용차감전순손익에 얼마의 영향을 미치는가? (단, 공장건물의 추정내용연수는 10년이며 잔존가치는 ₩1,000,000이고 정액법으로 감가상각한다)

물음 2) A사는 20×1년 초 영업용 건물을 ₩10,000,000에 취득하면서 취득세 ₩100,000을 지출하였다. 동 건물 취득과 관련하여 3년 만기 국채를 액면가액(₩300,000)으로 의무 매입하였다. 국채의 액면이자율은 5%이고, 이자는 매년 말에 후급한다. A사는 취득한 국채를 AC금융자산으로 분류하였으며 구입 당시의 시장이자율은 연 12%이다. 한편, 관련 현가계수는 12%, 3년 현가계수: 0.71178, 12%, 3년 연금현가계수: 2.40183이다 (단, 건물은 잔존가치 ₩0, 내용연수 5년, 정액법). 동 거래가 A사의 20×1년 당기손익에 미치는 영향은 얼마인가?

물음 1)   법인세비용차감전순이익에 미치는 영향: 18,300,000
    (1) 교환으로 취득한 토지와 건물의 취득원가
        1) 토지: (50,000,000 + 70,000,000) × 90,000,000/120,000,000 = 90,000,000
        2) 건물: (50,000,000 + 70,000,000) × 30,000,000/120,000,000 = 30,000,000
    (2) 법인세비용차감전순이익에 미치는 영향

1) 유형자산처분이익:	50,000,000 − 30,000,000 =	20,000,000
2) 감가상각비:	(30,000,000 + 5,000,000 − 1,000,000) ÷ 10 × 6/12 =	(−)1,700,000
계		18,300,000

물음 2)   20×1년 A사의 당기손익에 미치는 영향: (−)2,000,141
    (1) 국공채 공정가치: 300,000 × 0.71178 + 15,000 × 2.40183 = 249,561
    (2) 건물 취득원가: 10,000,000 + 100,000 + (300,000 − 249,561) = 10,150,439
    (3) 당기손익에 미치는 영향: 29,947 − 2,030,088 = (−)2,000,141
        1) 이자수익: 249,561 × 12% = 29,947
        2) 감가상각비: (10,150,439 − 0)/5년 = (−)2,030,088

B/S

유형자산	10,150,439
AC금융자산	249,561

I/S

N/I
   (−)감가상각비 = (−)2,030,088
   이자수익 = 29,947
OCI

[취득시점]

차)	건물	10,100,000	대)	현금	10,100,000
차)	AC금융자산	249,561	대)	현금	300,000
	유형자산	50,439			

[기말시점]

차)	감가상각비	2,030,088	대)	감가상각누계액	2,030,088
차)	현금	15,000	대)	이자수익	29,947
	AC금융자산	14,947			

[참고]
유형자산 취득과 관련하여 국·공채 등을 불가피하게 매입하는 경우 국·공채 매입가액과 공정가치의 차액을 유형자산 취득원가에 가산한다.

A사는 경주시 소유의 토지에 5년간 방사선폐기물 매립장을 설치하고 이를 이용하는 계약을 체결하였다. 동 계약에 따르면 5년의 계약기간 종료 후 A사는 토지를 원상회복해야 할 의무를 부담하기로 되어있다. 방사선폐기물 매입장은 20×1년 1월 1일 ₩3,000,000에 설치가 완료되어 사용하기 시작하였으며, 동 일자로 추정한 원상회복을 위한 지출액은 ₩500,000으로 추정하였다. 그러나 20×1년 12월 31일에 기술발전의 결과로서 미래 복구비용이 ₩400,000으로 감소할 것으로 추정하였다. 방사선폐기물 매립장의 잔존가치는 없으며 정액법으로 상각한다.

부채의 특유위험과 화폐의 시간가치에 대한 현행시장의 평가를 반영한 세전이자율은 20×1년 1월 1일, 20×1년 12월 31일, 20×2년 12월 31일에 각각 10%, 12%, 8%이다. 현가계수는 다음과 같다.

구분	1년	2년	3년	4년	5년
8%	0.92593	0.85734	0.79383	0.73503	0.68058
10%	0.90909	0.82645	0.75131	0.68301	0.62092
12%	0.89286	0.79719	0.71178	0.63552	0.56743

A사는 방사선폐기물 매립장에 대해 원가모형을 적용하고 있다. 이 경우 아래의 표를 채우시오.

구분	20X1년	20X2년
감가상각비	①	⑤
이자비용	②	⑥
기말 구축물의 장부금액	③	⑦
기말 복구충당부채의 장부금액	④	⑧

구분	20×1년	20×2년
감가상각비	① 662,092	⑤ 640,268
이자비용	② 31,046	⑥ 30,505
기말 구축물의 장부금액	③ 2,561,070	⑦ 1,953,621
기말 복구충당부채의 장부금액	④ 254,208	⑧ 317,532

[20×1년 초]

차) 구축물	3,310,460	대) 현금	3,000,000
		복구충당부채[1]	310,460

[1] 500,000 × 0.62092 = 310,460

[20×1년 말]

차) 감가상각비[2]	662,092	대) 감가상각누계액	662,092
차) 이자비용[3]	31,046	대) 복구충당부채	31,046
차) 복구충당부채[4]	87,298	대) 구축물	87,298

[2] 3,310,460/5 = 662,092
[3] 310,460 × 10% = 31,046
[4] (310,460 + 31,046) − 400,000 × 0.63552 = 87,298

[20×2년 말]

차) 감가상각비[5]	640,268	대) 감가상각누계액	640,268
차) 이자비용[6]	30,505	대) 복구충당부채	30,505
차) 구축물[7]	32,819	대) 복구충당부채	32,819

[5] 2,561,070/4 = 640,268
[6] 254,208 × 12% = 30,505
[7] 400,000 × 0.79383 − (254,208 + 30,505) = 32,819
* 할인율의 변경도 복구충당부채 재측정 사유에 해당함

문제 04 정부보조금

12월 말 결산법인인 ㈜하늘은 20×1년 1월 1일 기계장치를 ₩100,000에 취득하였다. 기계장치의 취득과 관련하여 ㈜하늘은 정부로부터 ₩45,000을 보조받아 충당하였다. 기계장치의 경제적 내용연수는 5년, 잔존가치는 ₩10,000, 감가상각방법은 정액법이다.

물음 1) 20×1년 12월 31일에 ㈜하늘이 해야 할 회계처리를 하시오(단, ㈜하늘은 정부보조금을 관련 자산에서 차감하는 방식을 사용하고 있다).

물음 2) ㈜하늘이 20×2년 6월 30일에 동 기계장치를 ₩60,000에 처분하였을 경우, (1) 정부보조금을 관련 자산에서 차감하는 방식과 (2) 정부보조금을 이연수익으로 처리하는 방식에 해야 할 회계처리를 각각 보이시오.

물음 3) 물음 2)와 독립적으로 ㈜하늘이 20×2년 초에 정부보조금을 상환하였다고 할 경우, (1) 정부보조금을 관련 자산에서 차감하는 방식과 (2) 정부보조금을 이연수익으로 처리하는 방식에 해야 할 회계처리를 각각 보이시오.

물음 4) 위의 물음과 독립적으로 ㈜하늘이 동 유형자산에 대하여 이중체감법으로 감가상각한다고 할 경우, 20×2년 포괄손익계산서에 계상될 감가상각비를 계산하시오(단, ㈜하늘은 정부보조금을 관련 자산에서 차감하는 방식을 사용하고 있다).

물음 5) 위의 물음과 독립적으로 ㈜하늘은 20×1년 1월 1일 경제적 내용연수 5년, 잔존가치 ₩0인 건물을 ₩200,000에 취득하였다. 건물 취득과 관련하여 ㈜하늘은 정부로부터 ₩100,000을 수령하고 동 차입금을 20×5년 말에 상환하여야 하며, 매년 말 액면이자율 2%를 지급하는 조건이며 20×1년 1월 1일 구입 당시의 시장이자율은 10%이다. 이 경우, ㈜하늘의 20×1년 당기손익에 미치는 영향은 얼마인가? (단, 이자율 10%, 5기간 ₩1의 현가는 0.6209, 정상연금 ₩1의 현가는 3.7908이며 건물의 감가상각방법은 정액법이며 잔존가치는 없다)

물음 1)

차) 감가상각비[1]	18,000	대) 감가상각누계액	18,000
차) 정부보조금[2]	9,000	대) 감가상각비	9,000

[1] $(100,000 - 10,000)/5년 = 18,000$
[2] $18,000 \times 45,000/(100,000 - 10,000) = 9,000$

물음 2) (1) 정부보조금을 관련 자산에서 차감하는 방식

차) 감가상각비[1]	9,000	대) 감가상각누계액	9,000
차) 정부보조금[2]	4,500	대) 감가상각비	4,500
차) 현금	60,000	대) 기계장치	100,000
감가상각누계액[3]	27,000	유형자산처분이익	18,500
정부보조금[4]	31,500		

[1] $18,000 \times 6/12 = 9,000$
[2] $9,000 \times 6/12 = 4,500$
[3] $18,000 + 9,000 = 27,000$
[4] $45,000 - 9,000 - 4,500 = 31,500$

(2) 정부보조금을 이연수익으로 처리하는 방식

차) 감가상각비	9,000	대) 감가상각누계액	9,000
차) 이연수익	4,500	대) 정부보조금수익	4,500
차) 현금	60,000	대) 기계장치	100,000
감가상각누계액	27,000		
유형자산처분손실	13,000		
차) 이연수익	31,500	대) 정부보조금수익	31,500

물음 3) (1) 정부보조금을 관련 자산에서 차감하는 방식

차) 정부보조금	36,000	대) 현금	45,000
감가상각비	9,000		

(2) 정부보조금을 이연수익으로 처리하는 방식

차) 이연수익	36,000	대) 현금	45,000
보조금상환손실	9,000		

* 상환의무가 발생하게 된 정부보조금은 회계추정의 변경으로 회계처리한다. 보조금이 없었더라면 현재까지 당기손익으로 인식했어야 하는 추가 감가상각누계액은 즉시 당기비용으로 인식한다.

물음 4) 20×2년 포괄손익계산서상 감가상각비: $12,000 = 24,000 - 12,000$

(1) 20×1년 감가상각비: $(100,000 - 0) \times 2/5 = 40,000$

(2) 20×2년 감가상각비: $(100,000 - 40,000) \times 2/5 = 24,000$

(3) 20×2년 정부보조금상계액: $24,000 \times 45,000/(100,000 - 10,000) = 12,000$

물음 5) 20×1년 당기손익에 미치는 영향: $(-)40,901 = (33,934) + (6,967)$

(1) 정부보조금: $100,000 - (100,000 \times 0.6209 + 2,000 \times 3.7908) = 30,328$

(2) 감가상각비: $(200,000 - 30,328 - 0)/5 = (-)33,934$

(3) 이자비용: $69,672 \times 10\% = (-)6,967$

20×1년 1월 1일 영업을 시작한 K회사의 유형자산 내역은 다음과 같다. K회사의 결산일은 매년 12월 31일이다.

(1) 20×1년 1월 1일 토지 A와 건물 A를 취득하고 ₩812,500을 지급하였다. 취득 당시의 공정가치는 토지 A ₩72,000, 건물 A ₩828,000이었다.

(2) 20×1년 7월 1일 기계 A를 ₩300,000에 구입하였다. 이 기계의 잔존가치는 ₩30,000이고, 내용연수는 5년이다.

(3) 20×1년 1월 1일 기계 B를 취득하면서 ₩4,000을 먼저 지급하고, 잔금은 20×1년 12월 31일부터 매년 ₩4,000씩 3년간 분할상환하기로 하였다. 유효이자율은 연 8%이다(할인율이 8%인 경우 ₩1의 3년 현가는 0.79383이며, 연금현가는 2.57710이다).

〈감가상각명세표〉

자산	취득일	취득원가	잔존가치	감가상각 방법	내용연수	감가상각비 20×1년	감가상각비 20×2년
토지 A	20×1. 1. 1.	①					
건물 A	20×1. 1. 1.	②	47,500	정액법	③	14,000	14,000
기계 A	20×1. 7. 1.	300,000	30,000	연수합계법	5년	④	⑤
기계 B	20×1. 1. 1.	⑥	308	정액법	5년		⑦

물음 1) 위의 감가상각명세표 ① ~ ⑦에 알맞은 금액을 계산하시오.

물음 2) K회사의 유형자산 중 기계 B가 20×1년 말 물리적 손상으로 인하여 사용가치가 ₩8,000, 순공정가치가 ₩10,000이 되었으나, 20×2년 말 기계 B의 사용가치와 순공정가치를 재측정한 결과 사용가치가 ₩12,000, 순공정가치가 ₩11,000으로 회복되었다면, K회사가 (1) 20×1년 말에 인식할 유형자산손상차손과 (2) 20×2년 말에 인식할 유형자산손상차손환입액은 얼마인가? (단, 회사는 유형자산을 원가모형으로 후속측정하며, 다른 유형자산은 손상사유가 발생하지 않은 것으로 가정한다)

물음 1)   ① 812,500 × 72,000/(72,000 + 828,000) = 65,000

② 812,500 × 828,000/(72,000 + 828,000) = 747,500

③ (747,500 − 47,500)/14,000 = 50년

④ (300,000 − 30,000) × 5년/15년 × 6/12 = 45,000

⑤ (300,000 − 30,000) × 5년/15년 × 6/12 + (300,000 − 30,000) × 4년/15년 × 6/12 = 81,000

⑥ 4,000 + 4,000 × 2.57710(3년, 8% 연금현가) = 14,308

⑦ (14,308 − 308) ÷ 5년 = 2,800

물음 2)   (1) 20×1년 말 유형자산손상차손

장부금액:	14,308 − (14,308 − 308) ÷ 5년 =	11,508
회수가능액:	Max[8,000, 10,000] =	(−)10,000
계		1,508

(2) 20×2년 말 유형자산손상차손환입

회수가능액:	Min[Max(11,000, 12,000), 8,708[1]] =	8,708
장부금액:	10,000 − (10,000 − 308) ÷ 4년 =	(−)7,577
계		1,131

[1] 손상차손환입의 한도: 14,308 − (14,308 − 308) × 2년/5년 = 8,708(손상차손을 인식하지 않았을 경우의 장부금액)

12월 말 결산법인 A사는 20×1년 1월 1일 건물을 ₩100,000에 취득(경제적 내용연수 10년, 잔존 가치 ₩0, 정액법 적용)하고 누계액제거법에 따라 재평가모형을 적용하고 있다. A사는 각 회계연도 말 공정가치와 회수가능액을 다음과 같이 추정하였다. 회수가능액이 공정가치에 미달하는 경우에는 손상징후가 발생하였다고 가정한다(단, 법인세효과는 고려하지 않는다).

구분	20×1년 말	20×2년 말	20×3년 말
공정가치	₩126,000	₩80,000	₩105,000
회수가능액	₩130,000	₩48,000	₩120,000

물음 1) A사가 재평가잉여금을 이익잉여금으로 대체하지 않는 정책을 채택하고 있을 경우, 다음 표의 각 금액들을 구하시오.

구분	20×1년	20×2년	20×3년
당기손익에 미친 영향	①	②	③
기타포괄손익에 미친 영향	④	⑤	⑥
기말 재무상태표상 재평가잉여금	⑦	⑧	⑨

물음 2) A사가 재평가잉여금을 이익잉여금으로 대체하는 정책을 채택하고 있을 경우, 다음 표의 각 금액들을 구하시오.

구분	20×1년	20×2년	20×3년
당기손익에 미친 영향	①	②	③
기타포괄손익에 미친 영향	④	⑤	⑥
기말 재무상태표상 재평가잉여금	⑦	⑧	⑨

물음 3) A사가 재평가잉여금을 이익잉여금으로 대체하지 않는 정책을 채택하고 있을 경우, 20×2년과 20×3년 말에 해야 할 회계처리를 보이시오.

물음 4) A사가 비례수정법에 따라 재평가에 대한 회계처리를 한다고 할 경우, 20×1년 말에 기록될 건물의 취득금액은 얼마인지 계산하시오.

물음 5) 위 물음과 독립적으로 A사가 20×2년 초 동 건물을 ₩130,000에 처분하였다면 당기손익에 영향을 미치는 처분손익은 얼마인가?

물음 1)

구분	20×1년	20×2년	20×3년
당기손익에 미친 영향	① (−)10,000	② (−)42,000	③ 22,000
기타포괄손익에 미친 영향	④ 36,000	⑤ (−)36,000	⑥ 35,000
기말 재무상태표상 재평가잉여금	⑦ 36,000	⑧ 0	⑨ 35,000

① 감가상각비: 100,000/10년 = (−)10,000
④ 재평가잉여금: 126,000 − (100,000 − 10,000) = 36,000
② (감가상각비) + (손상차손) = (126,000/9년) − [48,000 − {(126,000 − 14,000) − 36,000}] = (−)42,000
③ (감가상각비) + 손상차손환입 = (48,000/8년) + 28,000 = 22,000
⑥ 재평가잉여금: 105,000 − (48,000 − 6,000) − 28,000 = 35,000

물음 2)

구분	20×1년	20×2년	20×3년
당기손익에 미친 영향	① (−)10,000	② (−)46,000	③ 26,000
기타포괄손익에 미친 영향	④ 36,000	⑤ (−)32,000	⑥ 31,000
기말 재무상태표상 재평가잉여금	⑦ 36,000	⑧ 0	⑨ 31,000

① 감가상각비: 100,000/10년 = (−)10,000
④ 재평가잉여금: 126,000 − (100,000 − 10,000) = 36,000
② (감가상각비) + (손상차손) = (126,000/9년) − [48,000 − {(126,000 − 14,000) − 32,000}] = (−)46,000
③ (감가상각비) + 손상차손환입 = (48,000/8년) + 32,000 = 26,000
⑥ 재평가잉여금: 105,000 − (48,000 − 6,000) − 32,000 = 31,000

물음 3) (1) 20×2년 말 회계처리

차) 감가상각비	14,000	대) 감가상각누계액	14,000
차) 감가상각누계액	14,000	대) 건물	46,000
재평가잉여금	32,000		
차) 재평가잉여금	4,000	대) 손상차손누계액	32,000
손상차손	28,000		

(2) 20×3년 말 회계처리

차) 감가상각비	6,000	대) 감가상각누계액	6,000
차) 손상차손누계액	32,000	대) 손상차손환입	28,000
		재평가잉여금	4,000
차) 감가상각누계액	6,000	대) 재평가잉여금	31,000
건물	25,000		

물음 4) 20×1년 말 취득금액: 140,000
(1) 20×1년 말 공정가치 기준 감가상각비: (126,000 − 0)/9년 = 14,000
(2) 20×1년 말 감가상각누계액: 14,000 × 1년 = 14,000
(3) 20×1년 말 공정가치: 126,000
(4) 20×1년 말 취득금액: 14,000 + 126,000 = 140,000

물음 5) 처분이익: 130,000 − 126,000 = 4,000

차) 현금	130,000	대) 건물	126,000
		처분이익	4,000

Chapter **6**

차입원가 자본화

1. 차입원가의 기초
2. 차입원가의 자본화
3. 차입원가의 기타사항

1 차입원가의 기초

차입원가는 자금의 차입과 관련하여 발생하는 이자 및 기타원가를 말한다. 따라서 차입원가는 이자비용 과목의 당기비용으로 인식하는 것이 일반적이다. 그러나 의도된 용도로 사용하거나 판매 가능한 상태에 이르게 하는 데 상당한 기간을 필요로 하는 적격자산의 취득, 건설 또는 생산과 직접 관련된 차입원가는 당해 자산 원가의 일부로 인식되는데 이를 차입원가 자본화라 한다.

Additional Comment

> 자산의 취득 등에 사용한 차입금에서 발생한 차입원가는 당해 자산으로부터 수익을 획득하기 위하여 지출된 것이다. 취득한 자산으로 인한 수익은 당해 자산이 사용 가능한 시점부터 발생한다. 그러므로 자산의 취득기간 동안 발생한 차입원가를 당기비용으로 처리하면 관련된 수익이 없음에도 불구하고 비용을 인식하게 되는 문제가 발생한다. 즉, 차입원가를 자산의 원가에 포함시키는 이유는 발생한 차입원가를 관련된 수익에 합리적으로 대응시키기 위한 것이다. 자본화한 차입원가는 유형자산의 경우 감가상각을 통해 관련된 수익이 발생하는 각 회계기간에 비용으로 인식되어 관련 수익에 적절하게 대응된다.

차입원가 자본화의 구조

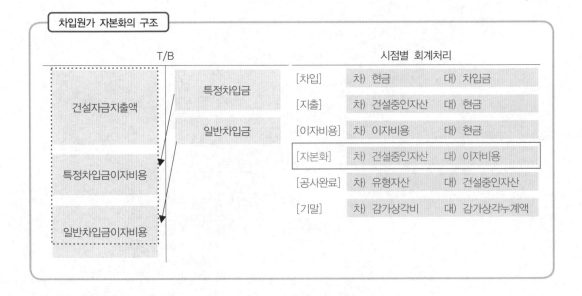

1. 차입원가 자본화는 의도된 용도로 사용하거나 판매 가능한 상태에 이르게 하는 데 상당한 기간을 필요로 하는 자산인 적격자산의 취득기간 중에 발생한 차입원가 중에서 일정금액을 자산의 원가로 인식하는 것을 말한다. 한국채택국제회계기준에서는 일정한 요건을 만족하는 적격자산의 취득, 건설 또는 제조와 직접 관련된 차입원가는 당해 자산 원가의 일부로 자본화하도록 규정하고 있다. (강제사항)
2. 차입원가: 이자비용 + 기타원가(외화차입금과 관련된 외환 차이 중 이자원가의 조정 부분)

II   적격자산

적격자산은 의도된 용도로 사용하거나 판매 가능한 상태에 이르게 하는 데 상당한 기간을 필요로 하는 자산을 말한다. 적격자산에는 다음과 같은 자산들이 포함된다.

① 재고자산   ② 제조설비자산   ③ 전력생산설비   ④ 무형자산   ⑤ 투자부동산   ⑥ 생산용식물

여기서 주의할 점은 **금융자산**이나 **생물자산**과 같이 최초 인식시점에 공정가치나 순공정가치로 측정되는 자산은 적격자산에 해당하지 아니한다. 또한, 단기간 내에 제조되거나 다른 방법으로 생산되는 재고자산은 적격자산에 해당하지 아니한다. 취득시점에 의도된 용도로 사용할 수 있거나 판매 가능한 상태에 있는 자산인 경우에도 적격자산에 해당하지 아니한다.

Additional Comment

금융자산과 생물자산(생산용식물 제외)은 대부분 취득시점에 판매 가능한 상태에 있는 자산이며 차입원가를 자산의 취득원가로 처리하여도 매 보고기간 말에 공정가치 또는 순공정가치로 평가하면 평가손익에 가감되므로 차입원가 자본화에 실익이 없어 적격자산에서 제외된다. 또한 단기간 내에 제조되거나 다른 방법으로 생산되는 재고자산은 차입원가를 자산의 취득원가로 처리하여도 단기간 내에 판매되는 경우에 매출원가로 비용처리되므로 자본화에 실익이 없어 적격자산에서 제외한다. 취득시점에 의도된 용도로 사용할 수 있거나 판매 가능한 상태에 있는 자산은 현재 수익이 발생하고 있어 차입원가를 비용처리해도 수익·비용 대응이 적절하게 되므로 차입원가 자본화의 실익이 없다.

[적격자산 정리]

구분	내용
정의	의도된 용도로 사용 가능하거나 판매 가능한 상태에 이르게 하는 데 상당한 기간을 필요로 하는 자산을 의미한다.
적격자산 해당 ×	① 금융자산이나 생물자산 또는 단기간 내에 생산되거나 제조되는 재고자산 ② 취득시점에 의도한 용도로 사용할 수 있거나 판매 가능한 상태에 있는 자산

자본화대상 차입원가는 적격자산의 취득, 건설 또는 생산과 직접 관련된 차입원가로 당해 적격자산과 관련된 지출이 발생하지 않았다면 부담하지 않았을 차입원가를 말한다. 한국채택국제회계기준에서는 자본화대상이 되는 차입원가에 다음과 같은 항목들을 포함할 수 있다고 규정하고 있다.

① 유효이자율법을 사용하여 계산된 이자비용
② 리스부채 관련 이자
③ 외화차입금과 관련되는 외환 차이 중 이자원가의 조정으로 볼 수 있는 부분

단, 복구충당부채에서 인식한 이자비용은 당기비용으로 인식하며 자본화하지 않는다. 복구충당부채는 적격자산의 취득을 위한 차입금이 아니며 복구충당부채와 관련한 이자비용은 유형자산의 사용 가능한 시점 이후부터 발생하여 이미 수익이 창출되고 있으므로 자본화하지 않고 비용처리를 시켜도 수익과 비용의 대응이 적절히 이루어지기 때문이다.

Additional Comment

적격자산의 취득, 건설 또는 생산과 직접 관련된 차입원가는 당해 자산원가를 구성한다. 이러한 차입원가는 미래경제적효익의 발생가능성이 높고 신뢰성 있게 측정 가능할 경우에 자산원가의 일부로 자본화한다.

[자본화대상 차입원가 정리]

구분	내용
정의	당해 적격자산과 관련된 지출이 없었더라면 부담하지 않았을 차입원가
자본화대상 차입원가 가능	① 유효이자율법에 의한 이자비용 ② 금융리스 관련 금융비용(금융리스부채 이자비용) ③ 외화차입금과 관련되는 외환 차이 중 이자원가의 조정으로 볼 수 있는 부분
자본화대상 차입원가 불가	복구충당부채전입액

IV **자본화기간**

자본화기간은 적격자산의 취득에 사용한 차입금에 대한 차입원가를 당해 자산의 원가로 처리하는 기간을 의미한다. 자산 취득에 사용된 자금에 대한 차입원가는 자본화기간 동안 발생한 금액을 자본화하며, 자본화중단기간이 있는 경우 동 기간에 해당하는 차입원가는 당기비용으로 처리한다. 또한 적격자산을 의도된 용도로 사용하거나 판매 가능한 상태에 이르게 되면 자본화를 종료하고 그 이후 시점부터 발생하는 차입원가는 당기비용으로 처리한다.

01 자본화 개시

차입원가는 자본화 개시일부터 적격자산 원가의 일부로 자본화한다. 자본화 개시일은 최초로 다음 조건을
모두 충족시킨 날이다.

> ① 적격자산에 대하여 지출하고 있다.
> ② 차입원가를 발생시키고 있다.
> ③ 적격자산을 의도된 용도로 사용하거나 판매 가능한 상태에 이르게 하는 데 필요한 활동을 수행하고 있다.

Additional Comment

기업이 건설회사와 본사 사옥을 건설하는 계약을 체결하고 20×1년 2월 1일부터 건설하기 시작하였다. 또한 기업은
동 본사 사옥 건설을 위하여 금융기관에서 20×1년 3월 1일에 차입하여 동 일자부터 차입원가를 발생시키고 있다.
이 경우, 기업이 건설계약에 따른 계약금을 20×1년 5월 1일에 최초로 지출하였다고 하면 자본화 개시일은 위의 3가
지 조건이 모두 만족되는 20×1년 5월 1일이 된다.

적격자산을 의도된 용도로 사용하거나 판매 가능한 상태에 이르게 하는 데 필요한 활동은 당해 자산의 물
리적인 제작뿐 아니라 그 이전단계에서 이루어진 기술 및 관리상의 활동을 포함한다. 예를 들어, 물리적인
제작 전에 각종 인허가를 얻기 위한 활동 등이 있다.

그러나 자산의 상태에 변화를 가져오는 생산 또는 개발이 이루어지지 아니하는 상황에서 단지 당해 자산
의 보유는 필요한 활동으로 보지 않는다. 예를 들어, 토지가 개발되고 있는 경우 개발과 관련된 활동이 진
행되고 있는 기간 동안 발생한 차입원가는 자본화대상에 해당한다. 그러나 건설목적으로 취득한 토지를
별다른 개발활동 없이 보유하는 동안 발생한 차입원가는 자본화조건을 충족하지 못한다.

[자본화기간 정리]

구분	내용	비고
자본화 개시시점 요건	① 적격자산에 대한 지출 ② 차입원가를 발생 ③ 적격자산을 의도된 용도로 사용하거나 판매 가능한 상태에 이르게 하는 데 필요한 활동을 수행하고 있음	모두 충족해야 자본화 개시시점으로 봄
추가사항	물리적인 제작뿐만 아니라 그 이전단계에서 이루어진 기술 및 관리상의 활동도 포함	자산을 단순 보유하는 활동 제외

02 자본화 중단

자산을 의도된 용도로 사용하거나 판매 가능한 상태에 이르게 하는 데 필요한 활동을 중단한 기간에도 차입원가는 발생할 수 있으나, 이러한 차입원가는 미완성된 자산을 보유함에 따라 발생하는 비용으로서 자본화조건을 충족하지 못한다. 따라서 적격자산에 대한 적극적인 개발활동을 중단한 기간에는 차입원가의 자본화를 중단한다.

그러나 상당한 기술 및 관리활동을 진행하고 있는 기간에는 차입원가의 자본화를 중단하지 않는다. 또한 자산을 의도된 용도로 사용하거나 판매 가능한 상태에 이르기 위한 과정에 있어 일시적인 지연이 필수적인 경우에는 차입원가의 자본화를 중단하지 않는다(예 건설기간 동안 해당 지역의 하천수위가 높아지는 현상이 일반적이어서 교량건설이 지연되는 경우에는 차입원가의 자본화를 중단하지 않는다).

[자본화 중단 정리]

구분	자본화 중단 여부
적극적인 개발활동을 중단한 기간	자본화 중단 ○
① 상당한 기술 및 관리활동을 진행하고 있는 기간 ② 일시적인 지연이 필수적인 경우	자본화 중단 ×

03 자본화 종료

적격자산은 의도된 용도로 사용하거나 판매 가능한 상태에 이르게 하는 데 필요한 거의 모든 활동이 완료된 시점에 차입원가의 자본화를 종료한다.

적격자산이 물리적으로 완성된 경우라면 일상적인 건설 관련 후속 관리 업무 등이 진행되고 있더라도 당해 자산을 의도된 용도로 사용할 수 있거나 판매할 수 있기 때문에 자본화를 종료한다. 구입자 또는 사용자의 요청에 따른 내장공사와 같은 중요하지 않은 작업만이 남아 있는 경우라면 대부분의 건설활동이 종료된 것으로 본다.

적격자산이 여러 부분으로 구성되어 건설활동 등이 진행되는 경우 일부가 완성되어 해당 부분의 사용이 가능한 경우에는 그 부분에 대해서는 자본화를 종료한다(예 각각 사용 가능한 여러 동의 건물로 구성된 복합업무시설). 단, 전체가 완성되어야만 사용이 가능한 경우에는 자산 전체가 사용 가능한 상태에 이를 때까지 자본화한다(예 제철소와 같이 동일한 장소에서 여러 생산부문별 공정이 순차적으로 이루어지는 생산공정을 갖춘 산업설비).

[자본화 종료 정리]

구분	내용
자본화 종료시점	의도된 용도로 사용하거나 판매 가능한 상태에 이르게 하는 데 필요한 거의 모든 활동이 완료된 시점
주의사항	① 물리적 완성 + 일상적인 건설 관련 후속 관리 업무 등 진행: 자본화 종료 ② 일부 완성된 부분 사용 가능: 해당 자본화를 종료 ③ 일부 완성된 부분 사용 불가능: 전체가 완성될 때까지 자본화 지속

04 토지의 자본화기간

건물을 건설할 목적으로 토지를 취득하는 경우 토지의 취득이 개시되어 토지 취득이 완료되는 시점까지의 차입원가를 토지의 취득원가로 자본화한다. 다만, 토지 취득이 완료된 이후에 토지와 관련된 차입원가는 토지에서 아직 수익이 발생하지 않아 비용처리하게 되면 수익과 비용이 대응되지 않는다. 그러므로 토지 취득 이후에 발생한 토지와 관련한 차입원가는 건물의 취득이 완료될 때까지 건물의 취득원가로 계상한다.

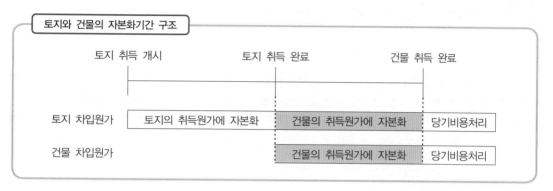

토지와 건물의 자본화기간 구조

I 차입원가 자본화의 계산을 위한 이해

자본화할 차입원가의 계산을 위해서는 적격자산에 대한 지출액을 어떠한 자금으로 사용하였는지 구분하고, 사용된 자금에서 발생한 차입원가를 산정하는 방법을 이용한다. 적격자산에 사용된 자금은 당해 적격자산과 직접적으로 관련되어 있는 자금과 간접적으로 관련되어 있는 자금으로 구분되며, 적격자산에 대한 지출액은 직접적으로 관련된 자금을 먼저 사용하고 간접적으로 관련된 자금을 나중에 사용하였다고 가정한다. 적격자산에 대한 지출액에 사용된 자금들과 그 순서는 다음과 같다.

> 1st 정부보조금과 건설계약대금 수령액
> 2nd 특정차입금: 적격자산과 직접 관련된 차입금
> 3rd 일반차입금: 적격자산의 지출에 사용되었을 가능성이 있는 차입금
> 4th 자기자본

특정차입금과 일반차입금에서는 차입원가가 발생하지만 정부보조금과 건설계약대금 수령액과 자기자본에서는 차입원가가 발생하지 않는다. 그러므로 자본화할 차입원가는 적격자산에 대한 지출액 중 특정차입금과 일반차입금으로 지출한 금액을 계산하고 동 차입금에서 발생한 차입원가를 산정하는 방법으로 산정된다.

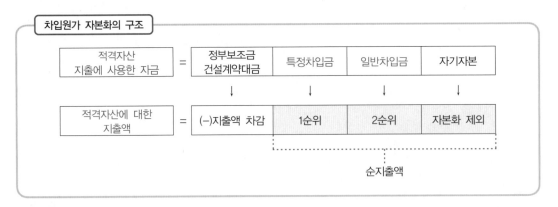

한국채택국제회계기준은 실제 발생한 차입원가만 자본화하도록 규정하고, 자본의 실제원가 또는 내재원가는 '차입원가 기준서의 적용범위에 해당되지 않는다고 규정하고 있다. 그 이유는 자기자본에 대한 기회비용 성격을 갖는 자본비용에 대한 신뢰성 있는 측정이 어렵기 때문이다. 즉, 자금조달방법에 따라 취득원가가 달라지는 문제가 발생할 수 있기 때문이다.

차입원가 자본화의 계산 구조는 1단계로 적격자산에 대한 연평균 지출액을 산정한다. 2단계로 특정차입금의 연평균지출액과 특정차입금과 관련된 자본화된 차입원가 금액을 산정한다. 특정차입금은 자본화기간 중에 발생한 차입원가만 자본화하며 자본화기간 중 당해 특정차입금의 일시적 운용에서 발생한 일시투자수익은 차감한다. 특정차입금은 적격자산에 대한 지출액과 직접적 대응관계를 갖고 있으므로 직접 자본화한다. 3단계로 일반차입금의 자본화이자율을 구하고 일반차입금과 관련된 자본화 차입원가 금액을 산정한다. 일반차입금은 회계기간 전체에 걸쳐 발생한 차입원가를 대상으로 하여 일반차입금의 일시적 운용에서 발생한 일시투자수익은 차감하지 아니한다. 일반차입금은 특정차입금과 달리 적격자산에 대한 지출액과 직접적 대응관계를 갖고 있지 않으므로 자본화이자율을 적용하는 간접법을 사용하여 자본화한다.

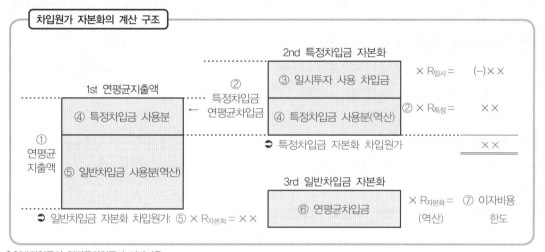

* 일반차입금의 연평균차입금과 이자비용

구분	차입금액(Ⅰ)	적수(Ⅱ)	연평균차입금(Ⅲ = Ⅰ × Ⅱ)	이자비용
A(R₁%)	××	×/12	××	Ⅲ × R₁%
B(R₂%)	××	×/12	××	Ⅲ × R₂%
합계			⑥ ××	⑦ ××

* 일반차입금 차입원가 자본화 한도 적용
 • (적격자산 연평균지출액 ① − 특정차입금으로 사용한 연평균 지출액 ④) > 일반차입금 연평균지출액 ⑥: 한도 적용 ○
 • (적격자산 연평균지출액 ① − 특정차입금으로 사용한 연평균 지출액 ④) < 일반차입금 연평균지출액 ⑥: 한도 적용 ×

적격자산에 대한 지출액은 현금의 지급, 다른 자산의 제공 또는 이자부 부채의 발생 등에 따른 지출액을 의미한다. 그러나 자금의 차입과 관련된 이자율은 연이자율로 계약되는 것이 일반적이다. 그러므로 적격 자산의 지출은 기초시점이 아니라 회계기간 중에 발생하며 적격자산에 대한 지출액은 연 단위로 환산하여야 한다.

01 공사기간

당기 중에 공사가 완료된 경우에는 그 기간까지만 평균지출액 계산에 포함한다. 여기서 평균지출액이란 보고기간 동안의 누적지출액에 대한 평균을 의미한다.

02 차입원가를 부담하지 않는 지출액

정부보조금과 건설 등의 진행에 따라 수취하는 금액, 유상증자 및 기타 내부 조달자금은 적격자산의 평균 지출액에서 차감한다.

03 자본화 중단기간

자본화 중단기간이 존재하면 평균지출액 산정 시 해당기간은 제외한다.

04 두 회계기간에 걸쳐 있는 자본화 차입원가

① 둘째 회계연도의 특정차입금 자본화 차입원가는 자본화기간 동안 발생한 차입원가를 직접 계산하므로 첫 회계연도와 동일하게 계산한다.
② 둘째 회계연도의 일반차입금 자본화원가를 계산할 때 적격자산 연평균지출액에는 첫 회계연도의 지출액도 포함하여야 한다. 첫 회계연도에 지출된 금액은 둘째 회계연도에도 계속해서 차입원가를 발생시키기 때문이다.
③ 둘째 회계연도의 적격자산 연평균지출액을 계산할 때 첫 회계연도 지출액은 첫 회계연도 지출일에 관계없이 둘째 회계연도 기초에 지출한 것으로 보아 연평균지출액을 계산한다. 첫 회계연도 지출일에 관계없이 둘째 회계연도에는 기초부터 차입원가를 발생시키기 때문이다.
④ 첫 회계연도 말에 자본화한 차입원가를 둘째 회계연도 연평균지출액 계산 시 포함 여부는 기준에서 명확하게 규정하고 있지 않아 문제의 제시에 따라야 한다.

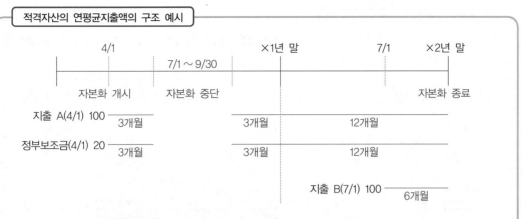

적격자산의 연평균지출액의 구조 예시

- ○ ×1년 연평균지출액: (100 × 6개월 − 20 × 6개월) ÷ 12개월 = 40
- ○ ×2년 연평균지출액(×1년 자본화한 차입원가 20)
  ① 전기 자본화한 차입원가 포함: [(100 − 20 + 20) × 12개월 + 100 × 6개월] ÷ 12개월 = 150
  ② 전기 자본화한 차입원가 미포함: [(100 − 20) × 12개월 + (100 × 6개월)] ÷ 12개월 = 130

[적격자산의 연평균지출액 산식정리]

단계	산식	비고
1단계: 적격자산 연평균지출액	지출액 × 기간(지출일 ~ 자본화 종료일)/12 − 정부보조금 등 수령 × 기간(지출일 ~ 자본화 종료일)/12	➲ 기간: 공사가 완료된 경우 완료일까지 ➲ 당기 이전 지출액: 기초에 지출된 것으로 가정 ➲ 당기 이전 지출액에 이미 자본화된 차입원가 포함 가능

A사는 수년 전부터 보유하고 있던 토지에 본사 사옥을 건설하기 위하여 20×1년 초 B건설회사와 도급계약을 체결하였다. 관련 자료는 다음과 같다.

(1) 상기 사옥건설은 20×2년 12월 31일 준공 예정이며, 건축공사를 위한 공사비 지출액은 다음과 같다.

20×1년 1월 1일 계약금	₩2,000,000
20×1년 10월 1일 1차 중도금	₩3,000,000
20×2년 7월 1일 2차 중도금	₩3,000,000
20×2년 12월 31일 잔금	₩2,000,000
합계	₩10,000,000

(2) 도급계약서상 1차 중도금을 20×1년 7월 1일에 지급하기로 되어 있으나 A사의 자금사정이 좋지 않아 20×1년 10월 1일에 지급하였으며, 이로 인하여 공사는 3개월 동안(20×1년 7월 1일부터 20×1년 9월 30일까지) 중단되었다.
(3) A사는 20×1년 10월 1일 정부보조금 ₩1,000,000을 수령하였다.
(4) A사의 본사 사옥과 관련하여 20×1년에 자본화가능 차입원가가 ₩295,000 발생하였고, 전기 이전에 자본화된 차입원가는 적격자산의 평균지출액에 포함한다.

A사가 동 공사의 차입원가 자본화를 위해 계상할 20×1년과 20×2년의 연평균지출액을 구하시오.

풀이

1. 20×1년

일자	지출액	자본화기간	평균지출액
20×1. 1. 1.	2,000,000	9/12[1]	1,500,000
20×1. 10. 1.	(−)1,000,000	3/12	(−)250,000
20×1. 10. 1.	3,000,000	3/12	750,000
계	4,000,000		2,000,000

[1] 공사 중단기간은 자본화기간에서 제외

2. 20×2년

일자	지출액	자본화기간	평균지출액
20×1년 지출액	4,295,000[1]	12/12	4,295,000
20×2. 7. 1.	3,000,000	6/12	1,500,000
20×2. 12. 31.	2,000,000	0/12	−
계	9,295,000		5,795,000

[1] 2,000,000 + 3,000,000 − 1,000,000(정부보조금) + 295,000(전기 자본화된 차입원가) = 4,295,000

01   특정차입금으로 사용한 연평균지출액

적격자산에 대한 연평균지출액 중 일반차입금으로 사용한 금액을 계산하기 위해서 먼저 특정차입금으로 사용한 금액을 계산한다. 적격자산에 대한 지출액이 연평균으로 계산되어지므로 특정차입금으로 사용한 금액은 자본화기간 중 특정차입금의 연평균차입액으로 계산하면 된다.

여기서 특정차입금의 연평균지출액은 자본화기간 동안의 특정차입금의 연평균차입액에서 동 기간 중 일시투자에 지출된 연평균차입액을 차감하여 산정한다.

02   특정차입금으로 자본화할 차입원가

적격자산의 취득, 건설 또는 제조와 직접 관련된 차입원가는 당해 적격자산과 관련된 지출이 발생하지 아니하였다면 부담하지 않았을 차입원가이다. 특정 적격자산을 취득하기 위한 목적으로 차입한 특정차입금은 당해 적격자산과 직접 관련된 차입원가를 쉽게 식별할 수 있다.

특정차입금에 대한 차입원가는 자본화기간 동안 특정차입금으로부터 발생한 차입원가에서 자본화기간 동안 특정차입금으로 조달된 자금의 일시적 운용에서 생긴 일시투자수익을 차감하여 자본화한다.

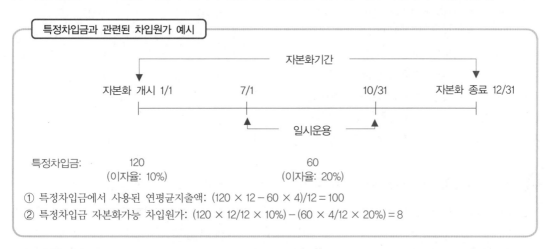

[특정차입금과 관련된 차입원가 정리]

단계	산식	비고

2단계:
특정차입금
차입원가의
자본화
	① 특정차입금에서 사용한 연평균지출액:
	    특정차입금차입액 × 자본화기간/12
	    − 일시투자액 × 일시투자기간/12
	② 자본화할 특정차입금의 차입원가:
	    특정차입금차입액 × 자본화기간/12 × 차입 R
	    − 일시투자액 × 일시투자기간/12 × 일시투자 R
		● 특정차입금 자본화기간은 차입금 상환일과
		   자본화 종료일 중 빠른 날에 종료
		● 자본화 개시시점 이전, 자본화 중단기간에 발
		   생한 차입원가는 자본화하지 않음

V 3단계: 일반차입금과 관련된 차입원가

적격자산에 대한 지출액이 발생하면 연 단위로 환산하여 연평균지출액을 구한 후, 특정차입금이 먼저 사용되고 남은 부분에 대해서 일반차입금이 사용된다고 가정한다. 그러나 특정차입금과 다르게 일반차입금은 적격자산의 취득을 위하여 직접 차입한 차입금이 아니므로 차입원가를 직접 자본화할 수 없다. 또한 일반차입금은 상이한 이자율을 갖는 다양한 차입금으로 구성되어 있어서 어느 차입금을 사용하였다고 가정하는지에 따라 자본화할 차입원가 금액이 달라진다. 이러한 문제점들을 극복하기 위하여 일반차입금과 관련된 차입원가는 일반차입금들을 평균적으로 사용하였다고 가정한다. 그러므로 일반차입금과 관련하여 자본화할 차입원가는 적격자산에 대한 지출액에 자본화이자율을 곱하는 방식으로 계산한다.

01 일반차입금의 자본화이자율(일반차입금의 연평균이자율)

자본화이자율은 회계기간에 존재하는 기업의 모든 차입금에서 발생한 차입원가를 가중평균하여 산정한다. 그러나 어떤 적격자산을 의도된 용도로 사용 또는 판매 가능하게 하는 데 필요한 대부분의 활동이 완료되기 전까지는, 그 적격자산을 취득하기 위해 특정 목적으로 차입한 자금에서 생기는 차입원가를 자본화이자율 산정에서 제외한다.

일반차입금의 자본화이자율

$$\text{자본화이자율} = \frac{\text{해당 회계기간 동안 발생한 일반차입금 총차입원가}}{\text{회계기간 동안 일반차입금의 연평균차입금}}$$

Ex. 일반차입금의 자본화이자율

일반차입금	차입액	적수	이자율	연평균차입금	차입원가
A	100	12月	10%	100	10
B	200	6月	20%	100	20
합계				200	30

➲ 일반차입금 자본화이자율: 30/200 = 15%
➲ 일반차입금 한도: 30(해당 회계기간에 발생한 일반차입금 차입원가)

단, 일반차입금의 경우 당해 적격자산의 자본화 개시가 회계기간 중에 시작되거나 회계기간 중 완료되는 경우 혹은 자본화 중단기간이 있는 경우라고 하더라도 아직 일반차입금이 상환되지 않았다면 자본화이자율을 회계기간 12개월 전체를 기준으로 산정해야 한다. 이는 자본화기간에 발생한 차입원가만을 자본화하는 특정차입금과 상이한 부분이다.

Additional Comment

국제회계기준위원회는 한국채택국제회계기준 기준서 제1023호 '차입원가'의 문구 중 '자본화이자율은 회계기간에 존재하는 기업의 모든 차입금에서 발생한 차입원가를 가중평균하여 산정한다'에 '모든 차입금'이라는 표현을 추가하였다. 여기서 모든 차입금은 특정차입금까지 포함하여 계산한다는 의미가 아니라 특정 적격자산에 사용된 특정차입금도 해당 적격자산이 완성된 이후 다른 적격자산에서는 일반차입금에 해당한다는 의미이다. 그러므로 회계기간 중에 자본화가 종료되었으나 아직 미상환된 특정차입금은 회계기간 종료시점까지 일반차입금으로 본다.

연평균지출액과 특정차입금, 일반차입금의 적용 기간 비교

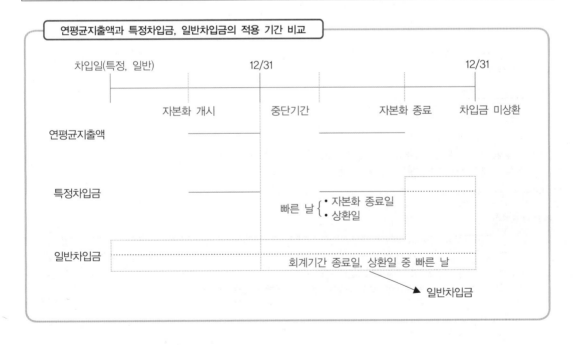

02 일반차입금으로 자본화할 차입원가

일반차입금은 적격자산의 연평균지출액에서 특정차입금이 먼저 사용되고 남은 부분에 대해서 일반차입금이 사용되었다고 가정하기 때문에 연평균지출액이 특정차입금의 연평균지출액을 차감한 금액에 자본화이자율을 곱하여 일반차입금에 대한 자본화가능 차입원가를 계산한다.

이때 일반차입금은 자본화이자율을 이용하여 자본화할 차입원가를 산정하기 때문에 자본화할 차입원가가 실제 발생한 차입원가를 초과할 수도 있다. 차입원가는 실제 발생한 차입원가만 자본화하여야 하므로, 일반차입금과 관련하여 회계기간 동안 자본화할 차입원가는 자본화이자율 산정에 포함된 차입금으로부터 회계기간 동안 실제 발생한 차입원가를 초과할 수 없다. 또한 이 경우 일반차입금에서 사용되었다고 가정되는 연평균지출액이 실제 연평균일반차입액을 초과하는 부분이 있다면 이는 자기자본에서 사용된 부분으로 본다.

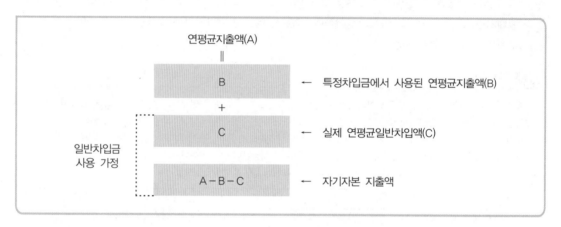

또한 일반차입금의 경우 종류와 수가 많기 때문에 일시적 운용으로부터 획득한 일시운용수익도 자본화할 차입원가에서 차감하지 않는다.

> **일반차입금 관련 자본화할 차입원가**
>
> 자본화 차입원가 = Min[①, ②]
> ① (연평균지출액 − 특정차입금에서 사용된 연평균지출액) × 자본화이자율
> ② 해당 회계기간에 발생한 일반차입금 차입원가

Self Study

1. 일반차입금에 대한 자본화이자율 및 차입원가 자본화 한도는 자본화 종료일과 상관 없이 실제 회계기간 중 발생한 일반차입금 차입원가를 기준으로 산정한다.
2. 일반차입금은 일시투자수익이 있더라도 차입원가에서 차감하지 않는다.

차입원가 자본화의 재무제표 효과

B/S

건설중인자산	누적(지출액 + 차입원가 자본화)	차입금		PV(CF)

I/S

이자비용	당기 발생 이자비용 – 당기 자본화 이자비용

* 현금흐름표상 이자비용으로 인한 현금유출액
➔ 포괄손익계산서상 이자비용 + 자본화된 차입원가 + 관련 자산부채 증감

사례연습 2: 차입원가 자본화 계산

12월 31일이 결산일인 ㈜합격은 보유하고 있던 토지에 건물을 신축하기 위하여 20×1년 1월 1일 건설회사와 도급계약을 체결하였다. 관련 자료는 다음과 같다.

(1) ㈜합격은 20×1년 4월 1일부터 4월 30일까지 건물설계와 건물 신축 관련 인가 업무를 완료하였고, 20×1년 5월 1일부터 본격적인 건물 신축공사를 시작하였다.

(2) ㈜합격의 건물 신축과 관련하여 다음과 같이 지출이 발생하였다.

20×1. 4. 1.	₩800,000
20×1. 7. 1.	₩3,000,000
20×2. 6. 30.	₩1,200,000

* 20×1년 4월 1일 A사는 정부로부터 동 건물 신축과 관련하여 ₩400,000을 보조받았다.

(3) 동 건물은 20×2년 6월 30일 완공되었다.

(4) ㈜합격의 20×1년 중 차입금 현황은 다음과 같다.

차입금	차입일	차입금액	상환일	연이자율
A	20×1. 4. 1.	₩1,200,000	20×2. 3. 31.	12%
B	20×1. 7. 1.	₩3,000,000	20×2. 12. 31.	9%
C	20×0. 1. 1.	₩1,000,000	20×3. 12. 31.	12%

* 이들 차입금 중 차입금 A는 건물 신축을 위하여 개별적으로 차입되었으며, 이 중 ₩400,000은 20×1년 4월 1일부터 20×1년 6월 30일까지 연 10%의 이자지급조건의 정기예금에 예치하였다. 차입금 B, C는 일반적으로 차입된 것이다.

1 20×1년 연평균지출액은 얼마인가?

2 20×1년 자본화가능 차입원가는 얼마인가?

3 A사는 적격자산 평균지출액을 회계기간 동안 건설중인자산의 매월 말 장부금액 가중평균으로 계산한다고 할 때, 20×2년 연평균지출액은 얼마인가?

4 A사는 적격자산 평균지출액을 회계기간 동안 건설중인자산의 매월 말 장부금액 가중평균으로 계산한다고 할 때, 20×2년 자본화가능 차입원가는 얼마인가?

풀이

1 20×1년 연평균지출액: 1,800,000

2 20×1년 자본화차입원가: 200,000

3 20×2년 연평균지출액: 1,800,000

4 20×2년 자본화차입원가: 182,250

[적수 산정]

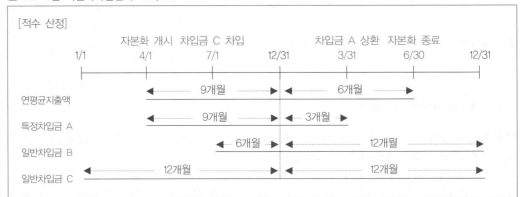

1. 20×1년 자본화할 차입원가: 98,000 + 102,000 = 200,000

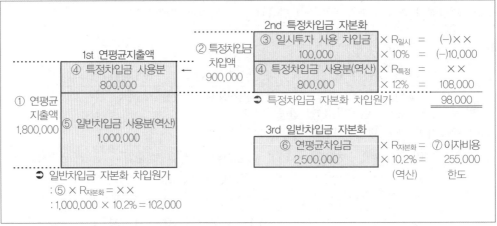

① 연평균지출: (800,000 × 9 − 400,000 × 9 + 3,000,000 × 6)/12 = 1,800,000

② 특정차입금 연평균차입금: 1,200,000 × 9/12 = 900,000

③ 일시투자 사용 연평균차입금: 400,000 × 3/12 = 100,000

⑥, ⑦ 일반차입금의 연평균차입금과 이자비용

구분	차입금액(I)	적수(II)	연평균차입금(III = I × II)	이자비용
B(9%)	3,000,000	6/12	1,500,000	1,500,000 × 9%
C(12%)	1,000,000	12/12	1,000,000	1,000,000 × 12%
합계			⑥ 2,500,000	⑦ 255,000

2. 20×2년 자본화할 차입원가: 146,250 + 36,000 = 182,250

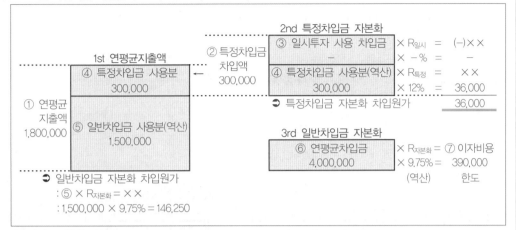

① 연평균지출액: (800,000 − 400,000 + 3,000,000 + 200,000) × 6/12 = 1,800,000
② 특정차입금 연평균차입금: 1,200,000 × 3/12 = 300,000
⑥, ⑦ 일반차입금의 연평균차입금과 이자비용

구분	차입금액(I)	적수(II)	연평균차입금(III = I × II)	이자비용
B(9%)	3,000,000	12/12	3,000,000	3,000,000 × 9%
C(12%)	1,000,000	12/12	1,000,000	1,000,000 × 12%
합계			⑥ 4,000,000	⑦ 390,000

기출 Check 1

㈜세무는 20×1년 7월 1일에 영업지점 건물 신축을 시작하여 20×2년 12월 31일에 공사를 완료하였다. 동 건물은 차입원가를 자본화하는 적격자산이며, 20×1년도 영업지점 건물 신축 관련 공사비 지출 내역은 다음과 같다. 20×1년 10월 1일 지출액 중 ₩240,000은 당일에 정부로부터 수령한 보조금으로 지출되었다.

구분	20×1. 7. 1.	20×1. 10. 1.	20×1. 12. 1.
공사대금 지출액	₩300,000	₩960,000	₩1,200,000

㈜세무의 차입금 내역은 다음과 같으며, 모든 차입금은 매년 말 이자지급조건이다. 특정차입금 중 ₩200,000은 20×1년 7월 1일부터 20×1년 9월 30일까지 3개월간 연 10%의 수익률을 제공하는 금융상품에 투자하여 일시적 운용수익을 획득하였다.

차입금	차입일	차입금액	상환일	연 이자율
특정차입금	20×1. 7. 1.	₩500,000	20×2. 6. 30.	8%
일반차입금 A	20×1. 1. 1.	₩500,000	20×2. 12. 31.	8%
일반차입금 B	20×1. 7. 1.	₩1,000,000	20×2. 6. 30.	6%

신축 중인 영업지점 건물과 관련하여 20×1년도에 자본화할 차입원가는? (단, 연평균지출액과 이자비용은 월할 계산하며, 정부보조금은 해당 자산의 장부금액에서 차감하는 방법으로 처리한다)

[세무사 2021년]

① ₩15,000   ② ₩31,100   ③ ₩49,300

④ ₩62,300   ⑤ ₩85,000

풀이

20×1년 자본화할 차입원가: 15,000 + 16,100 = 31,100

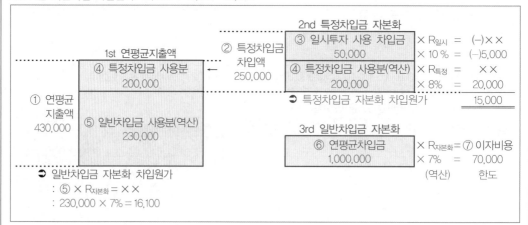

① 연평균지출액: (300,000 × 6 + 960,000 × 3 − 240,000 × 3 + 1,200,000 × 1)/12 = 430,000
② 특정차입금 연평균차입금: 500,000 × 6/12 = 250,000
③ 일시투자 사용 연평균차입금: 200,000 × 3/12 = 50,000
⑥, ⑦ 일반차입금의 연평균차입금과 이자비용

구분	차입금액(I)	적수(II)	연평균차입금(III = I × II)	이자비용
A(8%)	500,000	12/12	500,000	500,000 × 8%
B(6%)	1,000,000	6/12	500,000	500,000 × 6%
합계			⑥ 1,000,000	⑦ 70,000

정답: ②

㈜한국은 20×1년 1월 1일 사옥건설을 시작하였으며, 20×2년 9월 30일에 완공하였다. 다음은 사옥건설과 관련된 세부내역이다.

〈지출액〉
- 20×1년 1월 1일: ₩200,000
- 20×2년 1월 1일: ₩300,000

〈차입금 내역〉

차입금	차입일	차입금액	상환일	이자율
A	20×1. 1. 1.	₩100,000	20×2. 6. 30.	연 5%
B	20×1. 1. 1.	₩200,000	20×2. 12. 31.	연 10%

차입금 A는 사옥건설 목적을 위하여 개별적으로 차입(특정차입금)하였으며 차입금 B는 일반목적차입금이다.

20×2년 사옥의 취득원가로 인식할 금액은? (단, 이자는 월할 계산하며, 전기 이전에 자본화한 차입원가는 연평균지출액 계산 시 포함하지 아니한다) [세무사 2015년]

① ₩500,000　　　② ₩522,500　　　③ ₩537,500
④ ₩545,000　　　⑤ ₩550,000

풀이

1. 적수 산정

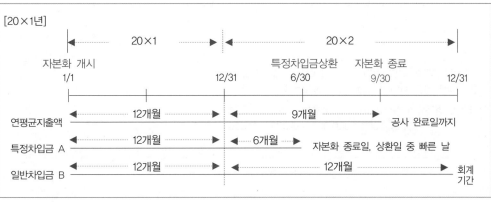

2. 20×1년 자본화할 차입원가: 5,000 + 10,000 = 15,000

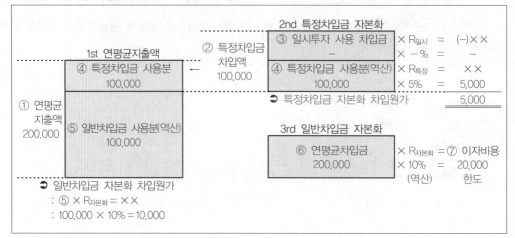

: ⑤ × R자본화 = ××
: 100,000 × 10% = 10,000

3. 20×2년 자본화할 차입원가: 2,500 + 20,000 = 22,500

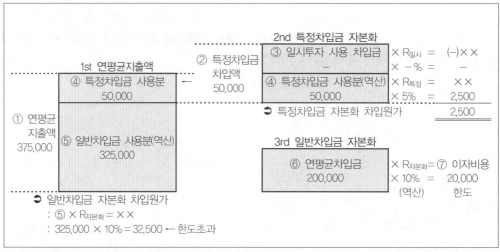

: ⑤ × R자본화 = ××
: 325,000 × 10% = 32,500 ← 한도초과

① 연평균지출액: (200,000 + 300,000) × 9/12 = 375,000
② 특정차입금 차입액: 100,000 × 6/12 = 50,000

4. 사옥의 취득원가: 누적(지출액 + 차입원가 자본화)
: 200,000 + 300,000 + 15,000 + 22,500 = 537,500

정답: ③

3 차입원가의 기타사항

I 차입원가의 자본화 논쟁

차입원가 자본화 논쟁은 자산의 취득과 관련하여 발생한 이자비용 등 차입원가 회계처리방법에 관한 것이다. 이러한 논쟁은 다음 3가지로 분류할 수 있다.

구분	내용
자본화하지 않는 방법	타인자본에서 발생한 차입원가도 당기비용으로 처리
타인자본차입원가만 자본화	타인자본에서 발생한 차입원가만 자본화(국제회계기준)
모든 자본의 원가를 자본화	타인자본에서 발생한 차입원가와 자기자본의 기회비용을 자본화

한국채택국제회계기준에서도 자본(부채로 분류되지 않는 우선주자본금 포함)의 실제원가 또는 내재원가는 '차입원가' 기준서의 적용범위에 해당되지 아니한다고 규정하고 있다. 따라서 주주에 대한 배당금이나 자기자본에 대한 기회이익은 자본화하지 않는다.

II 외화차입금과 관련된 외환 차이 중 자본화대상 차입원가

한국채택국제회계기준은 외화차입금과 관련된 외환 차이 중 차입원가의 조정으로 볼 수 있는 부분을 명확하게 규정하고 있지 않다. 다만, 차입원가의 조정으로 볼 수 있는 부분은 유사한 원화차입금의 이자비용 범위 내 금액으로 하는 것이 타당할 것이다.

- 이자비용: 전액 자본화
- 환율변동이익: 자본화하는 이자비용에서 차감
- 환율변동손실: 유사한 원화차입금의 이자비용까지만 자본화

구분	이자비용	환율변동손익	유사한 원화차입금이자	자본화
사례 1	(−)100	(−)20	(−)110	(100) + (10) = (−)110
사례 2	(−)100	(−)20	(−)130	(100) + (20) = (−)120
사례 3	(−)100	(−)20	(−)90	(100) + 0 = (−)100
사례 4	(−)100	20	(−)120	(100) + 20 = (−)80

Ⅲ 기타사항

적격자산의 장부금액 또는 예상 최종원가는 회수가능액 또는 순실현가능가치를 초과하는 경우 다른 한국채택국제회계기준의 규정에 따라 자산손상을 기록한다. 또한 경우에 따라 당해 한국채택국제회계기준서의 규정에 따라 기록된 자산손상금액을 환입한다.

Chapter 6 | 핵심 빈출 문장

01 금융자산은 적격자산이 될 수 없다. 또한 단기간 내에 제조되거나 다른 방법으로 생산되는 재고자산도 적격자산에 해당하지 않는다.

02 상당한 기술 및 관리활동을 진행하고 있거나 자산을 의도된 용도로 사용하거나 판매 가능한 상태에 이르기 위한 과정에 있는 기간에는 차입원가의 자본화를 중단하지 아니한다.

03 건물의 취득이 완료될 때까지 토지와 관련된 차입원가를 자본화한다. 다만, 토지의 취득 이전에 발생한 자본화가능 차입원가는 토지의 취득원가로 계상하지만 토지 취득 이후에 발생한 자본화가능 차입원가는 건물의 취득원가에 계상한다.

04 특정외화차입금의 경우 외환손실은 유사한 원화차입금의 이자비용을 한도로 한다.

05 일반적인 목적으로 자금을 차입하고 이를 적격자산의 취득을 위해 사용하는 경우 회계기간 동안 자본화한 차입원가는 회계기간 동안 실제 발생한 차입원가를 초과할 수 없다.

06 일반적인 목적으로 자금을 차입하고 이를 적격자산을 취득하기 위해 사용하는 경우에 한정하여 해당 자산 관련 지출액에 자본화이자율을 적용하는 방식으로 자본화가능 차입원가를 산정한다. 자본화이자율은 회계기간에 존재하는 기업의 모든 차입금에서 발생된 차입원가를 가중평균하여 산정한다. 그러나 어떤 적격자산을 의도된 용도로 사용(또는 판매) 가능하게 하는 데 필요한 대부분의 활동이 완료되기 전까지는, 그 적격자산을 취득하기 위해 특정 목적으로 차입한 자금에서 생기는 차입원가를 위에서 기술된 자본화이자율 산정에서 제외한다. 회계기간 동안 자본화한 차입원가는 해당 기간 동안 실제 발생한 차입원가를 초과할 수 없다.

Chapter 6 | 객관식 문제

01 차입원가의 자본화에 대한 설명으로 올바른 것은 어느 것인가?

① 적격자산은 의도된 용도로 사용하거나 판매 가능한 상태에 이르게 하는 데 상당한 기간을 필요로 하는 자산을 말한다. 따라서 생물자산이나 금융자산도 취득완료시점까지 상당한 기간이 소요된다면 적격자산에 해당한다.

② 적격자산의 취득, 건설 또는 생산과 직접 관련된 차입원가는 당해 자산 원가의 일부로 자본화할 수 있다.

③ 적격자산에 대한 지출액은 현금의 지급, 다른 자산의 제공 또는 이자부 부채의 발생 등에 따른 지출액을 의미하며, 적격자산과 관련하여 수취하는 정부보조금과 건설 등의 진행에 따라 수취하는 금액은 적격자산에 대한 지출액에 가산한다.

④ 적격자산을 의도된 용도로 사용하거나 판매 가능한 상태에 이르게 하는 데 필요한 대부분의 활동이 완료된 시점에 차입원가의 자본화를 종료한다.

⑤ 적격자산의 건설활동이 여러 부분으로 나누어 완성되는 경우에는 이미 완성된 부분의 사용 가능 여부에 관계없이 차입원가의 자본화를 종료한다.

02 ㈜삼삼기계는 공장을 신축하기로 하고 ㈜동서건설과 도급계약을 체결하였다. 공사는 20×1년 1월 1일에 ₩50,000,000, 동년 7월 1일에 ₩100,000,000, 20×2년 1월 1일에 ₩50,000,000을 각각 지불하였다. [공인회계사 2011년]

차입금	A	B	C
차입액	₩20,000,000	₩30,000,000	₩90,000,000
차입일	20×1. 1. 1.	20×0. 8. 1.	20×1. 9. 1.
상환일	20×2. 12. 31.	20×2. 7. 31.	20×3. 10. 31.
연 이자율	9%	8%	6%

이들 차입금 중에서 A차입금은 공장신축을 위해 차입한 특정차입금이며 차입과 동시에 ㈜동서건설에 지급하였고, 나머지 차입금은 일반차입금이다. 이자율은 모두 단리이다. ㈜삼삼기계가 건설 중인 신축공사에 대하여 20×1년도에 자본화할 총차입원가의 금액은 얼마인가? (단, 계산 시 월할로 한다)

① ₩1,800,000 ② ₩4,200,000 ③ ₩5,600,000
④ ₩6,000,000 ⑤ ₩7,400,000

03 ㈜한국은 20×1년 4월 1일부터 공장건물 신축공사를 시작하여 20×2년 중에 준공할 예정이다. 동 공장건물은 차입원가를 자본화하는 적격자산이며, 관련 자료는 다음과 같다.

지출일	20×1. 4. 1.	20×1. 10. 1.
공사대금지출액	₩400,000	₩1,000,000

차입금	차입일	차입금액	상환일	연이자율
특정차입금	20×1. 4. 1.	₩500,000	20×2. 12. 31.	6%
일반차입금	20×1. 1. 1.	₩2,000,000	20×2. 12. 31.	10%

20×1년 10월 1일의 지출액에는 공장건물 건설과 관련하여 동 일자에 수령한 정부보조금 ₩200,000이 포함되어 있다. 모든 차입금은 매년 말 이자지급조건이다. 특정차입금 중 ₩100,000은 20×1년 4월 1일부터 9월 30일까지 연이자율 4%의 정기예금에 예치하였다. 20×1년도에 자본화할 차입원가는? (단, 연평균지출액과 이자비용은 월할로 계산한다) [공인회계사 2017년]

① ₩37,475 ② ₩38,000 ③ ₩55,500
④ ₩59,300 ⑤ ₩60,500

04 ㈜대한은 공장건물을 신축하기로 하고 20×1년 1월 1일에 ㈜민국건설과 도급계약을 체결하였다. 동 건설공사는 20×2년 9월 30일에 완공하였다. 공장건물은 차입원가를 자본화하는 적격자산이며, 공사대금지출과 관련한 자료는 다음과 같다.

지출일	20×1년 4월 1일	20×1년 5월 1일
지출액	₩200,000	₩1,200,000

20×1년 4월 1일의 지출액은 물리적인 건설공사를 착공하기 전에 각종 인·허가를 얻는 과정에서 지출되었다. 모든 차입금은 매년 말 이자지급조건이며, 특정차입금과 일반차입금에서 발생한 일시투자수익은 없다. ㈜대한의 차입금 내역은 다음과 같다.

차입금	차입금액	차입일	상환일	연이자율
특정차입금	₩600,000	20×1. 4. 1.	20×2. 6. 30.	6%
일반차입금	₩2,000,000	20×1. 1. 1.	20×2. 12. 31.	10%
일반차입금	₩1,000,000	20×1. 7. 1.	20×2. 12. 31.	8%

㈜민국건설은 20×1년 7월 1일부터 7월 31일까지 건설공사를 일시적으로 중단하였는데, 이 중단기간에도 상당한 기술 및 관리활동이 진행되고 있었던 것으로 확인되었다. ㈜대한이 20×1년도에 자본화할 차입원가는? (단, 연평균지출액과 이자비용은 월할로 계산한다)

[공인회계사 2018년]

① ₩54,600   ② ₩62,400   ③ ₩65,600

④ ₩71,500   ⑤ ₩75,000

05 ㈜세무는 20×1년 7월 1일 공장건물 신축을 시작하여 20×2년 12월 31일에 공사를 완료하였다. 동 공장건물은 차입원가를 자본화하는 적격자산이다. 공장건물 신축을 위해 20×1년 7월 1일에 ₩12,000,000, 그리고 20×2년에 ₩10,000,000을 각각 지출하였다. ㈜세무는 20×1년 7월 1일 공장건물 신축을 위한 특정차입금 ₩2,000,000(이자율 5%, 2년 후 일시 상환)을 차입하였다. ㈜세무는 특정차입금 중 ₩1,000,000을 연 2% 이자지급조건의 정기예금에 20×1년 8월 1일부터 20×1년 10월 31일까지 예치하였다. ㈜세무가 20×1년에 공장건물 신축과 관련하여 자본화한 차입원가는 ₩150,000일 때, 20×1년 일반차입금에 대한 자본화이자율은? (단, 특정차입금으로 사용하지 않은 지출액은 일반차입금으로 지출되었으며, 20×1년도에 일반차입금에서 발생한 실제 차입원가는 ₩520,000이다. 연평균 지출액과 이자비용은 월할 계산한다) [세무사 2022년]

① 2% ② 3% ③ 4%
④ 5% ⑤ 6%

06 ㈜대한은 20×1년 7월 1일에 공장건물을 신축하기 시작하여 20×2년 10월 31일에 해당 공사를 완료하였다. ㈜대한의 동 공장건물은 차입원가를 자본화하는 적격자산이다.

- 공장건물 신축 관련 공사비 지출 내역은 다음과 같다.

구분	20×1. 7. 1.	20×1. 10. 1.	20×2. 4. 1.
공사비 지출액	₩1,500,000	₩3,000,000	₩1,000,000

- ㈜대한은 20×1년 7월 1일에 ₩200,000의 정부보조금을 수령하여 즉시 동 공장건물을 건설하는 데 모두 사용하였다.
- 특정차입금 ₩2,500,000 중 ₩300,000은 20×1년 7월 1일부터 9월 30일까지 연 4% 수익률을 제공하는 투자처에 일시적으로 투자하였다.
- ㈜대한의 차입금 내역은 다음과 같으며, 모든 차입금은 매년 말 이자지급 조건이다.

차입금	차입일	차입금액	상환일	연 이자율
특정	20×1. 7. 1.	₩2,500,000	20×2. 8. 31.	5%
일반	20×1. 1. 1.	₩2,000,000	20×3. 12. 31.	4%
일반	20×1. 7. 1.	₩4,000,000	20×2. 12. 31.	8%

㈜대한이 동 공사와 관련하여 20×1년에 자본화할 차입원가는 얼마인가? (단, 연평균지출액, 이자수익 및 이자비용은 월할로 계산한다) [공인회계사 2022년]

① ₩73,000 ② ₩83,000 ③ ₩92,500
④ ₩148,500 ⑤ ₩152,500

Chapter 6 | 객관식 문제 정답 및 해설

01 ④   ① 최초 인식시점에 순공정가치나 공정가치로 인식하는 생물자산과 금융자산은 차입원가의 자본화 여부에 관계없이 최초원가가 동일하므로 적격자산에 해당하지 않는다.

② 차입원가의 자본화는 강제조항이므로 자본화할 수 있는 것이 아니라 자본화하여야 한다.

③ 정부보조금과 건설 등의 진행에 따라 수취하는 금액은 적격자산에 대한 지출액에서 차감한다.

⑤ 부분적으로 완성된 경우 이미 완성된 부분이 사용 가능하다면 당해 부분에 대하여 차입원가의 자본화를 종료하지만, 자산전체가 완성되어야만 사용이 가능한 경우에는 계속 자본화한다.

02 ④   1. 적수 산정

2. TOOL

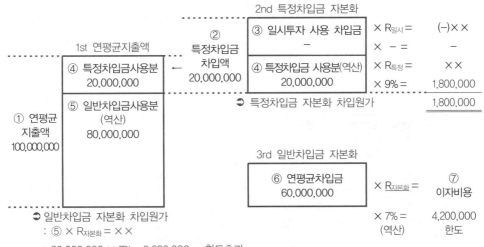

① 연평균지출액: $(50,000,000 \times 12 + 100,000,000 \times 6)/12 = 100,000,000$

⑥, ⑦ 일반차입금의 연평균차입금과 이자비용

구분	차입금액(I)	적수(II)	연평균차입금(III = I × II)	이자비용
B(8%)	30,000,000	12/12	30,000,000	30,000,000 × 8%
C(6%)	90,000,000	4/12	30,000,000	30,000,000 × 6%
합계			⑥ 60,000,000	⑦ 4,200,000

➲ 20×1년 자본화할 총차입원가: $1,800,000 + 4,200,000 = 6,000,000$

03 ②

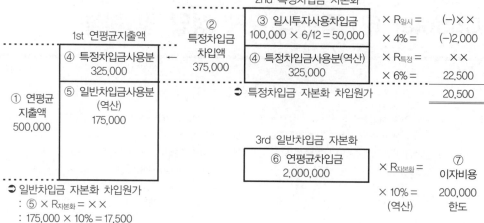

➪ 일반차입금 자본화 차입원가
  : ⑤ × R_{자본화} = ×× → $⑤ × R_{자본화} = ××$

  : 175,000 × 10% = 17,500

① 연평균지출액: (400,000 × 9 + 1,000,000 × 3 − 200,000 × 3)/12 = 500,000
② 특정차입금 연평균지출액: 500,000 × 9/12 = 375,000
➪ 20×1년 자본화할 총차입원가: 20,500 + 17,500 = 38,000

04 ⑤

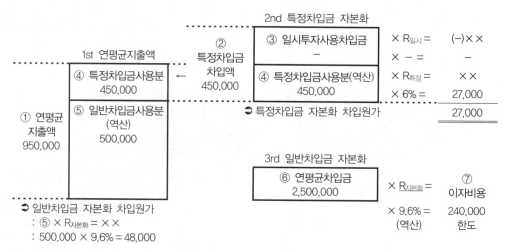

➪ 일반차입금 자본화 차입원가
  : ⑤ × R_{자본화} = ××

  : 500,000 × 9.6% = 48,000

① 연평균지출액: 200,000 × 9/12 + 1,200,000 × 8/12 = 950,000
  * 공사시작일 4/1. 공사중단기간에도 상당한 기술 및 관리활동이 진행되었으므로 자본화를 중단하지 않는다.
② 특정차입금 연평균지출액: 600,000 × 9/12 = 450,000
⑥ 일반차입금 연평균차입금: 2,000,000 + 1,000,000 × 6/12 = 2,500,000
⑦ 일반차입금 실제 이자비용: 2,000,000 × 10% + 500,000 × 8% = 240,000
➪ 20×1년 자본화할 차입원가: 27,000 + 48,000 = 75,000

05 ①

1st 연평균지출액 / 2nd 특정차입금 자본화 / 3rd 일반차입금 자본화

			③ 일시투자사용차입금 250,000	× R일시 =	(−)××
				× 2% =	(−)5,000
	② 특정차입금 차입액 1,000,000	→	④ 특정차입금사용분(역산) 750,000	× R특정 =	××
				× 5% =	50,000

④ 특정차입금사용분 750,000

⑤ 일반차입금사용분 (역산) 5,250,000

① 연평균 지출액 6,000,000

➜ 특정차입금 자본화 차입원가 : 45,000

3rd 일반차입금 자본화

⑥ 연평균차입금 × R자본화 = ⑦ 이자비용

× ?% = (역산) 520,000 한도

➜ 일반차입금 자본화 차입원가
  : ⑤ × R자본화 = ××
  : 5,250,000 × 자본화 이자율 = 150,000 − 45,000, 자본화 이자율: 2%

① 12,000,000 × 6/12 = 6,000,000
② 2,000,000 × 6/12 = 1,000,000
③ 1,000,000 × 3/12 = 250,000

06 ①

2nd 특정차입금 자본화

			③ 일시투자사용차입금 75,000	× R일시 =	(−)××
				× 4% =	(−)3,000
	② 특정차입금 차입액 1,250,000	→	④ 특정차입금사용분(역산) 1,175,000	× R특정 =	××
				× 5% =	62,500

1st 연평균지출액

④ 특정차입금사용분 1,175,000

⑤ 일반차입금사용분 (역산) 225,000

① 연평균 지출액 1,400,000

➜ 특정차입금 자본화 차입원가 : 59,500

3rd 일반차입금 자본화

⑥ 연평균차입금 4,000,000 × R자본화 = ⑦ 이자비용

× 6% = (역산) 240,000 한도

➜ 일반차입금 자본화 차입원가
  : ⑤ × R자본화 = ××
  : 225,000 × 6% = 13,500

① (1,500,000 × 6 + 3,000,000 × 3 − 200,000 × 6)/12 = 1,400,000
② 2,500,000 × 6/12 = 1,250,000
③ 300,000 × 3/12 = 75,000
⑥ 2,000,000 × 12/12 + 4,000,000 × 6/12 = 4,000,000
⑦ 2,000,000 × 12/12 × 4% + 4,000,000 × 6/12 × 8% = 240,000
➜ 20×1년 자본화할 차입원가: 59,500 + 13,500 = 73,000

문제 01   특정차입금의 일시운용

12월 말 결산법인인 ㈜한영은 20×1년 3월 1일 건설사업자와 공장건물을 건설하는 계약을 체결하였으며, 4월 1일 건설활동을 시작하였다. 공장건물의 건설을 위하여 ㈜한국은 20×1년 3월 1일에 ₩50,000을 3년 만기로 차입하고, 계약금 ₩30,000을 건설사업자에게 지출한 후 잔액 ₩20,000은 7개월간 환매채에 투자한 후 10월 1일 중도금으로 지급하였다. 차입금의 이자율은 연 8%이며, 환매채의 이자율은 연 3%이다. 공장건물은 20×2년 6월 30일에 준공되었다. 관련 자료는 아래와 같다.

(1) 건물과 관련하여 지출한 금액은 다음과 같으며, 지방자치단체로부터 공장건물의 건설과 관련하여 정부보조금을 수령하였다. 연평균지출액을 계산할 때 자본화한 차입원가는 제외한다.

구분	지출액		정부보조금 수령액	
20×1년	3월 1일	₩100,000	3월 1일	₩30,000
	10월 1일	₩100,000	10월 1일	₩40,000
	12월 31일	₩100,000		
20×2년	4월 1일	₩100,000		

(2) ㈜한국의 건물 건설과 관련된 일반차입금의 내용은 다음과 같으며 자본화이자율의 계산은 소수점 셋째 자리(%)에서 반올림한다.

구분	차입일	상환일	차입금액	연 이자율
차입금 갑	20×0. 11. 1.	20×1. 9. 30.	₩60,000	6%
차입금 을	20×1. 7. 1.	20×2. 12. 31.	₩30,000	10%

물음 1) 20×1년도의 자본화할 차입원가를 구하시오.

물음 2) 20×2년도의 자본화할 차입원가를 구하시오.

물음 3) 20×2년도 손익계산서에 보고할 이자비용을 구하시오.

물음 4) 20×2년도 적격자산에 대한 연평균지출액 중 자기자본으로 지출한 금액을 구하시오.

물음 5) 적격자산의 취득, 건설 또는 생산과 직접 관련되는 차입원가를 자본화하는 논리적 근거를 서술하시오.

물음 6) 차입원가의 자본화를 위해서 관련 자산이 적격자산이어야 한다. 적격자산의 정의를 제시하고, 금융자산과 생물자산이 적격자산에 해당하지 않는 이유를 서술하시오.

물음 7) 자본화가능 차입원가의 정의를 충족시키기 위해 차입원가가 갖추어야 할 중요한 속성을 서술하시오.

풀이

물음 1) 20×1년도 자본화할 차입원가: 2,700 + 2,800 = 5,500

1. 연평균순지출액: [(100,000 − 30,000) × 9 + (100,000 − 40,000) × 3]/12 = 67,500
   * 최초 지출은 3월 1일이지만 취득활동이 개시된 것은 4월 1일이므로 4월 1일이 자본화 개시시점이다.

2. 특정차입금과 관련된 차입원가
   (1) 자본화할 차입원가: 50,000 × 8% × 9/12 − 20,000 × 3% × 6/12 = 2,700
   (2) 특정차입금으로 사용한 금액: 50,000 × 9/12 − 20,000 × 6/12 = 27,500

3. 일반차입금과 관련된 차입원가
(1) 연평균차입액

구분	차입금액	차입기간	연평균차입액	이자비용
갑(6%)	60,000	9/12	45,000	2,700
을(10%)	30,000	6/12	15,000	1,500
계			60,000	4,200

(2) 자본화이자율: 4,200/60,000 = 7%
(3) 자본화할 차입원가: Min[(67,500 − 27,500) × 7% = 2,800, 4,200] = 2,800

물음 2) 20×2년 자본화할 차입원가: 2,000 + 5,000 = 7,000

1. 연평균지출액: (230,000 × 6 + 100,000 × 3)/12 = 140,000

2. 특정차입금과 관련된 차입원가: 50,000 × 8% × 6/12 = 2,000

3. 일반차입금과 관련된 자본화할 차입원가: 5,000
(1) 연평균차입액

구분	차입금액	차입기간	연평균차입액	이자비용
특정차입금(8%)[1]	50,000	6/12	25,000	2,000
을(10%)	30,000	12/12	30,000	3,000
계			55,000	5,000

[1] 적격자산에 대한 자본화가 종료된 후에도 상환하지 않고 남아 있는 특정차입금은 일반차입금으로 본다.
(2) 자본화이자율: 5,000/55,000 = 9.09%
(3) 자본화할 차입원가: Min[(140,000 − 50,000 × 6/12) × 9.09% = 10,453, 5,000] = 5,000

물음 3) 20×2년도 이자비용: 50,000 × 8% + 30,000 × 10% − (2,000 + 5,000) = 0
  * 특정차입금, 일반차입금 관련 이자비용은 전액 자본화됨

물음 4) 자기자본지출액: 60,000 = 140,000 − 50,000 × 6/12(특정차입금 사용분) − 55,000(일반차입금 사용분)

물음 5) 자산이 개발되고 있는 기간에는 자원 투입을 위한 지출에 자금이 필요하며 자금의 조달은 원가를 발생시킨다. 자산의 원가에는 자산의 취득원가의 일부로서 지출하기 위한 자금을 조달하는 데 발생하는 원가를 포함하여, 자산을 의도된 용도로 사용하거나 판매 가능한 상태에 이르게 하는 데 발생하는 모든 필수적 원가를 포함해야 한다. 따라서 적격자산과 관련된 차입원가를 비용으로 즉시 인식하는 것은 그 자산의 원가를 충실하게 표현하지 못하는 것이다.

물음 6) 1. 적격자산의 정의
    의도된 용도로 사용하거나 판매 가능한 상태에 이르게 하는 데 상당한 기간을 필요로 하는 자산

2. 금융자산과 생물자산이 적격자산에 해당하지 않는 이유
    금융자산과 생물자산은 공정가치와 순공정가치로 측정되는 자산이다. 국제회계기준에서 공정가치로 측정되는 자산과 관련된 차입원가는 자본화를 요구하지 않는다. 이러한 자산의 측정은 건설 또는 생산기간 동안 발생하는 차입원가에 의하여 영향을 받지 않기 때문이다.

물음 7) 적격자산의 취득, 건설 또는 생산과 직접 관련된 차입원가는 당해 적격자산과 관련된 지출이 발생하지 아니하였다면 부담하지 않았을 차입원가이다.

㈜대한의 공장건물 신축과 관련한 다음의 〈자료〉를 이용하여 물음에 답하시오.

[공인회계사 2차 2022년]

〈자료〉

1. 20×1년 4월 1일 ㈜대한은 ㈜민국과 도급계약을 체결하였으며, 동 건설공사는 20×3년 3월 31일에 완공되었다. ㈜대한의 공장건물은 차입원가 자본화 적격자산에 해당한다.

2. 동 공사와 관련된 공사비 지출 내역은 다음과 같다.

일자	공사비 지출액
20×1년 8월 1일	₩120,000
20×1년 9월 1일	₩1,500,000
20×2년 4월 1일	₩3,000,000
20×2년 12월 1일	₩1,500,000

3. 상기 공사비 지출 내역 중 20×1년 8월 1일 ₩120,000은 물리적인 건설공사 착공 전 각종 인허가를 얻기 위한 활동에서 발생한 것이다.

4. ㈜대한의 차입금 내역은 다음과 같으며, 모든 차입금은 매년 말 이자지급 조건이다.

차입금	차입금액	차입일	상환일	연 이자율
특정차입금 A	₩900,000	20×1. 8. 1.	20×2. 8. 31.	6%
특정차입금 B	₩1,800,000	20×2. 11. 1.	20×3. 3. 31.	7%
일반차입금 C	₩1,000,000	20×1. 1. 1.	20×3. 9. 30.	8%
일반차입금 D	₩500,000	20×1. 7. 1.	20×4. 6. 30.	10%

5. ㈜대한은 20×2년 12월 1일에 ₩300,000의 정부보조금을 수령하여 즉시 동 공장건물을 건설하는 데 모두 사용하였다.

6. ㈜대한은 전기 이전에 자본화한 차입원가는 연평균 지출액 계산 시 포함하지 아니하며, 연평균 지출액과 이자비용은 월할계산한다.

7. 자본화이자율은 소수점 아래 둘째 자리에서 반올림한다(예 5.67%는 5.7%로 계산).

물음 1) ㈜대한이 20×1년~20×3년에 자본화할 차입원가를 계산하시오.

구분	20×1년	20×2년	20×3년
특정차입금 자본화 차입원가	①	③	⑤
일반차입금 자본화 차입원가	②	④	⑥

물음 2) ㈜대한이 동 공사와 관련하여 20×2년도 적격자산에 대한 연평균지출액 중 자기자본으로 지출한 금액을 구하시오.

물음 3) ㈜대한은 ㈜민국과 상기 도급계약의 일부 조항 해석에 대한 이견이 발생하여, 20×3년 1월 한 달 동안 적격자산에 대한 적극적인 개발활동을 중단하였다. 이 기간 동안 상당한 기술 및 관리활동은 진행되지 않았으며, 이러한 일시적 지연이 필수적인 경우도 아니어서 ㈜대한은 동 기간 동안 차입원가의 자본화를 중단하였다. 이때, ㈜대한이 20×3년 자본화할 차입원가를 계산하시오. (단, 동 건설공사는 예정대로 20×3년 3월 31일에 완공되었다)

구분	20×3년
특정차입금 자본화 차입원가	①
일반차입금 자본화 차입원가	②

풀이

물음 1)

구분	20×1년	20×2년	20×3년
특정차입금 자본화 차입원가	① 22,500	③ 57,000	⑤ 31,500
일반차입금 자본화 차입원가	② 14,700	④ 130,000	⑥ 88,440

1) 20×1년

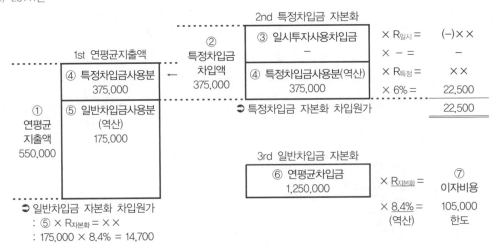

① 연평균지출액: (120,000 × 5 + 1,500,000 × 4)/12 = 550,000

   * 적격자산을 의도된 용도로 사용하거나 판매 가능한 상태에 이르게 하는 데 필요한 활동은 당해 자산의 물리적인 제작뿐만 아니라 그 이전단계에서 이루어진 기술 및 관리상의 활동을 포함한다.

② 특정차입금 연평균차입금: 900,000 × 5/12 = 375,000

③ 일시투자 사용 연평균차입금: −

⑥, ⑦ 일반차입금의 연평균차입금과 이자비용

구분	차입금액(I)	적수(II)	연평균차입금(III = I × II)	이자비용
C(8%)	1,000,000	12/12	1,000,000	1,000,000 × 8%
D(10%)	500,000	6/12	250,000	250,000 × 10%
합계			⑥ 1,250,000	⑦ 105,000

2) 20×2년

① 연평균지출액: (1,620,000 × 12 + 3,000,000 × 9 + 1,500,000 × 1 − 300,000 × 1)/12 = 3,970,000

② 특정차입금 연평균차입금: (900,000 × 8 + 1,800,000 × 2)/12 = 900,000

   1) 특정차입금의 당기 이자비용: 900,000 × 8/12 × 6% + 1,800,000 × 2/12 × 7% = 57,000

③ 일시투자 사용 연평균차입금: −

⑥, ⑦ 일반차입금의 연평균차입금과 이자비용

구분	차입금액(I)	적수(II)	연평균차입금(III = I × II)	이자비용
C(8%)	1,000,000	12/12	1,000,000	1,000,000 × 8%
D(10%)	500,000	12/12	500,000	500,000 × 10%
합계			⑥ 1,500,000	⑦ 13,000

3) 20×3년

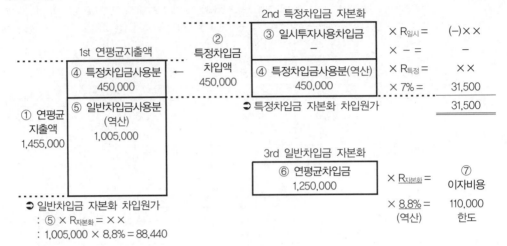

일반차입금 자본화 차입원가
: ⑤ × R자본화 = ××
: 1,005,000 × 8.8% = 88,440

① 연평균지출액: 5,820,000 × 3/12 = 1,455,000
② 특정차입금 연평균차입금: (1,800,000 × 3)/12 = 450,000
③ 일시투자 사용 연평균차입금: −
⑥, ⑦ 일반차입금의 연평균차입금과 이자비용

구분	차입금액(I)	적수(II)	연평균차입금(III = I × II)	이자비용
C(8%)	1,000,000	9/12	750,000	750,000 × 8%
D(10%)	500,000	12/12	500,000	500,000 × 10%
합계			⑥ 1,250,000	⑦ 110,000

물음 2) 20×2년도 적격자산에 대한 연평균지출액 중 자기자본으로 지출한 금액: 3,070,000 − 1,500,000 = 1,570,000

물음 3)

구분	20×3년
특정차입금 자본화 차입원가	① 21,000
일반차입금 자본화 차입원가	② 57,620

1) 20×3년

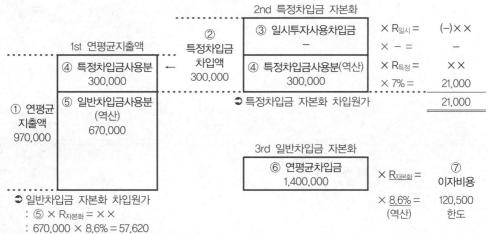

⇨ 일반차입금 자본화 차입원가
 : ⑤ × R_{자본화} = ××
 : 670,000 × 8.6% = 57,620

① 연평균지출액: 5,820,000 × 2/12 = 970,000
② 특정차입금 연평균차입금: (1,800,000 × 2)/12 = 300,000
③ 일시투자 사용 연평균차입금: −
⑥, ⑦ 일반차입금의 연평균차입금과 이자비용

구분	차입금액(I)	적수(II)	연평균차입금(III = I × II)	이자비용
B(7%)	1,800,000	1/12	150,000	150,000 × 7%
C(8%)	1,000,000	9/12	750,000	750,000 × 8%
D(10%)	500,000	12/12	500,000	500,000 × 10%
합계			⑥ 1,400,000	⑦ 120,500

* 자본화기간에 포함되지 않는(중단기간 포함) 특정차입금은 일반차입금으로 본다.

Chapter **7**

기타의 자산

1. 투자부동산
2. 무형자산
3. 탐사평가자산과 박토원가 및 웹사이트원가
4. 매각예정비유동자산과 중단영업

1 투자부동산

01 투자부동산의 정의

기업이 임대목적이나 시세차익을 획득할 목적으로 부동산을 보유하는 경우가 있다. 이와 같은 부동산은 임대수익이나 시세차익을 통하여 다른 자산과 독립적으로 현금을 창출할 수 있기 때문에 국제회계기준에서는 자가사용부동산과 구분하여 투자부동산으로 회계처리할 것을 요구하고 있다.

투자부동산은 임대수익이나 시세차익 또는 두 가지 모두를 얻기 위하여 소유자가 보유하거나 리스이용자가 사용권자산으로 보유하고 있는 부동산(토지, 건물)을 말한다.

Additional Comment

> 투자부동산은 기업이 보유하는 다른 자산과 거의 독립적으로 현금흐름을 창출하는데 그 이유는 임대목적 부동산은 임대수익으로 유입되는 현금흐름에 직접적으로 기여하는 반면, 공장으로 사용하는 부동산은 공장에서 생산한 제품의 판매로 인하여 유입되는 현금흐름에 간접적으로 기여하기 때문이다. 그러므로 이러한 특성에 기초하여 투자부동산과 자가사용부동산을 구별한다.

Self Study

> 1. 기업은 리스계약을 통해서 일정 기간 동안 부동산을 사용할 수 있는 권리를 갖기도 하는데, 이를 사용권자산으로 인식한다. 만약에 사용권자산으로 인식한 부동산을 임대목적으로 사용한다면 이것도 투자부동산이다.
> 2. 종업원이 사용하고 있는 부동산은 종업원이 시장가격으로 임차료를 지급하고 있는지 여부와 관계없이 자가사용부동산으로 분류한다.

02 투자부동산의 분류

재화나 용역의 생산 또는 제공이나 관리목적에 사용하거나, 통상적인 영업과정에서 판매하는 자산은 투자부동산에서 제외한다. 그 이유는 재화의 생산이나 용역의 제공 또는 관리목적에 사용하는 부동산(예 제조회사가 보유하는 공장건물)은 유형자산으로 분류하며, 통상적인 영업활동과정에서 판매목적으로 보유하고 있는 부동산(예 부동산 개발회사가 보유하는 판매용 토지나 건물)은 재고자산으로 분류하기 때문이다. 투자부동산으로 분류되는 예와 투자부동산으로 분류되지 않는 항목의 예는 다음과 같다.

투자부동산의 분류

구분	계정 분류
장기 시세차익을 얻기 위하여 보유하고 있는 토지	투자부동산
장래 사용 목적을 결정하지 못한 채로 보유하고 있는 토지	
직접 소유하고 운용리스로 약정한 건물 또는 보유하는 건물에 관련되고 운용리스로 약정한 사용권자산	
운용리스로 제공하기 위하여 보유하고 있는 미사용건물	
미래에 투자부동산으로 사용하기 위하여 건설 또는 개발 중인 부동산	
통상적인 영업과정에서 판매하거나 이를 위해 건설 또는 개발 중인 부동산	재고자산
자가사용부동산	유형자산
처분예정인 자가사용부동산	매각예정비유동자산
금융리스로 제공한 부동산	인식 ×(= 처분)

Additional Comment

유형자산을 기업이 재화 혹은 용역의 생산이나 제공, 타인에 대한 임대 또는 관리활동에 사용할 목적으로 보유하는 물리적 형태가 있는 자산으로 정의하였다. 그런데 이 중 '타인에 대한 임대'라는 것이 투자부동산의 임대수익을 얻기 위한 목적과 중복되는 것에 대한 의문이 들 수 있는데, 유형자산은 토지나 건물과 같은 부동산뿐만 아니라 기계장치나 비품과 같이 부동산이 아닌 자산도 모두 포함한다. 그러므로 유형자산을 정의할 때 임대라는 것은 부동산이 아닌 자산에 적용되는 것으로 보아야 할 것이다.

Self Study

1. 통상적인 영업과정에서 단기간에 판매하기 위하여 보유하는 토지는 투자부동산에서 제외한다.
2. 토지를 자가사용할지, 통상적인 영업과정에서 단기간에 판매할지 결정하지 못한 경우 해당 토지는 시세차익을 얻기 위하여 보유하고 있는 것으로 본다.
3. 오답유형: 장래에 사용목적을 결정하지 못한 채로 보유하고 있는 토지는 자가사용부동산으로 회계처리한다. (×)
   ➔ 투자부동산으로 회계처리한다.

03 투자부동산의 분류에 대한 추가상황

투자부동산의 분류에 대한 기준서의 추가적인 설명은 아래 두 가지 상황으로 구분한다.

(1) 부동산 중 일부분은 임대수익 or 시세차익, 나머지는 자가사용목적으로 보유하는 경우

부동산 중 일부분은 임대수익이나 시세차익을 얻기 위하여 보유하고, 일부분은 재화의 생산이나 용역의 제공 또는 관리목적에 사용하기 위하여 보유할 수 있다. 이러한 경우 다음과 같이 투자부동산과 자가사용부동산을 식별한다.

[부동산 중 일부분은 임대수익 or 시세차익, 나머지는 자가사용목적으로 보유하는 경우]

구분	내용
일부만 투자부동산으로 분리매각 가능한 경우	투자부동산과 자가사용부동산을 각각 분리하여 인식
일부만 투자부동산으로 분리매각 불가한 경우	재화 생산, 용역 제공 또는 관리활동에 사용하는 부분이 경미한 경우에만 투자부동산으로 분류

(2) 부수적인 용역을 제공하는 경우

부동산 보유자가 부동산 사용자에게 부수적인 용역을 제공하는 경우에는 다음과 같이 투자부동산과 자가사용부동산으로 식별한다.

[부수적인 용역을 제공하는 경우]

구분	내용
제공하는 부수용역이 경미한 경우	투자부동산으로 분류
제공하는 부수용역이 유의적인 경우	자가사용부동산으로 분류

Additional Comment

사무실 건물의 소유자가 그 건물을 사용하는 리스이용자에게 보안과 관리용역을 제공하는 경우 보안이나 관리용역은 경미하므로 건물의 소유자는 건물을 투자부동산으로 분류한다.

Self Study

1. 오답유형: 부동산 중 일부는 시세차익을 얻기 위하여 보유하고 일부분은 재화의 생산에 사용하기 위하여 보유하고 있으나, 이를 부분별로 나누어 매각할 수 없다면 재화의 생산에 사용하기 위하여 보유하는 부분이 중요하다고 하더라도 전체 부동산을 투자부동산으로 분류한다. (×)
   ⇒ 전체 부동산을 자가사용부동산으로 분류한다.
2. 지배기업 또는 다른 종속기업에게 부동산을 리스하는 경우가 있다. 이러한 부동산은 연결재무제표에 투자부동산으로 분류할 수 없다. 경제적 실체 관점에서는 당해 부동산은 자가사용부동산이기 때문이다. 그러나 부동산을 소유하고 있는 개별기업 관점에서는 그 부동산이 투자부동산의 정의를 충족한다면 투자부동산이다.
3. 기업은 투자부동산의 일관성 있는 판단을 위해 판단기준을 설정하여 사용할 수 있으며, 이 경우에는 그 판단기준을 주석으로 공시한다.

Ⅱ   투자부동산의 최초 인식과 최초측정 및 후속원가

01 투자부동산의 인식기준

소유 부동산은 다른 자산과 마찬가지로 다음의 조건을 모두 충족할 때, 자산으로 인식한다.

① 투자부동산에서 발생하는 미래경제적효익의 유입가능성이 높다.
② 투자부동산의 원가를 신뢰성 있게 측정할 수 있다.

투자부동산의 원가는 이 인식기준에 따라 발생시점에 평가한다. 한편, 리스이용자가 사용권자산으로 보유하는 투자부동산은 한국채택국제회계기준 제1116호 '리스'에 따라 인식한다.

02 최초측정

투자부동산은 최초 인식시점에 원가로 측정하며, 거래원가는 최초측정에 포함한다. 투자부동산의 원가는 당해 자산을 취득하기 위하여 최초로 발생한 원가와 후속적으로 발생한 추가원가, 대체원가가 포함되며, 일상적으로 발생하는 유지원가는 발생기간의 비용으로 인식한다.

Additional Comment

원가는 자산을 취득하기 위하여 자산의 취득시점이나 건설시점에서 지급한 현금 또는 현금성자산이나 제공한 기타 대가의 공정가치를 말한다.

(1) 취득원가

투자부동산의 취득원가는 구입금액과 구입에 직접 관련이 있는 지출로 구성된다. 여기서 직접 관련이 있는 지출의 예를 들면 법률용역의 대가로 전문가에게 지급하는 수수료, 부동산 구입과 관련된 세금 및 그 밖의 거래원가 등이 있다.

또한 투자부동산이 경영진의 의도하는 방식으로 가동될 수 있는 장소와 상태에 이른 후에는 원가를 더 이상 인식하지 않는다. 예를 들어, 다음과 같은 원가는 투자부동산의 장부금액에 포함하지 않는다.

① 경영진이 의도하는 방식으로 부동산을 운영하는 데 필요한 상태에 이르게 하는 데 직접 관련이 없는 초기원가
② 계획된 사용수준에 도달하기 전에 발생하는 부동산의 운영손실
③ 건설이나 개발과정에서 발생한 비정상적인 원재료, 인력 및 기타 자원의 낭비금액

(2) 유형별 취득원가

1) 자가건설한 투자부동산

자가건설한 투자부동산의 원가는 건설 또는 개발이 완료되어 임대수익이나 시세차익목적에 사용 가능한 시점까지의 투입원가이다.

2) 장기후불조건으로 취득한 투자부동산

투자부동산을 후불조건으로 취득하는 경우의 원가는 취득시점의 현금가격상당액을 취득원가로 하고 현금가격상당액과 실제 총지급액의 차액은 신용기간 동안의 이자비용으로 인식한다.

3) 리스이용자가 사용권자산으로 보유하는 투자부동산

리스이용자가 사용권자산으로 보유하는 투자부동산은 최초 인식시점에 한국채택국제회계기준 제1116호 '리스'에 따라 원가로 측정한다.

4) 교환으로 취득한 투자부동산

하나 이상의 비화폐성자산, 또는 화폐성자산과 비화폐성자산이 결합된 대가와 교환하여 하나 이상의 투자부동산을 취득하는 경우에는 원칙적으로 제공한 자산의 공정가치로 측정한다. 다만, 제공한 자산의 공정가치를 신뢰성 있게 측정할 수 없거나 제공받은 자산의 공정가치가 명확한 경우에는 제공받은 자산의 공정가치로 인식한다. 또한 교환거래에 상업적 실질이 결여되었거나 취득한 자산과 제공한 자산 중 어느 자산에 대해서도 공정가치를 신뢰성 있게 측정할 수 없다면, 제공한 자산의 장부금액으로 원가를 측정한다.

03 후속원가

투자부동산의 원가에는 취득하기 위하여 최초로 발생한 원가와 후속적으로 발생한 추가원가, 대체원가 또는 유지원가를 포함한다. 부동산과 관련하여 일상적으로 발생하는 유지원가는 투자부동산의 장부금액에 인식하지 않으며, 이러한 원가는 발생하였을 때 당기손익으로 인식한다. 그 이유는 일상적인 유지원가는 주로 노무원가와 소모품원가이며 중요하지 않은 부품의 원가를 포함할 수도 있는데, 이러한 지출은 자산을 수선 및 유지하는 데 그 목적이 있기 때문이다.

또한, 투자부동산의 일부분은 대체를 통하여 취득될 수 있다. 예를 들어, 원래의 벽을 인테리어 벽으로 바꾸는 데 소요되는 원가가 인식기준을 충족한다면 원가발생시점에 투자부동산의 장부금액에 인식하고, 대체되는 부분의 장부금액은 제거한다.

Ⅲ 투자부동산의 후속측정

한국채택국제회계기준에서는 투자부동산을 최초로 인식한 후 당해 자산에 대해서 공정가치모형과 원가모형 중 하나를 선택하여 모든 투자부동산에 적용하도록 규정하고 있다. 투자부동산에 대해서 공정가치모형의 적용을 강제하지 못하는 이유는 각 국가마다 부동산 시장의 성숙도가 다르기 때문에 신뢰성 있는 공정가치 측정이 어려울 수 있다는 점을 고려한 결과이다.

Additional Comment

> 투자부동산은 다른 자산과 독립적으로 현금흐름을 창출하는 특성이 있다. 그러므로 투자부동산에 대한 미래경제적효익의 순유입을 가장 잘 측정할 수 있는 공정가치로 측정하면 정보이용자의 의사결정에 더욱 유용한 정보를 제공할 수 있을 것이다. 예를 들어, 투자부동산의 공정가치가 증가할 경우 향후 이를 매각한다면 처분이익이 예상될 것이며, 이를 매각하지 않더라도 임대료를 올림으로써 임대수익의 증가를 예상할 수 있기 때문에 투자부동산에 대한 공정가치 정보가 의사결정에 유용하다.

원가모형과 공정가치모형 간의 선택은 회계정책의 변경에 해당하며, 기준서 제1008호 '회계정책, 회계추정 및 오류'에 따르면 회계정책의 변경으로 재무상태, 재무성과 또는 현금흐름에 미치는 영향에 대해 신뢰성이 있으며 더 목적적합한 정보를 제공하는 경우에만 자발적인 회계정책의 변경을 허용한다. 그러므로 원가모형을 적용하던 투자부동산을 특정 회계연도부터 공정가치모형으로 변경하는 것은 허용되나, 반대로 공정가치모형에서 원가모형으로 변경하는 것은 더 목적적합한 정보를 제공한다고 보기 어렵기 때문에 허용되기 어려울 것이다.

투자부동산에 공정가치모형을 적용하지 않더라도 투자부동산의 공정가치 정보를 주석에 공시해야 하므로 투자부동산을 보유하는 모든 기업은 투자부동산의 공정가치를 측정하여야 한다. 이 경우 최근에 유사한 부동산을 평가한 경험이 있고 전문적 자격이 있는 독립된 평가인의 가치평가에 기초하여 공정가치를 측정할 것을 권고하나, 반드시 의무적일 필요는 없다.

투자부동산의 후속측정에서 공정가치모형과 원가모형 적용에 따른 차이는 아래와 같다.

투자부동산 후속측정 시 원가모형과의 공정가치모형 비교

구분	원가모형	공정가치모형
감가상각	○	×
기말평가	× (FV주석공시)	○ (평가손익 N/I 반영)
손상차손	인식함	인식하지 않음

01 공정가치모형

(1) 공정가치의 신뢰성 있는 측정이 가능한 경우

투자부동산의 평가방법으로 공정가치모형을 선택한 경우 공정가치를 신뢰성 있게 측정하기 어려운 경우가 아니라면, 최초 인식 후 모든 투자부동산을 공정가치로 측정한다.

Self Study

> 기준서 제1116호 '리스'에서는 리스이용자가 사용권자산을 인식하도록 규정하는데, 리스이용자가 투자부동산에 공정가치모형을 적용하는 경우에는 투자부동산의 정의를 충족하는 사용권자산도 공정가치모형을 적용한다.

투자부동산에 공정가치모형을 적용할 경우 공정가치 변동으로 발생하는 손익을 당기손익으로 인식한다. 또한 투자부동산을 공정가치모형에 의하여 측정하는 경우에는 감가상각을 수행하지 않는다. 감가상각을 수행하고 공정가치 평가를 하거나 감가상각을 수행하지 않고 공정가치 평가를 하는 경우에 당기손익에 미치는 영향이 같아 감가상각의 실익이 없기 때문이다. 더하여 공정가치모형을 적용하는 경우에는 투자부동산에 대하여 손상을 인식하지 않는다.

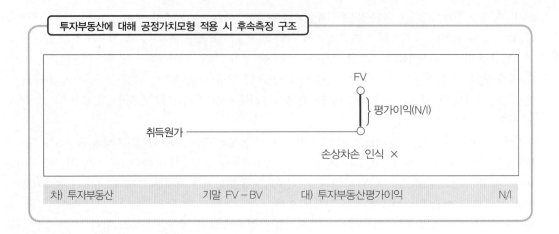

투자부동산에 대해 공정가치모형 적용 시 후속측정 구조			
차) 투자부동산	기말 FV − BV	대) 투자부동산평가이익	N/I

(2) 공정가치의 신뢰성 있는 측정이 어려운 경우

기업은 투자부동산의 공정가치를 계속 신뢰성 있게 측정할 수 있다고 추정한다. 그러나 예외적인 경우 처음으로 취득한 투자부동산의 공정가치를 계속 신뢰성 있게 측정하기가 어려울 것이라는 명백한 증거가 있을 수 있다. 이 경우에는 예외적으로 원가로 측정한다.

Additional Comment

건설 중인 투자부동산의 공정가치를 신뢰성 있게 측정할 수 없지만, 건설이 완료된 시점에는 공정가치를 신뢰성 있게 측정할 수 있다고 예상하는 경우 공정가치를 신뢰성 있게 측정할 수 있는 시점과 건설이 완료되는 시점 중 이른 시점까지는 건설 중인 투자부동산을 원가로 측정한다. 신뢰성 있는 공정가치 측정이 어려워 원가로 측정해 온 건설 중인 투자부동산의 공정가치를 신뢰성 있게 측정할 수 있게 되면, 기업은 그 부동산을 공정가치로 측정한다. 일단 그 부동산의 건설이 완료되면, 공정가치를 신뢰성 있게 측정할 수 있다고 가정한다. 이에 대한 회계처리는 다음과 같다.

건설 중	차) 건설중인자산	××	대) 현금	××
건설 완료	차) 투자부동산	완료시점 FV	대) 건설중인자산	BV
			평가이익	N/I

만약 그렇지 않다면 해당 투자부동산이 소유 자산인 경우에는 원가모형을 사용하여 회계처리한다.

건설 중인 투자부동산의 공정가치가 신뢰성 있게 측정될 수 있다는 가정은 오직 최초 인식시점에만 반박될 수 있다. 따라서 건설 중인 투자부동산을 공정가치로 측정한 기업은 완성된 투자부동산의 공정가치를 신뢰성 있게 측정할 수 없다고 결론지을 수 없다.

공정가치모형을 선택하였는데, 예외적으로 공정가치의 신뢰성 있는 측정이 어려워 하나의 투자부동산에 원가모형을 적용하더라도 그 밖의 모든 투자부동산은 공정가치모형을 적용한다.

투자부동산을 공정가치로 측정해온 경우라면 비교할만한 시장의 거래가 줄어들거나 시장가격 정보를 쉽게 얻을 수 없게 되더라도, 당해 부동산을 처분하거나 자가사용부동산으로 대체하거나, 통상적인 영업과정에서 판매하기 위하여 개발을 시작하기 전까지는 계속하여 공정가치로 측정한다.

02 원가모형

투자부동산의 평가방법으로 원가모형을 선택한 경우에는 최초 인식 후 다음에 따라 투자부동산으로 측정한다.

① 매각예정으로 분류하는 조건을 충족하는 경우: 기준서 제1105호 '매각예정비유동자산과 중단영업'에 따라 측정
② 리스이용자가 사용권자산으로 보유하고 매각예정이 아닌 경우: 기준서 제1116호 '리스'에 따라 측정
③ 다른 모든 경우: 기준서 제1016호 '유형자산'에 따라 측정

그러므로 원가모형에 의하여 측정하는 투자부동산 중 감가상각대상자산은 감가상각을 수행하고 원가모형의 손상 규정을 준용하여 평가하여야 한다(매 보고기간 말마다 자산손상 징후가 있는지를 검토하고 그러한 징후가 있다면 해당 자산의 회수가능액을 추정하고, 자산의 회수가능액이 장부금액에 못 미치는 경우에 자산의 장부금액을 회수가능액으로 감액하고 해당 감소금액을 손상차손 과목으로 당기손익으로 인식한다).

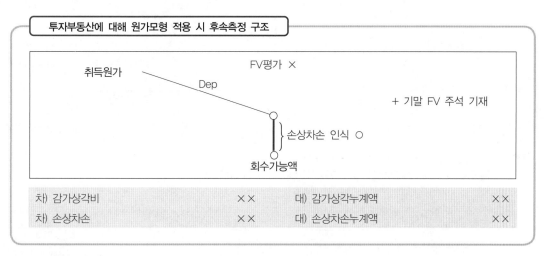

Self Study

공정가치를 신뢰성 있게 측정할 수 없는 경우에 한해 투자부동산의 잔존가치를 '0'으로 가정하고 원가모형을 적용하는 것이다. 일반적인 원가모형의 경우에는 잔존가치를 '0'으로 가정하지 않는다.

㈜국세는 20×2년 1월 1일에 임대수익을 얻을 목적으로 건물 A를 ₩150,000,000에 취득하였다. 건물 A의 내용연수는 10년이고, 잔존가치는 없는 것으로 추정하였다. 20×2년 12월 31일 건물 A의 공정가치는 ₩140,000,000이다.

1 ㈜국세가 건물 A에 대해 원가모형을 적용하는 경우, 20×2년 동 거래가 ㈜국세의 당기손익에 미치는 영향은 얼마인가? (단, ㈜국세는 통상적으로 건물을 정액법으로 감가상각한다)

2 ㈜국세가 건물 A에 대해 공정가치모형을 적용하는 경우, 20×2년에 동 거래가 ㈜국세의 당기손익에 미치는 영향은 얼마인가?

풀이

1 • 20×2년 당기손익에 미치는 영향: (−)15,000,000
 • 감가상각비: (150,000,000 − 0)/10년 = (−)15,000,000

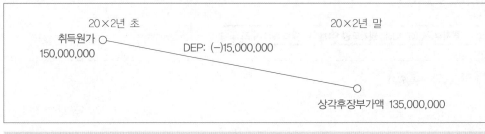

| 차) 감가상각비((N/I) | 15,000,000 | 대) 감가상각누계액 | 15,000,000 |

2 • 20×2년 당기손익에 미치는 영향: (−)10,000,000
 • 투자부동산평가손실: 140,000,000 − 150,000,000 = (−)10,000,000

| 차) 투자부동산평가손실(N/I) | 10,000,000 | 대) 투자부동산 | 10,000,000 |

03 재평가모형과 공정가치모형의 비교

유형자산에 대하여 재평가모형을 최초 적용할 경우에는 기준서 제1008호에 따른 소급법을 적용하지 않고 예외적으로 전진법을 적용한다. 이에 반해 투자부동산에 대해서 공정가치모형을 최초 적용할 경우에는 기준서 제1008호에 따라 소급법을 적용하여 비교 표시되는 과거기간의 재무제표를 재작성해야 한다.
유형자산에 대한 재평가모형과 투자부동산에 대한 공정가치모형의 차이를 비교하면 다음과 같다.

[유형자산에 대한 재평가모형과 투자부동산에 대한 공정가치모형의 비교]

구분	유형자산 재평가모형	투자부동산 공정가치모형
측정 대상	당해 자산이 포함되는 유형자산의 분류 전체에 대해 적용	일부 예외를 제외하고, 모든 투자부동산에 대해 적용
평가 주기	공정가치 변동의 정도를 고려하여 재평가	매 보고기간 말에 공정가치 평가
공정가치 변동액의 회계처리	① 평가증: 기타포괄손익 ② 평가감: 당기손익	당기손익
감가상각 여부	재평가된 금액에 기초하여 다음 연도 감가상각비 인식	감가상각비 인식하지 않음
손상차손 여부	처분부대원가가 미미하지 않은 경우 손상차손 인식	손상차손 인식하지 않음

기출 Check 1

유통업을 영위하는 ㈜대한은 20×1년 1월 1일 건물을 ₩10,000에 취득하였다. 건물의 내용연수는 10년, 잔존가치는 ₩0이며, 정액법으로 상각한다. 다음은 20×1년 초부터 20×2년 말까지의 동 건물에 관한 공정가치 정보이다.

20×1년 초	20×1년 말	20×2년 말
₩10,000	₩10,800	₩8,800

㈜대한이 동 건물을 다음과 같은 방법(A ~ C)으로 회계처리하는 경우, 20×2년도 당기순이익 크기 순서대로 올바르게 나열한 것은? (단, 손상차손은 고려하지 않으며, 동 건물의 회계처리를 반영하기 전의 20×2년도 당기순이익은 ₩10,000이라고 가정한다) [공인회계사 2018년]

> A. 원가모형을 적용하는 유형자산
> B. 재평가모형을 적용하는 유형자산(단, 재평가잉여금은 건물을 사용함에 따라 이익잉여금에 대체한다고 가정함)
> C. 공정가치모형을 적용하는 투자부동산

① A > B > C   ② A > C > B   ③ B > A > C
④ C > B > A   ⑤ A > B = C

풀이

(1) A: 감가상각비 10,000/10년 = (−)1,000
(2) B: 감가상각비 10,800/9년 = (−)1,200
(3) C: 평가손실 8,800 − 10,800 = (−)2,000

정답: ①

투자부동산을 처분하거나, 투자부동산의 사용을 영구히 중지하고 처분으로도 더 이상의 경제적 효익을 기대할 수 없는 경우에는 제거한다. 관련된 내용은 다음과 같으며 유형자산의 제거와 동일하다.

> ① 투자부동산의 폐기나 처분으로 발생하는 손익은 순처분금액과 장부금액의 차액이며 폐기나 처분이 발생한 기간에 당기손익으로 인식한다.
> ② 투자부동산의 손상, 멸실 또는 포기로 제3자에게 받는 보상은 받을 수 있게 되는 시점에 당기손익으로 인식한다.

V **투자부동산의 계정대체**

부동산은 자가사용부동산자산, 재고자산 또는 투자부동산 중 한 가지로 분류된다. 이때 부동산의 용도가 변경되는 경우에는 투자부동산과 자가사용부동산 간, 또는 투자부동산과 재고자산 간에 계정대체를 한다.

01 **투자부동산의 용도 변경에 따른 계정대체**

부동산이 투자부동산의 정의를 충족하게 되거나 충족하지 못하게 되고, 용도 변경의 증거가 있는 경우에는 부동산의 용도가 변경된 것이다. 단, 부동산의 용도에 대한 경영진의 의도 변경만으로는 용도 변경의 증거가 되지 않는다. 한국채택국제회계기준에서는 다음과 같은 예를 용도 변경의 증거로 인정하고 있다.

[투자부동산의 용도 변경에 따른 계정대체]

구분	분류 변경
투자부동산의 자가사용 개시 or 자가사용을 목적으로 개발 시작	투자부동산 → 유형자산
통상적인 영업과정에서 판매하기 위한 개발 시작	투자부동산 → 재고자산
자가사용의 종료	유형자산 → 투자부동산
판매목적자산을 제3자에 대한 운용리스 제공의 약정	재고자산 → 투자부동산

Additional Comment

판매목적으로 보유하고 있던 투자부동산을 개발하기 시작하는 것과 같이 사용목적의 변경이 입증되는 경우에만 투자부동산에서 재고자산으로 대체하도록 하고 있다. 그러므로 투자부동산을 개발하지 않고 처분하려는 경우에는 제거될 때까지 재무상태표에 투자부동산으로 분류하며, 재고자산으로 대체하지 않는다. 이와 유사하게 투자부동산을 재개발하여 판매하는 것이 아니라 미래에도 계속 투자부동산으로 사용하고자 하는 경우에도 재개발기간 동안 계속 투자부동산으로 분류하며, 자가사용부동산으로 대체하지 않는다. 또한 아파트를 개발하여 분양하는 기업이 아파트 개발을 완료하였으나, 부동산 경기침체로 아파트 매매가 여의치 않아 이를 단기임대하기로 하였다면 개발 완료한 아파트는 재고자산으로 분류되지만, 이를 장기임대하기로 하였다면 투자부동산으로 변경한다.

1. 투자부동산을 개발하지 않고 처분하려는 경우에는 제거될 때까지 투자부동산으로 분류하고, 재고자산으로 대체하지 않는다.
2. 투자부동산을 재개발하여 미래에도 투자부동산으로 사용하고자 하는 경우에도 재개발기간 동안 계속 투자부동산으로 분류하며 자가사용부동산으로 대체하지 않는다.

02 투자부동산의 계정대체 회계처리

투자부동산을 원가모형으로 평가하는 경우 투자부동산에서 자가사용부동산 또는 재고자산으로 대체가 발생할 때에는 대체 전 자산의 장부금액을 승계하며 자산의 원가를 변경하지 않는다. 그러나 투자부동산을 공정가치로 평가하는 경우 자가사용부동산이나 재고자산으로 대체할 때에는 후속적인 회계를 위한 간주원가는 용도 변경시점의 공정가치가 된다. 용도 변경시점에 발생한 평가손익은 당기손익으로 인식한다.

[계정대체의 분류기준 및 기준별 효과]

구분	유형	회계처리
투자부동산 원가모형 적용	투자부동산 ↔ 유형·재고자산	장부가액 승계, N/I 영향 없음
투자부동산 공정가치모형 적용	1) 투자부동산 ↔ 재고자산	공정가치 승계, N/I 반영
	2) 투자부동산 → 유형자산	공정가치 승계, N/I 반영
	3) 유형자산 → 투자부동산	재평가 후 대체 1) 평가이익(재평가잉여금 OCI) 2) 평가손실(재평가손실 N/I)

(1) 투자부동산을 원가모형으로 평가하는 경우

투자부동산을 원가모형을 적용하는 경우 투자부동산, 자가사용부동산, 재고자산 간에 계정대체 시 재분류 전 자산의 장부금액을 승계하며, 재분류시점의 당기손익에 영향을 미치지 않는다.

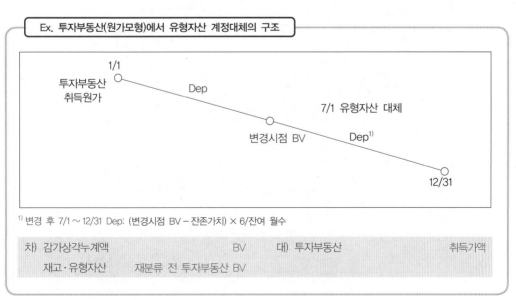

Ex. 투자부동산(원가모형)에서 유형자산 계정대체의 구조

1/1 투자부동산 취득원가

Dep

변경시점 BV

7/1 유형자산 대체

Dep[1]

12/31

[1] 변경 후 7/1 ~ 12/31 Dep: (변경시점 BV – 잔존가치) × 6/잔여 월수

차) 감가상각누계액	BV	대) 투자부동산	취득가액
재고·유형자산	재분류 전 투자부동산 BV		

(2) 투자부동산을 공정가치모형으로 평가하는 경우

1) 투자부동산(공정가치모형) ↔ 재고자산

① 투자부동산(공정가치모형) → 재고자산

사용목적 변경시점의 투자부동산의 공정가치를 재고자산의 최초 인식 원가로 간주하여 사용목적 변경시점에 투자부동산에 대한 평가손익을 당기손익으로 인식하는 회계처리를 함께 해야 한다.

차) 재고자산	투자부동산 FV	대) 투자부동산	BV
		투자부동산평가이익(N/I)	FV − BV

② 재고자산 → 투자부동산(공정가치모형)

재고자산을 공정가치로 평가하는 투자부동산으로 대체하는 경우, 재고자산의 장부금액과 대체시점의 공정가치의 차액은 당기손익으로 인식한다. 따라서 재고자산을 공정가치로 평가하는 투자부동산으로 대체하는 회계처리는 재고자산을 매각하는 경우의 회계처리와 일관성이 있다.

차) 투자부동산	재고자산 FV	대) 재고자산	BV
		재고자산처분이익(N/I)	FV − BV

[참고] 아래와 같은 주장도 있다.

차) 투자부동산	변경시점 FV	대) 매출	××
차) 매출원가	××	대) 재고자산	BV

2) 투자부동산(공정가치모형) → 유형자산

① 투자부동산(공정가치모형) → 유형자산(원가모형)

사용목적 변경시점의 투자부동산의 공정가치를 유형자산의 최초 인식 원가로 간주하여 사용목적 변경시점에 투자부동산에 대한 평가손익을 당기손익으로 인식하는 회계처리를 함께 해야 한다.

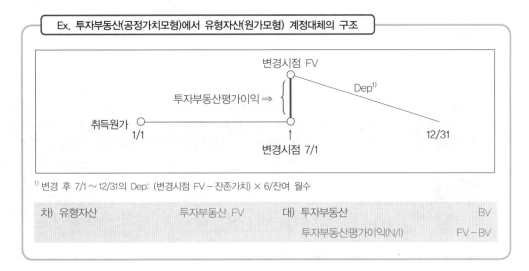

Ex. 투자부동산(공정가치모형)에서 유형자산(원가모형) 계정대체의 구조

1) 변경 후 7/1 ~ 12/31의 Dep: (변경시점 FV − 잔존가치) × 6/잔여 월수

차) 유형자산	투자부동산 FV	대) 투자부동산	BV
		투자부동산평가이익(N/I)	FV−BV

② 투자부동산(공정가치모형) → 유형자산(재평가모형)

사용목적 변경시점의 투자부동산의 공정가치를 유형자산의 최초 인식 원가로 간주하여 사용목적 변경시점에 투자부동산에 대한 평가손익을 당기손익으로 인식하는 회계처리를 함께 해야 한다. 계정대체시점 이후 유형자산은 기말시점에 공정가치를 측정하여 재평가손익을 인식한다.

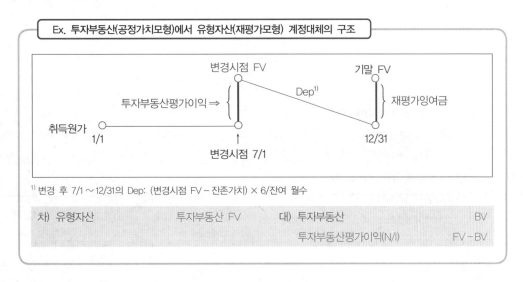

Ex. 투자부동산(공정가치모형)에서 유형자산(재평가모형) 계정대체의 구조

1) 변경 후 7/1 ~ 12/31의 Dep: (변경시점 FV − 잔존가치) × 6/잔여 월수

차) 유형자산	투자부동산 FV	대) 투자부동산	BV
		투자부동산평가이익(N/I)	FV−BV

3) 유형자산 → 투자부동산(공정가치모형)

자가사용부동산을 공정가치로 평가하는 투자부동산으로 대체하는 경우, 용도 변경시점까지 그 부동산을 감가상각하고, 발생한 손상차손을 인식한다. 용도 변경시점에 부동산의 장부금액과 공정가치의 차액은 재평가모형의 회계처리와 동일한 방법으로 회계처리한다. (⇒ 유형자산에 원가모형을 적용하여 왔더라도 동일하게 적용한다)

Additional Comment

이때 재평가모형의 회계처리와 동일한 방법으로 회계처리한다는 것은 자가사용부동산에 대해서 먼저 재평가를 한 후에 계정대체함을 의미한다(선 평가, 후 대체). 즉, 자가사용부동산의 장부금액보다 공정가치가 적다면 장부금액과 공정가치의 차액을 당기손익(재평가손실)으로 인식하되, 이미 자가사용부동산을 재평가모형으로 평가하여 장부금액에 재평가잉여금이 포함되어 있으면 재평가잉여금을 우선 감소시키고, 초과액을 당기손익(재평가손실)에 반영한다. 반면에 자가사용부동산의 장부금액보다 공정가치가 크다면 장부금액과 공정가치의 차액을 이전에 인식한 손상차손을 한도로 당기손익(재평가이익)으로 인식하고, 초과액은 재평가잉여금으로 인식한다.

Self Study

후속적으로 투자부동산을 처분할 때에 자본에 포함된 재평가잉여금은 이익잉여금으로 대체할 수 있다.

---

① 유형자산(원가모형) → 투자부동산(공정가치모형)

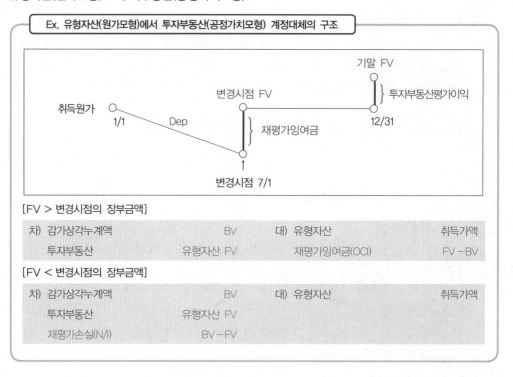

Ex. 유형자산(원가모형)에서 투자부동산(공정가치모형) 계정대체의 구조

[FV > 변경시점의 장부금액]

차) 감가상각누계액	BV	대) 유형자산	취득가액
투자부동산	유형자산 FV	재평가잉여금(OCI)	FV − BV

[FV < 변경시점의 장부금액]

차) 감가상각누계액	BV	대) 유형자산	취득가액
투자부동산	유형자산 FV		
재평가손실(N/I)	BV − FV		

② 유형자산(재평가모형) → 투자부동산(공정가치모형)

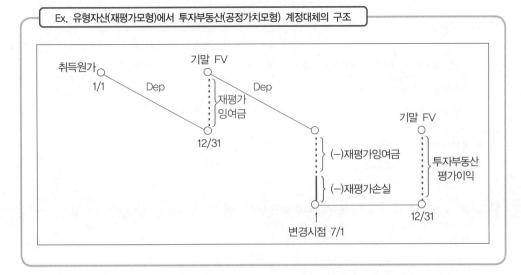

Ex. 유형자산(재평가모형)에서 투자부동산(공정가치모형) 계정대체의 구조

12월 말 결산법인인 ㈜사과는 20×1년 1월 1일 건물을 ₩10,000에 취득하였다. 건물의 경제적 내용연수는 10년, 잔존가치는 없으며 감가상각방법은 정액법이다. 각 보고기간 말 현재 건물의 공정가치는 다음과 같다.

20×1년 말	20×2년 말	20×3년 말	20×4년 말
₩9,180	₩7,200	₩6,300	₩6,000

단, 동 건물을 자가사용부동산으로 분류하여 재평가모형을 적용하는 경우에는 사용 중에 재평가잉여금을 이익잉여금으로 대체하지 않고, 회계처리는 감가상각누계액을 우선적으로 상계하는 방법을 사용한다. 다음에 제시되는 물음은 각각 독립된 상황이다.

1 ㈜사과는 20×0년 초부터 동 건물을 건설하기 시작하였고 20×0년 말까지 총 ₩9,000을 지출하였다. 동 건물은 20×1년 초에 건설이 완료되었고, ㈜사과는 동 건물을 임대목적으로 (취득시점에 동 건물의 공정가치는 ₩10,000임) 하여 공정가치모형을 적용하기로 하였다. ㈜사과가 20×1년 초 해야 할 회계처리를 보이시오.

2 ㈜사과가 동 건물을 임대목적으로 취득한 것이라고 할 경우, 20×2년 말에 ㈜사과가 해야 할 회계처리를 (1) 원가모형을 적용하는 경우와 (2) 공정가치모형을 적용하는 경우로 나누어 보이시오.

3 ㈜사과는 동 건물을 임대목적으로 취득하여 공정가치모형을 적용하였으나 20×2년 7월 초 건물의 사용목적을 자가사용목적으로 변경하였다. 20×2년 7월 초 동 건물의 공정가치는 ₩10,500이다. 또한 20×2년 7월 초 현재 건물의 잔여내용연수를 10년으로 추정하였으며 잔존가치는 없이 정액법으로 감가상각하기로 하였다. ㈜사과가 동 건물에 대해서 원가모형과 재평가모형을 적용하는 경우를 구분하여 동 거래가 20×2년 ㈜사과의 당기손익에 미친 영향을 구하시오.

1

차) 투자부동산	10,000	대) 건설중인자산	9,000
		투자부동산평가이익	1,000

*건설 중인 투자부동산의 취득이 완료되면 공정가치로 평가하고 차액은 당기손익으로 인식한다.

2 (1) 원가모형을 적용하는 경우

차) 감가상각비	1,000	대) 감가상각누계액	1,000

*(10,000 − 0)/10년 = 1,000

(2) 공정가치모형을 적용하는 경우

차) 투자부동산평가손실	1,980	대) 투자부동산	1,980

*7,200 − 9,180 = (−)1,980

3 (1) 원가모형 적용 시 20×2년 당기손익에 미친 영향: 795
   1) 투자부동산평가이익: 10,500 − 9,180 = 1,320
   2) 감가상각비: (10,500 − 0)/10년 × 6/12 = (−)525
(2) 재평가모형 적용 시 20×2년 당기손익에 미친 영향: (−)1,980
   1) 투자부동산평가이익: 10,500 − 9,180 = 1,320
   2) 감가상각비: (−)525
   3) 재평가손실: 7,200 − (10,500 − 525) = (−)2,775
[참고]
(1) 원가모형 적용 시 회계처리
   [대체 시]

차) 건물	10,500	대) 투자부동산	9,180
		투자부동산평가이익	1,320

   [기말]

차) 감가상각비	525	대) 감가상각누계액	525

(2) 공정가치모형 적용 시 회계처리
   [대체 시]

차) 건물	10,500	대) 투자부동산	9,180
		투자부동산평가이익	1,320

   [기말]

차) 감가상각비	525	대) 감가상각누계액	525
차) 감가상각누계액	525	대) 유형자산	3,300
재평가손실	2,775		

㈜한국은 20×1년 말에 취득한 건물(취득원가 ₩1,000,000, 내용연수 12년, 잔존가치 ₩0)을 투자부동산으로 분류하고 공정가치모형을 적용하기로 하였다. 그러나 20×2년 7월 1일에 ㈜한국은 동 건물을 유형자산으로 계정대체하고 즉시 사용하였다. 20×2년 7월 1일 현재 동 건물의 잔존내용연수는 10년이고, 잔존가치는 ₩0이며, 정액법(월할상각)으로 감가상각한다. 일자별 건물의 공정가치는 다음과 같다.

20×1. 12. 31.	20×2. 7. 1.	20×2. 12. 31.
₩1,000,000	₩1,100,000	₩1,200,000

㈜한국이 유형자산으로 계정대체된 건물에 대하여 원가모형을 적용한다고 할 때, 동 건물과 관련한 회계처리가 20×2년도 ㈜한국의 당기순이익에 미치는 영향은 얼마인가?　　　[공인회계사 2015년]

① ₩100,000 감소　　② ₩55,000 감소　　③ ₩10,000 감소
④ ₩45,000 증가　　⑤ ₩200,000 증가

풀이

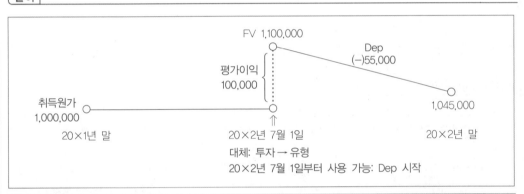

20×2년 N/I 영향 45,000 증가	평가이익: 1,100,000 − 1,000,000 = 100,000 감가상각비: (1,100,000 − 0)/10년 × 6/12 = (−)55,000

[투자부동산 ⇒ 유형·재고자산]
1. 대체 시

차) 유형자산	1,100,000	대) 투자부동산	1,000,000
		투자부동산평가이익(N/I)	100,000

2. 기말

차) 감가상각비(N/I)	55,000	대) 감가상각누계액	55,000

정답: ④

2 무형자산

I 무형자산의 정의, 식별 및 최초 인식

01 무형자산의 정의

무형자산은 물리적 실체는 없지만 식별할 수 있는 비화폐성자산을 말한다. 여기에 포함되는 무형자산의 예로는 컴퓨터 소프트웨어, 특허권, 저작권, 영화필름, 고객목록, 모기지관리용역권, 어업권, 수입할당량, 프랜차이즈, 고객이나 공급자와의 관계, 고객충성도, 시장점유율과 판매권 등이 있다. 그러나 이러한 항목이 모두 무형자산의 정의를 충족시키는 것은 아니다. 이러한 항목들이 무형자산의 정의를 충족하지 않는다면 그것을 취득하거나 내부적으로 창출하기 위하여 발생한 지출은 발생시점에 비용으로 인식한다. 무형자산의 정의를 충족시키기 위해서는 다음의 요건을 모두 충족시켜야 한다.

① 식별가능성	② 통제	③ 미래경제적효익

Additional Comment

무형자산은 물리적 실체가 존재하지 않으므로 물리적 실체가 존재하는 자산과 동일한 기준을 적용하여 자산을 인식하는 것은 곤란하다. 따라서 기준서에서는 무형자산을 인식하기 위해 인식요건을 판단하기 전에 무형자산으로 정의할 수 있는 세 가지 조건을 충족하는지 판단하도록 요구하고 있다.

1. 원칙:	차) 비용	××	대) 현금	물리적 실체가 없는 것에 대한 지출
2. 예외:	무형자산	××		

➡ 정의 충족 + 엄격한 자산 인식요건 충족 시

(1) 식별가능성

무형자산으로 정의되기 위해서는 영업권과 구별되기 위하여 식별가능성이 있어야 한다. 자산은 다음 중 하나에 해당하는 경우 식별이 가능하다.

[식별가능성 요건]

식별가능성	① 자산의 분리가능성: 기업의 의도와는 무관하게 기업에서 분리하거나 분할할 수 있고, 개별적으로 또는 관련된 계약, 식별 가능한 자산이나 부채와 함께 매각, 이전, 라이선스, 임대, 교환할 수 있다.
	or
	② 자산이 계약상 권리 또는 기타 법적 권리로부터 발생: 이 경우 그러한 권리가 이전 가능한지 여부 또는 기업이나 기타 권리와 의무에서 분리 가능한지 여부는 고려하지 아니한다.

Additional Comment

기업이 지방자치단체 소유의 특정 시설물을 일정 기간 사용하기로 계약을 체결하고 대가를 지급했다면 그 대가는 계약상 권리이므로 무형자산으로 정의되기 위한 식별가능성의 조건을 충족한다. 또한 기업이 개발한 신기술에 대해서 특허권을 획득했다면, 이는 일정 기간 동안 법적으로 보호받을 권리이므로 무형자산으로 정의되기 위한 식별가능성의 조건을 충족한다. 기준서 제1038호 '무형자산'에서 무형자산의 인식조건을 제시하기 전에 분리가능성을 요구하는 것은 인식과 측정을 좀 더 용이하게 하기 위해서이다. 일반적으로 분리가 가능하여 거래상대방과 교환거래를 할 수 있는 자산은 그렇지 못한 자산에 비해 시장가격 등 거래가격에 대한 정보를 쉽게 입수할 수 있다.

Self Study

분리가능성이 식별가능성을 나타내는 유일한 지표는 아니다. 특정 권리가 분리 가능하지 않더라도 계약상 또는 기타 법적 권리로부터 발생한 자산은 식별 가능하다. 예를 들어, 일부 국가의 법에 의하면 기업에 인가된 특정 라이선스는 기업 전체를 매각할 때에만 양도가 가능한데, 이 경우 동 라이선스는 분리 가능하지 않다. 그러나 영업권과는 구분되는 자산이므로 식별가능성의 조건을 충족한다.

[참고] 영업권

기준서 제1038호 '무형자산'에서는 무형자산의 정의에서 영업권과 구별하기 위하여 무형자산이 식별 가능할 것을 요구한다고 언급하고 있다. 여기서 영업권을 간략하게 설명하면 A사가 자산의 공정가치가 ₩10,000이고 부채의 공정가치가 ₩7,000이며, 순자산의 공정가치가 ₩3,000인 B사를 합병하였다. 이때, A사가 B사의 주주에게 합병대가로 현금 ₩5,000을 지급할 경우 A사가 B사의 순자산 공정가치보다 초과 지급한 ₩2,000을 영업권으로 인식하고, A사가 해야 할 관련 회계처리는 다음과 같다.

차) B사 자산	10,000	대) B사 부채	7,000
영업권	2,000	현금	5,000

영업권은 A사의 입장에서 볼 때 합병으로 인한 시너지 효과 등을 기대하고 추가로 지급한 대가를 자산으로 인식한 것일 뿐, 이를 제3자에게 매각하거나 이전할 수 있는 대상이 아니다. 즉, 합병(사업결합)을 인식하는 영업권은 사업결합에서 획득하였지만 개별적으로 식별하여 별도로 인식하는 것이 불가능한 그 밖의 자산에서 발생하는 미래 경제적효익을 나타내는 자산이다.

(2) 통제

기초가 되는 자원에서 유입되는 미래경제적효익을 확보할 수 있고 그 효익에 대한 제3자의 접근을 제한할 수 있다면 기업이 자산을 통제하고 있는 것이다. 무형자산의 미래경제적효익에 대한 통제능력은 일반적으로 법원에서 강제할 수 있는 법적 권리에서 나오지만 다른 방법으로도 미래경제적효익을 통제할 수 있기 때문에 권리의 법적 집행가능성이 통제의 필요조건은 아니다. 기업의 무형자산 통제 여부를 판단하는 구체적인 사례는 다음과 같다.

1) 시장에 대한 지식과 기술적 지식

이러한 지식이 저작권, 계약상의 제약이나 법에 의한 종업원의 기밀유지의무 등과 같은 법적 권리에 의하여 보호된다면, 기업은 그러한 지식에서 얻을 수 있는 미래경제적효익을 통제하고 있는 것이다.

2) 숙련된 종업원과 교육훈련

기업은 숙련된 종업원으로 구성된 팀을 보유할 수 있고, 교육훈련을 통하여 습득된 미래경제적효익을 가져다 줄 수 있는 종업원의 기술 향상을 식별할 수 있다. 기업은 또한 그러한 숙련된 기술을 계속하여 이용할 수 있을 것으로 기대할 수 있다. 그러나 기업은 숙련된 종업원이나 교육훈련으로부터 발생하는 미래경제적효익에 대해서는 일반적으로 무형자산의 정의를 충족하기에는 충분한 통제를 가지고 있지 않다. 그 이유는 숙련된 종업원은 언제라도 다른 회사로 옮길 수 있고 회사는 이를 막을 수 있는 능력이 없기 때문이다.

3) 특정 경영능력과 기술적 재능

특정 경영능력이나 기술적 재능이 그것을 사용하여 미래경제적효익을 확보하는 것이 법적 권리에 의하여 보호되지 않거나 무형자산의 정의의 기타 요건을 충족하지 않는다면, 일반적으로 무형자산의 정의를 충족할 수 없다.

4) 고객관계와 고객충성도(예 고객구성, 시장점유율)

기업은 고객구성이나 시장점유율에 근거하여 고객관계와 고객충성도를 잘 유지함으로써 고객이 계속하여 거래할 것이라고 기대할 수 있다. 그러나 그러한 고객관계나 고객충성도를 지속할 수 있는 법적 권리나 그것을 통제할 기타 방법이 없다면, 일반적으로 고객관계나 고객충성도에서 창출될 미래경제적효익에 대해서는 그러한 항목이 무형자산의 정의를 충족하기에 기업이 충분한 통제를 가지고 있지 않다.

Self Study

고객관계를 보호할 법적 권리가 없는 경우에 동일하거나 유사한 비계약적 고객관계를 교환하는 거래(사업결합 과정에서 발생한 것이 아닌)가 발생한 경우 이는 고객관계로부터 기대되는 미래경제적효익을 통제할 수 있다는 증거를 제공하므로 이러한 고객관계는 무형자산의 정의를 충족한다. 예를 들어, A사가 B사로부터 B사의 고객목록을 대가를 지급하고 취득하였으며, B사는 이후 그 고객에 대한 접근을 할 수 없다면 A사의 관점에서 볼 때 그 고객목록은 분리 가능하며, 고객에 대한 B사의 접근이 제한되므로 이는 A사가 미래경제적효익을 통제할 수 있다는 증거가 된다.

(3) 미래경제적효익

무형자산의 미래경제적효익은 제품의 매출, 용역수익, 원가절감 또는 자산의 사용에 따른 기타 효익의 형태로 발생할 수 있다. 예를 들어, 제조과정에서 지적재산을 사용하면 미래수익을 증가시키기보다 미래의 제조원가를 감소시킬 수 있다.

[무형자산의 정의 정리]

구분	내용
식별가능성 (분리가능성 or 계약상 권리 또는 기타 법적 권리)	계약적·법적 권리가 이전 가능한지 여부 또는 기업이나 기타 권리와 의무에서 분리 가능한지 여부는 동시에 고려하지 않는다.
통제(제3자의 접근 제한)	통제의 일반적인 능력은 법적 권리에서 나오나, 권리의 법적 집행가능성이 통제의 필요조건은 아니다.
미래경제적효익 존재	미래경제적효익은 제품의 매출, 용역수익, 원가절감 또는 자산의 사용에 따른 기타 효익의 형태로 발생할 수 있다.

Self Study

무형자산으로 정의될 수 있는 3가지 조건을 충족한다고 해서 무조건 무형자산으로 인식할 수 있는 것은 아니다.

기출 Check 3

무형자산의 정의 및 인식기준에 관한 설명으로 옳지 않은 것은? [세무사 2013년]

① 무형자산을 최초로 인식할 때에는 원가로 측정한다.
② 무형자산의 미래경제적효익에 대한 통제능력은 일반적으로 법원에서 강제할 수 있는 법적 권리에서 나오나, 권리의 법적 집행가능성이 통제의 필요조건은 아니다.
③ 계약상 권리 또는 기타 법적 권리는 그러한 권리가 이전 가능하거나 또는 기업에서 분리 가능한 경우 무형자산 정의의 식별가능성 조건을 충족한 것으로 본다.
④ 미래경제적효익이 기업에 유입될 가능성은 무형자산의 내용연수 동안의 경제적 상황에 대한 경영자의 최선의 추정치를 반영하는 합리적이고 객관적인 가정에 근거하여 평가하여야 한다.
⑤ 무형자산으로부터의 미래경제적효익은 제품의 매출, 용역수익, 원가절감 또는 자산의 사용에 따른 기타 효익의 형태로 발생할 수 있다.

풀이

계약적·법적 권리가 이전 가능한지 여부 또는 기업이나 기타 권리와 의무에서 분리 가능한지는 고려하지 않는다.

정답: ③

02 무형자산의 식별

일부 무형자산은 컴팩트디스크(컴퓨터 소프트웨어의 경우), 법적 서류(라이선스나 특허권의 경우)나 필름과 같은 물리적 형체에 담겨 있을 수 있다. 유형의 요소와 무형의 요소를 모두 갖추고 있는 자산을 유형자산으로 회계처리하는지 아니면 무형자산으로 회계처리하는지를 결정해야 할 때에는, 어떤 요소가 더 유의적인지를 판단한다.

Additional Comment

> 컴퓨터로 제어되는 기계장치가 특정 컴퓨터 소프트웨어가 없으면 가동이 불가능한 경우에는 그 소프트웨어를 관련된 하드웨어의 일부로 보아 유형자산으로 회계처리한다. 컴퓨터의 운영시스템에도 동일하게 적용하며, 관련된 하드웨어의 일부가 아닌 소프트웨어는 무형자산으로 회계처리한다.

무형자산의 회계처리는 광고, 교육훈련, 사업개시, 연구와 개발활동 등에 대한 지출에 적용한다. 연구와 개발활동의 목적은 지식의 개발에 있으므로, 이러한 활동으로 인하여 물리적 형체(예 시제품)가 있는 자산이 만들어지더라도 그 자산의 물리적 요소는 무형자산 요소로 본다. 즉, 그 자산이 갖는 지식의 부수적인 것으로 보아 무형자산으로 인식한다.

무형자산의 식별 정리

구분	개별식별
(1) 유형자산 + 무형자산	무형자산 필수 ×: 유형자산과 무형자산 분류
	무형자산 필수 ○: 전체를 유형자산으로 분류
(2) 연구개발활동으로 만들어진 물리적 형체(시제품)의 자산	무형자산으로 분류

Self Study

오답유형: 컴퓨터로 제어되는 기계장치가 특정 소프트웨어가 없으면 가동이 불가능한 경우에는 그 기계장치를 소프트웨어의 일부로 보아 무형자산으로 회계처리한다. (×) ➜ 전체를 유형자산으로 본다.

03 **무형자산의 인식**

(1) 인식기준

어떤 항목을 무형자산으로 인식하기 위해서는 무형자산의 정의를 충족하면서 다음의 인식기준을 모두 충족해야 한다.

1st 무형자산의 정의 충족	2nd 무형자산의 인식요건
① 식별가능성 ② 통제 ③ 미래경제적효익의 존재	① 자산에서 발생하는 미래경제적효익이 기업에 유입될 가능성이 높음 ② 자산의 원가를 신뢰성 있게 측정할 수 있음

1) 미래경제적효익의 유입가능성

미래경제적효익이 기업에 유입될 가능성은 무형자산의 내용연수 동안 경제적 상황에 대한 경영자의 최선의 추정치를 반영하는 합리적이고 객관적인 가정에 근거하여 평가하여야 한다. 이 경우 미래경제적효익의 유입에 대한 확실성 정도에 대한 평가는 무형자산을 최초로 인식하는 시점의 이용 가능한 증거에 근거하며, 외부 증거에 비중을 더 크게 둔다.

2) 자산의 원가를 신뢰성 있게 측정

무형자산은 그 특성상 자산이 증가하지 않거나 자산의 부분 대체가 이루어지지 않는 경우가 많다. 따라서 대부분의 취득이나 완성 후의 지출은 무형자산의 정의와 인식기준을 충족하기 보다는 기존 무형자산이 갖는 기대 미래경제적효익을 유지하는 것이 대부분이며, 사업 전체가 아닌 특정 무형자산에 직접 귀속시키기 어려운 경우가 많다. 그러므로 취득한 무형자산의 최초 인식 후 또는 내부적으로 창출한 무형자산의 완성 후 발생한 후속지출이 자산의 장부금액으로 인식되는 경우는 매우 드물다.

Additional Comment

연예기획사는 소속 아이돌로부터 기대되는 미래경제적효익을 통제할 수 있다. 그러나 아이돌이 데뷔를 한다고 해서 모두 성공하는 것이 아니므로 미래경제적효익이 유입될 가능성이 높다고 보기 어렵다. 또한 무형자산으로 인식하기 위해서는 원가를 신뢰성 있게 측정할 수 있어야 하는데, 연습생 시절부터 이들을 훈련시키는 데 소요되는 원가를 신뢰성 있게 측정하는 것이 어려울 뿐만 아니라 그 원가들이 무형자산으로 인식할 수 있는 항목인지도 확실하지 않다. 따라서 연예기획사 입장에서는 소속 아이돌이 무형자산으로 인식되는 것은 적절하지 않다.

3) 발생시점에 비용으로 인식하는 지출

미래경제적효익을 얻기 위해 지출이 발생하더라도 인식할 수 있는 무형자산이나 다른 자산이 획득 또는 창출되지 않는다면, 그러한 지출은 발생시점에 비용으로 인식한다. 발생시점에 비용으로 인식하는 지출의 예는 다음과 같다.

> **발생시점에 비용으로 인식하는 지출의 예**
>
> ① 사업개시활동에 대한 지출: 법적 실체를 설립하는 데 발생한 법적 비용과 사무비용과 같은 설립원가, 새로운 시설이나 사업을 개시하기 위하여 발생한 지출(개업원가) 또는 새로운 영업을 시작하거나 새로운 제품이나 공정을 시작하기 위하여 발생하는 지출(신규영업준비원가)
> ② 교육훈련을 위한 지출
> ③ 광고 및 판매촉진 활동을 위한 지출(우편 주문 카탈로그 포함)
> ④ 기업의 전부나 일부의 이전 또는 조직 개편에 관련된 지출

> **Self Study**
>
> 무형자산의 인식조건은 무형자산을 취득하거나 내부적으로 창출하기 위하여 최초로 발생한 원가와 취득이나 완성 후에 증가, 대체, 수선을 위하여 후속적으로 발생한 원가에도 적용한다.

(2) 최초측정

재무상태표에 인식하는 무형자산은 원가로 측정한다. 이때 원가란 자산을 취득하기 위하여 자산의 취득시점이나 건설시점에 지급한 현금 또는 현금성자산이나 제공한 기타 대가의 공정가치를 말한다. (➲ 무형자산의 최초 인식금액은 유형자산의 경우와 동일하다)

1) 개별 취득

개별 취득하는 무형자산은 미래경제적효익이 유입될 시기와 금액이 불확실하더라도 기업에 미래경제적효익의 유입이 있을 것으로 기대하고 있어, 미래경제적효익이 유입될 가능성이 높다는 인식기준을 항상 충족한 것으로 본다.

> **Additional Comment**
>
> 일반적으로 무형자산을 개별 취득하기 위하여 지급하는 가격에는 그 자산이 갖는 기대 미래경제적효익이 기업에 유입될 확률에 대한 기대를 반영할 것이다. 기업은 미래경제적효익의 유입시기와 금액이 불확실하더라도 미래경제적효익의 유입이 있을 것으로 기대한다. 왜냐하면 기업은 미래경제적효익이 기대되지 않는 무형자산을 취득하지 않을 것이기 때문이다. 그러므로 개별 취득하는 무형자산은 인식기준 중 자산에서 발생하는 미래경제적효익이 기업에 유입될 가능성이 높다는 것을 항상 충족하는 것으로 본다.

개별 취득하는 무형자산의 원가는 일반적으로 신뢰성 있게 측정할 수 있으며, 다음의 항목으로 구성된다.

> ① 구입가격(매입할인과 리베이트를 차감하고 수입관세와 환급받을 수 없는 제세금을 포함)
> ② 자산을 의도한 목적에 사용할 수 있도록 준비하는 데 직접 관련되는 원가
>   • 자산을 사용 가능한 상태로 만드는 데 직접적으로 발생하는 종업원급여
>   • 자산을 사용 가능한 상태로 만드는 데 직접적으로 발생하는 전문가 수수료
>   • 자산이 적절하게 기능을 발휘하는지 검사하는 데 발생하는 원가

정상적인 취득과정에서 불가피하게 발생한 부대비용이 아니거나 미래경제적효익이 기업에 유입될 가능성이 불분명한 원가는 무형자산의 원가에 포함해서는 안 된다. 이렇게 무형자산 원가에 포함되지 않는 지출의 예는 다음과 같다.

> ① 새로운 제품이나 용역의 홍보원가(광고와 판매촉진활동 원가를 포함)
> ② 새로운 지역에서 또는 새로운 계층의 고객을 대상으로 사업을 수행하는 데서 발생하는 원가(교육훈련비를 포함)
> ③ 관리원가와 기타 일반경비 원가

무형자산 원가의 인식은 그 자산을 경영자가 의도하는 방식으로 운용될 수 있는 상태에 이르면 중지한다. 따라서 무형자산을 사용하거나 재배치하는 데 발생하는 원가는 무형자산의 장부금액에 포함하지 않는다. 그러므로 다음의 원가는 무형자산의 장부금액에 포함하지 않는다.

> ① 경영자가 의도하는 방식으로 운용될 수 있으나 아직 사용하지 않고 있는 기간에 발생한 원가
> ② 자산의 산출물에 대한 수요가 확립되기 전까지 발생한 손실과 같은 초기 영업손실
> ③ 무형자산을 사용하거나 재배치하는 데 발생하는 원가

무형자산의 개발과 관련된 영업활동 중에는 해당 자산을 경영자가 의도하는 방식으로 운영될 수 있는 상태에 이르도록 하는 데 반드시 필요하지 않은 활동도 있다. 이러한 부수적인 활동과 관련하여 발생한 수익이나 비용은 즉시 당기손익으로 인식한다.

무형자산에 대한 대금지급기간이 일반적인 신용기간보다 긴 경우 무형자산의 취득원가는 현금가격상당액으로 한다. 이때 현금가격상당액과 실제 총지급액과의 차액은 자본화 대상이 아닌 한 신용기간에 걸쳐 이자비용으로 인식한다.

Self Study

1. 무형자산의 취득원가는 무형자산의 인식기준이 모두 충족된 이후에 발생한 지출만 포함한다.
2. 오답유형: 최초의 비용으로 인식한 무형자산에 대한 지출은 그 이후에 무형자산이 인식요건을 만족하게 된 경우에 한하여 무형자산의 취득원가로 다시 인식할 수 있다. (×): 취득원가로 인식할 수 없다.

2) 사업결합으로 인한 취득

① 사업결합의 이해

사업결합이란 취득자가 하나 이상의 사업에 대한 지배력을 획득하는 거래나 그 밖의 사건을 말하며 합병과 취득을 그 예로 들 수 있다.

사업결합의 이해

A사(취득자)가 B사(피취득자)를 합병(사업결합)하는 경우 취득자는 피취득자의 주주에게 대가를 지급하고, 피취득자의 자산과 부채를 취득한다. 이때 취득자가 수행하는 회계처리는 아래와 같다.

차) B사 자산	FV	대) B사 부채	FV
영업권	대차차액	현금	대가

사업결합이 아닌 개별자산의 취득이라면 원가를 취득원가로 인식하지만 사업결합의 경우 기준서 제1103호 '사업결합'에 따라 피취득자로부터 취득·인수하는 식별 가능한 자산(무형자산 포함)과 부채의 공정가치를 취득원가로 인식한다. 즉, 무형자산을 개별 취득할 때에는 원가로 최초측정하는 반면, 사업결합과정에서 무형자산을 취득할 때에는 공정가치로 최초측정한다.

사업결합과정에서 취득자가 지급하는 대가가 피취득자로부터 취득·인수한 자산과 부채의 공정가치 차감액(순자산 공정가치)을 초과할 경우 초과액을 영업권으로 인식한다. 영업권을 자산으로 인식하는 이유는 피취득자의 식별이 불가능한 자산(예 피취득자의 브랜드 가치, 기술, 우수한 인적자원 등)으로부터 미래경제적효익의 유입을 기대할 수 있어 취득자가 피취득자의 순자산 공정가치보다 더 많은 대가를 지급하였기 때문이다.

---

② 사업결합으로 인한 취득

사업결합과정에서 취득자는 두 가지 종류의 무형자산을 순서에 따라 인식할 수 있다. 첫 번째로 피취득자의 무형자산(예 지적재산권, 소프트웨어 등)이며, 두 번째는 영업권이다. 취득자는 피취득자로부터 취득하는 무형자산을 공정가치로 인식하며, 영업권은 대가와 취득·인수하는 피취득회사 순자산의 공정가치의 차이로 결정한다. 그러므로 사업결합과정에서 피취득자의 무형자산의 공정가치를 신뢰성 있게 측정할 수 없다면, 이는 자동적으로 영업권에 포함될 것이다.

또한, 사업결합과정에서 취득자가 취득하는 무형자산의 공정가치를 신뢰성 있게 측정할 수 있다면 사업결합 전에 피취득자가 그 자산을 인식했는지의 여부와 관계없이 취득자는 취득일에 당해 무형자산으로 인식한다.

Additional Comment

피취득자가 진행하고 있는 연구·개발 프로젝트가 자산의 정의를 충족하고, 식별 가능하다면 피취득자가 이를 자산으로 인식하지 않고 비용으로 처리하였더라도 취득자가 이를 공정가치로 측정하여 별도의 무형자산으로 인식한다.

사업결합으로 인한 취득 시 무형자산과 영업권의 인식

1st 개별적으로 식별가능 ○ + 공정가치를 신뢰성 있게 측정 ○	개별 무형자산으로 인식

↓ 충족 ×

2nd 개별적으로 식별가능 × + 공정가치를 신뢰성 있게 측정 ×	영업권에 포함

Self Study

1. 사업결합으로 취득하는 무형자산은 자산에서 발생하는 미래경제적효익이 기업에 유입될 가능성이 높고 자산의 원가를 신뢰성 있게 측정할 수 있다는 인식기준을 항상 충족하는 것으로 본다.
2. 피취득자가 진행하고 있는 연구개발 프로젝트가 무형자산의 정의(자산의 정의를 충족하고, 식별 가능하다)를 충족한다면 취득자가 영업권과 분리하여 별도의 자산으로 인식하는 것을 의미한다.
3. 사업결합으로 인식하는 영업권은 사업결합에서 획득하였지만 개별적으로 식별하여 별도로 인식하는 것이 불가능한 그 밖의 자산에서 발생하는 미래경제적효익을 나타내는 자산이다.

A사는 20×1년 초 B사를 합병하였다. 취득일 현재 B사는 신약 개발 프로젝트를 진행 중인데 지출금액을 모두 비용으로 인식하였다. 또한 취득일 현재 B사가 인식한 무형자산은 없다. 신약 개발 프로젝트를 제외한 B사 자산의 공정가치는 ₩100,000이며, 부채의 공정가치는 ₩40,000이다. A사는 합병의 대가로 B사 주주에게 현금 ₩100,000을 지급하였다.

1 A사가 신약 개발 프로젝트의 공정가치를 ₩20,000으로 신뢰성 있게 측정할 수 있을 때, 취득일에 A사가 개별적으로 인식할 무형자산과 영업권은 각각 얼마인가?

2 만약 위 물음과 다르게 신약 개발 프로젝트의 공정가치를 신뢰성 있게 측정할 수 없다면, 취득일에 A사가 개별적으로 인식할 무형자산과 영업권은 각각 얼마인가?

풀이

1 (1) 개별적으로 인식할 무형자산: 20,000(신약 개발 프로젝트 지출)
(2) 영업권: 100,000 − [(100,000 − 40,000) + 20,000] = 20,000
[A사의 합병일 회계처리]

차) B사 자산	100,000	대) B사 부채	40,000
개별 무형자산	20,000	현금	100,000
영업권	20,000		

2 (1) 개별적으로 인식할 무형자산: 0
* 공정가치를 신뢰성 있게 측정할 수 없으므로 개별적으로 인식하지 않음
(2) 영업권: 100,000 − (100,000 − 40,000) = 40,000
[A사의 합병일 회계처리]

차) B사 자산	100,000	대) B사 부채	40,000
영업권	40,000	현금	100,000

3) 내부적으로 창출한 영업권

영업권은 사업결합과정에서 취득·인수하는 피취득자의 순자산 공정가치를 초과하여 대가를 지급할 경우에만 인식한다. 그러므로 내부적으로 창출한 영업권은 무형자산으로 인식하지 않는다. 그 이유는 내부적으로 창출한 영업권은 취득원가를 신뢰성 있게 측정할 수 없고, 기업이 통제하고 있는 식별 가능한 자원이 아니기 때문이다.

Additional Comment

A사가 경영 노하우나 우수한 인적자원을 아무리 많이 보유하고 있어도 A사 스스로 영엽권을 인식할 수 없다. 그러나 다른 회사가 A사를 합병할 때 A사의 노하우나 우수한 인적자원을 고려하여 A사의 순자산 공정가치를 초과하여 대가를 지급한 경우에는 다른 회사는 영업권을 인식할 수 있다.

4) 내부적으로 창출한 브랜드 등

내부적으로 창출한 브랜드, 제호, 출판표제, 고객 목록과 이와 실질이 유사한 항목은 무형자산으로 인식하지 않는다. 이는 사업을 전체적으로 개발하는 데 발생한 원가와 구별할 수 없으므로 무형자산으로 인식하지 아니한다. 다만, 브랜드, 고객 목록 등을 외부에서 대가로 지급하고 구입하는 경우에는 무형자산으로 인식한다.

그러나 브랜드, 제호, 출판표제, 고객 목록과 이와 실질이 유사한 항목에 대한 취득이나 완성 후의 지출은 외부에서 취득하였는지 또는 내부적으로 창출하였는지에 관계없이 발생시점에 항상 당기손익으로 인식한다. 그 이유는 이러한 지출은 사업을 전체적으로 개발하기 위한 지출과 구분할 수 없기 때문이다.

구분	최초 인식	취득 or 완성 후의 지출
내부적으로 창출한 브랜드, 고객 목록 등	당기비용으로 인식	당기비용으로 인식
외부에서 구입한 브랜드, 고객 목록 등	무형자산으로 인식	

5) 정부보조에 의한 취득

정부보조로 무형자산을 무상이나 낮은 대가로 취득할 수 있다. 이 경우, 정부보조로 무형자산을 취득하는 경우 무형자산과 정부보조금 모두를 최초에 공정가치로 인식할 수 있다. 최초에 자산을 공정가치로 인식하지 않기로 선택하는 경우에는, 자산을 명목상 금액과 의도한 용도로 사용할 수 있도록 준비하는 데 직접 관련되는 지출을 합한 금액으로 인식한다.

Additional Comment

정부가 공항착륙권, 라디오나 텔레비전 방송국 운영권, 수입면허 또는 수입할당이나 기타 제한된 자원을 이용할 수 있는 권리를 기업에게 이전하거나 할당하는 경우가 있는데, 이것이 정부보조로 무형자산을 무상이나 낮은 대가로 취득하는 예이다.

> **사례연습 4: 정부보조에 의한 취득**

㈜포도는 정부로부터 공정가치 ₩10,000의 주파수이용권을 현금 ₩2,000에 취득하였다. 이 경우 취득일에 ㈜포도가 수행할 회계처리를 보이시오.

풀이

[무형자산과 정부보조금을 모두 공정가치로 측정]

차) 주파수이용권	10,000	대) 현금	2,000
		정부보조금	8,000

[무형자산을 공정가치로 측정하지 않기로 선택]

차) 주파수이용권	2,000	대) 현금	2,000

6) 교환에 의한 취득

하나 이상의 무형자산을 하나 이상의 비화폐성자산 또는 화폐성자산과 비화폐성자산이 결합된 대가와 교환하여 취득하는 경우, 다음 중 하나에 해당하는 경우를 제외하고는 무형자산의 취득원가는 제공한 자산의 공정가치로 측정한다(➲ 유형자산과 동일).

① 교환거래에 상업적 실질이 결여된 경우
② 취득한 자산과 제공한 자산의 공정가치를 둘 다 신뢰성 있게 측정할 수 없는 경우

취득한 자산을 공정가치로 측정하지 않는 경우에 취득원가는 제공한 자산의 장부금액으로 측정한다.

기출 Check 4

무형자산에 관한 설명으로 옳지 않은 것은? [공인회계사 2016년]

① 사업결합으로 취득한 연구·개발 프로젝트의 경우 사업결합 전에 그 자산을 피취득자가 인식하였는지 여부에 관계없이 취득일에 무형자산의 정의를 충족한다면 취득자는 영업권과 분리하여 별도의 무형자산으로 인식한다.
② 내부적으로 창출한 브랜드, 제호, 출판표제, 고객 목록은 무형자산으로 인식하지 않는다.
③ 자산을 운용하는 직원의 교육훈련과 관련된 지출은 내부적으로 창출한 무형자산의 원가에 포함한다.
④ 무형자산을 창출하기 위한 내부 프로젝트를 연구단계와 개발단계로 구분할 수 없는 경우에 그 프로젝트에서 발생한 지출은 모두 연구단계에서 발생한 것으로 본다.
⑤ 교환거래(사업결합과정에서 발생한 것이 아닌)로 취득한 동일하거나 유사한, 비계약적 고객관계는 고객관계를 보호할 법적 권리가 없는 경우에도 무형자산의 정의를 충족한다.

풀이

외부에서 취득하였는지 또는 내부적으로 창출하였는지에 관계없이 취득이나 완성 후의 지출(후속지출)은 발생시점에 당기손익으로 인식한다.

정답: ③

01 무형자산 후속측정의 의의

무형자산은 유형자산과 동일하게 회계정책으로 원가모형이나 재평가모형을 선택할 수 있다. 재평가모형을 적용하는 경우에는 같은 분류의 기타 모든 자산과 그에 대한 활성시장이 없는 경우를 제외하고는 동일한 방법을 적용하여 회계처리한다.

Additional Comment

무형자산에 재평가모형을 적용하기 위해서는 동 무형자산에 대한 활성시장이 존재하는 경우에만 가능하다. 우리나라에서는 무형자산의 활성시장이 존재하는 경우가 거의 없으므로 무형자산에 대해서 재평가모형을 적용하는 경우는 찾기 어려울 것으로 보인다.

Self Study

무형자산은 영업상 유사한 성격과 용도로 분류한다. 자산을 선택적으로 재평가하거나 재무제표에서 서로 다른 기준일의 원가와 가치가 혼재된 금액을 보고하는 것을 방지하기 위하여 같은 분류 내의 무형자산 항목들은 동시에 재평가한다.

02 원가모형

기업이 원가모형을 선택하였을 경우 무형자산의 매 보고기간 말 상각해야 한다. 최초 인식 후에 무형자산은 원가에서 상각누계액과 손상차손누계액을 차감한 금액을 장부금액으로 한다.

(1) 내용연수의 구분

무형자산도 유형자산처럼 내용연수 동안 상각을 한다. 그러나 일부 무형자산은 내용연수가 얼마나 되는지 추정하기 어렵다. 그러므로 무형자산을 상각하기 위해서는 우선 무형자산의 내용연수가 유한한지 또는 비한정인지 평가할 필요가 있다. 관련된 모든 요소의 분석에 근거하여, 그 자산이 순현금유입을 창출할 것으로 기대되는 기간에 대하여 예측 가능한 제한이 없다면, 무형자산의 내용연수가 비한정인 것으로 본다.

Additional Comment

무형자산의 내용연수가 유한한 경우에는 내용연수 동안 상각을 하지만, 무형자산의 내용연수가 비한정인 경우에는 상각을 하지 않는다. 이때 '비한정'이라는 용어는 '무한'을 의미하지는 않는다. 그 이유는 무형자산의 내용연수를 추정하는 시점에서 여러 가지 요인을 종합적으로 고려하여 볼 때 미래경제적효익의 지속연수를 결정하지 못할 뿐이지 미래경제적효익이 무한히 지속될 것으로 보는 것은 아니기 때문이다.

(2) 내용연수가 유한한 무형자산의 상각

1) 내용연수

무형자산의 내용연수가 유한하다면 자산의 내용연수기간이나 내용연수를 구성하는 생산량 및 이와 유사한 단위를 평가하여 내용연수를 결정한다.

계약상 권리 또는 기타 법적 권리로부터 발생하는 무형자산의 내용연수는 그러한 계약상 권리 또는 기타 법적 권리의 기간을 초과할 수는 없지만, 자산의 예상 사용기간에 따라 더 짧을 수는 있다. 만약 계약상 또는 기타 법적 권리가 갱신 가능한 한정된 기간 동안 부여된다면, 유의적인 원가 없이 기업에 의해 갱신될 것이 명백한 경우에만 그 갱신기간을 무형자산의 내용연수에 포함한다.

이러한 무형자산의 내용연수는 경제적 요인과 법적 요인의 영향을 받는다. 경제적 요인은 자산의 미래경제적효익이 획득되는 기간을 결정하고, 법적 요인은 기업이 그 효익에 대한 접근을 통제할 수 있는 기간을 제한한다. 이때 내용연수는 경제적 내용연수와 법적 내용연수 중에서 짧은 기간으로 한다.

> **Self Study**
>
> 내용연수의 불확실성으로 인하여 무형자산의 내용연수를 신중하게 추정하는 것은 정당하지만, 비현실적으로 짧은 내용연수를 선택하는 것은 정당화되지 않는다.

2) 잔존가치

내용연수가 유한한 무형자산의 잔존가치는 다음 중 하나에 해당하는 경우를 제외하고는 '0'으로 한다.

> ① 내용연수 종료시점에 제3자가 자산을 구입하기로 한 약정이 있다.
> ② 무형자산의 활성거래 시장이 존재하고 그 활성거래 시장에 기초하여 잔존가치를 결정할 수 있으며, 그러한 활성거래 시장이 내용연수 종료시점에 존재할 가능성이 높다.

무형자산의 잔존가치는 해당 자산의 장부금액과 같거나 큰 금액으로 증가할 수도 있다. 이 경우에는 자산의 잔존가치 이후에 장부금액보다 작은 금액으로 감소될 때까지는 무형자산의 상각액은 '0'이 된다.

3) 상각방법

내용연수가 유한한 무형자산의 상각대상금액은 내용연수 동안 체계적인 방법으로 배분하여야 한다. 무형자산의 상각방법은 자산의 경제적 효익이 소비될 것으로 예상되는 형태를 반영한 방법이어야 하며, 이러한 상각방법에는 정액법, 체감잔액법과 생산량비례법이 있다. (⇒ 모든 방법 선택가능)

상각방법은 자산이 갖는 예상되는 미래경제적효익의 소비 형태에 기초하여 선택하고, 예상되는 미래경제적효익의 소비 형태가 달라지지 않는다면 매 회계기간에 일관성 있게 적용한다. 다만, 그 형태를 신뢰성 있게 결정할 수 없는 경우에는 정액법을 사용한다.

무형자산 사용을 포함하는 활동에서 창출되는 수익에 기초한 상각방법은 반증할 수 없는 한 적절하지 않다고 간주한다. 그러나 다음 중 어느 하나에 해당하는 경우에는 수익에 기초한 상각방법을 제한적으로 허용한다.

① 무형자산이 수익의 측정치로 표시되는 경우
② 수익과 무형자산의 경제적 효익 소비 간에 밀접하게 상관관계가 있음을 제시할 수 있는 경우

Additional Comment

> 어떠한 경우에는 창출된 수익이 상각의 적절한 기준이 될 수 있다. 예를 들어, 기업이 금광에서 금을 탐사하고 채굴할 수 있는 권리를 취득할 경우 그 계약의 만료가 특정기간이나 채굴된 금의 양에 기초하지 않고, 채굴에서 발생하는 총누적수익에 기초할 수 있다. 이와 같은 경우 창출된 고정 총수익금액이 그 계약에 명시된다면 창출된 수익이 무형자산 상각의 적절한 기준이 될 수도 있다.

상각액은 다른 자산이 장부금액에 포함하도록 허용하거나 요구하는 경우를 제외하고는 당기손익으로 인식한다. 즉, 제조과정에서 사용된 무형자산의 상각과 같이 다른 자산의 생산에 소모되는 경우에는 재고자산 등 다른 자산의 장부금액에 포함시킨다.

4) 상각의 개시와 중지

내용연수가 유한한 무형자산의 상각은 당해 무형자산이 사용가능한 때부터(즉, 자산을 경영자가 의도하는 방식으로 운영할 수 있는 위치와 상태에 이르렀을 때부터) 시작한다.

무형자산의 상각은 매각예정비유동자산으로 분류되는 날과 자산이 재무상태표에서 제거되는 날 중 이른 날에 중지한다. 또한 무형자산은 그 자산을 사용하지 않을 때에도 상각을 중지하지 않는다. 다만, 완전히 상각한 경우에는 상각을 중지한다.

5) 상각기간과 상각방법, 잔존가치의 검토

무형자산의 상각기간과 상각방법 그리고 잔존가치는 적어도 매 회계연도 말에 검토한다. 검토 결과 상각기간, 상각방법 및 잔존가치를 변경하는 경우에는 회계추정의 변경으로 보고 전진적으로 회계처리한다. 즉, 변경연도부터 변경된 추정치를 이용하여 무형자산 상각비를 계산한다.

(3) 내용연수가 비한정인 무형자산

내용연수가 비한정인 무형자산은 상각을 하지 않는다. 대신 매년 또는 무형자산의 손상을 시사하는 징후가 있을 때 회수가능액과 장부금액을 비교하여 손상검사를 수행하여야 한다.

기업은 매 회계기간에 내용연수가 비한정이라는 평가가 정당한지 검토하여야 한다. 사건과 상황이 그러한 평가를 정당화하지 않는 경우에는 비한정 내용연수를 유한 내용연수로 변경해야 하며, 이 경우 회계추정의 변경으로 회계처리한다. 이와 같이 비한정 내용연수를 유한 내용연수로 재추정하는 것은 그 자산의 손상을 시사하는 하나의 징후가 된다. 따라서 손상검사를 하고 장부금액이 회수가능액을 초과하면 손상차손을 인식한다.

[무형자산의 상각 정리]

구분		내용
내용연수	유한	상각 ○, 내용연수: Min[법적 내용연수, 경제적 내용연수], 손상징후가 있는 경우 손상검사를 수행
	비한정(≠ 무한)	상각 ×, 매년 그리고 손상징후가 있을 때 손상검사를 수행
상각방법		경제적 효익이 소비되는 형태를 신뢰성 있게 결정할 수 없는 경우에는 정액법 사용 (요건 충족 시, 예외적으로 수익에 기초한 상각방법 적용 가능)
잔존가치		예외사항을 제외하고는 '0'으로 한다.
후속측정		원가모형, 재평가모형 중 선택 가능(같은 분류 내의 무형자산 항목들을 동시에 재평가)

사례연습 5: 내용연수가 유한한 무형자산

아래의 각 사례는 서로 독립적이며 모든 회사의 회계기간은 1월 1일부터 12월 31일까지이다. 각 회사는 모두 원가모형을 적용하며, 상각방법은 정액법을 사용한다.

1 A사는 이메일 발송용 고객목록을 20×1년 7월 1일 ₩200,000에 취득하였다. 회사는 당해 고객목록 정보로부터 1 ~ 3년간 효익을 얻을 것으로 기대하고 있다. 회사의 경영진은 내용연수에 대한 최선의 추정기간을 2.5년으로 결정하였다. A사가 동 무형자산에 대해 인식할 20×1년의 무형자산상각비를 구하시오.

2 B사는 20×1년 9월 1일 무형자산을 ₩40,000에 취득하였다. 동 무형자산은 15년 동안 순현금유입의 원천이 될 것으로 예상된다. 회사는 동 무형자산을 취득한 가액의 40%로 4년 후에 동 무형자산을 구매하려는 제3자와 약정하였으며, 4년 후에 동 무형자산을 매각할 의도를 가지고 있다. B사가 동 무형자산에 대해 인식할 20×1년의 무형자산상각비를 구하시오.

3 C사는 20×1년 11월 1일 법정 잔여연수가 10년인 저작권을 ₩150,000에 취득하여 사용하였으며, 시장분석을 통해 동 저작권이 20×1년 말 현재로 4년 동안만 순현금유입을 창출할 것이라는 증거를 확보하였다. C사가 동 무형자산에 대해 인식할 20×1년의 무형자산상각비를 구하시오.

4 D사가 보유하고 있는 면세점 라이선스는 매 9년마다 갱신이 가능하다. 9년 후에 갱신하여야 하며 면세점 라이선스를 20×1년 초 ₩1,000,000에 취득하였다. 이 라이선스는 거의 원가 없이 비한정으로 갱신할 수 있으며 최근의 취득 이전에 두 번 갱신하였다. 회사는 라이선스를 비한정으로 갱신하려는 의도를 가지고 있으며 갱신할 수 있는 능력을 가지고 있다는 증거도 있다. 과거에 라이선스를 갱신하는 데 어려움은 없고 라이선스는 비한정으로 기업의 순현금유입에 기여할 것으로 기대된다. 그러나 동 라이선스에 대해 발급기관이 20×2년 초의 시점에 더 이상 라이선스를 갱신해주지 않고 이를 회수하기로 결정하였다. 회사는 만료시점까지 라이선스가 순현금유입에 기여할 것으로 예상한다. D사가 동 무형자산에 대해 인식할 20×2년의 무형자산상각비를 구하시오.

5 12월 말 결산법인인 B사는 20×1년 5월 1일 사업결합의 성과로 식별 가능한 무형자산인 고객목록을 공정가치 ₩50,000에 취득하였다. B사는 고객목록에 대하여 원가모형을 적용하기로 하였으며, 미래경제적효익이 소멸되는 형태를 합리적으로 추정할 수 없다고 판단하였다. B사는 고객목록의 경제적 내용연수를 비한정으로, 20×1년 말 회수가능액은 ₩20,000으로 추정하였으나 손상징후가 발생하지는 않는다. 또한 B사는 20×1년 10월에 고객목록과 관련하여 현금 ₩10,000을 추가적으로 지출하였다. 동 거래가 B사의 20×1년의 당기손익에 미치는 영향은 얼마인가?

풀이

1 20×1년 무형자산상각비: 40,000 = (200,000 − 0) × 1/2.5 × 6/12

2 20×1년 무형자산상각비: 2,000 = (40,000 − 40,000 × 40%) × 1/4 × 4/12

3 20×1년 무형자산상각비: 6,000 = (150,000 − 0) × 2/(2 + 48)

4 20×2년 무형자산상각비: 125,000 = 1,000,000 × 1/8

5 20×1년 당기손익에 미친 영향: (30,000) + (10,000) = (−)40,000
  - (1) 무형자산 손상차손: 20,000 − 50,000 = (−)30,000
    * 내용연수가 비한정인 무형자산은 손상징후에 관계없이 손상차손을 인식하므로 손상차손을 인식한다.
  - (2) 고객목록에 대한 지출액: (−)10,000
    * 고객목록 등은 외부에서 취득하였는지 또는 내부적으로 창출하였는지에 관계없이 취득이나 완성 후의 지출을 발생시점에 당기손익으로 인식한다.

기업회계기준서 제1038호 '무형자산'에 관한 다음 설명 중 옳지 않은 것은? [공인회계사 2021년]

① 개별 취득하는 무형자산의 원가는 그 자산을 경영자가 의도하는 방식으로 운용될 수 있는 상태에 이를 때까지 인식하므로 무형자산을 사용하거나 재배치하는 데 발생하는 원가도 자산의 장부금액에 포함한다.

② 미래경제적효익이 기업에 유입될 가능성은 무형자산의 내용연수 동안의 경제적 상황에 대한 경영자의 최선의 추정치를 반영하는 합리적이고 객관적인 가정에 근거하여 평가하여야 한다.

③ 자산의 사용에서 발생하는 미래경제적효익의 유입에 대한 확실성 정도에 대한 평가는 무형자산을 최초로 인식하는 시점에서 이용 가능한 증거에 근거하며, 외부 증거에 비중을 더 크게 둔다.

④ 무형자산의 미래경제적효익은 제품의 매출, 용역수익, 원가절감 또는 자산의 사용에 따른 기타 효익의 형태로 발생할 수 있다.

⑤ 내부적으로 창출한 영업권은 원가를 신뢰성 있게 측정할 수 없고 기업이 통제하고 있는 식별가능한 자원이 아니기 때문에 자산으로 인식하지 아니한다.

풀이

개별 취득하는 무형자산의 원가는 그 자산을 경영자가 의도하는 방식으로 운용될 수 있는 상태에 이를 때까지 인식하므로 무형자산을 사용하거나 재배치하는 데 발생하는 원가는 무형자산의 장부금액에 포함하지 않는다.

정답: ①

03 재평가모형

최초 인식 후에 재평가모형을 적용하는 무형자산은 재평가일의 공정가치에서 이후의 상각누계액과 손상차손누계액을 차감한 재평가금액을 장부금액으로 한다. 재평가 목적상 공정가치는 활성시장을 기초로 하여 측정한다. 재평가모형을 적용하는 경우 다음 사항은 허용하지 않는다.

① 이전에 자산으로 인식하지 않은 무형자산의 재평가
② 원가가 아닌 금액으로 무형자산을 최초로 인식

재평가모형을 적용하는 경우 최초 인식 후의 무형자산은 재평가일의 공정가치에서 상각누계액과 손상차손누계액을 차감한 금액을 장부금액으로 한다. 보고기간 말에는 무형자산의 장부금액이 공정가치와 중요하게 차이가 나지 않도록 주기적으로 재평가를 실시한다.

재평가한 무형자산과 같은 분류 내의 무형자산을 그 자산에 대한 활성시장이 없어서 재평가할 수 없는 경우에는 원가에서 상각누계액과 손상차손누계액을 차감한 금액으로 표시한다. 또한 재평가한 무형자산의 공정가치를 더 이상 활성시장을 기초로 하여 결정할 수 없는 경우에 자산의 장부금액은 활성시장을 기초로 한 최종 재평가일의 재평가금액에서 이후의 상각누계액과 손상차손누계액을 차감한 금액으로 한다.

재평가모형은 자산을 원가로 최초에 인식한 후에 적용한다. 그러나 일부 과정이 종료될 때까지 인식기준을 충족하지 않아서 무형자산 원가의 일부만 자산으로 인식한 경우에는 그 자산 전체에 대하여 재평가모형을 적용할 수 있다. 또한 정부보조를 통하여 취득하고 명목상 금액으로 인식한 무형자산에도 재평가모형을 적용할 수 있다.

A사가 신기술 개발을 위하여 총 ₩10,000을 지출하였는데, 이 중 ₩7,000은 무형자산의 인식기준을 충족하기 전에 발생한 것이므로 비용으로 인식하고 나머지 ₩3,000을 무형자산으로 인식하였다. 이 경우 A사가 개발한 신기술에 대한 활성시장이 존재한다면 A사는 신기술 전체에 대해서 재평가모형을 적용할 수 있으며, 그 결과 신기술 관련 무형자산을 ₩3,000보다 더 큰 금액으로 인식할 수 있다.

무형자산의 재평가모형은 공정가치의 측정을 제외하고는 유형자산의 재평가모형과 동일하다.

04 손상

무형자산은 매 보고기간 말마다 자산손상 징후가 있는지를 검토하고 그러한 징후가 있다면 해당 자산의 회수가능액을 추정한다. 그러나 다음의 경우에는 자산손상 징후가 있는지에 관계없이 회수가능액과 장부금액을 비교하여 손상검사를 한다.

① 내용연수가 비한정인 무형자산이나 아직 사용할 수 없는 무형자산은 일 년에 한 번 손상검사를 한다.
② 사업결합으로 취득한 영업권은 일 년에 한 번 손상검사를 한다.

1. 손상검사를 매년 같은 시기에 수행한다면 연차 회계기간 중 어느 때에라도 할 수 있다. 서로 다른 무형자산은 각기 다른 시점에 손상검사를 할 수 있다. 다만, 해당 회계연도 중에 이러한 무형자산을 처음 인식한 경우에는 해당 회계연도 말 전에 손상검사를 한다.
2. 무형자산의 손상은 유형자산의 손상과 동일하다.

사례연습 6: 무형자산의 상각 및 손상

㈜사과는 20×1년 초 사업결합을 통하여 주파수 이용권과 회원권을 무형자산으로 인식하였으며, 공정가치는 각각 ₩1,000,000과 ₩2,500,000이다. ㈜사과는 무형자산에 대하여 매 보고기간 말 원가모형을 적용하여 평가하며, 20×1년과 20×2년 말 현재 주파수 이용권과 회원권의 회수가능액은 다음과 같다.

구분	20×1. 12. 31.	20×2. 12. 31.
주파수 이용권	₩720,000	₩900,000
회원권	₩2,500,000	₩2,000,000

주파수 이용권의 내용연수는 5년이며, 회원권의 내용연수는 비한정으로 판단된다. ㈜사과는 무형자산을 정액법으로 상각하며, 잔존가치는 ₩0으로 가정한다.

무형자산과 관련하여 ㈜사과가 인식할 다음 ①부터 ⑥까지의 금액을 계산하시오(단, 회수가능액이 장부금액보다 낮으면 손상징후가 있는 것으로 가정한다).

구분	20×1년도	20×2년도
무형자산상각비	①	④
손상차손	②	⑤
손상차손환입	③	⑥

풀이

구분	20×1년도	20×2년도
무형자산상각비	① 200,000	④ 180,000
손상차손	② 80,000	⑤ 500,000
손상차손환입	③ 0	⑥ 60,000

1. 20×1년
   (1) 무형자산상각비: 1,000,000/5년 = 200,000
   (2) 손상차손(주파수): 800,000 − 720,000 = 80,000

2. 20×2년
   (1) 무형자산상각비: 720,000/4년 = 180,000
   (2) 손상차손환입(주파수): Min[900,000, 600,000[1)]] − 540,000 = 60,000
       1) 1,000,000 − 1,000,000 × 2/5 = 600,000
   (3) 손상차손(회원권): 2,500,000 − 2,000,000 = 500,000

[20×1년 초]

차) 주파수이용권	1,000,000	대) 현금	1,000,000
차) 회원권	2,500,000	대) 현금	2,500,000

[20×1년 말]

차) 무형자산상각비(주파수이용권)	200,000	대) 상각누계액(주파수이용권)	200,000
차) 손상차손(주파수이용권)	80,000	대) 손상차손누계액(주파수이용권)	80,000

[20×2년 말]

차) 무형자산상각비(주파수이용권)	180,000	대) 상각누계액(주파수이용권)	180,000
차) 손상차손누계액(주파수이용권)	60,000	대) 손상차손환입	60,000
차) 손상차손(회원권)	500,000	대) 손상차손누계액(회원권)	500,000

05 제거

무형자산은 다음의 각 경우에 재무상태표에서 제거하고, 제거로 인하여 발생하는 손익은 당해 자산을 제거할 때 당기손익으로 인식한다.

① 처분하는 때
② 사용이나 처분으로부터 미래경제적효익이 기대되지 않을 때

Self Study

무형자산의 제거는 유형자산의 제거와 동일하다.

III 내부적으로 창출한 무형자산

내부적으로 창출한 무형자산의 경우에는 다음과 같은 이유로 자산의 인식기준에 부합하는지 평가하기 쉽지가 않다.

① 기대 미래경제적효익을 창출할 식별 가능한 자산의 존재 유무와 시점 파악이 어렵다.
② 자산의 취득원가를 신뢰성 있게 결정하는 것이 어렵다.

그러므로 한국채택국제회계기준 기준서 제1038호는 내부적으로 창출한 무형자산은 무형자산의 인식과 최초측정에 대한 일반 규정과 함께 추가적인 지침을 고려하여 내부적으로 창출한 무형자산을 회계처리하도록 규정하고 있다.

Additional Comment

제약회사가 암 치료를 위한 신약 연구개발을 할 경우 연구개발 기간이 수년에 걸쳐 이루어지고 많은 금액이 소요되는데, 연구개발을 위한 지출을 무형자산으로 인식할 것인지를 판단하는 것은 쉽지 않다. 그 이유는 당해 연도에 연구개발 목적으로 지출한 금액이 미래경제적효익의 유입으로 이어질 것인지 불확실하기 때문이다.

01 연구단계와 개발단계의 구분

내부적으로 창출한 무형자산이 인식기준을 충족하는지를 평가하기 위하여 무형자산의 창출과정을 연구단계와 개발단계로 구분해야 한다. 연구단계와 개발단계의 정의와 일반적인 예는 다음과 같다.

> ① 연구단계: 새로운 과학적, 기술적 지식이나 이해를 얻기 위해 수행하는 독창적이고 계획적인 탐구활동
> ② 개발단계: 상업적인 생산이나 사용 전에 연구결과나 관련 지식을 새롭거나 현저히 개량된 재료, 장치, 제품, 공정, 시스템이나 용역의 생산을 위한 계획이나 설계에 적용하는 활동

연구활동과 개발활동의 예는 다음과 같다.

> **연구활동의 예**
>
> ① 새로운 지식을 얻고자 하는 활동
> ② 연구결과나 기타 지식을 탐색, 평가, 최종 선택, 응용하는 활동
> ③ 재료, 장치, 제품, 공정, 시스템, 용역 등에 대한 여러 가지 대체안을 탐색하는 활동
> ④ 새롭거나 개선된 재료, 장치, 제품, 공정, 시스템이나 용역에 대한 여러 가지 대체안을 제안, 설계, 평가, 최종 선택하는 활동

> **개발활동의 예**
>
> ① 생산이나 사용 전의 시제품과 모형을 설계, 제작, 시험하는 활동
> ② 새로운 기술과 관련된 공구, 금형, 주형 등을 설계하는 활동
> ③ 상업적 생산 목적으로 실현가능한 경제적 규모가 아닌 시험공장을 설계, 건설, 가동하는 활동
> ④ 신규 또는 개선된 재료, 장치, 제품, 공정, 시스템이나 용역에 대하여 최종적으로 선정된 안을 설계, 제작, 시험하는 활동

Additional Comment

무형자산을 창출하기 위한 내부 프로젝트의 연구단계에서는 미래경제적효익을 창출할 무형자산이 존재한다는 것을 제시할 수 없는 반면, 개발단계는 연구단계보다 훨씬 더 진전되어 있는 상태이기 때문에 어떤 경우에는 개발단계에서 무형자산을 식별할 수 있고, 그 무형자산이 미래경제적효익을 창출할 것임을 제시할 수 있다. 그러므로 내부 프로젝트가 어느 단계에 있는지 구분하는 것이 중요하다.

Self Study

무형자산을 창출하기 위한 내부 프로젝트를 연구단계와 개발단계로 구분할 수 없는 경우에 그 프로젝트에서 발생한 지출은 모두 연구단계에서 발생한 것으로 본다.

기출 Check 6

다음은 ㈜국세의 20×1년도 연구 및 개발활동 지출 내역이다. ㈜국세가 20×1년도 연구활동으로 분류해야 하는 금액은 얼마인가? [세무사 2012년]

• 새로운 지식을 얻고자 하는 활동	₩100,000
• 생산이나 사용 전의 시제품과 모형을 제작하는 활동	₩150,000
• 상업적 생산 목적으로 실현 가능한 경제적 규모가 아닌 실험공장을 건설하는 활동	₩200,000
• 연구결과나 기타 지식을 응용하는 활동	₩300,000

① ₩100,000　　　　② ₩250,000　　　　③ ₩400,000
④ ₩450,000　　　　⑤ ₩750,000

풀이

연구활동으로 분류되는 금액: 400,000
(1) 새로운 지식을 얻고자 하는 활동: 100,000
(2) 연구결과나 기타 지식을 응용하는 활동: 300,000

정답: ③

02 내부적으로 창출한 무형자산의 회계처리

내부 프로젝트의 연구단계에서는 미래경제적효익을 창출할 무형자산이 존재한다는 것을 제시할 수 없다. 따라서 내부 프로젝트의 연구단계에서 발생한 지출은 발생시점에 비용으로 인식한다.

개발단계는 연구단계보다 훨씬 더 진전되어 있는 상태이기 때문에 어떤 경우에는 내부 프로젝트의 개발단계에서 무형자산을 식별할 수 있으며, 그 무형자산이 미래경제적효익을 창출할 것임을 제시할 수 있다. 그러므로 다음 사항을 모두 제시할 수 있는 경우에만 무형자산을 인식하고 그 이외의 경우에는 발생한 기간의 비용으로 인식한다.

① 무형자산을 사용하거나 판매하기 위해 그 자산을 완성할 수 있는 기술적 실현가능성
② 무형자산을 완성하여 사용하거나 판매하려는 기업의 의도
③ 무형자산을 사용하거나 판매할 수 있는 기업의 능력
④ 무형자산이 미래경제적효익을 창출하는 방법, 그 중에서도 특히 무형자산의 산출물이나 무형자산 자체를 거래하는 시장이 존재함을 제시할 수 있거나 또는 무형자산을 내부적으로 사용할 것이라면 그 유용성을 제시할 수 있다.
⑤ 무형자산의 개발을 완료하고 그것을 판매하거나 사용하는 데 필요한 기술적, 재정적 자원 등의 입수가능성
⑥ 개발과정에서 발생한 무형자산 관련 지출을 신뢰성 있게 측정할 수 있는 기업의 능력

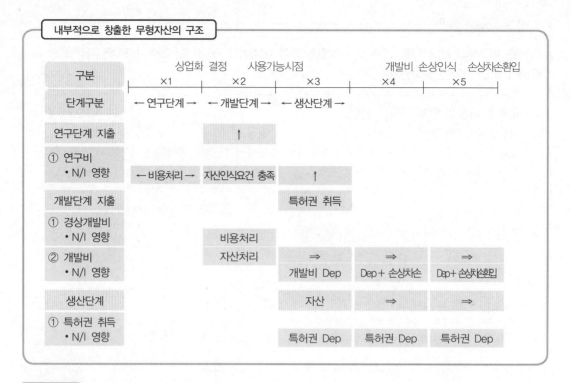

내부적으로 창출한 무형자산의 구조

구분	상업화 결정	사용가능시점		개발비 손상인식	손상차손환입
	×1	×2	×3	×4	×5
단계구분	← 연구단계 →	← 개발단계 →	← 생산단계 →		
연구단계 지출		↑			
① 연구비 • N/I 영향	← 비용처리 →	자산인식요건 충족	↑		
개발단계 지출			특허권 취득		
① 경상개발비 • N/I 영향		비용처리			
② 개발비 • N/I 영향		자산처리	개발비 Dep	Dep + 손상차손	Dep + 손상차손환입
생산단계			자산	⇒	⇒
① 특허권 취득 • N/I 영향			특허권 Dep	특허권 Dep	특허권 Dep

개발단계에서 발생한 지출이 위의 인식기준을 충족하면 개발비의 과목으로 무형자산으로 인식하고 위의 인식기준을 충족하지 못하면 경상개발비의 과목으로 당기비용으로 인식한다.

03 내부적으로 창출한 무형자산의 원가

내부적으로 창출한 무형자산의 원가는 그 자산의 창출, 제조 및 경영자가 의도하는 방식으로 운영될 수 있게 준비하는 데 필요한 직접 관련된 모든 원가를 포함한다. 직접 관련된 원가의 예는 다음과 같다.

① 무형자산의 창출에 사용되었거나 소비된 재료원가, 용역원가 등
② 무형자산의 창출을 위하여 발생한 종업원급여
③ 법적 권리를 등록하기 위한 수수료
④ 무형자산의 창출에 사용된 특허권과 라이선스의 상각비

그러나 다음 항목은 내부적으로 창출한 무형자산의 원가에 포함하지 아니한다.

> ① 판매비, 관리비 및 기타 일반경비 지출(다만, 자산을 의도한 용도로 사용할 수 있도록 준비하는 데 직접 관련된 경우는 제외)
> ② 계획된 성과를 달성하기 전에 발생한 명백한 비효율로 인한 자산 손실과 초기 영업 손실
> ③ 자산을 운용하는 직원의 교육훈련과 관련된 지출

이미 무형자산의 인식기준을 충족하지 못하여 비용으로 인식한 지출은 그 이후에 무형자산의 원가로 인식할 수 없다.

연구와 개발활동의 목적은 지식의 개발에 있다. 그러므로 이러한 활동의 결과 시제품과 같은 물리적 형체가 있는 자산이 만들어지더라도, 그 자산의 물리적 요소는 무형자산 요소에 부수적인 것으로 본다(➔ 무형자산으로 본다).

더하여 개발활동의 결과 산업재산권을 취득한 경우에는 산업재산권의 취득을 위하여 직접 지출된 금액만을 산업재산권의 원가로 인식한다. 따라서 개발비 미상각잔액은 산업재산권으로 대체할 수 없다.

Additional Comment

> 특허권과 개발활동은 일대일 대응이 되지 않는 경우가 많아 하나의 개발 프로젝트에서 여러 개의 산업재산권이 출원되기도 하며, 여러 개의 개발과제가 하나의 산업재산권을 형성하기도 하므로 당해 산업재산권의 원가를 식별하기 어렵다. 또한, 개발비와 산업재산권은 효익이 기대되는 기간이 다를 수 있기 때문에 관련된 개발비 미상각잔액을 산업재산권으로 대체한다면 당초의 내용연수와 달라져 상각금액이 달라진다. 그러므로 개발비 미상각잔액은 산업재산권으로 대체할 수 없다.

Self Study

> 내부적으로 창출된 무형자산의 취득원가는 무형자산의 인식기준이 모두 충족된 이후에 발생한 지출만을 포함한다. 따라서 과거 보고기간의 재무제표나 중간재무제표에서 비용으로 인식한 지출은 그 이후의 기간에 무형자산 취득원가의 일부로 인식할 수 없다.

다음은 ㈜현주의 연구소에서 개발하고 있는 신제품 A의 연구 및 개발활동과 관련된 자료이다. ㈜현주의 결산일은 매년 12월 31일이며, 무형자산을 원가모형으로 평가하고 있다.

(1) 20×1년 연구비로 ₩200,000을 지출하였고 개발비로 ₩800,000을 지출하였는데, 개발비 중 무형자산의 인식기준을 충족한 이후에 발생한 금액은 ₩300,000이다.

(2) 20×2년 추가 개발비로 ₩700,000을 지출하였으며, 동 금액은 무형자산의 인식기준을 충족한다.

(3) 개발비는 20×3년부터 사용이 가능하며 내용연수는 5년, 잔존가치는 없고 정액법으로 상각한다.

(4) 20×3년 초 개발활동의 결과를 바탕으로 특허권을 취득하였는데, 특허권 취득과 관련하여 직접 지출한 금액은 ₩100,000이다. 특허권의 내용연수는 5년, 잔존가치는 없고 정액법으로 상각한다.

(5) 20×4년 말에 경쟁업체의 유사제품 출시로 개발비의 회수가능액이 ₩450,000으로 추정되었으나, 20×5년 말에 관련 시장의 소비자들이 ㈜현주의 제품이 월등히 우수한 것으로 판단함에 따라 개발비의 회수가능액이 ₩700,000으로 회복되었다.

동 거래와 관련하여 매년 말 ㈜현주가 수행하여야 할 회계처리를 보이시오.

풀이

1. 연도별 분석

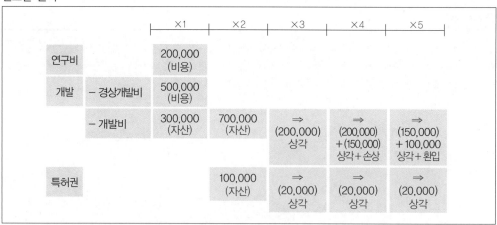

* 개발비 상각비(손상 전): (300,000 + 700,000 − 0)/5년 = 200,000
* 개발비 상각비(손상 후): 450,000/3년 = 150,000
* 특허권 상각비: 100,000/5년 = 20,000

2. 개발비 손상

구분	×4	×5
손상 전 장부가액	600,000	400,000
회수가능액	450,000	700,000
손상 후 장부가액	450,000	300,000[1]

[1] 손상 후 장부가액(×5년): 450,000 − 450,000/3년 = 300,000
* 손상차손환입: Min[400,000, 700,000] − 300,000 = 100,000

3. B/S, I/S에 미치는 영향

×1 N/I	연구비 (200,000) + 경상개발비 (500,000) = (−)700,000
×2 개발비 B/S	×1년 지출 300,000 + ×2년 지출 700,000 = 1,000,000
×3 N/I	개발비상각비 (200,000) + 특허권상각비 (20,000) = (−)220,000
×4 N/I	개발비상각비 (200,000) + 특허권상각비 (20,000) + 개발비손상 (150,000) = (−)370,000
×5 N/I	개발비상각비 (150,000) + 특허권상각비 (20,000) + 개발비손상차손환입 100,000 = (−)70,000

4.

		차변		대변	
×1년	차) 연구비	200,000	대) 현금		1,000,000
	경상개발비	500,000			
	개발비	300,000			
×2년	차) 개발비	700,000	대) 현금		700,000
×3년 초	차) 특허권	100,000	대) 현금		100,000
×3년 말	차) 무형자산상각비	220,000	대) 개발비상각누계액		200,000
			특허권상각누계액		20,000
×4년 말	차) 무형자산상각비	220,000	대) 개발비상각누계액		200,000
			특허권상각누계액		20,000
	차) 손상차손	150,000	대) 손상차손누계액		150,000
×5년 말	차) 무형자산상각비	170,000	대) 개발비상각누계액		150,000
			특허권상각누계액		20,000
	차) 손상차손누계액	100,000	대) 손상차손환입		100,000

다음은 ㈜대한의 무형자산과 관련된 자료이다.

- ㈜대한은 탄소배출량을 혁신적으로 감소시킬 수 있는 신기술에 대해서 연구 및 개발활동을 수행하고 있다. ㈜대한의 20×1년과 20×2년의 연구 및 개발활동에서 발생한 지출내역을 요약하면 다음과 같다.

구분	20×1년	20×2년
연구활동	₩900,000	₩300,000
개발활동	–	₩3,500,000

- ㈜대한의 개발활동과 관련된 지출은 모두 무형자산의 인식요건을 충족한다.
- ㈜대한의 탄소배출량 감소와 관련된 신기술은 20×2년 중에 개발이 완료되었으며, 20×2년 10월 1일부터 사용가능하게 되었다.
- ㈜대한은 신기술 관련 무형자산에 대해서 원가모형을 적용하며 추정내용연수 20년, 잔존가치 ₩0, 정액법으로 상각한다.
- 20×3년 말 상기 신기술의 사업성이 매우 낮은 것으로 판명되었고, 신기술의 회수가능가액은 ₩2,000,000으로 평가되었다.

동 신기술 관련 무형자산 회계처리가 ㈜대한의 20×3년도 포괄손익계산서상 당기순이익에 미치는 영향은 얼마인가?

[공인회계사 2022년]

① ₩1,496,250 감소   ② ₩1,486,250 감소   ③ ₩1,480,250 감소

④ ₩1,456,250 감소   ⑤ ₩1,281,250 감소

풀이

1) 개발비의 취득원가: 3,500,000
2) 20×3년 말 개발비의 상각후원가: 3,500,000 × (240 – 15)/240 = 3,281,250
3) 20×3년 무형자산 상각비: 3,500,000/20 = 175,000
4) 20×3년 손상차손: 3,281,250 – 2,000,000 = 1,281,250
5) 20×3년 당기순이익에 미치는 영향: (–)175,000 – 1,281,250 = 1,456,250

정답: ④

3 탐사평가자산과 박토원가 및 웹사이트원가

I 탐사평가자산

01 탐사평가자산의 의의

광물자원은 광물, 석유, 천연가스, 석탄, 철광석 등 사용함에 따라 고갈되는 자원을 말한다. 광물자원을 개발하기 위해서 먼저 특정 지역을 탐사할 수 있는 권리를 획득하여야 한다. 탐사에 대한 권리를 확보한 후에는 광물자원에 대한 조사와 광물자원 추출의 기술적 실현가능성 및 상업화가능성에 대한 결정을 하여야 한다.

광물자원 추출의 기술적 실현가능성과 상업화가능성을 제시하기 전에 광물자원의 탐사와 평가와 관련하여 지출이 발생하게 되는데, 탐사평가자산은 이러한 지출 중 기업의 회계정책에 따라 자산으로 인식한 것을 말한다.

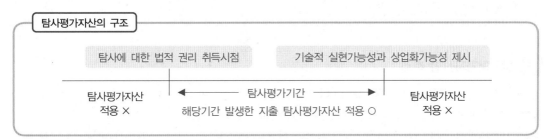

탐사평가자산의 구조

탐사에 대한 법적 권리 취득시점		기술적 실현가능성과 상업화가능성 제시
탐사평가자산 적용 ×	← 탐사평가기간 → 해당기간 발생한 지출 탐사평가자산 적용 ○	탐사평가자산 적용 ×

Self Study

광물자원의 탐사·평가와 관련하여 발생한 지출의 회계정책은 기업이 선택할 수 있다. 즉, 관련 지출을 당기비용으로 인식하는 회계정책을 선택할 수도 있고, 자산으로 인식하는 회계정책을 선택할 수도 있다. 기업이 탐사와 평가 관련하여 발생한 지출을 자산으로 인식하는 회계정책을 선택한 경우 탐사평가자산이 존재한다.

02 탐사평가자산의 최초 인식

기업이 회계정책에 따라 탐사평가 관련 지출을 자산으로 인식하기로 한 경우에는 당해 회계정책을 계속 적용한다. 탐사평가자산은 원가로 측정하며, 원가에 포함될 수 있는 지출의 예는 아래와 같다.

① 탐사권리의 취득
② 지형학적, 지질학적, 지구화학적 및 지구물리학적 연구
③ 탐사를 위한 시추
④ 굴착
⑤ 표본추출
⑥ 광물자산 추출의 기술적 실현가능성과 상업화가능성에 대한 평가와 관련된 활동

탐사평가자산은 그 성격에 따라 유형자산(예 차량운반구, 시추장비)이나 무형자산(예 시추권)으로 분류하고 이 분류를 일관되게 적용한다.

Self Study

탐사평가자산은 광물자원에 대한 탐사권리를 획득할 때부터 광물자원 추출의 기술적 실현가능성 및 상업화가능성을 제시할 수 있는 시점까지 발생한 지출을 자산으로 인식하는 것으로 **광물자원의 개발과 관련된 지출은 탐사평가자산으로 인식하지 않는다.**

03 탐사평가자산의 측정

탐사평가자산을 인식한 후에는 원가모형이나 재평가모형을 적용하며, 탐사평가자산의 장부금액이 회수가능액을 초과할 수 있는 사실이나 상황이 나타나면 손상에 대해 검토하여야 한다.

한편, 광물자원 추출에 대한 기술적 실현가능성과 상업화가능성을 제시할 수 있는 시점에는 더 이상 탐사평가자산으로 분류하지 않는다. 이 경우 탐사평가자산은 유형자산이나 무형자산으로 재분류하며, 탐사평가자산을 재분류하기 전에는 손상을 검토하여 손상차손을 인식한다.

[탐사평가자산의 정리]

구분	내용
최초 인식	원가로 측정(유형자산 or 무형자산으로 분류)
분류	성격에 따라 유형자산이나 무형자산으로 분류하여 일관되게 적용
후속측정	원가모형이나 재평가모형 선택 가능 장부금액 > 회수가능액: 손상 검토
기술적 실현가능성과 상업화가능성 제시할 수 있는 시점	더 이상 탐사평가자산으로 분류하지 않고 유형자산이나 무형자산으로 재분류 재분류하기 전에 손상을 검토하여 손상차손을 인식함

Self Study

탐사평가자산의 손상을 검토하여야 하는 사실이나 상황의 예는 다음과 같다.

① 특정지역 탐사에 대한 권리의 보유기간이 당기 중 만료되었거나 가까운 미래에 만료될 예정이고 갱신될 가능성이 없는 경우

② 특정지역 광물자원의 추가적 탐사와 평가를 위한 중요한 지출에 대한 예산이 편성되지 아니하거나 계획되지 아니한 경우

③ 특정지역 광물자원의 탐사와 평가를 통하여 상업적으로 실행 가능한 수량의 광물자원을 발견하지 못하였고 그 지역에 대한 탐사와 평가활동을 중단하기로 결정한 경우

④ 특정지역을 개발할 가능성이 있더라도 탐사평가자산의 장부금액이 개발의 성공이나 판매로 전액 회수되지 아니할 수 있다는 충분한 자료가 있는 경우

사례연습 8: 탐사평가자산

12월 말 결산법인인 ㈜7광구는 원유자원의 탐사 및 개발과 관련하여 20×1년 중 다음과 같은 금액을 지출하였다. ㈜7광구는 탐사평가자산을 무형자산으로 분류하고, 내용연수는 비한정으로 추정하였다. 탐사평가자산은 원가모형을 적용한다.

일자	내용	금액
1/1	원유매장지역 검토	₩10,000
2/5	필리핀 정부로부터 탐사에 대한 법적권리 획득	₩40,000
3/5	탐사를 위한 시추	₩20,000
5/7	굴착비용	₩30,000
8/1	광물자산 추출의 기술적 실현가능성 평가	₩25,000
12/31	원유운송비용	₩5,000

(1) ㈜7광구는 20×1년 8월 1일 광물자원이 추출의 기술적 실현가능성이 있다고 판단하였으며, 10월 1일부터 원유를 생산하고 있다.

(2) ㈜7광구는 기술적 실현가능성을 확인한 시점에 탐사평가자산을 원유개발권(무형자산)으로 재분류하였다. 원유개발권의 잔존가치는 없으며, 생산량비례법으로 상각한다. 원유매장량은 총 5,000배럴로 추정하며 이 중 2,500배럴을 생산하였다.

1 ㈜7광구가 탐사평가자산의 원가로 인식할 금액을 구하시오.

2 ㈜7광구가 20×1년에 해야 할 회계처리를 보이시오.

1 탐사평가자산의 원가: 115,000

일자	내용	탐사평가자산으로 인식한 금액
1/1	원유매장지역 검토	–
2/5	필리핀 정부로부터 탐사에 대한 법적권리 획득	40,000
3/5	탐사를 위한 시추	20,000
5/7	굴착비용	30,000
8/1	광물자산 추출의 기술적 실현가능성 평가	25,000
12/31	원유운송비용	–
	합계	115,000

2 [탐사평가 관련 지출]

차) 탐사평가자산	115,000	대) 현금	125,000
탐사관련비용	10,000		

[탐사평가 종료]

차) 원유개발권	115,000	대) 탐사평가자산	115,000

[결산 시]

차) 원유개발원가	57,500	대) 상각누계액[1]	57,500
차) 운송비용	5,000	대) 현금	5,000

[1] 115,000 × 2,500배럴/5,000배럴 = 57,500

II 박토원가

01 박토원가의 의의

박토는 노천채광작업에서 광상에 접근하기 위하여 광산폐석을 제거하는 활동을 말한다. 박토원가는 광산의 개발단계(생산시작 전)에서 광산의 개발 및 건설 관련 감가상각 가능 원가의 일부로 보통 자본화된다. 자본화된 원가는 생산이 시작되면 체계적인 방법(보통 생산량비례법을 사용)에 따라 감가상각하거나 상각한다.

한편, 채광 기업은 광산의 생산단계에서 계속적으로 표토층을 제거하고 박토원가를 발생시킬 수 있다. 박토활동으로 기업은 두 가지 효익을 얻을 수 있기 때문인데, 이는 재고자산을 생산하는 데 사용할 수 있는 유용한 광석을 얻고 미래 기간에 채광될 수 있는 물질의 추가 물량에 대한 접근이 개선될 수 있는 것을 말한다.

[박토원가의 의의]

구분	내용
박토원가의 성격	노천광산의 경우 광상에 접근하기 위해서 광산폐석의 제거가 필요한데, 폐석의 제거활동을 박토라고 한다.
개발단계	광상은 지표면에 노출되어 있지 않기 때문에 개발단계에서 표토층을 제거해야 한다. 발생한 박토원가는 광산의 개발 및 건설 관련 자산의 일부로 자본화한다.
생산단계	두 가지 효익(당기에 광석을 채취하는 것과 미래 기간에 광체에 대한 접근을 개선하는 것)을 얻을 수 있어 박토원가를 발생시킬 수 있다.

02 박토원가의 인식

박토활동자산은 다음 모두를 충족하는 경우에만 인식하며, 박토활동에서 발생하는 효익이 광석에 대한 접근을 개선하는 정도까지는 비유동자산으로 인식한다. 박토활동자산은 기존 자산과 동일하게 유형자산이나 무형자산으로 분류한다.

① 박토활동과 관련된 미래경제적효익(광체에 대한 접근의 개선)이 기업에 유입될 가능성이 높다.
② 접근이 개선된 광체의 구성요소를 식별할 수 있다.
③ 그 구성요소와 관련된 박토활동의 원가를 신뢰성 있게 측정할 수 있다.

한편, 박토활동에서 발생하는 효익이 생산된 재고자산의 형태로 실현되는 정도까지 박토활동원가를 기업회계기준서 제1002호 '재고자산'에 따라 회계처리한다.

[박토원가의 인식]

구분	내용
박토원가의 인식기준	인식요건을 모두 충족하는 경우 박토활동에서 발생한 효익이 광석에 대한 접근을 개선하는 정도까지 박토활동원가를 박토활동자산으로 인식하고, 비유동자산으로 분류한다.

Self Study

박토활동자산이 그 자체로 하나의 자산이라기보다는 기존 자산의 일부에 가깝기 때문에, 박토활동자산은 다양한 종류의 기존 자산에 부가되거나 기존 자산을 보강할 수 있다. (예 광구, 광상 자체, 광석을 채취할 수 있는 무형의 권리 또는 광산 개발단계에서 발생된 자산)

03 박토원가의 최초측정

박토활동자산은 최초에 원가로 측정한다. 기업은 생산단계의 박토활동을 통하여 광석을 생산할 뿐만 아니라 미래 기간에 광체에 대한 접근도 개선할 수 있다. 이 경우 박토활동원가 중 생산된 재고자산의 원가, 박토활동자산의 원가가 각각 얼마인지 별도로 식별이 어렵다면 관련된 생산측정치를 기초로 한 배분기준을 이용하여 생산관련 박토원가를 생산된 재고자산과 박토활동자산에 배분한다.

04 박토원가의 후속측정

최초 인식 후, 기존의 자산의 일부를 구성하는 박토활동자산은 그 기존 자산과 같은 방법으로 원가 또는 재평가금액에서 감가상각비 또는 상각비와 손상차손을 차감한 금액을 장부금액으로 한다.

박토활동의 결과로 보다 더 접근하기 쉬워진, 광체의 식별된 구성요소의 내용연수에 걸쳐 체계적인 방법에 따라 박토활동자산을 감가상각하거나 상각한다. 이때 다른 방법이 더 적절하지 않다면 생산량비례법을 적용한다.

Self Study

생산 관련 박토활동을 계획대로 계속하기 위해 필요한 것은 아니나 일부 부수적인 작업이 생산 관련 박토활동과 동시에 수행될 수도 있다. 이러한 부수적인 작업과 관련된 원가는 박토활동자산의 원가에 포함하지 않는다.

사례연습 9: 박토원가의 측정

A사가 광석 5톤을 생산하는 단계에서 원가 ₩10,000이 발생하였다. 생산단계에서도 폐석을 제거함으로써 미래 기간에 채광될 수 있는 물질의 추가 물량에 대한 접근이 개선되었다. 이 경우 발생한 원가 ₩10,000을 재고자산(광물)과 박토활동자산에 배분하시오(단, 식별된 광체에서 광석 1톤을 채취하는 데 예상되는 원가는 ₩1,500이다).

풀이

구분	금액
재고자산배분액	5톤 × 1,500 = 7,500
박토활동자산배분액	10,000 − 7,500 = 2,500

참고 웹사이트원가

구분		내용
계획단계		연구단계로 보아 발생시점에 비용으로 처리
개발 단계	수익 창출을 할 수 있는 경우	무형자산(개발비)으로 처리
	판매촉진과 광고를 위한 경우	발생시점에 비용(경상개발비)처리
운영단계		무형자산의 인식요건을 충족시키지 못하면 발생시점에 비용처리

4 매각예정비유동자산과 중단영업

I 매각예정비유동자산

01 매각예정의 의의

기업은 대내외적 환경변화에 대처하기 위하여 보유자산을 처분하거나, 사업의 일부를 매각하는 등의 의사결정을 내리기도 한다. 특히 경제위기가 계속될수록 이러한 상황은 더욱 빈번하게 발생할 것이다. 기업이 사용하던 비유동자산 또는 처분자산집단의 장부금액을 계속사용이 아닌 매각거래를 통하여 주로 회수할 것이라면 이를 매각예정비유동자산으로 분류한다.

> **Self Study**
>
> 처분자산집단: 단일거래를 통해 매각이나 다른 방법으로 함께 처분될 예정인 자산의 집합과 당해 자산에 직접 관련되어 이전될 부채를 말하며, 사업결합에서 취득한 영업권을 포함한다.

02 매각예정의 분류

특정 비유동자산(또는 처분자산집단)을 매각예정으로 분류하면 이후 재무상태표의 표시나 관련 손익의 인식방법이 통상적인 비유동자산과 다르기 때문에 매각예정 분류조건의 충족 여부를 정확하게 판단해야 한다. 매각예정으로 분류하기 위해서는 다음의 조건을 충족해야 한다.

> 당해 비유동자산(또는 처분자산집단)이 현재의 상태에서 통상적이고 관습적인 거래조건만으로 즉시 매각 가능해야 하며, 매각될 가능성이 매우 높아야 한다.

여기서 통상적이고 관습적인 거래조건만으로 즉시 매각 가능하여야 하며 매각될 가능성이 매우 높아야 한다는 의미는 다음과 같다.

매각될 가능성이 매우 높으려면 다음의 조건을 모두 충족하여야 한다.
① 적절한 지위의 경영진이 자산(또는 처분자산집단)의 매각계획을 확약하고, 매수자를 물색하고 매각계획을 이행하기 위한 적극적인 업무 진행을 이미 시작하여야 한다.
② 당해 자산(또는 처분자산집단)의 현행 공정가치에 비추어 볼 때 합리적인 가격 수준으로 적극적으로 매각을 추진하여야 한다.
③ 분류시점에서 1년 이내에 매각완료요건이 충족될 것으로 예상되며, 계획을 이행하기 위하여 필요한 조치로 보아 그 계획이 유의적으로 변경되거나 철회될 가능성이 낮아야 한다.
④ 매각될 가능성이 매우 높은지에 대한 평가의 일환으로 주주의 승인(그러한 승인이 요구되는 국가의 경우)가능성이 고려되어야 한다.

기준서 제1001호에 따라 재무상태표의 자산을 유동자산과 비유동자산으로 구분 표시하는 경우에 비유동자산이 매각예정분류기준을 충족하지 못하면 유동자산으로 재분류할 수 없다. 또한 통상적으로 비유동자산으로 분류되는 자산을 매각만을 목적으로 취득한 경우라 하더라도 매각예정분류기준을 충족하지 못하면 유동자산으로 분류할 수 없다.

한편, 폐기될 비유동자산(또는 처분자산집단)은 해당 장부금액이 원칙적으로 계속 사용함으로써 회수되기 때문에 매각예정으로 분류할 수 없다. 그 이유는 폐기될 비유동자산은 원칙적으로 계속 사용함으로써 장부금액을 회수하기 때문이다. 폐기될 비유동자산(또는 처분자산집단)에는 경제적 내용연수가 끝날 때까지 사용될 비유동자산(또는 처분자산집단)과 매각되지 않고 폐쇄될 비유동자산(또는 처분자산집단)이 포함된다.

[매각예정의 분류 정리]

구분	내용	비고
기준	즉시 매각 가능하여야 하며, 매각될 가능성이 매우 높은 경우	매각될 가능성이 매우 높다는 것은 발생하지 않을 가능성보다 발생할 가능성이 유의적으로 더 높은 경우임
처분목적으로 취득	취득시점에 매각예정비유동자산으로 분류 가능	
폐기될 유동자산	매각예정비유동자산으로 분류 불가	일시적 사용 중단의 경우에는 폐기될 자산으로 처리 불가

Self Study

1. 매각예정 분류기준이 보고기간 후에 충족된 경우 당해 비유동자산(또는 처분자산집단)은 보고기간 후 발행되는 당해 재무제표에서 매각예정으로 분류할 수 없다. 그러나 보고기간 후 공표될 재무제표의 승인 이전에 충족된다면 그 내용을 주석으로 공시한다.

2. 사건이나 상황에 따라서는 매각을 완료하는 데 소요되는 기간이 연장되어 1년을 초과할 수도 있다(매각계획을 확약한다는 충분한 증거 존재 시).

3. 교환거래로 매각되는 경우 상업적 실질이 존재하는 교환거래의 경우에는 매각예정비유동자산으로 분류할 수 있으나 상업적 실질이 존재하지 않는 교환거래의 경우에는 매각예정비유동자산으로 분류하지 않는다.

03 매각예정비유동자산의 측정

(1) 매각예정비유동자산의 측정기준

자산(또는 처분자산집단)을 매각예정으로 최초 분류하기 직전에 해당 자산(또는 처분자산집단 내의 모든 자산과 부채)의 장부금액은 적용 가능한 한국채택국제회계기준서에 따라 측정한다. 매각예정으로 분류된 비유동자산(또는 처분자산집단)은 순공정가치와 장부금액 중 작은 금액으로 측정한다. 한편, 신규로 취득한 자산(또는 처분자산집단)이 매각예정분류기준을 충족한다면 최초 인식시점에 순공정가치와 매각예정으로 분류되지 않았을 경우의 장부금액(예 원가) 중 작은 금액으로 측정한다.

1년 이후에 매각될 것으로 예상된다면 매각부대원가는 현재가치로 측정한다. 기간 경과에 따라 발생하는 매각부대원가 현재가치의 증가분은 금융원가로 당기손익으로 회계처리한다.

다음의 자산에 대해서는 순공정가치와 장부금액 중 작은 금액으로 측정하는 규정을 적용하지 않는다. 이러한 적용 예외는 개별자산인 경우뿐만 아니라 처분자산집단의 일부인 경우에도 해당한다.

① 이연법인세자산
② 종업원급여에서 발생하는 자산
③ 금융자산
④ 공정가치모형으로 회계처리되는 투자부동산
⑤ 순공정가치로 측정되는 생물자산
⑥ 보험계약의 계약상 권리

(2) 매각예정비유동자산의 손상

매각예정으로 최초 분류하는 시점에서 자산(또는 처분자산집단)의 장부금액이 순공정가치를 초과하면 그 차이를 손상차손으로 인식한다. 순공정가치의 측정은 매각예정으로 최초 분류되는 시점뿐만 아니라 향후 보고기간 말에도 이루어져야 한다. 따라서 후속적인 순공정가치의 하락을 손상차손으로 인식한다.

비유동자산(또는 처분자산집단)이 매각예정으로 분류된 이후 순공정가치가 증가하는 경우 기준서 제 1036호 '자산손상'에 따라 과거에 인식했던 손상차손누계액을 한도로 손상차손환입을 당기이익으로 인식한다. 단, 이 경우 과년도에 영업권에 대해서 인식했던 손상차손을 환입하지 않는다.

(3) 매각예정비유동자산의 상각

매각예정으로 분류된 자산에 대해서는 감가상각을 하지 않는다. 그러나 매각예정으로 분류된 처분자산집단의 부채와 관련된 이자와 기타 비용은 계속해서 인식한다.

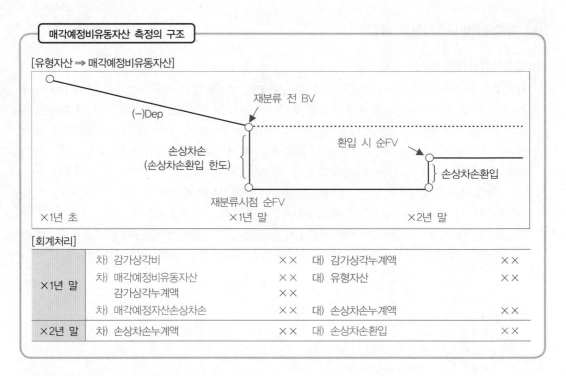

매각예정비유동자산 측정의 구조

[유형자산 ⇒ 매각예정비유동자산]

재분류 전 BV

(−)Dep

손상차손
(손상차손환입 한도)

환입 시 순FV

손상차손환입

재분류시점 순FV

×1년 초   ×1년 말   ×2년 말

[회계처리]

×1년 말	차) 감가상각비	××	대) 감가상각누계액	××
	차) 매각예정비유동자산	××	대) 유형자산	××
	감가상각누계액	××		
	차) 매각예정자산손상차손	××	대) 손상차손누계액	××
×2년 말	차) 손상차손누계액	××	대) 손상차손환입	××

[매각예정비유동자산의 측정 정리]

구분	내용	비고
측정	Min[순공정가치, 장부금액]	1년 이후 매각이 예상된다면 매각부대원가는 PV로 측정
후속측정	감가상각하지 않음, 매기 말 손상차손 검토	부채와 관련된 이자비용, 기타비용은 계속해서 인식
순공정가치의 증가	손상차손환입을 인식	과거에 인식한 손상차손누계액을 한도로 함

사례연습 10: 매각예정비유동자산의 측정

12월 말 결산법인인 A사는 20×1년 1월 1일 현재 건물을 ₩100,000에 취득하였다. 건물의 감가상각방법은 정액법이며, 내용연수는 5년, 잔존가치는 ₩0이다.

> (1) A사는 20×1년 7월 1일 사용 중이던 건물을 매각예정으로 분류하기로 하였다. 매각예정으로 분류하기로 한 날 현재 건물의 순공정가치는 ₩40,000이다.
> (2) A사는 20×1년 말 현재 건물의 순공정가치를 ₩60,000으로 추정하였다.

A사가 20×1년 7월 1일과 12월 31일에 해야 할 회계처리를 보이시오.

풀이

[유형자산 ⇒ 매각예정비유동자산]

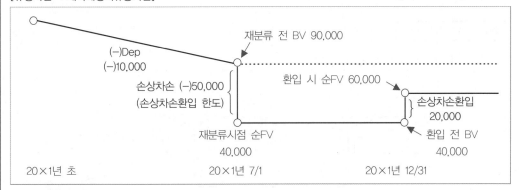

[20×1년 회계처리]

7/1	차) 감가상각비	10,000	대) 감가상각누계액	10,000
	차) 매각예정비유동자산	90,000	대) 유형자산	100,000
	감가상각누계액	10,000		
	차) 매각예정자산손상차손[1]	50,000	대) 손상차손누계액	50,000
12/31	차) 손상차손누계액	20,000	대) 손상차손환입[2]	20,000

[1] (100,000 - 10,000) - 40,000 = 50,000
[2] 60,000 - 40,000 = 20,000

04 매각계획의 변경

매각예정으로 분류되던 자산(또는 처분자산집단)이 매각예정 분류기준을 더 이상 충족할 수 없는 경우 그 자산(또는 처분자산집단)은 매각예정으로 분류할 수 없다. 더 이상 매각예정으로 분류할 수 없거나 매각예정으로 분류된 처분자산집단에 포함될 수 없는 비유동자산(또는 처분자산집단)은 다음 중 작은 금액으로 측정한다.

> ① 당해 자산(또는 처분자산집단)을 매각예정으로 분류하기 전 장부금액에 감가상각, 상각 또는 재평가 등 매각예정으로 분류하지 않았더라면 인식하였을 조정사항을 반영한 금액
> ② 매각하지 않기로 결정한 날의 회수가능액

더 이상 매각예정으로 분류할 수 없는 비유동자산의 장부금액에 반영하는 조정금액은 매각예정 분류기준이 더 이상 충족되지 않는 기간의 계속영업손익에 포함한다.

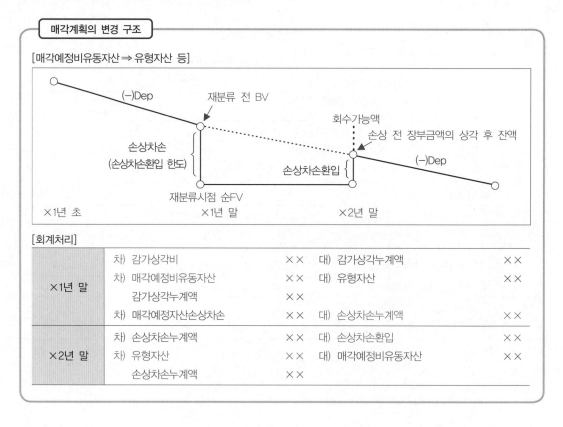

12월 말 결산법인인 A사는 20×1년 1월 1일 현재 건물을 ₩100,000에 취득하였다. 건물의 감가상각방법은 정액법이며, 내용연수는 5년, 잔존가치는 ₩0이다.

> (1) A사는 20×1년 12월 31일 사용 중이던 건물을 매각예정으로 분류하기로 하였다. 매각예정으로 분류하기로 한 날 현재 건물의 순공정가치는 ₩40,000이다.
>
> (2) A사는 20×2년 7월 1일에 동 건물의 매각계획을 철회하기로 하였다. 매각계획의 변경일 현재 회수가능액은 ₩90,000이다.

A사가 20×1년 12월 31일과 20×2년 7월 1일, 12월 31일에 해야 할 회계처리를 보이시오.

[풀이]

[매각예정비유동자산 ⇒ 유형자산 등]

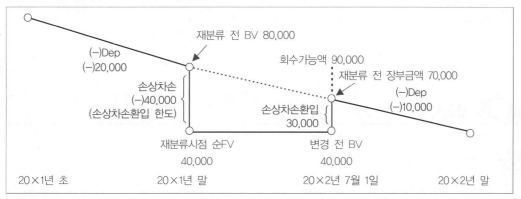

[회계처리]

20×1년 말	차) 감가상각비[1]		20,000	대) 감가상각누계액		20,000
	차) 매각예정비유동자산		80,000	대) 유형자산		100,000
	감가상각누계액		20,000			
	차) 매각예정자산손상차손[2]		40,000	대) 손상차손누계액		40,000
20×2년 7/1	차) 손상차손누계액		30,000	대) 손상차손환입[3]		30,000
	차) 유형자산		70,000	대) 매각예정비유동자산		80,000
	손상차손누계액		10,000			
20×2년 말	차) 감가상각비[4]		10,000	대) 감가상각누계액		10,000

[1] $(100,000 - 0) \div 5년 = 20,000$
[2] $(100,000 - 20,000) - 40,000 = 40,000$
[3] $Min[90,000, \ (100,000 - 20,000 - 10,000) = 70,000] - 40,000 = 30,000$
[4] $70,000 \div (5 - 1.5)년 \times 6/12 = 10,000$

매각예정으로 분류된 비유동자산은 다른 자산과 별도로 재무상태표에 표시한다. 매각예정으로 분류된 처분자산집단에 포함되는 자산이나 부채는 다른 자산이나 부채와 별도로 재무상태표에 표시한다. 해당 자산과 부채는 상계하여 단일금액으로 표시할 수 없고 매각예정으로 분류된 비유동자산(또는 처분자산집단)과 관련하여 기타포괄손익으로 인식한 손익누계액은 별도로 표시한다.

과거 재무상태표에 매각예정으로 분류된 비유동자산 또는 처분자산집단에 포함된 자산과 부채의 금액은 최근 재무상태표의 분류를 반영하기 위하여 재분류하거나 재작성하지 않는다. 즉, 당기에 자산 또는 처분자산집단이 매각예정으로 분류되어 당기 말 재무상태표에 구분 표시하더라도 비교 표시되는 전기재무상태표는 매각예정의 분류를 일치시키기 위해 소급 재수정을 하지 않는다.

[매각예정비유동자산의 재무상태표 표시 정리]

구분	내용	비고
재무상태표 공시	다른 자산과 별도로 구분표시	관련 부채와 상계 불가하며, 추후 매각계획을 변경한 경우에도 재분류하지 않음
관련 기타포괄손익누계액	별도로 구분표시	-

Ⅱ 중단영업

01 중단영업의 의의

이미 처분되었거나 매각예정으로 분류되면서 다음 중 하나에 해당하는 기업의 구분단위를 중단영업이라 한다.

> ① 별도의 주요 사업계열이나 영업지역이다.
> ② 별도의 주요 사업계열이나 영업지역을 처분하려는 단일 계획의 일부이다.
> ③ 매각만을 목적으로 취득한 종속기업이다.

위의 사항 중 하나에 해당하지 못하면 중단영업이 될 수 없으므로 계속영업으로 표시한다. 예를 들어, 주요 사업을 구성하지 않는 특정 모델의 제품을 더 이상 생산하지 않을 경우에는 중단영업으로 분류되지 못한다.

폐기될 비유동자산은 매각예정으로 분류할 수 없으나, 위의 사항 중 하나에 해당하면 중단영업으로 구분한다. 즉 중단영업에 포함되어 있는 자산은 매각예정비유동자산에 해당하나, 매각예정비유동자산이 반드시 중단영업에 해당하는 것은 아니다.

02 중단영업의 재무제표 표시

중단영업에 해당하는 경우에는 다음의 합계를 포괄손익계산서에 단일금액으로 표시하고, 표시된 최종기간의 보고기간 말까지 모든 중단영업과 관련된 공시사항이 표시될 수 있도록 과거재무제표에 중단영업을 다시 표시한다.

① 세후 중단영업손익
② 중단영업에 포함된 자산이나 처분자산집단을 순공정가치로 측정하거나 처분함에 따른 세후 손익

기업의 구분단위를 매각예정으로 더 이상 분류할 수 없는 경우 중단영업으로 표시하였던 당해 구분단위의 영업성과를 비교 표시되는 모든 회계기간에 재분류하여 계속영업손익에 포함하고 과거 기간에 해당하는 금액이 재분류되었음을 주석으로 기재한다.

[중단영업의 재무제표 표시 정리]

구분	내용	비고
중단영업손익	관련 세후 손익을 중단영업손익으로 표시	과거 재무제표에도 중단영업손익을 표시
매각계획을 변경한 경우	관련 손익을 계속영업손익에 포함	중단영업으로 표시하였던 당해 구분단위의 영업성과를 비교표시되는 모든 회계기간에 재분류하여 계속영업손익에 포함

Self Study

매각예정비유동자산이 중단영업에 해당되지 않으면 관련 손상차손(환입)은 계속영업손익에 포함되나, 매각예정비유동자산이 중단영업의 정의를 충족하면 매각예정비유동자산의 손상차손(환입)도 중단영업손익에 포함한다. 그리고 중단영업의 영업활동, 투자활동 및 재무활동으로부터 발생한 순현금흐름은 주석이나 재무제표 본문에 표시한다.

A사는 20×1년 말 사용 중인 기계장치를 매각하기로 결정하여 계정대체하였다. 동 거래는 매각예정으로 분류하는 요건을 모두 충족시킨다. A사는 2개의 구분되는 현금창출단위에서 영업을 영위하고 있으며, 이 중 매각예정으로 분류한 기계장치와 관련된 영업은 중단영업의 요건을 충족한다. A사는 20×0년도에 다음과 같은 손익계산서를 작성하였다.

구분	20×0년도(실제 공시 금액)	매각예정 기계장치 관련 금액
매출총이익	₩400,000	₩100,000
판매관리비	₩160,000	₩60,000
영업이익	₩240,000	₩40,000
영업외손익	–	–
법인세비용차감전순이익	₩240,000	–

또한, A사의 20×1년도 영업이익은 아래와 같다(20×1년도 영업외손익 없고, 기계장치에 대한 감가상각비는 고려되어 있다).

구분	기타현금창출단위	매각예정 기계장치 관련 금액
매출총이익	₩300,000	₩20,000
판매관리비	₩120,000	₩30,000

A사가 20×1년에 보고할 손익계산서를 전기 손익계산서와 비교하는 아래와 같은 양식으로 작성하시오(단, 법인세율은 20%이다).

구분	20×0년도	20×1년도
영업이익		
영업외손익		
법인세비용차감전계속영업이익		
법인세비용		
계속영업이익		
중단영업이익(손실)		
당기순이익		

풀이

구분	20×0년도	20×1년도
영업이익	200,000	180,000
영업외손익	–	–
법인세비용차감전계속영업이익	200,000	180,000
법인세비용	(−)40,000	(−)36,000
계속영업이익	160,000	144,000
중단영업이익(손실)	32,000[1]	(−)8,000[2]
당기순이익	192,000	136,000

[1] 40,000 × (1 − 20%) = 32,000
[2] (20,000 − 30,000) × (1 − 20%) = (−)8,000

기출 Check 8

매각예정비유동자산과 중단영업에 관한 설명으로 옳지 않은 것은? [세무사 2013년]

① 처분자산집단에 대하여 인식한 손상차손은 우선 영업권을 감소시키고 나머지 금액은 유동자산에 배분한다.

② 매각예정으로 분류하였으나 중단영업의 정의를 충족하지 않는 비유동자산(또는 처분자산집단)을 재측정하여 인식하는 평가손익은 계속영업손익에 포함한다.

③ 비유동자산이 매각예정으로 분류되거나 매각예정으로 분류된 처분자산집단의 일부이면 그 자산은 감가상각(또는 상각)하지 아니한다.

④ 매각예정으로 분류된 비유동자산(또는 처분자산집단)은 순공정가치와 장부금액 중 작은 금액으로 측정한다.

⑤ 매각예정으로 분류된 비유동자산(또는 처분자산집단)과 관련하여 기타포괄손익으로 인식한 손익누계액은 별도로 표시한다.

풀이

① 처분자산집단에 대하여 인식한 손상차손은 우선 영업권을 감소시키고 나머지 금액은 비유동자산에 배분한다.

⑤ 위와 같은 예로 매각예정으로 분류되는 자산이나 처분자산집단이 보고기업의 표시통화와 다른 기능통화를 사용하는 해외사업장에 속해 있는 경우 자산이나 처분자산집단을 표시통화로 환산하는 과정에서 발생하는 외환차이 등이 있다.

정답: ①

Chapter 7 | 핵심 빈출 문장

01 부동산 중 일부는 시세차익을 얻기 위하여 보유하고, 일부분은 재화의 생산에 사용하기 위하여 보유하고 있으나, 이를 부분별로 나누어 매각할 수 없다면 재화의 생산에 사용하기 위하여 보유하는 부분이 경미한 경우에만 전체 부동산을 투자부동산으로 분류한다.

02 지배기업이 보유하고 있는 건물을 종속기업에게 리스하여 종속기업의 본사 건물로 사용하는 경우 그 건물은 지배기업의 연결재무제표상에서 투자부동산으로 분류할 수 없다.

03 건설 중인 투자부동산의 공정가치가 신뢰성 있게 측정될 수 있다는 가정은 오직 최초 인식시점에만 반박될 수 있다.

04 기업이 건설 중인 투자부동산의 공정가치를 신뢰성 있게 측정할 수 없지만, 건설이 완료된 시점에 공정가치를 신뢰성 있게 측정할 수 있다고 기대하는 경우, 공정가치를 신뢰성 있게 측정할 수 있는 시점과 건설이 완료되는 시점 중 빠른 시점까지는 건설 중인 투자부동산을 원가로 측정한다.

05 운용리스로 제공하기 위하여 직접 소유하고 있는 미사용 건물은 투자부동산에 해당된다.

06 투자부동산의 손상, 멸실 또는 포기로 제3자에게 보상을 받을 수 있게 되는 시점에 당기손익으로 인식한다.

07 투자부동산을 원가모형으로 평가하는 경우에는 투자부동산, 자가사용부동산, 재고자산 사이에 대체가 발생할 때에 대체 전 자산의 장부금액으로 승계한다.

08 사업결합으로 취득한 연구·개발 프로젝트의 경우 사업결합 전에 그 자산을 피취득자가 인식하였는지 여부에 관계없이 취득일에 무형자산의 정의를 충족한다면 취득자는 영업권과 분리하여 별도의 무형자산으로 인식한다.

09 무형자산을 창출하기 위한 내부 프로젝트를 연구단계와 개발단계로 구분할 수 없는 경우에 그 프로젝트에서 발생한 지출은 모두 연구단계에서 발생한 것으로 본다.

10 계약상 권리 또는 기타 법적 권리로부터 발생하는 무형자산의 내용연수는 그러한 계약상 권리 또는 법적 권리의 기간을 초과할 수 없지만, 자산의 예상 사용기간에 따라 더 짧을 수는 있다.

11 내용연수가 유한한 무형자산의 잔존가치가 장부금액을 초과하는 경우에는 상각을 중단한다.

12 내용연수가 비한정인 무형자산은 상각하지 아니한다. 다만 매년 그리고 무형자산의 손상을 시사하는 징후가 있을 때마다 회수가능액과 장부금액을 비교하는 손상검사를 수행하여 손상차손을 인식한다.

13 무형자산의 상각방법으로 정액법 이외의 방법을 사용할 수 있다.

14 정부보조로 무형자산을 무상이나 낮은 대가로 취득한 경우 당해 무형자산의 최초원가는 명목상 금액과 직접 관련된 지출을 합한 금액이나 공정가치로 할 수 있다.

15 무형자산의 사용을 포함하는 활동에서 창출되는 수익에 기초한 상각방법은 적절할 수도 있다.

16 내용연수가 유한한 무형자산은 그 자산을 더 이상 사용하지 않을 때도 상각을 중지하지 아니한다. 다만, 완전히 상각하거나 매각예정으로 분류되는 경우에는 상각을 중지한다.

17 광물자원 추출에 대한 기술적 실현가능성과 상업화가능성을 제시할 수 있는 시점에는 더 이상 탐사평가자산으로 분류하지 아니하며, 탐사평가자산을 재분류하기 전에 손상을 검토하여 손상차손을 인식한다.

18 웹사이트의 계획단계, 응용프로그램과 하부구조 개발단계, 그래픽 디자인 단계, 콘텐츠 개발단계에서 발생한 지출은 웹사이트의 창출, 제조 및 경영자가 의도하는 방식으로 운영될 수 있게 준비하는 데 직접 관련되며 필수적인 경우에도 무형자산의 취득원가에 가산하지 않는다.

19 박토활동자산의 원가와 생산된 재고자산의 원가를 별도로 식별할 수 없는 경우, 관련된 생산측정치를 기초로 한 배분기준을 이용하여 생산 관련 박토원가를 생산된 재고자산과 박토활동자산에 배분한다.

20 박토활동의 결과로 보다 더 접근하기 쉬워진, 광체의 식별된 구성요소에 예상내용연수에 걸쳐 체계적인 방법에 따라 박토활동자산을 감가상각하거나 상각하는데, 다른 방법이 더 적절하지 않다면 생산량비례법을 적용한다.

21 연구와 개발활동으로 인하여 물리적 형체가 있는 자산이 만들어지는 경우 당해 자산의 물리적 요소는 자산인식요건을 충족하는 경우 무형자산으로 인식한다.

22 개별 취득하는 무형자산의 원가에는 자산을 의도한 목적에 사용할 수 있도록 준비하는 데 직접 관련되는 원가가 포함되며, 이러한 원가에는 그 자산이 적절하게 기능을 발휘하는지 검사하는 데 발생하는 원가가 포함된다.

23 내부적으로 창출한 무형자산의 원가는 인식기준을 최초로 충족시킨 이후에 발생한 지출금액의 합으로 하며, 이미 비용으로 인식한 지출도 무형자산의 원가로 인식할 수 없다.

24 미래경제적효익이 기업에 유입될 가능성은 무형자산의 내용연수 동안의 경제적 상황에 대한 경영자의 최선의 추정치를 반영하는 합리적이고 객관적인 가정에 근거하여 평가하여야 하며, 이용 가능한 증거는 외부 증거에 비중을 더 크게 둔다.

25 내부 프로젝트의 연구단계에서 미래경제적효익을 창출한 무형자산이 존재한다는 것을 제시할 수 있는 경우에도 비용으로 인식하며, 그렇지 못한 경우에는 내부 프로젝트의 연구단계에서 발생한 지출은 발생시점에 비용으로 인식한다.

26 일반적으로 무형자산을 개별 취득하기 위하여 지급하는 가격은 그 자산이 갖는 기대 미래경제적효익이 기업에 유입될 확률에 대한 기대를 반영할 것이다. 그러나 기업은 유입의 시기와 금액이 불확실한 경우 미래경제적효익이 있을 것인지 여부를 항상 판단하여야 한다.

27 처분자산집단에 대하여 인식한 손상차손은 우선 영업권을 감소시키고 나머지 금액 배분 시에는 재고자산(유동자산), 투자부동산(공정가치모형 적용), 금융자산은 제외하고 배분한다.

28 매각예정으로 분류하였으나 중단영업의 정의를 충족하지 않은 비유동자산(또는 처분자산집단)을 재측정하여 인식하는 평가손익은 계속영업손익에 포함한다.

29 매각예정으로 분류된 비유동자산(또는 처분자산집단)과 관련하여 기타포괄손익으로 인식한 손익누계액은 별도로 표시한다.

30 비유동자산(또는 처분자산집단)의 장부금액이 계속사용이 아닌 매각거래를 통하여 주로 회수될 것이라면 이를 매각예정비유동자산으로 분류한다.

31 매각예정으로 분류된 처분자산집단에 포함되는 자산이나 부채는 다른 자산이나 부채와 별도로 재무상태표에 표시한다. 해당 자산과 부채는 상계하여 단일금액으로 표시할 수 없다.

32 비유동자산이 매각예정으로 분류되거나 매각예정으로 분류된 처분자산집단의 일부이면 그 자산은 감가상각(또는 상각)하지 아니하며, 매각예정으로 분류된 처분자산집단의 부채와 관련된 이자와 기타 비용은 계속하여 인식한다.

33 매각예정으로 분류된 비유동자산은 순공정가치와 장부금액 중 작은 금액으로 측정한다. 이때 1년 이후에 매각될 것으로 예상된다면 매각부대원가는 현재가치로 측정하고 기간 경과에 따라 발생하는 매각부대원가의 현재가치의 증가분은 당기손익으로 회계처리한다.

34 매각예정으로 분류되었던 자산이 더 이상 매각예정으로 분류할 수 없게 되는 경우에는 매각예정으로 분류할 수 없다. 이 경우 당해 자산은 당해 자산을 매각예정으로 분류하기 전 장부금액에 감가상각(또는 상각), 재평가 등 매각예정으로 분류하지 않았더라면 인식하였을 조정사항을 반영한 금액과 매각하지 않기로 결정한 날의 회수가능액 중 작은 금액으로 측정한다.

35 기업의 구분단위를 매각예정으로 더 이상 분류할 수 없는 경우 중단영업으로 표시하였던 당해 구분단위의 영업성과를 비교 표시되는 모든 회계기간에 재분류하여 계속영업손익에 포함하고 과거 기간에 해당하는 금액이 재분류되었음을 주석으로 기재한다. 또한 과거 재무상태표에 매각예정으로 분류된 비유동자산 또는 처분자산집단에 포함된 자산과 부채의 금액은 최근 재무상태표의 분류를 반영하기 위하여 재분류하지 않는다.

Chapter 7 | 객관식 문제

01 기업회계기준서 제1040호 '투자부동산'에 대한 다음 설명 중 옳지 않은 것은?

[공인회계사 2020년]

① 소유 투자부동산은 최초 인식시점에 원가로 측정하며, 거래원가는 최초 측정치에 포함한다.

② 계획된 사용수준에 도달하기 전에 발생하는 부동산의 운영손실은 투자부동산의 원가에 포함한다.

③ 투자부동산을 후불조건으로 취득하는 경우의 원가는 취득시점의 현금가격상당액으로 하고, 현금가격상당액과 실제 총지급액의 차액은 신용기간 동안의 이자비용으로 인식한다.

④ 투자부동산을 공정가치로 측정해 온 경우라면 비교할 만한 시장의 거래가 줄어들거나 시장가격 정보를 쉽게 얻을 수 없게 되더라도, 당해 부동산을 처분할 때까지 또는 자가사용부동산으로 대체하거나 통상적인 영업과정에서 판매하기 위하여 개발을 시작하기 전까지는 계속하여 공정가치로 측정한다.

⑤ 공정가치모형을 적용하는 경우 투자부동산의 공정가치 변동으로 발생하는 손익은 발생한 기간의 당기손익에 반영한다.

02 투자부동산의 분류에 관한 설명으로 옳은 것은? [세무사 2022년]

① 통상적인 영업과정에서 가까운 장래에 개발하여 판매하기 위해 취득한 부동산은 투자부동산으로 분류한다.

② 토지를 자가사용할지 통상적인 영업과정에서 단기간에 판매할지를 결정하지 못한 경우 자가사용부동산으로 분류한다.

③ 호텔을 소유하고 직접 경영하는 경우 투숙객에게 제공하는 용역이 전체 계약에서 유의적인 비중을 차지하므로 투자부동산으로 분류한다.

④ 지배기업 또는 다른 종속기업에게 부동산을 리스하는 경우 당해 부동산을 연결재무제표에 투자부동산으로 분류할 수 없고 자가사용부동산으로 분류한다.

⑤ 사무실 건물의 소유자가 그 건물을 사용하는 리스이용자에게 경미한 비중의 보안과 관리용역을 제공하는 경우 부동산 보유자는 당해 부동산을 자가사용부동산으로 분류한다.

03 ㈜세무는 20×1년 말에 취득한 건물(취득원가 ₩1,000,000, 내용연수 12년, 잔존가치 ₩0)을 투자부동산으로 분류하고 공정가치모형을 적용하였다. 20×2년 7월 1일부터 동 건물 전부를 본사사옥으로 전환하여 사용하고 있다. 20×2년 7월 1일 현재 동 건물의 잔존내용연수를 10년, 잔존가치를 ₩0으로 추정하였으며, 정액법으로 감가상각하기로 결정하였다. 아래 표는 동 건물의 공정가치 변동 현황이다.

구분	20×1년 12월 31일	20×2년 7월 1일	20×2년 12월 31일
공정가치	₩1,000,000	₩1,200,000	₩1,000,000

20×2년 12월 31일 동 건물을 원가모형에 따라 회계처리하였을 경우 20×2년 당기순이익은 ₩750,000이다. 재평가모형을 적용하였을 경우 ㈜세무의 20×2년 당기순이익은? [세무사 2019년]

① ₩550,000   ② ₩610,000   ③ ₩670,000

④ ₩750,000   ⑤ ₩916,667

04 무형자산으로 인식하기 위해서는 무형자산의 정의와 함께 인식요건을 모두 충족하여야 한다. 다음 중 무형자산의 정의에 관한 설명으로 적절하지 않은 것은?

① 무형자산으로 정의되기 위해서는 식별가능성 조건을 충족하여야 한다. 자산이 식별가능하다는 것은 자산이 분리 가능하다는 것을 의미하며 기업에서 분리하거나 분할할 수 있고, 개별적으로 또는 관련된 계약, 자산이나 부채와 함께 매각, 이전, 라이선스, 임대, 교환할 수 있다는 것을 말한다. 따라서 무형의 항목이 분리 가능하지 않다면 식별가능성의 요건을 충족한다고 볼 수 없다.

② 특정 경영능력이나 기술적 재능도 그것을 사용하여 미래경제적효익을 확보하는 것이 법적 권리에 의하여 보호되지 않거나 무형자산 정의의 기타 요건을 충족하지 않는다면 일반적으로 무형자산의 정의를 충족할 수 없다고 본다.

③ 고객과의 관계나 고객의 충성도를 지속할 수 있는 법적 권리나 그것을 통제할 기타 방법이 없다면 일반적으로 고객과의 관계나 고객의 충성도에서 창출된 미래경제적효익에 대해서는 그러한 항목이 무형자산의 정의를 충족하기에 기업이 충분한 통제를 가지고 있지 않다고 본다.

④ 개별 취득하는 무형자산은 자산에서 발생하는 미래경제적효익이 기업에 유입될 가능성이 높다는 발생가능성 인식기준을 항상 충족하는 것으로 본다.

⑤ 재고자산의 제조과정에서 지적재산을 사용하면 미래수익을 증가시키기보다는 미래 제조원가를 감소시킬 수 있다는 측면에서 미래경제적효익이 존재한다고 볼 수 있다.

05 다음은 내부적으로 창출한 무형자산과 관련된 한국채택국제회계기준서 제1038호 '무형자산'의 규정이다. 기준서의 내용과 일치하는 설명은 무엇인가?

① 내부적으로 창출한 영업권이 무형자산의 인식요건을 만족한다면 무형자산으로 인식한다.

② 무형자산을 창출하기 위한 내부 프로젝트를 연구단계와 개발단계로 구분할 수 없는 경우에 그 프로젝트에서 발생한 지출은 모두 연구단계에서 발생한 것으로 본다.

③ 개발단계에서 발생한 모든 지출은 자산의 인식요건을 만족하므로 무형자산으로 인식할 수 있다.

④ 내부적으로 창출한 브랜드, 제호, 출판표제, 고객 목록과 이와 실질이 유사한 항목에 대한 최초원가와 후속원가는 모두 인식요건을 만족하는 경우 무형자산으로 인식할 수 있다.

⑤ 무형자산에 대한 지출로서 과거 회계연도의 재무제표에서 비용으로 인식한 지출은 그 이후에 무형자산의 인식요건을 만족하게 된 경우에 한하여 무형자산의 원가로 다시 인식할 수 있다.

06 무형자산에 관한 다음 설명 중 옳은 것은?

① 무형자산을 최초로 인식할 때에는 공정가치로 측정한다.

② 내용연수가 비한정인 무형자산은 상각하지 않는다.

③ 내용연수가 비한정인 무형자산을 유한 내용연수로 재평가하는 경우에는 자산손상의 징후에 해당되지 않으므로 손상차손을 인식하지 않는다.

④ 내용연수가 유한한 무형자산의 잔존가치는 내용연수 종료시점에 제3자가 자산을 구입하기로 한 약정이 있다고 하더라도 영(0)으로 본다.

⑤ 미래경제적효익 창출에 대해 식별가능하고 해당 원가를 신뢰성 있게 결정할 수 있는 경우에는 내부적으로 창출한 영업권이라도 무형자산으로 인식할 수 있다.

07 매각예정비유동자산과 중단영업에 관한 설명으로 옳지 않은 것은?

① 처분자산집단에 대하여 인식한 손상차손은 우선 영업권을 감소시키고 나머지 금액은 유동자산에 배분한다.

② 매각예정으로 분류하였으나 중단영업의 정의를 충족하지 않는 비유동자산(또는 처분자산집단)을 재측정하여 인식하는 평가손익은 계속영업손익에 포함한다.

③ 비유동자산이 매각예정으로 분류되거나 매각예정으로 분류된 처분자산집단의 일부이면 그 자산은 감가상각(또는 상각)하지 아니한다.

④ 매각예정으로 분류된 비유동자산(또는 처분자산집단)은 순공정가치와 장부금액 중 작은 금액으로 측정한다.

⑤ 매각예정으로 분류된 비유동자산(또는 처분자산집단)과 관련하여 기타포괄손익으로 인식한 손익누계액은 별도로 표시한다.

08 무형자산 회계처리에 관한 설명으로 옳은 것은?   [세무사 2022년]

① 내용연수가 비한정인 무형자산의 비한정 내용연수를 유한 내용연수로 변경하는 것은 회계정책의 변경이다.

② 자산을 운용하는 직원의 교육훈련과 관련된 지출은 내부적으로 창출한 내용연수가 비한정인 무형자산의 원가에 포함한다.

③ 내부적으로 창출한 브랜드, 제호, 출판표제, 고객 목록과 이와 실질이 유사한 항목은 내용연수가 비한정인 무형자산으로 인식한다.

④ 내용연수가 유한한 무형자산을 내용연수 종료 시점에 제3자가 구입하기로 약정한 경우, 잔존가치는 영(0)으로 보지 않는다.

⑤ 경제적 효익이 소비될 것으로 예상되는 형태를 신뢰성 있게 결정할 수 없는 내용연수가 한정인 무형자산은 정액법을 적용하여 상각한다.

09 다음은 기업회계기준서 제1105호 '매각예정비유동자산과 중단영업'의 내용들이다. 올바른 내용은 어느 것인가?

① 비유동자산의 장부금액이 계속사용이 아닌 매각거래를 통하여 주로 회수될 것이라면 이를 매각예정으로 분류한다. 비유동자산을 매각예정으로 분류하기 위해서는 당해 자산은 현재의 상태에서 통상적이고 관습적인 거래조건만으로 즉시 매각 가능하여야 하며 매각될 가능성이 높아야 한다.

② 폐기될 비유동자산은 매각예정으로 분류할 수 없으며, 일시적으로 사용을 중단한 비유동자산은 폐기될 자산으로 회계처리할 수 있다.

③ 매각예정으로 분류하기 위한 요건이 보고기간 후에 충족된 경우 당해 비유동자산은 보고기간 후 발행되는 당해 재무제표에서 매각예정으로 분류하여야 한다.

④ 비유동자산의 매각일 전에 인식되지 않은 평가손익은 재무상태표에서 제거되는 시점에 인식한다.

⑤ 매각예정으로 분류된 비유동자산은 다른 자산과 별도로 재무상태표에 표시한다. 매각예정으로 분류된 처분자산집단에 포함되는 자산이나 부채는 다른 자산이나 부채와는 별도로 재무상태표에 표시하며, 해당 자산과 부채는 상계하여 단일금액으로 표시한다.

10 중단영업에 관한 설명으로 옳은 것은?　　　　　　　　　　　　　　　　　[세무사 2019년]

① 매각만을 목적으로 취득한 종속기업의 경우에는 이미 처분된 경우에만 중단영업에 해당한다.

② '세후 중단영업손익'과 '중단영업에 포함된 자산이나 처분자산집단을 순공정가치로 측정하거나 처분함에 따른 세후 손익'을 구분하여 포괄손익계산서에 별도로 표시한다.

③ 중단영업의 영업활동, 투자활동 및 재무활동으로부터 발생한 순현금흐름은 주석으로 공시해야 하며, 재무제표 본문에 표시할 수 없다.

④ 기업의 구분단위를 매각예정으로 더 이상 분류할 수 없는 경우, 중단영업으로 표시하였던 당해 구분단위의 영업성과를 비교표시되는 모든 회계기간에 재분류하여 계속영업손익에 포함하고 과거기간에 해당하는 금액이 재분류되었음을 주석으로 기재한다.

⑤ 중단영업의 정의를 충족하지 않더라도 매각예정으로 분류된 처분자산집단과 관련하여 발생한 평가손익은 중단영업손익에 포함한다.

Chapter 7 | 객관식 문제 정답 및 해설

01 ② 투자부동산이 경영진의 의도하는 방식으로 가동될 수 있는 장소와 상태에 이른 후에는 원가를 더 이상 인식하지 않는다. 예를 들어, 다음과 같은 원가는 투자부동산의 장부금액에 포함하지 않는다.
- 경영진이 의도하는 방식으로 부동산을 운영하는 데 필요한 상태에 이르게 하는 데 직접 관련이 없는 초기원가
- 계획된 사용수준에 도달하기 전에 발생하는 부동산의 운영손실
- 건설이나 개발과정에서 발생한 비정상적인 원재료, 인력 및 기타 자원의 낭비금액

02 ④ ① 통상적인 영업과정에서 가까운 장래에 개발하여 판매하기 위해 취득한 부동산은 재고자산으로 분류한다.
② 토지를 자가사용할지 통상적인 영업과정에서 단기간에 판매할지를 결정하지 못한 경우 투자부동산으로 분류한다.
③ 호텔을 소유하고 직접 경영하는 경우 투숙객에게 제공하는 용역이 전체 계약에서 유의적인 비중을 차지하므로 자가사용부동산으로 분류한다.
⑤ 사무실 건물의 소유자가 그 건물을 사용하는 리스이용자에게 경미한 비중의 보안과 관리용역을 제공하는 경우 부동산 보유자는 당해 부동산을 투자부동산으로 분류한다.

03 ② (1) 20×2년 7월 1일 투자부동산평가이익(당기손익): $1,200,000 - 1,000,000 = 200,000$
(2) 20×2년 유형자산 감가상각비(당기손익): $1,200,000 \times 6/120 = 60,000$
(3) 20×2년 말 재평가 전 장부금액: $1,200,000 - 60,000 = 1,140,000$
(4) 20×2년 재평가손실(당기손익): $1,000,000(공정가치) - 1,140,000 = (-)140,000$
(5) 재평가모형을 적용할 경우 20×2년 당기순이익: $750,000 - 140,000 = 610,000$

04 ① 자산이 계약상 권리 또는 기타 법적 권리로부터 발생한다면, 그러한 권리가 이전 가능한지 여부 또는 기업이나 기타 권리와 의무에서 분리 가능한지 여부와 상관없이 식별가능성의 요건을 충족한다고 볼 수 있다.

05 ② ① 내부적으로 창출한 영업권은 무형자산으로 인식하지 않는다.
③ 개발단계에서 발생한 지출은 자산의 인식요건을 만족한 이후의 지출만 무형자산으로 인식한다.
④ 내부적으로 창출한 브랜드, 제호, 출판표제, 고객 목록과 이와 실질이 유사한 항목에 대한 최초원가와 후속원가는 모두 비용처리한다.
⑤ 무형자산에 대한 지출로서 과거 회계연도의 재무제표에서 비용으로 인식한 지출은 그 이후에 무형자산의 인식요건을 만족하게 된 경우에도 소급하여 자산으로 인식하지 않는다.

06 ② ① 무형자산을 최초로 인식할 때에는 제공한 대가의 공정가치로 측정한다.
③ 내용연수가 비한정인 무형자산을 유한 내용연수로 재평가하는 경우에는 자산손상의 징후에 해당되지 않아도 손상차손을 인식한다.
④ 내용연수가 유한한 무형자산의 잔존가치는 내용연수 종료시점에 제3자가 자산을 구입하기로 한 약정이 있는 경우에는 영(0)으로 보지 않는다.
⑤ 미래경제적효익 창출에 대해 식별가능하고 해당 원가를 신뢰성 있게 결정할 수 있는 경우라도 내부적으로 창출한 영업권은 무형자산으로 인식할 수 없다.

07 ① [처분자산집단의 손상차손의 인식순서]
1st: 처분자산집단을 매각예정으로 분류하기 직전에 손상차손을 인식한다.
2nd: 매각예정으로 분류된 비유동자산의 손상차손은 먼저 영업권을 감소시키고, 비유동자산의 장부금액에 비례하여 배분한다(금융자산, 투자부동산 제외).

08 ④ 경제적 효익이 소비될 것으로 예상되는 형태를 신뢰성 있게 결정할 수 없는 내용연수가 비한정인 무형자산은 상각하지 않는다.

09 ④ ① 비유동자산의 장부금액이 계속사용이 아닌 매각거래를 통하여 주로 회수될 것이라면 이를 매각예정으로 분류한다. 비유동자산을 매각예정으로 분류하기 위해서는 당해 자산은 현재의 상태에서 통상적이고 관습적인 거래조건만으로 즉시 매각 가능하여야 하며 매각될 가능성이 매우 높아야 한다.
　② 폐기될 비유동자산은 매각예정으로 분류할 수 없으며, 일시적으로 사용을 중단한 비유동자산은 폐기될 자산으로 회계처리할 수 없다.
　③ 매각예정으로 분류하기 위한 요건이 보고기간 후에 충족된 경우 당해 비유동자산은 보고기간 후 발행되는 당해 재무제표에서 매각예정으로 분류할 수 없다.
　⑤ 매각예정으로 분류된 비유동자산은 다른 자산과 별도로 재무상태표에 표시한다. 매각예정으로 분류된 처분자산집단에 포함되는 자산이나 부채는 다른 자산이나 부채와 별도로 재무상태표에 표시하며, 해당 자산과 부채는 상계할 수 없다.

10 ④ ① 매각만을 목적으로 취득한 종속기업이, 이미 처분되었거나 매각예정으로 분류되면 중단영업에 해당한다.
　② '세후 중단영업손익'과 '중단영업에 포함된 자산이나 처분자산집단을 순공정가치로 측정하거나 처분함에 따른 세후 손익'의 합계를 포괄손익계산서에 단일금액으로 표시한다.
　③ 중단영업의 영업활동, 투자활동 및 재무활동으로부터 발생한 순현금흐름은 주석이나 재무제표 본문에 표시한다.
　⑤ 매각예정으로 분류하였으나 중단영업의 정의를 충족하지 않는 비유동자산(또는 처분자산집단)을 재측정하여 인식하는 평가손익은 계속영업손익에 포함한다.

Chapter 7 | 주관식 문제

문제 01 투자부동산의 후속측정과 재분류

다음에 제시되는 물음은 각각 독립된 상황이다.

물음 1) ㈜해커스(보고기간 말 12월 31일)는 20×1년 1월 1일에 10층 건물을 ₩200,000에 취득하였다. 건물의 내용연수는 20년이며, 잔존가치는 없다. ㈜해커스는 모든 유형자산을 정액법으로 상각하고 있다. 20×1년 12월 31일 현재 10층 건물의 공정가치는 ₩195,000이다.

물음 1-1) ㈜해커스가 10층 건물을 임대목적으로 취득하였으며, 공정가치모형을 적용한다고 할 때, 20×1년도의 재무제표에 표시될 다음의 금액을 구하시오.

구분	금액
건물의 기말 장부금액	①
당기손익에 미치는 영향	②
기타포괄손익에 미치는 영향	③

물음 1-2) ㈜해커스가 10층 건물을 자가사용목적으로 취득하였으며, 재평가모형을 적용한다고 할 때 20×1년도의 재무제표에 표시될 다음의 금액을 계산하시오.

구분	금액
건물의 기말 장부금액	①
당기손익에 미치는 영향	②
기타포괄손익에 미치는 영향	③

물음 1-3) 위의 물음과 관련하여 ㈜해커스가 20×2년 초에 10층 건물을 ₩198,000에 매각하였을 때 임대목적으로 취득했을 경우의 처분손익과 자가사용목적으로 취득했을 경우의 처분손익을 각각 계산하시오.

구분	금액
임대목적 건물의 처분손익	①
자가사용목적 건물의 처분손익	②

물음 1-4) 위의 **물음 1-2**에 이어서 ㈜해커스가 20×2년 7월 1일에 동 건물을 임대목적으로 사용하기로 변경하였고, 투자부동산은 공정가치모형을 적용하기로 하였다. 20×2년 7월 1일 건물의 공정가치는 ₩200,000이고, 20×2년 12월 31일 건물의 공정가치는 ₩180,000이다. 20×2년도의 재무제표에 표시될 다음의 금액을 계산하시오(단, 소수점 미만의 금액은 첫째 자리에서 반올림한다).

구분	금액
당기손익에 미치는 영향	①
기타포괄손익에 미치는 영향	②

물음 2) ㈜한국은 20×1년 초 자가사용목적으로 건물을 ₩10,000,000에 취득하여 원가모형을 적용하고 있다. 이 건물의 잔존가치는 ₩0, 내용연수는 10년이며 정액법으로 감가상각한다. ㈜한국은 20×1년 말 동 건물을 ㈜한강에게 임대하였다.

[공인회계사 2차 2010년 수정]

물음 2-1) ㈜한국이 투자부동산에 대해서 원가모형을 적용하기로 하였을 경우, 20×1년과 20×2년 ㈜한국의 재무상태표에 계상될 건물(투자부동산)의 장부금액(①~②)과 동 건물과 관련하여 포괄손익계산서상 당기손익에 미치는 영향(③~④)을 계산하시오(단, 법인세효과는 무시하며 손실의 경우에는 금액 앞에 (-)표시할 것).

구분	투자부동산 장부금액	당기손익의 영향
20×1년	①	③
20×2년	②	④

물음 2-2) ㈜한국은 투자부동산에 대해서 공정가치모형을 적용하기로 하였으며, 각 연도 말 건물의 공정가치는 다음과 같다.

구분	20×1년 말	20×2년 말
공정가치	₩9,600,000	₩10,200,000

20×1년과 20×2년 중 손상차손(환입)이 발생하지 않았을 경우, 위의 공정가치 자료에 의하여 20×1년과 20×2년 ㈜한국의 재무상태표에 계상될 투자부동산 금액(①~②)과 동 건물과 관련하여 포괄손익계산서상 당기손익에 미치는 영향(③~④)을 계산하시오(단, 법인세효과는 무시하며 손실의 경우에는 금액 앞에 (−)표시할 것).

구분	투자부동산 장부금액	당기손익의 영향
20×1년	①	③
20×2년	②	④

풀이

물음 1)
물음 1-1)

구분	금액
건물의 기말 장부금액	① 195,000
당기손익에 미치는 영향	② (−)5,000
기타포괄손익에 미치는 영향	③ 0

임대목적 취득 건물은 투자부동산이며, 공정가치모형을 적용할 경우 감가상각비는 인식하지 않는다. 또한 평가손익은 당기손익에 반영하므로 기타포괄손익에 미치는 영향은 없다.
➔ 당기손익에 미치는 영향: 투자부동산평가손실 = 195,000 − 200,000 = (−)5,000

물음 1-2)

구분	금액
건물의 기말 장부금액	① 195,000
당기손익에 미치는 영향	② (−)10,000
기타포괄손익에 미치는 영향	③ 5,000

자가사용목적 건물은 유형자산이며, 감가상각비를 인식한 후 재평가 회계처리를 적용한다.
[20×1년 말]

차) 감가상각비	10,000	대) 감가상각누계액	10,000
차) 감가상각누계액	10,000	대) 재평가잉여금[1]	5,000
		건물	5,000

[1] 195,000 − (200,000 − 10,000) = 5,000

물음 1-3)

구분	금액
임대목적 건물의 처분손익	① 3,000 이익
자가사용목적 건물의 처분손익	② 3,000 이익

1. 투자부동산처분이익: 198,000 − 195,000 = 3,000
2. 유형자산처분이익: 198,000 − 195,000 = 3,000

  * 유형자산 건물과 관련된 재평가잉여금 5,000은 당기손익으로 재분류되지 않는다.

물음 1-4)

구분	금액
당기손익에 미치는 영향	① (−)25,132
기타포괄손익에 미치는 영향	② 10,132

[20×2년 7월 1일]

차) 감가상각비[1]	5,132	대) 감가상각누계액	5,132
차) 투자부동산	200,000	대) 건물	195,000
감가상각누계액	5,132	재평가잉여금[2]	10,132

[1] 195,000 × 6/(240 − 12) = 5,132
[2] 200,000 − (195,000 − 5,132) = 10,132

[20×2년 12월 31일]

차) 투자부동산평가손실	20,000	대) 투자부동산	20,000

물음 2)

물음 2-1)

구분	투자부동산 장부금액	당기손익의 영향
20×1년	9,000,000	(−)1,000,000
20×2년	8,000,000	(−)1,000,000

* 투자부동산을 원가모형으로 평가하는 경우 대체 전 장부금액을 승계하며, 원가모형으로 평가하는 투자부동산은 유형자산과 동일하게 감가상각을 수행한다.

물음 2-2)

구분	투자부동산 장부금액	당기손익의 영향
20×1년	9,600,000	(−)1,000,000[1]
20×2년	10,200,000	600,000[2]

[1] 감가상각비: (10,000,000 − 0) ÷ 10년 = (−)1,000,000
  투자부동산을 공정가치모형으로 평가하는 경우, 유형자산에 대한 재평가 회계처리를 수행한 후 대체한다. 따라서 재평가이익 600,000(= 9,600,000 − 9,000,000)은 기타포괄손익으로 인식하고 기타포괄손익누계액의 재평가잉여금으로 계상한다.
[2] 투자부동산평가이익: 10,200,000 − 9,600,000 = 600,000
  공정가치모형으로 평가하는 투자부동산은 감가상각을 수행하지 않고 공정가치 변동분을 당기손익으로 인식한다.

다음의 〈자료〉를 이용하여 물음에 답하시오.   [공인회계사 2차 2020년]

〈자료〉

(1) ㈜민국은 바이오신약 개발프로젝트 X와 Y를 진행 중에 있다. 프로젝트 X는 20×1년 6월 1일 임상 승인을 받아 무형자산의 인식기준을 충족하였으며, 이후 발생한 지출은 모두 자산화 요건을 충족한다. 프로젝트 Y는 20×1년 중 임상에 실패하여 개발을 중단하였다. 프로젝트 X, Y와 관련된 지출액은 다음과 같으며, 프로젝트 X의 20×1년 지출액 중 6월 1일 이후에 지출한 금액은 ₩500,000이다.

구분	20×1년	20×2년
프로젝트 X	₩800,000	₩100,000[1]
프로젝트 Y	₩700,000	–

[1] 20×2년 1월 2일 지출금

20×2년 1월 3일 프로젝트 X의 개발이 종료되고 바로 제품에 대한 생산이 시작되었다. 개발비의 내용연수는 3년이고 잔존가치는 ₩0이며 연수합계법에 따라 상각한다. 상각은 월할 계산을 원칙으로 한다.

(2) ㈜민국은 20×2년 1월 1일 제3자로부터 신약관련기술을 ₩500,000에 구입하고 기타무형자산으로 인식하였다. 기타무형자산의 내용연수는 5년, 잔존가치는 ₩0, 정액법으로 상각한다. 제3자로부터 구입한 신약관련기술에 대한 활성시장은 존재한다.

(3) ㈜민국은 개발비에 대해서는 원가모형을 적용하며, 기타무형자산에 대해서는 재평가모형을 적용한다. 20×2년 말과 20×3년 말 개발비의 회수가능액과 기타무형자산의 공정가치는 다음과 같다.

구분	개발비 회수가능액	기타무형자산 공정가치
20×2년 말	₩150,000	₩480,000
20×3년 말	₩200,000	₩280,000

(4) ㈜민국은 20×1년 1월 1일 토지사용과 관련하여 지방자치단체와 임대차계약을 체결하는 과정에서 지방자치단체 조례의 감면 요건을 충족하여, 임차료를 전액 면제받았다. ㈜민국은 면제받은 임차료의 공정가치 ₩1,000,000을 토지무상사용권으로 인식하였다. ㈜민국은 토지무상사용권이 소비되는 행태를 신뢰성 있게 결정할 수 없었으며, 토지무상사용권의 내용연수는 10년, 잔존가치는 ₩0으로 추정하였다.

물음 1) 개발프로젝트와 관련하여 ㈜민국이 20×1년 말 인식할 무형자산과 20×1년 비용을 계산하시오(단, 20×1년 무형자산과 관련된 손상차손은 발생하지 않는다고 가정한다).

무형자산	①
비용	②

물음 2) ㈜민국이 개발비와 관련하여 20×2년에 인식할 손상차손과 20×3년에 인식할 손상차손환입을 계산하시오(단, 회수가능액이 장부금액보다 낮으면 손상징후가 있는 것으로 가정하며, 회수가능액이 장부금액보다 증가하는 것은 해당 자산의 용역잠재력 증가를 반영한 것으로 본다).

20×2년 손상차손	①
20×3년 손상차손환입	②

물음 3) ㈜민국은 재평가잉여금을 사용하는 기간 동안 이익잉여금으로 대체하며, 대체분개 후 재평가를 수행한다. 매 보고기간 말 자산의 장부금액이 공정가치와 중요하게 차이가 나며, 손상차손은 발생하지 않았고, 발생한 비용 중 자본화된 금액은 없다. 기타무형자산과 관련된 회계처리가 ㈜민국의 20×3년 당기순이익 및 기타포괄이익에 미치는 영향을 계산하시오(단, 당기순이익과 기타포괄이익이 감소하는 경우에는 (−)를 숫자 앞에 표시하시오).

당기순이익에 미치는 영향	①
기타포괄이익에 미치는 영향	②

물음 1)

무형자산	① 500,000
비용	② 1,000,000

(1) 프로젝트 X

   ① 20×1년 비용: $800,000 - 500,000 = 300,000$

   ② 20×1년 말 개발비: 500,000

(2) 프로젝트 Y

   20×1년 전액 비용처리: 700,000

물음 2)

20×2년 손상차손	① 150,000
20×3년 손상차손환입	② 50,000

(1) 20×2년

   ① 20×2년 초 개발비: $500,000 + 100,000 = 600,000$

   ② 20×2년 말 손상 전 상각후원가: $600,000 - 600,000 \times 3 \div (3 + 2 + 1) = 300,000$

   ③ 20×2년 손상차손: $150,000 - 300,000 = (-)150,000$

(2) 20×3년

   ① 20×3년 말 환입 전 상각후원가: $150,000 - 150,000 \times 2 \div (2 + 1) = 50,000$

   ② 20×3년 말 손상되지 않았을 경우 상각후원가: $600,000 - 600,000 \times (3 + 2) \div 6 = 100,000$

   ③ 20×3년 손상차손환입: $Min[100,000, 200,000] - 50,000 = 50,000$

물음 3)

당기순이익에 미치는 영향	① (-)140,000
기타포괄이익에 미치는 영향	② (-)60,000

(1) 20×2년 무형자산상각비: $500,000 \div 5년 = 100,000$

(2) 20×2년 말 재평가잉여금: $480,000 - (500,000 - 100,000) = 80,000$

(3) 20×3년 무형자산상각비: $480,000 \div 4년 = 120,000$

(4) 20×3년 재평가손실: $280,000 - (480,000 - 120,000) + 60,000 = (-)20,000$

(5) 20×3년 당기순이익에 미치는 영향: (20×3년 무형자산상각비) + (20×3년 재평가손실)

                               $= (120,000) + (20,000) = (-)140,000$

(6) 20×3년 기타포괄이익에 미치는 영향: (20×2년 말 재평가잉여금) - (20×3년 재평가손실)

                               $= (80,000) - (20,000) = (-)60,000$

| 문제 03 | 유형자산, 투자부동산, 중단영업손익 |

다음에 제시되는 물음은 각각 독립된 상황이고 〈공통자료〉는 모든 물음에 공통적으로 적용된다.

[공인회계사 2차 2012년]

〈공통자료〉

구분	취득일	내용연수	잔존가치	상각방법
건물	20×1. 1. 1.	5년	₩0	정액법
기계장치	20×1. 1. 1.	4년	₩0	정액법

물음 1) 12월 말 결산법인인 ㈜한국의 유형자산 중 건물은 재평가모형을 적용한다. 장부금액 조정방법은 기존의 감가상각누계액을 전액 제거한 후, 순장부금액이 재평가금액과 같아지도록 총장부금액을 조정한다. 재평가잉여금은 이익잉여금으로 대체하지 않는다. 기계장치는 원가모형을 적용한다.

〈20×1년 말 유형자산 내역〉

구분	취득원가	감가상각누계액	장부금액	재평가잉여금
건물	₩100,000		₩90,000	₩10,000
기계장치	₩50,000	₩12,500	₩37,500	

〈20×2년 말과 20×3년 말 공정가치 및 회수가능액〉

구분	20×2년 말		20×3년 말	
	공정가치	회수가능액	공정가치	회수가능액
건물	₩65,000	₩45,000	₩30,000	₩45,000
기계장치	₩25,000	₩21,000	₩15,000	₩15,000

물음 1-1) 건물과 관련하여 20×2년 당기손익에 반영할 손상차손 또는 손상차손환입 금액을 구하시오(단, 손상차손의 경우에는 금액 앞에 (−)로 표시한다).

물음 1-2) 기계장치와 관련하여 20×3년 당기손익에 반영할 손상차손 또는 손상차손환입 금액을 구하시오(단, 손상차손의 경우에는 금액 앞에 (−)로 표시한다).

물음 1-3) 20×2년 초 사무실로 사용하던 건물을 임대목적으로 변경하여 투자부동산으로 대체하였다고 가정한다. 투자부동산에 대해서 공정가치모형을 적용하며, 공정가치는 20×2년 초 ₩75,000, 20×2년 말 ₩80,000이다. 20×2년 초와 20×2년 말 관련 분개를 할 때, ①과 ②의 계정과목 및 금액을 쓰시오.

구분	차변	대변
20×2년 초	①	
20×2년 말		②

물음 2) 12월 말 결산법인인 ㈜한국은 가전사업부와 제과사업부 2개를 운영 중이다. 20×2년 12월 31일 이사회에서 제과사업부 전체를 20×3년 중에 매각하기로 결정하였다. 제과사업부의 자산은 건물과 기계장치만으로 구성되며, 부채는 없다.

〈20×2년 말 제과사업부의 유형자산 내역(이사회 이전 시점)〉

구분	취득원가	감가상각누계액	장부금액
건물	₩100,000	₩40,000	₩60,000
기계장치	₩50,000	₩25,000	₩25,000

20×2년 말 제과사업부의 유형자산 중 건물의 공정가치는 ₩40,000, 매각부대비용은 ₩0, 기계장치의 공정가치는 ₩18,000, 매각부대비용은 ₩3,000이다. 20×2년 말 제과사업부가 매각예정부문으로 분류되었다. 20×2년 제과사업부의 세전 영업이익은 ₩100,000이고 법인세율(법인세에 부가되는 세액 포함)은 30%이다. 20×2년 포괄손익계산서에 인식할 중단영업손익을 구하시오(단, 손실의 경우에는 금액 앞에 (−)로 표시한다).

풀이

물음 1)

물음 1-1) 건물 관련 20×2년 당기손익에 반영할 손상차손: (−)12,500

> (1) 20×2년 감가상각비: 90,000 ÷ 4년 = 22,500
>
> (2) 20×2년 손상차손: 45,000 − (90,000 − 22,500) + 10,000 = (−)12,500

물음 1-2) 기계장치 관련 20×3년 당기손익에 반영할 손상차손환입: 2,000

> (1) 20×2년 말 장부금액: 37,500 − 12,500 = 25,000
>
> (2) 20×2년 말 손상차손: 21,000 − 25,000 = (−)4,000
>
> (3) 20×3년 감가상각비: 21,000 ÷ 2 = (−)10,500
>
> (4) 20×3년 말 손상차손환입: Min[15,000, 12,500[1]] − (21,000 − 10,500) = 2,000
>
> > [1] 한도: 25,000 − 12,500 = 12,500

물음 1-3)

구분	차변		대변	
	①			
20×2년 초	투자부동산	75,000	건물	90,000
	재평가잉여금	10,000		
	재평가손실	5,000		
20×2년 말			②	
	투자부동산	5,000	투자부동산평가이익	5,000

물음 2) 중단영업이익: 49,000

> (1) 매각예정비유동자산의 평가손실
>
> > 1) 건물: 40,000 − 60,000 = (−)20,000
> >
> > 2) 기계장치: 15,000 − 25,000 = (−)10,000
>
> (2) 중단영업이익: (100,000 − 20,000 − 10,000) × (1 − 0.3) = 49,000

회계사 · 세무사 · 경영지도사 단번에 합격!
해커스 경영아카데미
cpa.Hackers.com

Chapter **8**

금융부채

1. 금융부채의 정의와 분류

2. 상각후원가 측정 금융부채

3. 상각후원가로 후속측정하지 않는 금융부채

1 금융부채의 정의와 분류

I 금융부채의 정의

01 금융상품

금융상품은 거래당사자 어느 한쪽에게는 금융자산이 생기게 하고 동시에 거래상대방에게 금융부채나 지분상품이 생기게 하는 모든 계약을 말한다. 그러므로 금융상품의 보유자는 금융상품을 금융자산으로 인식하며, 금융상품의 발행자는 거래의 실질에 따라 금융부채와 지분상품으로 분류하여 인식한다.

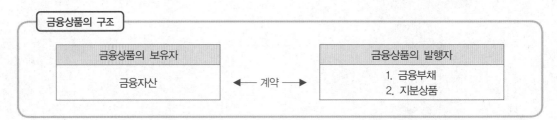

금융부채와 지분상품을 정의하면 다음과 같다.

---

1. 금융부채
   ① 다음 중 하나에 해당하는 계약상 의무
      • 거래상대방에게 현금 등 금융자산을 인도하기로 한 계약상 의무
      • 잠재적으로 불리한 조건으로 거래상대방과 금융자산이나 금융부채를 교환하기로 한 계약상 의무
   ② 기업자산의 지분상품(= 자기지분상품)으로 결제되거나 결제될 수 있는 다음 중 하나의 계약
      • 인도할 자기지분상품의 수량이 변동 가능한 비파생상품
      • 확정 수량의 자기지분상품의 수량에 대하여 확정금액의 현금 등 금융자산을 교환하여 결제하는 방법이 아닌 방법으로 결제되거나 결제될 수 있는 파생상품

2. 지분상품
   기업의 자산에서 모든 부채를 차감한 후의 잔여지분을 나타내는 모든 계약

Self Study

금융부채의 정의는 금융자산의 정의와 대칭적 관계를 갖고 있다.

02 금융부채의 정의와 계약상 의무

부채를 금융부채로 분류하기 위해서는 관련 의무가 계약에 기초하여 발생하여야 하고, 의무의 이행에는 현금 등 금융자산을 인도하여야 한다.

┌─ **금융부채 분류기준** ─────────────────────────────┐

① 현금 등 금융자산을 인도
② 관련 의무가 계약에 기초하여 발생

└──┘

Additional Comment

┌──┐
계약에 의하지 않은 부채나 자산은 금융부채나 금융자산이 아니다. 그러므로 과세 당국에 납부할 당기법인세부채나 기준서 제1037호 '충당부채, 우발부채, 우발자산'에서 정의한 의제의무도 계약에서 발생한 것이 아니므로 금융부채가 아니다. 또한 계약에 기초하더라도 현금 등 금융자산을 인도할 의무이어야 금융부채로 분류한다. 선수수익, 선수금과 대부분의 품질보증의무와 같은 항목은 현금 등 금융자산을 인도할 의무가 아니라 재화나 용역을 인도해야 할 의무이기 때문에 금융부채에 해당되지 않는다.
└──┘

(1) 현금을 인도하기로 한 계약상 의무

기업이 과거에 대가를 수령하고, 이로 인해 미래에 현금을 인도해야 하는 계약상 의무는 금융부채이다(예 매입채무, 지급어음, 차입금과 사채).

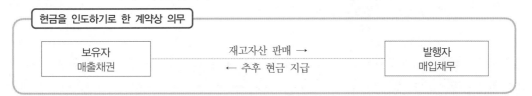

(2) 현금이 아닌 금융자산을 인도하기로 한 계약상 의무

기업이 과거에 대가를 수령하였고, 이로 인해 미래에 인도할 경제적 효익이 현금 이외의 금융자산인 경우에도 금융부채로 분류한다(예 현금이 아닌 국채를 지급할 계약상 의무가 발행자에게 있는 국채지급어음).

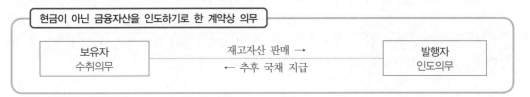

(3) 현금 등 금융자산을 인도하기로 한 조건부 계약상 의무

미래의 계약상 의무는 확정적일 수도 있지만, 미래사건의 발생 여부를 조건으로 하는 조건부 계약일 수도 있다(예 금융보증은 채무자가 채무를 불이행하는 경우에 보증인인 채권자에게 현금을 지급할 계약상 의무).

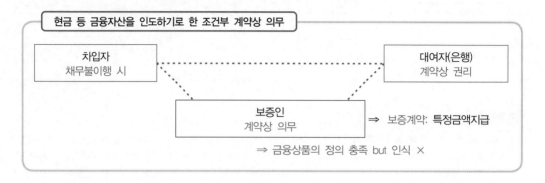

일반적으로 금융상품이 부여한 계약상 권리의 행사나 의무의 이행은 무조건적이다. 그러나 그러한 권리행사와 의무이행이 미래의 특정사건 발생을 조건부로 하는 경우도 있다. 예로, 금융보증계약은 자금차입자의 채무불이행으로 자금대여자가 입은 손실을 보상하기 위해 제3자의 보증인이 특정금액을 지급하는 계약을 말한다. 이 경우 보증인에 대한 자금대여자의 계약상 권리행사와 보증인의 의무이행은 자금차입자의 채무불이행이라는 미래사건의 발생을 조건으로 한다. 즉, 권리행사나 의무이행이 조건부라 하더라도, 해당 계약상 권리와 의무는 금융자산과 금융부채의 정의를 충족한다. 다만, 이러한 조건부 권리와 의무가 금융자산 또는 금융부채로서 재무제표에 인식되려면 추가적으로 인식요건을 만족시켜야 함은 물론이다.

(4) 잠재적으로 불리한 조건으로 금융자산이나 금융부채를 교환하기로 한 계약상 의무

잠재적으로 유리하거나 불리한 조건으로 금융자산이나 금융부채를 교환하기로 한 계약상 권리 또는 의무는 일반적으로 파생금융상품거래에서 발생한다. 예로, 미리 정해진 행사가격으로 금융상품을 교환하는 풋옵션이나 콜옵션은 해당 금융상품의 공정가치 변동에 따른 잠재적 이익을 획득할 권리를 옵션보유자에게 부여한다. 반면, 옵션발행자에게는 잠재적으로 불리한 조건으로 금융자산이나 금융부채를 교환하는 계약상 의무를 부여한다. 이처럼 옵션의 경우는 거래당사자 일방(즉, 보유자)에게는 잠재적으로 유리한 조건의 교환 권리를, 다른 일방(즉, 발행자)에게는 잠재적으로 불리한 조건의 교환의무를 부여한다. 반면, 옵션을 제외한 대부분의 파생금융상품(통화선도, 주가선물, 금리스왑 등)은 '잠재적으로 유리한 조건으로 교환할 권리'와 '잠재적으로 불리한 조건으로 교환할 의무'를 거래당사자 쌍방에게 동시에 부여한다. 그 이유는 교환조건이 최초 계약시점에 결정되므로, 이후 기초자산의 가격 변동에 따라 최초 계약조건이 유리해질 수도, 불리해질 수도 있기 때문이다.

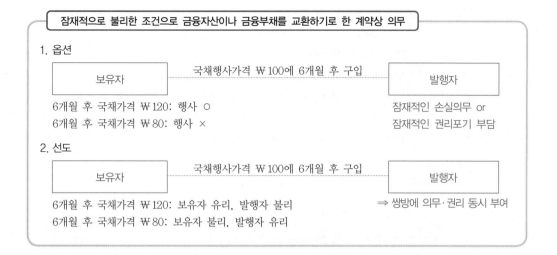

잠재적으로 불리한 조건으로 금융자산이나 금융부채를 교환하기로 한 계약상 의무

1. 옵션

| 보유자 | 국채행사가격 ₩100에 6개월 후 구입 | 발행자 |

6개월 후 국채가격 ₩120: 행사 ○
6개월 후 국채가격 ₩80: 행사 ×

잠재적인 손실의무 or
잠재적인 권리포기 부담

2. 선도

| 보유자 | 국채행사가격 ₩100에 6개월 후 구입 | 발행자 |

6개월 후 국채가격 ₩120: 보유자 유리, 발행자 불리
6개월 후 국채가격 ₩80: 보유자 불리, 발행자 유리

⇒ 쌍방에 의무·권리 동시 부여

금융부채

CH 8

해커스 IFRS 정윤돈 중급회계 1

Self Study

금융리스는 금융상품에 해당하며 운용리스는 금융상품에 해당하지 않지만, 운용리스의 경우에도 지급기일이 도래하였으나 아직 지급되지 않은 개별적인 지급액은 금융상품에 해당한다.

03 자기지분상품으로 결제되는 계약

(1) 자기지분상품으로 결제되는 계약의 의의

기업이 자기지분상품으로 결제되는 계약을 체결하는 경우도 있다. 예를 들어, A사가 재화나 용역을 제공받고 1개월 후에 A사 주식 100주를 인도하기로 하는 계약을 체결하거나, A사가 재화나 용역을 제공하고 1개월 후에 ₩100,000에 상당하는 A사 주식을 수취하는 계약을 체결할 수 있는데, 이러한 계약을 자기지분상품으로 결제되는 계약이라고 한다.

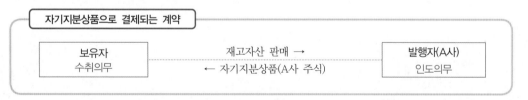

자기지분상품으로 결제되는 계약

| 보유자 | 재고자산 판매 → | 발행자(A사) |
| 수취의무 | ← 자기지분상품(A사 주식) | 인도의무 |

(2) 자기지분상품으로 결제되는 계약의 분류

기업이 자기지분상품으로 결제되는 계약을 체결하는 경우에는 해당 계약의 조건에 따라 금융부채나 자본으로 분류한다. 예로, 회사가 채권을 발행하면서 이자지급일에 자기지분상품으로 이자를 갚거나 혹은 만기에 자기지분상품으로 채권을 상환하는 조건을 부가하는 경우가 그러하다. 이때 발행회사는 현금 또는 자기지분상품 중 택일하여 이자나 채권을 상환할 수 있도록 선택권을 보유할 수도 있을 것이다. 이러한 선택권이 없는 전자의 경우가 자기지분상품으로 결제될 비파생계약이라면, 선택권이 있는 후자는 자기지분상품으로 결제될 수 있는 파생계약에 해당한다.

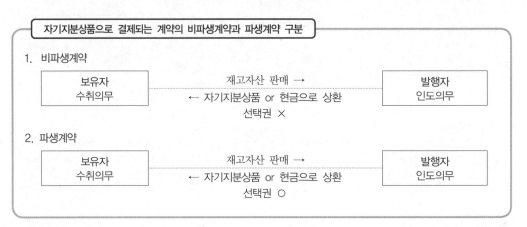

Self Study

자기지분상품으로 결제되거나 결제될 수 있는 계약에 있어서 유의할 점은, 단순히 자기지분상품을 인도해야 한다면 무조건 금융부채로 분류하는 것이 아니라 계약의 조건에 따라 금융부채 또는 지분상품의 증가로 분류한다는 것이다. 또한 자기지분상품으로 결제되는 계약에서 자기지분상품을 수취한다면 무조건 금융자산으로 분류되는 것이 아니라 계약의 조건에 따라 금융자산 또는 지분상품의 감소로 분류한다.

(3) 자기지분상품으로 결제되는 비파생계약

인도(수취)할 자기지분상품의 수량이 변동 가능한 비파생계약은 금융부채(금융자산)로 분류한다. 예를 들어, 어떤 기업이 결제일에 ₩1,000의 공정가치에 해당하는 자기지분상품을 수취 또는 인도할 계약을 체결하였다면, 결제일에 수취 또는 인도할 자기지분상품의 수량은 확정되지 않고 변동한다. 이처럼 결제될 자기지분상품의 수량이 변동적인 계약은 비록 자기지분상품을 인도 또는 수취하게 되더라도 지분상품(자본)이 아니라 금융부채 또는 금융자산이 된다. 그 이유는 이러한 계약이 자본에 대한 특정 지분의 권리와 의무를 나타내기보다는 특정 금액에 대한 권리와 의무를 나타내기 때문이다.

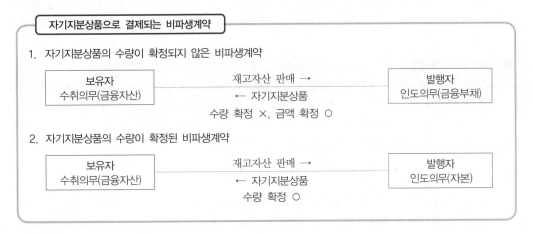

Self Study

비파생상품으로서 기업이 결제를 위하여 인도해야 할 자기지분상품의 수량이 확정되어 있는 계약은 지분상품으로 분류하고, 인도해야 할 자기지분상품의 수량이 변동 가능한 계약은 금융부채로 분류한다.

각 물음은 서로 독립적이다.

1 ㈜한영은 ㈜삼정으로부터 ₩10,000 상당의 재고자산을 구입하고, 2개월 후 ₩10,000 상당의 ㈜한영의 주식으로 결제하기로 하였다. 자기주식의 결제시점의 주당 공정가치는 ₩5,000이고 ㈜한영의 주식 주당 액면금액이 ₩2,000인 경우, 동 거래에 대한 ㈜한영의 회계처리를 보이시오.

2 ㈜한영은 ㈜삼정으로부터 ₩10,000 상당의 재고자산을 구입하고, 2개월 후 10주의 ㈜한영 주식으로 결제하기로 하였다. 자기주식의 결제시점의 주당 공정가치는 ₩10,000이 아닐 수도 있다. ㈜한영의 주식 주당 액면금액이 ₩200인 경우, 동 거래에 대한 ㈜한영의 회계처리를 보이시오.

3 ㈜한영은 ㈜삼정으로부터 ₩10,000 상당의 재고자산을 구입하고, 2개월 후 ₩12,000 상당의 ㈜한영의 주식으로 결제하기로 하였다. 자기주식의 결제시점의 주당 공정가치는 ₩5,000이고 ㈜한영의 주식 주당 액면금액이 ₩2,000인 경우, 동 거래에 대한 ㈜한영의 회계처리를 보이시오.

풀이

1 [매입일]

차) 재고자산	10,000	대) 금융부채[1]	10,000

[1] 결제할 자기주식의 수량이 확정되어 있지 않았기 때문에 금융부채로 분류한다.

[결제일]

차) 금융부채	10,000	대) 자본금	4,000
		주식발행초과금	6,000

2 [매입일]

차) 재고자산	10,000	대) 미발행자본(자본)[1]	10,000

[1] 결제할 자기주식의 수량이 확정되어 있기 때문에 지분상품(자본)으로 분류한다.

[결제일]

차) 미발행자본	10,000	대) 자본금	2,000
		주식발행초과금	8,000

3 [매입일]

차) 재고자산	10,000	대) 금융부채[1]	10,000

[1] 결제할 자기주식의 수량이 확정되어 있지 않았기 때문에 금융부채로 분류한다.

[결제일]

차) 이자비용[2]	2,000	대) 금융부채	2,000
차) 금융부채	12,000	대) 자본금	2,000
		주식발행초과금	10,000

[2] 재고자산 매입액 10,000과 인도해야 할 자기지분상품의 공정가치 12,000의 차이 2,000은 2개월간의 이자비용으로 회계처리한다.

(4) 자기지분상품으로 결제되는 파생계약

자기지분상품으로 결제되는 파생상품에 적용되는 분류기준은 '확정 대 확정의 요건'으로 정리할 수 있다. 즉, 확정수량의 자기지분상품에 대해 확정금액의 대가가 교환되는 파생계약을 제외한 모든 '자기지분상품 결제 파생상품'은 금융자산(자기지분상품을 수취하는 경우)이거나 금융부채이다. (자기지분상품을 인도하는 경우) 역으로 확정수량의 자기지분상품에 대해 확정금액의 대가가 교환되는 파생계약만 지분상품(자본)으로 분류될 수 있다.

자기지분상품으로 결제되는 파생계약

1. 미확정수량의 자기주식과 미확정금액의 대가가 교환되지 않는 파생계약

| 보유자
금융자산 | 미래 대가 변동 →
← 자기지분상품의 수량 변동 | 발행자
금융부채 |

2. 확정수량의 자기주식과 확정금액의 대가가 교환되지 않는 파생계약

| 보유자
금융자산 | 미래 대가 확정 →
← 자기지분상품의 수량 확정 | 발행자
자본 |

사례연습 2: 자기지분상품으로 결제되는 파생계약

A사는 1,000개의 신주인수권을 발행하면서, 행사가격에 대해 다음과 같은 두 가지 대안을 고려하고 있다. 각 대안에 대해 회사는 신주인수권을 재무상태표상 어떻게 분류해야 하는지 설명하라.

- 대안 1: 행사가격을 주당 ₩5,000으로 정함
- 대안 2: 행사가격을 행사시점 금 1온스의 공정가치로 정함

풀이

- 대안 1: 발행자는 미래 신주인수권이 행사될 때 확정된 현금 5,000,000을 받는 대가로 확정된 수량(1,000주)의 자기지분상품을 인도할 것이므로, 확정 대 확정의 요건에 따라 해당 신주인수권은 A사에게 지분상품(자본)이 된다.
- 대안 2: 확정되지 않은 금액과 자기지분상품을 교환하는 것이므로, 해당 신주인수권은 A사에게 금융부채가 된다.

자기지분상품으로 결제되는 계약의 정리

자기지분상품으로 결제되는 계약		인도하는 자기지분상품	수취하는 자기지분상품
비파생상품	자기지분상품의 수량 확정 ○	지분상품(자본)	지분상품의 감소
	자기지분상품의 수량 확정 ×	금융부채	금융자산
파생상품	수량 확정 ○ + 대가 확정 ○	지분상품(자본)	지분상품의 감소
	그 외	금융부채	금융자산

금융부채는 최초 인식시점에서는 공정가치로 측정하지만 후속적으로 상각후원가로 측정하는 금융부채와 상각후원가로 측정하지 않고 별도의 후속측정기준을 적용하는 금융부채로 분류한다. 또한 당기손익-공정가치 측정 금융부채로 지정하는 경우도 있다. 즉, 모든 금융부채는 다음을 제외하고는 후속적으로 상각후원가로 측정되도록 분류한다. 또한 금융부채는 재분류하지 않는다.

금융부채의 분류

① 상각후원가 측정 금융부채(AC금융부채)	금융부채 재분류 ×
② 상각후원가로 측정하지 않고 별도의 후속측정기준을 적용하는 금융부채 　• 당기손익-공정가치 측정 금융부채(FVPL금융부채) 　• 금융자산의 양도가 제거조건을 충족하지 못하거나 지속적 관여 접근법이 적용되는 경우 생기는 금융부채 　• 금융보증계약 　• 시장이자율보다 낮은 이자율로 대출하기로 한 약정 　• 기준서 제1103호 '사업결합'을 적용하는 사업결합에서 취득자가 인식하는 조건부 대가	

2 상각후원가 측정 금융부채

금융부채는 당기손익 – 공정가치 측정 금융부채로 분류되지 않는 경우 상각후원가로 측정한다. 상각후원가 측정 금융부채에는 매입채무, 차입금, 사채 등이 있다. 이 중 1년 이내에 지급할 것으로 예상되는 매입채무 등은 유의적인 금융요소를 포함하지 않다고 볼 수 있으므로 거래가격으로 측정할 수 있다. 상각후원가로 후속측정하지 않는 금융부채에 대해서는 절을 달리하여 설명하기로 하고 본 절에서는 상각후원가로 측정하는 가장 대표적인 금융부채인 사채의 회계처리를 구체적으로 설명하고자 한다.

I 사채의 의의와 최초 인식

01 사채의 의의

사채란 주식회사가 자금을 조달하기 위하여 유가증권을 발행하여 불특정 다수로부터 자금을 차입하는 정형화된 부채를 말하며 회사채라고도 한다. 사채는 발행회사의 입장에서 상각후원가로 측정하는 가장 대표적인 금융부채이다.

사채의 기본요소는 사채 관련 현금흐름을 나타내는 것으로 다음과 같다.

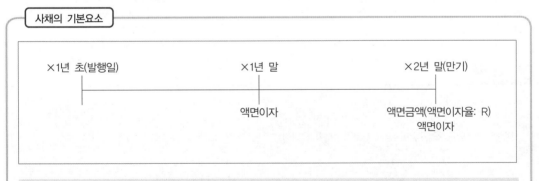

사채의 기본요소

×1년 초(발행일)	×1년 말	×2년 말(만기)
	액면이자	액면금액(액면이자율: R) 액면이자

① 액면금액: 사채 원금에 해당하는 것으로 사채의 만기시점에 지급하게 되는 금액
② 액면이자: 약정된 이자지급일에 지급하기로 약속한 이자금액으로 사채액면금액에 액면이자율을 곱하여 지급하게 될 금액
③ 사채발행일과 만기일

금융부채는 최초 인식 시 공정가치로 측정한다. 사채는 발행 시에 액면금액과 액면이자, 발행일 및 만기, 시장이자율이 결정되어 있으므로 최초 인식시점의 미래현금유출액을 발행일의 시장이자율을 이용하여 산정한 현재가치가 발행일의 공정가치와 일치한다.

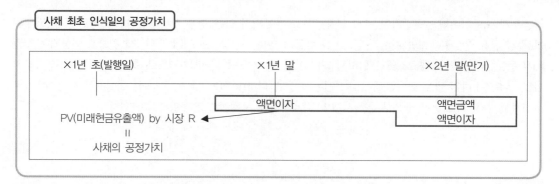

Additional Comment

사채 발행일의 시장이자율은 당해 사채에 대하여 투자자들이 요구하는 수익률로 기준금리에 신용위험을 가산하여 결정된다.

시장이자율(채권수익률) = 기준금리(LIBOR금리 등) + 신용위험(위험프리미엄)

기업들은 자신들의 신용위험을 산정하기 위하여 신용평가기관에 사채의 신용등급평가를 의뢰한다. 각 신용등급에 따라 해당 기업의 신용위험이 다르게 결정된다. 동일한 일자에 동일한 조건의 사채를 발행하는 경우에는 어느 기업이든지 모두 동일한 기준금리를 부담하지만 신용위험이 기업마다 다르므로 시장이자율은 기업에 따라 다르게 결정된다. 따라서 동일한 일자에 동일한 조건으로 사채를 발행하는 경우에도 발행하는 기업의 사채 신용등급에 따라 사채의 발행금액이 다르게 결정된다.

Self Study

사채의 발행금액은 사채의 미래현금흐름을 현재의 시장이자율로 할인한 현재가치금액으로 한다는 것이다. 즉, 사채의 발행금액은 사채의 미래현금흐름에 시장이자율에 해당하는 현재가치계수를 곱한 금액으로 계산된다. 현재가치계수는 이자율이 증가할수록 감소하므로, 시장이자율이 증가하면 사채의 발행금액인 현재가치는 감소하게 된다.

II 사채의 발행유형별 회계처리

01 사채의 발행유형

사채의 발행금액은 사채의 미래현금흐름에 시장이자율에 해당하는 현재가치계수를 곱한 금액으로 계산된다. 그러므로 사채의 발행가액 계산과정을 식으로 표현하면 다음과 같다.

사채의 발행가액 계산과정

사채의 발행가액
① 액면이자/(1 + 시장이자율) + 액면이자/(1 + 시장이자율)^2 + ⋯ + (액면이자 + 액면금액)/(1 + 시장이자율)^n
② 액면이자×연금현가계수(사채 기간, 시장이자율) + 액면금액×현가계수(사채 기간, 시장이자율)
* 액면이자 = 액면금액 × 액면이자율

사채의 발행가액은 액면이자율과 시장이자율의 관계에 의하여 결정된다. 시장이자율과 액면이자율에 따른 사채의 발행유형은 다음과 같다.

액면이자율과 시장이자율의 관계에 따른 사채의 발행유형

구분	이자율 간의 관계	액면금액과 발행금액의 관계
액면발행	시장이자율 = 액면이자율	발행금액 = 액면금액
할인발행	시장이자율 > 액면이자율	발행금액 < 액면금액
할증발행	시장이자율 < 액면이자율	발행금액 > 액면금액

시장이자율은 사채의 수익률이므로 시장이자율과 액면이자율이 동일한 경우 사채의 미래현금흐름을 시장이자율로 할인한 현재가치는 사채의 액면금액과 일치한다. 이러한 경우를 사채의 액면발행이라고 한다. 시장이자율이 액면이자율보다 높은 경우에는 사채의 액면이자율이 시장이자율보다 낮으므로 투자자는 사채상환기간 동안 시장이자율보다 덜 받게 되는 액면이자를 발행일에 덜 지급하려고 한다. 사채의 발행자는 발행일에 시장이자율과 액면이자율의 차액을 시장이자율로 할인한 현재가치에 해당하는 금액을 차감한 잔액만을 수령하게 된다. 그러므로 사채의 발행금액은 액면금액에 미달하게 되며, 이러한 경우를 할인발행이라고 한다. 이때 시장이자율과 액면이자율의 차액을 시장이자율로 할인한 현재가치는 사채할인발행차금이 된다.

시장이자율이 액면이자율보다 낮은 경우에는 발행자는 사채상환기간 동안 시장이자율보다 더 지급하게 되는 액면이자를 발행일에 더 받으려고 한다. 사채의 발행자는 발행일에 시장이자율과 액면이자율의 차액을 시장이자율로 할인한 현재가치에 해당하는 금액을 더 가산한 금액을 수령하게 된다. 따라서 사채의 발행금액은 액면금액을 초과하게 되며, 이러한 경우 할증발행이라고 한다. 이때 시장이자율과 액면이자율의 차액을 시장이자율로 할인한 현재가치는 사채할증발행차금이 된다.

02 액면발행

사채의 액면이자율과 시장이자율이 같다면 사채는 액면금액으로 발행된다. 이를 액면발행이라고 한다. 사채를 액면발행하게 되면 매기 말 인식하는 이자비용은 액면이자와 동일하고 사채의 장부금액은 발행시점에 액면금액으로 발행되어 매기 말 변동하지 않는다.

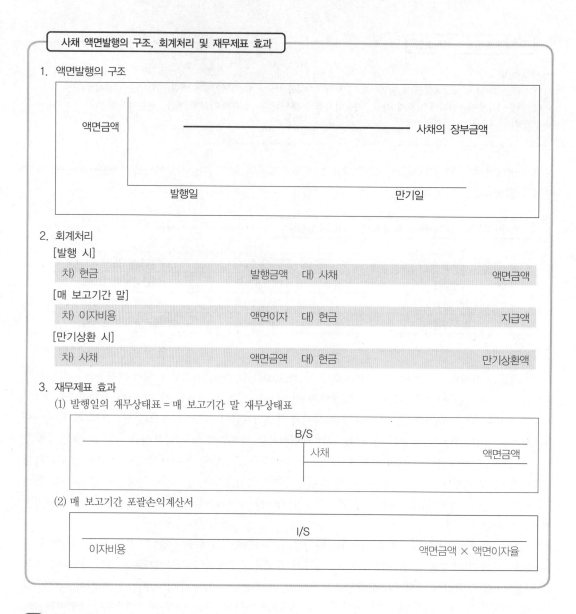

사채 액면발행의 구조, 회계처리 및 재무제표 효과

1. 액면발행의 구조

액면금액	사채의 장부금액
	발행일　　　　　　　　　　　만기일

2. 회계처리

[발행 시]

차) 현금	발행금액	대) 사채	액면금액

[매 보고기간 말]

차) 이자비용	액면이자	대) 현금	지급액

[만기상환 시]

차) 사채	액면금액	대) 현금	만기상환액

3. 재무제표 효과

(1) 발행일의 재무상태표 = 매 보고기간 말 재무상태표

B/S	
	사채　　　　　　　　　　　액면금액

(2) 매 보고기간 포괄손익계산서

I/S	
이자비용	액면금액 × 액면이자율

03 할인발행

(1) 사채 할인발행 시 발행일의 회계처리

사채의 액면이자율이 시장이자율보다 낮다면 사채는 할인금액으로 발행될 것이며, 이를 할인발행이라고 한다. 사채는 일반적으로 정보이용자에게 유용한 정보를 제공하기 위하여 사채 계정을 액면금액으로 기록하며, 액면금액과 발행금액의 차액은 사채할인발행차금 계정으로 처리하는 것이 일반적이다. 사채할인발행차금은 사채의 차감 계정으로 사채에서 차감하는 형식으로 표시한다. 사채에서 사채할인발행차금을 차감한 금액을 사채의 장부금액이라고 한다.

Additional Comment

사채할인발행차금은 재무상태표를 작성할 때 사채 계정에서 차감(표시)한다. 한국채택국제회계기준에서는 사채할인발행차금의 사용에 대해서 명시적 언급이 없기 때문에 사채할인발행차금 계정을 사용하지 않고 사채를 순액으로 계상할 수도 있다. 단, 사채할인발행차금의 잔액이나 사채할인발행차금의 상각액을 묻는 문제가 아니라면 사채할인발행차금을 사용한 총액법 회계처리와 사채할인발행차금을 사용하지 않는 순액법 회계처리의 사채의 장부금액이나 이자비용이 일치한다.

사채 할인발행 시 구조, 발행일의 회계처리 및 재무제표 효과

1. 할인발행의 구조

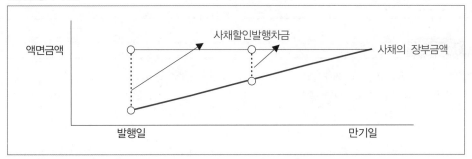

2. 회계처리

[발행 시 – 순액법]

차) 현금	발행금액	대) 사채	PV(CF) by 시장 R

[발행 시 – 총액법]

차) 현금	발행금액	대) 사채	액면금액
사채할인발행차금	액면금액 – PV(CF) by 시장 R		

3. 발행일의 재무상태표

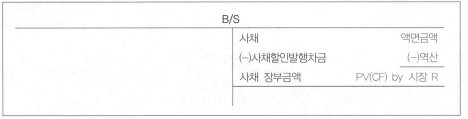

➲ 매기 말 사채할인발행차금의 잔액: 액면금액 – PV(CF) by 시장 R

(2) 사채 할인발행 시 매 보고기간 말의 회계처리

사채할인발행차금은 액면이자를 시장이자율보다 적게 지급함에 따른 대가를 투자자에게 미리 지급한 금액으로 이자와 동일한 성격이다. 사채할인발행차금은 사채상환기간에 걸쳐 유효이자율법에 따라 상각하여 이자비용에 가산한다.

유효이자율법에서는 직전 이자지급일의 장부금액에 유효이자율을 곱한 유효이자를 이자비용으로 인식하고, 액면이자와의 차액은 사채할인발행차금 상각액으로 인식한다. 또한 순액법으로 회계처리하는 경우에는 동 금액만큼 사채의 장부금액을 증가시킨다. 그러므로 매 보고기간 말 유효이자율법에 따라 인식한 이자비용에 포함되는 사채할인발행차금의 상각액은 사채의 장부금액 변동액과 일치한다.

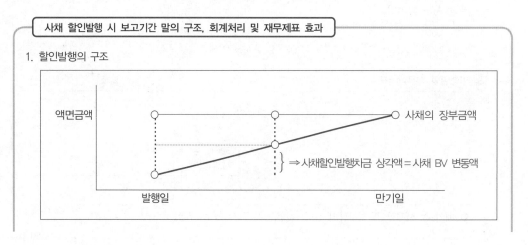

사채 할인발행 시 보고기간 말의 구조, 회계처리 및 재무제표 효과

1. 할인발행의 구조

2. 회계처리

[매 보고기간 말 – 순액법]

차) 이자비용	기초 BV × 유효 R	대) 현금	액면이자
		사채	기말사채 BV – 기초사채 BV

[매 보고기간 말 – 총액법]

차) 이자비용	기초 BV × 유효 R	대) 현금	액면이자
		사채할인발행차금	대차차액

➪ 매 보고기간 말 사채할인발행차금 상각액: 기말사채의 장부금액 – 기초사채의 장부금액

3. 매 보고기간 말의 재무제표

(1) 매 보고기간 말 재무상태표

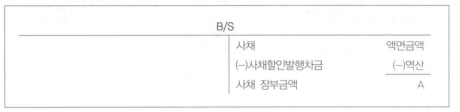

	B/S	
	사채	액면금액
	(–)사채할인발행차금	(–)역산
	사채 장부금액	A

➪ 기말사채의 장부금액 산정방법

① PV(잔여기간의 CF) by 취득 시 유효 R

② 기초사채의 장부금액 × (1 + 유효 R) – 액면이자

③ 기초장부금액 + (유효이자 – 액면이자)

(2) 매 보고기간 포괄손익계산서

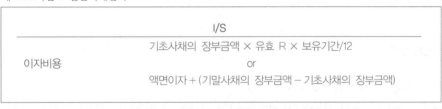

	I/S
이자비용	기초사채의 장부금액 × 유효 R × 보유기간/12
	or
	액면이자 + (기말사채의 장부금액 – 기초사채의 장부금액)

사채의 상환기간 동안 사채의 발행금액보다 더 지급하는 금액은 성격적으로 모두 이자에 해당하므로 사채의 발행자가 상환기간 동안에 인식할 총이자비용은 액면이자의 합계액과 사채할인발행차금의 합이나 사채 미래현금흐름의 합계액 – 사채의 발행금액(현재가치)으로 계산된다.

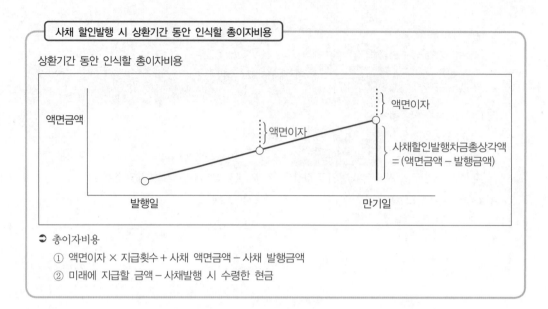

상환기간 동안 인식할 총이자비용

액면금액

액면이자

액면이자

사채할인발행차금총상각액
= (액면금액 – 발행금액)

발행일

만기일

➲ 총이자비용
① 액면이자 × 지급횟수 + 사채 액면금액 – 사채 발행금액
② 미래에 지급할 금액 – 사채발행 시 수령한 현금

(3) 사채 할인발행 시 만기상환 시 회계처리

사채의 기간 동안 매 보고기간 말 유효이자율법에 따라 사채할인발행차금을 상각하면 만기시점에는 사채할인발행차금은 모두 상각되어 잔액이 '0'이 된다. 순액법의 경우 매 보고기간 말에 유효이자율법에 따라 사채의 장부금액이 증가하여 만기시점에는 사채의 장부금액이 액면금액과 동일해진다. 그러므로 만기시점에 상환 시 회계처리는 액면발행과 동일하다.

04 할증발행

(1) 사채 할증발행 시 발행일의 회계처리

사채의 액면이자율이 시장이자율보다 높다면 사채는 할증금액으로 발행될 것이며, 이를 할증발행이라고 한다. 사채는 일반적으로 정보이용자에게 유용한 정보를 제공하기 위하여 사채 계정을 액면금액으로 기록하며, 액면금액과 발행금액의 차액은 사채할증발행차금 계정으로 처리하는 것이 일반적이다. 사채할증발행차금은 사채의 가산 계정으로 사채에 가산하는 형식으로 표시한다. 사채에서 사채할증발행차금을 가산한 금액을 사채의 장부금액이라고 한다.

> **Additional Comment**
>
> 사채할증발행차금은 재무상태표를 작성할 때 사채 계정에서 가산(표시)한다. 한국채택국제회계기준에서는 사채할증발행차금의 사용에 대해서 명시적 언급이 없기 때문에 사채할증발행차금 계정을 사용하지 않고 사채를 순액으로 계상할 수도 있다. 단, 사채할증발행차금의 잔액이나 사채할증발행차금의 상각액을 묻는 문제가 아니라면 사채할증발행차금을 사용한 총액법 회계처리와 사채할증발행차금을 사용하지 않는 순액법 회계처리의 사채의 장부금액이나 이자비용이 일치한다.

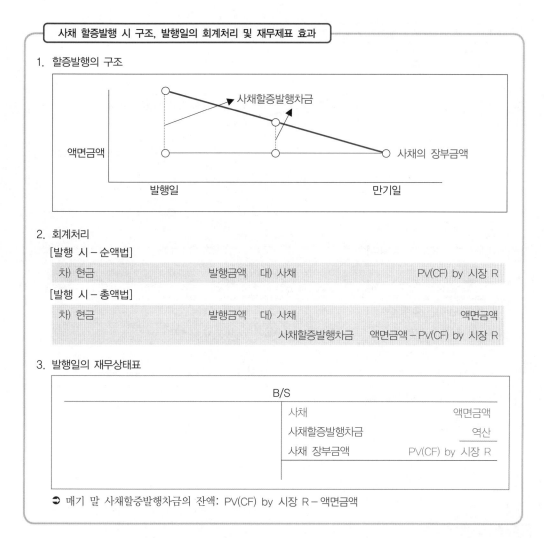

사채 할증발행 시 구조, 발행일의 회계처리 및 재무제표 효과

1. 할증발행의 구조

액면금액
사채할증발행차금
사채의 장부금액
발행일
만기일

2. 회계처리

[발행 시 – 순액법]

차) 현금	발행금액	대) 사채	PV(CF) by 시장 R

[발행 시 – 총액법]

차) 현금	발행금액	대) 사채	액면금액
		사채할증발행차금	액면금액 – PV(CF) by 시장 R

3. 발행일의 재무상태표

	B/S	
	사채	액면금액
	사채할증발행차금	역산
	사채 장부금액	PV(CF) by 시장 R

➡ 매기 말 사채할증발행차금의 잔액: PV(CF) by 시장 R – 액면금액

(2) 사채 할증발행 시 매 보고기간 말의 회계처리

사채할증발행차금은 액면이자를 시장이자율보다 크게 지급함에 따른 대가를 투자자에게 미리 수령한 금액으로 이자와 동일한 성격이다. 사채할증발행차금은 사채상환기간에 걸쳐 유효이자율법에 따라 상각하여 이자비용에 차감한다.

유효이자율법에서는 직전 이자지급일의 장부금액에 유효이자율을 곱한 유효이자를 이자비용으로 인식하고, 액면이자와의 차액은 사채할증발행차금 상각액으로 인식한다. 또한 순액법으로 회계처리하는 경우에는 동 금액만큼 사채의 장부금액을 감소시킨다. 그러므로 매 보고기간 말 유효이자율법에 따라 인식한 이자비용에 고려되는 사채할증발행차금의 상각액은 사채의 장부금액 변동액과 일치한다.

1. 할증발행의 구조

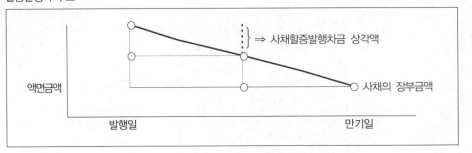

2. 회계처리

[매 보고기간 말 – 순액법]

차) 이자비용	기초 BV × 유효 R	대) 현금	액면이자
사채	기초사채 BV – 기말사채 BV		

[매 보고기간 말 – 총액법]

차) 이자비용	기초 BV × 유효 R	대) 현금	액면이자
사채할증발행차금	대차차액		

➲ 매 보고기간 말 사채할증발행차금 상각액: 기초사채의 장부금액 – 기말사채의 장부금액

3. 매 보고기간 말의 재무제표

(1) 매 보고기간 말 재무상태표

B/S		
	사채	액면금액
	사채할증발행차금	역산
	사채 장부금액	A

➲ 기말사채의 장부금액 산정방법

① PV(잔여기간의 CF) by 취득 시 유효 R

② 기초사채의 장부금액 × (1 + 유효 R) – 액면이자

③ 기초장부금액 + (유효이자 – 액면이자)

(2) 매 보고기간 포괄손익계산서

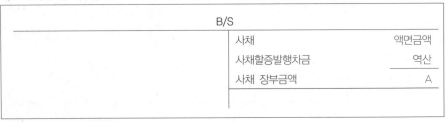

사채의 상환기간 동안 사채의 발행금액보다 더 지급하는 금액은 성격적으로 모두 이자에 해당하므로 사채의 발행자가 상환기간 동안에 인식할 총이자비용은 액면이자의 합계액과 사채할증발행차금의 차감이나 사채 미래현금흐름의 합계액 – 사채의 발행금액(현재가치)으로 계산된다.

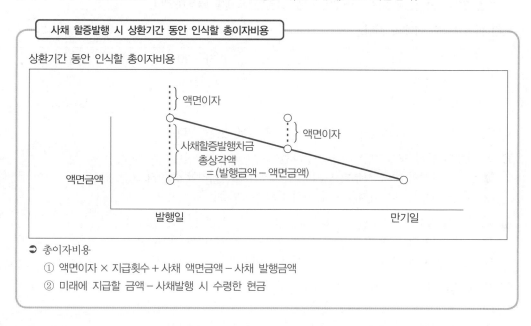

➲ 총이자비용
　① 액면이자 × 지급횟수 + 사채 액면금액 – 사채 발행금액
　② 미래에 지급할 금액 – 사채발행 시 수령한 현금

(3) 사채 할증발행 시 만기상환 시 회계처리

사채의 기간 동안 매 보고기간 말 유효이자율법에 따라 사채할증발행차금을 상각하면 만기시점에는 사채할증발행차금은 모두 상각되어 잔액이 '0'이 된다. 순액법의 경우 매 보고기간 말에 유효이자율법에 따라 사채의 장부금액이 감소하여 만기시점에는 사채의 장부금액이 액면금액과 동일해진다. 그러므로 만기시점에 상환 시 회계처리는 액면발행과 동일하다.

Self Study

정액법과 유효이자율법의 비교
사채가 할인 또는 할증발행되는 경우 사채할인(할증)발행차금을 정액법으로 상각할 수도 있다. 정액법은 사채할인(할증)발행차금을 사채의 상환기간 동안 균등하게 상각하는 것이다. 따라서 사채의 상환기간 동안 이자비용이 균등하게 인식된다. 국제회계기준에서는 이자비용은 유효이자율법으로 인식하도록 규정하고 있으므로 사채할인(할증)발행차금을 정액법으로 상각하는 방법은 인정하지 않는다.

구분	정액법		유효이자율법	
	할인발행 시	할증발행 시	할인발행 시	할증발행 시
이자비용	일정	일정	증가	감소
표시이자	일정	일정	일정	일정
사채발행차금상각액	일정	일정	증가	증가
사채장부금액	증가	감소	증가	감소

A사는 20×1년 초에 만기 20×3년 말, 액면금액 ₩100,000, 액면이자율 연 8%, 이자지급일은 매년 12월 31일, 만기상환일은 20×3년 12월 31일인 사채를 발행하였다.

관련 현가계수는 아래와 같다.

구분	이자율 8%	이자율 10%	이자율 6%
3기간 현가계수	0.79383	0.75131	0.83962
3기간 연금현가계수	2.57710	2.48685	2.67301

각 물음은 서로 독립적이다(단, 소수점 첫째 자리에서 반올림한다).

1 동 사채의 발행 당시 시장이자율이 8%인 경우 아래의 물음에 답하시오.
  1-① 동 사채의 발행 시부터 만기상환 시까지 회계처리를 보이시오.
  1-② 동 사채의 만기까지 A사가 인식할 총이자비용을 구하시오.

2 동 사채의 발행 당시 시장이자율이 10%인 경우 아래의 물음에 답하시오.
  2-① 동 사채의 발행 시부터 만기상환 시까지 회계처리를 보이시오.
  2-② 동 사채의 만기까지 A사가 인식할 총이자비용을 구하시오.

3 동 사채의 발행 당시 시장이자율이 6%인 경우 아래의 물음에 답하시오.
  3-① 동 사채의 발행 시부터 만기상환 시까지 회계처리를 보이시오.
  3-② 동 사채의 만기까지 A사가 인식할 총이자비용을 구하시오.

풀이

1-① 1. 회계처리
    [발행 시]

차) 현금	100,000	대) 사채[1]	100,000

    [1] 8,000 × 2.57710 + 100,000 × 0.79383 = 100,000
    [매 보고기간 말(20×1, 2, 3년 말)]

차) 이자비용[2]	8,000	대) 현금	8,000

    [2] 100,000 × 8% = 8,000
    [만기상환 시]

차) 사채	100,000	대) 현금	100,000

  2. 재무제표 효과
    [발행일의 재무상태표 = 매 보고기간 말 재무상태표(상환 전까지)]

	B/S	
	사채	100,000

1-**2** 사채의 만기까지 A사가 인식할 총이자비용: 8,000 × 3년 = 24,000

2-**1** 1. 발행일

(1) 회계처리

[발행 시 - 순액법]

차) 현금	95,026	대) 사채3)	95,026

3) 8,000 × 2.48685 + 100,000 × 0.75131 = 95,026

[발행 시 - 총액법]

차) 현금	95,026	대) 사채	100,000
사채할인발행차금	4,974		

(2) 발행일의 재무상태표

	B/S	
	사채	100,000
	(−)사채할인발행차금	(−)4,974
	사채 장부금액	95,026

➡ 발행일의 사채할인발행차금 잔액: 100,000 − 95,026 = 4,974

2. 매 보고기간 말

(1) 20×1년 말

1) 회계처리

[20×1년 말 - 순액법]

차) 이자비용4)	9,503	대) 현금	8,000
		사채	1,503

4) 95,026 × 10% = 9,503

[20×1년 말 - 총액법]

차) 이자비용	9,503	대) 현금	8,000
		사채할인발행차금	1,503

2) 20×1년 말 재무상태표

	B/S	
	사채	100,000
	(−)사채할인발행차금	(−)3,471
	사채 장부금액	96,529

➡ 기말사채의 장부금액 산정방법
- PV(잔여기간의 CF) by 취득 시 유효 R: $8,000/1.1 + 108,000/1.1^2 = 96,529$
- 기초사채의 장부금액 × (1 + 유효 R) − 액면이자: 95,026 × (1 + 10%) − 8,000 = 96,529
- 기초장부금액 + (유효이자 − 액면이자): 95,026 + (9,503 − 8,000) = 96,529

➡ 20×1년 말 사채할인발행차금 상각액: 96,529 − 95,026 = 1,503

3) 20×1년 포괄손익계산서

I/S	
이자비용	$95,026 \times 10\% = 9,503$ or $8,000 + (96,529 - 95,026)$

(2) 20×2년 말
1) 회계처리
   [20×2년 말 – 순액법]

차) 이자비용[5]	9,653	대) 현금	8,000
		사채	1,653

[5] $96,529 \times 10\% = 9,653$

   [20×2년 말 – 총액법]

차) 이자비용	9,653	대) 현금	8,000
		사채할인발행차금	1,653

2) 20×2년 말 재무상태표

B/S	
	사채 100,000
	(–)사채할인발행차금 (–)1,818
	사채 장부금액 98,182

➲ 기말사채의 장부금액 산정방법
  • PV(잔여기간의 CF) by 취득 시 유효 R: $108,000/1.1 = 98,182$
  • 기초사채의 장부금액 × (1 + 유효 R) – 액면이자: $96,529 \times (1 + 10\%) - 8,000 = 98,182$
  • 기초장부금액 + (유효이자 – 액면이자): $96,529 + (9,653 - 8,000) = 98,182$
➲ 20×2년 말 사채할인발행차금 상각액: $98,182 - 96,529 = 1,653$

3) 20×2년 포괄손익계산서

I/S	
이자비용	$96,529 \times 10\% = 9,653$ or $8,000 + (98,182 - 96,529)$

(3) 20×3년 말
1) 회계처리
   [20×3년 말 – 순액법]

차) 이자비용[6]	9,818	대) 현금	8,000
		사채	1,818

[6] $98,182 \times 10\% = 9,818$

   [20×3년 말 – 총액법]

차) 이자비용	9,818	대) 현금	8,000
		사채할인발행차금	1,818

2) 20×3년 말 재무상태표

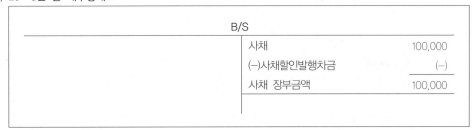

B/S	
사채	100,000
(−)사채할인발행차금	(−)
사채 장부금액	100,000

➔ 기말사채의 장부금액 산정방법
- 기초사채의 장부금액 × (1 + 유효 R) − 액면이자: 98,182 × (1 + 10%) − 8,000 = 100,000
- 기초장부금액 + (유효이자 − 액면이자): 98,182 + (9,818 − 8,000) = 100,000
➔ 20×3년 말 사채할인발행차금 상각액: 100,000 − 98,182 = 1,818

3) 20×3년 포괄손익계산서

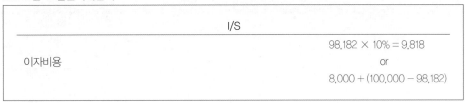

I/S	
이자비용	98,182 × 10% = 9,818 or 8,000 + (100,000 − 98,182)

3. 만기상환 시
1) 회계처리
[20×3년 말 − 순액법, 총액법 동일]

차) 사채	100,000	대) 현금	100,000

2-2 사채의 만기까지 A사가 인식할 총이자비용: 8,000 × 3년 + 100,000 − 95,026 = 28,974

3-1 1. 발행일
(1) 회계처리
[발행 시 − 순액법]

차) 현금	105,346	대) 사채[7]	105,346

[7] 8,000 × 2.67301 + 100,000 × 0.83962 = 105,346

[발행 시 − 총액법]

차) 현금	105,346	대) 사채	100,000
		사채할증발행차금	5,346

(2) 발행일의 재무상태표

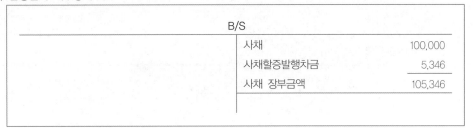

B/S	
사채	100,000
사채할증발행차금	5,346
사채 장부금액	105,346

➔ 발행일의 사채할증발행차금 잔액: 105,346 − 100,000 = 5,346

2. 매 보고기간 말
(1) 20×1년 말
1) 회계처리

[20×1년 말 - 순액법]

차) 이자비용[8]	6,321	대) 현금	8,000
사채	1,679		

[8] 105,346 × 6% = 6,321

[20×1년 말 - 총액법]

차) 이자비용	6,321	대) 현금	8,000
사채할증발행차금	1,679		

2) 20×1년 말 재무상태표

	B/S	
	사채	100,000
	사채할증발행차금	3,667
	사채 장부금액	103,667

➾ 기말사채의 장부금액 산정방법
- PV(잔여기간의 CF) by 취득 시 유효 R: $8,000/1.06 + 108,000/1.06^2 = 103,667$
- 기초사채의 장부금액 × (1 + 유효 R) - 액면이자: $105,346 × (1 + 6\%) - 8,000 = 103,667$
- 기초장부금액 + (유효이자 - 액면이자): $105,346 + (6,321 - 8,000) = 103,667$

➾ 20×1년 말 사채할증발행차금 상각액: $105,346 - 103,667 = 1,679$

3) 20×1년 말 포괄손익계산서

	I/S
이자비용	$105,346 × 6\% = 6,321$ or $8,000 + (103,667 - 105,346)$

(2) 20×2년 말
1) 회계처리

[20×2년 말 - 순액법]

차) 이자비용[9]	6,220	대) 현금	8,000
사채	1,780		

[9] 103,667 × 6% = 6,220

[20×2년 말 - 총액법]

차) 이자비용	6,220	대) 현금	8,000
사채할증발행차금	1,780		

2) 20×2년 말 재무상태표

	B/S	
	사채	100,000
	사채할증발행차금	1,887
	사채 장부금액	101,887

➔ 기말사채의 장부금액 산정방법
- PV(잔여기간의 CF) by 취득 시 유효 R: 108,000/1.06 = 101,887
- 기초사채의 장부금액 × (1 + 유효 R) − 액면이자: 103,667 × (1 + 6%) − 8,000 = 101,887
- 기초장부금액 + (유효이자 − 액면이자): 103,667 + (6,220 − 8,000) = 101,887

➔ 20×2년 말 사채할증발행차금 상각액: 103,667 − 101,887 = 1,780

3) 20×2년 포괄손익계산서

	I/S
이자비용	103,667 × 6% = 6,220 or 8,000 + (101,887 − 103,667)

(3) 20×3년 말

1) 회계처리

[20×3년 말 − 순액법]

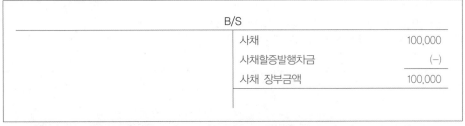

차) 이자비용[10]	6,113	대) 현금	8,000
사채	1,887		

[10] 101,887 × 6% = 6,113

[20×3년 말 − 총액법]

차) 이자비용	6,113	대) 현금	8,000
사채할증발행차금	1,887		

2) 20×3년 말 재무상태표

	B/S	
	사채	100,000
	사채할증발행차금	(−)
	사채 장부금액	100,000

➔ 기말사채의 장부금액 산정방법
- 기초사채의 장부금액 × (1 + 유효 R) − 액면이자: 101,887 × (1 + 6%) − 8,000 = 100,000
- 기초장부금액 + (유효이자 − 액면이자): 101,887 + (6,113 − 8,000) = 100,000

➔ 20×3년 말 사채할증발행차금 상각액: 101,887 − 100,000 = 1,887

3) 20×3년 포괄손익계산서

	I/S	
이자비용		$101,887 \times 6\% = 6,113$ or $8,000 + (100,000 - 101,887)$

3. 만기상환 시
(1) 회계처리
　　[20×3년 말 – 순액법, 총액법 동일]

차) 사채	100,000	대) 현금	100,000

❸-② 사채의 만기까지 A사가 인식할 총이자비용: 8,000×3년 + 100,000 − 105,346 = 18,654

기출 Check 1

A사는 20×1년 1월 1일에 사채를 발행하여 매년 말 액면이자를 지급하고 유효이자율법에 의하여 상각한다. 20×2년 말 이자와 관련된 회계처리는 다음과 같다.

차) 이자비용	4,800	대) 현금	6,000
사채할증발행차금	1,200		

위 거래가 반영된 20×2년 말 사채의 장부금액이 ₩38,800으로 표시되었다면, 사채의 유효이자율은? (단, 사채의 만기는 20×3년 12월 31일이다)　　　　　　[세무사 2018년 수정]

① 연 11%　　　　　　　② 연 12%　　　　　　　③ 연 13%
④ 연 14%　　　　　　　⑤ 연 15%

풀이

(1) 사채 20×2년 초 장부가액: 38,800 + 1,200(20×2년 상각액) = 40,000
(2) 유효이자율(R): 40,000 × R = 4,800, R = 12%

정답: ②

Ⅲ　거래원가와 시장이자율 및 유효이자율

상각후원가 측정 금융부채는 최초 인식 시에 공정가치로 측정하고 거래원가는 해당 공정가치에서 차감한다. 그러므로 거래원가가 발생한 경우 사채의 발행금액은 사채의 미래현금흐름을 시장이자율로 할인한 현재가치 금액에 거래원가를 차감한 금액이 된다.

> 사채의 발행금액: PV(CF) by 시장이자율 – 거래원가

Additional Comment

거래원가는 금융부채의 발행과 직접 관련된 증분원가로, 금융부채의 발행이 없었다면 생기지 않았을 원가를 말한다. 거래원가는 대리인(판매대리인 역할을 하는 종업원 포함), 고문, 중개인, 판매자에게 지급하는 수수료와 중개수수료, 감독기구와 증권거래소의 부과금과 양도세 등이 포함된다. 거래원가에는 채무할증액, 채무할인액, 금융원가, 내부관리원가, 내부보유원가는 포함되지 않는다.

여기서 추가되는 개념이 유효이자율이다. 유효이자율은 거래원가를 차감한 사채의 발행금액과 사채 미래현금흐름의 현재가치를 일치시키는 이자율이다. 그러므로 거래원가가 존재한다면 사채발행으로 인하여 순수하게 유입된 금액(= 사채발행금액 – 거래원가)과 사채 미래현금흐름의 현재가치를 일치시키는 유효이자율을 다시 산정하여야 한다.

> 사채의 발행금액: PV(CF) by 유효이자율

이에 따라 거래원가가 없다면 사채의 발행 시 시장이자율과 유효이자율은 일치하지만 거래원가가 있다면 사채의 발행 시 시장이자율과 유효이자율이 일치하지 않는다.

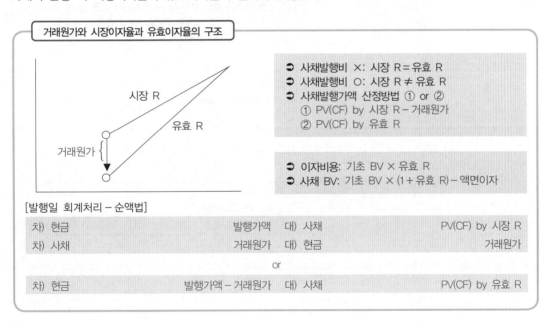

거래원가와 시장이자율과 유효이자율의 구조

시장 R

유효 R

거래원가

➲ 사채발행비 X: 시장 R = 유효 R
➲ 사채발행비 O: 시장 R ≠ 유효 R
➲ 사채발행가액 산정방법 ① or ②
　① PV(CF) by 시장 R – 거래원가
　② PV(CF) by 유효 R

➲ 이자비용: 기초 BV × 유효 R
➲ 사채 BV: 기초 BV × (1 + 유효 R) – 액면이자

[발행일 회계처리 – 순액법]

차) 현금	발행가액	대) 사채	PV(CF) by 시장 R
차) 사채	거래원가	대) 현금	거래원가

or

차) 현금	발행가액 – 거래원가	대) 사채	PV(CF) by 유효 R

㈜민국은 20×1년 1월 1일 액면금액 ₩1,000,000, 액면이자율 연 5%(매년 말 이자지급), 3년 만기인 회사채를 발행하고 상각후원가 측정 금융부채로 분류하였다. 사채 발행 당시 시장이자율은 연 8%였으며, 사채할인발행차금에 대하여 유효이자율법으로 상각한다. 한편, ㈜민국이 동 사채를 발행하는 과정에서 직접적인 사채발행비 ₩47,015이 발생하였으며, ㈜민국은 동 사채와 관련하여 20×1년도 포괄손익계산서상 이자비용으로 ₩87,564를 인식하였다. 동 사채와 관련하여 ㈜민국이 20×2년도 포괄손익계산서상 이자비용으로 인식할 금액은 얼마인가? (단, 8%, 3기간 기간 말 단일금액 ₩1의 현가계수는 0.7938이며, 8%, 3기간 정상연금 ₩1의 현가계수는 2.5771이다. 계산금액은 소수점 첫째 자리에서 반올림하며, 단수차이로 인해 약간의 오차가 있으면 가장 근사치를 선택한다. 또한 법인세효과는 고려하지 않는다)

① ₩91,320 ② ₩92,076 ③ ₩93,560
④ ₩94,070 ⑤ ₩95,783

풀이

1. 사채발행비가 존재하는 경우 사채발행가액 산정

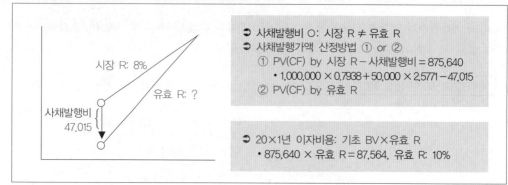

2. F/S 분석

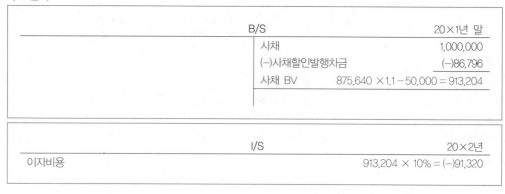

3. 회계처리

[발행일 회계처리 – 순액법]

차)	현금	922,655	대)	사채	922,655
차)	사채	47,015	대)	현금	47,015

[20×1년 말 회계처리 – 순액법]

차)	이자비용	87,564	대)	현금	50,000
				사채	37,564

[20×2년 말 회계처리 – 순액법]

차)	이자비용	91,320	대)	현금	50,000
				사채	41,320

정답: ①

Ⅳ 이자지급일 사이의 사채발행

01 이자지급일 사이 사채발행의 이해

사채와 같은 채무상품의 발행자는 이자지급일 현재의 채무상품 보유자에게 이자지급기간에 발생한 이자를 모두 지급한다. 이는 채무상품의 보유자는 자신의 보유기간에 관계없이 이자지급일에 이자계산기간의 전체 이자를 모두 수취하는 것을 말한다.

Additional Comment

매년 12월 31일에 이자를 지급하는 조건으로 20×1년 초에 발행된 채무상품을 투자자가 12월 1일에 취득하여 12월 말까지 보유하면 투자자는 그 채무상품을 1개월만 보유하였더라도 12월 말에 12개월분 이자를 모두 받는다.

채무상품의 발행자는 이자지급일 현재 채무상품 보유자에게 이자계산기간의 모든 이자를 지급하기 때문에 이자지급일 사이에 채무상품을 매매할 경우 최종 이자지급일부터 중도 매매일까지 발생한 이자(= 경과이자)만큼 가산한 금액으로 매매대가가 결정된다.

회사가 사채를 발행하였으나, 투자자의 입장에서 사채의 조건이 만족스럽지 않아 사채발행일에 사채를 취득하지 않다가 일정 기간이 경과된 후에 취득하기도 하는데, 이를 이자지급일 사이의 사채발행이라고 한다. 이때 이자지급일 사이에 사채를 발행할 때 경과이자만큼 더 수취한 금액은 사채의 발행가액이 아니라 미지급이자에 해당한다.

Additional Comment

이자지급기간이 1월 1일부터 12월 31일인 사채를 4월 1일에 발행(= 투자자가 이 시점에서 사채를 취득)하였다면, 발행자는 3개월분의 경과이자만큼 대가를 더 받는다. 그 이유는 발행자는 사채발행일로부터 9개월이 경과된 12월 말에 미리 받은 3개월분 경과이자를 포함하여 12개월분 이자를 투자자에게 지급하게 되는데 이때 발행자가 미리 받은 3개월분의 이자 때문에 실질적으로 발행자는 결국 9개월분 이자만 지급한 셈이 된다.

이자지급일 사이 사채발행 시 사채의 발행금액

이자지급일 사이에 사채를 발행하는 경우 사채발행으로 인한 현금수령액은 발행일 현재 사채의 미래현금
흐름을 실제발행일의 시장이자율로 할인한 현재가치가 된다. 이 금액은 명목상 발행일의 발행금액을 미
래가치로 환산하는 방법을 사용하여 계산한다. 따라서 실제발행일의 현금수령액은 명목상 발행일의 발행
금액에 명목상 발행일부터 실제발행일 사이의 실질이자를 가산한 금액이 된다. 여기서 주의할 점은 모든
금액을 계산할 때 실제발행일의 시장이자율을 사용하여야 한다는 것이다.

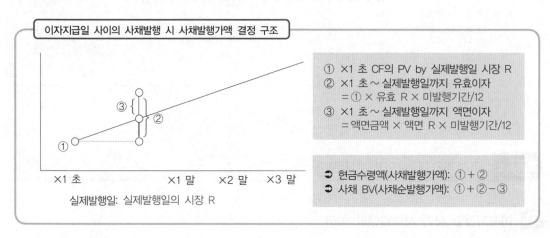

이자지급일 사이의 사채발행 시 사채발행가액 결정 구조

① ×1 초 CF의 PV by 실제발행일 시장 R
② ×1 초 ~ 실제발행일까지 유효이자
　= ① × 유효 R × 미발행기간/12
③ ×1 초 ~ 실제발행일까지 액면이자
　= 액면금액 × 액면 R × 미발행기간/12

➡ 현금수령액(사채발행가액): ① + ②
➡ 사채 BV(사채순발행가액): ① + ② - ③

×1 초　　　　×1 말　×2 말　×3 말
실제발행일: 실제발행일의 시장 R

Additional Comment

이자지급일 사이에 사채를 발행하는 경우 발행금액의 계산 시 사용되는 시장이자율은 명목상 발행일의 시장이자율이
아닌 실제발행일의 시장이자율이 되어야 한다. 그 이유는 사채의 발행금액은 언제나 시장에서 거래되는 공정가치로
결정되며, 특정일 현재 사채의 공정가치는 사채 미래현금흐름을 동 일자의 시장이자율로 할인한 현재가치금액이 된다.

03 이자지급일 사이 사채발행 시 발행일의 회계처리(할인발행 가정)

사채발행으로 수령한 현금과 사채 순발행금액과의 차이는 명목상 발행일과 실제발행일 사이에 발생한 경과이자에 해당된다. 경과이자는 별도로 구분하여 미지급이자로 인식하며, 이자지급일에 표시이자를 지급할 때 동 지급액과 상계한다.

이자지급일 사이 사채발행 시 발행일의 회계처리(할인발행 가정)

[순액법]

차) 현금(사채발행가액)	① + ②	대) 사채(사채순발행가액)	① + ② - ③
		미지급이자	③

[총액법]

차) 현금	① + ②	대) 사채	액면금액
사채할인발행차금	액면금액 - (① + ② - ③)	미지급이자	③

B/S			
현금	① + ②	사채	액면금액
		(-)사채할인발행차금	(-)역산
		사채 BV	① + ② - ③
		미지급이자	③

---

04 이자지급일 사이 사채발행 시 보고기간 말의 회계처리(할인발행 가정)

실제발행일부터 이자지급일까지의 이자비용은 동 기간의 표시이자에 사채할인발행차금상각액을 가산한 금액이 된다. 이자지급일 사이에 사채를 발행한 경우 사채할인발행차금상각액은 명목상 발행일에 사채를 발행하였다고 가정하고 1년치 상각액을 계산한 후 실제발행일부터 이자지급일까지의 기간에 해당하는 금액을 계산하는 방법을 사용하여 상각한다.

이자지급일 사이 사채발행 시 보고기간 말의 회계처리(할인발행 가정)

[순액법]

차) 이자비용 (N/I)	기초 BV ① × R × 보유기간/12	대) 현금	액면이자
미지급이자	③	사채	대차차액

[총액법]

차) 이자비용 (N/I)	기초 BV ① × R × 보유기간/12	대) 현금	액면이자
미지급이자	③	사채할인발행차금	대차차액

B/S

	사채	액면금액
	(−)사채할인발행차금	(−)역산
	사채 BV	PV(잔여 CF) by 유효 R

I/S

이자비용	기초 BV ① × R × 보유기간/12

Self Study

1. 사채의 기중 발행 시, 발행한 회계연도의 이자비용 산정 시에 실제발행일 장부가액이 아닌 1월 1일 발행을 가정한 현금흐름의 현재가치(①)를 기준으로 이자비용을 산정한다.
2. 사채의 기중 발행은 발행한 회계연도의 기말 미지급이자 회계처리 이후에는 기초발행과 동일하게 이자비용과 장부금액을 산정한다.

㈜뚱땡은 20×1년 초에 액면 ₩100,000, 액면이자율 10%, 만기 20×2년의 사채를 발행하였는데, 사채의 이자는 20×1년 1월 1일부터 계산하도록 되어 있으나 실제 발행은 20×1년 4월 1일에 이루어 졌다. ㈜뚱땡의 결산일은 12월 31일이다. 20×1년 초의 시장이자율은 10%, 20×1년 4월 1일의 시장 이자율은 12%이다(단, 12%, 2년 연금현가계수는 1.69009, 현가계수는 0.79719). 동 거래와 관련하여 ㈜뚱땡이 20×1년에 해야 할 회계처리를 보이시오.

풀이

1. CF

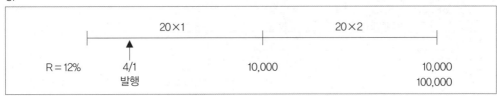

2. 상각후원가

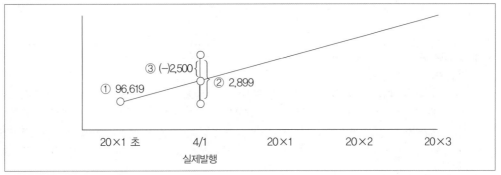

3. 수식 정리
   (1) 기중 발행 시 필수 요소
      ① 20×1년 초 CF의 PV by 실제발행일 시장 R: $10,000/1.12 + 110,000/1.12^2 = 96,619$
      ② 20×1년 1/1 ~ 4/1까지 유효이자비용: 96,619(①) × 12% × 3/12 = 2,899
      ③ 20×1년 1/1 ~ 4/1까지 액면이자비용(미지급이자): 100,000 × 10% × 3/12 = 2,500
      ➲ 20×1년 4월 1일 사채 발행 시 현금 수령액(발행가액): 96,619(①) + 2,899(②) = 99,518
      ➲ 20×1년 4월 1일 사채 발행 시 B/S상 사채 장부가액(순발행가액): ① + ② − ③ = 97,018
   (2) 이자비용
      ➲ 20×1년의 사채의 이자비용: 96,619(①) × 12% × 9/12 = 8,695
      ➲ 20×2년의 사채의 이자비용: 110,000/1.12(20×2년 초 BV) × 12% = 11,787
      ➲ 사채의 총이자비용: (100,000 + 10,000 × 2년) − 99,518 = 20,482
   (3) 사채할인발행차금
      ➲ 20×1년 4월 1일 사채할인발행차금: 100,000 − 97,018 = 2,982
      ➲ 20×1년 사채할인발행차금 상각액: 110,000/1.12 − 97,018 = 1,195

4. 회계처리 및 F/S 효과
 (1) 발행시점
  [순액법]

차) 현금(사채발행가액)	①+②	대) 사채(사채순발행가액)	①+②-③
	99,518		97,018
		미지급이자	③
			2,500

  [총액법]

차) 현금	①+②	대) 사채	액면금액
	99,518		100,000
사채할인발행차금	액면금액-(①+②-③)	미지급이자	③
	2,982		2,500

B/S		
현금	①+② 99,518	사채	액면금액 100,000
		(-)사채할인발행차금	(-)역산 (-)2,982
		사채 BV	①+②-③ 97,018
		미지급이자	③ 2,500

 (2) 20×1년 말
  [순액법]

차) 이자비용(N/I)	기초 BV ①×R×보유기간/12	대) 현금	액면이자
	8,695		10,000
미지급이자	③	사채	대차차액
	2,500		1,195

  [총액법]

차) 이자비용(N/I)	기초 BV ①×R×보유기간/12	대) 현금 ③	액면이자
	8,695		10,000
미지급이자	③	사채할인발행차금	대차차액
	2,500		1,195

B/S		
		사채	액면금액 100,000
		(-)사채할인발행차금	(-)역산 (-)1,786
		사채 BV	PV(잔여 CF) by 유효 R 98,214

I/S	
이자비용	기초 BV ①×R×보유기간/12 = (-)8,695

기출 Check 2

㈜국세는 아래와 같은 조건으로 사채를 발행하였다.

- 사채권면에 표시된 발행일은 20×0년 1월 1일이며, 실제발행일은 20×0년 8월 1일이다.
- 사채의 액면금액은 ₩3,000,000이며, 이자지급일은 매년 12월 31일이고 만기는 4년이다.
- 사채의 액면이자율은 연 6%이며, 동 사채에 적용되는 유효이자율은 연 12%이다.
- 사채권면에 표시된 발행일과 실제발행일 사이의 발생이자는 실제발행일의 사채 발행금액에 포함되어 있다.

위 사채의 회계처리에 관한 다음 설명 중 옳지 않은 것은? (단, 현가계수는 아래의 표를 이용한다. 이자는 월할 계산하며, 소수점 첫째 자리에서 반올림한다. 12%, 4기간 기간 말 단일금액 ₩1의 현가계수는 0.63552이고, 12%, 4기간 정상연금 ₩1의 현가계수는 3.03735이다) [세무사 2012년]

① 실제발행일의 순수 사채발행금액은 ₩2,520,013이다.
② 20×0년도에 상각되는 사채할인발행차금은 ₩122,664이다.
③ 20×0년 12월 31일 현재 사채할인발행차금 잔액은 ₩432,323이다.
④ 사채권면상 발행일과 실제발행일 사이의 액면발생이자는 ₩105,000이다.
⑤ 사채권면상 발행일과 실제발행일 사이의 사채가치의 증가분(경과이자 포함)은 ₩171,730이다.

풀이

1. 사채의 기중발행

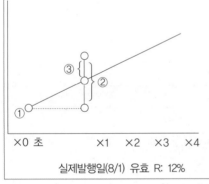

① 20×0 초 CF의 PV = PV(CF) by 실제발행일 R
  • 3,000,000 × 0.63552 + 180,000 × 3.03735 = 2,453,283
② 20×0 초 ~ 실제발행일까지 유효이자
  = ① × 유효 R × 미보유/12
  • 2,453,283 × 12% × 7/12 = 171,730
③ 20×0 초 ~ 실제발행일까지 액면이자
  = 액면금액 × 액면 R × 미보유/12
  • 3,000,000 × 6% × 7/12 = 105,000

➡ 현금수령액(사채발행가액): ① + ② = 2,625,013
➡ 사채 BV(사채순발행가액): ① + ② − ③ = 2,520,013

×0 초   ×1 ×2 ×3 ×4
실제발행일(8/1) 유효 R: 12%

2. 20×0년 8월 1일
[순액법]

차) 현금(사채발행가액)	①＋②	대) 사채(사채순발행가액)	①＋②－③
	2,625,013		2,520,013
		미지급이자	③
			105,000

	B/S		
현금	①＋② 2,625,013	사채	액면금액 3,000,000
		(−)사채할인발행차금	(−)역산 (−)479,987
		사채 BV	①＋②－③ 2,520,013
		미지급이자	③ 105,000

3. 20×0년 말
[순액법]

차) 이자비용 (N/I)	기초 BV ①×R×보유기간/12	대) 현금	액면이자
	2,453,283 × 12% × 5/12 = 122,664		180,000
미지급이자	③	사채	대차차액
	105,000		47,664

	B/S		
		사채	액면금액 3,000,000
		(−)사채할인발행차금	(−)역산 (−)432,323
		사채 BV	PV(잔여 CF) by 유효 R
			2,453,283 × 1.12 − 180,000 = 2,567,677

	I/S
이자비용	기초 BV ①×R×보유기간/12
	2,453,283 × 12% × 5/12 = (−)122,664

➲ 20×0년도 상각되는 사채할인발행차금: 2,567,677 − 2,520,013 = 47,664

[각 문항 비교]

① 실제발행일의 순수 사채발행금액: 2,520,013(①＋②－③) ➲ ○
② 20×0년도 상각되는 사채할인발행차금: 47,664(기말사채 BV − 기초사채 BV) ➲ ×
③ 20×0년 말 사채할인발행차금 잔액: 432,323(사채 액면금액 − 사채 BV) ➲ ○
④ 사채권면상 발행일과 실제발행일 사이의 액면발생이자: 105,000(③) ➲ ○
⑤ 사채권면상 발행일과 실제발행일 사이의 사채가치의 증가분(경과이자포함): 171,730(②) ➲ ○

정답: ②

V 사채의 상환

01 사채상환손익의 발생 이유

사채를 만기일 이전에 상환하는 경우 사채의 상환금액은 장부금액과 일치하지 않게 되므로 상환에 따른 손익이 발생하게 된다. 사채의 상환금액은 상환일 현재 사채의 시장가치로 사채상환손익은 사채의 시장가치와 장부금액의 차액으로 계산된다. 사채의 상환금액은 사채의 미래현금흐름을 상환일 현재의 시장이자율로 할인한 현재가치금액이며 사채의 장부금액은 상환일 현재 사채의 미래현금흐름을 사채 발행 시의 시장이자율(또는 유효이자율)로 할인한 현재가치금액이다. 즉, 사채의 상환금액과 장부금액은 미래현금흐름을 현재가치로 평가할 때 적용하는 이자율만 다를 뿐 다른 모든 부분이 동일하다.

① 사채의 상환금액: PV(상환시점의 잔여 CF) by 상환시점의 시장이자율
② 사채의 장부금액: PV(상환시점의 잔여 CF) by 발행시점의 유효이자율

Additional Comment

시장이자율이 변동하면 사채의 시장가치가 변동한다. 사채의 시장가치는 사채 미래현금흐름을 시장이자율로 할인한 현재가치이므로 시장이자율과 반비례한다. 즉, 시장이자율이 상승하면 사채의 시장가치가 하락하고, 시장이자율이 하락하면 사채의 시장가치가 상승한다. 이 경우 시장이자율이 상승하면 사채의 상환금액은 장부금액에 미달하여 사채상환이익이 발생한다. 이 반대의 경우 시장이자율이 하락하면 사채의 상환금액은 장부금액을 초과하여 사채상환손실이 발생한다.

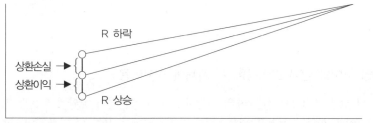

사채상환손익의 발생 구조

⊃ 사채상환손익이 발생하는 이유는 사채발행(취득)일 이후에 시장이자율이 변동하기 때문이다.
① 발행(취득) 시 시장(유효)이자율 < 상환(처분) 시 시장이자율: 상환이익
② 발행(취득) 시 시장(유효)이자율 > 상환(처분) 시 시장이자율: 상환손실

02 이자지급일 사이의 조기상환 시 사채의 상환손익

사채를 이자지급일 사이에 상환하는 경우 사채의 장부금액은 직전 이자지급일의 사채장부금액에 직전 이자지급일로부터 상환일까지의 사채발행차금상각액을 가감한 금액이다. 또한, 사채상환으로 유출된 현금에는 직전 이자지급일로부터 실제상환일까지의 경과이자가 포함되어 있으므로 사채의 상환 시 기준이 되는 금액은 직전 이자지급일부터 상환일까지의 경과이자를 포함한 금액이다.

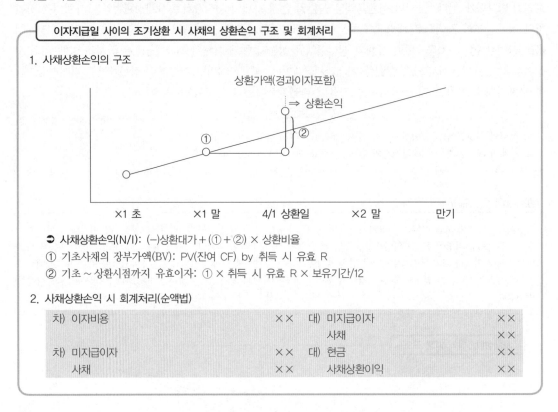

이자지급일 사이의 조기상환 시 사채의 상환손익 구조 및 회계처리

1. 사채상환손익의 구조

➲ 사채상환손익(N/I): (−)상환대가 + (① + ②) × 상환비율
① 기초사채의 장부가액(BV): PV(잔여 CF) by 취득 시 유효 R
② 기초 ~ 상환시점까지 유효이자: ① × 취득 시 유효 R × 보유기간/12

2. 사채상환손익 시 회계처리(순액법)

차) 이자비용	××	대) 미지급이자	××
		사채	××
차) 미지급이자	××	대) 현금	××
사채	××	사채상환이익	××

03 이자지급일 사이의 일부 조기상환 시 사채의 이자비용

이자지급일 사이의 일부 조기상환 시 사채의 이자비용은 아래와 같이 상환된 부분과 미상환된 부분으로 나누어 계상한다. 이때 상환된 부분은 기초시점부터 상환일까지 사채보유기간 동안 발생한 이자비용에 상환비율을 고려하여 이자비용을 계산하고, 미상환된 부분은 기초시점부터 기말시점까지 발생한 이자비용에 미상환비율을 고려하여 이자비용을 계산한다.

① 상환된 사채에서 발생하는 이자비용: 기초 BV × 유효 R × 상환비율 × 보유기간/12
② 미상환된 사채에서 발생하는 이자비용: 기초 BV × 유효 R × (1−상환비율) × 12/12

이자지급일 사이의 일부 조기상환 시 사채의 이자비용 계산

20×1

7/1(40% 상환)

20×1년 이자비용

40% 상환 ──── 6개월

60% 미상환 ──── 12개월

- 기초 BV(①) × 유효 R × 40% × 6/12
- 기초 BV(①) × 유효 R × 60% × 12/12

Self Study

1. 이자지급일 사이의 일부 조기상환 시 당기손익에 미치는 영향

I/S	
사채상환손익	(−)상환대가 + (① + ②) × 상환비율
(−)이자비용	
1) 상환된 사채에서 발생	기초 BV × 유효 R × 상환비율 × 보유기간/12
2) 미상환된 사채에서 발생	기초 BV × 유효 R × (1 − 상환비율) × 12/12

2. 일반사채의 경우 만기일에는 사채의 상각이 완료되어 사채의 장부금액과 상환할 금액이 액면가액과 일치하기 때문에 사채의 상환손익이 발생하지 않는다.

사례연습 5: 이자지급일 사이의 조기상환

20×1년 초에 ㈜투블럭은 만기일이 20×3년 12월 31일이고 표시이자율이 연 10%인 액면금액 ₩1,000,000의 사채를 ₩915,843에 발행하였다. ㈜투블럭의 결산일은 매년 12월 31일이며, 관련 자료는 다음과 같다.

(1) 사채발행 시 법률비용과 기타 수수료 등으로 ₩30,000이 발생하였으며, 사채이자는 매년 12월 31일에 지급된다.

(2) 사채발행으로 인하여 순수하게 유입된 금액 ₩885,843과 사채의 미래현금흐름의 현재가치를 일치시키는 유효이자율은 연 15%이다. 회사는 20×2년 4월 초에 현금 ₩410,000을 지급하고 사채액면 ₩400,000을 매입상환하였다.

20×2년에 ㈜투블럭이 해야 할 회계처리를 보이시오.

1. CF

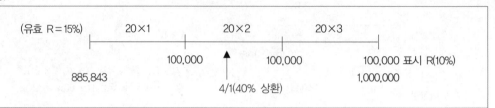

2. 사채상환손익

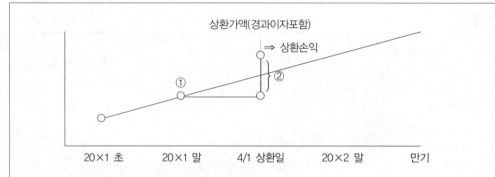

- ⇒ 사채상환손익(N/I): (−)상환금액 + (① + ②) × 상환비율
  - (−)410,000 + (918,719 + 34,452) × 40% = (−)28,732 손실
  - ① 기초사채의 장부가액(BV): PV(잔여 CF) by 취득 시 유효 R
    - $100,000/1.15 + 1,100,000/1.15^2 = 918,719$
  - ② 기초 ～ 상환시점까지 유효이자: ① × 취득 시 유효 R × 보유기간/12
    - $918,719 × 15\% × 3/12 = 34,452$

3. 이자비용 계상

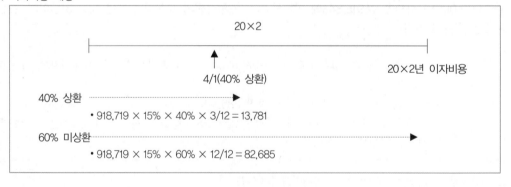

- 40% 상환
  - $918,719 × 15\% × 40\% × 3/12 = 13,781$
- 60% 미상환
  - $918,719 × 15\% × 60\% × 12/12 = 82,685$

4. 회계처리(총액법)

20×2. 4. 1.	차) 이자비용	13,781	대) 미지급이자		10,000
			사채할인발행차금		3,781
	차) 사채	400,000	대) 사채할인발행차금		28,732
	미지급이자	10,000	현금		410,000
	사채상환손실	28,732			
20×2. 12. 31.	차) 이자비용	82,685	대) 현금		60,000
			사채할인발행차금		22,685

주요 산식 정리

구분	산식
기초발행 시 발행가액	PV(CF) by 시장 R − 사채발행비 or PV(CF) by 유효 R
이자지급일 사이 발행 시 현금수령액 = 사채발행가액	① + ②
이자지급일 사이 발행 시 순발행가액	① + ② − ③
B/S상 사채할인발행차금 잔액	사채 액면가액 − 사채의 BV
사채할인발행차금 상각액 = 사채상각액	기말사채의 BV − 기초사채의 BV
이자비용(이자지급일 사이 발행 포함)	① × 유효 R × 당기 보유기간/12
총이자비용	(액면금액 + Σ액면이자) − (① + ②)
사채상환손익	(−)상환대가 + (① + ②) × 상환비율
사채상환 회계연도 이자비용	• 미상환분: ① × 유효 R × 12/12 × (1 − 상환비율) • 상환분: ① × 유효 R × 당기 보유기간/12 × 상환비율

① 사채의 기초 BV or 사채 기초발행 가정 시 발행가액
② 미발행기간의 유효이자: ① × 유효 R × 당기 미발행기간/12
③ 미발행기간의 미수이자(액면이자): 액면가액 × 액면 R × 당기 미발행기간/12

㈜한국은 20×1년 1월 1일 액면금액 ₩1,000,000, 액면이자율 연 8%(매년 말 이자지급), 만기 3년인 회사채를 ₩950,244에 발행하였다. 발행 당시 유효이자율은 연 10%이었으며, 사채할인발행차금에 대하여 유효이자율법으로 상각하고 있다. 한편, ㈜한국은 자산매각을 통해 발생한 자금으로 20×1년 7월 1일에 동 사채 액면금액의 50%를 ₩500,000(경과이자 포함)에 조기상환하였다. 동 사채와 관련하여 20×1년도에 발생한 거래가 ㈜한국의 20×1년도 포괄손익계산서상 당기순이익에 미치는 영향은 얼마인가? (단, 법인세효과는 고려하지 않으며, 이자는 월할 계산한다. 또한 계산금액은 소수점 첫째 자리에서 반올림 단수차이로 인해 약간의 오차가 있으면 가장 근사치를 선택한다) [공인회계사 2011년]

① ₩47,512 감소   ② ₩48,634 감소   ③ ₩58,638 감소
④ ₩71,268 감소   ⑤ ₩72,390 감소

풀이

1. 사채의 CF

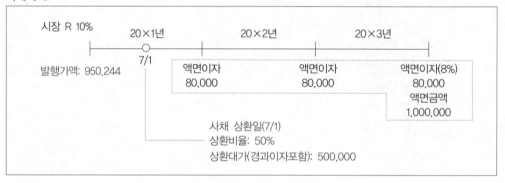

2. 이자지급일 사이의 일부 조기상환 시 사채의 상환손익

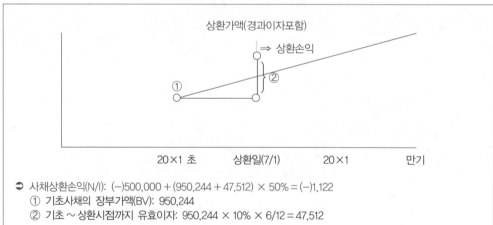

➲ 사채상환손익(N/I): (−)500,000 + (950,244 + 47,512) × 50% = (−)1,122
  ① 기초사채의 장부가액(BV): 950,244
  ② 기초 ~ 상환시점까지 유효이자: 950,244 × 10% × 6/12 = 47,512

3. 이자지급일 사이의 일부 조기상환 시 사채의 이자비용

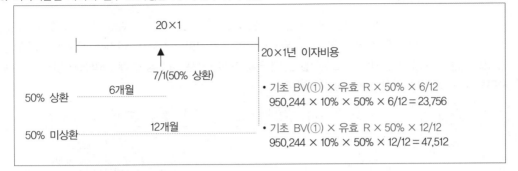

4. 이자지급일 사이의 일부 조기상환 시 N/I에 미치는 영향

	I/S
(−)사채상환손실	(−)500,000 + (950,244 + 47,512) × 50% = (−)1,122
(−)이자비용	
1) 상환된 사채에서 발생	950,244 × 10% × 50% × 6/12 = (−)23,756
2) 미상환된 사채에서 발생	950,244 × 10% × 50% × 12/12 = (−)47,512
➔ N/I 영향	(1,122) + (23,756) + (47,512) = (−)72,390

정답: ⑤

Ⅵ　사채의 기타사항

01　연속상환사채

연속상환사채란 만기일이 하나로 고정되어 일시에 전액이 상환되는 것이 아니라 여러 번에 걸쳐 연속적으로 분할상환되는 사채를 말한다. 즉, 사채와 관련된 현금흐름이 원금 중 일부와 액면이자로 구성되어 있다.

연속상환사채의 경우에도 직전 이자지급일의 장부금액에 유효이자율을 곱한 실질이자에서 표시이자를 차감하여 사채발행차금상각액을 계산한다. 다만, 장부금액의 변동이 사채발행차금의 상각뿐만 아니라 액면금액의 상환으로도 이루어진다는 점에서 일반사채와 다르다.

㈜세무는 20×1년 1월 1일에 액면금액 ₩1,200,000, 표시이자율 연 5%, 매년 말 이자를 지급하는 조건의 사채(매년 말에 액면금액 ₩400,000씩을 상환하는 연속상환사채, 만기는 20×3년 말)를 발행하였다(단, 사채발행 당시의 유효이자율은 연 6%, 계산금액은 소수점 첫째 자리에서 반올림, 단수차이로 인한 오차는 가장 근사치를 선택한다).

기간	단일금액 ₩1의 현재가치		정상연금 ₩1의 현재가치	
	5%	6%	5%	6%
1	0.9524	0.9434	0.9524	0.9434
2	0.9070	0.8900	1.8594	1.8334
3	0.8638	0.8396	2.7232	2.6730

㈜세무가 20×1년에 동 거래와 관련하여 수행할 회계처리를 보이시오.

풀이

1. 사채의 CF

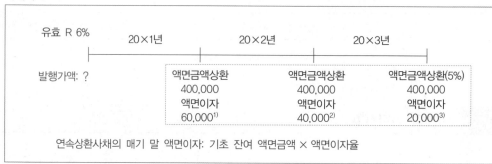

연속상환사채의 매기 말 액면이자: 기초 잔여 액면금액 × 액면이자율

[1] 액면이자: 기초 잔여 액면금액 1,200,000 × 5% = 60,000
[2] 액면이자: 기초 잔여 액면금액 (1,200,000 − 400,000) × 5% = 40,000
[3] 액면이자: 기초 잔여 액면금액 (1,200,000 − 800,000) × 5% = 20,000

➡ 20×1년 초 발행가액: 460,000 × 0.9434 + 440,000 × 0.8900 + 420,000 × 0.8396 = 1,178,196

2. 20×1년 회계처리

[20×1. 1. 1.]

차) 현금	1,178,196	대) 사채	1,200,000
사채할인발행차금	21,804		

[20×1. 12. 31.]

차) 이자비용	1,178,196 × 6% = 70,692	대) 현금	60,000
		사채할인발행차금	10,692
차) 사채	400,000	대) 현금	400,000

3. 20×1년 말 B/S

	B/S	
	사채	1,200,000 − 400,000 = 800,000
	(−)사채할인발행차금	(−)역산 (−)11,107
	사채 BV	$440,000/1.06 + 420,000/1.06^2$
		= 788,893(단수차이)

02 자기사채

자기사채는 사채의 발행회사가 자신이 발행한 사채를 재취득하여 보유하고 있는 경우를 말한다. 자기사채의 취득은 사채의 상환과 경제적 실질이 동일하므로 사채의 조기상환과 동일한 방법으로 처리한다. 그러므로 자기사채를 취득하는 경우 취득금액과 사채 장부금액의 차액은 사채상환손익으로 처리한다.

취득한 자기사채를 재발행하는 경우 재발행금액과 액면금액의 차액은 사채발행차금으로 인식하고, 사채의 잔여상환기간에 걸쳐 유효이자율법으로 상각, 이자비용에 가감한다. 또한 취득한 자기사채를 소각하는 경우에는 회사의 자산과 부채의 변동이 없으므로 아무런 회계처리도 하지 않는다.

자기사채의 회계처리 정리

구분	내용
자기사채의 취득	사채의 상환과 동일 ⇒ 사채상환손익 발생
자기사채의 소각	별도의 회계처리 없음
자기사채의 취득 후 재발행	사채의 발행과 동일, 재발행시점의 시장이자율로 발행가액 산정 및 이자비용 계상

사례연습 7: 자기사채의 취득

20×2년 초에 장부금액 ₩9,600(액면금액 ₩10,000) 사채가 있는데, 회사가 사채 액면가액 중 ₩1,000에 해당하는 부분을 자기사채로 ₩970에 취득하였다. 20×2년 초의 회계처리를 보이시오.

풀이

차) 사채	1,000	대) 현금	970
사채상환손실	10	사채할인발행차금	40

㈜한국은 20×1년 1월 1일 액면금액 ₩1,000,000, 액면이자율 연 8%(매년 말 이자지급), 3년 만기인 회사채를 발행하고 상각후원가 측정 금융부채로 분류하였다. 사채발행 당시 시장이자율은 연 10%이었으며, 사채발행차금에 대하여 유효이자율법으로 상각한다. ㈜한국은 20×2년 7월 1일에 동 사채를 모두 ₩1,000,000(경과이자포함)에 매입하였으며, 이 중 액면금액 ₩400,000은 매입 즉시 소각하고, 나머지 액면금액 ₩600,000은 20×2년 12월 31일에 재발행하였다. 20×2년 7월 1일의 시장이자율은 연 8%이고, 20×2년 12월 31일의 시장이자율은 연 12%이다(단, 현가계수는 아래의 현가계수표를 이용하며, 계산과정에서 소수점 이하는 첫째 자리에서 반올림하고, 단수차이로 인해 오차가 있는 경우 가장 근사치를 선택한다).

할인율	단일금액 ₩1의 현가			정상연금 ₩1의 현가		
	1년	2년	3년	1년	2년	3년
8%	0.9259	0.8573	0.7938	0.9259	1.7832	2.5770
10%	0.9091	0.8264	0.7513	0.9091	1.7355	2.4868

1 동 거래가 ㈜한국의 20×2년의 당기손익에 미치는 영향을 구하시오.

2 동 거래가 ㈜한국의 20×3년의 당기손익에 미치는 영향을 구하시오.

풀이

1 1. 사채의 CF

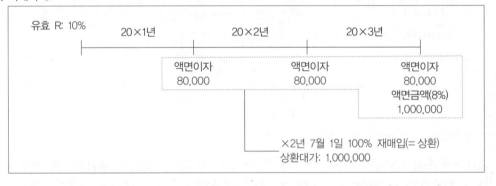

2. 이자지급일 사이의 일부 조기상환 시 사채의 상환손익

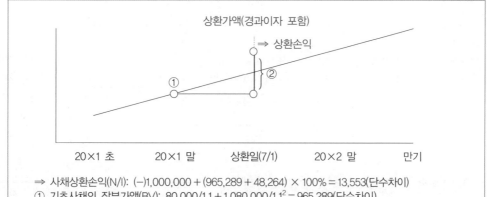

⇒ 사채상환손익(N/I): (−)1,000,000 + (965,289 + 48,264) × 100% = 13,553(단수차이)
① 기초사채의 장부가액(BV): 80,000/1.1 + 1,080,000/1.1^2 = 965,289(단수차이)
② 기초 ~ 상환시점까지 유효이자: 965,289 × 10% × 6/12 = 48,264

3. 이자지급일 사이의 일부 조기상환 시 N/I에 미치는 영향

	I/S
사채상환이익	(−)1,000,000 + (965,289 + 48,264) × 100% = 13,553
(−)이자비용	
1) 상환된 사채에서 발생	965,289 × 10% × 100% × 6/12 = (−)48,264
⇒ N/I 영향	13,553 + (48,264) = (−)34,711 (단수차이)

2 1. 20×2년 말 60% 재발행분의 ×3년 이자비용(유효 R: 12%적용): 1,080,000/1.12 × 12% × 60% × 12/12
= (−)69,429
2. 20×2년 소각분 40%: 소각 이후 F/S에 미치는 영향은 없다.

03 이자지급일과 보고기간 말이 다른 경우

회계기간 중 사채를 발행하게 되면 이자지급일이 보고기간 말과 달라지게 된다. 보고기간 말에는 이자비용을 인식하여야 하므로 발행일 또는 직전 이자지급일부터 보고기간 말까지 발생한 실질이자를 이자비용, 경과이자는 미지급이자로 인식한다.

구분	내용
이자지급일과 결산일의 불일치	사채의 이자지급일을 기준으로 유효이자를 산정

20×1. 12. 31.	차) 이자비용	기초 BV₁ × R × 보유기간(9개월)/12	대) 미지급이자	액면이자 × 보유기간(9개월)/12
			사채	대차차액
20×2. 3. 31.	차) 미지급이자	액면이자 × 보유기간(9개월)/12	대) 현금	액면이자
	이자비용	기초 BV₁ × R × 보유기간(3개월)/12	사채	대차차액
20×2. 12. 31.	차) 이자비용	기초 BV₂ × R × 보유기간(9개월)/12	대) 미지급이자	액면이자 × 보유기간(9개월)/12
			사채	대차차액

사례연습 9: 이자지급일과 보고기간 말이 다른 경우

㈜현주는 20×1년 4월 초에 사채 액면 ₩100,000(동 사채의 이자기산일은 20×1년 4월 초이며, 액면이자율 10%로 매년 3월 31일 후급, 만기는 20×4년 3월 31일)을 발행하였다. 발행 당시의 시장이자율은 12%이었다. 동 사채와 관련하여 ㈜현주가 20×1, 20×2년에 해야 할 회계처리를 보이시오(단, 시장이자율 12%, 기간 3년의 현가요소는 0.71178, 연금현가요소는 2.40183).

풀이

1. 사채의 이자비용 구간 분석

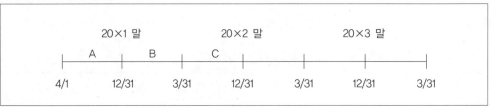

2. 시점별 사채의 BV 구분
   ① 20×1년 4월 1일 발행가액: $100,000 × 0.71178 + 10,000 × 2.40183 = 95,196$
   ② 20×2년 4월 1일 장부가액: $95,196 × (1 + 12\%) - 10,000 = 96,620$
3. 각 시점별 회계처리

20×1. 12. 31.	차) 이자비용(A)	95,196 × 12% × 9/12 = 8,568	대) 미지급이자	10,000×9/12 = 7,500
			사채	1,068
20×2. 3. 31.	차) 미지급이자	7,500	대) 현금	10,000
	이자비용(B)	95,196 × 12% × 3/12 = 2,856	사채	356
20×2. 12. 31.	차) 이자비용(C)	96,620 × 12% × 9/12 = 8,696	대) 미지급이자	10,000×9/12 = 7,500
			사채	1,196

➲ 20×2년 이자비용: (B) + (C) = (−)11,552

04 이자지급을 연 단위로 하지 않는 경우

사채의 표시이자를 1년 단위가 아니라 월 단위, 6개월 단위 등으로 지급하는 경우도 있다. 이러한 경우에는 사채의 발행금액을 계산할 때 현금흐름이 가장 짧은 기간의 시장이자율을 사용한다.

1년 동안 6개월에 한 번씩 이자를 지급하는 경우

구분	내용
표시이자를 연 n회 지급하는 경우	적용이자율: R × 이자지급기간/12 적용만기: 만기 × 12/이자지급기간

20×1. 6. 30.	차) 이자비용	기초 BV × R	대) 현금		액면이자
			사채할인발행차금		대차차액
20×1. 12. 31.	차) 이자비용	[기초 BV × (1+R) − 액면이자] × R	대) 현금		액면이자
			사채할인발행차금		대차차액

Additional Comment

6개월 단위로 이자를 지급한다면 현금흐름이 발생하는 가장 짧은 기간이 6개월이므로 6개월 이자율을 사용하여야 한다. 시장이자율은 언제나 연 이자율로만 제시가 되므로 6개월 이자율은 제시된 연 시장이자율에 6/12를 곱하여 사용하면 된다. 즉, 연 시장이자율이 12%라면, 현재가치 평가에 사용할 이자율은 6%(= 12% × 6/12)가 된다. 이 경우, 6% 이자율은 6개월을 1기간으로 하므로 사채의 기간 역시 기존에 기간이 2년이었다면 1년에 이자를 2번 지급하는 경우에는 4기간으로 늘어나게 된다.

㈜봄이는 액면 ₩100,000의 사채를 20×1년 초에 발행하였다. 발행 당시의 시장이자율은 연 12%, 액면이자율은 연 10%, 이자지급은 매년 6월 30일과 12월 31일 나누어 지급한다. 만기일은 20×3년 말이다. 동 사채의 20×1년의 이자비용은 얼마인가? 관련 현가계수는 아래와 같다.

구분	현가계수	연금현가계수
3기간, ₩1의 12% 현가요소	0.71178	2.40183
6기간, ₩1의 6% 현가요소	0.70496	4.91732

풀이

1. 표시이자를 연 n회 지급하는 경우

구분	내용
적용 이자율	적용 액면이자율: 10% × 6개월/12개월 = 5% 적용 유효이자율: 12% × 6개월/12개월 = 6%
적용 만기	3년 × 12/6개월 = 6년

2. 20×1년 회계처리

20×1. 6. 30.	차) 이자비용	95,083 × 6% = 5,705	대) 현금 사채할인발행차금		5,000 705
20×1. 12. 31.	차) 이자비용	(95,083 × 1.06 − 5,000) × 6% = 5,747	대) 현금 사채할인발행차금		5,000 747

* 20×1년 초 사채의 BV: 5,000 × 4.91732 + 100,000 × 0.70496 = 95,083
➋ 20×1년 이자비용: (5,705) + (5,747) = (−)11,452
참고 20×2년 4월 1일 상환 시 인식할 이자비용
➋ 20×2년 초 사채의 BV 96,535 × 유효 R 6% × 보유기간 3/6개월 = 2,896

Self Study

1년에 2회 액면이자를 지급하는 경우 이자지급기간 1회를 6개월로 하므로 기중 상환 시 발생한 이자비용은 보유기간에 6개월을 기준으로 하여 산정하여야 한다.

VII 금융부채의 조건변경

01 의의

금융부채의 조건변경은 채무자와 채권자의 합의를 통해 금융부채의 계약조건을 조정하는 것으로 기업 재무구조 개선방법 중 하나이다. 즉, 금융부채의 조건변경이란 금융부채의 계약상 현금흐름(원금과 이자)과 만기를 변경하여 기존의 금융부채를 새로운 금융부채로 변경하는 것을 말한다.

02 실질적 조건변경의 판단

금융부채 조건변경의 회계처리는 조건변경이 실질적으로 변경되었는지 여부에 따라 회계처리가 구분된다. 계약조건이 실질적으로 변경된 경우란 새로운 조건에 따라 산정된 현금흐름의 현재가치와 최초 금융부채의 나머지 현금흐름의 현재가치의 차이가 적어도 10% 이상인 경우를 말한다. 이때 새로운 조건에 따른 현금흐름에는 지급한 수수료에서 수취한 수수료를 차감한 수수료 순액이 포함된다. 실질적 조건변경의 판단 시에는 조건변경으로 인하여 현금흐름에 실질적인 변경이 있는지만을 따지는 것으로 변경된 현금흐름을 할인할 때에는 최초의 유효이자율을 사용한다.

실질적 조건변경의 판단	
구분	내용
정의	금융부채의 조건변경이란 이자율 완화, 만기연장 등의 방법으로 조건을 변경하거나 채무자가 부담할 원금 및 기발생이자를 감면해 주는 것
실질적 조건변경의 판단조건	(조정 전 금융부채의 현재가치 − 조정 후 채무의 현금흐름(수수료 포함)의 현재가치) ≥ 조정 전 채무의 현재가치 × 10% * 최초의 유효이자율을 할인율로 적용

Self Study

새로운 조건에 따른 현금흐름에 포함한 수수료는 차입자와 대여자 사이에 지급하거나 받은 수수료 순액만 포함한다.

03 실질적 조건의 변경에 해당하는 경우

채권자와 채무자가 실질적으로 다른 조건으로 계약조건이 변경된 경우에는 기존 금융부채를 제거하고 새로운 금융부채를 인식한다. 이때 새로운 금융부채의 할인율은 조건변경시점의 유효이자율(시장이자율)을 사용하는 것이 합리적이다. 즉, 새로운 금융부채는 미래현금흐름을 조건변경시점의 유효이자율로 할인한 공정가치가 된다. 새로운 조건에 따른 현금흐름에는 지급한 수수료에서 수취한 수수료를 차감한 수수료순액이 포함된다. 채무상품의 교환이나 계약조건의 변경을 금융부채의 소멸로 회계처리한다면, 발생한 원가나 수수료는 금융부채의 소멸에 따른 손익의 일부로 인식한다.

04 실질적 조건의 변경에 해당하지 않는 경우

실질적 조건변경에 해당하지 않는다면 기존 금융부채를 제거하지 않는다. 따라서 변경된 미래현금흐름을 최초 유효이자율로 할인한 현재가치를 새로운 상각후원가로 재계산한다. 이러한 조정금액은 당기손익으로 인식한다. 또한, 채무상품의 교환이나 계약조건의 변경을 금융부채의 소멸로 회계처리하지 아니하면, 발생한 원가나 수수료는 부채의 장부금액에서 조정하며, 변경된 부채의 잔여기간 동안에 상각한다.

Self Study

실질적 조건변경에 해당하지 않는 경우, 최초 유효이자율을 사용하지만 거래원가가 존재하는 경우 장부금액에 조정되며 별도의 이자율을 사용하여야 한다.

A사는 20×2년 1월 1일 현재 만기일이 20×2년 12월 31일인 장부가액이 ₩98,182인 사채가 있다. 사채의 유효이자율은 연 10%, 액면금액은 ₩100,000, 표시이자는 매년 말 지급한다. A사는 동 사채의 만기일을 20×4년 12월 31일로 연장하고, 표시이자율은 연 5%로 조건을 변경하였다. 조건변경일 현재의 시장이자율은 연 12%이다. 현가계수는 다음과 같다(단, 모든 사채의 회계처리는 순액법으로 수행한다).

기간	10%		12%	
	현가	연금현가계수	현가	연금현가계수
1	0.9091	0.9091	0.8928	0.8928
2	0.8264	1.7355	0.7972	1.6900
3	0.7513	2.4868	0.7118	2.4018

1 금융부채의 조건변경이 실질적 조건변경에 해당하는지 여부를 판단하시오.

2 금융부채의 조건변경이 실질적 변경에 해당하며, A사는 조건변경과 관련된 수수료 ₩855을 지출했다고 할 때, 20×2년 1월 1일과 20×2년 12월 31일 회계처리를 하시오.

3 만약, 동 거래가 실질적 조건변경에 해당하지 않는다고 할 경우, 20×2년 1월 1일과 20×2년 12월 31일 회계처리를 보이시오.

4 만약, 동 거래가 실질적 조건변경에 해당하지 않고 조건변경과 관련된 수수료 ₩855을 지출했다고 할 때, 20×2년 1월 1일과 20×2년 12월 31일 회계처리를 보이시오(단, 조건변경일에 수수료를 적용한 새로운 유효이자율은 10.38%이며, 사채의 회계처리는 순액법을 사용한다).

[풀이]

1 실질적인 조건의 변경에 해당한다.
  (1) 새로운 미래현금흐름의 현재가치(10%): 5,000 × 2.4868 + 100,000 × 0.7513 = 87,564
  (2) 최초 금융부채의 현재가치의 10%: 98,182 × 10% = 9,818
  (3) 현재가치 차이: 98,182 − 87,564 = 10,618

2 [20×2년 초]

차) 사채(구)	98,182	대) 사채(신)	83,189
		조건변경이익	14,993
차) 조건변경이익	855	대) 현금	855

[20×2년 말]

차) 이자비용	9,983	대) 현금	5,000
		사채	4,983

  (1) 변경된 미래현금흐름의 현재가치(12%): 5,000 × 2.4018 + 100,000 × 0.7118 = 83,189
  (2) 부채상환이익: 98,182 − 83,189 = 14,993
  (3) 이자비용: 83,189 × 12% = 9,983

❸ [20×2년 초]

차) 사채	10,618	대) 변경이익	10,618

[20×2년 말]

차) 이자비용	8,756	대) 현금	5,000
		사채	3,756

(1) 변경이익: 98,182 − 87,564 = 10,618
(2) 이자비용: 87,564 × 10% = 8,756

❹ [20×2년 초]

차) 사채	10,618	대) 변경이익	10,618
차) 사채	855	대) 현금	855

[20×2년 말]

차) 이자비용	9,000	대) 현금	5,000
		사채	4,000

* (87,564 − 855) × 10.38% = 9,000

기출 Check 4

㈜대한은 20×1년 1월 1일에 ㈜민국에게 사채(액면금액 ₩1,000,000, 3년 만기, 표시이자율 연 10%, 매년 말 이자지급)를 발행하였으며, 동 사채를 상각후원가로 측정하는 금융부채로 분류하였다. 사채발행일의 시장이자율은 연 12%이다. ㈜대한은 20×1년 12월 31일 동 사채의 만기를 20×4년 12월 31일로 연장하고 매년 말 연 4%의 이자를 지급하는 조건으로 ㈜민국과 합의하였다. 조건변경 전 20×1년 12월 31일 사채의 장부금액은 ₩966,218이며, 현행시장이자율은 연 15%이다. ㈜대한이 20×1년 12월 31일 동 사채의 조건변경으로 인식할 조정손익은 얼마인가? (단, 단수차이로 인해 오차가 있다면 가장 근사치를 선택한다)

[공인회계사 2022년]

기간	할인율	단일금액 ₩1의 현재가치			정상연금 ₩1의 현재가치		
		10%	12%	15%	10%	12%	15%
3년		0.7513	0.7118	0.6575	2.4868	2.4018	2.2832

① 조정이익 ₩217,390 ② 조정이익 ₩158,346 ③ ₩0
④ 조정손실 ₩158,346 ⑤ 조정손실 ₩217,390

풀이

1) 실질적인 조건의 변경 여부 판단: 실질적인 조건의 변경에 해당함
   (1) 변경된 현금흐름의 현재가치(당초의 유효이자율 사용): 1,000,000 × 0.7118 + 40,000 × 2.4018 = 807,872
   (2) 158,346(= 966,218 − 807,872) > 966,218 × 10%
2) 조건변경이익: 966,218 − 748,828(= 1,000,000 × 0.6575 + 40,000 × 2.2832)[1] = 217,390

   [1] 실질적인 조건의 변경에 해당하는 경우 기존 사채는 상환하고 새로운 사채를 발행하는 것으로 보아 변경일의 시장이자율을 적용하여 변경된 현금흐름의 현재가치를 구한다.

정답: ①

3 상각후원가로 후속측정하지 않는 금융부채

모든 금융부채는 다음을 제외하고는 후속적으로 상각후원가로 측정되도록 분류한다. 또한, 금융부채는 재분류하지 않는다.

> ① 당기손익 – 공정가치 측정 금융부채(FVPL금융부채)
> ② 금융자산의 양도가 제거조건을 충족하지 못하거나 지속적 관여 접근법이 적용되는 경우에 생기는 금융부채
> ③ 금융보증계약
> ④ 시장이자율보다 낮은 이자율로 대출하기로 약정
> ⑤ 사업결합에서 취득자가 인식하는 조건부 대가

I 당기손익 – 공정가치 측정 금융부채(FVPL금융부채)

01 당기손익 – 공정가치 측정 금융부채의 의의

당기손익 – 공정가치 측정 금융부채는 다음 중 하나의 조건을 충족하는 금융부채이다.

> ① 단기매매항목의 정의를 충족한다.
> ② 최초 인식시점에 당기손익 – 공정가치 측정 항목으로 지정한다.

1. 단기매매항목은 일반적으로 매입과 매도가 적극적이고 빈번하게 이루어지는 것을 말한다. 금융부채를 단기매매활동의 자금조달에 사용한다는 사실만으로 해당 부채를 단기매매금융부채로 분류할 수 없다. 단기매매항목은 다음 중 어느 하나에 해당하는 금융자산이나 금융부채이다.
   ① 주로 단기간 내에 매각하거나 재매입할 목적으로 취득하거나 부담한다.
   ② 최초 인식시점에 공동으로 관리하는 특정 금융상품 포트폴리오의 일부로 운용형태가 단기적 이익 획득 목적이라는 증거가 있다.
   ③ 파생상품이다(단, 금융보증계약인 파생상품이나 위험회피수단으로 지정되고 위험회피에 효과적인 파생상품은 제외한다).
2. 다음 중 하나 이상을 충족하여 정보를 더 목적적합하게 하는 경우에는 금융부채를 최초 인식시점에 당기손익 – 공정가치 측정 항목으로 지정할 수 있다. 다만, 한 번 지정하면 이를 취소할 수 없다.
   ① 당기손익 – 공정가치 측정 항목으로 지정하면, 서로 다른 기준에 따라 자산이나 부채를 측정하거나 그에 따른 손익을 인식하여 생길 수 있는 인식이나 측정의 불일치(회계불일치)를 제거하거나 유의적으로 줄인다.
   ② 문서화된 위험관리전략이나 투자전략에 따라, 금융상품집합(금융자산과 금융부채의 조합으로 구성된 집합)을 공정가치기준으로 관리하고 그 성과를 평가하며 그 정보를 이사회, 대표이사 등 주요 경영진에게 그러한 공정가치기준에 근거하여 내부적으로 제공한다.
3. 금융부채를 당기손익 – 공정가치 측정 항목으로 지정하는 것은 회계정책의 선택과 비슷하지만 비슷한 모든 거래에 같은 회계처리를 반드시 적용하여야 하는 것은 아니다. 또한 한 번 지정하면 이를 취소할 수 없다.

02 당기손익 – 공정가치 측정 금융부채의 최초 인식

당기손익 – 공정가치 측정 금융부채는 최초 인식시점에 공정가치로 측정하고 발행과 관련된 거래원가는 당기손익으로 인식한다. 최초 인식시점의 공정가치는 일반적으로 거래가격이지만 거래가격과 다르며 한국채택국제회계기준에서 다르게 구체적으로 밝히고 있지 않다면 그 차이를 당기손익으로 인식한다. 또한 당기손익 – 공정가치 측정 금융부채는 액면금액을 별도로 표시하지 않는다.

당기손익 – 공정가치 측정 금융부채의 발행 시 회계처리			
차) 현금	발행가액	대) FVPL금융부채	FV
		금융부채발행이익	N/I
차) 수수료비용	N/I	대) 현금	거래원가

03 당기손익 – 공정가치 측정 금융부채의 후속측정

당기손익 – 공정가치 측정 금융부채는 일반적으로 유효이자율법을 적용하지 않고 액면이자만을 이자비용으로 인식한다. 당기손익 – 공정가치 측정 금융부채는 후속적으로 공정가치로 측정한다. 공정가치 측정으로 인한 공정가치의 변동은 다음과 같이 처리한다.

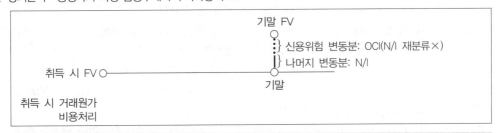

당기손익 – 공정가치 측정 금융부채의 후속측정의 구조와 회계처리

1. 당기손익 – 공정가치 측정 금융부채의 후속측정 구조

기말 FV

} 신용위험 변동분: OCI(N/I 재분류×)

} 나머지 변동분: N/I

취득 시 FV ○────────────────────────

기말

취득 시 거래원가
비용처리

① 금융부채의 자기신용위험 변동에 따른 공정가치 변동: 기타포괄손익으로 표시(단, 회계불일치를 일으키거나 확대하는 경우에는 당기손익으로 표시).
② 나머지 공정가치 변동: 당기손익으로 표시

2. 당기손익 – 공정가치 측정 금융부채의 후속측정 회계처리

차) 이자비용	N/I	대) 현금	액면이자
차) FVPL금융부채	××	대) 금융부채평가이익(OCI)[1]	신용위험 변동분
		금융부채평가이익(N/I)	나머지 변동분

[1] 회계불일치를 일으키거나 확대시키지 않는 경우

신용위험은 당사자 중 어느 한 편이 의무를 이행하지 않아 상대방에게 재무손실을 입힐 위험을 말한다. 공정가치의 변동 중 이러한 신용위험 변동으로 인한 변동은 기타포괄손익으로 표시한다. 기타포괄손익으로 표시한 금액은 후속적으로 당기손익으로 이전하지 않는다. 부채의 공정가치 변동금액 중 시장위험을 일으키는 시장상황의 변동으로 인한 공정가치 변동분은 기준금리의 변동과 관련된 변동을 의미한다.

> **참고 시장이자율**
>
> **1. 시장이자율의 의미**
> 사채의 발행금액은 사채의 미래현금흐름을 사채 발행일의 시장이자율로 할인한 현재가치로 계산된다. 사채 발행일의 시장이자율은 당해 사채에 대하여 투자자들이 요구하는 수익률로 기준금리에 신용위험을 가산하여 결정된다.
> ➡ 시장이자율(채권수익률) = 기준금리(LIBOR금리 등) + 신용위험(위험프리미엄)
>
> **2.** 동일한 일자에 사채를 발행하는 경우에 어느 기업이든지 모두 동일한 기준금리를 부담하지만 신용위험은 기업마다 다르므로 시장이자율은 기업에 따라 다르게 결정된다. 따라서 동일한 일자에 동일한 조건으로 사채를 발행하는 경우에도 기업의 사채 신용등급에 따라 사채의 발행금액이 다르게 결정된다.
>
> **3. 시장이자율의 변동**
> 기준금리는 시장위험을 일으키는 시장 상황의 변동에 기인하며, 신용위험은 사채를 발행한 기업의 자기신용위험의 변동에 기인한다. 그러므로 신용위험은 자기신용손실이 발생하는 경우 상승하게 된다.

> **Additional Comment**
>
> 기업의 부채 수준이 너무 높은 경우 신용위험의 증가로 금융부채의 공정가치는 하락하는데, 이 경우 기업은 신용도가 하락되었음에도 오히려 이익을 인식하게 되므로 정보이용자들에게 혼란을 줄 수 있다. 따라서 신용위험 변동에 따른 공정가치 변동을 기타포괄손익으로 표시하도록 하였다.

12월 말 결산법인인 A사는 20×1년 초에 액면금액 ₩150,000, 표시이자율이 연 8%이며, 이자지급일은 매년 12월 31일, 만기가 10년인 회사채를 발행하였다. 발행시점의 시장이자율은 연 8%(기준금리 5% + 3%)로 액면발행하였으며, 당기손익 - 공정가치 측정 금융부채(FVPL금융부채)로 분류하였다. 회사채의 발행 시 거래원가로 ₩1,000을 지출하였다.

20×1년 말 현재 기준금리는 연 4.75%이므로 발행시점의 신용위험이 유지되는 경우의 시장이자율은 연 7.75%(기준금리 4.75% + 3%)이다. 7.75%로 할인한 회사채의 현재가치는 ₩152,367이며, 20×1년 말 현재 A사가 발행한 동 회사채의 시장가격은 ₩153,811이다.

A사가 20×1년에 동 거래로 인해 수행할 회계처리를 보이시오(단, 부채의 신용위험 변동효과의 회계처리가 당기손익의 회계불일치를 일으키거나 확대시키지 않는다).

풀이

1. 공정가치 변동의 분류
   (1) 공정가치의 변동(손실): 153,811 - 150,000 = 3,811
   (2) 기타포괄손익(신용위험 변동분): 153,811 - 152,367 = 1,444
   (3) 당기손익(나머지 부분): 3,811 - 1,444 = 2,367

2. 회계처리
   [20×1. 1. 1.]

차) 현금	150,000	대) FVPL금융부채	150,000
차) 수수료비용	1,000	대) 현금	1,000

   [20×1. 12. 31.]

차) 이자비용[1]	12,000	대) 현금	12,000
차) 금융부채평가손실(OCI)	1,444	대) FVPL금융부채	3,811
금융부채평가손실(N/I)	2,367		

[1] 150,000 × 8% = 12,000

Self Study

FVPL금융부채와 상각후원가 측정 금융부채(AC금융부채)의 비교

구분	FVPL금융부채	AC금융부채
최초 인식	최초 인식 시 FV	최초 인식 시 FV
발행 시 거래원가	당기비용처리 차) 수수료비용(N/I)　　　대) 현금	최초 인식하는 FV에서 차감 차) 금융부채(B/S)　　　대) 현금
후속측정	1. 공정가치로 측정 　　1) 신용위험 변동분: 기타포괄손익(재분류 ✕) 　　2) 나머지 변동분: 당기손익 2. 회계불일치를 일으키거나 확대하는 경우 N/I처리	유효이자율법 적용하여 상각후원가 측정
제거	지급대가 − 장부금액	지급대가 − 장부금액

기출 Check 5

㈜세무는 사채(사채권면상 발행일 20×1년 1월 1일, 액면금액 ₩1,000,000, 표시이자율 연 8%, 만기 3년, 매년 말 이자지급)를 20×1년 4월 1일에 발행하고 사채발행비용 ₩1,000을 지출하였다. 사채권면상 발행일인 20×1년 1월 1일의 시장이자율은 연 10%이며, 실제 발행일(20×1년 4월 1일)의 시장이자율은 연 12%이다. 동 사채를 당기손익 − 공정가치 측정 금융부채로 분류했을 경우 20×1년 4월 1일의 장부금액은? (단, 현재가치 계산 시 다음에 제시된 현가계수표를 이용한다. 12%, 3년 현가계수: 0.7, 연금현가계수: 2.4)　　　　　　　　　　　　　　　　[세무사 2022년 수정]

① ₩898,760　　　　　② ₩911,062　　　　　③ ₩953,000
④ ₩954,000　　　　　⑤ ₩1,000,000

풀이

1) 20×1년 초 현금흐름의 현재가치: 1,000,000 × 0.7 + 80,000 × 2.4 = 892,000
2) 20×1년 초부터 4월 1일까지의 이자비용: 892,000 × 12% × 3/12 = 26,760
3) 20×1년 초부터 4월 1일까지의 액면이자: 80,000 × 3/12 = 20,000
4) 20×1년 초 금융부채의 장부금액: 1) + 2) − 3) = 898,760
5) FVPL금융부채이므로 발행시점의 거래원가는 비용처리한다.

정답: ①

양도자가 양도자산의 소유에 따른 위험과 보상의 대부분을 보유하고 있기 때문에 양도자산을 제거하지 않는다면, 그 양도자산 전체를 계속 인식하며 수취한 대가는 금융부채로 인식한다. 이는 담보부 차입과 실질이 동일하다. 양도자는 후속기간에 양도자산(실제로는 양도자의 장부에 계속 인식하고 있음)에서 생기는 모든 수익과 금융부채에서 생기는 모든 비용을 인식한다.

양도자가 양도자산의 소유에 따른 위험과 보상의 대부분을 보유하지도 않고 이전하지도 않을 경우, 양도자가 양도자산을 통제하고 있다면 그 양도자산에 지속적으로 관여하는 정도까지 그 양도자산을 계속 인식한다. 이때 지속적 관여 정도는 양도자산의 가치 변동에 양도자가 노출되는 정도를 말한다. 지속적으로 관여하는 정도까지 양도자산을 계속 인식하는 경우에 관련 부채도 함께 인식한다. 이는 지속적으로 관여하는 정도까지는 금융자산의 매각으로 볼 수 없으므로 이와 관련하여 수취한 대가를 담보 차입으로 보고 부채를 인식하는 것으로 이해하면 될 것이다.

금융보증계약은 채무상품의 최초 계약조건이나 변경된 계약조건에 따라 지급기일에 특정 채무자가 지급하지 못하여 보유자가 입은 손실을 보상하기 위해 발행자가 특정금액을 지급하여야 하는 계약을 말한다. 금융보증계약은 보증, 신용장, 신용위험이전계약이나 보험계약 등 다양한 법적 형식으로 나타날 수 있다.

구분	측정
최초 인식	FV, 반증이 없는 한 수취 대가와 동일하고 보증기간에 걸쳐 수익 인식
후속측정	Max[손실충당금, 최초 인식금액 − 인식한 이익누계액]

금융보증계약도 최초 인식시점에 공정가치로 인식한다. 금융보증계약이 독립된 당사자 사이의 거래에서 특수관계가 없는 자에게 발행된다면, 해당 계약의 최초 공정가치는 반증이 없는 한 수취한 대가와 같을 것이다.

금융보증계약의 발행자는 채무자에게 신용보강을 하기 위한 보증용역을 제공한 것이므로 최초 인식시점의 공정가치를 보증기간에 걸쳐 수익으로 인식한다. 따라서 금융보증계약과 관련하여 보고기간 말에 부채로 인식할 금액은 최초 인식금액에서 수익으로 인식한 누계액을 차감한 금액이 된다.

발행자는 후속적으로 다음 중 큰 금액으로 금융보증계약을 측정한다.

① 예상손실: 기준서 제1109호 '금융상품'의 손상규정에 따라 기대신용손실로 산정한 손실충당금
② 미인식이익: 최초 인식금액에서 기준서 제111호 '수익'에 따라 인식한 이익누계액을 차감한 금액

사례연습 13: 금융보증계약

12월 말 결산법인인 ㈜포도는 20×1년 1월 1일, ㈜도도가 은행으로부터 차입한 차입금 ₩1,000을 3년 간 보증하는 계약을 체결하고 그 대가로 보증수수료 ₩300을 수령하였다. ㈜포도의 20×1년 말 현재 금융보증계약의 신용위험은 증가하지 않았다.

1 ㈜포도가 금융보증계약과 관련하여 20×1년도에 해야 할 회계처리를 보이시오.

2 20×2년 초에 ㈜도도가 부도처리되어 ㈜도도의 차입금 중 ₩800을 ㈜포도가 대신 지급하여야 한다고 할 경우 회계처리를 보이시오.

풀이

1 [20×1. 1. 1.]

차) 현금	300	대) 이연보증수익(금융보증부채)	300

[20×1. 12. 31.]

차) 이연보증수익	100	대) 금융보증수익	100

* 300/3년 = 100

2

차) 이연보증수익(금융보증부채)[2]	200	대) 보증손실충당금[1]	800
금융보증손실	600		

[1] Max[800(기대신용손실로 산정한 손실충당금), 300(최초인식액) − 100(이익누계액)] = 800
[2] 300 − 100 = 200

V 시장이자율보다 낮은 이자율로 대출하기로 한 약정에 의한 금융부채

미래에 특정 채무자와 시장이자율보다 낮은 이자율로 대출하기로 한 약정을 체결한 경우, 대부분 해당 약 정의 체결시점에 현금대가를 수취하지 않기 때문에 해당 약정에 따라 생기는 부채를 재무상태표에 인식 하지 않을 수 있다. 따라서 이러한 대출약정의 경우 대출약정의 보유자는 발생한 금융부채를 최초 인식 시 공정가치로 인식하며, 후속적으로 해당 금융부채를 다음 중 큰 금액으로 측정한다.

① 예상손실: 기준서 제1109호 '금융상품'의 손상규정에 따라 기대신용손실로 산정한 손실충당금
② 미인식이익: 최초 인식금액에서 기준서 제111호 '수익'에 따라 인식한 이익누계액을 차감한 금액

조건부 대가는 합병 등 사업결합의 과정에서 특정 미래사건이 일어나거나 특정조건이 충족되는 경우에, 피취득자에 대한 지배력과 교환된 부분으로 피취득자의 이전 소유주에게 자산이나 지분을 추가적으로 이전하여야 하는 취득자의 의무를 말한다. 금융부채로 분류되는 조건부 대가는 최초 인식과 후속측정을 모두 공정가치로 측정하고 당기손익으로 인식한다.

01 상각후원가 측정 금융부채(AC금융부채)는 유효이자율법을 사용하여 상각후원가로 후속측정하며, 당기손익−공정가치 측정 금융부채(FVPL금융부채)는 공정가치로 후속측정하고 공정가치 변동분 중 신용위험 변동분은 기타포괄손익에 반영하며 나머지 공정가치 변동분은 당기손익으로 인식한다. 부채의 신용위험 변동효과의 회계처리가 당기손익의 회계불일치를 일으키거나 확대하는 경우는 제외한다.

02 채권자와 채무자가 실질적으로 다른 조건으로 계약조건이 변경된 경우에는 기존 금융부채를 제거하고 새로운 금융부채를 인식한다.

03 실질적 조건변경에 해당하지 않는다면 기존 금융부채를 제거하지 않는다. 따라서 변경된 미래현금흐름을 최초 유효이자율로 할인한 현재가치를 새로운 상각후원가로 재계산한다. 이러한 조정금액은 당기손익으로 인식한다. 또한, 채무상품의 교환이나 계약조건의 변경을 금융부채의 소멸로 회계처리하지 않으면, 발생한 원가나 수수료는 부채의 장부금액에서 조정하며, 변경된 부채의 잔여기간 동안에 상각한다.

01 ㈜초코의 다음과 같은 조건의 사채를 20×1년 4월 1일에 경과이자를 포함하여 ㈜딸기에 발행하였다. ㈜초코와 ㈜딸기의 결산일은 모두 12월 31일이다.

- 사채 권면상 발행일: 20×1년 1월 1일
- 액면금액: ₩10,000,000
- 표시이자율: 연 10%
- 이자지급시기: 매년 12월 31일
- 원금의 상환: 20×1년부터 20×5년까지 매년 12월 31일에 ₩2,000,000씩 연속상환
- 20×1년 1월 1일 시장이자율: 연 3%
- 20×1년 4월 1일 시장이자율: 연 5%

㈜초코가 위 사채를 20×4년 1월 1일에 공정가치로 조기상환하는 경우 인식해야 하는 사채상환손익은 얼마인가? (단, 20×4년 1월 1일 위 사채에 적용될 시장이자율은 연 4%이다)

① ₩60,538 손실 ② ₩60,538 이익 ③ ₩50,538 이익

④ ₩50,538 손실 ⑤ ₩40,538 이익

02 A사는 20×1년 1월 1일에 사채를 발행하여 매년 말 액면이자를 지급하고 유효이자율법에 의하여 상각한다. 20×2년 말 이자와 관련된 회계처리는 다음과 같다.

| 차) 이자비용 | 6,000 | 대) 사채할인발행차금 | 3,000 |
| | | 현금 | 3,000 |

위 거래가 반영된 20×2년 말 사채의 장부금액이 ₩43,000으로 표시되었다면, 사채의 유효이자율은? (단, 사채의 만기는 20×3년 12월 31일이다)

① 연 11%   ② 연 12%   ③ 연 13%

④ 연 14%   ⑤ 연 15%

03 12월 말 결산법인인 A사는 액면금액 ₩100,000, 표시이자율 연 5%, 만기 3년인 회사채를 발행하였다. 표시이자는 매년 12월 31일에 지급하며, 사채의 액면금액에 기재된 발행일은 20×1년 1월 1일이지만 A사가 동 사채를 실제로 발행한 것은 20×1년 4월 1일이었다. A사의 사채와 동일한 위험수준을 갖는 다른 회사의 사채가 시장에서 연 8%의 할인율로 거래되고 있으며 만약 A사가 20×1년 1월 1일에 사채를 발행하였다면 ₩92,269의 현금을 수취하였을 것이다. A사의 사채에 대한 다음의 설명 중 옳지 않은 것은? (단, 소수점 첫째 자리에서 반올림한다)

① 20×1년 4월 1일 발행 시 A사가 수령하는 현금은 ₩94,114이며 이 중에는 미지급사채이자 ₩1,250이 포함되어 있다.

② A사가 사채발행일에 계상하는 사채할인발행차금은 ₩7,136이다.

③ A사가 사채발행일부터 만기까지 인식해야 하는 총이자비용은 20×1년 1월 1일부터 만기까지의 총이자비용 ₩22,731에서 1월 1일부터 3월 31일까지의 미지급사채이자 ₩1,250을 차감한 ₩21,481이 된다.

④ A사가 20×1년 1월 1일에 사채를 발행하였다면 사채할인발행차금은 ₩7,731으로 이 경우 만기까지 인식하는 총이자비용은 ₩22,731이다.

⑤ A사가 20×2년 인식해야 하는 이자비용은 ₩7,572이며 A사가 발행한 사채의 20×2년도 말 장부금액은 ₩97,222이다.

04 다음은 ㈜JC가 20×8년 기초에 발행한 사채와 관련된 자료이다.

• 액면금액: ₩3,000,000				• 발행일: 20×8년 1월 1일		
• 만기일: 발행 후 3년				• 표시이자율: 연 8% 매년 말 지급		
• 발행 시 유효이자율: 연 10%						

할인율	단일금액 ₩1의 현재가치			정상연금 ₩1의 현재가치		
	1년	2년	3년	1년	2년	3년
8%	0.9259	0.8573	0.7938	0.9259	1.7833	2.5771
10%	0.9091	0.8264	0.7513	0.9091	1.7355	2.4868

㈜JC가 20×9년 3월 31일에 상기 사채를 ₩3,150,000(미지급이자 포함)에 매입하였다면, 사채상환손실은 얼마인가? (단, 모든 계산금액은 소수점 첫째 자리에서 반올림하며, 이 경우 약간의 오차가 나타날 수 있다)

① ₩54,614   ② ₩91,800   ③ ₩181,800

④ ₩241,800   ⑤ ₩254,195

05 A사는 20×1년 1월 1일에 액면금액이 ₩40,000, 3년 만기 사채를 ₩36,962에 할인발행하였다. 사채 발행 시 유효이자율은 연 9%이고, 이자는 매년 말 후급한다. 20×2년 1월 1일 현재 사채의 장부금액이 ₩37,889이라고 하면 사채의 표시이자율은? (단, 화폐금액은 소수점 첫째 자리에서 반올림한다)

① 5.8%   ② 6.0%   ③ 6.2%

④ 6.5%   ⑤ 7.0%

06 ㈜도도는 20×1년 1월 1일에 사채(액면금액 ₩1,000,000, 표시이자율 연 10%, 매년 말 이자지급, 만기 3년)를 ₩885,840에 발행하였다. ㈜도도는 동 사채를 20×3년 1월 1일에 전액 상환하였으며 발행시점부터 상환 직전까지 인식한 총이자비용은 ₩270,680이었다. 사채 상환 시 사채상환이익이 ₩1,520인 경우 ㈜도도가 지급한 현금은? (단, 계산 시 화폐금액은 소수점 첫째 자리에서 반올림한다)

① ₩953,480   ② ₩954,000   ③ ₩955,000

④ ₩956,000   ⑤ ₩958,040

07 A사는 다음의 사채를 사채권면에 표시된 발행일(20×1년 1월 1일)이 아닌 20×1년 4월 1일에 실제 발행하였다.

> (1) 만기일: 20×3년 12월 31일
> (2) 액면금액: ₩100,000
> (3) 표시이자율: 연 10%
> (4) 이자는 매년 말에 지급한다.

20×1년 4월 1일 A사의 시장이자율이 연 12%일 경우, 20×1년 4월 1일의 사채발행이 동시점의 A사의 부채총액에 미치는 영향은? (단, 현가계수는 아래의 표를 이용하며, 이자는 월할 계산한다. 단수차이로 인한 오차가 있으면 가장 근사치를 선택한다)

3년 기준	10%	12%
단일금액 ₩1의 현가계수	0.7513	0.7118
정상연금 ₩1의 현가계수	2.4868	2.4018

① ₩95,554 증가   ② ₩97,698 증가   ③ ₩98,054 증가
④ ₩100,000 증가   ⑤ ₩102,500 증가

08 A사는 20×1년 5월 1일에 액면가 ₩2,000,000 사채를 발행하였다. 사채의 발행조건은 다음과 같으며, 이 회사의 회계기간은 1월 1일부터 12월 31일까지이고, 이자는 월할로 계산한다.

> (1) 사채의 표시이자율은 연 6%이며, 이자지급방법은 연 2회로 매년 4월 30일과 10월 31일에 현금으로 지급한다.
> (2) 사채의 만기일은 20×5년 4월 30일이며 만기에 일시상환한다. 사채발행일 현재 A사에서 발행하는 사채와 유사한 위험의 사채에 대한 시장이자율은 연 10%이다.

20×1년 동 사채가 A사의 당기손익에 미치는 영향은 얼마인가? (이자율 5%, 8기간 ₩1의 현가계수: 0.677, 연금현가계수: 6.463)

① ₩118,570   ② ₩117,570   ③ ₩116,570
④ ₩115,570   ⑤ ₩114,570

09 ㈜단결은 20×7년 1월 1일에 액면이자율 연 9%, 5년 만기, 액면금액 ₩600,000의 사채를 ₩576,834에 발행하였다. 이 발행가액은 10%의 시장이자율을 반영하고 있다. 이 사채의 이자지급일은 1월 1일과 7월 1일로 연 2회이다. ㈜단결이 유효이자율법을 적용하여 사채할인발행차금을 상각한다면, 20×7년 7월 1일의 이자지급 시 상각되는 사채할인발행차금은 얼마인가? (단, 사채이자는 월할로 계산하고, 소수점 이하 첫째 자리에서 반올림하시오)

① ₩1,842 ② ₩2,085 ③ ₩2,317
④ ₩3,683 ⑤ ₩23,166

10 20×1년 1월 1일에 액면금액은 ₩10,000,000이며, 사채의 기한은 5년, 액면이자율이 연 10%, 이자지급일은 매년 12월 31일인 사채를 ₩9,279,000으로 발행하였는데. 이 발행금액은 투자자에게 발행가 대비 연 12%의 만기수익률을 보장하는 조건으로 결정된 것이다. 20×2년 1월 1일에 시장이자율이 연 14%로 상승하였는데, 이 시점에서 기존의 사채를 전부 상환하였다. 사채의 상환에 따른 사채상환손익은 얼마인가? (단, 이자율 14%에서 현재가치계수는 다음과 같다)

기간	원금현가	연금현가
4기간	0.592	2.914
5기간	0.519	3.433

① ₩0 ② ₩185,580 손실 ③ ₩207,220 이익
④ ₩558,480 이익 ⑤ ₩769,480 이익

11 A회사가 액면가 ₩300,000인 사채(표시이자율 10%, 이자지급일 매년 12월 31일, 만기 3년, 사채권면의 발행일 20×1년 1월 1일)를 20×1년 5월 1일에 발행하였으며, 상각후원가 측정 금융부채로 분류하였다. 사채의 발행일 5월 1일에 사채에 적용된 시장이자율은 12%이었다. A회사는 20×2년 6월 30일에 동 사채의 전부를 상환하였으며 동 사채로 인하여 20×2년의 A회사 당기손익은 ₩16,140만큼 감소하였다. 이 경우 A회사가 동 사채의 상환으로 지급한 금액은 얼마인가? (단, 20×1년 말에 사채에 적용된 시장이자율은 10%이며, 관련 현가계수는 다음과 같다)

구분	10%	12%
3기간 단일현금 1원의 현재가치계수	0.75131	0.71178
3기간 연금 1원의 현재가치계수	2.48685	2.40183

① ₩301,729   ② ₩306,000   ③ ₩316,140
④ ₩321,507   ⑤ ₩335,254

01 ① (1) 사채의 장부금액: $2{,}400{,}000/1.05 + 2{,}200{,}000/1.05^2 = 4{,}281{,}179$
(2) 상환금액: $2{,}400{,}000/1.04 + 2{,}200{,}000/1.04^2 = 4{,}341{,}716$
(3) 사채상환손익: $(-)4{,}341{,}716 + 4{,}281{,}179 = (-)60{,}537$
＊ 보기에 제시된 금액과의 차이는 단수차이이다.

02 ⑤ (1) 사채 20×2년 초 장부가액: $43{,}000 - 3{,}000(20×2년 상각액) = 40{,}000$
(2) 유효이자율(R): $40{,}000 × R = 6{,}000$, $R = 15\%$

03 ③ ① • 20×1년 1/1 ~ 4/1 발생 유효이자: $92{,}269 × 8\% × 3/12 = 1{,}845$
• 20×1년 1/1 ~ 4/1 발생 액면이자: $100{,}000 × 5\% × 3/12 = 1{,}250$
➔ 4월 1일 발행 시 현금수령액: $92{,}269 + 1{,}845 = 94{,}114$(미지급사채이자 1,250 포함)
② 사채발행일(4월 1일)의 사채할인발행차금: $100{,}000 - (92{,}269 + 1{,}845 - 1{,}250) = 7{,}136$
③ 4월 1일 발행 시 총이자비용: $22{,}731 - 1{,}845$(유효이자: 액면이자 + 상각액) $= 20{,}886$
④ • 1월 1일 발행 시 총이자비용: $(100{,}000 + 5{,}000 × 3) - 92{,}269 = 22{,}731$
• 1월 1일 발행 시 사채할인발행차금: $100{,}000 - 92{,}269 = 7{,}731$
⑤ • 20×2년 이자비용: $(92{,}269 × 1.08 - 5{,}000) × 8\% = 7{,}572$
• 20×2년 사채의 장부가액: $105{,}000/1.08 = 97{,}222$

04 ③ (1) 사채발행금액

원금의 현재가치: $3{,}000{,}000 × 0.7513 =$	2,253,900
이자의 현재가치: $240{,}000 × 2.4868 =$	596,832
계	2,850,732

(2) 사채상환손실

상환금액	3,150,000
사채 관련 장부금액: $2{,}895{,}805^{1)} + 2{,}895{,}805 × 10\% × 3/12 =$	2,968,200
사채상환손실	181,800

1) $2{,}850{,}732 × 1.1 - 240{,}000 = 2{,}895{,}805$

05 ② (1) 20×2년 초 사채의 장부금액 $37{,}889 = 36{,}962 × (1 + 9\%) - 액면이자$, 액면이자 $= 2{,}400$
(2) 표시이자율(R): $40{,}000 × R = 2{,}400$, $R = 6\%$

06 ③ (1) 총이자비용 = 총현금수령액(사채상환 시 장부가액 + 액면이자합계) - 총현금지급액(발행가액)
• $270{,}680 = (사채상환 시 장부가액 + 100{,}000 × 2년) - 885{,}840$, 사채상환 시 장부가액: 956,520
(2) 사채상환손익 = $(-)상환대가 + 사채 장부가액$
• $1{,}520 = (-)상환대가 + 956{,}520$, 상환대가: 955,000

07 ③ 20×1년 4월 1일의 A사의 부채증가액 = 사채발행가액(현금수령액): ① + ② = 98,054

① 20×1년 초 사채 현금흐름의 현재가치: 100,000 × 0.7118 + 10,000 × 2.4018 = 95,198

② 20×1년 1/1 ~ 4/1 동안 발생한 사채 유효이자: 95,198 × 12% × 3/12 = 2,856

③ 20×1년 1/1 ~ 4/1 동안 발생한 액면이자: 10,000 × 3/12 = 2,500

차) 현금(① + ②)	98,054	대) 사채(① + ② − ③) → 부채	95,554
		미지급이자(③) → 부채	2,500

08 ③ (1) 20×1년 5월 1일 사채의 현재가치(표시이자율 3%, 시장이자율 5% 8기간 모형)

2,000,000 × 0.677 + 60,000 × 6.463 = 1,741,780

(2) 20×1년 이자비용: 87,089 + 29,481 = 116,570

1) 20×1년 5월 ~ 10월 말 이자비용: 1,741,780 × 5% = 87,089

2) 20×1년 11월 ~ 12월 말 이자비용: (1,741,780 × 1.05 − 60,000) × 5% × 2/6 = 29,481

09 ① 20×7년 7월 1일 사채할인발행차금 상각액: 576,834 × 5% − 600,000 × 4.5% = 1,842

10 ④ (1) 20×2년 초 사채의 공정가치: 10,000,000 × 0.592 + 1,000,000 × 2.914 = 8,834,000

(2) 20×2년 초 사채의 장부금액: 9,279,000 × 1.12 − 1,000,000 = 9,392,480

(3) 사채 상환 시 회계처리

차) 사채	9,392,480	대) 현금	8,834,000
		사채상환이익	558,480

11 ② (1) 20×2년 초 사채의 장부금액: (300,000 × 0.71178 + 30,000 × 2.40183) × 1.12 − 30,000 = 289,860

(2) 사채(100%)상환 시 당기손익에 미친 영향 = 상환손익 + 이자비용 = (−)상환액 + 기초사채장부금액

• (−)16,140 = (−)상환액 + 289,860, 상환액 = 306,000

Chapter 8 │ 주관식 문제

문제 01   상각후원가측정 금융부채 종합

다음에 제시되는 물음은 각각 독립된 상황이다.

A사는 20×1년 초에 다음과 같은 조건의 사채를 B사에 발행하였으며 사채발행일에 A사의 사채에 적용될 시장이자율은 연 10%이다. A사의 보고기간은 매년 1월 1일부터 12월 31일까지이다. 동 사채의 액면금액은 ₩100,000이고 액면이자율은 연 8%, 이자지급일은 매년 12월 31일에 연 1회 지급하고 만기는 20×3년 말이다.

물음 1) 사채발행 시 사채발행비로 ₩4,633을 지출하였으며, 20×1년 12월 31일 A사의 재무상태표에 위 사채의 장부금액이 ₩93,240으로 계상되었을 경우 A사가 계상할 20×1년의 이자비용은 얼마인가? (단, 이자율 10%, 3기간 ₩1의 현가계수와 연금현가계수는 각각 0.75131, 2.48685이다)

물음 2) 위 물음과 독립적으로 사채의 사채발행비가 없다고 가정하고 A사가 동 사채를 사채 액면의 발행일인 20×1년 초가 아닌 20×1년 4월 1일에 실제 발행하였을 경우, 발행 시 현금수령액과 발행일의 사채 장부금액, 20×1년 말 재무상태표상 사채할인발행차금 잔액은 얼마인가? (단, 실제발행일인 4월 1일의 시장이자율은 15%이며, 이자율 15%, 3기간 ₩1의 현가계수와 연금현가계수는 각각 0.65752, 2.28323이다)

물음 3) 위 물음과 독립적으로 사채의 사채발행비가 없다고 가정하고 A사가 동 사채를 사채 액면의 발행일인 20×1년 초가 아닌 20×1년 4월 1일에 실제 발행하였을 경우, 20×1년의 이자비용과 20×1년 사채할인발행차금상각액, A사가 동 사채와 관련하여 인식할 이자비용 총액은 얼마인가? (단, 실제발행일인 4월 1일의 시장이자율은 15%이며, 이자율 15%, 3기간 ₩1의 현가계수와 연금현가계수는 각각 0.65752, 2.28323이다)

물음 4) 위 물음과 독립적으로 A사는 동 사채 액면금액 ₩40,000을 20×3년 7월 1일에 ₩45,000에 상환하였다. 동 거래가 A사의 20×3년 당기손익에 미치는 영향은 얼마인가?

물음 5) A사는 20×2년 10월 1일에 발행한 사채의 액면금액 ₩50,000을 미지급이자를 포함하여 ₩50,816에 취득하여 자기사채의 취득으로 인식하였다. 20×3년 4월 1일 A사는 자기사채 중 액면금액 ₩30,000에 해당하는 사채를 미지급이자를 포함하여 재발행하였으며 이때의 시장이자율은 15%이다. 20×3년에 A사가 인식할 이자비용은 얼마인가?

물음 6) 위 물음과 별도로 A사는 20×1년 5월 1일에 액면가 ₩2,000,000의 사채를 발행하였다. 사채의 발행조건은 다음과 같으며, 이 회사의 회계기간은 1월 1일부터 12월 31일까지이고, 이자는 월할로 계산한다. 사채의 표시이자율은 연 6%이며, 이자지급방법은 연 2회로 매년 4월 30일과 10월 31일에 현금으로 지급한다. 사채의 만기일은 20×5년 4월 30일이며 만기에 일시상환한다. 사채발행일 현재 A회사에서 발행하는 사채와 유사한 위험의 사채에 대한 시장이자율은 연 10%이다. 20×1년 동 사채가 A사의 당기손익에 미치는 영향은 얼마인가? (단, 이자율 5%, 8기간 ₩1의 현가계수와 연금현가계수는 각각 0.677, 6.463이다)

물음 7) 12월 말 결산법인인 A사는 명목상 발행일인 20×1년 1월 1일 액면금액 ₩100,000의 사채를 20×1년 7월 1일에 발행하였다. 사채의 만기는 3년, 표시이자율은 4%로 매년 말에 지급한다. 명목상 발행일인 20×1년 1월 1일의 시장이자율은 12%, 실제발행일인 20×1년 7월 1일의 시장이자율은 10%이다. 만일 A사가 회사채를 발행하면서 거래원가로 ₩1,500을 지급하였다면, (1) 당기손익인식금융자산부채로 분류한 경우와 (2) 상각후원가측정금융부채로 분류한 경우 발행시점에 부채로 인식할 금액은 각각 얼마인지 계산하시오(미지급이자 제외).

물음 1) 20×1년 이자비용: (−)10,847

(1) 사채발행가액: $100,000 \times 0.75131 + 8,000 \times 2.48685 - 4,633 = 90,393$

(2) 유효이자율(R): $90,393 \times (1 + R) - 8,000 = 93,240$, $R = 12\%$

(3) 이자비용: $90,393 \times 12\% = (-)10,847$

물음 2) (1) 20×1년 4월 1일 사채발행 시 현금수령액: ① + ② = 87,169

(2) 20×1년 4월 1일 사채발행 시 장부금액: ① + ② − ③ = 85,169

(3) 20×1년 말 B/S상 사채할인발행차금: $100,000 - (84,018 \times 1.15 - 8,000) = 11,379$

① 20×1년 초 사채의 현재가치: $100,000 \times 0.65752 + 8,000 \times 2.28323 = 84,018$

② 20×1년 초 ~ 4/1 유효이자: $84,018 \times 15\% \times 3/12 = 3,151$

③ 20×1년 초 ~ 4/1 미수이자: $8,000 \times 3/12 = 2,000$

물음 3) (1) 20×1년의 이자비용: $84,018 \times 15\% \times 9/12 = (-)9,452$

(2) 20×1년 사채할인발행차금상각액: $88,621^{1)} - 85,169 = 3,452$

$^{1)}$ 20×1년 말 사채 BV: $84,018 \times 1.15 - 8,000 = 88,621$

(3) 총이자비용: $(100,000 + 8,000 \times 3년) - 87,169 = (-)36,831$

물음 4) 20×3년 N/I에 미치는 영향: $(3,764) + (7,855) = (-)11,619$

(1) 상환손실: $(-)45,000 + (① + ②) \times 40\% = (-)3,764$

① 20×3년 초 사채 BV: $108,000/1.1 = 98,182$

② 20×3년 초 ~ 7/1 유효이자: $98,182 \times 10\% \times 6/12 = 4,909$

(2) 이자비용: $98,182 \times 10\% \times 6/12 \times 40\% + 98,182 \times 10\% \times 60\% = (-)7,855$

물음 5) 20×3년의 이자비용: $108,000/1.1 \times 10\% \times 50\% + 108,000/1.15 \times 15\% \times 9/12 \times 30\% = (-)8,079$

물음 6) 20×1년 이자비용: $87,089 + 29,481 = (-)116,570$

(1) 20×1년 5월 1일 사채의 현재가치(표시이자율 3%, 시장이자율 5%, 8기간 모형): $1,741,780^{1)}$

$^{1)}$ $2,000,000 \times 0.677 + 60,000 \times 6.463 = 1,741,780$

(2) 20×1년 5월 ~ 10월 말 이자비용: $1,741,780 \times 5\% = (-)87,089$

(3) 20×1년 11월 ~ 12월 말 이자비용: $(1,741,780 \times 1.05 - 60,000) \times 5\% \times 2/6 = (-)29,481$

물음 7) (1) 당기손익인식금융부채의 사채발행금액(부채 인식액): ① + ② − ③ = 87,331

(2) 상각후원가측정금융부채의 사채발행금액(부채 인식액): $87,331 - 1,500 = 85,831$

① 20×1년 1월 1일의 현재가치: $4,000/1.1 + 4,000/1.1^2 + 104,000/1.1^3 = 85,077$

② 1/1 ~ 7/1 유효이자: $85,077 \times 10\% \times 6/12 = 4,254$

③ 1/1 ~ 7/1 액면이자: $4,000 \times 6/12 = 2,000$

<table>
<tr><td>문제 02</td><td>AC금융부채(발행자와 투자자 입장의 회계처리)</td></tr>
</table>

회계기간이 1월 1일부터 12월 31일까지인 ㈜대한은 20×7년 다음 사채를 발행하였다.

[공인회계사 2차 2007년]

- 사채권면액: ₩1,000,000
- 표시이자율: 연 10%
- 이자지급: 12월 31일(연 1회)
- 사채권면상 발행일: 20×7년 1월 1일
- 사채 실제 발행일: 20×7년 7월 1일
- 사채만기일: 20×9년 12월 31일
- 시장이자율: 20×7년 1월 1일(연 14%), 20×7년 7월 1일(연 12%)

실제 발행일에 ㈜국보는 위 사채의 20%를 공정가치로 취득하였다. 사채발행 및 사채취득과 직접 관련된 비용은 없다.

기간	현가계수			연금현가계수		
	10%	12%	14%	10%	12%	14%
1	0.9091	0.8929	0.8772	0.9091	0.8929	0.8772
2	0.8265	0.7972	0.7695	1.7356	1.6901	1.6467
3	0.7513	0.7118	0.6750	2.4869	2.4019	2.3217

물음 1) 20×7년 7월 1일에 ㈜대한의 사채발행 시 회계처리(분개)를 나타내시오(단, 사채할인발행차금을 사용할 것).

물음 2) ㈜국보는 ㈜대한의 사채를 상각후원가 측정 금융자산으로 분류하기로 하였다. 20×7년 7월 1일에 ㈜국보의 사채취득 시 회계처리(분개)를 나타내시오.

물음 3) 20×7년 12월 31일 현재 ㈜대한 사채의 시장가격은 ₩1,030,000이다. 20×7년 12월 31일에 ① ㈜대한과 ② ㈜국보 각각의 입장에서 위 사채와 관련한 회계처리(분개)를 나타내시오(단, 사채할인발행차금을 사용할 것).

물음 4) 20×8년 7월 1일에 ㈜대한은 유통되고 있는 사채의 50%를 ₩550,000에 재취득하였다. 재취득된 사채 중에는 ㈜국보가 보유하고 있던 ㈜대한의 사채가 모두 포함되어 있다. 20×8년 7월 1일에 ① ㈜대한의 사채상환손익과 ② ㈜국보의 사채 처분 시 금융자산처분손익을 구하시오.

풀이

물음 1)

차) 현금[1)	1,009,109	대) 사채	1,000,000
사채할인발행차금	40,891	미지급이자[2)	50,000

[1) 20×7. 1. 1. 현재가치: 1,000,000 × 10% × 2.4019 + 1,000,000 × 0.7118 = 951,990
20×7. 1. 1. ~ 6. 30. 유효이자: 951,990 × 12% × 6/12 = 57,119
계 1,009,109
[2) 1,000,000 × 10% × 6/12 = 50,000

물음 2)

차) 상각후원가측정금융자산	191,822	대) 현금[1)	201,822
미수이자[2)	10,000		

[1) 1,009,109 × 20% = 201,822
[2) 200,000 × 10% × 6/12 = 10,000

물음 3) (1) ㈜대한

차) 이자비용[1)	57,119	대) 현금[2)	100,000
미지급이자	50,000	사채할인발행차금	7,119

[1) 951,990 × 12% × 6/12 = 57,119
[2) 1,000,000 × 10% = 100,000

(2) ㈜국보

차) 현금	20,000	대) 미수이자	10,000
상각후원가측정금융자산	1,424	이자수익[1)	11,424

[1) 57,119 × 20% = 11,424

물음 4) (1) ㈜대한의 사채상환손실: 37,899[1)
[1) 550,000 − {951,990 + (951,990 × 12% − 1,000,000 × 10%) + (951,990 + 14,239) × 12% × 6/12} × 50% = 37,899

(2) ㈜국보의 금융자산처분이익: 15,159[1)
[1) 550,000 × 20% ÷ 50% − {191,822 + 1,424 + (191,822 + 1,424) × 12% × 6/12} = 15,159 또는 37,899 × 40% = 15,159

㈜대한은 B사채를 20×1년 1월 1일에 발행하려고 하였으나, 시장상황이 여의치 않아 3개월 지연되어 20×1년 4월 1일에 ㈜민국에게 발행(판매)을 완료하였다. 다음의 〈자료〉를 이용하여 물음에 답하시오.

[공인회계사 2차 2019년]

〈자료〉

1. B사채의 발행조건은 다음과 같다.
   - 액면금액: ₩1,000,000
   - 만기일: 20×4년 12월 31일
   - 표시이자율: 연 5%
   - 이자지급일: 매년 12월 31일
2. 각 일자의 동종사채에 대한 시장이자율은 다음과 같다. 한편, 미래현금흐름의 현재가치는 공정가치와 동일한 것으로 본다.

일자	시장이자율
20×1년 1월 1일	5%
20×1년 4월 1일	6%
20×2년 1월 1일	4%
20×4년 12월 31일	5%

3. 사채발행 및 취득과 직접적으로 관련되는 비용은 없다.
4. 현재가치 계산 시 아래의 현가계수를 이용하고, 답안 작성 시 원 이하는 반올림한다.

기간	단일금액 ₩1의 현가계수			정상연금 ₩1의 현가계수		
	4%	5%	6%	4%	5%	6%
1	0.9615	0.9524	0.9434	0.9615	0.9524	0.9434
2	0.9246	0.9070	0.8900	1.8861	1.8594	1.8334
3	0.8890	0.8638	0.8396	2.7751	2.7232	2.6730
4	0.8548	0.8227	0.7921	3.6299	3.5459	3.4651

물음 1) ㈜대한의 ① 20×1년 4월 1일 발행일의 현금수령액과 ② 20×1년도 포괄손익계산서에 인식할 이자비용을 계산하시오.

현금수령액	①
이자비용	②

물음 2) ㈜민국은 B사채를 취득하고 상각후원가 측정 금융자산으로 분류하였다. ㈜민국이 20×2년 1월 1일 B사채를 동 일자의 공정가치로 ㈜독도에게 매각(금융자산 제거요건은 충족)하였다고 할 때 처분손익을 계산하시오(단, 손실의 경우에는 (−)를 숫자 앞에 표시하시오).

처분손익	①

물음 3) ㈜대한은 20×4년 12월 31일에 표시이자를 지급한 직후 B사채를 상환하는 대신 ㈜민국과 만기를 3년 연장하고, 연 2%의 이자를 매년 말 지급하기로 합의하였다. 이 경우 ㈜대한이 ① 조건변경에 따라 인식할 금융부채조정손익과 ② 20×5년도 포괄손익계산서에 인식할 이자비용을 계산하시오(단, 손실의 경우에는 (−)를 숫자 앞에 표시하시오).

금융부채조정손익	①
이자비용	②

물음 1)

현금수령액	① 979,835
이자비용	② 43,441

① 965,355(= 50,000 × 3.4651 + 1,000,000 × 0.7921) + 965,355 × 6% × 3/12 = 979,835
② 965,355 × 6% × 9/12 = 43,441

물음 2)

처분손익	① 54,479

① 1,027,755(= 50,000 × 2.7751 + 1,000,000 × 0.8890) − 973,276(= 965,355 × 1.06 − 50,000) = 54,479

물음 3)

금융부채조정손익	① 81,736
이자비용	② 45,913

(1) 실질적 조건의 변경 판단: 실질적 조건의 변경에 해당
  * 1,000,000 − 893,060(= 20,000 × 2.6730 + 1,000,000 × 0.8396) > 1,000,000 × 10%
(2) 조건변경 후 금융자산의 공정가치: 20,000 × 2.7232 + 1,000,000 × 0.8638 = 918,264
(3) 금융부채조정이익: 1,000,000 − 918,264 = 81,736
(4) 20×5년 이자비용: 918,264 × 5% = 45,913

회계사 · 세무사 · 경영지도사 단번에 합격!
해커스 경영아카데미
cpa.Hackers.com

Chapter **9**

충당부채와 기타 공시

1. 충당부채의 의의와 인식, 측정
2. 충당부채 인식과 측정기준의 적용
3. 보고기간후사건
4. 중간재무보고와 특수관계자 공시

I 충당부채의 의의

기업은 언제, 누구에게, 얼마를 지급해야 할지 몰라도 부채를 인식할 수 있다. 즉, 자원의 유출가능성이 높고 금액을 신뢰성 있게 추정할 수 있다면 언제, 누구에게 그 자원을 이전해야 할지 확정되어 있지 않더라도 부채를 인식해야 하는데, 이러한 부채를 충당부채라고 한다.

즉, 충당부채는 지출하는 시기 또는 금액이 불확실한 부채를 말한다. 과거사건의 결과로 발생한 현재의무로서 지출의 시기 또는 금액이 불확실한 부채이지만, 미래경제적효익의 유출가능성이 높고, 해당 의무의 이행에 소요되는 금액을 신뢰성 있게 추정할 수 있어서 부채로 인식할 수 있는 항목을 충당부채라고 한다.

Additional Comment

자동차를 제조하여 판매하는 회사가 일정 기간 또는 일정 사용거리 내에서 판매한 자동차에 결함이 발견될 경우 고객에게 무상으로 수리나 교체 서비스를 제공할 경우 회사는 언제, 누구에게 무상 서비스를 제공할 것인지 확실하지 않더라도 미래에 서비스 제공에 따른 자원의 유출가능성이 높다고 판단되고, 그 금액을 신뢰성 있게 추정할 수 있다면 부채와 비용을 인식해야 한다. 이와 같이 추정한 부채를 충당부채라고 한다.

일반적으로 모든 충당부채는 결제에 필요한 지출의 시기 또는 금액이 불확실하므로 우발적이라고 할 수 있다. 그러나 기업이 전적으로 통제할 수 없는 하나 이상의 불확실한 미래사건의 발생 여부로만 부채나 자산의 존재 여부를 확인할 수 있는데 이를 확인할 수 없어 재무제표에 부채나 자산으로 인식하지 않는 경우에 우발부채, 우발자산이라는 용어를 사용한다.

Self Study

1. 충당부채는 결제에 필요한 미래 지출의 시기 또는 금액에 불확실성이 있다는 점에서 매입채무나 미지급비용 등의 부채와 구별된다. 미지급비용도 지급 시기나 금액의 추정이 필요한 경우가 있지만 일반적으로 충당부채보다는 불확실성이 훨씬 작다.
2. 충당부채는 현재의무이고 이를 이행하기 위하여 경제적 효익이 있는 자원을 유출할 가능성이 높으며 해당 금액을 신뢰성 있게 추정할 수 있으므로 부채로 인식한다. 충당부채는 반드시 재무제표에 부채로 인식한다. 그러나 우발부채나 우발자산은 재무제표에 자산이나 부채로 인식하지 않는다.

01 충당부채의 인식요건

충당부채는 다음의 요건을 모두 충족하는 경우에 인식한다.

① 과거사건의 결과로 현재의무가 존재한다.
② 해당 의무를 이행하기 위하여 경제적 효익이 내재된 자원의 유출가능성이 높다.
③ 해당 의무의 이행에 소요되는 금액을 신뢰성 있게 추정할 수 있다.

위의 요건을 충족하지 못하여 충당부채로 인식할 수 없는 의무를 우발부채라고 한다. 우발부채는 구체적으로 다음에 해당하는 의무를 의미한다.

① 과거사건으로 생겼으나, 기업이 전적으로 통제할 수는 없는 하나 이상의 불확실한 미래 사건의 발생 여부로만 그 존재 유무를 확인할 수 있는 잠재적 의무
② 과거사건으로 생겼으나, 다음의 경우에 해당하여 인식하지 않는 현재의무
  • 해당 의무를 이행하기 위하여 경제적 효익이 있는 자원을 유출할 가능성이 높지 않은 경우
  • 해당 의무의 이행에 필요한 금액을 신뢰성 있게 측정할 수 없는 경우

충당부채와 우발부채

자원의 유출가능성	금액의 신뢰성 있는 추정가능성	
	추정 가능	추정 불가능(극히 드묾)
높음(50% 초과)	① 현재의무: 충당부채로 인식하고 공시 ② 잠재적 의무: 우발부채로 주석 공시	우발부채로 주석 공시
높지 않음	우발부채로 주석 공시	우발부채로 주석 공시
아주 낮음	공시하지 않음	

Additional Comment

충당부채는 부채의 인식요건을 충족하므로 재무상태표에 부채로 계상하고 포괄손익계산서에 당기손실을 반영한다. 반면에 우발부채는 부채의 인식요건을 충족하지 못하므로 재무제표 본문에 계상하지 못하고 주석으로 기재하는 것을 원칙으로 한다. 다만, 우발부채 중에서 자원의 유출가능성이 아주 낮은 경우에는 공시할 필요가 없다. 우발부채를 지속적으로 검토하여 과거에 우발부채로 처리하였더라도 미래경제적효익의 유출가능성이 높아진 경우에는 그러한 가능성의 변화가 발생한 기간의 재무제표에 충당부채로 인식한다.

(1) 현재의무

충당부채를 인식하기 위해서는 기업이 현재의무를 부담하고 있어야 한다. 현재의무에는 의무발생사건에 의해 발생한 법적의무와 의제의무가 모두 포함된다.

현재의무 구조	
현재의무 ① or ②로 성립	① 법적의무: 명시적 또는 암묵적 조건에 따른 계약, 법률 및 그 밖의 법적 효력에서 생기는 의무
	② 의제의무: 과거의 실무관행, 발표된 경영방침 또는 구체적이고 유효한 약속 등을 통해 기업이 특정 책임을 부담하겠다는 것을 상대방에게 표명하여, 상대방이 당해 책임을 이행할 것이라는 정당한 기대를 가지게 되는 경우

드물지만 현재의무가 있는지 분명하지 않은 경우가 있다. 이 경우에는 사용할 수 있는 증거를 모두 고려하여 보고기간 말에 현재의무가 존재할 가능성이 존재하지 않을 가능성보다 높으면 과거사건이 현재의무를 생기게 한 것으로 본다.

Additional Comment

대부분의 경우에 과거사건이 현재의무를 생기게 하는지는 분명하다. 드물지만 진행 중인 소송과 같이 어떤 사건이 실제로 일어났는지 또는 해당 사건으로 현재의무가 생겼는지 분명하지 않은 경우가 있다. 이러한 경우에는 사용할 수 있는 증거를 모두 고려하여 보고기간 말에 현재의무가 존재하는지를 판단한다. 이때 보고기간후사건이 제공하는 추가 증거도 고려하며, 고려한 증거를 바탕으로 다음과 같이 처리한다.
① 보고기간 말에 현재의무가 존재할 가능성이 존재하지 않을 가능성보다 높고 인식기준을 충족하는 경우: 충당부채로 인식
② 보고기간 말에 현재의무가 존재하지 않을 가능성이 높더라도 경제적 효익이 있는 자원을 유출할 가능성이 희박하지 않은 경우: 우발부채로 공시

Self Study

1. 의무는 의무의 이행대상이 되는 상대방이 존재하여야 한다. 그러나 의무의 상대방이 불특정 일반대중이 될수도 있다(즉, 현재의무가 성립되기 위해서 의무의 상대방이 누구인지 반드시 알아야 하는 것은 아니다). 의무에는 반드시 상대방에 대한 확약이 포함되므로, 경영진이나 이사회의 결정이 보고기간 말이 되기 전에 충분히 구체적인 방법으로 전달되어 기업이 자신의 책임을 이행할 것이라는 정당한 기대를 상대방에게 갖도록 해야만 해당 결정이 의제의무를 생기게 하는 것으로 본다.
2. 고려해야 할 증거에는 보고기간후사건이 제공하는 추가적인 증거도 포함된다.

(2) 과거사건

현재의무를 생기게 하는 과거사건을 의무발생사건이라고 한다. 의무발생사건이 되기 위해서는 당해 사건으로부터 발생된 의무를 이행하는 것 외에는 실질적인 대안이 없어야 한다. 이러한 경우는 다음의 ① 또는 ②의 경우에만 해당된다.

> ① 의무의 이행을 법적으로 강제할 수 있는 경우
> ② 의제의무와 관련해서 기업이 당해 의무를 이행할 것이라는 정당한 기대를 상대방이 가지게 되는 경우

재무제표는 미래시점의 예상 재무상태표가 아니라 보고기간 말의 재무상태를 표시하는 것이므로, 미래 영업에서 생길 원가는 충당부채로 인식하지 아니한다. 즉, 보고기간 말에 존재하는 부채만을 재무상태표에 인식한다.

1) 복구의무

기업의 미래 행위(미래 사업 행위)와 관계없이 존재하는 과거사건에서 생긴 의무만을 충당부채로 인식한다.

Additional Comment

> 환경오염으로 인한 범칙금이나 환경정화비용은 기업의 미래 행위에 관계없이 해당 의무를 이행해야 하므로 관련된 충당부채로 인식한다. 또한 유류보관시설이나 원자력 발전소 때문에 이미 일어난 피해에 대하여 기업은 미래 행위와 관계없이 복구할 의무가 있으므로 유류보관시설이나 원자력 발전소의 사후처리원가와 관련된 충당부채를 인식한다.

어떤 사건은 발생 당시에는 현재의무를 생기게 하지 않지만 나중에 의무를 생기게 할 수 있다. 법률이 제정·개정되면서 의무가 생기거나 기업의 행위에 따라 나중에 의제의무가 생기는 경우가 있기 때문이다. 입법 예고된 법률의 세부사항이 아직 확정되지 않은 경우에는 해당 법안대로 제정될 것이 거의 확실한 때에만 의무가 생긴 것으로 본다.

Additional Comment

> 일어난 환경오염에 대하여 지금 당장 정화해야 하는 의무가 없는 경우에도 나중에 새로운 법률에서 그러한 환경오염을 정화하도록 요구하거나 기업이 그러한 정화의무를 의제의무로서 공개적으로 수용한다면, 해당 법률의 제정·개정시점이나 기업의 공개적인 수용시점에 그 환경오염을 일으킨 것은 의무발생사건이 된다.

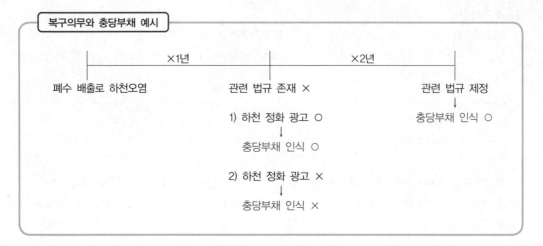

복구의무와 충당부채 예시

2) 설치의무

사업적 압력이나 법률 규정 때문에 공장에 특정 정화장치를 설치하는 지출을 계획하고 있거나 그런 지출이 필요한 경우에는 공장 운영방식을 바꾸는 등의 미래 행위로 미래의 지출을 회피할 수 있으므로 미래에 지출을 해야 하는 현재의무는 없다. 그러므로 이러한 경우 충당부채로 인식하지 않는다.

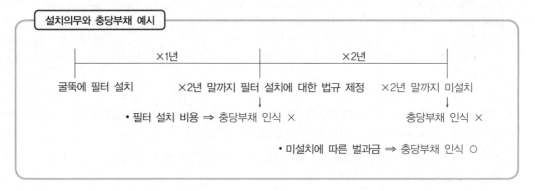

설치의무와 충당부채 예시

3) 수선비

유형자산을 정기적으로 수선해야 하는 경우 미래에 발생할 수선비에 대해 현재시점에서 비용을 인식하면서 수선충당부채로 인식할 수 없다. 그 이유는 기업은 해당 유형자산의 매각 등을 통하여 정기수선에 따른 미래의 지출을 회피할 수 있으므로 기업이 미래에 수행할 수선은 현재 부담해야 할 의무가 아니기 때문이다.

> **Self Study**
>
> 미래에 발생할 수선원가(수선유지비)는 법률적인 요구가 있든 없든 충당부채가 아니다.

다음은 각 기업의 사례이다. 이 사례별로 20×1년 말 재무제표에 충당부채를 인식할 수 있는지 판단하시오(단, 모든 사례에 대하여, 예상되는 유출금액은 중요하며, 그 금액을 신뢰성 있게 추정할 수 있다고 가정한다).

(1) ㈜세계는 법률이 요구하는 경우에만 오염된 토지를 정화하는 정책을 가지고 있다. 이제까지는 오염된 토지를 정화해야 한다는 법규가 없었고, 따라서 ㈜세계는 지난 몇 년에 걸쳐 토지를 오염시켜 왔다. 그런데 이미 오염된 토지를 정화하는 것을 의무화하는 관계 법률이 연말 후에 곧 제정될 것이 20×1년 12월 31일 현재 거의 확실하다. 제정될 법률에 따라 오염된 토지를 정화하기 위한 추가 금액이 필요할 것으로 예상된다.

(2) 20×1년 12월 28일 ㈜부산은 한 사업부를 폐쇄하기로 결정하였고 이를 고객과 폐쇄되는 사업부의 종업원들에게 공표하였다. 그러나 20×1년 12월 31일까지 이 사업부의 폐쇄와 관련한 지출이나 폐쇄 결정의 구체적인 이행시기에 대해서는 계획을 확정하지 못하였다.

(3) ㈜서울은 외부용역에 의존하여 20×1년까지 한국채택국제회계기준을 적용해왔다. 그러나 20×2년부터 회사 자체적으로 한국채택국제회계기준을 적용하기 위하여, 회계 관련 분야의 기존 종업원들을 교육훈련하고 기존의 회계처리시스템을 수정 및 보완할 계획이며, 이를 위하여 외부용역비보다 더 큰 지출이 필요함을 알고 있다. ㈜서울은 20×1년 말까지 회사 내부 회계시스템의 개선을 위하여 어떠한 비용도 지출하지 않았다.

(4) ㈜클린은 기존의 법규에 따라 적정한 폐수처리시설을 운용하고 있다. 그런데 기존의 법규상 기준치보다 더 강화된 새로운 폐수처리에 대한 법규가 연말 이후에 곧 제정될 것이 20×1년 12월 31일 현재 거의 확실하다. 개정될 법규에 따라 추가 시설투자가 필요할 것으로 예상된다.

(5) ㈜도도는 제품을 판매하는 시점에 구매자에게 제품보증을 약속한다. 판매 후 2년 안에 제조상 결함이 명백한 경우 판매계약조건에 따라 수선해 주거나 다른 제품으로 대체해 준다. 과거 경험에 비추어 보면 제품보증에 따라 일부가 청구될 가능성이 높다. 즉, 청구될 가능성이 청구되지 않을 가능성보다 높다.

(6) ㈜사과는 환경 관련 법규가 없는 국가에서 기업이 오염을 유발하는 섬유사업을 운영하고 있다. 그러나 기업은 사업을 운영하면서 오염시킨 토지를 정화할 의무를 부담한다는 환경정책을 대외적으로 공표하고 있다. 당해 기업은 대외에 공표한 정책을 준수한 사실이 있다.

(7) 정부는 조세제도에 대해 많은 변경을 하였다. 이러한 변경으로 금융서비스 부분의 ㈜포도는 금융서비스규정의 지속적인 준수를 확보하기 위하여 다수의 관리 종업원과 판매 종업원을 교육훈련할 필요가 있다. 그러나 보고기간 말 현재 ㈜포도는 종업원에 대한 어떠한 교육훈련도 하지 않았다.

(8) ㈜포스포는 기술적인 이유로 용광로의 내벽을 4년마다 대체할 필요가 있다. 보고기간 말에 내벽은 2년 동안 사용하였다.

(9) ㈜에시이아나는 법률에 따라 항공기를 5년에 한 번씩 분해·수리하여야 한다.

(1) 토지정화비용 등의 환경과 관련된 지출이 현재의무가 되기 위해서는 과거에 환경오염을 발생시켰으며, 그러한 환경오염으로 인해 법적의무 또는 의제의무가 발생하여야만 한다. 이 경우 토지정화의 법규가 없었으므로 회사에게 법적인 의무는 발생하지 않았다. 그러나 이미 오염된 토지를 정화하는 것을 의무화하는 관계 법률이 연말 후에 곧 제정될 것이 기말 현재 거의 확실한 경우에는 현재의무를 발생시켰다고 볼 수 있다. 그러므로 과거 오염이 법적의무를 발생시킨 것은 아니라고 하더라도 현재의무를 발생시킬 것이 거의 확실하므로 충당부채로 인식한다.

(2) 구조조정 계획의 이행에 착수하거나 구조조정의 주요 내용을 공표하지 않았으므로, 관련 당사자가 기업이 구조조정을 이행할 것이라는 기대를 가질 수 없고, 의제의무가 발생하지 않는다. 따라서 충당부채로 인식하지 않는다.

(3) 종업원의 교육훈련비는 교육시점에 지출의무가 발생하므로 미래의 예상 지출을 충당부채로 인식하지 않는다.

(4) 폐수처리시설과 관련한 지출예상액이 현재의무가 되기 위해서는 환경오염이 과거에 발생하고 그에 따른 환경정화와 관련한 지출을 이행하는 것 외에는 현실적인 대안이 없어야 한다. 그러나 폐수처리시설과 관련된 환경오염은 과거에 발생한 것이 아니라 미래에 발생될 것이라 예상되는 오염이다. 또한 환경오염이 발생되지 않는 방식으로 공장을 운영한다면, 폐수처리시설과 관련된 지출이 반드시 발생하는 것도 아니므로(미래 행위에 독립적이지 않음) 현재의무에 해당하지 않는다. 그러므로 충당부채로 인식하지 않는다.

(5) 제품의 보증판매로 법적의무를 발생시키고 제품보증에 대한 가능성이 높고 과거의 경험에 비추어 제품의 보증이행에 따른 원가를 최선의 추정치로 인식할 수 있다. 그러므로 충당부채로 인식한다.

(6) 기업이 준수한 행위가 오염에 의해 영향을 받은 상대방에게 오염된 토지를 기업이 정화할 것이라는 정당한 기대를 가지도록 하기 때문에 의제의무를 발생시키는 의무발생사건이 되므로 충당부채로 인식한다.

(7) 의무발생사건이 발생하지 않았으므로 충당부채로 인식하지 않는다.

(8) 현재의무가 없으므로 충당부채로 인식하지 않는다.
  * 미래에 발생할 수선원가(수선비)는 법률적인 요구가 있는 경우든, 없는 경우든 충당부채로 인식하지 않는다. 수선유지가 필요한 자산을 매각하는 등 기업의 미래 행위로써 미래지출을 회피할 수 있기 때문에 현재의무가 아니다.

(9) 현재의무가 없으므로 충당부채로 인식하지 않는다.
  * 미래에 발생할 수선원가(수선비)는 법률적인 요구가 있는 경우든, 없는 경우든 충당부채로 인식하지 않는다. 수선유지가 필요한 자산을 매각하는 등 기업의 미래 행위로써 미래지출을 회피할 수 있기 때문에 현재의무가 아니다.

(3) 경제적 효익이 있는 자원의 유출가능성

부채로 인식하기 위해서는 현재의무가 존재해야 할 뿐만 아니라 당해 의무가 이행을 위하여 경제적 효익을 갖는 자원의 유출가능성이 높아야 한다. (특정사건이 일어날 가능성이 일어나지 않을 가능성보다 높은 경우) 현재의무의 존재가능성이 높지 않은 경우에는 우발부채로 공시한다. 다만, 해당 의무를 이행하기 위하여 경제적 효익이 있는 자원을 유출할 가능성이 희박한 경우에는 공시하지 않는다.

제품보증 또는 이와 유사한 계약 등 다수의 유사한 의무가 있는 경우 의무이행에 필요한 자원의 유출가능성은 당해 유사한 의무 전체를 고려하여 결정한다. 비록 개별 항목의 의무이행에 필요한 자원의 유출가능성이 높지 않더라도 전체적인 의무이행을 위하여 필요한 자원의 유출가능성이 높을 경우에는 기타 인식기준이 충족된다면 충당부채로 인식한다.

> **사례연습 2: 경제적 효익이 있는 자원의 유출가능성**
>
> A사는 노트북을 제조·판매하는 회사로 제품에 하자가 발생하는 경우 무상으로 수리해 주는 정책을 시행하고 있다. A사는 20×1년 중 제품 100,000대를 판매하였으며, 개별 제품에 하자가 발생하여 무상으로 수리해 줄 가능성은 0.1%로 예상된다. A사는 동 거래와 관련하여 충당부채로 인식할 수 있는지 서술하시오.
>
> ___풀이_____
>
> 충당부채로 인식할 수 있다.
> 판매한 제품에 하자가 발생할 가능성은 0.1%이지만 다수의 유사한 의무가 존재하므로 전체를 하나의 의무로 보아 자원의 유출가능성 여부를 판단한다. 동 거래는 100,000대의 0.1%에 해당하는 100대에 대하여 무상으로 수리해 줄 가능성이 높으므로 충당부채로 인식하여야 한다.

(4) 신뢰성 있는 추정

추정치의 사용은 재무제표 작성에 반드시 필요하며 재무제표의 신뢰성을 떨어뜨리지 않는다. 충당부채의 특성상 재무상태표의 다른 항목보다 불확실성이 더 크기 때문에 극히 드문 경우를 제외하고는 가능한 결과의 범위를 판단할 수 있으므로 충당부채를 인식할 때 충분히 신뢰성 있는 금액을 추정할 수 있다. 극히 드문 경우로 신뢰성 있는 금액의 추정을 할 수 없을 때에는 부채로 인식하지 않고 우발부채로 공시한다.

02 우발부채

충당부채와 그 성격이 유사하지만 부채의 인식요건을 충족하지 못하여 재무상태표에 인식하지 못하는 의무를 우발부채라고 한다. 충당부채와 우발부채의 가장 큰 차이점은 재무상태표에 부채로 인식할 수 있는지의 여부이다.

우발부채는 재무제표에 인식하지 아니한다. 의무를 이행하기 위하여 경제적 효익이 있는 자원을 유출할 가능성이 희박하지 않다면 우발부채로 주석에 공시한다.

우발부채는 처음에 예상하지 못한 상황에 따라 변할 수 있으므로, 경제적 효익이 있는 자원의 유출가능성이 높아졌는지를 판단하기 위하여 우발부채를 지속적으로 평가한다. 과거에 우발부채로 처리하였더라도 미래경제적효익의 유출가능성이 높아진 경우에는 신뢰성 있게 추정할 수 없는 극히 드문 경우를 제외하고는 그러한 가능성 변화가 생긴 기간의 재무제표에 충당부채로 인식한다.

구분		충당부채	우발부채
잠재적 의무		해당사항 없음	잠재적 의무에 해당
현재의무	자원의 유출가능성	높음	높지 않음
	+	and	or
	신뢰성 있는 추정	추정 가능	추정 불가능
재무제표 공시		부채와 관련 비용인식	자원 유출가능성 희박하지 않으면 주석 공시

Additional Comment

제3자와 연대하여 의무를 지는 경우에는 이행할 전체 의무 중 제3자가 이행할 것으로 예상되는 부분을 우발부채로 처리한다. 신뢰성 있게 추정할 수 없는 극히 드문 경우를 제외하고는 해당 의무 중에서 경제적 효익이 있는 자원의 유출가능성이 높은 부분에 대하여 충당부채로 인식한다.

Self Study

과거에 우발부채로 처리하였더라도 그 이후 상황 변화로 인하여 미래경제적효익의 유출가능성이 높아지고 금액을 신뢰성 있게 추정할 수 있는 경우에는 그러한 가능성의 변화가 발생한 기간에 충당부채로 인식한다.

03 우발자산

우발자산은 과거사건으로 생겼으나, 기업이 전적으로 통제할 수는 없는 하나 이상의 불확실한 미래사건의 발생 여부로만 그 존재 유무를 확인할 수 있는 잠재적 자산을 말한다.

일반적으로 우발자산은 사전에 계획하지 않았거나 다른 예상하지 못한 사건으로 생기며, 그 사건은 경제적 효익의 유입가능성을 불러온다. 기업이 제기하였으나 그 결과가 불확실한 소송을 예로 들 수 있다. 우발자산은 미래에 전혀 실현되지 않을 수도 있는 수익을 인식하는 결과를 가져올 수 있기 때문에 우발자산은 재무제표에 인식하지 아니한다. 그러나 우발부채와 마찬가지로 상황의 변화가 적절하게 재무제표에 반영될 수 있도록 우발자산을 지속적으로 평가하여 상황 변화로 수익의 실현이 거의 확실하다면 관련 자산은 우발자산이 아니므로 해당 자산을 재무제표에 인식하는 것이 타당하다.

또한, 경제적 효익의 유입이 거의 확실한 것은 아니지만 경제적 효익의 유입가능성이 높아진 경우에는 우발자산을 주석으로 공시한다. 우발자산을 주석 공시할 때에는 우발자산에서 수익이 생길 가능성이 있다는 오해를 주지 않도록 주의해야 한다.

우발자산의 인식

자원의 유입가능성	금액의 신뢰성 있는 추정	
	추정 가능	추정 불가능
거의 확실	재무상태표에 자산으로 인식	우발자산으로 주석 공시
높지만 거의 확실하지 않음	우발자산으로 주석 공시	우발자산으로 주석 공시
높지 않음	공시하지 않음	

Self Study

1. 예상이익의 경우 발생가능성이 높지만 확실하지 않은 경우 우발자산으로 주석 공시, 거의 확실한 경우는 자산으로 인식한다.
2. 극히 드문 경우지만 요구하는 모든 사항이나 일부 사항을 공시하는 것이 해당 충당부채, 우발부채, 우발자산과 관련하여 진행 중인 상대방과의 분쟁에 현저하게 불리한 영향을 미칠 것으로 예상되는 경우에는 그에 관한 공시를 생략할 수 있다. 다만, 해당 분쟁의 전반적인 특성과 공시를 생략한 사실 및 사유는 공시한다.

기출 Check 1

다음 중 충당부채를 인식할 수 없는 상황은? (단, 금액은 모두 신뢰성 있게 측정할 수 있다)

[세무사 2022년]

① 법률에 따라 항공사의 항공기를 3년에 한 번씩 정밀하게 정비하도록 하고 있는 경우
② 법적규제가 아직 없는 상태에서 기업이 토지를 오염시켰지만, 이에 대한 법률 제정이 거의 확실한 경우
③ 보고기간 말 전에 사업부를 폐쇄하기 위한 구체적인 계획에 대하여 이사회의 동의를 받았고, 고객들에게 다른 제품 공급처를 찾아야 한다고 알리는 서한을 보냈으며, 사업부의 종업원들에게는 감원을 통보한 경우
④ 기업이 토지를 오염시킨 후 법적의무가 없음에도 불구하고 오염된 토지를 정화한다는 방침을 공표하고 준수하는 경우
⑤ 관련 법규가 제정되어 매연여과장치를 설치하여야 하나, 당해 연도 말까지 매연여과장치를 설치하지 않아 법규위반으로 인한 벌과금이 부과될 가능성이 그렇지 않은 경우보다 높은 경우

풀이

수선비는 과거사건의 결과가 아니므로 충당부채로 인식하지 않는다.

정답: ①

01 최선의 추정치

충당부채로 인식하는 금액은 현재의무를 보고기간 말에 이행하기 위하여 필요한 지출에 대한 최선의 추정 치여야 한다.

Additional Comment

최선의 추정치란 보고기간 말에 의무를 이행하거나 제3자에게 이전하는 경우에 합리적으로 지급해야 하는 금액을 말한 다. 한편, 결과와 재무적 영향의 추정은 비슷한 거래에 대한 과거의 경험이나 경우에 따라 독립적인 전문가의 보고서 를 고려하여 경영자의 판단으로 결정한다. 이때 보고기간후사건에서 제공되는 추가 증거를 고려한다.

충당부채로 인식하여야 하는 금액과 관련된 불확실성은 상황에 따라 판단한다. 다수의 항목과 관련되는 충당부채를 측정하는 경우에 해당 의무는 가능한 모든 결과에 관련된 확률을 가중평균하여 추정한다. 이러 한 통계적 추정방법을 기댓값이라고 한다. 가능한 결과가 연속적인 범위에 분포하고 각각의 발생확률이 같을 경우에는 해당 범위의 중간값을 사용한다.

기댓값의 예시

구입 후 첫 6개월 이내에 제조상 결함으로 생기는 수선비용을 보장하는 보증을 재화에 포함하여 판매하는 기업이 있다. 수선비용이 발생할 가능성이 다음과 같다고 가정한다.

상황	예상수선비용	예상확률
전혀 결함이 발생하지 않는 경우	–	75%
중요하지 않은 결함이 발생할 경우	₩ 120,000	20%
치명적인 결함이 발견되는 경우	₩ 480,000	5%

기업은 보증의무와 관련된 자원의 유출가능성을 해당 의무 전체에 대하여 평가한다. 이 경우 수선비용의 기댓값은 다음과 같이 계산한다.
⇒ 수선비용의 기댓값: 0 × 75% + 120,000 × 20% + 480,000 × 5% = 48,000

하나의 의무를 측정하는 경우에는 가능성이 가장 높은 단일의 결과가 해당 부채에 대한 최선의 추정치가 될 수 있다. 그러나 그러한 경우에도 그 밖의 가능한 결과들을 고려한다. 만약 그 밖의 가능한 결과들이 가능성이 가장 높은 결과보다 대부분 높거나 낮다면 최선의 추정치도 높거나 낮은 금액일 것이다.

┌─ **가능성이 가장 높은 단일의 결과의 예시** ─────────────────────────┐

건설한 주요 설비의 심각한 결함을 해결하기 위하여 아래와 같은 수선원가가 예측된다.

금액	₩ 500	₩ 700	₩ 1,000
Case 1	10%	85%	5%
Caes 2	40%	30%	30%

Case 1의 경우에는 수선원가가 ₩ 700일 가능성이 가장 높으므로 ₩ 700이 최선의 추정치가 된다. 그러나 Case 2의 경우에는 수선원가가 ₩ 500일 가능성이 가장 높지만 다른 가능한 결과들이 모두 ₩ 500보다 높으므로 최선의 추정치는 ₩ 500 이상이어야 한다.

└──┘

┌─ **불확실성과 관련하여 충당부채로 인식하여야 하는 금액** ──────────────┐

충당부채 ┬─ 다수의 항목과 관련된 경우: 가능한 모든 결과에 관련된 확률을 가중평균하여 측정
　　　　 └─ 하나의 의무를 측정하는 경우: 가능성이 가장 높은 단일의 결과로 측정

└──┘

Self Study

충당부채의 법인세효과와 그 변동은 한국채택국제회계기준 제1021호 '법인세'에 따라 회계처리하므로 충당부채는 세전 금액으로 측정한다.

02 위험과 불확실성

충당부채에 대한 최선의 추정치를 구할 때에는 관련된 여러 사건과 상황에 따르는 불가피한 위험과 불확실성을 고려한다. 위험은 결과의 변동성을 의미한다. 위험조정으로 부채의 측정금액이 증가할 수 있다. 그러나 불확실성을 이유로 과도한 충당부채를 계상하거나, 부채를 고의적으로 과대표시하는 것은 정당화될 수 없다.

Additional Comment

불확실한 상황에서는 수익이나 자산을 과대표시하거나 비용이나 부채를 과소표시하지 않도록 유의하여야 한다. 예를 들어, 특별히 부정적인 결과에 대해 예상원가를 신중하게 추정하였다고 해서 의도적으로 해당 결과의 발생가능성이 실제보다 더 높은 것처럼 취급해서는 안 된다. 따라서 위험과 불확실성을 이중 조정하여 충당부채를 과대표시하지 않도록 주의하여야 한다.

03 현재가치

충당부채는 미래의 예상되는 지출이므로 화폐의 시간가치가 중요할 수 있다. 이러한 경우 충당부채는 예상되는 지출액의 현재가치로 평가한다. 현재가치 평가 시 적용할 할인율은 부채의 특유한 위험과 화폐의 시간가치에 대한 현행 시장의 평가를 반영한 세전이자율이다. 이 할인율에는 미래현금흐름을 추정할 때 고려된 위험을 반영하지 않는다. 그 이유는 미래의 위험은 이미 현금흐름 추정액에 반영되기 때문에 할인율 추정 시 동 위험을 다시 고려할 필요가 없기 때문이다.

충당부채를 현재가치로 평가하는 경우 충당부채의 장부금액을 기간 경과에 따라 증가시키고, 해당 증가금액은 차입원가(= 이자비용)로 인식한다.

사례연습 3: 현재가치

A사는 20×1년 말 안마의자를 2년간 무상수리하는 조건으로 판매하였다. 안마의자의 1대당 무상수리비용 예상액은 아래와 같이 추정되며, 모든 무상수리비용은 보고기간 말에 지출된다고 가정한다. 안마의자 1대당 20×2년 말의 무상수리비용과 20×3년 말의 무상수리비용이 모두 발생한다. A사는 20×1년 말에 판매한 안마의자가 모두 100대라고 가정할 경우 20×1년 말에 충당부채로 인식할 금액은 얼마인가? (단, 미래현금흐름의 추정에 고려한 위험을 제외한 세전이자율은 10%이고, 1기간 현가계수는 0.9091, 2기간 현가계수는 0.8264이다)

구분	발생확률	20×2년 말	20×3년 말
하자가 없는 경우	70%	−	−
중요하지 않은 하자	20%	2,000	4,000
중요한 하자	10%	10,000	20,000

풀이

1. 1대당 무상수리비용 예상액
   (1) 20×2년 말: 0 × 70% + 2,000 × 20% + 10,000 × 10% = 1,400
   (2) 20×3년 말: 0 × 70% + 4,000 × 20% + 20,000 × 10% = 2,800
2. 20×1년 말 충당부채: 1,400 × 0.9091 × 100대 + 2,800 × 0.8264 × 100대 = 358,666

04 미래사건

현재의무를 이행하기 위하여 필요한 지출 금액에 영향을 미치는 미래사건이 일어날 것이라는 충분하고 객관적인 증거가 있는 경우에는 그 미래사건을 고려하여 충당부채 금액을 추정한다.

Additional Comment

내용연수 종료 후에 부담하여야 하는 오염 지역의 정화원가는 미래의 기술 변화에 따라 감소할 수 있다. 이 경우에 부채인식금액은 정화시점에 이용할 수 있는 기술에 대하여 사용할 수 있는 모든 증거를 고려하여 자격이 있는 독립된 전문가의 합리적인 예측을 반영한다. 그러나 충분하고 객관적인 증거로 뒷받침되지 않는다면 정화와 관련하여 완전히 새로운 기술 개발을 예상해서는 안 된다.

Self Study

새로운 법률의 제정이 거의 확실하다는 충분하고 객관적인 증거가 존재할 때 해당 법률의 영향을 고려하여 충당부채를 측정한다. 일반적으로 새로운 법률이 제정되기 전까지는 충분하고 객관적인 증거가 존재하지 않는다.

05 예상되는 자산 처분

예상되는 자산 처분이 충당부채를 생기게 한 사건과 밀접하게 관련되었더라도 예상되는 자산 처분이익은 충당부채를 측정하는 데 고려하지 않는다. 예상되는 자산 처분이익은 해당 자산과 관련된 회계처리를 다루는 한국채택국제회계기준에 규정하는 시점에 인식한다.

사례연습 4: 예상되는 자산 처분

A사는 손해배상청구소송과 관련하여 충당부채로 인식할 최선의 추정치가 ₩10,000이다. 기업이 충당부채 의무를 이행하기 위해서는 현재 보유하고 있는 장부금액 ₩7,000의 토지를 처분하여야 하는데, 토지를 처분하는 경우 발생할 예상처분이익은 ₩2,000이다. 이 경우 충당부채로 인식할 금액은 얼마인가?

풀이

충당부채로 인식할 금액은 10,000이다. 관련 자산의 예상처분이익은 충당부채 금액에 영향을 미치지 않는다.

---

06 미래 예상 영업손실

미래의 예상 영업손실은 충당부채로 인식하지 않는다. 그러나 미래에 영업손실이 예상되는 경우에는 영업과 관련된 자산이 손상되었을 가능성이 있으므로 기업회계기준 제1036호 '자산손상'에 따라 손상검사를 수행한다.

Additional Comment

> 부채는 과거사건으로 생긴 현재의무로서, 기업이 가진 경제적 효익이 있는 자원의 유출을 통해 그 이행이 예상되는 의무이다. 미래의 예상 영업손실은 이러한 부채의 정의에 부합하지 않고 충당부채의 인식기준도 충족하지 못한다.

IV 충당부채의 사용과 변동 및 변제

01 충당부채의 사용과 변동

(1) 충당부채의 사용

충당부채는 최초 인식과 관련된 지출에만 사용한다. 그 이유는 당초에 다른 목적으로 인식된 충당부채를 그 목적이 아닌 지출에 사용하면 서로 다른 두 사건의 영향이 적절하게 재무제표에 표시되지 않기 때문이다.

(2) 충당부채의 변동

충당부채는 보고기간 말마다 잔액을 검토하고, 보고기간 말 현재 최선의 추정치를 반영하여 조정한다. 의무를 이행하기 위하여 경제적 효익이 있는 자원을 유출할 가능성이 높지 않게 된 경우에는 관련 충당부채를 환입한다. 충당부채를 현재가치로 평가한 경우에는 할인율의 변동분도 반영한다.

[충당부채의 사용과 변동 정리]

구분	내용	비고
사용	최초 인식과 관련된 지출에만 사용	
변동	보고기간 말 최선의 추정치를 반영하여 조정	현재가치 평가 시 유효이자율법 적용, 할인율의 변동분도 반영

충당부채를 결제하기 위하여 필요한 지출액의 일부나 전부를 제3자가 변제할 것으로 예상되는 경우에는 기업이 의무를 이행한다면 변제를 받을 것이 거의 확실하게 되는 때에만 변제금액을 별도의 자산으로 인식한다. 다만, 자산으로 인식하는 금액은 관련 충당부채 금액을 초과할 수 없다. 그러나 충당부채와 관련하여 포괄손익계산서에 인식한 비용은 제3자의 변제와 관련하여 인식한 수익과 상계표시를 할 수 있다.

[충당부채 변제의 회계처리 예시]

차) 손해배상손실	××	대) 손해배상충당부채	××
차) 대리변제자산	관련 충당부채 초과 금지	대) 손해배상손실 or 충당부채 관련 수익	××

Additional Comment

대부분의 경우 기업은 전체 의무금액에 대하여 책임이 있으므로 제3자가 변제할 수 없게 되면 전체 의무금액을 이행해야 할 책임을 진다. 따라서 전체 의무금액을 충당부채로 인식하고, 기업이 의무를 이행한다면 변제를 받을 것이 거의 확실하게 되는 때에만 그 예상 변제금액을 별도의 자산으로 인식한다.

Self Study

기업이 의무를 이행하기 위하여 지급한 금액을 보험약정이나 보증계약 등에 따라 제3자가 보전하거나, 기업이 지급할 금액을 제3자가 직접 지급하는 경우가 있는데 이를 변제라고 한다.

참고 **제3자와 연대하여 의무를 지는 경우**

어떤 의무에 대하여 제3자와 연대하여 의무를 지는 경우에는 이행할 전체 의무 중 제3자가 이행할 것으로 예상되는 부분을 우발부채로 처리한다. 신뢰성 있게 추정할 수 없는 극히 드문 경우를 제외하고는 해당 의무 중에서 경제적 효익이 있는 자원의 유출가능성이 높은 부분에 대해서 충당부채로 인식한다.

구분	내용	비고
연대보증의무	① 회사가 이행할 부분 + 제3자가 이행 못하는 부분: 충당부채 ② 제3자가 이행할 부분: 우발부채	자원의 유출가능성이 높지 않은 경우 금융보증부채로 보증기간에 걸쳐 수익인식

각 물음은 서로 독립적이다.

1 A사는 고객들에게 무료 여행권 지급 이벤트를 진행하고 있다. 20×1년 말 현재 이벤트 행사와 관련하여 지출이 예상되는 금액은 ₩600,000이다. A사는 동 이벤트 행사와 관련하여 손해보험에 가입하였으며, ₩650,000을 보상받을 것이 거의 확실하다. 동 거래와 관련하여 A사가 20×1년 말에 해야 할 회계처리를 하시오.

2 B사는 C사로부터 공급받은 부품을 조립하여 제품을 생산해서 고객에게 판매하고 있다. 그런데 당기 말 현재 판매한 제품의 불량으로 인하여 고객에게 ₩2,000,000의 배상금을 지급해야 할 가능성이 높다. 제품의 불량은 C사가 공급한 부품의 결함에 기인하는 것으로 밝혀졌다. B사와 C사는 사전에 제품 불량으로 인한 고객에 대한 배상금 지급 상황이 발생하면 연대하여 책임을 부담하기로 계약을 하였을 때 B사가 당기 말에 해야 할 회계처리를 하시오(단, 전체 의무 중 C사가 이행할 것으로 기대되는 부분은 50%이다).

풀이

1

차) 이벤트 관련 비용	600,000	대) 이벤트 관련 충당부채	600,000
차) 변제자산	600,000	대) 이벤트 관련 비용 or 별도 수익	600,000

* 제3자의 변제가 거의 확실한 경우 동 금액은 자산으로 인식하고 충당부채에서 차감하지 않는다. 또한, 자산으로 인식할 금액은 충당부채로 인식한 금액을 초과할 수 없다.

2

차) 배상손실	1,000,000	대) 배상충당부채	1,000,000

* 전체 배상금액 중 B사가 부담할 금액을 충당부채로 인식하고, 전체 배상금액 중 C사가 부담할 것으로 기대되는 부분은 우발부채로 주석에 공시한다.

충당부채, 우발부채 및 우발자산에 관한 설명으로 옳은 것은? [세무사 2014년]

① 우발자산은 경제적 효익의 유입가능성이 높아지더라도 공시하지 않는다.

② 손실부담계약을 체결하고 있는 경우에는 관련된 현재의무를 충당부채로 인식하지 않는다.

③ 충당부채를 현재가치로 평가하는 경우 적용될 할인율은 부채의 특유위험과 화폐의 시간가치에 대한 현행 시장의 평가를 반영한 세후이자율이다.

④ 충당부채와 관련하여 포괄손익계산서에 인식된 비용은 제3자의 변제와 관련하여 인식한 금액과 상계하여 표시할 수 있다.

⑤ 화폐의 시간가치 효과가 중요한 경우에도 충당부채는 현재가치로 평가하지 않는다.

풀이

① 우발자산의 경우 발생가능성이 높지만 확실하지 않은 경우 우발자산으로 주석 공시, 거의 확실한 경우는 자산으로 인식한다.

② 손실부담계약을 이행하기 위하여 사용하는 자산에서 발생한 손상차손을 먼저 인식하고 손실부담계약의 충당부채를 인식한다.

③ 할인율에 반영되는 위험에는 미래현금흐름을 추정할 때 고려된 위험은 반영하지 않고 세전이자율을 사용한다.

⑤ 중요한 경우에는 충당부채를 현재가치로 평가한다.

정답: ④

2 충당부채 인식과 측정기준의 적용

I 손실부담계약

손실부담계약이란 계약상의 의무이행에서 발생하는 회피불가능한 원가가 그 계약에 의하여 받을 것으로 기대되는 경제적 효익을 초과하는 계약을 말한다. 만약 기업이 손실부담계약을 체결하고 있는 경우에는 관련된 현재의무를 충당부채로 인식하고 측정해야 한다.

손실부담계약을 충당부채로 인식하고 측정할 경우에 회피불가능 원가는 계약을 해지하기 위한 최소순원가로 다음과 같이 측정한다.

> 손실부담계약의 충당부채 인식액: Min[A, B]
> A. 계약 이행 시의 손실: 계약을 이행하기 위하여 필요한 원가
> B. 계약 불이행 시의 손실: 계약을 이행하지 못하였을 때 지급하여야 할 보상금이나 위약금

한편, 손실부담계약에 대한 충당부채를 인식하기 전에 해당 손실부담계약을 이행하기 위하여 사용하는 자산에서 생긴 손상차손을 먼저 인식한다.

Additional Comment

통상적인 구매 주문과 같이 상대방에게 보상 없이 해약할 수 있는 계약은 아무런 의무도 발생하지 않으므로 손실부담계약이 아니다. 그러나 당사자 간에 권리와 의무를 발생시키는 계약이 특정 사건으로 인하여 손실부담계약이 될 경우 충당부채로 인식한다. 또한 미이행계약은 손실부담계약에 해당되는 경우에만 충당부채로 인식한다.

Self Study

손실부담계약의 예
① 확정매입계약: 수량과 가격이 확정되어 있고 회피할 수 없는 계약으로 매입계약가격이 순실현가능가치를 초과하는 경우
② 확정판매계약: 수량과 가격이 확정되어 있고 회피할 수 없는 계약으로 판매계약수량이 보유재고수량을 초과하여 관련 상품의 시가가 상승하여 판매계약가격을 초과하는 경우

12월 말 결산법인인 ㈜포도는 20×1년 12월에 생산제품 100개를 개당 ₩100에 판매하는 확정판매계약을 체결하였다. 20×1년 말 현재 인도한 제품은 없으며, 20×2년 중에 인도할 예정에 있다. ㈜포도는 20×1년 말 현재 해당 제품의 제조원가를 개당 ₩120으로 추정하였다. 20×1년 말 현재 생산이 완료된 제품은 없다. 또한 동 계약을 해지하였을 경우, 위약금은 개당 ₩30이다.

❶ ㈜포도가 20×1년 말 현재 충당부채로 계상할 금액은 얼마인가?

❷ ㈜포도가 20×1년 말 현재 해당 제품 50개를 보유하고 있으며, 제품의 개당 장부금액이 ₩130이라고 할 경우 20×1년 말 현재 충당부채를 구하고, 20×1년 말의 ㈜포도가 해야 할 회계처리를 하시오.

풀이

❶ 보유 제품이 없는 경우
20×1년 말 충당부채: Min[100개 × (@120 – @100) = 2,000, 100개 × @30 = 3,000] = 2,000

❷ 보유 제품이 있는 경우
20×1년 말 충당부채: Min[(100 – 50)개 × (@120 – @100) = 1,000, 50개 × @30 = 1,500] = 1,000
* 손실부담계약을 이행하기 위하여 사용할 자산인 제품을 보유하고 있으므로 당해 제품에 대한 손상차손을 먼저 인식한 후 충당부채를 인식한다.

[재고자산 저가법 적용]

차) 재고자산평가손실[1]	1,500	대) 재고자산평가충당금	1,500

[1] 50개 × (@130 – @100) = 1,500

[충당부채 인식]

차) 손실부담계약손실	1,000	대) 손실부담계약충당부채	1,000

* 확정판매계약을 체결한 경우 재고자산의 순실현가능가치는 계약가격을 기초로 산정한다. 계약가격을 기초로 재고자산평가손실을 인식한 이후에는 당해 재고자산을 확정판매계약의 이행에 사용할 것이므로 제품 보유분에 해당하는 부분은 손실부담계약에 해당하지 않게 된다.

미래 예상 영업손실과 손실부담계약에 대한 설명으로 옳지 않은 것은?

① 미래 예상 영업손실은 충당부채로 인식하지 아니한다.
② 손실부담계약은 계약상의 의무에 따라 발생하는 회피불가능한 원가가 당해 계약에 의하여 얻을 것으로 기대되는 경제적 효익을 초과하는 계약이다.
③ 손실부담계약을 체결하고 있는 경우에는 관련된 현재의무를 충당부채로 인식하고 측정한다.
④ 손실부담계약에 대한 충당부채를 인식하기 전에 당해 손실부담계약을 이행하기 위하여 사용하는 자산에서 발생한 손상차손을 먼저 인식한다.
⑤ 손실부담계약의 경우 계약상의 의무에 따른 회피불가능한 원가는 계약을 해지하기 위한 최소순원가로서 계약을 이행하기 위하여 소요되는 원가와 계약을 이행하지 못하였을 때 지급하여야 할 보상금(또는 위약금) 중에서 큰 금액을 말한다.

<u>풀이</u>

① 미래 예상 영업손실은 미래의 사건에 의존하여 발생하는 것이므로 현재의무가 아니다. 따라서 충당부채로 인식하지 않는다.
⑤ 손실부담계약의 경우 계약상의 의무에 따른 회피불가능한 원가는 계약을 해지하기 위한 최소순원가로서 계약을 이행하기 위하여 소요되는 원가와 계약을 이행하지 못하였을 때 지급해야 할 보상금(또는 위약금) 중에서 작은 금액을 말한다.

정답: ⑤

Ⅱ 구조조정

01 구조조정의 정의

구조조정이란 경영진의 계획과 통제에 따라 사업의 범위 또는 사업수행방식을 중요하게 변화시키는 일련의 절차를 말한다. 구조조정의 정의에 해당할 수 있는 사건의 예는 다음과 같다.

① 일부 사업의 매각 또는 폐쇄
② 특정 국가 또는 특정 지역에 소재하는 사업체를 폐쇄하거나 다른 나라 또는 다른 지역으로 이전하는 경우
③ 특정 경영진 계층을 조직에서 없애는 것과 같은 조직구조의 변경
④ 영업의 성격과 목적에 중대한 변화를 초래하는 근본적인 사업구조조정

02 구조조정의 인식

구조조정과 관련된 충당부채는 인식기준을 모두 충족하는 경우에만 인식한다. 구조조정에 대한 의제의무는 다음의 요건을 모두 충족하는 경우에만 생긴다.

① 계획의 공표: 구조조정에 대한 공식적, 구체적 계획에 의하여 주요 내용을 확인할 수 있다.
② 정당한 기대: 기업이 구조조정 계획의 이행에 착수하였거나 구조조정의 주요 내용을 공표함으로써 구조조정의 영향을 받을 당사자가 기업이 구조조정을 이행할 것이라고 정당한 기대를 가져야 한다.

Additional Comment

구조조정의 영향을 받을 당사자에게 알려졌을 때 의제의무가 생길 수 있는 충분한 구조조정 계획이 되기 위해서는 해당 구조조정이 가능한 신속하게 착수될 수 있도록 계획되어야 하며 구조조정 계획의 내용이 유의적인 변경의 여지가 없을 정도로 빠른 시기에 구조조정이 완결되어야 한다. 구조조정의 착수가 상당히 지연되거나 비합리적으로 장기간이 필요할 것으로 예상되는 경우에는 구조조정 계획이 변경될 가능성이 있으므로 현재 기업이 구조조정을 실행할 것이라는 정당한 기대가 형성되었다고 볼 수 없다.

기업이 보고기간 말 후에 구조조정 계획의 실행을 시작하거나 그러한 구조조정의 영향을 받는 당사자에게 구조조정의 주요 내용을 공표한 때에는, 해당 구조조정이 중요하며 공시하지 않을 경우에 재무제표에 기초한 이용자의 경제적 의사결정에 영향을 미칠 수 있다면 한국채택국제회계기준 제1010호 '보고기간후사건'에 따라 공시한다.

03 구조조정의 측정

구조조정충당부채로 인식할 수 있는 지출은 구조조정 과정에서 생기는 직접비용만을 포함해야 하며 다음의 요건을 모두 충족해야 한다.

① 구조조정과 관련하여 필수적으로 발생하는 지출
② 기업의 계속적인 활동과 관련 없는 지출

Self Study

1. 아래의 지출은 미래의 영업활동과 관련된 것이므로 보고기간 말에 구조조정충당부채로 인식하지 아니한다. 이러한 지출은 구조조정과 관계없이 생긴 경우와 같은 방식으로 인식한다.
   ① 계속 근무하는 직원에 대한 교육훈련과 재배치
   ② 마케팅
   ③ 새로운 제도와 물류체제의 구축에 대한 투자
2. 구조조정을 완료하는 날까지 생길 것으로 예상되는 영업손실은 손실부담계약과 관련되지 않는 한, 충당부채로 인식하지 아니한다.
3. 구조조정의 일환으로 자산의 매각을 계획하는 경우라도 구조조정과 관련하여 예상되는 자산 처분이익은 구조조정충당부채로 측정하는 데 고려하지 아니한다.

다음의 각 물음들은 독립적이며, 보고기간 말은 매년 12월 31일이다. 예상되는 유출금액을 신뢰성 있게 추정할 수 있다고 가정한다.

1 20×1년 12월 12일에 이사회에서는 한 사업부를 폐쇄하기로 결정하였다. 보고기간 말(20×1년 12월 31일)이 되기 전에 이 의사결정의 영향을 받는 당사자들에게 그 결정을 알리지 않았고 그 결정을 실행하기 위한 어떠한 절차도 착수하지 않았다. 20×1년 말 현재 충당부채로 인식하여야 하는지 여부를 판단하시오.

2 20×1년 12월 12일에 이사회에서는 특정한 제품을 생산하는 하나의 사업부를 폐쇄하기로 결정하였다. 20×1년 12월 20일에 사업부를 폐쇄하기 위한 구체적인 계획에 대하여 이사회의 동의를 받았고, 고객들에게 다른 제품 공급처를 찾아야 한다고 알리는 서한을 보냈으며, 사업부의 종업원들에게는 감원을 통보하였다. 20×1년 말 현재 충당부채를 인식하여야 하는지 여부를 판단하시오.

3 A사는 20×1년 12월 중 교육사업부를 폐쇄하는 구조조정을 실시하기로 하였다. 구조조정 계획은 20×1년 12월 27일에 개최된 이사회에서 통과되었으며, 이를 즉시 공표하고 주요 거래처에 통보하였다. 관련된 자료들이 아래와 같다고 할 경우 20×1년 말에 충당부채로 인식할 금액을 구하시오.

구분	내용
예상영업손실	20×2년 3월 말에 사업을 완전히 종료하는 시점까지의 예상영업손실 ₩50,000
종업원 관련 사항	교육사업부 30명 중 10명은 1인당 ₩20,000을 지급하고 해고하고 나머지 20명은 다른 부서로 배치하고 재배치에 따른 교육비용 ₩30,000이 발생할 것으로 예상
해당 사업부의 자산 처분	교육사업부의 자산처분으로 예상되는 처분이익 ₩20,000

풀이

1 공표되지 않은 사업부의 폐쇄 – 의무발생사건이 일어나지 않았고 따라서 의무도 없다. 그러므로 충당부채를 인식하지 않는다.

2 공표된 사업부의 폐쇄 – 의무발생사건의 결정을 고객과 종업원에게 알리는 것이며, 그날부터 의제의무가 생긴다. 사업부가 폐쇄하기로 하는 이사회의 결정사항을 알림으로써 고객과 종업원들에게 그에 대한 정당한 기대를 가지게 하기 때문이다. 해당 의무 이행에 따른 경제적 효익이 있는 자원의 유출가능성이 높으므로 20×1년 12월 31일에 사업부 폐쇄원가의 최선의 추정치로 충당부채를 인식한다.

3 20×1년 말 충당부채: 10명 × 20,000 = 200,000

*계속사업과 관련된 지출예상액은 구조조정충당부채로 인식할 수 없으며, 관련된 자산의 처분이익과 예상되는 영업손실도 고려되지 않는다. 또한, 재배치비용은 기업의 계속사업과 관련되어 있으므로 구조조정충당부채로 인식할 수 없다.

제품보증이란 제품의 판매와 용역의 제공 후 제품의 결함이 있을 경우에 그것을 보증하여 수선이나 교환 해주겠다는 구매자와 판매자 사이의 계약을 말한다. 이러한 제품보증으로 인하여 미래에 보증청구를 위한 자원의 유출가능성이 높으며, 자원의 유출금액에 대해 신뢰성 있는 추정이 가능하다면 제품보증충당부채를 인식해야 한다. 이러한 제품보증은 보증이라는 용역과 결합하여 나타나는 회계처리이므로 중급회계 2 〈Chapter 14 고객과의 계약에서 생기는 수익〉에서 자세히 다루도록 한다.

I 의의

보고기간후사건은 보고기간 말과 재무제표 발행승인일 사이에 발생한 유리하거나 불리한 사건을 말한다.

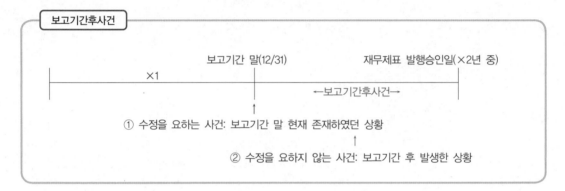

보고기간후사건은 수정을 요하는 보고기간후사건과 수정을 요하지 않는 보고기간후사건 두 가지 유형으로 분류된다.

구분	내용
수정을 요하는 보고기간후사건	보고기간 말에 존재하였던 상황에 대해 증거를 제공
수정을 요하지 않는 보고기간후사건	보고기간 후에 발생한 상황을 나타내는 사건

재무제표를 발행하기 위한 승인과정은 경영조직, 법적 요구사항, 재무제표를 작성하고 완성하기 위한 절차 등 여러 가지 요건에 따라 다르다. 재무제표 발행승인일은 다음과 같다.

> ① 재무제표를 발행한 이후에 주주에게 승인을 받기 위하여 제출하는 경우: 재무제표를 발행한 날
> ② 경영진이 별도의 감독이사회(비집행이사만으로 구성)의 승인을 얻기 위하여 재무제표를 발행하는 경우: 경영진이 감독이사회에 재무제표를 제출하기 위하여 승인한 날

Self Study

1. 보고기간후사건은 이익이나 선별된 재무정보를 공표한 후에 발생하였더라도, 재무제표 발행승인일까지 발생한 모든 사건을 포함한다.
2. 재무제표 발행승인일 후에 발생한 사건의 영향은 재무제표에 반영하지 않으므로 재무제표 발행승인일의 공시는 이용자에게 중요한 정보가 된다. 따라서 기업은 재무제표의 발행승인일과 승인자를 공시한다. 재무제표 발행 후에 기업의 소유주 등이 재무제표를 수정할 권한이 있다면 그 사실을 공시한다.

Ⅱ   수정을 요하는 보고기간후사건

수정을 요하는 보고기간후사건은 이를 반영하기 위하여 재무제표에 이미 인식한 금액은 수정하고, 재무제표에 인식하지 않은 항목은 새로 인식해야 한다. 수정을 요하는 보고기간후사건의 예는 다음과 같다.

---

① 보고기간 말에 존재하였던 현재의무가 보고기간 후에 소송사건의 확정에 의해 확인되는 경우
② 보고기간 말에 이미 자산손상이 발생되었음을 나타내는 정보를 보고기간 후에 입수하는 경우나 이미 손상차손을 인식한 자산에 대하여 손상차손금액의 수정이 필요한 정보를 보고기간 후에 입수한 경우
   • 보고기간 후의 매출처 파산은 보고기간 말에 고객의 신용이 손상되었음을 확인해준다.
   • 보고기간 후의 재고자산 판매는 보고기간 말의 순실현가능가치에 대한 증거를 제공할 수 있다.
③ 보고기간 말 이전에 구입한 자산의 취득원가나 매각한 자산의 대가를 보고기간 후에 결정하는 경우
④ 보고기간 말 이전 사건의 결과로서 보고기간 말에 종업원에게 지급해야 할 법적의무나 의제의무가 있는 이익분배나 상여금지급금액을 보고기간 후에 확정하는 경우
⑤ 재무제표가 부정확하다는 것을 보여주는 부정이나 오류를 발견한 경우

Ⅲ   수정을 요하지 않는 보고기간후사건

수정을 요하지 않는 보고기간후사건은 재무제표에 인식된 금액을 수정하지 아니한다. 이러한 사건의 예로는 보고기간 말과 재무제표 발행승인일 사이의 투자자산의 공정가치 하락을 들 수 있다. 공정가치의 하락은 일반적으로 보고기간 말의 상황과 관련된 것이 아니라 보고기간 후에 발생한 상황이 반영된 것이므로 재무제표에 인식된 금액을 수정하지 아니한다.

보고기간 후에 지분상품 보유자에 대해 배당을 선언한 경우, 그 배당금을 보고기간 말의 부채로 인식하지 아니한다. 보고기간 후부터 재무제표 발행승인일 전 사이에 배당을 선언한 경우, 보고기간 말에 어떠한 의무도 존재하지 않으므로 보고기간 말에 부채로 인식하지 아니한다.

기업은 수정을 요하지 않는 보고기간후사건으로 중요한 것은 그 범주별로 사건의 성격과 사건의 재무적 영향에 대한 추정치 또는 그러한 추정을 할 수 없는 경우에 이에 대한 설명을 공시한다.

보고기간후사건의 구조

구분	보고기간 종료일 (×1년 말)	재무제표 발행승인일 (×2년 2월)	재무제표 수정 (×1년 F/S)
수정을 요하는 사건	존재	추가적인 증거	수정 ○
수정을 요하지 않는 사건	미존재	추가 발생한 상황	수정 ×

경영진이 보고기간 후에 기업을 청산하거나 혹은 경영활동을 중단할 의도를 가지고 있거나, 청산 또는 경영활동의 중단 외에 다른 현실적 대안이 없다고 판단하는 경우에는 계속기업의 기준에 따라 재무제표를 작성해서는 안 된다.

보고기간 후에 영업성과와 재무상태가 악화된다는 사실은 계속기업가정이 여전히 적절한지를 고려할 필요가 있다는 것을 나타낼 수 있다. 만약 계속기업의 가정이 더 이상 적절하지 않다면 그 효과가 광범위하게 미치므로, 단순히 원래의 회계처리방법 내에서 이미 인식한 금액을 조정하는 정도가 아니라 회계처리방법을 근본적으로 변경해야 한다. 계속기업가정이 불확실할 경우에 대한 주석의 공시사항은 다음과 같다.

① 재무제표가 계속기업의 기준하에 작성되지 않은 경우
② 계속기업으로서의 존속능력에 대해 유의적인 의문이 제기될 수 있는 사건이나 상황과 관련된 중요한 불확실성을 경영진이 알게 된 경우

사례연습 8: 보고기간후사건

보고기간후사건은 보고기간 말과 재무제표 발행승인일 사이에 발생한 유리하거나 불리한 사건을 말한다. 보고기간후사건은 재무제표 수정을 요하는 사건과 수정을 요하지 않는 사건으로 구분된다. 다음 각 사례의 내용이 수정을 요하는 사건인지 수정을 요하지 않는 사건인지 기술하시오.

(1) 보고기간 말 이전에 기업은 당기순이익의 10%를 종업원에게 상여금으로 지급하기로 하였다. 상여금은 보고기간 말 후 재무제표 발행승인일 전에 ₩20,000으로 확정되었으며, 즉시 지급하였다.
(2) 보고기간 말에 보유한 재고자산의 취득원가는 ₩10,000이고, 재무제표 발행승인일 전에 재고자산을 ₩7,000에 판매하였다.
(3) 보고기간 말에 진행 중인 소송사건에 대해서 충당부채로 ₩500,000을 추정하였으나, 재무제표 발행승인일 전에 소송사건이 ₩700,000으로 확정되었다.
(4) 보유한 FVPL금융자산의 보고기간 말 공정가치는 ₩50,000이며, 보고기간 말과 재무제표 발행승인일 사이에 FVPL금융자산의 공정가치가 ₩20,000으로 하락하였다.

풀이

(1) 수정을 요하는 사건(미지급비용 20,000을 계상)
(2) 수정을 요하는 사건(재고자산평가손실 3,000 계상)
(3) 수정을 요하는 사건(충당부채를 700,000으로 수정)
(4) 수정을 요하지 않는 사건(공정가치의 하락은 일반적으로 보고기간 말의 상황과 관련된 것이 아니라 보고기간 후에 발생한 상황이 반영된 것이다)

4 중간재무보고와 특수관계자 공시

I 중간재무보고

01 의의

중간재무보고는 한 회계기간을 몇 개의 기간으로 나누어 하는 재무보고를 말한다. 적시성과 재무제표 작성비용의 관점에서 또한 이미 보고된 정보와의 중복을 방지하기 위하여 중간재무보고서에는 연차재무제표에 비하여 적은 정보를 공시할 수 있다. 기업회계기준서 제1034호 '중간재무보고'에 따르면 중간재무보고서의 최소 내용은 요약 재무제표와 선별적 주석을 포함하는 것으로 본다.

중간재무보고서는 중간기간에 대한 재무보고서로 기업회계기준서 제1001호 '재무제표 표시'에 따른 전체 재무제표 또는 기업회계기준서 제1034호 '중간재무보고'에 따른 요약 재무제표를 포함한 보고서를 말한다. 중간재무보고서는 최소한 다음의 구성요소를 포함하여야 한다.

① 요약 재무상태표
② 요약된 하나 또는 그 이상의 포괄손익계산서
③ 요약 자본변동표
④ 요약 현금흐름표
⑤ 선별적 주석

Self Study

1. 중간기간은 한 회계기간보다 짧은 회계기간을 말하며, 3개월 단위의 중간기간을 분기, 6개월 단위의 중간기간을 반기라고 한다(상장기업의 경우 최소한 반기기준으로 중간재무보고를 하고, 중간기간 종료 후 60일 이내에 중간재무보고를 하도록 권장한다).
2. 중간재무보고서는 직전의 전체 연차재무제표를 갱신하는 정보를 제공하기 위하여 작성한 것으로 본다. 따라서 중간재무보고서는 새로운 활동, 사건과 환경에 중점을 두며 이미 보고된 정보를 반복하지 않는다.

02 형식과 내용

중간재무보고서는 전체 재무제표 또는 요약 재무제표를 포함할 수 있다. 각각의 경우는 아래와 같이 표시한다.

① 전체 재무제표를 포함하는 경우: 기업회계기준서 제1001호 '재무제표 표시'에서 정한 전체 재무제표의 형식과 내용에 부합해야 함
② 요약 재무제표를 포함하는 경우: 최소한 직전 연차재무제표에 포함되었던 제목, 소계 및 선별적 주석을 포함

직전 연차재무보고서를 연결기준으로 작성하였다면 중간재무보고서도 연결기준으로 작성해야 한다. 지배기업의 별도 재무제표는 직전 연차연결재무제표와 일관되거나 비교가능한 재무제표가 아니다. 연차재무보고서에 연결재무제표 외에 추가적으로 지배기업의 별도 재무제표가 포함되어 있더라도, 중간재무보고서에 지배기업의 별도 재무제표를 포함하는 것을 요구하거나 금지하지 않는다.

Self Study

1. 중간재무보고서의 이용자는 해당 기업의 직전 연차재무보고서도 이용할 수 있을 것이다. 따라서 직전 연차재무보고서에 이미 보고된 정보에 대한 갱신사항이 상대적으로 경미하다면 중간재무보고서에 주석으로 보고할 필요는 없다.
2. 직전 연차보고기간 말 후에 발생한 사건이나 거래가 재무상태와 경영성과의 변동을 이해하는 데 유의적인 경우에 중간재무보고서는 직전 연차보고기간의 재무제표에 포함되어 있는 관련 정보에 대하여 설명하고 갱신하여야 한다.
3. 중간재무보고서를 작성할 때 인식, 측정, 분류 및 공시와 관련된 중요성의 판단은 해당 중간기간의 재무자료에 근거하여 이루어져야 한다. 중요성을 평가하는 과정에서 중간기간의 측정은 연차재무자료의 측정에 비하여 추정에 의존하는 정도가 크다는 점을 고려하여야 한다.

---

03 중간재무제표가 제시되어야 하는 기간

중간재무보고서는 중간기간 또는 누적기간을 대상으로 작성하는 재무보고서이다. 이때 누적기간은 회계기간 개시일부터 당해 중간기간의 종료일까지의 기간이다.

① 당해 중간보고기간 말과 직전 연차보고기간 말을 비교하는 형식으로 작성한 재무상태표
② 당해 중간기간과 당해 회계연도 누적기간을 직전 회계연도의 동일기간과 비교하는 형식으로 작성한 포괄손익계산서
③ 당해 회계연도 누적기간을 직전 회계연도의 동일기간과 비교하는 형식으로 작성한 자본변동표
④ 당해 회계연도 누적기간을 직전 회계연도의 동일기간과 비교하는 형식으로 작성한 현금흐름표

[12월 말 결산법인의 반기재무보고 – 분기별로 중간재무보고서를 발표하는 기업]

구분	당기	전기
재무상태표	20×1년 6월 30일 현재	20×0년 12월 31일 현재
포괄손익계산서	20×1년 4월 1일 ~ 20×1년 6월 30일 20×1년 1월 1일 ~ 20×1년 6월 30일	20×0년 4월 1일 ~ 20×0년 6월 30일 20×0년 1월 1일 ~ 20×0년 6월 30일
자본변동표 현금흐름표	20×1년 1월 1일 ~ 20×1년 6월 30일	20×0년 1월 1일 ~ 20×0년 6월 30일

*반기별로 중간재무보고서를 발표하는 기업의 경우에는 반기재무보고서 중 포괄손익계산서에 직전 3개월(4월 1일 ~ 6월 30일)의 중간기간을 표시하지 않는다.

04 연차재무제표 공시

특정 중간기간에 보고된 추정금액이 최종 중간기간에 중요하게 변동하였지만 최종 중간기간에 대하여 별도의 재무보고를 하지 않는 경우, 추정의 변동 성격과 금액을 해당 회계연도의 연차재무제표에 주석으로 공시하여야 한다.

05 인식과 측정

(1) 연차기준과 동일한 회계정책

중간재무제표는 연차재무제표에 적용하는 회계정책과 동일한 회계정책을 적용하여 작성한다. 연차재무제표의 결과는 보고빈도(연차보고, 반기보고, 분기보고)에 따라 달라지지 않아야 한다. 이러한 목적을 달성하기 위하여 중간재무보고를 위한 측정은 당해 회계연도 누적기간을 기준으로 하여야 한다. 이는 중간기간이 회계연도의 부분이라는 사실을 인정하고 있는 것이다.

(2) 계절적, 주기적 또는 일시적인 수익

계절적, 주기적 또는 일시적으로 발생하는 수익은 연차보고기간 말에 미리 예측하여 인식하거나 이연하는 것이 적절하지 않은 경우, 중간보고기간 말에도 미리 예측하여 인식하거나 이연하여서는 안 된다.

(3) 연중 고르지 않게 발생하는 원가

연중 고르지 않게 발생하는 원가는 연차보고기간 말에 미리 비용으로 예측하여 인식하거나 이연하는 것이 타당한 방법으로 인정되는 경우에 한하여 중간재무보고서에서도 동일하게 처리된다.

(4) 추정치의 사용

중간재무보고서 작성을 위한 측정 절차는 측정 결과가 신뢰성이 있으며 기업의 재무상태와 경영성과를 이해하는 데 적합한 모든 중요한 재무정보가 적절히 공시되었다는 것을 보장할 수 있도록 설계한다. 연차기준과 중간기준의 측정 모두 합리적인 추정에 근거하지만 일반적으로 중간기준의 측정은 연차기준의 측정보다 추정을 더 많이 사용한다.

Self Study

1. 중간기간의 법인세비용은 기대 총연간이익에 적용될 수 있는 법인세율, 즉 추정평균연간유효법인세율을 중간기간의 세전이익에 적용하여 계산한다. 세무상 결손금의 소급공제 혜택은 관련 세무상 결손금이 발생한 중간기간에 반영한다.
2. 중간보고기간 말 현재 자산의 정의를 충족하지는 못하지만 그 후에 정의를 충족할 가능성이 있다는 이유로 또는 중간기간의 이익을 유연화하기 위하여 자산으로 계상할 수 없다.

다음은 기업회계기준서 제1034호 '중간재무보고'에 규정된 내용들이다. 옳은 내용은 어느 것인가?

[세무사 2017년]

① 중간재무보고서는 연차재무제표와 동일한 정보를 공시하여야 한다.
② 직전 연차재무보고서를 연결기준으로 작성한 경우에도 중간재무보고서도 개별기업기준으로 작성할 수 있다.
③ 중간기간의 법인세비용은 기대 총연간이익에 적용될 수 있는 법인세율, 즉 추정평균연간유효법인세율을 중간기간의 세전이익에 적용하여 계산한다. 세무상 결손금의 소급공제 혜택은 관련 세무상 결손금이 발생한 중간기간에 반영한다.
④ 중간보고기간 말 현재 자산의 정의를 충족하지는 못하지만 그 후에 정의를 충족할 가능성이 있는 경우에는 당해 원가를 자산으로 계상한다.
⑤ 계절적, 주기적 또는 일시적으로 발생하는 수익은 중간보고기간 말에 미리 예측하여 인식하거나 이연한다.

풀이

① 중간재무보고서는 연차재무제표보다 적은 정보를 공시할 수 있다.
② 직전 연차재무보고서를 연결기준으로 작성한 경우에도 중간재무보고서도 연결기준으로 작성할 수 있다.
④ 중간보고기간 말 현재 자산의 정의를 충족하지는 못하지만 그 후에 정의를 충족할 가능성이 있다는 이유로 또는 중간기간의 이익을 유연화하기 위하여 자산으로 계상할 수 없다.
⑤ 계절적, 주기적 또는 일시적으로 발생하는 수익은 연차보고기간 말에 미리 예측하여 인식하거나 이연하는 것이 적절하지 않은 경우 중간보고기간 말에도 미리 예측하여 인식하거나 이연하여서는 안 된다.

정답: ③

II 특수관계자 공시

01 특수관계자 공시의 목적

특수관계는 상거래에서 흔히 나타난다. 기업은 특수관계를 통한 거래로 지배력, 공동지배력 또는 유의적인 영향력을 통해 피투자자의 재무정책과 영업정책에 영향을 미칠 수 있으며 그에 따라 피투자자의 당기순손익과 재무상태에 영향을 미칠 수 있다. 특수관계자는 특수관계가 아니라면 이루어지지 않을 거래를 성사시킬 수 있기 때문이다.

특수관계자 거래가 없더라도 특수관계 자체가 기업의 당기순손익과 재무상태에 영향을 줄 수 있다. 특수관계가 존재한다는 사실만으로도 기업과 다른 당사자와의 거래에 영향을 줄 수 있기 때문이다.

이러한 이유로 특수관계자와의 거래, 약정을 포함한 채권·채무 잔액 및 특수관계에 대한 이해는 재무제표 이용자가 기업이 직면하고 있는 위험과 기회에 대한 평가를 포함하여 기업의 영업을 평가하는 데 영향을 줄 수 있다.

02 특수관계자

특수관계자는 재무제표를 작성하는 기업, 즉 보고기업과 특수관계에 있는 개인이나 기업을 말하는 것이다. 개인이 다음 중 어느 하나에 해당하는 경우, 그 개인이나 그 개인의 가까운 가족은 보고기업과 특수관계에 있다.

① 보고기업에 지배력 또는 공동지배력이 있는 경우
② 보고기업에 유의적인 영향력이 있는 경우
③ 보고기업 또는 그 지배기업의 주요 경영진의 일원인 경우(주요 경영진은 직·간접적으로 당해 기업 활동의 계획, 지휘, 통제에 대한 권한과 책임을 가진 자로서 모든 이사를 포함)

개인의 가까운 가족은 당해 기업과의 거래 관계에서 당해 개인의 영향을 받거나 당해 개인에게 영향력을 행사할 것으로 예상되는 가족으로서 다음의 경우를 포함한다.

① 자녀 및 배우자(사실상의 배우자 포함)
② 배우자의 자녀
③ 당해 개인이나 배우자의 피부양자

한편, 기업은 다음의 조건 중 어느 하나에 적용될 경우 보고기업과 특수관계에 있다.

① 기업과 보고기업이 동일한 연결실체 내의 일원인 경우
② 한 기업이 다른 기업의 관계기업이거나 공동기업인 경우(관계기업과 공동기업의 종속기업도 포함)
③ 두 기업이 동일한 제3자의 공동기업인 경우
④ 제3의 기업에 대해 한 기업이 공동기업이고 다른 기업이 관계기업인 경우
⑤ 기업이 보고기업이나 그 보고기업과 특수관계에 있는 기업의 종업원급여를 위한 퇴직급여제도인 경우
⑥ 기업이 보고기업과 특수관계에 있는 개인에 의하여 지배 또는 공동지배되는 경우
⑦ 보고기업에 지배력 또는 공동지배력이 있는 개인이 기업에 유의적인 영향력이 있거나 그 기업(또는 그 기업의 지배기업)의 주요 경영진의 일원인 경우
⑧ 보고기업이나 보고기업의 지배기업에게 주요 경영인력용역을 제공하는 기업이나 그 기업이 속한 연결실체의 모든 일원

그러나 다음의 경우는 보고기업과 특수관계자가 아니다.

① 단순히 두 기업의 이사가 동일인이거나 그 밖의 주요 경영진의 일원이 동일인인 경우의 두 기업 또는 한 기업의 주요 경영진의 일원이 다른 기업에 유의적인 영향력이 있는 경우의 두 기업
② 하나의 공동기업을 공동지배하는 두 참여자
③ 기업과 단순히 통상적인 업무관계를 맺고 있는 (가) 자금제공자, (나) 노동조합, (다) 공익기업 그리고 (라) 보고기업의 지배력, 공동지배력 또는 유의적인 영향력이 없는 정부부처와 정부기관
④ 유의적인 규모의 거래를 통해 단지 경제적 의존관계만 있는 고객, 공급자, 프랜차이저, 유통업자 또는 총대리인

03 공시

지배기업과 그 종속기업 사이의 관계는 거래의 유무에 관계없이 공시한다. 기업은 지배기업의 명칭을 공시한다. 다만, 최상위 지배자와 지배기업이 다른 경우에는 최상위 지배자의 명칭도 공시한다. 지배기업과 최상위 지배자가 일반이용자가 이용할 수 있는 연결재무제표를 작성하지 않는 경우에는 일반이용자가 이용할 수 있는 연결재무제표를 작성하는 가장 가까운 상위의 지배기업의 명칭도 공시한다.

주요 경영진에 대한 보상의 총액과 단기종업원급여, 퇴직급여, 기타 장기급여, 해고급여 및 주식기준보상의 분류별 금액을 공시한다.

회계기간 내에 특수관계자 거래가 있는 경우, 기업은 이용자가 재무제표에 미치는 특수관계의 잠재적 영향을 파악하는 데 필요한 거래, 약정을 포함한 채권·채무 잔액에 대한 정보뿐만 아니라 특수관계의 성격도 공시한다.

기출 Check 4

특수관계자 공시에 관한 설명으로 옳지 않은 것은? [세무사 2017년]

① 지배기업과 종속기업 간의 관계는 거래유무에 관계없이 공시한다. 기업은 지배기업의 명칭을 공시한다.

② 연결실체 내 다른 기업들과의 특수관계자 거래와 채권·채무 잔액은 기업의 재무제표에 공시한다. 투자기업과 공정가치로 측정하여 당기손익에 반영하는 그 종속기업 간을 제외하고 연결실체 내 기업 간 특수관계자 거래와 채권·채무 잔액은 그 연결실체의 연결재무제표를 작성할 때 제거된다.

③ 보고기업에 유의적인 영향력이 있는 개인이나 그 개인의 가까운 가족은 보고기업의 특수관계자로 본다. 이때 개인의 가까운 가족의 범위는 자녀 및 배우자로 한정한다.

④ 주요 경영진에 대한 보상의 총액과 분류별 금액을 공시한다. 분류별 금액에는 단기종업원급여, 퇴직급여, 기타 장기급여, 해고급여, 주식기준보상이 해당된다.

⑤ 특수관계는 기업의 당기순손익과 재무상태에 영향을 미칠 수 있다. 또한 특수관계자 거래가 없더라도 특수관계 자체가 기업의 당기순손익과 재무상태에 영향을 줄 수 있다.

풀이

보고기업에 유의적인 영향력이 있는 개인이나 그 개인의 가까운 가족은 보고기업의 특수관계자로 본다. 이때 개인의 가까운 가족의 범위는 자녀, 배우자, 배우자의 자녀, 당해 개인이나 배우자의 피부양자를 포함한다.

정답: ③

---

01 의제의무는 과거의 실무관행, 발표된 경영방침 또는 구체적이고 유효한 약속 등을 통하여 기업이 특정책임을 부담하겠다는 것을 상대방에게 표명하는 것만으로는 발생되지 않는다.

02 입법 예고된 법규의 세부사항이 아직 확정되지 않은 경우에는 당해 법규안대로 제정될 것이 거의 확실한 때에만 의무가 발생한 것으로 본다.

03 어떤 사건이 실제로 발생하였는지 혹은 당해 사건으로 현재의무가 발생하였는지의 여부가 분명하지 아니한 경우에는 모든 이용 가능한 증거를 고려함으로써 보고기간 말 현재의무가 존재하는지를 결정하여야 하며, 이때 고려해야 할 증거에는 보고기간 후 사건이 제공하는 추가적인 증거도 포함한다.

04 할인율은 화폐의 시간가치에 대한 현행 시장의 평가를 반영한 세전이자율이다.

05 현재의무를 이행하기 위하여 소요되는 지출금액에 영향을 미치는 미래사건이 발생할 것이라는 충분하고 객관적인 증거가 있는 경우에는 그러한 미래사건을 감안하여 충당부채 금액을 추정한다.

06 예상되는 처분이 충당부채를 발생시킨 사건과 밀접하게 관련된 경우 당해 자산의 예상처분이익은 충당부채를 측정하는 데 고려하지 않는다.

07 충당부채를 현재가치로 평가하여 표시하는 경우에는 장부금액을 기간 경과에 따라 증가시키고 해당 증가 금액은 차입원가로 인식한다.

08 충당부채로 인식되기 위해서는 과거사건으로 인한 의무가 기업의 미래 행위와 독립적이어야 한다. 따라서 불법적인 환경오염으로 인한 범칙금이나 환경정화비용의 경우에는 충당부채로 인식한다.

09 재무제표는 재무제표 이용자들의 현재 및 미래 의사결정에 유용한 정보를 제공하는 데에 그 목적이 있다. 따라서 미래영업을 위하여 발생하게 될 원가에 대해서 충당부채로 인식하지 않는다.

10 우발자산은 경제적 효익이 유입될 것이 거의 확실하게 되는 경우에는 그러한 상황 변화가 발생한 기간의 재무제표에 그 자산과 관련 이익을 인식한다.

11 의무는 언제나 당해 의무의 이행대상이 되는 상대방이 존재하게 된다. 그러나 의무의 상대방이 누구인지 반드시 알아야 하는 것은 아니며 경우에 따라서는 일반대중도 상대방이 될 수 있다.

12 적시성과 재무제표 작성비용의 관점에서 또한 이미 보고된 정보와의 중복을 방지하기 위하여 중간 재무보고서에는 연차재무제표에 비하여 적은 정보를 공시할 수 있다. 기업회계기준서 제1034호 '중간재무보고'에 따르면 중간재무보고서의 최소 내용은 요약 재무제표와 선별적 주석을 포함하는 것으로 본다.

13 중간재무보고서는 직전의 전체 연차재무제표를 갱신하는 정보를 제공하기 위해 작성한 것으로 본다. 따라서 중간재무보고서는 새로운 활동, 사건과 환경에 중점을 두며 이미 보고된 정보를 반복하지 않는다.

14 직전 연차재무보고서를 연결기준으로 작성하였다면 중간재무보고서도 연결기준으로 작성해야 한다. 지배기업의 별도 재무제표는 직전 연차 연결재무제표와 일관되거나 비교가능한 재무제표가 아니다.

15 중간재무보고서의 이용자는 해당 기업의 직전 연차재무보고서도 이용할 수 있을 것이다. 따라서 직전 연차재무보고서에 이미 보고된 정보에 대한 갱신사항이 상대적으로 경미하다면 중간재무보고서에 주석으로 보고할 필요는 없다.

16 직전 연차보고기간 말 후에 발생한 사건이나 거래가 재무상태와 경영성과의 변동을 이해하는 데 유의적인 경우에, 중간재무보고서는 직전 연차보고기간의 재무제표에 포함되어 있는 관련 정보에 대하여 설명하고 갱신하여야 한다.

17 중간재무보고서를 작성할 때 인식, 측정, 분류 및 공시와 관련된 중요성의 판단은 해당 중간기간의 재무자료에 근거하여 이루어져야 한다. 중요성을 평가하는 과정에서 중간기간의 측정은 연차재무자료의 측정에 비하여 추정에 의존하는 정도가 크다는 점을 고려하여야 한다.

18 중간재무보고서는 중간기간 또는 누적기간을 대상으로 작성하는 재무보고서이다. 이때 누적기간은 회계기간 개시일부터 당해 중간기간의 종료일까지의 기간이다.
① 당해 중간보고기간 말과 직전 연차보고기간 말을 비교하는 형식으로 작성한 재무상태표
② 당해 중간기간과 당해 회계연도 누적기간을 직전 회계연도의 동일기간과 비교하는 형식으로 작성한 포괄손익계산서
③ 당해 회계연도 누적기간을 직전 회계연도의 동일기간과 비교하는 형식으로 작성한 자본변동표
④ 당해 회계연도 누적기간을 직전 회계연도의 동일기간과 비교하는 형식으로 작성한 현금흐름표

19 중간재무제표는 연차재무제표에 적용하는 회계정책과 동일한 회계정책을 적용하여 작성한다. 연차재무제표의 결과는 보고빈도(연차보고, 반기보고, 분기보고)에 따라 달라지지 않아야 한다.

20 계절적, 주기적 또는 일시적으로 발생하는 수익은 연차보고기간 말에 미리 예측하여 인식하거나 이연하는 것이 적절하지 않은 경우 중간보고기간 말에도 미리 예측하여 인식하거나 이연하여서는 안 된다.

21 연중 고르지 않게 발생하는 원가는 연차보고기간 말에 미리 비용으로 예측하여 인식하거나 이연하는 것이 타당한 방법으로 인정되는 경우에 한하여 중간재무보고서에서도 동일하게 처리된다.

22 연차기준과 중간기준의 측정 모두 합리적인 추정에 근거하지만 일반적으로 중간기준의 측정은 연차기준의 측정보다 추정을 더 많이 사용한다.

23 중간기간의 법인세비용은 기대 총연간이익에 적용될 수 있는 법인세율, 즉 추정평균연간유효법인세율을 중간기간의 세전이익에 적용하여 계산한다. 세무상 결손금의 소급공제 혜택은 관련 세무상 결손금이 발생한 중간기간에 반영한다.

Chapter 9 | 객관식 문제

01 충당부채에 관한 설명으로 옳지 않은 것은?

① 의무는 언제나 당해 의무의 이행대상이 되는 상대방이 존재하게 된다. 그러나 의무의 상대방이 누구인지 반드시 알아야 하는 것은 아니며 경우에 따라서는 일반대중도 상대방이 될 수 있다.

② 현재의무를 이행하기 위하여 소요되는 지출금액에 영향을 미치는 미래사건이 발생할 것이라는 충분하고 객관적인 증거가 있는 경우에는 그러한 미래사건을 감안하여 충당부채 금액을 추정한다.

③ 의제의무는 과거의 실무관행, 발표된 경영방침 또는 구체적이고 유효한 약속 등을 통하여 기업이 특정 책임을 부담하겠다는 것을 상대방에게 표명하고, 책임을 이행하는 것이라는 정당한 기대를 상대방이 가지게 하여야 발생한다.

④ 우발자산은 경제적 효익이 유입될 것이 거의 확실하게 되는 경우에는 그러한 상황 변화가 발생한 기간의 재무제표에 그 자산과 관련 이익을 인식한다.

⑤ 재무제표는 재무제표 이용자들의 현재 및 미래 의사결정에 유용한 정보를 제공하는 데에 그 목적이 있다. 따라서 미래영업을 위하여 발생하게 될 원가에 대해서 충당부채로 인식한다.

02 보고기간후사건에 관한 설명으로 옳지 않은 것은?

① 보고기간 후부터 재무제표 발행승인일 전 사이에 배당을 선언한 경우에는 보고기간 말에 부채로 인식한다.

② 보고기간 말 이전에 구입한 자산의 취득원가나 매각한 자산의 대가를 보고기간 후에 결정하는 경우는 수정을 요하는 보고기간후사건이다.

③ 보고기간 말과 재무제표 발행승인일 사이에 투자자산의 공정가치의 하락은 수정을 요하지 않는 보고기간후사건이다.

④ 보고기간 후에 발생한 화재로 인한 주요 생산 설비의 파손은 수정을 요하지 않는 보고기간후사건이다.

⑤ 경영진이 보고기간 후에, 기업을 청산하거나 경영활동을 중단할 의도를 가지고 있다고 판단하는 경우에는 계속기업의 기준에 따라 재무제표를 작성해서는 안 된다.

03 충당부채와 우발부채에 관한 설명으로 옳지 않은 것은?

① 제3자와 연대하여 의무를 지는 경우에는 이행할 전체 의무 중 제3자가 이행할 것으로 예상되는 부분을 우발부채로 인식한다.

② 충당부채로 인식되기 위해서는 과거사건의 결과로 현재의무가 존재하여야 한다.

③ 충당부채를 현재가치로 평가할 때 할인율은 부채의 특유한 위험과 화폐의 시간가치에 대한 현행 시장의 평가를 반영한 세전이율을 적용한다.

④ 충당부채와 관련하여 포괄손익계산서에 인식한 비용은 제3자의 변제와 관련하여 인식한 금액과 상계하여 표시할 수 있다.

⑤ 과거에 우발부채로 처리하였다면 이후 충당부채의 인식조건을 충족하더라도 재무제표의 신뢰성 제고를 위해서 충당부채로 인식하지 않는다.

04 다음의 20×1년 말 ㈜당근의 자료에서 재무상태표에 표시될 충당부채 금액은? (단, 현재 가치 계산은 고려하지 않는다)

> (1) 20×1년 초에 취득한 공장건물은 정부와의 협약에 의해 내용연수가 종료되면 부속 토지를 원상으로 회복시켜야 하는데, 그 복구비용은 ₩500,000이 발생될 것으로 추정된다.
> (2) 20×1년 말에 새로운 회계시스템의 도입으로 종업원들에 대한 교육훈련이 20×2년에 진행될 예정이며, 교육훈련비용으로 ₩300,000의 지출이 예상된다.
> (3) 20×1년 초에 구입한 기계장치는 3년마다 한 번씩 대대적인 수리가 필요한데, 3년 후 ₩600,000의 수리비용이 발생될 것으로 추정된다.

① ₩0
② ₩500,000
③ ₩600,000
④ ₩800,000
⑤ ₩1,100,000

05 다음은 충당부채에 관한 한국채택국제회계기준의 설명이다. 가장 옳지 않은 것은?

① 경제적 효익이 유출될 가능성이 높고 금액을 신뢰성 있게 추정할 수 있다 하더라도 의무의 이행대상이 정확히 누구인지 모를 경우에는 충당부채를 인식할 수 없다.
② 과거에 우발부채로 처리하였더라도 그 이후 상황 변화로 인하여 미래경제적효익의 유출가능성이 높아지고 금액을 신뢰성 있게 추정할 수 있는 경우에는 그러한 변화가 발생한 기간에 충당부채로 인식한다.
③ 충당부채는 부채로 인식하는 반면, 우발부채와 우발자산은 부채와 자산으로 인식하지 않는다.
④ 어떤 의무에 대하여 제3자와 연대하여 보증의무를 지는 경우, 이행할 의무 중 제3자가 이행할 부분은 우발부채로 처리한다.
⑤ 구조조정과 관련된 자산의 처분이익, 구조조정을 완료하는 날까지 발생할 것으로 예상되는 영업손실은 충당부채로 인식될 금액에 반영하지 않는다.

06 A회사에는 20×2년 말 현재 다음과 같은 세 가지 독립된 우발상황이 존재하고 있다.

> (1) 20×2년 12월 10일 A회사에 화재가 발생하여 건물이 소실되었으며, 이웃 건물에 상당한 재산상의 피해를 입혔다. 이 사고로 인한 어떠한 손해배상 청구를 받지는 않았으나, A회사의 경영자와 변호사는 손실피해에 대한 채무로 ₩2,000,000이 합당할 것으로 판단하였다. ₩2,000,000의 추정부채 중에서 ₩500,000은 보험금으로 배상할 수 있다.
>
> (2) A회사는 공장에서 나오는 유독물질로 인하여 인근주민에 대한 질병유발혐의로 인근주민에 의해 제소되었다. A회사의 변호사는 재판에서 회사가 패소할 가능성이 높으며, 보상비용은 ₩100,000과 ₩1,000,000 사이에 있을 것이라고 예측하고 있으나, 가장 합리적인 금액은 ₩500,000으로 판단되었다.
>
> (3) A회사는 당사의 주원료 공급업체인 B회사의 차입금 ₩2,000,000에 대해서 지급보증을 제공하였다. 그러나 B회사의 재정적인 문제 때문에 ₩2,000,000에 대해서 지불을 하면 ₩400,000밖에 받지 못할 것이 거의 확실시된다.

A회사는 위 상황에 대하여 아무런 회계처리를 하지 않았다. 위 상황을 한국채택국제회계기준에 따라 회계처리할 때 20×2년의 포괄손익계산서에 손실 또는 비용으로 인식될 금액은 얼마인가?

① ₩4,600,000 ② ₩5,000,000 ③ ₩3,600,000
④ ₩4,000,000 ⑤ ₩3,900,000

07 A회사는 20×1년 중에 환경 관련 법이 개정되어 이를 충족하기 위해서 20×2년 12월 31일 까지는 공장건물에 오염정화장치를 설치해야 한다. 20×1년 말 기준으로 공장건물의 잔여 내용연수는 8년이며, 오염정화장치의 설치원가예상액은 ₩50,000,000이다. 이를 설치하지 않을 경우 부담할 벌금은 설치시점까지 매년 ₩10,000,000으로 예상되고 있다. A회사는 20×2년 말까지 오염정화장치를 설치하지 않았다. 한편, A회사는 20×3년에 공장을 B회사에 매각하면서 관련 사업을 정리하였다. 오염정화장치의 설치와 관련하여 20×1년 말, 20×2년 말과 20×3년 말에 인식할 당기손익효과를 구하시오.

	20×1년	20×2년	20×3년
①	₩(−)50,000,000	₩(−)50,000,000	₩(−)10,000,000
②	₩(−)50,000,000	₩(−)50,000,000	−
③	₩(−)10,000,000	−	−
④	−	₩(−)10,000,000	−
⑤	−	−	₩(−)10,000,000

08 ㈜종로는 20×1년 12월 31일 현재 여러 우발상황과 오류를 갖고 있다. ㈜종로의 외부감사인이 감사과정에서 발견한 사항은 다음과 같다. 파악된 오류는 중대한 것으로 판단되고 있다.

> (1) ㈜종로는 20×1년 5월에 손해배상소송에 피소되었으며 20×1년 12월 초에 1심법원으로부터 ₩800,000의 패소판결을 받았다. ㈜종로는 이에 불복하여 고등법원에 항소를 하였다. ㈜종로의 고문변호사는 항소심에서 금액을 50%로 낮출 수 있을 가능성이 높다고 주장하고 있다. ㈜종로는 이에 대한 회계처리를 하지 않았다.
>
> (2) ㈜종로는 20×1년 7월 공업용수 유출로 인하여 한강을 오염시켰다는 이유로 서울시에 의해 소송을 제기 당했다. 서울시가 승소할 가능성은 높지 않으며 그 금액은 ₩200,000보다는 크고 ₩250,000보다는 작을 것으로 추정된다. ㈜종로는 아직 이에 대한 회계처리를 하지 않고 있다.
>
> (3) ㈜종로는 20×1년도에 주원료공급업체인 ㈜동부가 동서은행으로부터 대출받은 차입금 ₩50,000에 대해서 지급보증을 제공하고 있다. ㈜종로는 ㈜동부의 재정적인 어려움으로 인하여 지급보증금액 중 60%에 해당하는 지급보증의무를 이행하여야 할 것으로 예상하고 있으나 이 거래에 대해서는 아직 아무런 회계처리가 되어 있지 않다.
>
> (4) ㈜종로는 특허권을 침해했다는 이유로 20×1년도에 딴지회사로부터 소송을 제기 당했다. ㈜종로의 변호사는 ㈜종로가 승소할 가능성은 높지 않으며 그 보상금액은 ₩420,000으로 추정하였다.

기업회계기준서에 의할 경우 ㈜종로가 20×1년 12월 31일의 재무상태표에 부채로 보고할 금액은 얼마인가?

① ₩1,250,000   ② ₩870,000   ③ ₩850,000

④ ₩1,050,000   ⑤ ₩880,000

09 충당부채, 우발부채, 우발자산과 관련된 다음의 회계처리 중 옳은 것은? (단, 각 설명에 제시된 금액은 최선의 추정치라고 가정한다) [공인회계사 2020년]

① 항공업을 영위하는 ㈜대한은 3년에 한 번씩 항공기에 대해 정기점검을 수행한다. 20×1년 말 현재 ㈜대한은 동 항공기를 1년 동안 사용하였으며, 20×1년 말 기준으로 측정한 2년 후 정기점검 비용 ₩10,000을 20×1년에 충당부채로 인식하였다.

② ㈜민국은 새로운 법률에 따라 20×1년 6월까지 매연 여과장치를 공장에 설치해야 하며 미설치 시 벌과금이 부과된다. ㈜민국은 20×1년 말까지 매연 여과장치를 설치하지 않아 법규 위반으로 인한 벌과금이 부과될 가능성이 그렇지 않을 가능성보다 높으며, 벌과금은 ₩20,000으로 예상된다. ㈜민국은 20×1년에 동 벌과금을 우발부채로 주석공시하였다.

③ ㈜민국이 판매한 제품의 폭발로 소비자가 크게 다치는 사고가 발생하였다. 해당 소비자는 ㈜민국에 손해배상청구소송을 제기하였으며, 20×1년 말까지 재판이 진행 중에 있다. ㈜민국의 담당 변호사는 20×1년 재무제표 발행승인일까지 기업에 책임이 있다고 밝혀질 가능성이 높으나, ㈜민국이 부담할 배상금액은 법적 다툼의 여지가 남아 있어 신뢰성 있게 추정하기가 어렵다고 조언하였다. ㈜민국은 동 소송사건을 20×1년에 우발부채로 주석공시하였다.

④ 제조업을 영위하는 ㈜대한은 20×1년 12월 고객에게 제품을 판매하면서 1년간 확신유형의 제품보증을 하였다. 제조상 결함이 명백할 경우 ㈜대한은 제품보증계약에 따라 수선이나 교체를 해준다. 과거 경험에 비추어 볼 때, 제품보증에 따라 일부가 청구될 가능성이 청구되지 않을 가능성보다 높을 것으로 예상된다. 20×1년 말 현재 ₩5,000의 보증비용이 발생할 것으로 추정되었으며, ㈜대한은 동 제품보증을 20×1년에 우발부채로 주석공시하였다.

⑤ 20×1년 12월 28일 ㈜부산은 한 사업부를 폐쇄하기로 결정하였고 이를 고객과 폐쇄되는 사업부의 종업원들에게 공표하였다. 그러나 20×1년 12월 31일까지 이 사업부의 폐쇄와 관련한 지출이나 폐쇄결정의 구체적인 이행시기에 대해서는 계획을 확정하지 못하였다. ㈜부산은 동 구조조정과 관련하여 충당부채를 인식하였다.

10 ㈜세무는 20×1년부터 제품을 판매하기 시작하고 3년간 품질을 보증하며, 품질 보증기간이 지나면 보증의무는 사라진다. 과거의 경험에 의하면 제품 1단위당 ₩200의 제품보증비가 발생하며, 판매량의 5%에 대하여 품질보증요청이 있을 것으로 추정된다. 20×3년 말 현재 20×1년에 판매한 제품 중 4%만 실제 제품보증활동을 수행하였다. 20×1년부터 20×3년 까지의 판매량과 보증비용 지출액 자료는 다음과 같다.

연도	판매량(대)	보증비용 지출액
20×1년	3,000	₩20,000
20×2년	4,000	₩30,000
20×3년	6,000	₩40,000

㈜세무가 제품보증과 관련하여 충당부채를 설정한다고 할 때, 20×3년 말 제품보증충당 부채는? (단, 모든 보증활동은 현금지출로 이루어진다)　　　　　　　　[세무사 2020년]

① ₩10,000　　　　　② ₩14,000　　　　　③ ₩20,000
④ ₩34,000　　　　　⑤ ₩40,000

11 보고기간후사건에 관한 설명으로 옳은 것은?　　　　　　　　　　　[세무사 2020년]

① 보고기간 후에 발생한 상황을 나타내는 사건을 반영하기 위하여, 재무제표에 인식된 금액을 수정한다.
② 보고기간 말과 재무제표 발행승인일 사이에 투자자산의 공정가치가 하락한다면, 재무제표에 투자자산으로 인식된 금액을 수정한다.
③ 보고기간 후에 지분상품 보유자에 대해 배당을 선언한 경우, 그 배당금을 보고기간 말의 부채로 인식하지 아니한다.
④ 보고기간 말에 존재하였던 상황에 대한 정보를 보고기간 후에 추가로 입수한 경우에도 그 정보를 반영하여 공시내용을 수정하지 않는다.
⑤ 경영진이 보고기간 후에, 기업을 청산하거나 경영활동을 중단할 의도를 가지고 있거나, 청산 또는 경영활동의 중단 외에 다른 현실적 대안이 없다고 판단하는 경우에도 계속기업의 기준에 따라 재무제표를 작성할 수 있다.

12 중간재무보고에 관한 내용으로 옳은 것은? [세무사 2020년]

① 한국채택국제회계기준에 따라 중간재무보고서를 작성한 경우, 그 사실을 공시할 필요는 없다.

② 중간재무보고서상의 재무상태표는 당해 중간보고기간 말과 직전연도 동일 기간 말을 비교하는 형식으로 작성한다.

③ 중간재무보고서상의 포괄손익계산서는 당해 중간기간과 당해 회계연도 누적기간을 직전 회계연도의 동일기간과 비교하는 형식으로 작성한다.

④ 중간재무보고서를 작성할 때 인식, 측정, 분류 및 공시와 관련된 중요성의 판단은 직전 회계연도의 재무자료에 근거하여 이루어져야 한다.

⑤ 중간재무보고서상의 재무제표는 연차재무제표보다 더 많은 정보를 제공하므로 신뢰성은 높고, 적시성은 낮다.

13 기업회계기준서 제1034호 '중간재무보고'에 대한 다음 설명 중 옳지 않은 것은?

[공인회계사 2022년]

① 중간재무보고서는 최소한 요약재무상태표, 요약된 하나 또는 그 이상의 포괄손익계산서, 요약자본변동표, 요약현금흐름표 그리고 선별적 주석을 포함하여야 한다.

② 중간재무보고서에는 직전 연차보고기간 말 후 발생한 재무상태와 경영성과의 변동을 이해하는 데 유의적인 거래나 사건에 대한 설명을 포함한다.

③ 특정 중간기간에 보고된 추정금액이 최종 중간기간에 중요하게 변동하였지만 최종 중간기간에 대하여 별도의 재무보고를 하지 않는 경우에는, 추정의 변동 성격과 금액을 해당 회계연도의 연차재무제표에 주석으로 공시하지 않는다.

④ 중간재무보고서를 작성할 때 인식, 측정, 분류 및 공시와 관련된 중요성의 판단은 해당 중간기간의 재무자료에 근거하여 이루어져야 한다.

⑤ 중간재무제표는 연차재무제표에 적용하는 회계정책과 동일한 회계정책을 적용하여 작성한다. 다만 직전 연차보고기간 말 후에 회계정책을 변경하여 그 후의 연차재무제표에 반영하는 경우에는 변경된 회계정책을 적용한다.

Chapter 9 | 객관식 문제 정답 및 해설

01 ⑤ 미래영업을 위하여 발생할 원가는 충당부채로 인식할 수 없다.

02 ① 배당은 주주거래이므로 보고기간 말 부채로 인식하지 않는다. 또한 보고기간 후부터 재무제표 발행승인일 전 사이에 배당은 차기의 거래이다.

03 ⑤ 과거에 우발부채로 처리하였다면 이후 충당부채의 인식조건을 충족하게 되면 충당부채로 인식한다.

04 ② (1) 충당부채로 500,000 인식한다.
(2) 미래의 회계시스템 도입을 위하여 지출될 비용은 과거사건의 결과로 인한 비용이 아니므로 충당부채로 인식하지 아니한다.
(3) 정기적인 수리비용 및 교체는 대체원가가 자산인식기준을 충족하는 경우 대체원가를 자산으로 인식한다.

05 ① 의무는 상대방이 누구인지 반드시 알아야 하는 것은 아니며, 경우에 따라서는 일반대중이 될 수도 있다.

06 ③

(1) 손해배상손실: 2,000,000 − 500,000 =	1,500,000
(2) 손해배상손실	500,000
(3) 지급보증손실: 2,000,000 − 400,000 =	1,600,000
계	3,600,000

07 ④ 환경정화비용은 미래 행위와 독립적이지 않아 충당부채로 인식하지 않는다. 다만 법규가 실행된 20×2년에는 범칙금에 대한 비용은 충당부채로 인식하고 20×3년에는 공장을 처분하였으므로 범칙금은 발생하지 않는다.

08 ③

(1) 손해배상충당부채	400,000
(3) 지급보증충당부채: 50,000 × 60% =	30,000
(4) 손해배상충당부채	420,000
계	850,000

09 ③ ① 수선비는 미래행위와 독립적이지 않으므로 충당부채로 인식하지 않는다.
② 충당부채의 인식요건을 만족하므로 벌과금 관련하여 충당부채로 인식하여야 한다.
③ 신뢰성 있게 금액을 추정하기 어려운 경우 충당부채로 계상하지 않는다.
④ 충당부채의 인식요건을 만족하므로 제품보증과 관련하여 충당부채로 인식하여야 한다.
⑤ 구조조정 계획의 이행에 착수하거나 구조조정의 주요내용을 공표하지 않았으므로, 관련 당사자가 기업이 구조조정을 이행할 것이라는 기대를 가질 수 없고, 의제의무가 발생하지 않는다. 따라서 충당부채로 인식하지 않는다.

10 ⑤ 20×3년 말 제품보증충당부채: (3,000 + 4,000 + 6,000) × 5% × 200 − (20,000 + 30,000 + 40,000) = 40,000

11 ③   ① 보고기간 후에 발생한 상황을 나타내는 사건을 반영하기 위하여, 재무제표에 인식된 금액을 수정하지 않는다.
        ② 보고기간 말과 재무제표 발행승인일 사이에 투자자산의 공정가치가 하락한다면, 재무제표에 투자자산으로 인식
          된 금액을 수정하지 않는다.
        ③ 보고기간 후에 지분상품 보유자에 대해 배당을 선언한 경우, 그 배당금을 배당선언시점에 부채로 인식한다.
        ④ 보고기간 말에 존재하였던 상황에 대한 정보를 보고기간 후에 추가로 입수한 경우에도 그 정보를 반영하여
          공시내용을 수정한다.
        ⑤ 경영진이 보고기간 후에, 기업을 청산하거나 경영활동을 중단할 의도를 가지고 있거나, 청산 또는 경영활동의
          중단 외에 다른 현실적 대안이 없다고 판단하는 경우에는 다른 가정에 따라 재무제표를 작성해야 한다.

12 ③   ① 한국채택국제회계기준에 따라 중간재무보고서를 작성한 경우, 그 사실을 공시하여야 한다.
        ② 중간재무보고서상의 재무상태표는 당해 중간보고기간 말과 직전연도 연차보고기간 말을 비교하는 형식으로 작
          성한다.
        ④ 중간재무보고서를 작성할 때 인식, 측정, 분류 및 공시와 관련된 중요성의 판단은 해당 중간기간의 재무자료에
          근거하여 이루어져야 한다.
        ⑤ 중간재무보고서상의 재무제표는 연차재무제표보다 더 적은 정보를 제공하므로 신뢰성은 낮고, 적시성은 높다.

13 ③   특정 중간기간에 보고된 추정금액이 최종 중간기간에 중요하게 변동하였지만 최종 중간기간에 대하여 별도의 재무
        보고를 하지 않는 경우에는, 추정의 변동 성격과 금액을 해당 회계연도의 연차재무제표에 주석으로 공시한다.

Chapter 9 │ 주관식 문제

문제 01 　　충당부채의 인식요건

다음은 각 기업의 사례이다. 이 사례별로 20×1년 말 재무제표에 충당부채를 인식할 수 있는지 판단하시오(단, 모든 사례에 대하여, 예상되는 유출금액은 중요하며, 그 금액을 신뢰성 있게 추정할 수 있다고 가정한다).

[사례 1] ㈜포도는 법률이 요구하는 경우에만 오염된 토지를 정화하는 정책을 가지고 있다. 이제까지는 오염된 토지를 정화해야 한다는 법규가 없었고, 따라서 ㈜포도는 지난 몇 년에 걸쳐 토지를 오염시켜 왔다. 그런데 이미 오염된 토지를 정화하는 것을 의무화하는 관계 법률이 연말 후에 곧 제정될 것이 20×1년 12월 31일 현재 거의 확실하다. 제정될 법률에 따라 오염된 토지를 정화하기 위한 추가 금액이 필요할 것으로 예상된다.

[사례 2] 20×1년 12월 28일 ㈜부산은 한 사업부를 폐쇄하기로 결정하였고 이를 고객과 폐쇄되는 사업부의 종업원들에게 공표하였다. 그러나 20×1년 12월 31일까지 이 사업부의 폐쇄와 관련한 지출이나 폐쇄결정의 구체적인 이행시기에 대해서는 계획을 확정하지 못하였다.

[사례 3] ㈜서울은 외부용역에 의존하여 20×1년까지 한국채택국제회계기준을 적용해왔다. 그러나 20×2년부터 회사 자체적으로 한국채택국제회계기준을 적용하기 위하여, 회계 관련 분야의 기존 종업원들을 교육훈련하고 기존의 회계처리시스템을 수정 및 보완할 계획이며, 이를 위하여 외부용역비보다 더 큰 지출이 필요함을 알고 있다. ㈜서울은 20×1년 말까지 회사 내부의 회계시스템의 개선을 위하여 어떠한 비용도 지출하지 않았다.

[사례 4] ㈜청정은 기존의 법규에 따라 적정한 폐수처리시설을 운용하고 있다. 그런데 기존의 법규상 기준치보다 더 강화된 새로운 폐수처리에 대한 법규가 연말 이후에 곧 제정될 것이 20×1년 12월 31일 현재 거의 확실하다. 개정될 법규에 따라 추가 시설투자가 필요할 것으로 예상된다.

[사례 1] 토지정화비용 등의 환경과 관련된 지출이 현재의무가 되기 위해서는 과거에 환경오염을 발생시켰으며, 그러한 환경오염으로 인해 법적의무 또는 의제의무가 발생하여야만 한다. 이 경우 토지정화의 법규가 없었으므로 회사에게 법적인 의무는 발생하지 않았다. 그러나 이미 오염된 토지를 정화하는 것을 의무화하는 관계 법률이 연말 후에 곧 제정될 것이 기말 현재 거의 확실한 경우에는 현재의무를 발생시켰다고 볼 수 있다. 그러므로 과거 오염이 법적의무를 발생시킨 것은 아니라고 하더라도 현재의무를 발생시킬 것이 거의 확실하므로 충당부채로 인식한다.

[사례 2] 구조조정 계획의 이행에 착수하거나 구조조정의 주요 내용을 공표하지 않았으므로, 관련 당사자가 기업이 구조조정을 이행할 것이라는 기대를 가질 수 없고, 의제의무가 발생하지 않는다. 따라서 충당부채로 인식하지 않는다.

[사례 3] 종업원의 교육훈련비는 교육시점에 지출의무가 발생하므로 미래의 예상 지출을 충당부채로 인식하지 않는다.

[사례 4] 폐수처리시설과 관련한 지출예상액이 현재의무가 되기 위해서는 환경오염이 과거에 발생하고 그에 따른 환경정화와 관련한 지출을 이행하는 것 외에는 현실적인 대안이 없어야 한다. 그러나 폐수처리시설과 관련된 환경오염은 과거에 발생한 것이 아니라 미래에 발생될 것이라 예상되는 오염이다. 또한 환경오염이 발생되지 않는 방식으로 공장을 운영한다면, 폐수처리시설과 관련된 지출이 반드시 발생하는 것도 아니므로(미래 행위에 독립적이지 않음) 현재의무에 해당하지 않는다.

문제 02 　**충당부채의 인식요건**

아래의 각 사례들은 A사의 20×1년과 20×2년에 발생한 사건으로, 금액은 신뢰성 있게 추정이 가능하다고 가정한다. 아래의 사례 중 A사의 20×1년 말 재무상태표에 충당부채로 인식할 사항과 20×2년 말 재무상태표에 충당부채로 인식할 사항을 아래의 양식에 따라 기재하시오.

예시

20×1년 말 재무상태표상 충당부채로 계상될 사례	20×2년 말 재무상태표상 충당부채로 계상될 사례
1, 2	3

[사례 1] 석유산업에 속한 A사는 오염을 일으키고 있지만 사업을 영위하는 특정 국가의 법률에서 요구하는 경우에만 오염된 토지를 정화한다. A사는 20×1년부터 토지를 오염시켰으나, 이러한 사업이 운영되는 어떤 국가에서도 오염된 토지를 정화하도록 요구하는 법률이 20×1년 말까지 제정되지 않았다. 20×2년 말 현재 A사가 사업을 영위하는 국가에서 이미 오염된 토지를 정화하도록 요구하는 법안이 연말 후에 곧 제정될 것이 거의 확실하다.

[사례 2] 20×1년 초 새로운 법률에 따라 A사는 20×1년 말까지 매연 여과장치를 공장에 설치해야 하고, 해당 법률을 위반할 경우 벌과금이 부과될 가능성이 매우 높다. A사는 20×2년 말까지 매연 여과장치를 설치하지 않아 20×2년 말 관계 당국으로부터 벌과금 납부서(납부기한: 20×3년 2월 말)를 통지받았으나 아직 납부하지 않았다.

[사례 3] 20×1년 12월 12일 해외사업부를 폐쇄하기 위한 구체적인 계획에 대하여 이사회 동의를 받았다. 20×1년 말이 되기 전에 이러한 의사결정의 영향을 받는 대상자들에게 그 결정을 알리지 않았고 실행을 위한 어떠한 절차도 착수하지 않았다. 20×2년 말이 되어서야 해당 사업부의 종업원들에게 감원을 통보하였다.

20×1년 말 재무상태표상 충당부채로 계상될 사례	20×2년 말 재무상태표상 충당부채로 계상될 사례
2	1, 3

[사례 1] 법률이 20×2년 말 현재 제정될 것이 거의 확실하므로 20×2년 말에 충당부채를 인식한다.

[사례 2] 20×1년 말까지 여과기를 설치하지 않았으므로 벌과금에 대하여 충당부채를 인식한다. 20×2년에 납부서를 받았으므로 금액과 시기가 확정되어 더 이상 충당부채로 계상하지 않는다.

[사례 3] 20×2년 말이 되어서야 의제의무가 성립하므로 충당부채를 인식한다.

문제 03   충당부채의 측정

아래의 모든 기업은 매년 12월 31일을 보고기한으로 하며, 재무제표 발행승인일은 20×3년 2월 25일이다. 아래의 각 사례별로 20×2년 말 재무상태표에 충당부채로 보고할 금액을 아래의 양식과 같이 표시하고 충당부채로 계상할 금액이 없으면 '없음'으로 기재하시오.

구분	20×2년 말 재무상태표에 충당부채로 계상할 금액
사례 1	×××

[사례 1] ㈜포스코는 철강생산에 사용하는 용광로의 내벽을 매 3년마다 대규모의 수선을 하고 주요 부품을 교체하여야 한다. 이는 법률에서 규정하고 있다. 만약, 법률을 위반하면 벌과금(추정금액 ₩200,000)을 납부하여야 한다. 20×2년 12월 30일이 법률에서 정한 3년째이다. ㈜포스코의 경영진은 수선과 주요 부품 교체로 1억원의 지출을 예상하고 있다. ㈜포스코의 경영진은 해외자원개발투자에 대한 손실로 인해 자금의 여력이 없어 20×3년 12월 30일에 용광로의 외벽을 수선하기로 결정하였다. 벌과금의 납부기간은 20×3년 3월 31일까지이며, ㈜포스코는 20×3년 2월 10일에 벌과금 ₩230,000을 납부하였다.

[사례 2] 20×1년 중에 ㈜동양고속은 ㈜동양건설의 은행차입금에 대하여 ㈜파라곤과 함께 연대보증을 제공하였다. ㈜동양건설은 재무상태가 악화되어 20×2년 12월에 은행차입금 ₩1,000,000을 상환하지 못한 채 파산하였다. ㈜동양고속은 ㈜동양건설의 은행차입금에 대한 연대보증을 하면서, 채무불이행에 대한 위험에 대비하기 위해 보증보험에 가입하였다. ㈜동양건설의 파산으로 인해 ㈜동양고속은 보증보험회사로부터 ₩300,000을 지급받을 것이 확실시된다. 또한, ㈜동양고속은 ㈜동양건설에게 지급해야 하는 미지급금 ₩200,000을 지급하지 않기로 결정하였다. 한편, ㈜파라곤은 경영난으로 인해 이행의무 기대부분(₩500,000) 중 20%를 책임질 수 없는 불가피한 상황이 발생하였다.

[사례 3] A사는 20×2년 말 안마의자를 2년간 무상수리하는 조건으로 판매하였다. 안마의자의 1대당 무상수리비용 예상액은 아래와 같이 추정되며, 모든 무상수리비용은 보고기간 말에 지출된다고 가정한다. 안마의자 1대당 20×3년 말의 무상수리비용과 20×4년 말의 무상수리비용이 모두 발생한다. A사는 20×2년 말에 판매한 안마의자가 모두 100대라고 가정한다(단, 미래현금흐름의 추정에 고려한 위험을 제외한 세전이자율은 10%이고, 1기간 현가계수는 0.9091, 2기간 현가계수는 0.8264이다).

구분	발생확률	20×3년 말	20×4년 말
하자가 없는 경우	70%	–	–
중요하지 않은 하자	20%	₩2,000	₩4,000
중요한 하자	10%	₩10,000	₩20,000

구분	20×2년 말 재무상태표에 충당부채로 계상할 금액
사례 1	230,000
사례 2	600,000
사례 3	358,666

[사례 1] 보고기간 말 현재의무가 존재하는 충당부채 금액을 추정하는 데 필요한 정보를 보고기간 후 재무제표 발행승인일 전에 입수하면, 그 정보를 반영해서 보고기간 말 재무상태표에 인식할 충당부채금액을 추정한다. 수선유지비는 법적 강제사항 여부와 관계없이 충당부채로 인식하지 않는다. 만약, 재무제표 발행승인일(20×3년 2월 25일) 후에 벌과금 230,000을 납부하였다면, 20×2년 말 충당부채로 인식할 금액은 200,000이다. 그리고 20×3년에 230,000을 납부할 때 30,000을 추가로 비용처리한다.

[사례 2] ㈜동양고속의 충당부채: 1,000,000 × 50% + 500,000 × 20% = 600,000

지출액의 일부 또는 전부를 제3자가 변제할 것이 예상되는 경우 변제를 받을 것이 거의 확실하게 되는 때에 한하여 변제금액을 별도의 자산으로 회계처리한다. 다만, 그 금액이 관련 충당부채 금액을 초과할 수 없다. 이 경우 충당부채와 관련하여 인식된 비용은 제3자의 변제와 관련하여 인식한 금액과 상계하여 표시할 수 있다.

차) 미지급금	200,000	대) 보증충당부채	600,000
변제자산	300,000		
보증손실	100,000		

[사례 3] (1) 1대당 무상수리비용 예상액

　　　1) 20×2년 말: 0 × 70% + 2,000 × 20% + 10,000 × 10% = 1,400

　　　2) 20×3년 말: 0 × 70% + 4,000 × 20% + 20,000 × 10% = 2,800

　　(2) 20×1년 말 충당부채: 1,400 × 0.9091 × 100대 + 2,800 × 0.8264 × 100대 = 358,666

12월 말 결산법인인 C사는 20×1년 출시된 신제품을 판매하면서 제품에 하자가 발생하는 경우 무상으로 수리하여 주기로 하였다. 보증비용은 매출액의 5%로 추정되며, 20×1년과 20×2년의 매출액과 실제 발생한 제품보증비용은 다음과 같다.

회계연도	매출액	실제 발생한 제품보증비용	
		20×1년분	20×2년분
20×1년	₩2,000,000	₩10,000	-
20×2년	₩4,000,000	₩40,000	₩52,000

물음 1) 무상수리기간이 2년일 경우, 20×1년 제품보증충당부채와 20×2년 제품보증충당부채가 당기손익에 미치는 영향을 구하시오.

물음 2) 위의 물음 1)에서 무상수리기간이 1년일 경우, 20×1년 제품보증충당부채와 20×2년 제품보증충당부채가 당기손익에 미치는 영향을 구하시오.

풀이

물음 1) (1) 20×1년 제품보증충당부채: 2,000,000 × 5% − 10,000 = 90,000
　　　 (2) 20×2년 제품보증충당부채: (2,000,000 + 4,000,000) × 5% − (10,000 + 40,000 + 52,000) = 198,000
　　　 (3) 20×2년 당기손익에 미치는 영향: ① + ② = (−)200,000
　　　　　 ① 제품보증비용 발생액: (40,000) + (52,000) = (−)92,000
　　　　　 ② 제품보증충당부채 증가액: 90,000 − 198,000 = (−)108,000

물음 2) (1) 20×1년 제품보증충당부채: 2,000,000 × 5% − 10,000 = 90,000
　　　 (2) 20×2년 제품보증충당부채: 4,000,000 × 5% − 52,000 = 148,000
　　　 (3) 20×2년 당기손익에 미치는 영향: ① + ② = (−)150,000
　　　　　 ① 제품보증비용 발생액: (40,000) + (52,000) = (−)92,000
　　　　　 ② 제품보증충당부채 증가액: 90,000 − 148,000 = (−)58,000

문제 05 보고기간후사건

다음은 ㈜세무의 결산일(20×1년 12월 31일) 이후, 이사회가 재무제표를 승인하기 전에 발생한 사건들이다. 아래의 사건들이 개별적으로 ㈜세무의 20×1년 당기순손익에 미치는 영향은 각각 얼마인가? (단, 각 사건들은 상호 독립적이고, 금액적으로 중요하며, 당기순이익을 증가시키면 '이익'으로, 감소시키면 '손실'로 표시하시오).

[세무사 2차 2022년]

사건 1. 20×2년 1월 31일: 20×1년 말 현재 자산손상의 징후가 있었으나, 손상금액의 추정이 어려워서 자산손상을 인식하지 않았던 매출거래처 A가 파산되어 매출채권 ₩100,000의 회수가 불가능하게 되었다.

사건 2. 20×2년 2월 1일: 보유하던 기계장치(20×1년 말 장부금액 ₩500,000)가 지진으로 파손되었으며, 고철판매 등으로 ₩8,000을 회수할 수 있을 것으로 파악되었다.

사건 3. 20×2년 2월 5일: 인근 국가에서의 전쟁 발발로 환율이 비정상적으로 급등하였다. 이러한 환율변동을 20×1년 말 재무제표에 반영할 경우, ㈜세무가 추가로 인식해야 할 외환손실은 ₩300,000이다.

사건 4. 20×2년 2월 7일: ㈜세무는 소송 중이던 사건의 판결 확정으로 ₩150,000의 배상금을 지급하게 되었다. ㈜세무는 이사회 승인 전 20×1년 말 재무상태표에 동 사건과 관련하여 충당부채 ₩170,000을 계상하고 있었다.

구분	금액 및 이익/손실
사건 1	①
사건 2	②
사건 3	③
사건 4	④

풀이

구분	금액 및 이익/손실
사건 1	① 100,000 손실
사건 2	② –
사건 3	③ –
사건 4	④ 20,000 이익

1. 수정을 요하는 보고기간후사건이므로 재무상태표 손상차손 ₩100,000을 추가로 인식한다.
2. 수정을 요하는 보고기간후사건이 아니므로 수정하지 않는다.
3. 수정을 요하는 보고기간후사건이 아니므로 수정하지 않는다.
4. 수정을 요하는 보고기간후사건이므로 재무상태표 충당부채를 ₩170,000에서 ₩150,000으로 수정한다.

회계사 · 세무사 · 경영지도사 단번에 합격!
해커스 경영아카데미
cpa.Hackers.com

Chapter **10**

자본

1. 자본의 의의와 분류
2. 자본금
3. 자본거래
4. 손익거래
5. 우선주
6. 자본변동표

1 자본의 의의와 분류

Ⅰ 자본의 의의와 측정

01 자본의 의의

자본은 기업의 경제적 자원 중 주주들에게 귀속되는 지분을 말한다. 자본은 보유한 경제적 자원에 대한 주주의 청구권을 나타내기 때문에 주주지분 또는 소유주지분이라고도 하며, 채권자의 지분인 부채를 차감한 이후의 지분이라는 의미에서 잔여지분이라고도 한다. 또한 자본을 자금의 개념으로 이해하는 경우, 기업 소유주의 순수한 자금이라는 의미에서 자기자본이라고도 하는데 이러한 개념하에서는 기업의 자산은 총자본이라고 표현하며 부채는 타인자본이라고 표현한다.

> 자산 − 부채 = 자본(주주지분, 소유주지분, 잔여지분, 자기자본)

02 자본의 측정

'재무보고를 위한 개념체계'에 따르면 자본은 별도로 측정할 수 없으며, 자산과 부채를 측정한 결과 그 차액으로만 계산된다. 즉, 자산에서 부채를 차감한 잔여지분으로 독립적으로 측정할 수 없으며, 평가의 대상이 아니다.

Additional Comment

재무상태표에 표시되는 자본의 금액은 독립적으로 인식하고 측정하는 대상이 아니라 자산과 부채금액의 인식과 측정에 따라 종속적으로 결정되는 특징이 있다. 일반적으로 자본총액은 그 기업이 발행한 주식의 시가총액, 또는 순자산을 나누어서 처분하거나 계속기업을 전제로 기업 전체를 처분할 때 받을 수 있는 총액과는 다른 금액이다. 만약 이 금액이 자본총액과 일치하는 경우 이는 우연의 일치이다.

Self Study

자본은 평가의 대상이 아니다(인식과 측정기준은 구비되어 있지 않다). 그러므로 최초 인식일 이후 매기 말 공정가치 변동에 대한 후속측정을 하지 않는다.

Ⅱ 자본의 분류

자본은 자산과 부채가 증감하게 된 원인별로 구분하여 재무상태표에 표시된다. 자산과 부채가 증감하게 된 원인이 되는 거래는 자본거래와 손익거래로 구분된다.

> ① 자본거래: 현재 또는 잠재적 주주와의 거래
> ② 손익거래: 자본거래 이외의 모든 거래

자본거래는 해당 거래의 결과가 포괄손익계산서에 영향을 주지 않고 곧바로 재무상태표에 반영되지만, 손익거래의 결과는 포괄손익계산서에서 수익과 비용으로 인식될 수 있으며, 이렇게 인식된 거래 결과는 최종적으로 재무상태표에 반영된다.

또한 손익거래의 결과로 발생하는 손익은 당기손익과 기타포괄손익으로 구분된다. 개념적으로 당기손익은 실현손익을 의미하고, 기타포괄손익은 실현되지 않은 손익을 의미하지만, 한국채택국제회계기준에서는 이러한 개념을 엄격히 적용하여 손익을 구분하지는 않는다.

자본은 발생원천에 따라 불입자본과 유보이익으로 구분된다. 일반적으로 불입자본은 지분참여자와의 거래인 자본거래를 통해 유입된 자본을 의미하고 유보이익은 손익거래의 결과 인식된 포괄손익의 누적액을 의미한다. 여기서 포괄손익은 다시 당기손익과 기타포괄손익으로 구분되기 때문에, 유보이익도 당기손익의 누적부분은 이익잉여금이라고 하고 기타포괄손익의 누적부분은 기타포괄손익누계액이라고 한다.

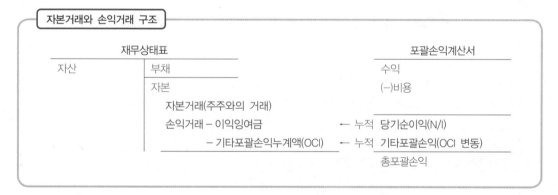

자본거래와 손익거래 구조

재무상태표		포괄손익계산서
자산	부채	수익
	자본	(−)비용
	자본거래(주주와의 거래)	
	손익거래 – 이익잉여금 ← 누적	당기순이익(N/I)
	– 기타포괄손익누계액(OCI) ← 누적	기타포괄손익(OCI 변동)
		총포괄손익

01 **자본거래**

자본거래의 결과는 당기손익에 반영되어서는 안 되며, 자본거래의 결과로 발생한 이익과 손실은 거래별로 서로 상계한 이후의 잔액만을 표시한다. 상계한 후의 잔액이 대변잔액이면 자본에 가산하여 표시하고, 차변잔액이면 자본에 차감하여 표시한다.

한국채택국제회계기준 기준서 제1001호 '재무제표 표시'에서는 자본을 납입자본, 이익잉여금 및 기타자본구성요소로 분류하도록 하고 있다. 따라서 자본거래의 결과는 납입자본이나 기타자본구성요소로 분류되어야 하는데, 한국채택국제회계기준의 규정은 강제 규정이 아니므로 기업들이 스스로 판단하여 분류를 변경하여 표시할 수도 있다.

[자본의 분류]

거래의 구분	한국채택국제회계기준	일반기업회계기준
자본거래	납입자본	자본금
		자본잉여금
손익거래	기타자본요소	자본조정
		기타포괄손익누계액
	이익잉여금	이익잉여금

또한, 자본거래의 결과에는 손익이 발생하지 않고 부(−)의 자본이 발생하는 경우(예 자기자본)도 있다. 이 경우, 부(−)의 자본은 자본에서 차감하여 표시하고 납입자본이나 기타자본구성요소로 적절하게 구분하여 표시한다.

자본거래의 결과로 증가하는 자본은 주주들에게 배당할 수 없으며, 자본전입이나 결손보전 이외의 목적에는 사용할 수 없다.

(1) 자본금(순자산에 미치는 효과: +)

자본금이란 주주가 납입한 자본 중 상법의 규정에 따라 자본금으로 계상한 부분을 의미한다.

보통주자본금	보통주발행주식수 × 액면금액
우선주자본금	우선주발행주식수 × 액면금액

(2) 자본잉여금(순자산에 미치는 효과: +)

자본잉여금이란 자본금 이외에 주주들이 추가로 출자한 금액을 의미한다.

주식발행초과금	발행금액[1] > 액면금액
기타자본잉여금	감자차익(자본감소액 > 감자대가)
	자기주식처분이익(재발행금액 > 취득원가)
	주식선택권(행사되지 않고 만료된 경우)
	자산수증이익(주주에게 증여받은 자산의 공정가치)

[1] 신주발행을 위하여 직접 발생한 비용을 차감한 후의 금액

(3) 자본조정(순자산에 미치는 효과: +, −)

자본조정이란 납입자본 중 자본금과 자본잉여금을 제외한 임시적인 자본항목으로 자본에서 차감 또는 가산되어야 하는 항목을 의미한다.

자기주식	자기주식의 취득원가
기타자본조정	주식할인발행차금(이익잉여금처분으로 상각)
	주식선택권(주식결제형 주식기준보상거래)
	미교부주식배당금(발행될 주식의 액면금액)
	감자차손(감자대가 > 자본감소액)
	자기주식처분손실(재발행금액 < 취득원가)
	신주청약증거금(주식을 발행하는 시점에 자본금으로 대체)
	전환권대가, 신주인수권대가(발행금액 − 사채의 현재가치)

Self Study

일반적으로 납입자본은 출자된 자본을 의미하므로 문제에서 특별한 언급이 없으면 납입자본은 자본금과 주식발행초과금으로 한다.

02 손익거래

손익거래의 결과는 원칙적으로 모두 당기손익이 포함되어야 한다. 그러나 손익거래의 결과이지만 정책적인 목표나 기타의 이유로 인하여 당기손익에 포함시키기 어려운 경우에는 포괄손익계산서의 기타포괄손익으로 하여 총포괄이익에 포함시킨다.

기타포괄손익은 총포괄손익에 포함한 직후 누적금액을 재무상태표의 자본항목으로 구분하여 보고하는데 후속적으로 당기손익으로 재분류되거나 다른 자본항목으로 대체될 수 있다. 누적금액이 자본항목으로 보고되는 기타포괄손익은 기타자본구성요소에 포함시킨다.

재무상태표에 당기순이익의 누적액을 이익잉여금으로 보고하며, 당기순손실의 누적액을 결손금으로 보고한다. 이익잉여금과 결손금은 재무상태표에 동시에 표시되는 것이 아니라 누적이익인 경우에는 이익잉여금으로, 누적손실인 경우에는 결손금으로 표시한다.

(1) 기타포괄손익(순자산에 미치는 효과: +, −)

구분	내용
재분류 조정 O	FVOCI금융자산(채무상품)에 대한 투자에서 발생한 손익
	해외사업환산손익
	파생상품평가손익(현금흐름위험회피에서 위험회피대상이 비금융자산이나 비금융부채가 아닌 경우에 발생하는 평가손익 중 효과적인 부분)
	관계기업 및 공동기업의 재분류되는 지분법기타포괄손익
재분류 조정 ×	순확정급여부채(자산)의 재측정요소
	유형·무형자산의 재평가잉여금의 변동손익
	FVOCI금융자산(지분상품)에 대한 투자에서 발생한 손익
	FVPL금융부채(지정)의 신용위험 변동으로 인한 공정가치 변동손익
	파생상품평가손익(현금흐름위험회피에서 위험회피대상이 비금융자산이나 비금융부채인 경우)
	관계기업 및 공동기업의 재분류되지 않는 지분법기타포괄손익

(2) 이익잉여금(결손금)(순자산에 미치는 효과: +, −)

매년 발생한 당기순이익에서 배당이나 자본조정 항목의 상각 등으로 사용한 금액을 차감한 잔액을 의미한다.

법정적립금	법규에 따라 강제적으로 적립된 이익잉여금
임의적립금	회사의 선택에 따라 임의적으로 적립된 이익잉여금
미처분이익잉여금 (미처리결손금)[1]	회사가 창출한 당기순손익 중 배당, 자본조정항목의 상각 또는 다른 이익잉여금계정으로 대체되지 않고 남은 이익잉여금

[1] 미처리결손금은 후속적으로 임의적립금이나 이익준비금의 다른 잉여금이나 자본잉여금과 상계한다.

2 자본금

기업이 발행하는 주식 1주의 금액이 정관에 정해져 있는 주식을 액면주식이라고 하고, 1주의 금액이 정해져 있지 않은 주식을 무액면주식이라고 한다. 자본금은 발행주식이 액면주식인지 아니면 무액면주식인지에 따라 다르게 결정된다.

액면주식의 자본금은 발행주식수에 액면금액을 곱한 금액을 말한다. 우리나라 상법은 회사의 정관에 규정이 있는 경우 무액면주식의 발행을 허용하고 있다.

Additional Comment

주식회사는 설립과 동시에 회사가 발행할 주식의 총수와 액면주식을 발행하는 경우 1주의 금액(액면금액) 및 회사의 설립 시에 발행하는 주식의 총수를 정관에 기재하여야 한다. 이때 발행할 수 있는 주식의 총수를 수권주식수라고 한다. 수권주식수는 회사가 발행할 수 있는 주식의 총수일 뿐, 실제로 발행된 주식수를 의미하는 것은 아니다.

액면주식의 금액은 균일하여야 하며, 1주의 금액은 ₩100 이상으로 하여야 한다. 또한, 정관에 정한 경우 주식의 전부를 무액면주식으로 발행할 수 있으나 무액면주식을 발행하는 경우에는 액면주식을 발행할 수 없다. 회사가 무액면주식을 발행할 경우 자본금은 주식발행가액 중 1/2 이상의 금액으로 이사회에서 결정한다.

Self Study

자본금은 상법에서 정하는 바에 따라 적립된 법정자본금으로 소유주가 채권자의 권리를 보호하기 위하여 확보해야 하는 최소한의 자본이다.

01 보통주

보통주는 기본적인 소유권을 나타내는 주식으로, 기업의 최종위험을 부담하는 잔여지분의 성격을 갖는 주식을 말한다. 한 가지 종류의 주식만을 발행하는 경우 당해 주식은 모두 보통주가 된다. 기업이 발행한 보통주를 보유하고 있는 자를 보통주주라고 하는데, 보통주주는 기본적으로 의결권과 신주인수권을 가진다. 의결권은 주식회사의 최고 의사결정기관인 주주총회에 참석하여 이익의 배당 및 경영진의 선임 등 기업의 중요한 영업 및 재무 정책 결정에 참여할 수 있는 권리를 말한다. 또한, 신주인수권은 기업이 추가적으로 주식을 발행하는 경우 동 신주를 우선적으로 배정받을 수 있는 권리를 말한다.

02 우선주

기업이 여러 종류의 주식을 발행한 경우 보통주와 구분되는 다른 종류의 주식을 우선주라고 한다. 우선주에는 일반적으로 보통주에 기본적으로 내재되어 있는 의결권과 신주인수권이 제한된다. 이에 따라 우선주주가 보통주주에 비해 우선적 권리를 가지는 것이 일반적이다. 우선주에 대한 논의는 5절에서 보도록 한다.

3 자본거래

I 자본금의 증가거래(증자)

기업의 자본금을 증가시키는 절차를 증자라고 하는데, 이는 자본총계 전체의 증가가 아닐 수도 있다. 그 이유는 기업의 자본금이 증가될 때 기업의 순자산이 함께 증가할 수도 있지만 경우에 따라서는 순자산이 변동하지 않는 자본금의 증가도 있기 때문이다.

01 유상증자 – 현금출자

기업이 사업에 필요한 자금을 주식의 발행으로 조달할 경우 현재의 주주 또는 제3자로부터 현금을 납입받고 신주를 발행·교부한다. 이 경우 자본금은 기업이 유지해야 할 최소한의 자본을 말하며, 재무상태표에 보고될 자본금은 실제로 발행된 주식의 액면총액을 말한다. 그러나 주식의 발행금액은 일반적으로 액면금액과 일치하지 않는다. 발행주식이 액면주식일 경우 발행가액과 액면금액의 일치 여부에 따라 액면발행, 할증발행 또는 할인발행으로 구분된다. 이를 정리하면 다음과 같다.

① 액면발행: 발행가액 = 액면금액
② 할증발행: 발행가액 > 액면금액
③ 할인발행: 발행가액 < 액면금액

Additional Comment

우리나라 상법에서는 자본충실의 원칙에 따라 할인발행은 금지하고 있다. 다만, 특별한 경우에 한하여 할인발행을 허용하고 있으나 실무적으로 할인발행의 사례는 찾아보기 어렵다.

주식의 발행금액이 액면금액을 초과하는 경우 그 금액을 주식발행초과금의 과목으로 하여 자본항목으로 표시하고, 주식의 발행금액이 액면금액을 미달하는 경우 동 금액은 주식할인발행차금의 과목으로 하여 부(-)의 자본항목으로 표시한다.

| 주식발행가액 > 액면금액 | 발행가액 - 액면금액 = 주식발행초과금(자본잉여금) |
| 주식발행가액 < 액면금액 | 액면금액 - 발행가액 = 주식할인발행차금(자본조정) |

주식발행초과금과 주식할인발행차금은 발생 순서와 관계없이 서로 우선 상계한다. 주식할인발행차금은 주주총회에서 이익잉여금의 처분으로 상각할 수 있다.

유상증자 시에는 신주발행수수료, 주권인쇄비, 인지세 등 거래원가가 발생하는데, 이러한 거래원가 중 해당 자본거래가 없었다면 회피할 수 있고 해당 자본거래에 직접 관련하여 생긴 증분원가는 자본에서 차감하여 회계처리한다. 유상증자 시 발생하는 거래원가를 신주발행비라고 하는데, 신주발행비는 주식의 발행으로 납입되는 현금액을 감소시키므로 주식의 발행금액에서 차감한다.

유상증자 - 현금출자의 회계처리

[할증발행]

차) 현금	발행금액	대) 자본금	액면금액 × 발행주식수
		주식발행초과금[1]	대차차액
차) 주식발행초과금	××	대) 현금	신주발행비 등

[할인발행]

차) 현금	발행가액	대) 자본금	액면금액 × 발행주식수
주식할인발행차금[1]	대차차액		
차) 주식할인발행차금	××	대) 현금	신주발행비 등

[1] 주식발행초과금과 주식할인발행차금은 서로 우선상계

Additional Comment

자본거래는 수익과 비용이 발생하는 거래가 아니므로 자본거래에서 발생하는 차익은 자본잉여금으로 자본거래에서 발생한 차손은 이미 인식한 관련 자본잉여금과 우선 상계하고, 미상계된 잔액은 자본조정으로 분류하였다가 이익잉여금과 상계한다. 자본거래에서 발생한 차손을 손익거래에서 발생한 이익잉여금과 상계하는 것이 논리적으로 적절하지 않을 수 있지만, 자본거래에서 발생한 차손을 미래의 여러 기간 동안 이월시켜 재무제표에 표시하는 것보다 조기에 이익잉여금과 상계하는 것이 실무상 간편할 수 있다는 점에서 논리상 수용된 회계처리이다.

Self Study

1. 무액면주식을 발행하는 경우에는 이사회에서 자본금으로 계상하기로 한 금액의 총액을 자본금으로 하며, 이때 자본금으로 계상할 금액은 주식의 발행금액 중 2분의 1 이상의 금액으로 한다.
2. 상법상 법정자본금은 주주총회의 결의 등 상법상 자본절차를 밟지 않는 한 자본금을 감소시킬 수 없다. 따라서 자본금계정은 발행주식수에 액면금액을 곱한 금액으로 한다(할인발행의 경우도 동일).
3. 중도에 거래를 포기한 자본거래의 원가는 비용으로 인식한다.

사례연습 1: 유상증자(현금출자)

각 일자별로 회계처리를 보이고, 각 일자별 재무상태표를 보이시오.

(1) 12월 말 결산법인인 ㈜포도는 20×1년 초에 보통주 1주(액면금액 ₩100)를 주당 ₩100에 액면발행하였다.

(2) ㈜포도는 20×1년 10월 1일에 보통주 1주를 주당 ₩120에 할증발행하였다.

(3) ㈜포도는 20×1년 11월 1일에 보통주 1주를 주당 ₩50에 할인발행하였다. 이때, 주당 ₩10의 신주발행비가 발생하였다.

풀이

1. 20×1년 초

차) 현금	발행금액 100	대) 자본금	액면금액 × 발행주식수 100

	B/S	
현금	100	
		자본금 100

2. 20×1년 10월 1일

차) 현금	발행금액 120	대) 자본금	액면금액 × 발행주식수 100
		주식발행초과금	대차차액 20

	B/S	
현금	220	
		자본금 200
		자본잉여금 20

3. 20×1년 11월 1일

차) 현금	발행금액 50	대) 자본금	액면금액 × 발행주식수 100
주식발행초과금	우선상계 20		
주식할인발행차금	대차차액 30		
차) 주식할인발행차금	신주발행비 10	대) 현금	10

	B/S	
현금	260	
		자본금 300
		자본잉여금 0
		자본조정 (−)40

02 유상증자 – 현물출자

주식을 발행하는 회사는 현금을 납입받는 것이 일반적이지만 현금 이외의 자산(다른 회사의 주식이나 부동산 등)을 납입받는 경우도 있는데, 이를 현물출자라고 한다. 즉, 현물출자는 신주발행의 대가로 현금이 납입되는 것이 아니라 유형자산 등의 비화폐성자산이 납입되는 것을 말한다.

주식을 발행하는 회사의 입장에서 현금을 납입받든 현금 이외의 자산을 납입받든 관계없이 회사의 순자산은 실질적으로 증가하므로 현물출자도 유상증자에 해당한다.

현물출자의 경우, 자본을 직접 측정할 수 없으므로 현물출자자산의 공정가치를 주식의 발행금액으로 한다. 다만, 주식의 공정가치가 현물출자자산의 공정가치보다 더 신뢰성 있게 측정할 수 있는 경우에는 주식의 공정가치를 주식의 발행금액으로 한다.

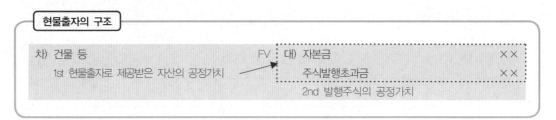

현물출자의 구조

차) 건물 등　　　　　　　　　　　　　　　　FV｜대) 자본금　　　　　　　　　××
　　1st 현물출자로 제공받은 자산의 공정가치　　　　　　주식발행초과금　　　　　××
　　　　　　　　　　　　　　　　　　　　　　　　　2nd 발행주식의 공정가치

Additional Comment

현물출자 시 자산과 자본이 함께 증가하는데, 그 금액을 취득한 자산의 공정가치로 인식할 것인지, 아니면 발행주식의 공정가치로 인식할 것인지에 대해서 이견이 있을 수 있으나 주식결제형 주식기준보상거래의 회계처리를 적용하는 것이 적절할 것이다. 기준서 제1102호 '주식기준보상'에서는 주식결제형 주식기준보상거래의 경우 제공받은 재화나 용역의 공정가치로 자본의 증가를 직접 측정하되, 제공받는 재화나 용역의 공정가치를 신뢰성 있게 추정할 수 없다면 지분상품의 공정가치로 자본의 증가를 간접 측정하도록 규정하고 있다.

Self Study

1. 상호 교환한 두 가지의 가치가 전혀 알려지지 않은 경우에는 전문가에 의한 감정가액 등을 기준으로 평가해야 하며, 장부금액이나 액면금액 등을 이용해서는 안 된다.
2. 혼수주식현상은 현물출자 시 현물출자자산을 공정가치보다 높게 평가하여 주주에 의해 납입된 불입자본과 순자산이 동시에 과대계상되는 현상을 말한다.
3. 비밀적립금현상은 현물출자자산을 공정가치보다 낮게 평가하여 주주에 의해 납입된 불입자본과 순자산이 과소계상되는 현상을 말한다.

사례연습 2: 현물출자

㈜포도는 특허권과의 교환으로 액면금액 ₩10,000인 보통주 10주를 발행하였다. 다음 각 경우의 특허권의 취득가액은 얼마인가?

1 특허권의 공정가치는 알 수 없으나 ㈜포도 보통주의 시가는 주당 ₩18,000으로 알려져 있다.

2 ㈜포도가 비상장회사여서 주식의 시가는 알 수 없으나 특허권의 공정가치가 ₩200,000인 것으로 알려져 있다.

풀이

1 특허권: 180,000

차) 특허권	FV 180,000	대) 자본금	100,000
		주식발행초과금	80,000
		2nd 발행주식의 공정가치	

2 특허권: 200,000

차) 특허권	200,000	대) 자본금	100,000
1st 현물출자한 자산의 공정가치		주식발행초과금	100,000

03 출자전환

금융부채는 일반적으로 현금으로 상환하지만 채권자와 채무자의 채권·채무 재조정을 통해 금융부채를 주식으로 전환하여 소멸되기도 하는데, 이를 출자전환이라고 한다. 즉, 출자전환은 채무자와 채권자가 금융부채의 조건을 재협상한 결과, 채무자가 채권자에게 지분상품을 발행하여 금융부채의 전부 또는 일부를 소멸시키는 것을 말한다. 이러한 출자전환을 통하여 발행된 지분상품은 금융부채가 소멸된 날에 최초로 인식하고 측정한다.

금융부채의 소멸을 위해 채권자에게 발행한 지분상품은 금융부채의 소멸을 위하여 지급한 대가로 본다. 따라서 금융부채의 전부 또는 일부를 소멸시키기 위하여 채권자에게 발행한 지분상품을 최초에 인식할 때, 해당 지분상품의 공정가치를 신뢰성 있게 측정할 수 있다면 해당 지분상품의 공정가치로 측정한다. 이 때 금융부채의 장부금액과 지분상품의 공정가치의 차액은 당기손익으로 인식한다.

만약, 발행된 지분상품의 공정가치를 신뢰성 있게 측정할 수 없다면 소멸된 금융부채의 공정가치로 지분상품을 측정한다.

출자전환의 구조

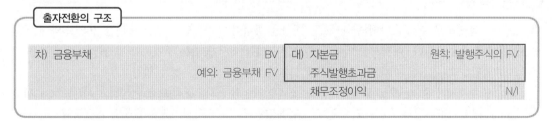

차) 금융부채	BV	대) 자본금	원칙: 발행주식의 FV
	예외: 금융부채 FV	주식발행초과금	
		채무조정이익	N/I

'재무보고를 위한 개념체계'에 따르면 자본은 자산과 부채의 변동에 기초하여 측정되어야 한다. 그러나 지분상품의 발행이 한국채택국제회계기준 제1109호 '금융상품'에 규정된 금융부채의 소멸에 따라 지급한 대가이므로 발행된 자본의 공정가치가 측정기준이 되어야 한다고 명시하고 있다.

출자전환으로 발행한 지분상품의 공정가치는 출자전환의 합의일이 아닌 출자전환으로 인한 금융부채의 소멸일의 공정가치를 기준으로 한다.

사례연습 3: 출자전환

㈜포도는 20×1년 10월 20일 ㈜광주은행과 금융부채 ₩180,000을 출자전환하기로 합의하고, 보통주식 10주를 발행교부하기로 하였다. 20×2년 1월 20일에 ㈜포도는 보통주식 10주를 발행하여 출자전환을 완료하였다. ㈜포도가 발행한 보통주식의 각 일자별 주당 공정가치는 다음과 같다고 할 경우 금융부채의 출자전환으로 ㈜포도가 20×1년과 20×2년에 해야 할 회계처리를 보이시오(단, 금융부채의 공정가치는 ₩200,000이고 발행주식 1주당 액면가액은 ₩10,000이다).

20×1년 10월 20일	20×2년 1월 20일
₩12,000	₩15,000

풀이

[20×1년 10월 20일]

회계처리 없음

[20×2년 1월 20일]

차) 금융부채	180,000	대) 자본금	100,000
		주식발행초과금	50,000
		채무조정이익(N/I)	30,000

➲ 채무조정이익(N/I): 180,000(금융부채의 장부금액) − 150,000(금융부채 소멸일의 주식 공정가치) = 30,000

---

04 청약발행

회사를 처음 설립하여 주식을 발행하거나 또는 상장을 통하여 추가적인 신주를 발행할 경우 청약에 의한 신주발행이 주로 이용된다. 여기서 청약이란 주식을 구입할 의사가 있는 투자자가 발행금액 중 일부를 증거금으로 납입하고, 잔금은 미래의 일정시점에 납입할 것을 약속하는 것을 말한다.

주식청약 시 투자자가 증거금으로 납입한 금액만 신주청약증거금(자본조정)으로 인식하고 자본으로 표시한다. 잔금납입일이 되어 청약이 이행되는 경우 신주청약증거금과 잔금납입액은 주식의 발행금액으로 처리한다.

① 청약일: 투자자로부터 주식청약서와 신주청약증거금을 수령하고 자본조정으로 인식
② 주식발행일: 청약증거금을 제외한 나머지 금액을 전액 납입받고 주식 발행

한편, 잔금납입일에 청약이 이행되지 않는 경우 신주청약증거금은 청약미이행 규정에 따라 처리한다. 청약이 이행되지 않은 신주청약증거금은 다음과 같이 처리할 수 있다.

① 증거금을 몰수하는 경우: 몰수한 금액은 자본거래의 결과로 자본항목으로 처리
② 증거금으로 납입한 금액만큼 신주를 발행교부: 신주청약증거금을 신주의 발행금액으로 처리
③ 증거금을 반환하는 경우: 반환할 금액은 현금지급의무가 있어 반환 시까지 부채로 인식

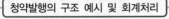

청약발행의 구조 예시 및 회계처리

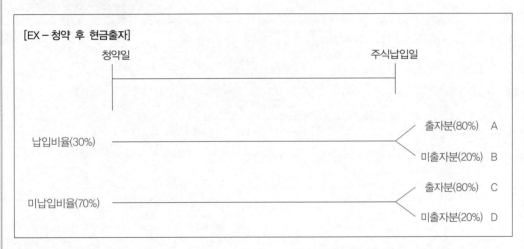

청약일	차) 현금[1]		자본증가	대) 신주청약증거금(자본조정)	A + B
	[1] 청약주식수 × 발행가액 × 납입비율				
주식발행일	차) 신주청약증거금	A		대) 자본금	××
	현금[2]		자본증가	주식발행초과금	××
	[2] 납입주식수 × 발행가액 × (1 − 납입비율)				
① 증거금 몰수	차) 신주청약증거금	B		대) 증거금소멸이익	자본
② 신주 발행	차) 신주청약증거금	B		대) 자본금	××
				주식발행초과금	××
③ 증거금 반환	차) 신주청약증거금	B		대) 현금	××

20×1년 2월 ㈜봄이는 공모방식을 통하여 유상증자를 결의하였고, 신주청약을 받았다. 발행주식은 보통주 100주(주당 액면금액 ₩1,000)이며, 발행가액은 주당 ₩2,000이다. 청약시점에서 청약증거금으로 발행가액의 10%를 수취하고, 나머지 발행대금은 3월에 전액 납입받고 주식을 발행하였다. 이때 발행된 주식은 80주이며, 나머지 20주는 투자자의 사정으로 주식인수를 취소하였다. 이에 따라 관련 청약증거금은 회사가 반환하지 않는다.

1 동 거래로 ㈜봄이의 자본증가액은 얼마인가?

2 동 거래를 거래 일자별로 회계처리하시오.

3 만약 ㈜봄이가 3월에 나머지 20주(납입이 완료되지 않은 부분)에 대하여 증거금으로 납입한 금액만큼 보통주를 발행해주는 경우, ㈜봄이가 이에 대하여 해야 할 회계처리를 보이시오.

풀이

1 자본증가액: 164,000 = 20,000 + 144,000
- 청약일: 100주 × 2,000 × 10% = 20,000
- 신주발행일: 100주 × 2,000 × (1 – 10%) × 80% = 144,000

2

20×1년 2월	차) 현금	20,000	대) 신주청약증거금(자본조정)	20,000
20×1년 3월	차) 신주청약증거금[1]	16,000	대) 자본금	80,000
	현금	144,000	주식발행초과금	80,000
	차) 신주청약증거금	4,000	대) 증거금소멸이익(자본)	4,000

[1] 100주 × 2,000 × 10% × 80% = 16,000

3

20×1년 2월	차) 현금	20,000	대) 신주청약증거금(자본조정)	20,000
	차) 신주청약증거금	16,000	대) 자본금	80,000
20×1년 3월	현금	144,000	주식발행초과금	80,000
	차) 신주청약증거금[2]	4,000	대) 자본금[3]	2,000
			주식발행초과금	2,000

[2] 100주 × 2,000 × 10% × 20% = 4,000
[3] (4,000 ÷ 2,000)주 × 1,000 = 2,000

---

05 무상증자

상법에서는 주주총회 또는 이사회의 결의에 의하여 자본잉여금 또는 이익잉여금 중 법정적립금의 전부 또는 일부를 자본금으로 전입(액면발행만 가능)하고, 그 전입액에 대해서는 신주를 발행하여 주주에게 무상으로 교부할 수 있도록 하고 있는데 이를 무상증자라고 한다.

무상증자의 회계처리

차) 자본잉여금 or 법정적립금(이익준비금)	××	대) 자본금	××

유상증자는 주식발행으로 현금이 유입되기 때문에 실질적으로 순자산이 증가하지만, 무상증자는 자본잉여금 또는 이익잉여금 중 법정적립금이 자본금으로 대체되는 것이므로 순자산의 변동(= 자본총계) 없이 발행주식수만 증가할 뿐이다.

II 자본금의 감소거래(감자)

기업의 자본금을 감소시키는 절차를 감자라고 하는데, 이는 자본총계 전체의 감소가 아닐 수도 있다. 그 이유는 기업의 자본금이 감소될 때 기업의 순자산이 함께 감소할 수도 있지만 경우에 따라서는 순자산이 변동하지 않는 자본금의 감소도 있기 때문이다.

01 유상감자

유상감자는 기존의 주주에게 현금 등의 대가를 지급하고 해당 주주들로부터 주식을 반환받아 소각하는 것을 말한다. 주식을 소각하는 경우에는 현금이 유출되어 자본총계가 감소하게 되므로 실질적 감자라고 한다. 기업이 신주를 발행하였을 때 자본금이 증가하였던 것처럼, 발행되었던 주식을 다시 매입하여 소각하는 경우 기업의 자본금은 감소하게 된다. 이때 지급한 현금 등의 대가와 감소된 자본금의 차액이 생길 수도 있는데, 지급한 현금 등의 대가가 더 많다면 감자차손이 발생하고 감소된 자본금이 더 많다면 감자차익이 발생한다.

감자대가 < 주식의 액면금액	주식의 액면금액 − 감자대가 = 감자차익(자본잉여금)
감자대가 > 주식의 액면금액	감자대가 − 주식의 액면금액 = 감자차손(자본조정)

유상감자의 대가가 액면금액에 미달하는 경우 동 미달액은 감자차익의 과목으로 하여 자본잉여금으로 분류한다. 유상감자의 대가가 액면금액을 초과하는 경우 동 초과액은 감자차손의 과목으로 하여 자본조정으로 분류한다. 감자차익과 감자차손은 발생 순서에 관계없이 서로 우선 상계한다. 감자차손은 주주총회에서 이익잉여금의 처분으로 상각할 수 있다.

Self Study

한국채택국제회계기준에서는 감자차손익을 계산하는 방법에 대해 별도로 규정하지 않고 있다. 그럼에도 불구하고 감자 시 감자관련 손익을 주식의 액면금액과 비교하여 계산하는 이유는 우리나라 상법상 자본잉여금은 결손보전과 자본금전입을 제외하고는 처분하지 못하도록 규정하고 있기 때문이다. 다만, 실제 문제에서는 감자에 대하여 최초 발행가액에서 차감하는지 액면금액에서 차감하는지를 명확히 명시하고 있다.

사례연습 5: 유상감자

12월 말 결산법인인 ㈜포도는 20×1년 초에 보통주 3주(액면금액 ₩100)를 주당 ₩200에 할증발행하였다.

(1) ㈜포도는 20×1년 10월 1일에 보통주 1주를 주당 ₩90에 취득하고 즉시 소각하였다.
(2) ㈜포도는 20×1년 11월 1일에 보통주 1주를 주당 ₩120에 취득하고 즉시 소각하였다.

각 일자별로 회계처리를 보이고, 각 일자별 재무상태표를 보이시오.

풀이

1. 20×1년 1월 1일

차) 현금	발행금액 600	대) 자본금	액면금액 × 발행주식수 300
		주식발행초과금	대차차액 300

	B/S		
현금	600		
		자본금	300
		자본잉여금	300

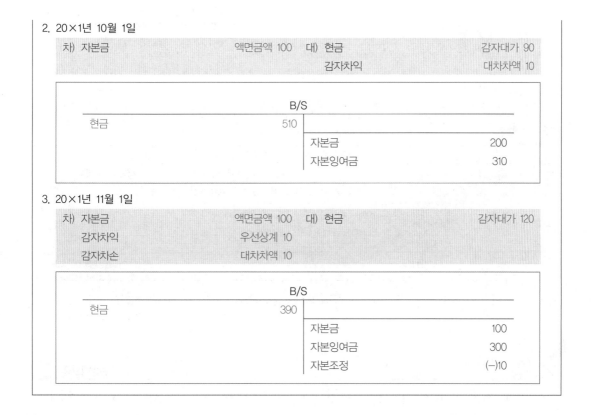

2. 20×1년 10월 1일

차) 자본금	액면금액 100	대) 현금	감자대가 90
		감자차익	대차차액 10

B/S

현금	510		
		자본금	200
		자본잉여금	310

3. 20×1년 11월 1일

차) 자본금	액면금액 100	대) 현금	감자대가 120
감자차익	우선상계 10		
감자차손	대차차액 10		

B/S

현금	390		
		자본금	100
		자본잉여금	300
		자본조정	(−)10

02 무상감자

무상감자는 주주들에게 대가를 지급하지 않고 주당 액면금액을 감액시키거나 주식수를 일정비율로 감소시키는 것을 말한다. 무상감자는 현금유출도 없고 자본이 감소하지도 않으므로 형식적 감자라고 한다.

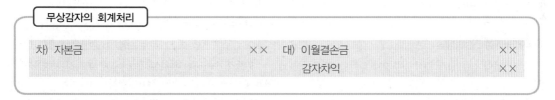

무상감자의 회계처리

차) 자본금	××	대) 이월결손금	××
		감자차익	××

일반적으로 무상감자는 누적결손금이 커지는 경우 결손보전 등의 목적으로 감자대가의 지급 없이 무상으로 주식을 상환하여 소각시키는 자본거래로 자본금을 감소시키지만 자본총액은 변하지 않는다. 무상감자의 경우 감자대가가 없으므로 감자차익만 발생하고, 감자차손은 발생하지 않는다. 감자차손이 발생하려면, 감소되는 자본금보다 보전할 결손금이 더 많아야 하는데, 이는 보전되지 않은 결손금을 보유하는 상태에서 자본거래 손익을 발생시키는 결과가 된다. 자본거래손실은 주주총회의 결의를 통하여 미처분이익잉여금이 상계될 부분인데, 아직 결손금이 남아 있는 회사에 미처분이익잉여금이란 있을 수 없다. 그러므로 결손보전의 과정에서 감자차손이 발생하는 회계처리는 적절하지 않다.

무상감자는 보통 미처리결손금이 있는 기업에서 대주주인 경영자가 자기가 보유하는 주식을 미처리결손금과 상계하는 방식으로 부실 경영에 대한 책임을 지는 과정에서 발생한다. 경우에 따라 미처리결손금이 없는 기업도 무상감자를 할 수 있으나 실익은 없다.

Self Study

증자와 감자거래의 재무제표 효과 비교

구분		자본금	자본총계
증자거래	유상증자	증가	증가
	무상증자	증가	변동 없음
감자거래	유상감자	감소	감소
	무상감자	감소	변동 없음

Ⅲ   자기주식

01 자기주식의 의의

자기주식이란 주식회사가 이미 발행한 자기지분상품을 소각하거나 추후에 재발행할 목적으로 재취득한 것을 말한다. 기업회계기준서 제1032호 '금융상품: 표시'에서는 기업이 자기지분상품을 재취득하는 경우에 이러한 지분상품을 자본에서 차감한다고 규정하고 있다. 그러므로 자기지분상품을 매입, 매도, 발행, 소각하는 경우의 손익은 당기손익으로 인식하지 않는다.

Additional Comment

상장기업의 경우 자사 주식의 주가가 하락할 때 주가를 일정 수준으로 유지하기 위하여 자기주식을 취득하는 경우가 많다. 또한 적대적 인수합병의 방어 차원에서 대주주 지분율을 높이기 위하여 자기주식을 취득하기도 한다.

Self Study

1. 자기주식은 자산이 아닌 자본의 차감계정으로 본다. 그 이유는 자기주식을 자산으로 보는 견해는 자기가 자신의 소유주가 된다는 것이므로 논리적으로 타당하지 않고, 자기주식은 의결권, 배당청구권 등 주주의 기본적인 권리가 제한되어 있어 보유로 인한 효익을 얻을 수 없기 때문이다. 그러므로 자기주식의 취득은 불입자본의 환급일 뿐이며, 취득 시 유통주식수가 감소하므로 미발행주식이 증가한 것과 동일하다고 본다.
2. 기업이나 연결실체 내의 다른 기업이 이러한 자기주식을 취득하여 보유할 수 있다. 이 경우 지급하거나 수취한 대가는 자본으로 직접 인식한다.

02 자기주식의 회계처리

자기주식은 부(−)의 자본이므로 취득목적에 관계없이 자본에서 차감하여 표시한다. 자기주식은 장부에 어떠한 금액으로 기록할지에 따라 원가법과 액면금액법으로 구분된다.

① 원가법: 자기주식을 최초원가로 인식하며 자본총계에서 차감하는 방법으로 공시
② 액면금액법: 자기주식을 액면금액으로 인식하며 자본금에서 차감하는 방법으로 공시

한국채택국제회계기준에서는 이 중 어느 방법을 사용하여야 하는지에 대한 규정이 없으나, 본서는 시험목적상 원가법에 근거한 회계처리를 다루도록 한다.

(1) 자기주식의 취득

기업이 자기지분상품인 자기주식을 유상으로 취득하는 경우 취득원가로 기록하고, 유통 중인 주식이 아님을 공시하기 위해 자본의 차감항목으로 하여 재무상태표에 공시(자본조정)한다.

┌─ 자기주식 취득의 회계처리 ─┐

차) 자기주식　　　　자본조정(자본의 차감)　대) 현금　　　　　　　　　　취득원가

Self Study

자기주식을 2회 이상 연속 취득하였는데 취득시점마다 취득단가가 상이한 경우 매각 또는 소각 시 어떤 원가의 흐름을 가정해야 하는지가 이슈가 될 수 있다. 한국채택국제회계기준에서는 별도의 규정이 없으므로 실제 출제가 된다면 문제의 조건에서 확인하여야 할 것이다.

(2) 자기주식의 처분

기업이 보유한 자기주식을 외부로 처분할 시 **처분금액이 장부금액을 초과하는 경우 초과액은 자기주식처분이익**의 과목으로 하여 자본잉여금으로 처리한다. 만일 **처분금액이 장부금액에 미달하는 경우에는 미달액은 자기주식처분손실**의 과목으로 하여 부(−)의 자본으로 분류하고 자본조정으로 처리한다.

처분대가 > 취득가액	처분대가 − 취득가액 = 자기주식처분이익(자본잉여금)
처분대가 < 취득가액	취득가액 − 처분대가 = 자기주식처분손실(자본조정)

자기주식처분이익과 자기주식처분손실은 발생 순서에 관계없이 서로 우선 상계한다. 자기주식처분손실은 주주총회에서 이익잉여금의 처분으로 상각할 수 있다.

┌─ **자기주식 처분의 회계처리** ─────────────────────────────────┐

[처분대가 > 취득금액]

차) 현금	처분대가	대) 자기주식	취득금액
		자기주식처분이익[1]	대차차액

[처분대가 < 취득금액]

차) 현금	처분대가	대) 자기주식	취득금액
자기주식처분손실[1]	대차차액		

[1] 자기주식처분이익과 자기주식처분손실은 서로 우선 상계

└──┘

(3) 자기주식의 소각

기업이 취득한 자기주식을 소각시키는 자본거래를 말한다. 이는 결과적으로 자본을 감소시키는 감자거래이므로 소각되는 주식의 자본금을 감소시키고, 감소되는 자본금과 자기주식의 취득원가를 비교하여 자본금 감소금액이 더 많은 경우에는 감자차익의 과목으로 하여 자본잉여금으로 처리하고 자본금 감소금액이 더 적은 경우에는 감자차손의 과목으로 하여 자본조정으로 처리한다.

자본금 감소액 > 취득원가	자본금 감소액 − 취득원가 = 감자차익(자본잉여금)
자본금 감소액 < 취득원가	취득원가 − 자본금 감소액 = 감자차손(자본조정)

감자차익과 감자차손은 발생 순서에 관계없이 서로 우선 상계한다. 감자차손은 주주총회에서 이익잉여금의 처분으로 상각할 수 있다. 또한 자기주식의 소각을 통하여 자본의 구성내역만 변동할 뿐이지 자본총계에 미치는 영향은 없다.

┌─ **자기주식 소각의 회계처리** ─────────────────────────────────┐

[취득금액 < 액면금액]

차) 자본금	액면금액	대) 자기주식	취득원가
		감자차익[1]	대차차액

[취득금액 > 액면금액]

차) 자본금	액면금액	대) 자기주식	취득원가
감자차손[1]	대차차액		

[1] 감자차익과 감자차손은 서로 우선 상계

└──┘

(4) 주주로부터 자기주식의 무상취득

자기주식을 주주로부터 무상으로 증여받은 경우에는 회계처리가 없는 것이 타당하다. 그러므로 무상으로 증여받은 경우에는 별도의 회계처리 없이 비망기록한다.

Additional Comment

주주로부터 무상으로 증여받은 자기주식을 회계처리하지 않고 비망기록하는 이유는 다음과 같다. 자기주식은 자산이 아니라 자본의 차감항목이다. 이로 인해 자기주식을 계상하면 자본이 감소함과 동시에 자기주식수증이익으로 자본이 증가하여 자본총계에는 영향이 없으므로 회계처리의 실익이 없기 때문이다. 또한 '재무보고를 위한 개념체계'에 따르면 자본은 자산에서 부채를 측정한 결과 그 차액으로만 계산되므로 자산과 부채의 변동이 없는 자기주식의 무상증여는 회계처리가 필요하지 않다.

Self Study

주주로부터 자기주식을 무상으로 취득한 경우 회계처리는 하지 않지만 이로 인해 보유 중인 자기주식의 주식수가 변경되어 자기주식의 평균 취득원가에도 영향을 미친다.

12월 말 결산법인인 ㈜포도는 20×1년 초에 보통주 3주(액면금액 ₩100)를 주당 ₩100에 액면발행하였다.

> (1) ㈜포도는 20×1년 10월 1일에 자기주식 3주를 주당 ₩80에 취득하였다.
> (2) ㈜포도는 20×1년 11월 1일에 자기주식 1주를 주당 ₩100에 재발행하였다.
> (3) ㈜포도는 20×1년 11월 30일에 자기주식 1주를 주당 ₩50에 재발행하였다.
> (4) ㈜포도는 20×1년 12월 1일에 자기주식 1주를 소각하였다.
> (5) ㈜포도는 20×1년 12월 10일에 주주로부터 자기주식 1주를 무상으로 수령하였다.
>   (수령 시 공정가치 ₩90)

각 일자별로 회계처리를 보이고, 각 일자별 재무상태표를 보이시오.

풀이

1. 20×1년 1월 1일

차) 현금	발행금액 300	대) 자본금	액면금액 × 발행주식수 300

	B/S		
현금	300		
		자본금	300

2. 20×1년 10월 1일

차) 자기주식	취득금액 240	대) 현금	취득금액 240

	B/S		
현금	60		
		자본금	300
		자본조정	(−)240

3. 20×1년 11월 1일

차) 현금	재발행금액 100	대) 자기주식	취득금액 80
		자기주식처분이익	대차차액 20

	B/S		
현금	160		
		자본금	300
		자본잉여금	20
		자본조정	(−)160

4. 20×1년 11월 30일

차) 현금	재발행금액 50	대) 자기주식	취득금액 80
자기주식처분이익	우선상계 20		
자기주식처분손실	대차차액 10		

	B/S		
현금	210		
		자본금	300
		자본잉여금	0
		자본조정	(−)90

5. 20×1년 12월 1일

차) 자본금	100	대) 자기주식	80
		감자차익	20

	B/S		
현금	210		
		자본금	200
		자본잉여금	20
		자본조정	(−)10

6. 20×1년 12월 10일

회계처리 없음

* 주주로부터 무상으로 증여받은 자기주식을 회계처리하지 않고 비망기록한다.

A사는 20×1년 1월 1일 액면금액 ₩100의 보통주식 1,000주를 ₩180에 발행하여 설립되었다. 회사는 20×1년 중에 다음과 같은 자기주식거래를 하였다.

(1) 3월 10일에 자기주식 100주를 주당 ₩160에 취득하였으며, 4월 15일에 자기주식 10주를 주당 ₩180에 처분하였다.
(2) 6월 3일에 자기주식 10주를 주당 ₩90에 처분하였으며, 10월 25일에 자기주식 10주를 주당 ₩170에 처분하였다. 10월 31일에 자기주식 10주를 소각하였다

위의 거래가 20×1년 자본의 각 항목에 미친 효과를 구하시오. [공인회계사 2019년 수정]

거래의 구분	자본총계 효과		
	자본금	자본잉여금	자본조정
20×1. 3. 10.			
20×1. 4. 15.			
20×1. 6. 3.			
20×1. 10. 25.			
20×1. 10. 31.			
자본총계 효과	(1)	(2)	(3)

	자본금(1)	자본잉여금(2)	자본조정(3)
①	₩(1,000)	₩(−)	₩(10,600)
②	₩(1,000)	₩2,000	₩(10,600)
③	₩(−)	₩2,000	₩(−)
④	₩2,000	₩(−)	₩(1,000)
⑤	₩1,000	₩1,000	₩1,000

거래의 구분	자본총계 효과		
	자본금	자본잉여금	자본조정
20×1. 3. 10.	–	–	(–)16,000
20×1. 4. 15.	–	200	1,600
20×1. 6. 3.	–	(–)200	1,100
20×1. 10. 25.	–	–	1,700
20×1. 10. 31.	(–)1,000	–	1,000
자본총계 효과	(1) (–)1,000	(2) –	(3) (–)10,600

[일자별 회계처리]

20×1. 3. 10.	차) 자기주식	16,000	대) 현금	16,000
20×1. 4. 15.	차) 현금	1,800	대) 자기주식	1,600
			자기주식처분이익	200
20×1. 6. 3.	차) 현금	900	대) 자기주식	1,600
	자기주식처분이익	200		
	자기주식처분손실	500		
20×1. 10. 25.	차) 현금	1,700	대) 자기주식	1,600
			자기주식처분손실	100
20×1. 10. 31.	차) 자본금	1,000	대) 자기주식	1,600
	감자차손	600		

정답: ①

참고 **자본거래유형과 자본거래손익 정리**

구분		손실(–)		이익(+)
자본거래	증자거래	주식할인발행차금	우선	주식발행초과금
	감자거래	감자차손	↔	감자차익
	자기주식	자기주식처분손실	상계	자기주식처분이익
수익거래(N/I)		결손금	↔	이익잉여금

자본거래손익들은 발생 순서에 관계없이 해당 손익과 서로 우선 상계하고 미상계된 잔액은 이후 이익잉여금의 처분으로 상계하여 보전한다.

4 손익거래

Ⅰ 이익잉여금의 의의와 종류

01 이익잉여금의 의의

이익잉여금은 회사의 정상적인 영업활동, 자산의 처분 및 기타의 손익거래에서 발생한 이익을 원천으로 하여 회사 내에 유보되어 있는 잉여금을 말한다. 즉, 재무상태표의 이익잉여금은 누적된 당기순이익에서 배당으로 사외유출되거나 자본의 다른 항목으로 대체된 금액을 차감한 후의 잔액을 의미한다.

> **이익잉여금의 정의**
>
> 이익잉여금 = Σ[(수익 − 비용) − 배당(사외유출) ± 자본전입·이입]
>
> * 회사설립시점부터 이익잉여금 계산시점까지를 나타낸다.

Additional Comment

잉여금을 자본잉여금과 이익잉여금으로 구분하는 이유는 잉여금을 발생원천에 따라 분류함으로써 배당가능잉여금과 배당불가능잉여금에 관한 정보를 제공하기 위해서이다. 배당할 수 있는 잉여금은 손익거래로부터 발생한 잉여금에 국한되어야 한다. 배당 가능한 이익잉여금과 유지하여야 할 자본잉여금을 명확하게 구분하지 않으면, 자본잉여금이 배당의 형태로 주주에게 환급되어 기업재정의 기초를 위태롭게 할 수 있다. 또한 배당 가능한 이익이 자본잉여금에 포함되면 주주에게 배당할 수 있는 잉여금이 감소된다.

02 이익잉여금의 종류

이익잉여금은 기본적으로 모두 주주에게 배당할 수 있는 것은 아니다. 모든 이익을 배당하면 기업이 미래에 사업을 위하여 재투자할 재원이 부족하게 되며, 채권자 보호도 제대로 이루어질 수 없을 것이다. 따라서 이익잉여금은 기본적으로 주주에 대한 배당이 가능한 자본항목이지만, 각종 법률에서 배당을 제한하기 위해 법정적립금을 규정하거나 기업이 자발적으로 임의적립금을 적립하여 배당이 일시적으로 불가능하도록 한 부분이 있다. 또한 기업이 지속적으로 당기순손실을 보고하는 경우에는 이익잉여금이 부(−)의 금액이 될 수도 있는데, 이러한 경우에는 재무상태표에 결손금으로 표시된다. 이러한 결손금은 임의적립금이나 법정적립금, 자본잉여금으로 처리하거나 감자의 방법으로 자본금과 상계하기도 한다.

이익잉여금의 종류		
이익잉여금	법정적립금(이익준비금)	영구적으로 현금배당 불가
	임의적립금	일시적으로 현금배당 불가
	미처분이익잉여금	즉시 현금배당 가능

(1) 법정적립금과 이익준비금

법정적립금은 법률에 따라 기업의 이익 중 일부를 적립한 것으로서, 이익준비금이 대표적인 항목이다. 이익준비금은 우리나라의 상법에 따라 기업이 자본금의 1/2에 달할 때까지 매기 결산 시 주식배당을 제외한 이익배당액(현금배당과 현물배당)의 1/10 이상을 적립한 금액이다. 이익준비금을 적립하는 이유는 회사가 가득한 이익을 주주들이 모두 배당으로 가져가는 것을 막기 위해서 이익으로 배당하려는 금액의 10% 이상을 회사 내에 유보하도록 하는 것이다.

(2) 임의적립금

임의적립금은 정관이나 주주총회 결의에 의하여 이익잉여금 중 사내에 유보한 이익잉여금을 말한다. 임의적립금은 적립목적이나 금액 등을 기업이 재량적으로 결정할 수 있다. 이에 기업들은 사업확장적 립금, 감채기금적립금, 재해손실적립금 등 다양한 목적에 따라 임의적으로 적립할 수 있다. 기업이 가득한 이익 중 법정적립금과 임의적립금 적립액을 빼고 난 후에 주주들에게 배당할 수 있는 금액(배 당가능이익)이 결정되므로 기업이 가득한 이익을 주주들이 배당으로 모두 가져가지 못하도록 법정적 립금뿐만 아니라 임의적립금도 적립하는 것이다.

(3) 미처분이익잉여금

회사가 창출한 당기순손익 중 배당, 자본조정항목의 상각 또는 다른 이익잉여금 계정으로 대체되지 않고 남아 있는 이익잉여금을 말한다. 즉, 기업의 미처분이익잉여금은 기업이 유보시킨 당기순이익 중에서 아직 배당되지 않거나 적립금으로 적립되지 않거나 자본조정과 상각되지 않아 배당의 재원 또는 추가적인 적립금의 적립재원이 될 수 있는 금액을 말한다.

미처분이익잉여금의 구조
미처분이익잉여금 = Σ[당기순손익 + 임의적립금 이입 − 이익잉여금 처분(배당, 적립 등)]

미처분이익잉여금은 기업이 유보시킨 당기순이익 중에서 배당되지 않거나 적립금으로 적립되지 않거나 자본조정과 상각되지 않아 배당의 재원 또는 추가적인 적립금의 적립재원이 될 수 있는 금액이다. 미처분이익잉여금의 처분 권한은 주주총회에 있다. 이러한 미처분이익잉여금은 다음과 같은 원인으로 변동한다.

미처분이익잉여금의 변동 원인

감소	증가
1. 당기순손실	1. 당기순이익
2. 배당(사외유출)	2. 자본전입(자본에서 대체: 감자 등)
3. 자본전입(자본으로 대체: 무상증자 등)	3. 임의적립금의 이입
4. 법정적립금과 임의적립금의 적립	
5. 자본조정항목 이익잉여금의 처분	

* 전기손익수정 또는 회계정책변경누적효과로 인하여 이익잉여금이 증감할 수 있다.
* 자산재평가차익은 이익잉여금에 대체될 수 있다.
* 확정급여제도의 재측정요소는 기타포괄손익에 반영되지만 발생한 기간에 이익잉여금으로 대체할 수 있다.
* 주식할인발행차금의 상각, 자기주식처분손실 및 감자차손 등은 결손에 준하여 이익잉여금의 처분으로 처리할 수 있다.

01 당기순손익의 대체

회계순환과정 중 보고기간 동안 집계된 당기손익은 집합손익에 집계되었다가 미처분이익잉여금에 대체함으로써 마감된다. 이러한 과정에서 미처분이익잉여금이 증가하지만 당기순손실이 대체되는 경우에는 미처분이익잉여금이 감소되기도 한다.

당기순손익의 이익잉여금 대체 회계처리

[당기순이익 대체]

차) 집합손익	N/I	대) 미처분이익잉여금	××

[당기순손실 대체]

차) 미처분이익잉여금	××	대) 집합손익	N/I

02 기타포괄손익누계액의 대체

한국채택국제회계기준에 열거된 기타포괄손익의 항목은 기타포괄손익누계액에 누적적으로 집계되었다가, 해당 항목이 실현되는 경우 동 항목은 당기손익으로 재분류되거나 미처분이익잉여금에 직접 대체되어 미처분이익잉여금이 변동한다.

기타포괄손익누계액의 이익잉여금 대체 회계처리

[기타포괄이익누계액 대체]

차) 기타포괄손익누계액(예 재평가잉여금) ×× 대) 미처분이익잉여금 ××

[기타포괄손실누계액 대체]

차) 미처분이익잉여금 ×× 대) 기타포괄손실누계액(예 금융자산평가손실) ××

---

03 배당

(1) 배당의 정의

배당은 기업의 경영활동의 결과를 통해 창출한 이익을 주주들에게 배분하는 것으로 자기자본에 대한 이자라고 할 수 있다. 배당은 현금으로 지급되는 것이 일반적이지만 경우에 따라서는 주식 등 다른 형태로 지급되기도 한다.

(2) 배당 관련 일자의 정의

배당의 회계처리에 있어서 배당기준일, 배당결의일, 배당지급일은 중요한 의미를 갖는다.

1) 배당기준일

특정일 현재 주주명부에 기재된 주주들에게 배당을 받을 권리가 있다고 할 때 그 특정일이 배당기준일이다. 배당기준일 현재 주주라면 배당을 받을 권리가 있으며, 그 다음 날에 주주가 된 사람은 배당을 받을 권리가 없다. 일반적으로 연 1회 배당을 지급할 때 배당기준일은 결산일이다.

2) 배당결의일

배당지급에 대한 결의는 주주총회 결의사항이다. 따라서 배당결의일은 주주총회 결의일이며, 주주총회 결의일에 비로소 회사는 배당금을 지급해야 할 의무가 발생한다.

3) 배당지급일

배당을 결의했다고 해서 즉시 배당금이 지급되는 것은 아니다. 배당금은 상법에 따라 배당결의일로부터 1개월 내에 지급되며, 이 날이 배당지급일이다.

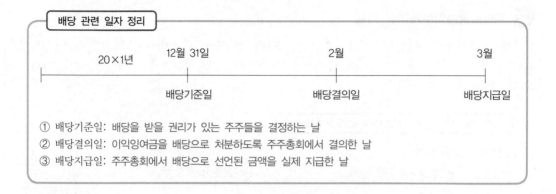

배당 관련 일자 정리

20×1년 | 12월 31일 | 2월 | 3월
배당기준일 | 배당결의일 | 배당지급일

① 배당기준일: 배당을 받을 권리가 있는 주주들을 결정하는 날
② 배당결의일: 이익잉여금을 배당으로 처분하도록 주주총회에서 결의한 날
③ 배당지급일: 주주총회에서 배당으로 선언된 금액을 실제 지급한 날

Self Study

배당가능이익의 계산: 이익잉여금 중 배당으로 처분할 수 있는 금액은 배당가능이익을 한도로 한다. 이때 상법에 따르면 이익배당액(주식배당 제외) 중 10% 이상을 이익준비금으로 적립해야 하므로 주주에게 배당할 수 있는 최대금액은 다음과 같이 계산된다.
➡ 배당 최대액: (미처분이익잉여금 + 임의적립금 이입액 − 기타 법정적립금 적립액 − 기타 이익잉여금 처분액) ÷ 1.1

(3) 현금배당

현금배당은 배당금을 현금으로 지급하는 것으로 실질적인 채무는 배당선언일에 발생한다. 회사는 배당선언일에 미지급배당금으로 처리하고, 실제 배당금을 현금지급하는 시점에 현금 지급액과 상계한다. 기업이 현금배당을 하게 되면, 미처분이익잉여금의 감소와 함께 자본총계가 감소하게 된다.

현금배당의 회계처리

[배당기준일]

회계처리 없음

[배당결의일]

차) 미처분이익잉여금	1.1A	대) 미지급배당금(유동부채)	A
		이익준비금	0.1A

[배당지급일]

차) 미지급배당금	××	대) 현금	××

(4) 현물배당

현물배당은 비현금자산(상품, 유가증권, 기타 현금 이외의 자산)으로 배당하는 것을 말하며, 비현금자산을 받거나 현금을 받을 수 있는 선택권을 주주에게 부여할 수도 있다. 배당을 지급해야 하는 부채는 그 배당이 적절하게 승인되고 더 이상 기업에게 재량이 없는 시점에 인식된다.

Additional Comment

현물배당은 현금배당을 실시하면 회사가 일시적인 유동성 위기를 겪을 수 있으므로 회사가 보유한 상품, 금융상품 등으로 배당을 지급하게 되면 주주에게 배당이 원활해지는 장점이 있어 최근에 상법에 도입한 규정이다.

현물배당에 대해서 상법이나 기준서는 회계처리를 언급하고 있지 않다. 현물배당에 대한 회계처리는 장부금액법과 공정가치법이 있다. 두 방법의 내용은 다음과 같다.

① 장부금액법: 현물배당으로 분배되는 자산의 장부금액만큼 배당을 지급한 것으로 회계처리
② 공정가치법: 현물배당으로 분배되는 자산의 공정가치만큼 배당을 지급한 것으로 회계처리

다수의 의견으로는 장부금액보다 공정가치법이 더 타당한 것으로 보고 있다. 예를 들어, 장부금액이 ₩1,000이고 공정가치가 ₩2,000인 자산을 주주에게 배당한 경우 주주에게 귀속된 이익은 ₩2,000이므로 기업이 배당한 금액도 ₩2,000으로 회계처리하는 것이 타당하다. 그러나 현물배당을 장부금액으로 회계처리하든 공정가치법으로 회계처리하든 배당 후 회사의 자본에 미치는 영향은 동일하다.

[장부금액법]			
차) 미처분이익잉여금	1,000	대) 배당되는 자산	1,000

[공정가치법]			
차) 미처분이익잉여금	2,000	대) 배당되는 자산	1,000
		비현금자산처분이익	1,000

그러나 현금배당뿐만 아니라 현물배당에 대해서도 배당액의 1/10 이상을 이익준비금으로 적립해야 한다. 그러므로 현물배당을 장부금액과 공정가치법 중 어떤 방법을 적용하는가에 따라 이익준비금의 적립금액이 다를 수 있다.

현물배당 시 공정가치법에 따른 회계처리를 적용하였을 때 세부적인 내용은 다음과 같다.

① 소유주에게 배당으로 비현금자산을 분배해야 하는 부채는 분배될 자산의 공정가치로 측정한다. 비현금자산을 받거나 현금을 받을 수 있는 선택권을 기업이 소유주에게 부여한다면, 기업은 각 대안의 공정가치와 소유주가 각 대안을 선택할 확률을 고려하여 미지급배당을 추정한다.

② 각 보고기간 말과 결제일에 기업은 미지급배당의 장부금액을 검토(공정가치로 측정)하고 조정하며, 이 경우 미지급배당의 장부금액 변동분은 분배금액에 대한 조정으로 자본으로 인식한다. 이때 장부금액을 검토한다는 것은 공정가치로 측정한다는 것을 의미한다.

③ 기업이 미지급배당을 결제할 때 분배된 자산의 장부금액과 미지급배당의 장부금액이 다르다면 동 차액은 당기손익으로 인식한다.

현물배당의 회계처리 – 공정가치법(이익준비금 적립 고려 ✕)

[배당결의일]

| 차) 미처분이익잉여금 | ✕✕ | 대) 미지급배당금 | ✕✕ |

[보고기간 말 및 결제일의 공정가치 측정]

| 차) 미처분이익잉여금 | ✕✕ | 대) 미지급배당금 | 변동분 |

[배당지급일]

| 차) 미지급배당금 | ✕✕ | 대) 비현금자산 | ✕✕ |
| | | 비현금자산처분이익 | N/I |

현물배당의 회계처리 – 공정가치법(이익준비금 적립 고려 ○)

[배당결의일]

차) 비현금자산	FV – BV	대) 비현금자산처분이익	N/I
차) 미처분이익잉여금	1.1FV	대) 미지급배당금	FV
		이익준비금	0.1FV

[배당지급일]

| 차) 미지급배당금 | FV | 대) 비현금자산 | FV |

A사는 20×2년 4월 20일에 20×1년에 대한 주주총회를 개최하였으며 20×1년 12월 31일을 기준일로 현물배당을 선언하였다. 주주총회일 현재 배당하는 자산의 공정가치는 ₩70,000이었다. 현물배당은 20×2년 5월 1일에 지급되었으며, 지급일에 현물의 장부금액은 ₩40,000, 공정가치는 ₩80,000이라고 할 경우, 현물배당과 관련하여 20×2년의 회계처리가 A사의 이익잉여금에 미친 영향을 구하시오(단, 이익준비금의 적립은 고려하지 않는다).

풀이

이익잉여금에 미친 영향: −80,000 + 40,000 = (−)40,000

[회계처리]

20×2년 4월 20일

| 차) 미처분이익잉여금 | 70,000 | 대) 미지급배당금 | 70,000 |

20×2년 5월 1일

차) 미처분이익잉여금	10,000	대) 미지급배당금	10,000
차) 미지급배당금	80,000	대) 자산	40,000
		처분이익	40,000

(5) 주식배당

주식배당은 회사가 주식을 신규로 발행하여 주주들에게 배당하는 것을 말한다. 기업이 주식배당을 하게 되면, 현금배당과 같이 미처분이익잉여금이 감소하지만 자본총액은 감소하지 않는다는 특징이 있다.

Additional Comment

주식배당을 하는 회사는 자금을 지출하지 않고 주주의 배당압력을 줄일 수 있으며, 기업의 순자산에는 변화를 주지 않고 주식의 유통을 원활하게 하는 장점이 있다. 또한, 주주의 입장에서는 무상으로 교부받은 주식을 시가로 처분함으로써 실질적인 현금배당을 받는 혜택이 있다고 볼 수 있다.

주식배당의 회계처리에는 다음과 같은 방법이 있다.

① 액면금액법: 주식배당 시 주식의 액면금액만큼의 이익잉여금을 자본금으로 대체시키는 방법
② 공정가치법: 배당되는 주식배당을 결의시점의 주식 공정가치만큼 이익잉여금을 자본금과 자본잉여금으로 대체시키는 방법

액면금액법은 주식배당이 투자자의 수익이 아니라는 것에 주안점을 두었다. 즉, 주식배당은 주주의 지분을 보다 많은 수의 주식으로 분할하는 것에 불과하므로 투자자에게 수익이 발생하지 않는다는 것이다. 우리나라 상법에서는 주식배당을 액면금액법으로 회계처리하도록 하였다. 주식배당은 배당선언일에 회계처리하고, 미교부주식배당금의 과목으로 하여 자본조정으로 처리한다. 해당 미교부주식배당금은 실제 주식을 발행·교부하는 시점에 자본금으로 대체한다.

[배당기준일]

회계처리 없음	

[배당결의일]

차) 미처분이익잉여금	××	대) 미교부주식배당금(자본조정)	××

[배당지급일]

차) 미교부주식배당금	××	대) 자본금	××

Self Study

우리나라 상법에 따르면 주식배당은 이익배당 총액의 1/2에 상당하는 금액을 초과하지 못한다(단, 주권상장법인은 전체 배당을 주식배당으로 할 수 있다).

(6) 중간배당

연 1회의 결산기를 정한 회사는 정관에 정한 경우 영업연도 중 1회에 한하여 이사회의 결의로 일정한 날을 정하여 그 날의 주주에 대하여 배당을 할 수 있는데, 이러한 배당을 중간배당이라고 한다. 중간배당은 현금배당이나 현물배당만이 가능하고 이사회의 결의로 배당한다는 점에서 정기주주총회에서 결의되어 지급되는 연차배당과는 다르다.

중간배당도 이익배당이므로 이익준비금을 적립하여야 한다. 따라서 정기주주총회에서 이익준비금을 적립할 금액은 중간배당액과 정기주주총회에서 결의될 연차배당액의 합계액을 기준으로 계산하여야 한다.

┌─ 중간배당의 회계처리 ─┐

[중간배당의 이사회 결의 시]

차) 미처분이익잉여금	A	대) 미지급배당금	A

[중간배당 지급 시]

차) 미지급배당금	A	대) 현금	A

[해당연도 주주총회 결의 시 중간배당에 대한 이익준비금 적립]

차) 미처분이익잉여금	0.1A	대) 이익준비금	0.1A

Self Study

중간배당은 현금·현물배당만 가능하고 당기 이전에 결손금 존재 시 중간배당은 불가하다.

(7) 청산배당

회사가 이익잉여금잔액을 초과하여 배당을 하는 경우가 있다. 이는 납입자본의 일부를 배당으로 지급하는 것으로 청산배당이라고 한다. 청산배당은 이익의 배당이 아니라 주주가 납입한 투자액의 반환으로 보아 청산배당에 해당하는 금액은 자본잉여금계정에서 차감한다.

(8) 주식분할과 주식병합

주식분할은 하나의 주식을 여러 개의 주식으로 분할하는 것이고 주식병합은 여러 개의 주식을 하나의 주식으로 병합하는 것을 말한다. 주식분할과 주식병합은 자본구성내역에 변동이 없기 때문에 회계처리하지 않는다.

Additional Comment

주식분할은 주식을 추가로 주주들에게 분배해 준다는 점에서 주식배당과 동일하나, 자본구성내용에 변동이 없다는 점에서 배당가능한 이익잉여금이 자본으로 대체되어 자본구성내용에 변동이 있는 주식배당과 다르다.

참고 | 무상증자, 주식배당, 주식분할, 주식병합의 비교

구분	무상증자	주식배당	주식분할	주식병합
발행주식수	증가	증가	증가	감소
주당액면금액	불변	불변	감소	증가
자본금총액	증가	증가	불변	불변
자본잉여금	감소 가능	불변	불변	불변
이익잉여금	감소 가능	감소	불변	불변

04 법정적립금, 임의적립금의 적립과 이입

(1) 법정적립금과 이익준비금

법정적립금은 법률에 따라 기업의 이익 중 일부를 적립한 것으로서, 이익준비금이 대표적인 항목이다. 이익준비금은 우리나라의 상법에 따라 기업이 자본금의 1/2에 달할 때까지 매기 결산 시 주식배당을 제외한 이익배당액(현금배당과 현물배당)의 1/10 이상을 적립한 금액이다. 단, 상법에서는 이익준비금으로 적립할 금액의 최저한도만을 규정한 것이므로 이익배당이 없는 경우에도 이익준비금은 적립 가능하다.

Additional Comment

법정적립금은 무상증자나 결손보전으로 사용할 수 있다. 법정적립금을 자본금으로 대체하는 것은 무상증자이며, 법정적립금을 미처리결손금과 상계하는 것은 결손보전이다.

```
┌─ 이익준비금의 최소적립액과 회계처리 ─────────────────────────────┐

    이익준비금의 최소적립액 = Min[이익배당가능액 × 10%, 자본금 × 1/2 − 이익준비금 기적립분]

  [법정적립금의 적립]
    차) 미처분이익잉여금              ××        대) 이익준비금              ××

  [법정적립금을 재원으로 한 결손보전]
    차) 이익준비금                   ××        대) 미처분이익잉여금        ××

  * 이익준비금의 적립은 주주총회에서 결정되며, 주주총회일에 회계처리한다.
└────────────────────────────────────────────────────────┘
```

(2) 임의적립금

임의적립금은 정관이나 주주총회 결의에 의하여 이익잉여금 중 사내에 유보한 이익잉여금을 말한다. 임의적립금은 적립목적이나 금액 등을 기업이 재량적으로 결정할 수 있다. 기업이 가득한 이익 중 법정적립금과 임의적립금 적립액을 빼고 난 후에 주주에 대한 배당가능이익이 결정되므로 기업이 가득한 이익을 주주들이 배당으로 모두 가져가지 못하도록 법정적립금뿐만 아니라 임의적립금도 적립하는 것이다.

임의적립금의 적립목적이 달성되었다면, 차기 이후의 주주총회에 해당 임의적립금을 다시 미처분이익잉여금으로 환원시킨 후 다른 목적의 임의적립금을 적립하거나 배당으로 사외유출할 수도 있다. 이렇게 임의적립금을 미처분이익잉여금으로 환원하는 것을 임의적립금의 이입이라고 한다.

```
┌─ 임의적립금 적립액과 이입의 회계처리 ─────────────────────────┐

  [임의적립금의 적립]
    차) 미처분이익잉여금              ××        대) 임의적립금              ××

  [임의적립금의 이입]
    차) 임의적립금                   ××        대) 미처분이익잉여금        ××

  * 임의적립금의 적립은 주주총회에서 결정되며, 주주총회일에 회계처리한다.
└────────────────────────────────────────────────────────┘
```

Additional Comment

기업이 임의적립금을 적립한다고 해서 당해 목적에 사용할 자금이 마련되는 것은 아니다. 그러나 기업은 주주들의 배당압력을 회피할 수단으로 임의적립금을 이용하거나, 추후 특정 부분에 사용하기 위해서 현재는 배당재원이 있음에도 불구하고 배당할 수 없는 사실을 알려주는 역할로 임의적립금을 이용한다.

05 자본거래손실의 상각

주식할인발행차금, 감자차손 및 자기주식처분손실 등과 같이 자본거래손실은 회사와 주주와의 거래를 통해 회사가 손실을 입은 것이기 때문에 주주의 입장에서 본다면 회사로부터 이익을 배분받은 것으로 볼 수 있다. 그러므로 자본거래손실은 주주에 대한 배당으로 해석할 수도 있다. 그러나 우리나라의 경우 이익잉여금의 처분권한이 주주총회에 있으므로 이를 배당으로 회계처리하지 않고, 자본조정으로 처리한 후 주주총회의 결의를 통하여 미처분이익잉여금과 상계하도록 하고 있다.

자본거래손실 상각의 회계처리

[자본거래손실 상각]

차) 미처분이익잉여금	××	대) 주식할인발행차금 등	××

* 자본거래손실 상각의 회계처리는 주주총회일에 수행한다.

---

06 결손금의 처리

영업활동의 결과 당기순손실이 발생할 수도 있다. 이때 회사는 당기순손실을 포함한 결손금을 다른 잉여금과 상계하여 제거할 수도 있고 차기로 이월시킬 수도 있다. 여기서 결손금(전기이월미처분결손금 포함)의 처리란 결손금을 이익잉여금(법정적립금과 임의적립금) 또는 자본잉여금과 상계하여 장부에서 제거하는 것이며 이를 결손보전이라고도 한다. 결손금은 자본금과 상계할 수도 있는데, 이를 무상감자라고 한다. 결손금의 처리도 주주총회의 승인을 받아야 하기 때문에 당기 말 재무상태표에는 처리하기 전의 결손금이 표시되며, 결손금처리에 대한 회계처리는 주주총회일에 이루어진다.

결손금 처리의 회계처리

[결산일 마감분개]

차) 미처리결손금	××	대) 집합손익	××

[주주총회일의 결손금처리]

차) 법정적립금	××	대) 미처리결손금	××
임의적립금	××		
자본잉여금	××		

* 결손금처리의 회계처리는 주주총회일에 수행한다.

Additional Comment

미처리결손금 중 얼마의 금액을 처리해야 하는지는 기업이 결정할 사항이다. 미처리결손금 전액을 다른 잉여금과 상계할 수도 있고 일부만 상계할 수도 있으며, 전혀 상계하지 않고 차기로 이월할 수도 있다. 미처리결손금을 처리할 때 상계대상 잉여금은 자본잉여금, 법정적립금 및 임의적립금이 될 수 있는데, 상법에는 미처리결손금의 상계 순서를 정하고 있지 않다.

1. 자본거래가 자본총계에 미치는 영향 분류

구분	세부 항목	자본총계에 미치는 영향
자본의 증감	주주와의 거래로 자산·부채의 증감 ⇒ 현금 유출·유입 및 자산·부채의 변동	○
	당기순손익(N/I)	
	기타포괄손익(OCI)	
자본 구성내역의 변동	무상증자/감자, 주식배당/분할/병합	×
	이익준비금 적립	
	자본거래손실 상계	
	임의적립금 적립, 이입	

2. 자본총계에 미치는 영향 풀이 TOOL

자본의 변동(1 + 2) = 기말자본 - 기초자본	=	1. 자본거래 = + 현금유입 - 현금유출 or 자산·부채 증감 + 2. 손익거래(① + ②) = ① N/I = 총포괄손익 ② OCI 변동

3. 거래별 자본총계에 미치는 효과

구분		자본총계 영향	금액
자본거래	유상증자	+	발행가액
	유상감자	-	감자대가
	자기주식 취득	-	취득가액
	자기주식 재발행	+	재발행가액
	자기주식 소각	변동 없음	
	이익배당	-	현금배당액
	무상증자/주식배당/주식분할/주식병합	변동 없음	
기타거래	복합금융상품 발행	+	자본요소
	전환권/신주인수권/주식선택권 행사	+	권리행사 시 현금 유입액
	이익준비금/임의적립금 적립	변동 없음	
총포괄이익		+	총포괄이익

다음은 ㈜대한의 자본과 관련된 자료이다.

20×1년 초 현재 보통주 발행주식수는 1,000주이고 주당 액면금액은 ₩500이다. 다음은 ㈜대한의 20×1년 초 현재의 자본 내역이다.

보통주자본금	₩500,000	감자차익	₩1,000
주식발행초과금	₩40,000	재평가잉여금	₩30,000
자기주식	₩35,000	미처분이익잉여금	₩10,000

20×1년 중 다음의 거래가 발생하였다.

A	20×1년 초 현재 보유하고 있는 자기주식 수량은 50주이다. 자기주식은 원가법으로 회계 처리하며 자기주식 취득원가는 주당 ₩700이다. 20×1년 3월 초 자기주식 10주를 소각하였다.
B	20×1년 초 현재 보유하고 있는 토지는 ₩70,000에 취득하였는데 재평가잉여금은 토지의 재평가로 발생한 것이다. 20×1년 말 토지는 ₩80,000으로 재평가되었다.
C	20×1년 3월 말 자기주식 20주를 주당 ₩800에 재발행하였다.
D	20×1년 5월 초 현물출자방식으로 보통주 300주를 발행하여 건물을 취득하였다. 현물출자 시점에 건물의 공정가치는 ₩200,000이고, 원가모형을 적용한다.
E	20×1년 7월 초 이사회에서 중간배당으로 총 ₩1,500을 지급하기로 결의하고 7월 말에 지급하였다. 20×1년도 당기순이익으로 ₩10,000을 보고하였다.

상기 A부터 E까지의 거래가 반영된 20×1년 말 자본총계를 구하면?　　　　[공인회계사 2018년]

① ₩740,500　　　　　② ₩742,500　　　　　③ ₩747,500
④ ₩750,500　　　　　⑤ ₩757,500

(1) 기초 자본총계: 500,000 + 1,000 + 40,000 + 30,000 − 35,000 + 10,000 = 546,000
(2) 자본의 변동: (80,000 − 100,000) + 20주×800 + 200,000 − 1,500 + 10,000 = 204,500
(3) 기말 자본총계: (1) + (2) = 750,500
(4) 풀이 TOOL 이용

자본의 변동(1 + 2)	=	1. 자본거래 = 16,000 + 200,000 − 1,500
= 기말자본 − 546,000		+
		2. 손익거래(① + ②) = ① N/I = 10,000
		= 총포괄손익 ② OCI 변동 = 80,000 − (70,000 + 30,000)

[각 거래별 회계처리]

[A거래]

차) 자본금	@500 × 10주 = 5,000	대) 자기주식	@700 × 10주 = 7,000
감자차익	1,000		
감자차손	1,000		

[B거래]

차) 재평가잉여금	20,000	대) 토지	20,000

* 20×1년 초 토지의 평가액: 70,000 + 30,000 = 100,000

[C거래]

차) 현금	@800 × 20주 = 16,000	대) 자기주식	@700 × 20주 = 14,000
		자기주식처분이익	2,000

[D거래]

차) 건물	200,000	대) 자본금	@500 × 300주 = 150,000
		주식발행초과금	50,000

[E거래]

차) 미처분이익잉여금	1,500	대) 현금	1,500
차) 집합손익	10,000	대) 미처분이익잉여금	10,000

정답: ④

01 이익잉여금의 처분시기

이익잉여금 처분에 따른 회계처리시기는 주주총회 결의일이다. 기업의 결산일이 20×1년 12월 31일인 경우 20×1년도 주주총회는 일반적으로 20×2년 2월에 개최되어 이익잉여금 처분을 포함한 여러 가지 사항에 대해 결정한다. 만약에 20×1년도 주주총회가 20×2년 2월 15일에 개최되어 이익잉여금 처분에 대한 내용을 승인했다면 동 일자에 관련 회계처리를 장부에 반영한다. 그 이유는 20×1년 12월 31일에는 이익잉여금의 처분에 대한 아무런 결정이 없었기 때문이다. 그러므로 20×1년 말 재무상태표에 표시되는 이익잉여금의 잔액은 처분하기 전의 금액이다.

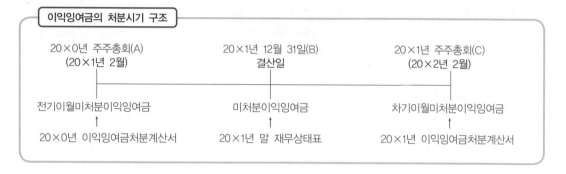

이익잉여금의 처분시기 구조

20×0년 주주총회(A) (20×1년 2월)	20×1년 12월 31일(B) 결산일	20×1년 주주총회(C) (20×2년 2월)
전기이월미처분이익잉여금	미처분이익잉여금	차기이월미처분이익잉여금
↑	↑	↑
20×0년 이익잉여금처분계산서	20×1년 말 재무상태표	20×1년 이익잉여금처분계산서

02 이익잉여금의 처분 회계처리

(1) 주주총회 이후 결산일까지의 회계기간 동안 미처분이익잉여금의 변동내역(A ⇒ B)

미처분이익잉여금은 전기에서 처분되지 않고 당기로 이월된 전기이월미처분이익잉여금에 중간배당액을 차감하고 당기순이익을 가산하여 산출한다. 이때 재평가잉여금 중 사용기간 동안 이익잉여금으로 대체한 금액도 미처분이익잉여금에 가산한다.

미처분이익잉여금을 계산하는 내용은 보고기간 말에 회계처리하고, 보고기간 말 현재 재무상태표의 자본에는 미처분이익잉여금으로 보고된다.

결산일의 미처분이익잉여금 계산구조 및 회계처리

기말미처분이익잉여금(B): 전기이월미처분이익잉여금(A) + 재평가잉여금 대체액 − 중간배당액(이익준비금 적립액 포함 ×) + 당기순이익

차) 이월이익잉여금(A)	××	대) 중간배당지급액	××
집합손익(N/I)	××	미처분이익잉여금(B)	××
재평가잉여금	××		

(2) 결산일 이후 주주총회일 직후까지의 회계기간 동안 미처분이익잉여금의 변동내역(B ⇒ C)

적립목적이 달성된 임의적립금은 처분 이전의 상태로 환원하여 다시 처분할 수 있다. 임의적립금을 처분 이전의 상태로 환원하는 것을 임의적립금의 이입이라고 하는데, 임의적립금을 이입하는 회계처리는 정기주주총회일에 하여야 한다.

보고기간 말의 미처분이익잉여금과 임의적립금이입액의 합계액은 처분 가능한 이익잉여금이 된다. 처분 가능한 이익잉여금은 관련 법령 및 정관에서 정한 순서에 따라 적절한 방법으로 처분한다.

미처분이익잉여금은 다음과 같은 순서로 처분하고, 남은 잔액은 차기로 이월된다. 미처분이익잉여금을 처분하는 회계처리도 정기주주총회일에 하여야 한다.

① 이익준비금 적립액
② 이익잉여금처분에 의한 상각액: 주식할인발행차금 상각액, 자기주식처분손실, 감자차손
③ 배당금: 현금배당, 주식배당
④ 임의적립금 적립액

주주총회일 직후의 미처분이익잉여금 계산구조 및 회계처리

차기이월미처분이익잉여금(B): 미처분이익잉여금(B) + 임의적립금 이입액 − 현금배당 − 주식배당 − 이익준비금 적립 − 임의적립금 적립 − 자본거래손실 상각 등

차) 미처분이익잉여금(B)	××	대) 이익준비금	××
		주식할인발행차금	××
		미지급배당금	××
		미교부주식배당금	××
		사업확장적립금 등	××
		이월이익잉여금(C)	××

03 이익잉여금처분계산서

한국채택국제회계기준 적용 전에는 이익잉여금의 처분이나 결손금의 처리내역을 보여주는 이익잉여금처분계산서 또는 결손금처리계산서를 재무제표에 공시하였으나, 국제회계기준서에는 동 재무제표를 기본 재무제표에 포함시키고 있지 않다. 이에 한국회계기준위원회는 한국채택국제회계기준을 일부 개정하여 상법 등 관련 법규에서 이익잉여금처분계산서(또는 결손금처리계산서)의 작성을 요구하는 경우 재무상태표의 이익잉여금(또는 결손금)에 대한 보충정보로서 이익잉여금처분계산서(또는 결손금처리계산서)를 주석으로 공시하도록 하고 있다.

이익잉여금처분계산서 양식 및 효과 분석

		미처분 이익잉여금	이익잉여금 변동액	자본총계 변동액
I. 미처분이익잉여금(B)	← 당기 말 B/S상 미처분이익잉여금			
전기이월미처분이익잉여금(A)				
회계정책변경누적효과				
전기오류수정				
- 중간배당액		감소	감소	감소
+ 재평가잉여금 이익잉여금 대체		증가	증가	변동 없음
+ 당기순이익		증가	증가	증가
II. 임의적립금이입액				
+ 사업확장적립금 등의 이입		증가	변동 없음	변동 없음
III. 이익잉여금처분액	↑ 다음 회계연도의 정기주주총회일에 회계처리 ↓			
- 이익준비금 적립		감소	변동 없음	변동 없음
- 주식할인발행차금 등 상각액		감소	감소	변동 없음
- 현금배당		감소	감소	감소
- 주식배당		감소	감소	변동 없음
- 임의적립금 적립		감소	변동 없음	변동 없음
IV. 차기이월미처분이익잉여금(C)	← 다음 기의 이월액			

다음은 12월 말 결산법인인 A사의 20×1년 1월 1일 현재의 재무상태표의 자본항목을 표시한 것이다.

납입자본		₩10,000
자본금(100주)	₩10,000	
기타자본잉여금		₩6,000
주식발행초과금	₩4,000	
자기주식처분이익	₩1,000	
감자차익	₩1,000	
이익잉여금		₩8,000
이익준비금	₩5,000	
미처분이월이익잉여금	₩3,000	
기타자본구성요소		₩2,200
재평가잉여금	₩1,000	
FVOCI금융자산평가이익	₩2,000	
자기주식(보통주 5주)	₩(800)	

(1) 2월 26일: 개최된 주주총회에서 A사는 현금배당 ₩1,000, 주식배당 ₩1,000을 각각 처분하기로 하였으며, 이익준비금은 상법에서 정하는 최소한의 금액을 적립하기로 하였다 (단, 20×0년 중간배당은 없다).

(2) 9월 1일: 중간배당으로 현금 ₩600을 지급하였다.

(3) 12월 31일: 유형자산을 공정가치로 측정하여 재평가이익 ₩500을 인식하였다. A사는 재평가잉여금을 사용 중에 이익잉여금으로 대체하는 정책을 채택하고 있다. 20×1년 말 현재 재평가모형을 적용하는 유형자산의 잔존내용연수는 4년, 내용연수 종료시점의 잔존가치는 없으며, 정액법으로 감가상각한다.

(4) A사는 20×1년도의 당기순이익으로 ₩8,000을 보고한다.

1 A사는 20×1년 2월 26일 주주총회 직후 차기이월이익잉여금은 얼마인가?

2 A사는 20×1년 말 재무상태표에 보고할 미처분이익잉여금은 얼마인가?

3 A사가 20×2년 주주총회에서 배당률 5%로 현금배당을 실시한다면 현금배당 지급액은 얼마인가?

1 차기이월이익잉여금: 1,000 = 미처분이월이익잉여금 3,000 - 현금배당 1,000 - 주식배당 1,000

* 기초 재무상태표의 이익준비금 5,000은 자본금의 1/2에 상당하는 금액으로 이익준비금을 추가 적립하지 않는다.

[20×1년 2월 26일 회계처리]

차) 미처분이익잉여금(B)	2,000	대) 미지급배당금	1,000
		미교부주식배당금	1,000

2

전기이월이익잉여금	1,000
중간배당	(−)600
당기순이익	8,000
재평가잉여금의 이익잉여금 대체	1,000/5 = 200
미처분이익잉여금	8,600

[20×1년 9월 1일 회계처리]

차) 미처분이익잉여금	600	대) 현금	600

[20×1년 12월 31일 회계처리]

차) 집합손익(N/I)	8,000	대) 미처분이익잉여금	8,200
재평가잉여금	200		

3 현금배당액: (100주 − 자기주식 5주 + 주식배당 10주) × @100 × 5% = 525

* 자기주식은 배당금 계산 시 제외한다.

* 주식배당으로 인한 증가한 주식수: 1,000 ÷ @100 = 10주

20×2년 2월에 개최되었던 주주총회 결의일 직후 작성된 ㈜대경의 20×1년 말 재무상태표상 자본은 다음과 같다.

보통주 자본금	₩30,000,000
이익준비금	₩1,000,000
사업확장적립금	₩500,000
감채기금적립금	₩600,000
미처분이익잉여금	₩800,000

㈜대경의 20×2년도 당기순이익은 ₩1,200,000이고, 당기 이익잉여금 처분 예정은 다음과 같다.

감채기금적립금 이입	₩300,000
현금배당	₩400,000
주식배당	₩100,000
사업확장적립금 적립	₩250,000
이익준비금 적립	법정최소금액 적립

위 사항들이 20×3년 2월 개최된 주주총회에서 원안대로 승인되었다. 한국채택국제회계기준에 따라 20×2년도 이익잉여금처분계산서를 작성할 때 차기이월미처분이익잉여금은 얼마인가?

[공인회계사 2014년]

① ₩1,510,000   ② ₩1,550,000   ③ ₩1,610,000
④ ₩1,650,000   ⑤ ₩1,800,000

I. 미처분이익잉여금	← 당기 말 B/S상 미처분이익잉여금	미처분 이익잉여금	이익잉여금 변동액	자본총계 변동액
전기이월미처분이익잉여금		800,000		
회계정책변경누적효과				
전기오류수정				
– 중간배당액		, 감소	감소	감소
+ 재평가잉여금 이익잉여금 대체		증가	증가	변동 없음
+ 당기순이익		증가 1,200,000	증가 1,200,000	증가 1,200,000
II. 임의적립금이입액	↑ 다음 회계연도의 정기주주총회일에 회계처리 ↓			
+ 사업확장적립금 등의 이입		증가 300,000	변동 없음	변동 없음
III. 이익잉여금처분액				
– 이익준비금 적립		감소 40,000[1]	변동 없음	변동 없음
– 주식할인발행차금 등 상각액		감소	감소	변동 없음
– 배당금(현금배당 및 주식배당)		감소 500,000	감소 500,000	감소 400,000
– 임의적립금 적립		감소 250,000	변동 없음	변동 없음
IV. 차기이월미처분이익잉여금	← 다음 기의 이월액	1,510,000	700,000	800,000

[1] 20×1년 이익준비금(1,000,000)이 보통주자본금(30,000,000)의 1/2에 도달하지 않았으므로 현금배당액의 10%를 이익준비금에 적립한다.

정답: ①

IV 기타포괄손익누계액

한국채택국제회계기준에서는 재무성과의 측정과 관련된 재무제표의 요소로서 수익과 비용을 정의하고 있으며 수익과 비용이 집계되면 기업의 총포괄손익이 결정된다. 기업의 총포괄손익은 당기손익과 기타포괄손익으로 구분된다.

기타포괄손익누계액은 기업의 보고기간 동안 발생한 기타포괄손익을 누적한 금액으로 기타포괄손익을 발생시킨 자산이나 부채의 실현 및 이행에 따라 해당 기타포괄손익이 당기손익으로 재분류되거나 자본의 다른 항목(이익잉여금 등)으로 대체된 부분을 제외한 금액이다. 그러므로 기타포괄손익누계액은 기타포괄손익의 대체로 발생하고, 기타포괄손익누계액의 당기손익 재분류나 기타포괄손익누계액의 자본 내 대체로 소멸된다.

우선주는 보통주에 비하여 특정 사항에 대해 우선적 지위를 갖는 주식으로 그 내용에 따라 이익배당우선주, 전환우선주, 상환우선주로 나눌 수 있다. 일반적으로 우선주는 주주총회에서 회사의 제반업무에 대한 의결권이 없다.

I 이익배당우선주

배당에 관한 우선권이 부여된 우선주에는 누적적 우선주와 참가적 우선주가 있다.

01 누적적 우선주와 비누적적 우선주

(1) 누적적 우선주

누적적 우선주는 특정 회계연도에 사전에 정해진 최소배당률에 미달하여 배당금을 지급한 경우, 지급하지 못한 배당금을 이후 회계연도에 우선적으로 지급하여야 하는 의무가 있는 우선주를 말한다.

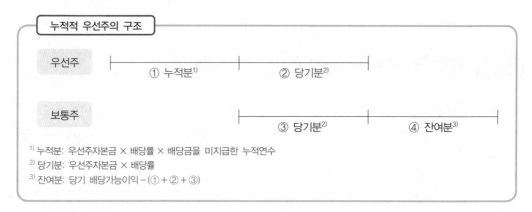

누적적 우선주의 구조

우선주	① 누적분[1]	② 당기분[2]	
보통주		③ 당기분[2]	④ 잔여분[3]

[1] 누적분: 우선주자본금 × 배당률 × 배당금을 미지급한 누적연수
[2] 당기분: 우선주자본금 × 배당률
[3] 잔여분: 당기 배당가능이익 − (① + ② + ③)

Additional Comment

누적적 우선주의 배당금은 기업이 반드시 지급해야 한다는 점에서 사채의 액면이자와 동일한 성격이다. 그러나 누적적 우선주도 지분상품이므로 배당이 선언된 경우에만 배당금 지급의무가 발생한다. 그러므로 배당을 선언하지 않은 경우에는 미지급한 배당금을 부채로 인식할 수 없다. 다만, 미인식 누적적 우선주배당금이 있다는 사실을 주석으로 공시한다.

(2) 비누적적 우선주

비누적적 우선주는 특정 회계연도에 사전에 정해진 최소배당률에 미달하여 배당금을 지급한 경우, 지급하지 못한 배당금을 이후 회계연도에 우선적으로 지급해야 하는 의무가 없는 우선주를 말한다.

02 참가적 우선주와 비참가적 우선주

(1) 참가적 우선주

참가적 우선주는 사전에 약정된 일정 배당률을 우선적으로 수령하고 지급한 후 보통주가 우선주 배당률과 동일한 금액을 배당받는 경우, 동 금액을 초과하여 배당금으로 처분된 금액에 대하여 이익배당에 참여할 권리가 부여된 우선주를 말한다. 이러한 우선주는 일정 부분의 우선배당을 받고 잔여이익이 있는 경우에 추가적 배당에 보통주와 동일한 자격으로 참가할 수 있는 완전참가적 우선주와 일정 부분의 배당참여만 허용하고 그 이상에 대해서는 참가할 수 없는 부분참가적 우선주가 있다. 즉, 완전참가적 우선주는 배당률에 제한이 없으나 부분참가적 우선주는 최대배당률이 정해져 있다. 만약, 누적적·비참가적 우선주인 경우에는 과거 회계연도에 지급하지 못한 누적배당금을 먼저 계산하고 동 금액을 차감한 이후의 배당선언액을 배분하여야 한다.

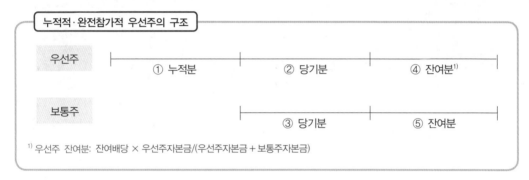

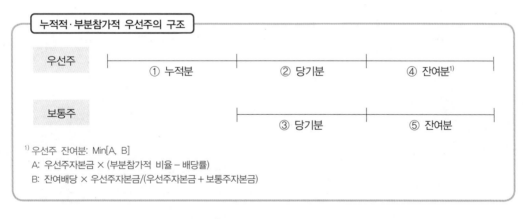

(2) 비참가적 우선주

약정된 배당을 받은 후에 잔여이익에 대해서 참가할 수 없는 우선주를 말한다.

이익배당 우선주 풀이법 – 누적적·부분참가적 우선주

구분	우선주	보통주
누적분	① 우선주자본금 × 최소배당률 × 배당금을 수령 못한 누적연수	–
당기분	② 우선주자본금 × 최소배당률	③ 보통주 자본금 × 최소배당률
잔여분	④ 우선주 잔여분: Min[A, B] A: 우선주자본금×(부분참가적 비율 – 최소배당률) B: 잔여배당 × 우선주자본금/(우선주자본금 + 보통주 자본금)	배당가능액 – ①②③④
합계	⑤ 우선주배당액	보통주배당액 = 배당가능액 – ⑤

Self Study

현금배당가능액: 배당가능 미처분이익잉여금 ÷ (1 + 10%)

차) 이익잉여금	1.1A	대) 미지급배당금	A
		이익준비금	0.1A

* 배당가능이익은 이익배당가능액에서 상법상 이익준비금(현금배당액의 10%, 자본금의 1/2에 달할 때까지)을 차감한 금액이다.

12월 말 결산법인인 ㈜베르테르는 20×4년 초에 보통주 10,000주와 우선주 6,000주를 발행하여 설립되었다. 관련 자료는 다음과 같다.

(1) 회사가 보고한 3년간의 연도별 당기순손익

20×4년 당기순손실	₩ (−)290,000
20×5년 당기순손실	₩ (−)220,000
20×6년 당기순이익	₩ 840,000

(2) 보통주와 우선주의 주당 액면금액은 각각 ₩ 100이며, 우선주는 배당률 5%의 누적적·부분참가적(10%까지)이다. ㈜베르테르의 자본금은 설립일 이후 변동이 없었다.

(3) 모든 배당은 현금배당이며, 이익준비금은 법정 최소한을 적립하고, 20×6년에 이익준비금을 적립하더라도 자본금의 1/2에 미달한다.

20×7년 초 정기주주총회에서 보통주와 우선주에 배당가능한 금액은 얼마인가?

풀이

1. 현금배당가능 미처분이익잉여금: (840,000 − 290,000 − 220,000) ÷ (1 + 10%) = 300,000
2. 보통주와 우선주의 배당가능액

구분	우선주	보통주
누적분	① 우선주자본금 × 최소배당률 × 배당금을 수령 못한 누적연수 6,000주 × @100 × 5% × 2년(20×4, 20×5) = 60,000	–
당기분	② 우선주자본금 × 최소배당률 6,000주 × @100 × 5% = 30,000	③ 보통주자본금 × 최소배당률 10,000주 × @100 × 5% = 50,000
잔여분	④ 우선주 잔여분: Min[A, B] A: 우선주자본금 × (부분참가적 비율 − 최소배당률) 　　600,000 × (10% − 5%) = 30,000 B: 잔여배당 × 우선주자본금/(우선주자본금 + 보통주자본금) 　　(300,000 − 90,000 − 50,000) × 600,000/1,600,000 = 60,000	배당가능액 − ①②③④
합계	⑤ 우선주배당액 120,000	보통주배당액 = 배당가능액 − ⑤ 300,000 − 120,000 = 180,000

01 금융부채 및 자본의 분류 여부

금융상품은 법적 형식이 아니라 실질에 따라 재무상태표에 분류하여야 한다. 일반적으로 실질과 법적 형식이 일치하지만 반드시 그런 것은 아니다. 어떤 금융상품은 지분상품(자본)의 법적 형식을 가지고 있지만 실질적으로는 금융부채에 해당되는 경우가 있고, 그 반대의 경우도 있다. 이러한 금융상품에 대표적인 예가 상환우선주이다.

상환우선주는 미리 약정한 가격으로 상환할 수 있는 선택권을 갖고 있는 우선주를 말한다. 상환우선주는 계약의 실질에 따라 발행자가 계약상의 의무 부담 여부에 따라 금융부채와 자본으로 구분한다. 상환우선주는 다음 중 하나에 해당하는 경우 계약상의 의무를 포함하고 있으므로 금융부채로 분류한다.

> ① 발행자에 상환의무(확정되었거나 결정 가능한 미래의 시점에 확정되었거나 결정 가능한 금액을 상환)가 있는 경우
> ② 보유자가 상환청구권(특정일이나 그 이후 확정되었거나 결정 가능한 금액의 상환)을 보유하고 있는 경우

02 금융부채로 분류되는 상환우선주

한국채택국제회계기준은 우선주의 보유자가 상환을 청구할 수 있거나, 발행자가 계약상 의무가 있는 상환우선주는 금융부채로 분류하도록 규정하고 있다. 금융부채로 분류되는 상환우선주는 배당의 지급 여부에 따라 달리 회계처리한다.

(1) 누적적 상환우선주

금융부채로 분류되는 상환우선주 중 배당을 반드시 지급하여야 하는 누적적 상환우선주는 배당금이 지급되지 않는 경우 상환금액에 가산되므로 만기상환액과 배당금이 모두 부채에 해당한다. 따라서 누적적 상환우선주의 발행일에 발행금액 전체를 부채로 인식하는데, 발행금액은 만기에 상환할 금액과 배당금 전체의 현재가치가 된다. 금융부채로 분류되는 상환우선주는 유효이자율법을 적용하여 상각하여 이자비용의 과목으로 당기손익으로 인식한다. 이에 따라 누적적 상환우선주는 배당금을 지급하는 경우 이자비용으로 인식한다.

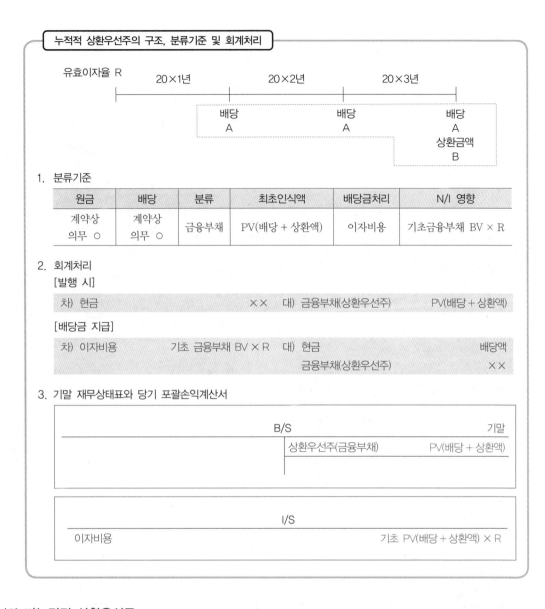

누적적 상환우선주의 구조, 분류기준 및 회계처리

유효이자율 R

20×1년   20×2년   20×3년

배당   배당   배당
A   A   A
                         상환금액
                         B

1. 분류기준

원금	배당	분류	최초인식액	배당금처리	N/I 영향
계약상 의무 ○	계약상 의무 ○	금융부채	PV(배당 + 상환액)	이자비용	기초금융부채 BV × R

2. 회계처리

[발행 시]

차) 현금 ×× 대) 금융부채(상환우선주) PV(배당 + 상환액)

[배당금 지급]

차) 이자비용 기초 금융부채 BV × R 대) 현금 배당액
　　　　　　　　　　　　　　　　　　　　金융부채(상환우선주) ××

3. 기말 재무상태표와 당기 포괄손익계산서

B/S		기말
	상환우선주(금융부채)	PV(배당 + 상환액)

I/S	
이자비용	기초 PV(배당 + 상환액) × R

(2) 비누적적 상환우선주

금융부채로 분류되는 상환우선주 중 배당이 상환 전까지 발행자의 재량에 따라 지급되는 비누적적 우선주는 상환금액의 현재가치에 상당하는 부채요소를 가지고 있는 복합금융상품에 해당한다. 따라서 비누적적 상환우선주의 발행금액에서 상환금액의 현재가치에 해당하는 부채요소를 차감한 금액은 자본으로 분류한다.

금융부채로 분류되는 상환우선주는 유효이자율법을 적용해서 상각하여 이자비용의 과목으로 하여 당기손익으로 인식한다. 그러나 배당금을 지급하는 경우 당해 배당금은 자본요소와 관련되므로 이익잉여금의 감소로 인식하며, 당기손익으로 처리하지 않는다. 이 경우 상환우선주의 발행 시 자본항목으로 분류된 금액은 계속 자본항목으로 분류한다.

비누적적 상환우선주의 구조, 분류기준 및 회계처리

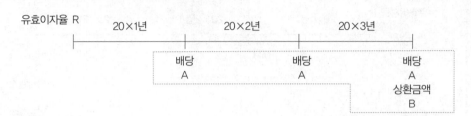

1. 분류기준

원금	배당	분류	최초인식액	배당금처리	N/I 영향
계약상 의무 ○	계약상 의무 ×	금융부채	PV(상환액)	이익(잉여금)의 처분	기초금융부채 BV × R

2. 회계처리

[발행 시]

차) 현금	××	대) 금융부채(상환우선주)	PV(상환액)
		자본항목(배당의 가치)	××

[배당금 지급]

차) 미처분이익잉여금	××	대) 현금	배당액
차) 이자비용	기초 금융부채 BV × R	대) 금융부채(상환우선주)	××

3. 기말 재무상태표와 당기 포괄손익계산서

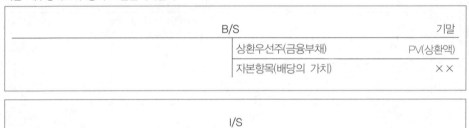

03 **지분상품(자본)으로 분류하는 상환우선주**

상환우선주라 하더라도 현금으로 상환할 권리가 발행자에게 있는 경우에는 금융자산을 이전할 계약상 의무가 없으므로 자본으로 분류해야 한다. 또한 배당금을 지급하는 경우에도 이익의 처분으로 회계처리한다.

지분상품으로 분류되는 상환우선주의 분류기준 및 회계처리

1. 분류기준

원금	배당	분류	최초인식액	배당금처리	N/I 영향
계약상 의무 ×	계약상 의무 ×	자본	발행금액	이익(잉여금)의 처분	해당사항 없음

2. 회계처리

[발행 시]

차) 현금	××	대) 우선주자본금	××
		주식발행초과금	××

[배당 시]

차) 미처분이익잉여금	××	대) 현금	배당액

[상환 시]

차) 미처분이익잉여금[1]	상환액	대) 현금	××

[1] 상환우선주를 상환할 때는 미처분이익잉여금이 감소한다(상법 제345조).

3. 기말 재무상태표와 당기 포괄손익계산서

B/S		기말
	우선주자본금	××
	주식발행초과금	××

I/S
해당사항 없음

20×1년 1월 1일 A회사는 액면금액 ₩800,000의 상환우선주를 발행하였다. 우선주의 액면배당률은 10%이며 매년 말 배당을 지급할 계획이며, 실제로 지급하였다. A회사는 상기의 상환우선주에 대하여 20×3년 12월 31일 ₩1,000,000에 의무적으로 상환하여야 한다. 단, 20×1년 1월 1일 현재 A회사의 채무상품에 적용되는 시장이자율이 10%이다(10%, 3년 단일금액 ₩1의 현재가치는 0.7513, 3년 정상연금 ₩1의 현재가치는 2.4868이다).

1 상환우선주가 누적적 우선주인 경우, 상환우선주의 순발행금액을 제시하고, 20×1년의 당기손익효과는 얼마인가?

2 상환우선주가 비누적적 우선주인 경우, 상환우선주의 순발행금액을 제시하고, 20×1년의 당기손익 효과는 얼마인가?

풀이

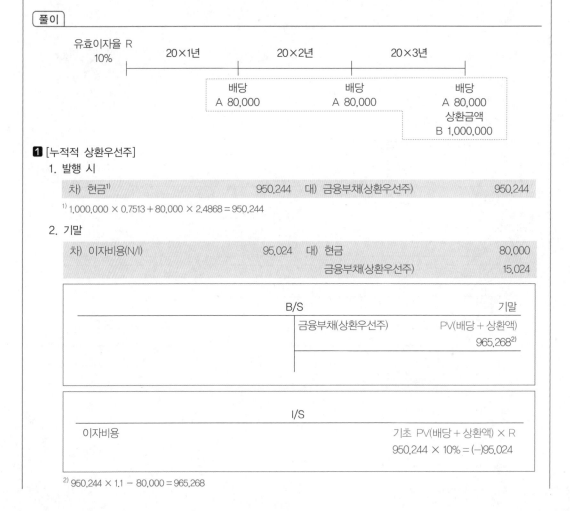

1 [누적적 상환우선주]

1. 발행 시

차) 현금[1]	950,244	대) 금융부채(상환우선주)	950,244

[1] 1,000,000 × 0.7513 + 80,000 × 2.4868 = 950,244

2. 기말

차) 이자비용(N/I)	95,024	대) 현금	80,000
		금융부채(상환우선주)	15,024

B/S		기말
	금융부채(상환우선주)	PV(배당 + 상환액) 965,268[2]

I/S	
이자비용	기초 PV(배당 + 상환액) × R 950,244 × 10% = (−)95,024

[2] 950,244 × 1.1 − 80,000 = 965,268

2 [비누적적 상환우선주]

1. 발행 시

차) 현금[3]	751,310	대) 금융부채(상환우선주)	751,310

[3] 1,000,000 × 0.75131 = 751,310

2. 기말

차) 이자비용(N/I)	75,131	대) 금융부채(상환우선주)	75,131
차) 미처분이익잉여금	80,000	대) 현금	80,000

	B/S	기말
	금융부채(상환우선주)	PV(상환금액)
		826,441

	I/S	
이자비용		기초 PV(상환액) × R
		751,310 × 10% = (−)75,131

㈜리비는 20×1년 1월 1일 다음과 같이 두 종류의 비참가적 우선주를 발행하였으며, 이 시점의 적절한 할인율은 연 5%이다.

기간	5% 현재가치계수	5% 정상연금 현재가치계수
4	0.8227	3.5460

- A우선주: 주당 액면금액 ₩5,000이고 연 배당률이 3%인 누적적 우선주 100주 발행.
  ㈜리비는 동 우선주를 상환할 수 있는 권리를 가짐
- B우선주: 주당 액면금액은 ₩5,000이고 연 배당률이 4%인 비누적적 우선주 100주 발행.
  ㈜리비는 20×5년 1월 1일 주당 ₩5,000에 동 우선주를 의무적으로 상환해야 함

20×1년도에는 배당가능이익이 부족하여 우선주에 대해 배당을 하지 못했으나, 20×2년도에는 배당을 현금으로 전액 지급하였다. 단, 해당연도 배당금은 매 연도 말에 지급된다고 가정한다. 위의 두 종류 우선주와 관련하여 20×1년도와 20×2년도의 당기순이익에 미치는 영향의 합계액은 얼마인가? (단, 차입원가는 모두 당기비용으로 인식하며, 법인세효과는 고려하지 않는다) [공인회계사 2013년]

① ₩72,164 감소   ② ₩62,164 감소   ③ ₩57,164 감소
④ ₩42,164 감소   ⑤ 영향 없음

풀이

1. 우선주의 구분
   (1) 우선주 A: ㈜리비가 우선주를 상환할 수 있는 권리를 가지고 있다. 이는 ㈜리비는 현금지급의 의무를 부담하지 않으므로 동 상환우선주 A는 자본으로 분류되고 이에 따라 당기손익에 미치는 영향은 없다.
   (2) 우선주 B: ㈜리비는 20×5년 1월 1일에 확정된 금액으로 우선주를 상환하여야 하므로 현금지급의 의무를 부담한다. 이에 따라 상환우선주 B는 금융부채로 분류된다. 더하여 비누적적 우선주이므로 상환금액의 현재가치만을 금융부채로 분류하고 이에 대한 매기 말 상각액은 이자비용처리한다.

2. 우선주 B의 F/S 분석
   (1) 금융부채의 CF

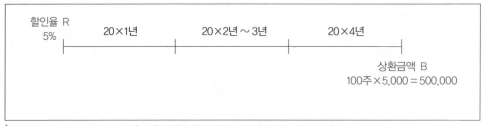

* 비누적적 우선주이므로 액면배당은 금융부채의 현금흐름에 고려하지 않고 이익의 처분으로 본다.

(2) 20×1년 회계처리

[비누적적 상환우선주]

1) 발행 시

차) 현금	411,350	대) 상환우선주(금융부채)	500,000 × 0.8227

2) 기말

차) 이자비용(N/I)	411,350 × 5% = 20,568	대) 상환우선주(금융부채)	20,568

B/S		기말
	금융부채(상환우선주)	411,350 × 1.05 - 0 = 431,918

I/S	
이자비용	411,350 × 5% = (−)20,568

(3) 20×2년 회계처리

1) 기말

차) 이자비용(N/I)	431,918 × 5% = 21,596	대) 상환우선주(금융부채)	21,596
차) 이익잉여금	20,000	대) 현금	20,000

B/S		기말
	금융부채(상환우선주)	431,918 × 1.05 - 0 = 453,514

I/S	
이자비용	431,918 × 5% = (−)21,596

➡ 20×1년과 20×2년의 당기손익에 미치는 영향의 합계: 20,568 + 21,596 = 42,164

정답: ④

6 자본변동표

Ⅰ 자본변동표의 의의

자본변동표는 한 회계기간 동안 발생한 자본(소유주지분)의 변동을 표시하는 재무보고서이며, 자본을 구성하고 있는 납입자본(자본과 자본잉여금)과 이익잉여금, 기타자본요소(자본조정항목과 기타포괄손익누계액)의 변동에 대한 포괄적인 정보를 제공한다.

한국채택국제회계기준에 의하면, 자본변동표의 본문에 표시해야 할 항목은 다음과 같다.

① 지배기업의 소유주와 비지배지분에게 각각 귀속되는 금액으로 구분하여 표시한 해당 기간의 총포괄손익

② 자본의 각 구성요소별로 회계변경 및 오류수정에 따라 인식된 소급적용이나 소급재작성의 영향

③ 자본의 각 구성요소별로 다음의 각 항목에 따른 변동액을 구분하여 표시한, 기초시점과 기말시점의 장부금액 조정내역

  a. 당기순손익

  b. 기타포괄손익의 각 항목

  c. 소유주에 의한 출자와 소유주에 대한 배분을 구분하여 표시한, 소유주로서의 자격을 행사하는 소유주와의 거래

Self Study

한국채택국제회계기준이 자본의 다른 구성요소의 소급 수정을 요구하는 경우를 제외하고는 소급법을 적용한 수정과 재작성은 자본의 변동은 아니지만 이익잉여금 기초 잔액의 수정을 초래한다. 이러한 수정사항은 과거의 각 기간과 당해 기간의 기초에 대하여 공시한다.

자본변동표
20×1년 1월 1일부터 20×1년 12월 31일까지

××회사　　　　　　　　　　　　　　　　　　　　　　　　　　　　　　(단위: 원)

구분	납입자본	이익잉여금	기타자본구성요소	지배기업지분총계	비지배지분	총계
20×1. 1. 1.(보고금액)	××	××	××	××	××	××
회계정책변경의 누적효과		××		××	××	××
전기오류수정의 효과		××		××	××	××
수정 후 기초잔액	××	××	××	××	××	××
연차배당		(−)××		(−)××		(−)××
유상증자	××			××		××
당기순이익		××		××	××	××
확정급여제도 재측정손익			××	××		××
유형자산 재평가잉여금			××	××		××
재평가잉여금 대체		××	(−)××	−		××
20×1. 12. 31.	××	××	××	××	××	××

* 한국채택국제회계기준은 연결재무제표를 기본재무제표로 하고 있으므로, 자본변동표에 비지배지분을 별도로 표시하였다.

다음 사례 A~E 내용을 20×1년 ㈜한국의 자본변동표에 표시하는 방법으로 옳지 않은 것은? (단, ㈜한국이 발행한 주식의 단위당 액면금액은 ₩500으로 일정하다)

[공인회계사 2015년]

사례 A) 20×1년 2월 초에 자기주식 10주를 주당 ₩800으로 취득하였다.

사례 B) 20×1년 3월 말에 토지를 취득하고 이에 대한 대가로 주식 100주를 발행, 교부하였다. 토지의 공정가치는 알 수 없으나, 주식 교부일 현재 주식의 단위당 공정가치는 ₩700이다. 신주발행비용 ₩1,000은 현금으로 지급하였다.

사례 C) 20×1년 7월 초에 ₩100,000에 취득한 상품의 20×1년 말 순실현가능가치는 ₩120,000이다(단, 동 상품은 기말 현재 보유하고 있다).

사례 D) 20×1년 8월 초에 중간배당으로 ₩50,000을 지급하였으며, 20×1년도 결산배당으로 ₩200,000(현금배당 ₩100,000, 주식배당 ₩100,000)을 20×2년 3월 3일 주주총회에서 의결하였다.

사례 E) 20×1년 말에 FVOCI금융자산으로 회계처리하고 있는 투자주식에 대하여 FVOCI 금융자산평가이익 ₩20,000을 인식하였다.

자본변동표(관련 내역만 표시됨)

㈜한국   20×1. 1. 1. ~ 20×1. 12. 31.   (단위: 원)

	사례	납입자본	이익잉여금	기타자본요소	총계
①	A	–	–	(8,000)	(8,000)
②	B	69,000	–	–	69,000
③	C	–	–	–	–
④	D	–	(250,000)	100,000	(150,000)
⑤	E	–	–	20,000	20,000

풀이

①	차) 자기주식	8,000	대) 현금	8,000

    ⊃ 기타자본요소 8,000 감소

②	차) 토지	70,000	대) 자본금	50,000
			주식발행초과금	20,000
	차) 주식발행초과금	1,000	대) 현금	1,000

    ⊃ 납입자본(자본금 + 주식발행초과금) 69,000 증가

③   ⊃ 취득원가가 순실현가능가치보다 작으므로 저가법 적용 대상 아님

④	차) 이익잉여금	50,000	대) 현금	50,000

    ⊃ 20×1년도에 대한 주주총회라고 하더라도 20×2년도의 재무제표에 반영해야 하므로 결산배당 관련 회계처리가 20×1년도의 자본에 미치는 영향은 없다.

⑤	차) FVOCI금융자산	20,000	대) FVOCI금융자산평가이익	20,000

    ⊃ 기타자본요소 20,000 증가

정답: ④

Chapter 10 | 핵심 빈출 문장

01 발행자가 보유자에게 미래의 시점에 확정된 금액을 의무적으로 상환해야 하는 우선주는 금융부채로 분류한다.

02 현물배당을 실시할 경우, 각 보고기간 말과 결제일에 기업은 미지급배당금의 장부금액을 검토하고 조정한다. 이 경우 미지급배당금의 장부금액 변동은 분배금액에 대한 조정으로 자본으로 인식한다.

01 20×1년 1월 1일 A회사는 액면금액 ₩500,000의 다음과 같은 조건의 상환우선주를 발행하였다. 우선주의 액면배당률은 20%로 매년 말 배당을 지급할 계획이며, 실제로 지급하였다. 상환우선주의 발행과 관련하여 20×1년 당기손익에 미치는 영향을 누적적 우선주인 경우와 비누적적 우선주인 경우로 구분하여 계산하면 얼마인가?

> (1) A회사는 상기 상환우선주에 대하여 20×3년 12월 31일 ₩1,000,000에 의무적으로 상환하여야 한다.
>
> (2) 20×1년 1월 1일 A회사의 일반사채의 시장이자율은 12%이다.
>
> (3) 12%, 3기간 일시금현가계수와 연금현가계수는 각각 0.71178과 2.40183이다.

	누적적 우선주	비누적적 우선주
①	₩114,236	₩85,414
②	₩114,236	₩185,414
③	₩100,000	₩80,000
④	₩100,000	없음
⑤	없음	없음

02 20×1년 초에 설립된 ㈜도도는 보통주 5,000주와 우선주 5,000주를 발행하여 설립되었으며 설립일 이후 당기순이익 이외에 자본의 변동은 없다. 보통주와 우선주의 주당 액면금액은 각각 ₩100이며, 우선주는 비누적적·10% 부분참가적이고 약정배당률은 5%이다. ㈜도도의 20×3년 말 이익잉여금 잔액은 ₩220,000이며 전액 배당으로 처분한다고 가정할 경우, 우선주 주주에게 최대 지급가능한 배당금액은 얼마인가? (단, 배당은 전액 현금배당이며, 20×3년에 이익준비금을 적립하더라도 자본금의 1/2에 미달한다)

① ₩50,000　　　② ₩75,000　　　③ ₩100,000

④ ₩110,000　　　⑤ ₩150,000

03 다음은 ㈜하늘의 20×1년 1월 1일 현재의 주주지분이다.

납입자본(보통주자본금, 액면금액 ₩5,000)	₩50,000,000
이익잉여금	₩50,000,000
기타자본요소	₩1,200,000

상기의 기타자본요소는 전액 자본조정이며 감자차익 ₩1,000,000, 자기주식처분이익 ₩200,000으로 구성되어 있다. ㈜하늘의 20×1년에 발생한 다음의 자기주식거래로 인하여 회사의 주주지분은 얼마나 증가(감소)하는가?

- 1월: 자기주식 1,000주를 주당 ₩6,000에 현금으로 취득
- 2월: 자기주식 300주를 소각
- 4월: 자기주식 400주를 주당 ₩5,400에 처분
- 6월: 자기주식 100주를 주당 ₩7,000에 처분
- 8월: 대주주로부터 공정가치 ₩8,000인 자기주식 50주를 증여받음
- 9월: 자기주식 50주를 주당 ₩8,000에 처분(단위당 원가는 이동평균법을 적용한다)

① ₩2,740,000 증가   ② ₩2,740,000 감소   ③ ₩1,600,000 감소
④ ₩1,200,000 증가   ⑤ ₩1,200,000 감소

04 A사의 20×1년도 기초 자산총액은 ₩300,000이며, 동년 기말 자산총액과 부채총액은 각각 ₩500,000과 ₩200,000이다. A사는 20×1년도 중에 ₩50,000을 유상증자했고 주주에게 ₩30,000의 현금배당과 ₩20,000의 주식배당을 실시하였다. 20×1년에 보유 중인 FVOCI금융자산의 평가손실이 ₩40,000 발생하였고 20×1년의 총포괄이익은 ₩120,000일 때, A사의 20×1년도 기초 부채총액은 얼마인가?

① ₩40,000   ② ₩120,000   ③ ₩140,000
④ ₩170,000   ⑤ ₩200,000

㈜앵두는 20×1년 1월 20일 자사가 발행한 보통주식 30주를 주당 ₩2,000에 취득하였다. 20×1년 4월 10일 자기주식 중 10주를 주당 ₩3,000에 매각한 후, 20×1년 5월 25일 나머지 20주를 주당 ₩500에 매각하였다. 20×1년도 말 자본에 표시되는 자기주식처분손익은? (단, 20×1년 1월 1일 현재 자기주식과 자기주식처분손익은 없다고 가정한다)

① 손실 ₩30,000　　　② 손실 ₩20,000　　　③ ₩0

④ 이익 ₩20,000　　　⑤ 이익 ₩30,000

㈜사과의 20×1년 12월 31일 재무상태표에 표시된 이익잉여금은 ₩300,000으로 이에 대한 세부 항목은 이익준비금 ₩30,000과 임의적립금 ₩60,000 그리고 미처분이익잉여금 ₩210,000이다. ㈜사과는 20×2년 2월 27일에 개최한 정기주주총회에서 20×1년도 재무제표에 대해 다음과 같이 결산 승인하였다.

• 임의적립금 이입액	₩20,000	• 이익준비금 적립액	₩?
• 자기주식처분손실 상각액	₩10,000	• 현금배당액	₩100,000

㈜사과가 20×2년 2월 27일의 결산 승인사항을 반영한 후 이익잉여금은? (단, 이익준비금은 자본금의 1/2에 미달한다고 가정한다)

① ₩180,000　　　② ₩190,000　　　③ ₩200,000

④ ₩210,000　　　⑤ ₩220,000

07 12월 말 결산법인인 A사의 20×1년 1월 1일 현재 재무상태표상 자본 중 이익잉여금으로 보고된 금액은 ₩100,000이다. 다음의 자료를 이용하여 A사가 20×1년 말 현재 재무상태표상 자본 중 이익잉여금으로 보고할 금액을 계산하면 얼마인가?

일자	거래내역
2월 5일	20×0년도 정기주주총회에서 현금배당 ₩3,000과 주식배당 ₩2,000을 각각 결의하고 지급하였다. 이익준비금은 상법에서 규정한 최소금액을 시설확장적립금은 ₩4,000을 각각 적립하였다. 또한 주식할인발행차금 ₩500을 이익잉여금의 처분으로 상각하였으며, 시설적립금 ₩800을 미처분의 상태로 이입하였다.
7월 8일	이사회 결의로 중간배당 ₩1,000을 지급하였다.
12월 31일	20×1년도 당기순이익으로 ₩8,000, 총포괄이익으로 ₩10,000을 각각 보고하였으며, 재평가잉여금 중 이익잉여금으로 직접 대체한 금액은 ₩400이다.

① ₩100,400 ② ₩101,900 ③ ₩103,900
④ ₩106,000 ⑤ ₩106,400

08 다음은 상환우선주에 대한 내용들이다. 틀린 내용은 어느 것인가?

① 발행자가 의무적으로 상환하여야 하는 상환우선주는 금융부채로 분류한다.
② 금융부채로 분류되는 비누적적 상환우선주에 대하여 배당을 지급하는 경우 배당은 자본요소와 관련된 것으로 보아 이익의 처분으로 인식한다.
③ 발행자에게 상환을 할 수 있는 권리가 부여된 상환우선주는 금융부채로 분류한다.
④ 금융부채로 분류되는 누적적 상환우선주에 대하여 배당을 지급하는 경우 배당은 이자비용으로 인식한다.
⑤ 배당이 상환 전까지 발행자의 재량에 따라 지급되는 비누적적 우선주는 상환금액의 현재가치에 상당하는 부채요소를 가지고 있는 복합금융상품에 해당한다.

㈜세무의 20×1년 초 자본잉여금은 ₩100,000이고 20×1년 기중 거래내역이 다음과 같을 때, 20×1년 12월 31일 자본잉여금은?

[세무사 2020년]

일자	거래내역
2월 1일	보통주 600주(주당 액면 ₩500)를 주당 ₩700에 발행하고, 주식 발행비용 ₩30,000이 발생하였다.
3월 10일	이월결손금 ₩250,000을 보전하기 위하여 기발행주식수 3,000주(주당 액면금액 ₩500)를 1주당 0.8주로 교부하는 주식병합을 실시하였다(20×1년 초 감자차손 없음).
5월 2일	화재발생으로 유형자산(장부금액 ₩400,000)이 전소되고, 보험회사로부터 ₩40,000의 화재보험금을 수령하였다.
8월 23일	이익준비금 ₩200,000을 재원으로 하여 보통주 400주(주당 액면 ₩500)를 무상증자하였다.
9월 30일	신제품 생산용 기계장치 구입을 위해 정부보조금 ₩80,000을 수령하였다.
11월 17일	보유 중인 자기주식 500주(재취득가 주당 ₩650)를 주당 ₩700에 재발행하였다(20×1년 초 자기주식처분손실은 없으며, 자기주식은 원가법으로 회계처리함).

① ₩215,000   ② ₩235,000   ③ ₩240,000
④ ₩245,000   ⑤ ₩265,000

10 다음은 유통업을 영위하는 ㈜대한의 자본과 관련된 자료이다. 20×2년도 포괄손익계산서의 당기순이익은 얼마인가?

[공인회계사 2020년]

[부분재무상태표(20×1년 12월 31일)]

(단위: ₩)

Ⅰ. 자본금	2,000,000
Ⅱ. 주식발행초과금	200,000
Ⅲ. 이익잉여금	355,000
이익준비금	45,000
사업확장적립금	60,000
미처분이익잉여금	250,000
자본총계	2,555,000

(1) ㈜대한은 재무상태표의 이익잉여금에 대한 보충정보로서 이익잉여금처분계산서를 주석으로 공시하고 있다.

(2) ㈜대한은 20×2년 3월 정기 주주총회 결의를 통해 20×1년도 이익잉여금을 다음과 같이 처분하기로 확정하고 실행하였다.

> • ₩100,000의 현금배당과 ₩20,000의 주식배당
> • 사업확장적립금 ₩25,000 적립
> • 현금배당의 10%를 이익준비금으로 적립

(3) 20×3년 2월 정기 주주총회 결의를 통해 확정될 20×2년도 이익잉여금 처분내역은 다음과 같으며, 동 처분내역이 반영된 20×2년도 이익잉여금처분계산서의 차기이월미처분이익잉여금은 ₩420,000이다.

> • ₩200,000의 현금배당
> • 현금배당의 10%를 이익준비금으로 적립

(4) 상기 이익잉여금 처분과 당기순이익 외 이익잉여금 변동은 없다.

① ₩545,000 ② ₩325,000 ③ ₩340,000
④ ₩220,000 ⑤ ₩640,000

01 ①   (1) 누적적 상환우선주

     1) 발행금액: $500,000 \times 20\% \times 2.40183 + 1,000,000 \times 0.71178 = 951,963$

     2) 이자비용: $951,963 \times 12\% = 114,236$

  (2) 비누적적 상환우선주

     1) 발행금액: $1,000,000 \times 0.71178 = 711,780$

     2) 이자비용: $711,780 \times 12\% = 85,414$

02 ①   (1) 최대배당가능이익을 x라고 하면 $x + x \times 10\% = 220,000$

     ∴ 최대배당가능이익$(x) = 200,000$

  (2) 최대배당가능이익의 배분

구분	기본 배당	잔여 배당	합계
우선주	25,000	25,000[1]	50,000
보통주	25,000	125,000	150,000

  [1] $\text{Min} \begin{cases} 150,000 \times 500,000/1,000,000 = 75,000 \\ \text{한도: } 500,000 \times (10\% - 5\%) = 25,000 \end{cases} = 25,000$

03 ②   주주지분에 미친 영향: 1월 $(-)6,000,000 + 4$월 $2,160,000 + 6$월 $700,000 + 9$월 $400,000$

                       $= (-)2,740,000$ 감소

04 ③

자본의 증감: 140,000		1) 주주와의 거래: $50,000 - 30,000 = 20,000$
• 기말자본 $500,000 - 200,000 = 300,000$	=	
• 기초자본 $300,000 -$ 기초부채 $= 160,000$		2) 총포괄손익: 120,000

  ➲ 기초부채: 140,000

05 ②   [20×1년 1월 20일]

차) 자기주식	60,000	대) 현금	60,000

  [20×1년 4월 10일]

차) 현금	30,000	대) 자기주식	20,000
		자기주식처분이익	10,000

  [20×1년 5월 25일]

차) 현금	10,000	대) 자기주식	40,000
자기주식처분이익	10,000		
자기주식처분손실	20,000		

06 ② (1) 20×2년 2월 27일 결산 승인사항 반영 후 이익잉여금: 190,000
- 20×1년 말 이익잉여금 300,000 − 자기주식처분손실 상각액 10,000 − 현금배당액 100,000 = 190,000

(2) 임의적립금 이입액, 이익준비금 적립액 등은 이익잉여금 내에서의 구성내역의 변동이므로 이익잉여금의 총계에는 영향을 미치지 않는다.

07 ② 기초이익잉여금 100,000 − 현금배당 3,000 − 주식배당 2,000 − 주식할인발행차금 상각액 500 − 중간배당 1,000 + 당기순이익 8,000 + 재평가잉여금 중 이익잉여금으로 대체한 금액 400

= 기말 이익잉여금 101,900

*이익준비금과 임의적립금의 이입·적립은 이익잉여금 총계 변동에 영향을 미치지 않는다.

본 문제는 미처분이익잉여금을 구하는 문제가 아니라 이익잉여금을 구하는 문제이다.

08 ③ 발행자에게 상환을 할 수 있는 권리가 부여된 상환우선주는 발행자에게 현금지급의무가 없으므로 지분상품으로 분류한다.

09 ⑤ [20×1년 2월 1일]

차) 현금	600주 × 700 − 30,000	대) 자본금	600주 × 500
		주식발행초과금	90,000

[20×1년 3월 10일]

차) 자본금[1]	300,000	대) 이월결손금	250,000
		감자차익	50,000

[1] 3,000주 × (1 − 0.8) × 500 = 300,000

[20×1년 5월 2일]

차) 화재발생손실	400,000	대) 유형자산(장부금액)	400,000
차) 현금	40,000	대) 보험금수익	40,000

[20×1년 8월 23일]

차) 이익준비금	200,000	대) 자본금	200,000

[20×1년 9월 30일]

차) 현금	80,000	대) 정부보조금 or 이연수익	80,000

[20×1년 11월 17일]

차) 현금	500주 × 700	대) 자기주식	500주 × 650
		자기주식처분이익	25,000

➔ 20×1년 말 자본잉여금: 100,000 + 90,000 + 50,000 + 25,000 = 265,000

10 ① (1) 기초 미처분이익잉여금: 250,000

(2) 20×1년 미처분이익잉여금 처분액: (100,000) + (20,000) + (25,000) + (100,000 × 10%)[1] = (−)155,000

[1] 이익준비금이 자본금의 1/2에 도달하지 않았으므로 10% 모두 적립한다.

(3) 20×2년 미처분이익잉여금 처분액: (200,000) + (200,000 × 10%) = (−)220,000

(4) 20×2년 당기순이익(A): 250,000 − 155,000 + A − 220,000 = 420,000, A = 545,000

문제 01   자본거래의 자본총계에 미치는 영향

다음은 ㈜서울의 20×1년 초 주주지분 내역 및 20×1년 중 자기주식거래에 대한 자료이다. ㈜서울의 결산일은 매년 말이다.

---

(1) 20×1년 초 주주지분은 다음과 같다.

납입자본: 보통주자본금(액면 ₩5,000)	₩1,000,000	
주식발행초과금	₩500,000	₩1,500,000
이익잉여금		₩400,000
기타자본요소: 일반적립금		₩100,000
자본총계		₩2,000,000

(2) 3월 21일: 자기주식 4주를 주당 ₩8,000에 취득하였다.

(3) 7월 10일: 자기주식 1주를 ₩8,500에 재발행하였다.

(4) 8월 15일: 자기주식 1주를 ₩7,200에 재발행하였다.

(5) 10월 20일: 3월 21일에 취득한 보통주 1주를 소각하였다.

(6) 12월 15일: 대주주로부터 자본을 충실히 할 목적으로 보통주 5주를 증여받았다. 증여 당시 주식의 시가는 주당 ₩6,920이었다.

(7) 12월 28일: 증여받은 주식 중 3주를 주당 ₩7,300에 재발행하였다.

(8) 12월 31일: 20×1년의 당기순이익으로 ₩200,000을 보고하였다.

위의 거래를 기업회계기준서에 따라 회계처리할 경우, 자본총계에 미치는 영향을 아래 양식에 맞춰 요약하시오.

일자	자본총계에 미치는 영향
3월 21일	×××
이하 생략	×××
12월 31일	×××
계	×××

일자	자본총계에 미치는 영향
3월 21일	(−)32,000
7월 10일	8,500
8월 15일	7,200
10월 20일	0
12월 15일	0
12월 28일	21,900
12월 31일	200,000
계	205,600

[일자별 회계처리]

3월 21일	차) 자기주식	32,000	대) 현금	32,000
7월 10일	차) 현금	8,500	대) 자기주식	8,000
			자기주식처분이익	500
8월 15일	차) 현금	7,200	대) 자기주식	8,000
	자기주식처분이익	500		
	자기주식처분손실	300		
10월 20일	차) 자본금	5,000	대) 자기주식	8,000
	감자차손	3,000		
12월 15일			회계처리 없음	
12월 28일	차) 현금	21,900	대) 자기주식[1]	4,000
			자기주식처분손실	300
			자기주식처분이익	17,600
12월 31일	차) 집합손익	200,000	대) 이익잉여금	200,000

[1] (8,000 × 1주 + 0 × 5주)/6주 × 3 = 4,000

다음은 ㈜한국의 20×3년 1월 1일 자본구성을 보고하고 있는 부분 재무상태표이다. ㈜한국은 자본을 다음의 양식으로 보고하고 있다.

〈부분 재무상태표〉

Ⅰ. 자본금		₩6,000,000
1. 보통주자본금	₩5,000,000	
2. 우선주자본금	₩1,000,000	
Ⅱ. 자본잉여금		₩46,000,000
1. 주식발행초과금	₩45,000,000	
2. 감자차익	₩300,000	
3. 자기주식처분이익	₩700,000	
Ⅲ. 자본조정		₩(−)3,500,000
1. 자기주식(보통주)	₩(−)3,500,000	
Ⅳ. 기타포괄손익누계액		₩1,500,000
1. FVOCI금융자산평가손익	₩(−)1,500,000	
2. 재평가잉여금	₩3,000,000	
Ⅴ. 이익잉여금		₩13,000,000
1. 이익준비금	₩2,000,000	
2. 임의적립금	₩3,200,000	
3. 미처분이익잉여금	₩7,800,000	
자본 합계		₩63,000,000

〈추가자료〉

(1) 보통주는 20×3년 1월 1일 현재 10,000주가 발행되었으며 주당 발행가는 ₩5,000이었고, 주당 액면금액은 ₩500이다. 우선주는 20×3년 1월 1일 현재 1,000주가 발행되었으며 주당 액면금액은 ₩1,000이다.

(2) 우선주는 1종류만 발행되었으며, 배당률은 연 5%이다. 우선주는 누적적 우선주로 12%까지 부분참가적 우선주이다.

(3) 주식의 발행 시 주식발행초과금과 주식할인발행차금은 우선적으로 서로 상계처리한다.

(4) ㈜한국이 20×3년 1월 1일 현재 보유하고 있는 자기주식의 수량은 500주이다. 자기주식의 취득은 원가법으로 처리하며 자기주식의 처분 시 취득원가의 배분은 평균법으로 계산한다. 자기주식을 소각하는 경우 감자되는 금액은 소각되는 주식수에 비례하는 자본금만을 감소시키며, 감자차익과 감자차손은 우선적으로 서로 상계처리한다.

다음의 물음에 답하시오(단, 각 물음은 독립적인 상황이다).

물음 1) ㈜한국은 사업확장을 위하여 20×3년 1월 15일에 ㈜민국으로부터 공정가치가 ₩1,200,000인 공장부지를 수취하고 보통주 3,000주를 발행하여 지급하였다. ㈜한국의 동 발행 보통주 신주의 공정가치는 ₩1,800,000으로 추정된다. 이상의 보통주 신주 발행 직후 ㈜한국의 자본금과 자본잉여금을 각각 계산하시오.

항목	금액
자본금	①
자본잉여금	②

물음 2) ㈜한국은 보유하고 있는 자기주식 중 20×3년 3월 5일에 100주를 소각하였으며, 20×3년 3월 15일에 200주를 주당 ₩8,000에 재발행하였다. ㈜한국은 주주총회에서 감자차손을 이익잉여금에서 처분하기로 의결하였다. 이상의 자기주식과 관련된 일련의 거래 후 이 거래가 ㈜한국의 자본잉여금과 이익잉여금에 미친 영향을 각각 계산하시오. (단, 감소의 경우에는 금액 앞에 (−)를 표시하고, 변동이 없으면 '변동없음'으로 표시하시오)

항목	금액
자본잉여금	①
이익잉여금	②

물음 3) ㈜한국은 20×0년 1월 1일에 설립되었으며, ㈜한국의 보통주와 우선주는 설립과 동시에 발행되었다. ㈜한국은 설립 이래 처음으로 20×3년 4월 20일에 20×2년 12월 31일을 기준일로 하는 ₩700,000의 현금배당을 선언하였다. ㈜한국의 우선주와 보통주에 각각 배분되는 배당금을 계산하시오.

항목	금액
우선주	①
보통주	②

물음 1)

항목	금액
자본금	① 7,500,000
자본잉여금	② 45,700,000

(1) 자본금: 6,000,000 + 3,000주 × @500 = 7,500,000
(2) 자본잉여금: 46,000,000 − 주식발행초과금 감소액 (1,500,000 − 1,200,000) = 45,700,000

[회계처리]

차) 토지	1,200,000	대) 자본금	1,500,000
주식발행초과금	300,000		

물음 2)

항목	금액
자본잉여금	① (−)100,000
이익잉여금	② (−)350,000

(1) 자본잉여금: − Min[300,000, 650,000] + 200,000 = (−)100,000
   1) 감자차손: 액면금액 100주 × @500 − 자기주식 장부가액 3,500,000 × 100/500주 = (−)650,000
   2) 자기주식처분이익: 200주 × @8,000 − 3,500,000 × 200/500주 = 200,000
(2) 이익잉여금: 감자차손 상계액 (650,000 − 300,000) = (−)350,000

[회계처리]

20×3. 3. 5.	차) 자본금	50,000	대) 자기주식	700,000
	감자차익	300,000		
	감자차손	350,000		
	차) 미처분이익잉여금	350,000	대) 감자차손	350,000
20×3. 3. 15.	차) 현금	1,600,000	대) 자기주식	1,400,000
			자기주식처분이익	200,000

물음 3)

항목	금액
우선주	① 204,438
보통주	② 495,652

구분	우선주	보통주
누적분	1,000,000 × 5% × 2 = 100,000	
당기분	1,000,000 × 5% = 50,000	(10,000 − 500)주 × @500 × 5% = 237,500
잔여분	Min[A, B] = 54,348 A. 1,000,000 × (12% − 5%) B. (700,000 − 387,500) × 1,000,000/5,750,000	700,000 − 237,500 − 204,348 = 258,152
합계	204,348	495,652

A회사의 20×1년도 이익잉여금처분이 반영된 부분 재무상태표와 20×2년 중에 발생한 거래내역은 다음과 같다.

자본금(주당 액면금액 ₩5,000의 보통주)		₩50,000,000
자본잉여금		₩400,000
주식발행초과금	₩400,000	
이익잉여금		₩2,800,000
이익준비금	₩2,000,000	
임의적립금	₩600,000	
미처분이익잉여금	₩200,000	
계		₩53,200,000

〈자료〉

(1) 20×2년 4월 1일 보통주 2,000주를 주당 ₩4,500에 유상증자하였다.
(2) 20×2년 7월 1일 자기주식 500주를 주당 ₩5,200에 취득하였다.
(3) 20×2년 10월 1일 보유하고 있던 자기주식 중 300주를 주당 ₩5,100에 처분하였다.
(4) A회사의 20×2년도 당기순이익은 ₩3,000,000이었다.
(5) A회사의 20×2년도 이익잉여금 처분안은 다음과 같으며, 20×3년 2월 15일에 개최된 주주총회에서 변동 없이 승인되었다. 배당기산일은 모두 기초시점으로 한다.

현금배당	배당률 3%
주식배당	배당률 2%
이익준비금	현금배당금의 10% 적립
임의적립금	전액 적립 목적 달성
주식할인발행차금상각	₩200,000
자기주식처분손실상각	전액 상각

물음 1) 기중 자본거래에 대한 회계처리를 모두 하시오.

물음 2) 20×3년 2월 15일 주주총회 결의일에 해야 할 회계처리를 하시오.

물음 3) 다음은 20×2년도 이익잉여금 처분이 반영된 A회사의 자본항목만 기재한 부분 재무상태표를 작성하시오.

물음 1) [4/1 유상증자]

차) 현금	9,000,000	대) 자본금	10,000,000
주식발행초과금	400,000		
주식할인발행차금	600,000		

[7/1 자기주식 취득]

차) 자기주식	2,600,000	대) 현금	2,600,000

[10/1 자기주식 처분]

차) 현금	1,530,000	대) 자기주식	1,560,000
자기주식처분손실	30,000		

물음 2)

차) 임의적립금	600,000	대) 미처분이익잉여금	600,000
미처분이익잉여금	3,357,000	자기주식처분손실	30,000
		주식할인발행차금	200,000
		미지급배당금[1]	1,770,000
		이익준비금[2]	177,000
		미교부주식배당금[3]	1,180,000

[1] 현금배당: (10,000 + 2,000 − (500 − 300)자기주식)주 × 5,000 × 3% = 1,770,000
[2] 이익준비금 적립: 1,770,000 × 10% = 177,000
[3] 주식배당: (10,000 + 2,000 − (500 − 300)자기주식)주 × 5,000 × 2% = 1,180,000

물음 3)

부분 재무상태표		
자본금		60,000,000
자본잉여금		0
자본조정		(−)260,000
자기주식	(−)1,040,000	
주식할인발행차금	(−)400,000	
미교부주식배당금	1,180,000	
이익잉여금		2,620,000
이익준비금	2,177,000	
미처분이익잉여금	443,000	
자본총계		62,360,000

다음에 제시되는 물음은 각각 독립된 상황이다.

〈공통자료〉

1. ㈜민국의 상환우선주 발행 및 상환 등에 관련된 거래는 아래와 같다.
   (1) 20×1년 4월 1일: 우선주 100주 발행(주당 액면금액 ₩5,000, 주당 발행금액 ₩13,350)
   (2) 20×2년 3월 31일: 우선주에 대한 배당금 지급
   (3) 20×3년 3월 31일: 우선주에 대한 배당금 지급
   (4) 20×3년 4월 1일: 우선주에 대한 상환 절차 완료(주당 상환금액 ₩15,000)
2. 우선주 발행 시 유효이자율: 연 6%
3. ㈜민국의 주주총회는 매년 3월 31일에 열리며, 위 우선주의 연 배당률은 4%로 고정되어 있고 주주총회에서 배당결의 후 즉시 배당금을 지급한다.

물음 1) ㈜민국이 발행한 우선주는 비누적적 우선주이며, 우선주의 보유자가 20×3년 4월 1일에 상환을 청구할 수 있는 권리를 가지고 있다.

(1) ㈜민국이 20×1년 해야 할 모든 회계처리를 하시오(순액법 사용).
(2) ㈜민국의 20×3년도 재무상태표의 자본에 영향을 미치는 금액을 구하시오(단, 감소 의 경우에는 금액 앞에 (−)를 표시하시오).

물음 2) ㈜민국이 발행한 우선주는 누적적 우선주이며, 발행자인 ㈜민국이 20×3년 4월 1일까지 상환할 수 있는 권리를 가지고 있다.

(1) ㈜민국이 20×1년에 해야 할 모든 회계처리를 하시오(순액법 사용).
(2) ㈜민국의 20×3년도 재무상태표의 자본에 영향을 미치는 금액을 구하시오(단, 감소 의 경우에는 금액 앞에 (−)를 표시하시오).

물음 3) 상환우선주가 금융부채에 해당하는 요건 두 가지를 쓰시오.

물음 1) (1) 회계처리

[20×1년 4월 1일]

차) 현금	1,335,000	대) 금융부채	1,335,000

[20×1년 12월 31일]

차) 이자비용[1]	60,075	대) 금융부채	60,075

[1] 1,335,000 × 6% × 9/12 = 60,075

(2) 20×3년 자본에 미치는 영향: (−)41,226 = (21,226) + (20,000)

[20×3년 3월 31일]

차) 이자비용[1]	21,226	대) 금융부채	21,226
차) 이익잉여금	20,000	대) 현금	20,000

[20×3년 4월 1일]

차) 금융부채	1,500,000	대) 현금	1,500,000

[1] 1,335,000 × 1.06 × 6% × 3/12 = 21,226

물음 2) (1) 회계처리

[20×1년 4월 1일]

차) 현금	1,335,000	대) 우선주자본금	500,000
		주식발행초과금	835,000

[20×1년 12월 31일]

회계처리 없음

(2) 20×3년 자본에 미치는 영향: (−)1,520,000 = (20,000) + (1,500,000)

[20×3년 3월 31일]

차) 이익잉여금	20,000	대) 현금	20,000

[20×3년 4월 1일]

차) 이익잉여금[1]	1,500,000	대) 현금	1,500,000

[1] 상환우선주를 상환할 때는 미처분이익잉여금이 감소한다(상법 제345조).

물음 3) (1) 우선주 발행자가 보유자에게 확정되었거나 결정 가능한 미래 시점에 확정되었거나 결정 가능한 금액을 의무적으로 상환해야 한다.

(2) 우선주 보유자가 발행자에게 특정일이나 그 이후에 확정되었거나 결정 가능한 금액의 상환을 청구할 수 있는 권리를 보유하고 있다.

다음은 12월 말 결산법인인 ㈜하늘의 20×0년 말 부분 재무상태표이다.

부분 재무상태표		
자본금		₩5,500,000
보통주자본금(액면금액 ₩5,000)	5,000,000	
우선주자본금(액면금액 ₩5,000)	500,000	
자본잉여금		₩2,570,000
보통주주식발행초과금	2,500,000	
감자차익	40,000	
자기주식처분이익	30,000	
자본조정		₩(−)132,500
주식선택권	67,500	
자기주식(보통주, 50주)	(−)200,000	
기타포괄손익		₩175,000
FVOCI금융자산 평가이익	150,000	
토지 재평가잉여금	25,000	
이익잉여금		₩7,500,000
이익준비금	500,000	
임의적립금	3,000,000	
미처분이익잉여금	4,000,000	

아래의 물음에 답하시오(단, 각각의 거래는 모두 독립적이다).

물음 1) ㈜하늘은 20×1년 2월 10일 주주총회에서 다음과 같은 내용을 승인하고, 지급하였다.

> 1) 보통주에 주당 10%, 우선주에 주당 5%의 현금배당을 지급하기로 결정하였다(단, 이익준비금은 상법의 규정에 따라 최소한으로 적립한다).
> 2) 임의적립금의 이입 ₩100,000, 임의적립금의 적립 ₩250,000

동 거래로 인하여 20×1년 ㈜포도의 재무제표 영향을 미치는 아래의 금액을 계산하시오(단, 감소의 경우 '−'로 표시하고 해당사항이 없으면 '없음'으로 표시한다).

자본총계에 미친 영향	①
이익잉여금에 미친 영향	②
미처분이익잉여금에 미친 영향	③

물음 2) ㈜하늘은 20×1년 4월 1일에 자기주식 100주를 주당 ₩5,500에 구입하였다. 그리고 5월 1일에 100주를 주당 ₩4,000에 매각하였고, 9월 13일에 30주를 소각하였다. ㈜하늘은 자기주식의 단위원가를 선입선출법을 적용하여 결정하고 있다. 동 거래로 인하여 20×1년 ㈜포도의 재무제표 영향을 미치는 아래의 금액을 계산하시오(단, 감소의 경우 '-'로 표시하고 해당사항이 없으면 '없음'으로 표시한다).

자본잉여금에 미친 영향	①
자본조정에 미친 영향	②

물음 3) ㈜하늘은 20×1년 2월 10일 실시한 주주총회에서 20×0년 말 유통 중인 보통주를 대상으로 10%의 주식배당을 실시하였으며 즉시 지급하였다. 또한, 20×1년 5월 1일에 유통 중인 보통주를 대상으로 주당 ₩200의 중간배당을 지급하였다(단, 이익준비금은 상법의 규정에 따라 최소한으로 적립한다). 동 주식배당과 중간배당으로 인하여 20×1년 ㈜포도의 재무제표 영향을 미치는 아래의 금액을 계산하시오(단, 감소의 경우 '-'로 표시하고 해당사항이 없으면 '없음'으로 표시한다).

자본금 증가액	①
중간배당 지급액	②
미처분이익잉여금에 미치는 영향	③

물음 4) 20×1년 초에 ㈜하늘이 보유하고 있던 FVOCI금융자산은 지분상품으로 현재 장부금액은 ₩200,000이다. 이 중 절반을 20×1년 8월 1일에 처분하여 평가이익 ₩12,500을 인식하였고 처분에 따른 평가이익은 이익잉여금으로 대체하지 않았다. 또한 20×1년 말 현재 회사가 보유하고 있는 FVOCI금융자산의 공정가치는 ₩20,000 상승하였다. 20×1년 9월 1일에 재평가모형을 적용하는 토지는 처분하여 처분이익 ₩30,000을 인식하였으며, 재평가잉여금은 전액 이익잉여금으로 대체하였다. 동 거래로 인하여 20×1년 ㈜포도의 재무제표 영향을 미치는 아래의 금액을 계산하시오(단, 감소의 경우 '-'로 표시하고 해당사항이 없으면 '없음'으로 표시한다).

당기순이익에 미친 영향	①
포괄손익계산서상의 기타포괄손익에 미친 영향	②
이익잉여금에 미친 영향	③

물음 1)

자본총계에 미친 영향	① (−)500,000
이익잉여금에 미친 영향	② (−)500,000
미처분이익잉여금에 미친 영향	③ (−)700,000

(1) 회계처리

차) 미처분이익잉여금	550,000	대) 현금[1]			500,000
		이익준비금[2]			50,000
차) 임의적립금	100,000	대) 미처분이익잉여금			100,000
차) 미처분이익잉여금	250,000	대) 임의적립금			250,000

[1] (1,000주 − 50주) × @5,000 × 10% + 100주 × @5,000 × 5% = 500,000
[2] 500,000 × 10% = 50,000(보통주와 우선주 현금배당액 모두 이익준비금 적립대상이다)

(2) 자본총계에 미치는 영향: (−)500,000(현금감소액)

(3) 이익잉여금에 미치는 영향: (−)500,000(현금감소액)

(4) 미처분이익잉여금에 미치는 영향: (550,000) + 100,000 − 250,000 = (−)700,000

물음 2)

자본잉여금에 미친 영향	① (−)45,000
자본조정에 미친 영향	② 595,000

(1) 회계처리

[20×1년 5월 1일]

차) 현금	400,000	대) 자기주식[1]	475,000
자기주식처분이익	30,000		
자기주식처분손실	45,000		

[1] 200,000(50주 기초보유분) + 50주 × 5,500 = 475,000

[20×1년 9월 13일]

차) 자본금	150,000	대) 자기주식[1]	165,000
감자차익	15,000		

[1] 30주 × 5,500 = 165,000

(2) 자본잉여금에 미치는 영향: (30,000) − 15,000 = (−)45,000

(3) 자본조정에 미치는 영향: 475,000 − 45,000 + 165,000 = 595,000

물음 3)

자본금 증가액	① 475,000
중간배당 지급액	② 209,000
미처분이익잉여금에 미치는 영향	③ (−)684,000

회계처리
[20×1년 2월 10일]

차) 미처분이익잉여금	475,000	대) 자본금[1]	475,000

[1] (1,000주 − 50주) × @5,000 × 10% = 475,000(주식배당은 이익준비금을 적립하지 않는다)

[20×1년 5월 1일]

차) 미처분이익잉여금	209,000	대) 현금[1]	209,000

[1] (1,000주 − 50주 + 95주) × @200 = 209,000(중간배당의 이익준비금 적립은 다음연도 주주총회에서 이행한다)

물음 4)

당기순이익에 미친 영향	① 30,000
포괄손익계산서상의 기타포괄손익에 미친 영향	② 32,500
이익잉여금에 미친 영향	③ 55,000

(1) 포괄손익계산서상의 기타포괄손익에 미친 영향: 12,500 + 20,000 = 32,500

　＊재평가잉여금이 이익잉여금으로 대체된 금액은 포괄손익계산서의 기타포괄손익 변동액에는 포함되지 않는다.

(2) 이익잉여금에 미친 영향: 30,000 + 25,000(재평가잉여금 이익잉여금 대체분) = 55,000

cpa.Hackers.com

회계사 · 세무사 · 경영지도사 단번에 합격!
해커스 경영아카데미
cpa.Hackers.com

부록

현가표

1. 복리이자요소(CVIF)
2. 연금의 복리이자요소(CVIFa)
3. 현가이자요소(PVIF)
4. 연금의 현가이자요소(PVIFa)

$$CVIF = (1 + i)^n$$

(n = 기간, i = 기간당 이자율)

n/i	1.0	2.0	3.0	4.0	5.0	6.0	7.0	8.0	9.0	10.0
1	1.01000	1.02000	1.03000	1.04000	1.05000	1.06000	1.07000	1.08000	1.09000	1.10000
2	1.02010	1.04040	1.06090	1.08160	1.10250	1.12360	1.14490	1.16640	1.18810	1.21000
3	1.03030	1.06121	1.09273	1.12486	1.15762	1.19102	1.22504	1.25971	1.29503	1.33100
4	1.04060	1.08243	1.12551	1.16986	1.21551	1.26248	1.31080	1.36049	1.41158	1.46410
5	1.05101	1.10408	1.15927	1.21665	1.27628	1.33823	1.40255	1.46933	1.53862	1.61051
6	1.06152	1.12616	1.19405	1.26532	1.34010	1.41852	1.50073	1.58687	1.67710	1.77156
7	1.07214	1.14869	1.22987	1.31593	1.40710	1.50363	1.60578	1.71382	1.82804	1.94872
8	1.08286	1.17166	1.26677	1.36857	1.47746	1.59385	1.71819	1.85093	1.99256	2.14359
9	1.09369	1.19509	1.30477	1.42331	1.55133	1.68948	1.83846	1.99900	2.17189	2.35795
10	1.10462	1.21899	1.34392	1.48024	1.62889	1.79085	1.96715	2.15892	2.36736	2.59374
11	1.11567	1.24337	1.38423	1.53945	1.71034	1.89830	2.10485	2.33164	2.58043	2.85312
12	1.12682	1.26824	1.42576	1.60103	1.79586	2.01220	2.25219	2.51817	2.81266	3.13843
13	1.13809	1.29361	1.46853	1.66507	1.88565	2.13293	2.40984	2.71962	3.06580	3.45227
14	1.14947	1.31948	1.51259	1.73168	1.97993	2.26090	2.57853	2.93719	3.34173	3.79750
15	1.16097	1.34587	1.55797	1.80094	2.07893	2.39656	2.75903	3.17217	3.64248	4.17725
16	1.17258	1.37279	1.60471	1.87298	2.18287	2.54035	2.95216	3.42594	3.97030	4.59497
17	1.18430	1.40024	1.65285	1.94790	2.29202	2.69277	3.15881	3.70002	4.32763	5.05447
18	1.19615	1.42825	1.70243	2.02582	2.40662	2.85434	3.37993	3.99602	4.71712	5.55992
19	1.20811	1.45681	1.75351	2.10685	2.52695	3.02560	3.61653	4.31570	5.14166	6.11591
20	1.22019	1.48595	1.80611	2.19112	2.65330	3.20713	3.86968	4.66096	5.60441	6.72750

n/i	11.0	12.0	13.0	14.0	15.0	16.0	17.0	18.0	19.0	20.0
1	1.11000	1.12000	1.13000	1.14000	1.15000	1.16000	1.17000	1.18000	1.19000	1.20000
2	1.23210	1.25440	1.27690	1.29960	1.32250	1.34560	1.36890	1.39240	1.41610	1.44000
3	1.36763	1.40493	1.44290	1.48154	1.52087	1.56090	1.60161	1.64303	1.68516	1.72800
4	1.51807	1.57352	1.63047	1.68896	1.74901	1.81064	1.87389	1.93878	2.00534	2.07360
5	1.68506	1.76234	1.84244	1.92541	2.01136	2.10034	2.19245	2.28776	2.38635	2.48832
6	1.87041	1.97382	2.08195	2.19497	2.31306	2.43640	2.56516	2.69955	2.83976	2.98598
7	2.07616	2.21068	2.35261	2.50227	2.66002	2.82622	3.00124	3.18547	3.37931	3.58318
8	2.30454	2.47596	2.65844	2.85259	3.05902	3.27841	3.51145	3.75886	4.02138	4.29982
9	2.55804	2.77308	3.00404	3.25195	3.51788	3.80296	4.10840	4.43545	4.78545	5.15978
10	2.83942	3.10585	3.39457	3.70722	4.04556	4.41143	4.80683	5.23383	5.69468	6.19173
11	3.15176	3.47855	3.83586	4.22623	4.65239	5.11726	5.62399	6.17592	6.77667	7.43008
12	3.49845	3.89598	4.33452	4.81790	5.35025	5.93603	6.58007	7.28759	8.06424	8.91610
13	3.88328	4.36349	4.89801	5.49241	6.15279	6.88579	7.69868	8.59936	9.59645	10.69932
14	4.31044	4.88711	5.53475	6.26135	7.07570	7.98752	9.00745	10.14724	11.41977	12.83918
15	4.78459	5.47356	6.25427	7.13794	8.13706	9.26552	10.53872	11.97374	13.58953	15.40701
16	5.31089	6.13039	7.06732	8.13725	9.35762	10.74800	12.33030	14.12902	16.17154	18.48842
17	5.89509	6.86604	7.98608	9.27646	10.76126	12.46768	14.42645	16.67224	19.24413	22.18610
18	6.54355	7.68996	9.02427	10.57517	12.37545	14.46251	16.87895	19.67324	22.90051	26.62332
19	7.26334	8.61276	10.19742	12.05569	14.23177	16.77651	19.74837	23.21443	27.25161	31.94798
20	8.06231	9.64629	11.52309	13.74348	16.36653	19.46075	23.10559	27.39302	32.42941	38.33758

$$CVIFa = \frac{(1+i)^n - 1}{i}$$

(n = 기간, i = 기간당 이자율)

n/i	1.0	2.0	3.0	4.0	5.0	6.0	7.0	8.0	9.0	10.0
1	1.00000	1.00000	1.00000	1.00000	1.00000	1.00000	1.00000	1.00000	1.00000	1.00000
2	2.01000	2.02000	2.03000	2.04000	2.04500	2.06000	2.07000	2.08000	2.09000	2.10000
3	3.03010	3.06040	3.09090	3.12160	3.13702	3.18360	3.21490	3.24640	3.27810	3.31000
4	4.06040	4.12161	4.18363	4.24646	4.27819	4.37462	4.43994	4.50611	4.57313	4.64100
5	5.10100	5.20404	5.30914	5.41632	5.47071	5.63709	5.75074	5.86660	5.98471	6.10510
6	6.15201	6.30812	6.46841	6.63298	6.71689	6.97532	7.15329	7.33593	7.52333	7.71561
7	7.21353	7.43428	7.66246	7.89829	8.01915	8.39384	8.65402	8.92280	9.20043	9.48717
8	8.28567	8.58297	8.89234	9.21423	9.38001	9.89747	10.25980	10.63663	11.02847	11.43589
9	9.36853	9.75463	10.15911	10.58279	10.80211	11.49132	11.97799	12.48756	13.02104	13.57948
10	10.46221	10.94972	11.46388	12.00611	12.28821	13.18079	13.81645	14.48656	15.19293	15.93742
11	11.56683	12.16871	12.80779	13.48635	13.84118	14.97164	15.78360	16.64549	17.56029	18.53117
12	12.68250	13.41209	14.19203	15.02580	15.46403	16.86994	17.88845	18.97713	20.14072	21.38428
13	13.80933	14.68033	15.61779	16.62684	17.15991	18.88214	20.14064	21.49530	22.95338	24.52271
14	14.94742	15.97394	17.08632	18.29191	18.93211	21.01506	22.55049	24.21492	26.01919	27.97498
15	16.09689	17.29342	18.59891	20.02359	20.78405	23.27597	25.12902	27.15211	29.36091	31.77248
16	17.25786	18.63928	20.15688	21.82453	22.71933	25.67252	27.88805	30.32428	33.00339	35.94973
17	18.43044	20.01207	21.76158	23.69751	24.74170	28.21287	30.84021	33.75022	36.97370	40.54470
18	19.61474	21.41231	23.41443	25.64541	26.85508	30.90565	33.99903	37.45024	41.30133	45.59917
19	20.81089	22.84056	25.11686	27.67123	29.06356	33.75998	37.37896	41.44626	46.01845	51.15908
20	22.01900	24.29737	26.87037	29.77807	31.37142	36.78558	40.99549	45.76196	51.16011	57.27499

n/i	11.0	12.0	13.0	14.0	15.0	16.0	17.0	18.0	19.0	20.0
1	1.00000	1.00000	1.00000	1.00000	1.00000	1.00000	1.00000	1.00000	1.00000	1.00000
2	2.11000	2.12000	2.13000	2.14000	2.15000	2.16000	2.17000	2.18000	2.19000	2.20000
3	3.34210	3.37440	3.40690	3.43960	3.47250	3.50560	3.53890	3.57240	3.60610	3.64000
4	4.70973	4.77933	4.84980	4.92114	4.99337	5.06650	5.14051	5.21543	5.29126	5.36800
5	6.22780	6.35285	6.48027	6.61010	6.74238	6.87714	7.01440	7.15421	7.29660	7.44160
6	7.91286	8.11519	8.32271	8.53552	8.75374	8.97748	9.20685	9.44197	9.68295	9.92992
7	9.78327	10.08901	10.40466	10.73049	11.06680	11.41387	11.77201	12.14152	12.52271	12.91590
8	11.85943	12.29969	12.75726	13.23276	13.72682	14.24009	14.77325	15.32699	15.90203	16.49908
9	14.16397	14.77566	15.41571	16.08535	16.78584	17.51851	18.28471	19.08585	19.92341	20.79890
10	16.72201	17.54873	18.41975	19.33729	20.30372	21.32147	22.39311	23.52131	24.70886	25.95868
11	19.56143	20.65458	21.81432	23.04451	24.34927	25.73290	27.19993	28.75514	30.40354	32.15041
12	22.71318	24.13313	25.65018	27.27074	29.00166	30.85016	32.82392	34.93106	37.18021	39.58049
13	26.21163	28.02911	29.98470	32.08865	34.35191	36.78619	39.40399	42.21865	45.24445	48.49659
14	30.09491	32.39260	34.88271	37.58106	40.50470	43.67198	47.10266	50.81801	54.84090	59.19591
15	34.40535	37.27971	40.41746	43.84241	47.58041	51.65949	56.11012	60.96525	66.26067	72.03509
16	39.18994	42.75327	46.67173	50.98034	55.71747	60.92501	66.64883	72.93899	79.85019	87.44210
17	44.50083	48.88367	53.73906	59.11759	65.07508	71.67301	78.97913	87.06801	96.02173	105.93052
18	50.39592	55.74971	61.72513	68.39405	75.83635	84.14069	93.40559	103.74025	115.26585	128.11662
19	56.93947	63.43967	70.74940	78.96922	88.21180	98.60320	110.28453	123.41349	138.16636	154.73994
20	64.20282	72.05243	80.94682	91.02491	102.44357	115.37971	130.03290	146.62792	165.41797	186.68792

3 현가이자요소(PVIF)

$$PVIF = \frac{1}{(1 + i)^n}$$

(n＝기간, i＝기간당 할인율)

n/i	1.0	2.0	3.0	4.0	5.0	6.0	7.0	8.0	9.0	10.0
1	0.99010	0.98039	0.97087	0.96154	0.95238	0.94340	0.93458	0.92593	0.91743	0.90909
2	0.98030	0.96117	0.94260	0.92456	0.90703	0.89000	0.87344	0.85734	0.84168	0.82645
3	0.97059	0.94232	0.91514	0.88900	0.86384	0.83962	0.81630	0.79383	0.77218	0.75131
4	0.96098	0.92385	0.88849	0.85480	0.82270	0.79209	0.76290	0.73503	0.70843	0.68301
5	0.95147	0.90573	0.86261	0.82193	0.78353	0.74726	0.71299	0.68058	0.64993	0.62092
6	0.94205	0.88797	0.83748	0.79031	0.74622	0.70496	0.66634	0.63017	0.59627	0.56447
7	0.93272	0.87056	0.81309	0.75992	0.71068	0.66506	0.62275	0.58349	0.54703	0.51316
8	0.92348	0.85349	0.78941	0.73069	0.67684	0.62741	0.58201	0.54027	0.50187	0.46651
9	0.91434	0.83676	0.76642	0.70259	0.64461	0.59190	0.54393	0.50025	0.46043	0.42410
10	0.90529	0.82035	0.74409	0.67556	0.61391	0.55839	0.50835	0.46319	0.42241	0.38554
11	0.89632	0.80426	0.72242	0.64958	0.58468	0.52679	0.47509	0.42888	0.38753	0.35049
12	0.88745	0.78849	0.70138	0.62460	0.55684	0.49697	0.44401	0.39711	0.35553	0.31863
13	0.87866	0.77303	0.68095	0.60057	0.53032	0.46884	0.41496	0.36770	0.32618	0.28966
14	0.86996	0.75788	0.66112	0.57748	0.50507	0.44230	0.38782	0.34046	0.29925	0.26333
15	0.86135	0.74301	0.64186	0.55526	0.48102	0.41727	0.36245	0.31524	0.27454	0.23939
16	0.85282	0.72845	0.62317	0.53391	0.45811	0.39365	0.33873	0.29189	0.25187	0.21763
17	0.84438	0.71416	0.60502	0.51337	0.43630	0.37136	0.31657	0.27027	0.23107	0.19784
18	0.83602	0.70016	0.58739	0.49363	0.41552	0.35034	0.29586	0.25025	0.21199	0.17986
19	0.82774	0.68643	0.57029	0.47464	0.39573	0.33051	0.27651	0.23171	0.19449	0.16351
20	0.81954	0.67297	0.55368	0.45639	0.37689	0.31180	0.25842	0.21455	0.17843	0.14864

n/i	11.0	12.0	13.0	14.0	15.0	16.0	17.0	18.0	19.0	20.0
1	0.90090	0.89286	0.88496	0.87719	0.86957	0.86207	0.85470	0.84746	0.84034	0.83333
2	0.81162	0.79719	0.78315	0.76947	0.75614	0.74316	0.73051	0.71818	0.70616	0.69444
3	0.73119	0.71178	0.69305	0.67497	0.65752	0.64066	0.62437	0.60863	0.59342	0.57870
4	0.65873	0.63552	0.61332	0.59208	0.57175	0.55229	0.53365	0.51579	0.49867	0.48225
5	0.59345	0.56743	0.54276	0.51937	0.49718	0.47611	0.45611	0.43711	0.41905	0.40188
6	0.53464	0.50663	0.48032	0.45559	0.43233	0.41044	0.38984	0.37043	0.35214	0.33490
7	0.48166	0.45235	0.42506	0.39964	0.37594	0.35383	0.33320	0.31393	0.29592	0.27908
8	0.43393	0.40388	0.37616	0.35056	0.32690	0.30503	0.28478	0.26604	0.24867	0.23257
9	0.39092	0.36061	0.33288	0.30751	0.28426	0.26295	0.24340	0.22546	0.20897	0.19381
10	0.35218	0.32197	0.29459	0.26974	0.24718	0.22668	0.20804	0.19106	0.17560	0.16151
11	0.31728	0.28748	0.26070	0.23662	0.21494	0.19542	0.17781	0.16192	0.14757	0.13459
12	0.28584	0.25668	0.23071	0.20756	0.18691	0.16846	0.15197	0.13722	0.12400	0.11216
13	0.25751	0.22917	0.20416	0.18207	0.16253	0.14523	0.12989	0.11629	0.10421	0.09346
14	0.23199	0.20462	0.18068	0.15971	0.14133	0.12520	0.11102	0.09855	0.08757	0.07789
15	0.20900	0.18270	0.15989	0.14010	0.12289	0.10793	0.09489	0.08352	0.07359	0.06491
16	0.18829	0.16312	0.14150	0.12289	0.10686	0.09304	0.08110	0.07078	0.06184	0.05409
17	0.16963	0.14564	0.12522	0.10780	0.09293	0.08021	0.06932	0.05998	0.05196	0.04507
18	0.15282	0.13004	0.11081	0.09456	0.08081	0.06914	0.05925	0.05083	0.04367	0.03756
19	0.13768	0.11611	0.09806	0.08295	0.07027	0.05961	0.05064	0.04308	0.03670	0.03130
20	0.12403	0.10367	0.08678	0.07276	0.06110	0.05139	0.04328	0.03651	0.03084	0.02608

$$PVIFa = \frac{1 - \dfrac{1}{(1 + i)^n}}{i}$$

(n＝기간, i＝기간당 할인율)

n/i	1.0	2.0	3.0	4.0	5.0	6.0	7.0	8.0	9.0	10.0
1	0.99010	0.98039	0.97087	0.96154	0.95238	0.94340	0.93458	0.92593	0.91743	0.90909
2	1.97039	1.94156	1.91347	1.88609	1.85941	1.83339	1.80802	1.78326	1.75911	1.73554
3	2.94098	2.88388	2.82861	2.77509	2.72325	2.67301	2.62432	2.57710	2.53129	2.48685
4	3.90197	3.80773	3.71710	3.62990	3.54595	3.46511	3.38721	3.31213	3.23972	3.16987
5	4.85343	4.71346	4.57971	4.45182	4.32948	4.21236	4.10020	3.99271	3.88965	3.79079
6	5.79548	5.60143	5.41719	5.24214	5.07569	4.91732	4.76654	4.62288	4.48592	4.35526
7	6.72819	6.47199	6.23028	6.00206	5.78637	5.58238	5.38929	5.20637	5.03295	4.86842
8	7.65168	7.32548	7.01969	6.73275	6.46321	6.20979	5.97130	5.74664	5.53482	5.33493
9	8.56602	8.16224	7.78611	7.43533	7.10782	6.80169	6.51523	6.24689	5.99525	5.75902
10	9.47130	8.98259	8.53020	8.11090	7.72174	7.36009	7.02358	6.71008	6.41766	6.14457
11	10.36763	9.78685	9.25262	8.76048	8.30642	7.88687	7.49867	7.13896	6.80519	6.49506
12	11.25508	10.57534	9.95400	9.38507	8.86325	8.38384	7.94269	7.53608	7.16073	6.81369
13	12.13374	11.34837	10.63495	9.98565	9.39357	8.85268	8.35765	7.90378	7.48690	7.10336
14	13.00370	12.10625	11.29607	10.56312	9.89864	9.29498	8.74547	8.24424	7.78615	7.36669
15	13.86505	12.84926	11.93793	11.11839	10.37966	9.71225	9.10791	8.55948	8.06069	7.60608
16	14.71787	13.57771	12.56110	11.65230	10.83777	10.10590	9.44665	8.85137	8.31256	7.82371
17	15.56225	14.29187	13.16612	12.16567	11.27407	10.47726	9.76322	9.12164	8.54363	8.02155
18	16.39827	14.99203	13.75351	12.65930	11.68959	10.82760	10.05909	9.37189	8.75563	8.20141
19	17.22601	15.67846	14.32380	13.13394	12.08532	11.15812	10.33560	9.60360	8.95011	8.36492
20	18.04555	16.35143	14.87747	13.59033	12.46221	11.46992	10.59401	9.81815	9.12855	8.51356

n/i	11.0	12.0	13.0	14.0	15.0	16.0	17.0	18.0	19.0	20.0
1	0.90090	0.89286	0.88496	0.87719	0.86957	0.86207	0.85470	0.84746	0.84034	0.83333
2	1.71252	1.69005	1.66810	1.64666	1.62571	1.60523	1.58521	1.56564	1.54650	1.52778
3	2.44371	2.40183	2.36115	2.32163	2.28323	2.24589	2.20959	2.17427	2.13992	2.10648
4	3.10245	3.03735	2.97447	2.91371	2.85498	2.79818	2.74324	2.69006	2.63859	2.58873
5	3.69590	3.60478	3.51723	3.43308	3.35216	3.27429	3.19935	3.12717	3.05764	2.99061
6	4.23054	4.11141	3.99755	3.88867	3.78448	3.68474	3.58918	3.49760	3.40978	3.32551
7	4.71220	4.56376	4.42261	4.28830	4.16042	4.03857	3.92238	3.81153	3.70570	3.60459
8	5.14612	4.96764	4.79877	4.63886	4.48732	4.34359	4.20716	4.07757	3.95437	3.83716
9	5.53705	5.32825	5.13166	4.94637	4.77158	4.60654	4.45057	4.30302	4.16333	4.03097
10	5.88923	5.65022	5.42624	5.21612	5.01877	4.83323	4.65860	4.49409	4.33894	4.19247
11	6.20652	5.93770	5.68694	5.45273	5.23371	5.02864	4.83641	4.65601	4.48650	4.32706
12	6.49236	6.19437	5.91765	5.66029	5.42062	5.19711	4.98839	4.79323	4.61050	4.43922
13	6.74987	6.42355	6.12181	5.84236	5.58315	5.34233	5.11828	4.90951	4.71471	4.53268
14	6.98187	6.62817	6.30249	6.00207	5.72448	5.46753	5.22930	5.00806	4.80228	4.61057
15	7.19087	6.81086	6.46238	6.14217	5.84737	5.57546	5.32419	5.09158	4.87586	4.67547
16	7.37916	6.97399	6.60388	6.26506	5.95424	5.66850	5.40529	5.16235	4.93770	4.72956
17	7.54879	7.11963	6.72909	6.37286	6.04716	5.74870	5.47461	5.22233	4.98966	4.77463
18	7.70162	7.24967	6.83991	6.46742	6.12797	5.81785	5.53385	5.27316	5.03333	4.81220
19	7.83929	7.36578	6.93797	6.55037	6.19823	5.87746	5.58449	5.31624	5.07003	4.84350
20	7.96333	7.46944	7.02475	6.62313	6.25933	5.92884	5.62777	5.35275	5.10086	4.86958